营商环境优化背景下的董事法律制度再构

李燕 著

人民出版社

国家社科基金后期资助项目

出版说明

后期资助项目是国家社科基金设立的一类重要项目，旨在鼓励广大社科研究者潜心治学，支持基础研究多出优秀成果。它是经过严格评审，从接近完成的科研成果中遴选立项的。为扩大后期资助项目的影响，更好地推动学术发展，促进成果转化，全国哲学社会科学工作办公室按照"统一设计、统一标识、统一版式、形成系列"的总体要求，组织出版国家社科基金后期资助项目成果。

全国哲学社会科学工作办公室

目　　录

导　　论

法治是最好的营商环境。

——习近平①

一、问题的缘起

"营商环境"这一中文词组源于英文词组"Doing Business"。世界银行（World Bank，以下简称世行）于 2004 年发布首份 Doing Business 报告，即《营商环境报告》，对各经济体私人企业从创立、运行、生产、经营到退出等各领域进行全面评估并逐一排名，并对全球范围内不同经济体私人企业在经营过程中所处的法治环境进行横向比较，探寻更为优良的治理方式与规则。② 习近平总书记在主持召开中央全面依法治国委员会第二次会议中强调："法治是最好的营商环境。"这一重要论断为我国优化营商环境，支持市场主体平等竞争、蓬勃发展，推动经济高质量发展指明了方向。党的十八大以来，以习近平同志为核心的党中央全面推进依法治国，将优化营商环境建设全面纳入法治化轨道，将营商环境法治举措贯彻到立法、执法、司法、守法各个环节中，对构建统一开放、竞争有序的现代市场体系，推进国家治理体系和治理能力现代化产生了深远影响，并取得了显著成效。在这一大背景下，"营商环境"也愈来愈受到各级各地政府、部门及社会各界重视。目前，我国已基本建立了以《优化营商环境条例》为主干，以各类优化营商环境的政策文件为补充，以各省、市、自治区、直辖市优化营商环境立法为支干的优化营商环境立法体系，为我国加快构建统一开放、竞争有序的现代市场体系提供了坚实基础，为各类市场主体蓬勃发展创造了更充足、更公平的空间，为我国经济高质量发展提供良好法律制度保障。

营商环境的主要关注内容为制度建设，重点关注对象为各类市场主体，是与其创立、运行、生产、经营及退出等活动息息相关的正式与非正式法律制度的综合。而在各类市场主体中，公司是现代市场经济体系中最普遍、最

---

① 参见习近平：《论坚持全面依法治国》，中央文献出版社 2020 年版，第 254 页。

② See World Bank, Doing Business in 2004, https://www.doingbusiness.org/content/dam/doing-Business/media/Annual-Reports/English/DB04-FullReport.pdf，最后访问时间：2024 年 1 月 1 日。

活跃的市场主体,在现代社会中发挥着重要作用。在这些正式与非正式法律制度之中,《中华人民共和国公司法》(以下简称《公司法》)是与包括公司在内的各种市场主体关联最紧密的法律制度。时至今日,《公司法》历经1999年、2004年、2013年、2018年4次修正及2005年、2023年2次修订,每一次的修正、修订都朝着更好、更完善的营商环境砥砺前行。展望未来,此次《公司法》修订旨在提高公司制度供给质量,培育企业家精神,推动经济高质量发展,打造投资者及利益相关者友好型法治化营商环境。在此背景下,如何完善《公司法》相关规则,提升我国营商环境以及在公司治理领域中的国际影响力,是当前学界值得探究的问题。从早前以《营商环境报告》、中国营商环境评价体系等为代表的营商环境评价体系来看,我国营商环境建设在中小股东、投资者权益的保护水平上尚需提升,这与董事法律制度的构建密切相关。董事是公司董事会的组成成员,是执行公司业务和管理公司事务之人,其实际上是创设了一个全新、独立的法律实体,该法律实体实际控制公司,故董事法律制度的完善是我国本次《公司法》修订的重要内容。毋庸置疑,世行营商环境评估对于推动全球营商环境法治化变革具有重要意义,但是我国对于董事法律制度的完善不应将眼光囿于世行营商环境评估一域。

习近平总书记强调:"营商环境只有更好,没有最好。"[①]谁拥有法治化营商环境,谁就拥有竞争优势,就能在经济转型升级和高质量发展中先拔头筹。故此,世界各经济体都在不断优化营商环境,以持续适应经济之发展以及市场环境之变化,而优化营商环境的最有效途径即为适时改进与完善相关法律法规。法学研究能做的就是将经济学意义上的营商环境转化为法学意义上的商事法律制度,并为营商环境的法治化进程提供理论回溯与制度支撑。营商环境的优化不仅是微观的、某一具体制度的改变,更需要整体环境改进。在本书中,笔者在解析营商环境评价指标方法论与充分回应域外公司法律制度发展的基础上,遵循渐进式改革思路,进行中国特色董事法律制度本土化再构,既可以避免过度法律移植带来"橘生淮南"的窘境,又可以坚持我国《公司法》的中国特色,保障本土化和民族化,同时促进我国营商环境的进一步优化。具言之:一方面,深入我国公司商事经营实践,以我国本土经济与市场环境为立足点,充分考量我国公司股权结构特点以及特定股权结构带来的特殊公司治理问题,考量实现有效监管与防止监管负担过重二者之间的平衡,探索商事经营实践中公司内部权力配置、董事义务承

---

① 参见《习近平著作选读》第二卷,人民出版社2023年版,第216页。

担与责任追究的基本范式,满足我国经济与市场的现实需求。另一方面,深入我国商事司法实践,对基于董事会权力行使与配置、董事义务承担、董事责任追究等缘由产生的司法判例进行类型化梳理,立足于我国公司实践场景与本土文化,并在此基础之上形成对我国董事法律制度的整体构建。

二、研究框架

本书意在营商环境法治化背景下,讨论传统商法以效率为价值导向的制度选择与强调"中小股东保护"实质公平的考虑,再构具有中国特色的董事法律制度,以期为中小股东提供更完善的法治化营商环境。在董事法律制度中,董事(会)权力、董事义务及董事责任三者是相对独立且相互统一存在的。首先,董事(会)权力制度是董事法律制度研究的基础,其制度构建目标在于科学配置公司内部权力,从而使公司内部各机构之间实现功能互补和权力的相互制约,以周密程序促进董事会高效有序运行;其次,权力与义务具有平等性与一致性,董事(会)既然享有一定的权力,那么当其无法适当行使相应权力时也需要履行相应义务,故此,完备的董事信义义务体系也是董事法律制度研究的重点,以合理的义务制度有效保障董事的行为规范;最后,责任是义务履行的法律保障与救济机制,有效的董事责任监督与追究机制,可以使得滥用职权、消极失职、损害公司与股东权益的董事承担应有责任。这三个要素相辅相成、密不可分,本书遵从这条逻辑主线对董事法律制度进行解读和分析。

第一章概为剖题,宏观层面上的营商环境法治要求与微观层面的商事制度现代化密切相关。首先,本章导读阐述了营商环境在我国的演进脉络,一方面基于工具方法论视角,结合国内外现有营商环境评价指标,明确营商环境之外延;另一方面基于功能认知,结合国内外现有研究对营商环境的不同定义,从制度建设视角明确营商环境之内涵。其次,基于市场主体公司视角阐述营商环境法治化及其价值,明确营商环境法治化背景与商事制度——公司董事法律制度优化的内在联系,提出公司治理核心董事的角色定位及制度优化具有显要性和重要性。最后,概述指出我国营商环境法治化背景下董事法律制度的完善方向,即以实践场景与本土化为研究出发点,立足于中小股东保护的价值取向。

第二章与第三章立足董事(会)权力维度展开问题分析和方案探讨。第二章讨论董事与董事(会)权力之定义,即确定董事会所拥有的是权利、权力抑或职权,确定行使权力之主体是董事抑或董事会这一集体,并通过梳理国内外相关案例、法律法规,厘清董事会权力来源的历史沿革及立法现状。其次,整理国内外相关文献,考察"董事会中心主义""股东会中心主义"为代表的董事会权力配置范式。从国内法律法规以及司法案例入手,检视我国董事会权力配置的实践现状,分析我国目前董事会权力配置运行中出现的规范性质不明、外延不清、未能适应不同类型公司需求等现实问题。

第三章为董事会权力配置的体系化构建。从法律的实然性效果来看,公司权力配置在某一具体公司或者具体案例中有可能受到来自该公司内外部诸多不同因素之影响,故仅从应然角度抽象研究"股东会中心主义"或"董事会中心主义"公司权力配置机制,并讨论孰优孰劣意义十分有限,如此会忽略不同公司权力配置机制之间的联系、替代及互补作用。易言之,公司权力配置机制是一个相互作用的系统,不同公司治理机制的最优组合才能发挥良治效果。故此,本章首先明确了董事会权力配置的"效率优先、兼顾公平""权力明晰、相互制衡"等价值,探寻不同公司形态及股权结构的公司对董事会权力配置的影响。其次,在优化营商环境法治、完善公司内部治理、保护中小股东等价值指引下,明确我国董事会权力独立、地位平等的基本原则。对我国有限责任公司、非公众股份有限公司、公众股份有限公司、上市公司等不同类型公司的内部控制程度、股权集中度、股东与董事的重合程度等实践数据进行细化分析,提出基于不同类型公司内部治理结构之特色,匹配不同的董事会权力配置规则。

第四章到第六章从董事义务维度展开系统分析。第四章着重概括讨论了董事信义义务的义务主体、信义义务对象与信义义务内容三部分内容。首先,董事义务主体是信义义务对象与信义义务内容的逻辑前提,解决的是"谁"应当承担董事信义义务的问题。当前我国有关董事义务主体的立法为形式主义立法范式,本书通过对我国司法案例分析及域外公司法中实质主义立法的相关研究,发现我国董事义务主体形式主义立法的问题所在及实质董事的制度功能,并以此为基础对我国董事义务主体制度进行优化完善。其次,董事义务对象即董事应当对"谁"负有信义义务,笔者在现有文献基础上,对传统信义义务对象股东与公司的义务性质及冲突进行论述,明确我国董事信义义务的对象指向公司,但基于强化董事约束和股东权益保护以降低代理成本的客观需求,需要突破董事只对公司承担义务的规定,适当强调董事对股东负有信义义务,从而在所有者和经营者之间形成制衡,提升公司治理的安全性和效率。除此之外,本书还讨论了董事在特定条件下对债权人、职工等非股东利益相关者的信义义务。最后,董事义务内容是核心,明确董事应当承担何种义务。探讨诚信义务与合规义务的引入,以寻求董事信义义务构造的改进,主要为解决现行忠实义务和注意义务对董事行为涵盖的不周延问题,有助于促进董事权责的平衡,更充分地保障公司及股东利益。

第五章与第六章详细剖析了董事忠实义务和注意义务存在的制度短板,并通过对司法案例的大数据分析,挖掘现行制度适用的现状及问题,在此基础上探讨董事信义义务制度的系统性完善,使其更好地发挥降低代理成本、优化公司内部治理等功能,也有助于通过法治化途径优化营商环境。具言之,董事忠实义务的优化应聚焦于规制理念及忠实义务具体类型的系统完善,以达到公司利益保护与提升经济效率的最佳平衡,进一步实现建设营商环境的最终目标;董事注意义务优化则应关注义务判断标准、行为类型的清晰明确,使其精准且有效地发挥制度功能,同时也要结合营商环境法治化、公司内部治理等角度作同步性调整,从而实现董事注意义务在事前指引、事中约束、事后追责中对董事的全方位规制,提高股东权益保护水平。

第七章从董事责任的维度提出制度完善。董事责任的合理设定一方面可以敦促董事正确、合理、高效地行使权力,优化公司内部治理,另一方面可以保障股东、债权人诉权并提供便利的诉讼追责路径,这不仅有助于提升投资者的安全感,还能有效落实对利益相关者的权益保护,进而优化营商环境。现有董事责任制度主要存在四方面问题,包括董事责任主体的内涵和外延不清;对中小股东及第三人的保护和救济不足;董事责任形式有待丰富和完善;董事责任体系中部分要素缺失。本章分四节对这四方面问题进行具体分析并提出优化路径。首先,针对董事责任主体,对非正式董事的责任追究,主张实际行使董事会权力的人应对其行为承担责任;内外部董事责任的区分,由于掌握的信息、履职能力、要求等不同,其承担的义务不同,故确定其责任时应做相应考量和责任区分;针对公司法中新增的职工董事,明确就其功能定位承担责任;探讨未参加董事会会议的董事责任机制等。其次,从董事责任法理基础入手,着重讨论董事应对谁承担责任。提出增设董事对第三人责任的一般性规定并健全第三人追究董事责任的诉讼制度,以增强对中小股东和第三人的保护。再次,从优化归入权适用、限制董事任职资格、完善关联交易中的责任形式三方面提出对董事责任形式进行完善。最后,从强化投资者保护和优化公司治理角度,提出董事责任应然构建的思路,并从构成要件、抗辩理由、责任的限制与免除以及董事责任保险制度四方面进行完善。

三、研 究 方 法

营商环境优化背景下董事法律制度的再构是一个法律问题,但又不仅是法律问题,故本文综合运用多种研究方法对此问题进行分析与研究,主要研究方法如下:

（一） 法律解释学研究方法

本书涉及对营商环境、营商环境法治、董事（会）及其权力、义务、责任等理念的法律定义及其内涵描述,故此运用法律解释学的研究方法很有必要。本书综合运用法律解释学中的文义解释、体系解释、历史解释、目的解释、漏洞填补等诸多方法,对于上述特殊的概念及其内涵进行符合法律价值、研究目的的解释。

（二） 比较研究方法

法律移植是一个制度再构的有效方式,比较研究方法同样也是法学研究中不可或缺的重要研究手段。本书针对董事会权力配置、董事义务承担与责任追究等问题,总结与分析域外不同国家与地区的相关理论发展、法律变革、司法实践及社会背景,力求呈现出相关制度发展与变革的完整脉络,为相关问题的论证分析提供理论基础与有益经验。同时,结合我国当前营商环境优化与公司内部治理中的实践问题与现实需求,探寻董事法律制度的再构方案。值得注意的是,虽然实践中各个国家法律制度的相互移植与借鉴愈来愈广泛,但法律移植并不会总恰如其分地完美解决各个国家在制度实践中所遇到的问题,因此比较研究方法的本质并非法律移植,而是相互借鉴与学习人类共同解决问题的方式与体系,最终目的在于发现解决问题的最佳方法,并最终促进社会进步。

（三） 实证研究方法

实证研究方法是探寻问题本质、考察制度实践效果的必要手段之一,是进行理论研究、寻求规则完善路径与问题解决方案的前提之一,也是论证制度优化正确性、必要性与可行性的保障之一。制度的优良总是在法律规范为适用对象的具体案例中考察的,对我国董事法律制度而言,不论其优劣褒贬,都不应仅停留在对法律制度的解释上,而是应该从公司实践及司法案例这些"活的法律"中进行考察。故此,本书采用数据分析、大数据案例统计及典型案例研究等实证研究方法,对我国董事相关公司实践及司法案例进行分析与考察,并在此基础上讨论董事法律制度的完善路径。

（四） 系统的多学科研究方法

营商环境并不仅与法学领域相关,还涉及管理学、经济学、社会学、政治学等诸多学科,董事法律制度的研究也是如此。例如:公司权力配置首先是一种经济需求,其次才是一个法律现象,故其不仅是法律问题,也是经济学问题,所以在研究该问题时需要吸收经济学、管理学等理论思想,运用经济学、管理学等研究方法,以论述董事会权力配置的合理性、公平性及效率性;在董事会权力配置上及董事义务承担上,就涉及管理学所强调的第一类代理问题与第二类代理问题。故此,营商环境优化下董事法律制度研究必然涉及多学科的系统性研究,需要多维度解构问题,多角度阐述制度价值及利弊得失,以求解制度革新的合理路径。

第一章　营商环境法治的微观切入
——董事法律制度

制度是至关重要的(Institution Matters)。

——道格拉斯·诺斯(Douglass C.North)①

第一节　导读:营商环境法治

法治既是市场经济的内在要求,也是其良性运行的根本保障。习近平总书记在主持召开中央全面依法治国委员会第二次会议中强调:"法治是最好的营商环境。"②这一重要论断为我国优化营商环境,支持市场主体平等竞争,推动经济高质量发展指明了方向。③党的十八大以来,以习近平同志为核心的党中央全面推进依法治国,将优化营商环境建设全面纳入法治化轨道,将营商环境法治举措贯彻到立法、执法、司法、守法各个环节,并取得了显著成效。④在这一大背景下,"营商环境"一词也愈受到各级各地政府、部门及社会各界的重视。

一、我国营商环境的演进脉络

"营商环境"在我国经历了从概念引入到理论创新、从定性描述到量化分析的演进脉络,具言之经历了如下三个发展阶段:

(一) 营商环境的概念引入

第一阶段为我国营商环境概念引入,其标志性事件为 2013 年中国共产党第十八届三中全会在《中共中央关于全面深化改革若干重大问题的决定》中首次明确提出"建设法治化营商环境,建立公平、开放、透明的市场规

---

① See Douglass C.North & Robert P.Thomas, *The Rise of the Western World*, Cambridge: Cambridge University Press, 1973, p.47.

② 习近平:《论坚持全面依法治国》,中央文献出版社 2020 年版,第 254 页。

③ 参见张红晢:《法治是最好的营商环境》,载《人民日报》2020 年 10 月 16 日第 5 版。

④ 参见孙梦爽:《打好营商环境法治底色——全国人大常委会作出关于授权国务院在营商环境创新试点城市暂时调整适用计量法有关规定的决定》,载《中国人大》2021 年第 22 期,第 44 页。

则"。自此以来,"营商环境"一词频繁出现在党中央、国务院及各级各地人民政府、部门的法律法规、政策文件中,优化营商环境、激发市场主体活力的改革措施也陆续推出。

（二）营商环境的理论创新

第二阶段为中国特色营商环境的理论创新发展,即将营商环境与中国特色社会主义法治相结合,探寻、打造及完善法治化营商环境,其标志性事件为2015年1月,李克强总理在世界经济论坛中提到,要"打造国际化、市场化、法治化的营商环境",并将优化营商环境的着力点聚焦于包括减税降费、扶持中小企业等在内的财税体制改革;包括推进利率、汇率市场化,加快发展中小金融机构与多层次资本市场等在内的金融体制改革;包括缩减政府定价种类和项目,放开价格管制等在内的价格体制改革以及公共服务改革等方面。2015年10月,中国共产党第十八届中央委员会第五次全体会议进一步丰富了营商环境的内涵目标,提出要"完善法治化、便利化、国际化的营商环境"。[①] 此次会议将之前表述中的"打造"变更为"完善",说明我国营商环境建设已经取得了初步成效;将之前表述中的"国际化、市场化、法治化的营商环境"变更为"法治化、便利化、国际化的营商环境",更加强调法治建设的地位。[②] 这一系列论述都是对中国特色营商环境理论的不断创新发展,都是对我国营商环境法治化理解的不断深入。

（三）营商环境的体系化构建

第三阶段为中国特色营商环境的体系化构建与量化分析,其标志性事件为2018年11月28日,国务院常务会议提出要以"国际可比、对标世行、中国特色"为原则,开展中国营商环境评价。同时会议中还提到,我国营商环境评价要围绕与市场主体息息相关的开办企业、办理建筑许可、产权保护、获得信贷、纳税、企业破产等方面积极展开,要把进一步优化营商环境作

[①]　《习近平关于社会主义经济建设论述摘编》,中央文献出版社2017年版,第306页。

[②]　除此之外,我国在2016年3月通过的"十三五"规划纲要明确提出,要"营造公平竞争的市场环境、高效廉洁的政务环境、公正透明的法律政策环境和开放包容的人文环境";2016年10月18日,李克强总理在国务院振兴东北地区等老工业基地推进会议中强调:"必须痛下决心优化营商环境,真正激发社会潜能,释放东北发展的内生动力";2017年6月13日,李克强总理在全国深化"放管服"改革电视电话会议上作出"营商环境就是生产力"的重要论断;2017年7月17日,习近平总书记在中央财经领导小组第十六次会议发表重要讲话强调:"要改善投资和市场环境,加快对外开放步伐,降低市场运行成本,营造稳定公平透明、可预期的营商环境,加快建设开放型经济新体制,推动我国经济持续健康发展。"《习近平:营造稳定公平透明的营商环境　加快建设开放型经济新体制》,《人民日报》2017年7月18日。

为促进高质量发展、应对复杂国际国内形势的重要举措,要进一步激发市场主体的活力和社会的创造力。2019 年 3 月,李克强总理在政府工作报告中指出,"激发市场活力,着力优化营商环境"仍然是当年政府工作的重要任务之一。2019 年 10 月 31 日,中国共产党第十九届中央委员会第四次全体会议明确指出,要改善营商环境,激发市场主体活力。①

2019 年 10 月,国务院公布了我国营商环境领域内第一部综合性行政法规——《优化营商环境条例》,并于 2020 年 1 月 1 日起正式实施。《优化营商环境条例》的正式实施是我国以法治方式营造一流营商环境的重要举措,其从国家层面夯实了优化营商环境的法治基础,进一步加强了营商环境建设工作的顶层设计,标志着我国优化营商环境的制度建设进入了由实践探索向立法规范升级、由定性描述向量化分析跃迁的崭新阶段,同时还为我国各地方、各部门优化营商环境的举措提供法治保障与指导方向,使其进一步系统化、规范化。② 目前,我国已基本建立以《优化营商环境条例》为主干,以各类优化营商环境政策文件为补充,以各省、市、自治区、直辖市优化营商环境立法为支干的优化营商环境立法体系,③为我国加快构建统一开放、竞争有序的现代市场体系提供了坚实基础,为各类市场主体蓬勃发展创造了更充足、更公平的空间,为我国经济高质量发展提供良好的法律制度保障。

国内外学者对营商环境相关问题也展开了大量探究。以国内学者为例,笔者在中国知网(CNKI)中以"中文社会科学引文索引"(CSSCI)与北京大学中文核心期刊为限,以"营商环境"为关键词进行主题检索,截至 2022 年 5 月 31 日,共检索到相关文献 1038 篇,通过纵向分析可知,我国首篇与营商环境有关的学术期刊论文发表于 1994 年,到 2013 年这 20 年中共发表相关论文仅 15 篇。自 2014 年中央明确提出优化、改善营商环境的目标以来,我国与营商环境相关的学术期刊论文也逐年增加,从 2014 年的 10 篇直至增长到 2021 年的 267 篇,研究内容关涉法学、经济学、会计学、金融学、管理学、社会学、统计学等多个学科(详见图 1-1)。

仅从法学学科中的商法研究领域来看,与营商环境相关的研究内容就

---

① 在此之后,国务院专门成立了推进政府职能转变和"放管服"改革协调小组,并设优化营商环境专题组,国务院办公厅也出台了《关于部分地方优化营商环境典型做法的通报》《关于聚焦企业关切进一步推出优化营商环境政策落实的通知》等一系列政策措施,对优化营商环境作出了具体部署。参见《中共十九届四中全会在京举行》,《人民日报》2019 年 11 月 1 日。

② 参见张军扩、马晓白:《以更好的营商环境推动高质量发展》,载《经济日报》2019 年 11 月 26 日第 12 版。

③ 参见张红哲:《法治是最好的营商环境》,载《人民日报》2020 年 10 月 16 日第 5 版。

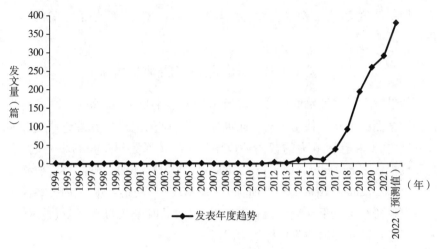

图 1-1　核心期刊发表数据统计

数据来源：中国知网（CNKI），https://kns.cnki.net/kns8/Visual/Center.

涉及民法典、公司法、证券法、破产法等诸多民商事法律制度，从研究内容上大致可以分为与企业内部治理相关研究及与企业外部治理相关研究。企业内部治理相关研究主要强调对股东权益保护，具体涉及：股东资格的确认；股东知情权、发言权及质询权等具体权利的保护；股东会程序性与实体性制度完善；公司内部治理结构完善；股东退出及"股东压制"情况下股东退出的救济；实际控制人、控股股东、董事、监事、高级管理人员义务与责任制度完善；证券法中集体诉讼制度和示范诉讼制度建立与完善；等等。企业外部治理相关研究包括：明确公司营利性目的；强调公司法的自治性、整体性及多元化；完善企业准入程序中的商事登记、注册资本等制度①；强化商事习惯的效力②；加强公司社会责任；在企业退出程序中增设与完善预重整、个人破产、合并破产、府院联动等新制度。③　本书试图基于工具方法论视角，

---

① 参见罗培新：《世界银行营商环境评估方法论：以"开办企业"指标为视角》，载《东方法学》2018 年第 6 期；汪青松：《优化营商环境目标下的注册资本认缴登记制再造》，载《湖北社会科学》2022 年第 1 期；段威：《优化营商环境下市场主体登记的功能定位与制度保障》，载《甘肃社会科学》2022 年第 1 期。

② 参见郑少华：《营商司法组织论》，载《法学》2020 年第 1 期。

③ 参见丁燕：《世行"办理破产"指标分析与我国破产法的改革》，载《浙江工商大学学报》2020 年第 1 期；蔡嘉炜：《破产法视野下的企业经营者保证：经济解释与立法进路》，载《中国政法大学学报》2021 年第 4 期；王欣新：《营商环境破产评价指标的内容解读与立法完善》，载《法治研究》2021 年第 3 期；高丝敏：《破产法的指标化进路及其检讨——以世界银行"办理破产"指标为例》，载《法学研究》2021 年第 2 期；罗敏：《破产程序新生税费之性质省思及税务处理调适》，载《财会月刊》2021 年第 6 期。

从市场主体角度出发,探寻营商环境与(商事法律)制度、法治之间的内在联系。

二、基于工具方法论的营商环境评价指标

如果说建设优良营商环境是政府治理的基本目标,那么对营商环境现状进行全面的客观评估则是实现此目标的前提与基础。[①] 在理论研究和实践领域中,比较具影响力的营商环境评价指标体系是早前世行发布的《营商环境报告》(即 Doing Business,以下简称 DB)与当前的《营商环境成熟度报告》(即 Business Ready,以下简称 B-READY)。除此之外,国内外各高校院所等科研机构以早前世界银行 DB 为模板,同时融入自身经验、技术,也展开了各种营商环境评价指标的实践探索。

(一) 国际营商环境评价指标

1995 年,美国传统基金会(The Heritage Foundation)联合《华尔街日报》(*The Wall Street Journal*)发布世界各国营商便利程度指数,该指数主要涉及法律规范、政府规模、监管效率及市场开放 4 项指标,不过受研究方法所限,其指数的数据质量与可信度一直饱受怀疑。自 1996 年起,弗雷泽研究所(The Fraser Institute)也开始发布世界营商便利程度指数(EFW),该指数从政府规模、财产安全、货币稳健、自由贸易及商业管制 5 方面衡量各经济体的营商环境情况,其数据分别来自世界银行、国际货币基金组织与世界经济论坛等第三方机构,具有一定的透明度和客观性。[②] 自此之后,营商环境开始逐步受到世界广泛关注。

1. 世界银行营商环境评价指标:从营商环境到宜商环境

目前,全球范围内最负盛名、最具影响力的营商环境评价指标为世行 DB。[③] 在进入 21 世纪后,世行提出了加快发展各国私营主体的战略。为更

---

① 参见娄成武、张国勇:《基于市场主体主观感知的营商环境评估框架构建——兼评世界银行营商环境评估模式》,载《当代经济管理》2018 年第 6 期。

② 参见贺大兴、王静:《营商环境与经济高质量发展:指标体系与实证研究》,载《上海对外经贸大学学报》2020 年第 6 期。

③ 世界银行是联合国为战后重建而在布雷顿森林会议上设立的专门机构,分别设有 4 个部门。国际复兴开发银行于 1956 年成立,是世界银行的主要组成部分,主要负责向发展中国家的私人企业提供贷款;国际开发协会(IDA)于 1960 年成立,主要负责对世界银行中最贫穷的成员国发放无息贷款;解决投资争端国际中心(ICSID)于 1966 年成立,其主要作用是减轻国际复兴开发银行调解投资争端的负担;多国投资保证机构(MIGA)于 1985 年成立,主要负责支持那些鼓励外国直接投资的国营和私营机构,并向它们提供应付非商业性危险的保险。

好促进各国私营主体发展,世行急需一套衡量和评估各国私营部门发展环境的指标体系。由此,世行成立了营商环境小组并着手构建营商环境评价指标,旨在对各经济体的中小企业进行考察,并对企业生存周期内所适用的法律法规进行评估,通过对数据的全面收集与分析,评价、比较各经济体的商业监管环境和经商难易程度,以及政府的监管法规是否有助于推动或限制商业活动,向学者、记者、研究人员及关注各国商业环境的人士提供了较为客观的对比、借鉴和参考。① 世行首份 DB 于 2003 年发布,共涉及 133 个经济体,包括 5 项一级指标和 20 项二级指标。出于统计研究需要,从 2005 年开始,DB 数据库除了报告各经济体的各项指标排名及总体排名外,还采用"前沿距离法"(Distance to Frontier)作为计量与描述方式,衡量不同经济体各项指标及总体指标与相应指标最优经济体间的水平差距,以对世界各经济体营商环境进行横向和纵向比较,评估不同经济体营商环境的绝对水平、相对水平及改善情况。经过多年努力、探索、归纳以及总结,截至 2020 年,DB 所涵盖的经济体已扩充至 190 个,包括 11 项一级指标②与 40 项二级指标③,涵盖了一个企业生命周期的全部领域,以衡量不同经济体营商环境的优劣(详见表 1-1)。

表 1-1　世界银行 Doing Business 评价指标

一级指标	二级指标
开办企业	程序④;时间⑤;成本⑥;实缴资本下限⑦
申请建筑施工许可证	程序⑧;时间⑨;成本⑩;建筑质量控制指数

---

① 参见李林木、宛江、潘颖:《我国税务营商环境的国际比较与优化对策》,载《税务研究》2018 年第 4 期;娄成武、张国勇:《基于市场主体主观感知的营商环境评估框架构建——兼评世界银行营商环境评估模式》,载《当代经济管理》2018 年第 6 期。
② 实际适用 10 项评估指标,2006 年之后,劳动力市场监管指标未引入评价系统,而是作为一个参考指标。
③ 实际适用 41 项指标,其中就业监管灵活性指标和工作质量控制方面的灵活性指标未引入评价系统。
④ 企业登记所需办理的程序总数。
⑤ 企业登记所需的总天数。
⑥ 成本占该经济体人均收入的百分比。
⑦ 企业主在企业登记之前必须存入银行或经公证的数额。
⑧ 正式开展建筑工程施工前所有手续办理程序。
⑨ 正式开展建筑工程施工前所有手续办理时间。
⑩ 正式开展建筑工程施工前所有手续办理费用。

续表

一级指标	二级指标
获得电力供应	程序①；时间②；成本③；供电稳定性与收费透明度指数
产权登记	程序④；时间⑤；成本⑥；用地管控系统质量
获得信贷	动产抵押法律指数；公共信贷登记机构登记的个人和公司的数量信用信息系统的指数；私营信用资料社登记的个人和公司的数量
保护少数投资者	信息披露指数；董事责任指数；股东诉讼便利指数；股东权利保护指数；所有权和控制权保护指数；公司透明度指数
纳税	企业纳税次数；时间⑦；总税率；税后实务流程指数
跨境贸易	进口/出口报关单审查时间；进口/出口通关时间；进口/出口报关单审查费用；进口/出口通关费用
执行合约	时间⑧；成本⑨；司法程序质量指数
破产办理	破产回收率；破产法律框架的保护指数
劳动力市场监管	就业监管的灵活性；工作质量控制方面的灵活性

虽然在 2021 年 9 月 16 日，世行由于自身原因停发了 DB，但其凭借调查对象的广泛性、涵盖指标的完备性、调查方法的客观性与普适性、数据处理的科学性、出品机构的权威性等优势，依旧受到广泛关注，依旧是最为完善的营商环境评价指标之一，也是相关经济分析和科学研究的重要参考资料之一。2023 年 5 月，世界银行继 DB 后发布了新的营商环境体系 B-READY。总体来看，B-READY 评价指标包括商业准入、经营地点、公用事业连接、劳动力、金融服务、国际贸易、税收、争端解决、市场竞争以及企业破产共 10 个一级指标，其中每个一级指标又分别从监管质量、公共服务、整体效率 3 个维度来衡量。其中"监管质量"二级指标与之前 DB 评价指标相似，是对相关法律法规、政策规则的评价，即考察其所在一级指标是否有相关法律法规以及法律法规是如何规定的；"公共服务"二级指标是对法律法规是否很好地执行、落实进行评价；"整体效率"二级指标也与之前 DB 评价

---

① 办理接入电网手续所需要的程序。
② 办理接入电网手续所需要的时间。
③ 办理接入电网手续所需要的费用。
④ 办理产权转移登记所需要的程序。
⑤ 办理产权转移登记所需要的时间。
⑥ 办理产权转移登记所需要的费用。
⑦ 企业纳税所需要的时间。
⑧ 解决商业纠纷所需要的时间。
⑨ 解决商业纠纷所需要的费用。

指标相似，是考察其所在一级指标的时间、环节、成本等方面，不过B-READY 评价指标会更多地通过企业调查来收集数据，更注重市场主体的感受。（详见表 1-2）

表 1-2　世界银行 B-READY 评价指标

一级指标	二级指标
企业准入	企业准入监管质量；开办企业数字化公共服务和信息透明度；开办企业流程效率
经营地点	不动产租赁、产权和城市规划法规的质量；公共服务的质量和信息的透明度；关键服务在获得营业选址方面的效率
公用事业连接	公用事业监管质量—电、水、互联网；公用事业绩效和公用事业服务的透明度；公用事业和服务监管实施效率
劳动力	劳动法规质量；劳动力市场公共服务的充分性；雇佣劳动力的难易程度
金融服务	担保交易（一致）、电子支付和绿色融资（监管支柱）；信贷报告框架的质量；接受金融服务的便利性
国际贸易	国际货物贸易、电子商务和环境可持续贸易的监管质量；促进国际货物贸易便利化的公共服务质量；进口商品、出口商品和从事电子商务的效率
税收	税收法规的质量；税务部门提供的服务；税收负担和税收系统的效率
争端解决	商业争议解决监管的质量；商业诉讼中公共服务的充分性；解决商业纠纷的难易程度
市场竞争	促进市场竞争的监管质量；促进竞争的公共服务的充分性；实施促进市场竞争的关键服务的效率
企业破产	破产法规的质量；破产配套制度的质量；破产程序的便捷性

与 DB 相比，B-READY 评价指标主要有以下四点不同：其一，B-READY 并不仅限于从个别企业开展业务便利性（the perspective of an individual firm's ease of doing business）角度进行考察，而是从整个私营部门发展角度（from the standpoint of private sector development as a whole）来衡量商业环境。其二，B-READY 不仅关注监管方面（regulatory burden）内容，还关注公共服务（provision of public services key for functioning markets）的供给，因为公共服务也是市场运作的关键要素之一。其三，B-READY 不仅会收集法定信息（de jure information，即法律法规中规定的信息），还会收集事实信息（de facto measurements，即反映实际执行情况的信息）。换言之，DB 主要是直接获得法律规定的信息与数据，而 B-READY 则会直接通过企业调查（firm-level surveys）来收集信息与数据，以提高信息准确性。其四，为在各国的数据可比性和特定经济体的数据代表性之间取得平衡，B-READY

将会采用专家咨询(expert consultations)和企业调查(firm surveys)相结合的方式收集数据。

2. 域外其他营商环境评价指标

除世行 DB 与 B-READY 评价指标之外,国际上还存在诸多由不同研究机构发布的营商环境评价指标,或蕴含营商环境因素的相关评价指标,以通过一定的指标设置和数据推算,对各经济体的营商环境进行评估。例如,经济学人智库(Economist Intelligence Unit)会每 5 年编制一次《营商指标模型》,考察全球 82 个经济体。《营商指标模型》不仅会评价不同经济体的市场化程度,还会对其宏观经济、市场竞争政策及投融资政策等重点要素领域进行考察,更会对政治环境、经济环境、市场环境、投融资环境等进行系统性评价。在通过考察与评价不同经济体过往表现的基础上,通过指标设置,对不同经济体的营商环境素质和吸引力进行排名,同时对该经济体未来 5 年营商环境的转变做出分析预测(详见表 1-3)。

表 1-3　经济学人智库《营商指标模型》

一级指标	二级指标
政治环境	政治稳定性;政策有效性
宏观经济环境	通货膨胀率;财政支出占 GDP 比重;宏观经济决策质量
市场机遇	以购买力平价计的 GDP;占世界货物贸易额比重;区域一体化程度
自由市场及竞争政策	私有财产保护;对民营企业的进入限制;知识产权保护
外资政策	国家文化开放度;对境外投资者的保护
外贸及汇率管制	资本项目的开放;贸易保护政策
税率	企业赋税;对投资的补贴与鼓励;税收系统复杂度
融资	金融部门开放度;金融监管体系
劳动市场及基础建设	劳动法规制度;网络通信设施;交通及其他基础设施

此外,还有诸多研究机构在其发布的相关研究报告中涉及营商环境。例如,世界经济论坛(World Economic Forum)就对全球主要经济体的综合竞争力进行评估并发布《全球竞争力报告》(*The Global Competitiveness Report*),其评价指标被称为全球竞争力指数(GCI),该指数共有 12 项一级指标涉及营商环境[①];英国普华永道会计师事务所(Pricewaterhouse

---

① 参见世界经济论坛(World Economic Forum;WEF)《2018 年全球竞争力报告》,https://cn.we-forum.org/reports/the-global-competitveness-report-2018,最后访问时间:2022 年 6 月 30 日。

Coopers)发布的《机遇之都》(*Cities of Opportunity*)报告中共有 8 项一级指标涉及营商环境①;2020 年,日本森纪念财团都市战略研究所发布的《2020 全球城市实力指数报告(GPCI)》中共有 5 项一级指标涉及营商环境②;科尔尼管理咨询公司(A.T.Kearney)发布的《2020 全球城市指数报告(GCI)》中共有 6 项一级指标涉及营商环境③;IESE 商学院(IESE Business School)全球化与战略中心(Center for Globalization and Strategy)编制的《IESE 城市动态指数 2020》(*IESE Cities in Motion Index 2020*)报告中共有 10 项一级指标涉及营商环境④;万事达卡国际组织(Mastercard International)发布的《全球商业中心指数(WCoC)》报告中共有 8 项一级指标涉及营商环境等(详见表1-4)。⑤ 上述这些研究报告也仅是营商环境相关评价指标中的冰山一角,这些研究报告、评价指标也都已经成为分析、评价不同经济体营商环境、投资水平和制度状况的重要方法。⑥

表 1-4　域外其他研究报告中的营商环境相关指标

报告名称	样本范围	报告中涉及营商环境的指标
世界经济论坛:《全球竞争力报告》(GCI)	全球 140 个经济体	制度建设;基础设施;宏观经济环境;卫生;教育;技术培训;市场效率;市场规模;市场成熟度;创新度
普华永道:《机遇之都》(*Cities of Opportunity*)	全球 30 座主要城市,包括中国的北京、上海和香港	开办企业;办理破产;免签证国家数量;外国使馆和领事馆数量;保护中小投资者;气候风险应对;劳动力管理风险;税收效率

---

① 参见英国普华永道会计师事务所(Pricewaterhouse Coopers;PwC)《机遇之都》(*Cities of Opportunity*),https://www.renrendoc.com/paper/96531393.html,最后访问时间:2022 年 6 月 30 日。

② 参见日本森纪念财团都市战略研究所《2020 全球城市实力指数报告(GPCI)》,https://mori-m-foundation.or.jp/pdf/GPCI2020_release_en.pdf,最后访问时间:2024 年 1 月 2 日。

③ 参见科尔尼管理咨询公司(A.T.Kearney)《2020 全球城市指数报告(GCI)》,https://www.kearney.com,最后访问时间:2024 年 1 月 2 日。

④ 参见 IESE 商学院(IESE Business School)全球化与战略中心(Center for Globalization and Strategy)《IESE 城市动态指数 2020》(*IESE Cities in Motion Index 2020*),http://m.lightingchina.com/news/71473.html,最后访问时间:2024 年 1 月 2 日。

⑤ 参见张三保、张志学:《中国省份营商环境研究报告(2020)》,第 1 页,载北京大学光华管理学院管理创新交叉学科平台,https://www.gsm.pku.edu.cn/zhongguoshengfenyingshanghuanjingyanjiubaogao2020.pdf。

⑥ 参见钱弘道、戈含锋、王朝霞、刘大伟:《法治评估及其中国应用》,载《中国社会科学》2012 年第 4 期。

报告名称	样本范围	报告中涉及营商环境的指标
日本森纪念财团都市战略研究所：《2020 全球城市实力指数报告（GPCI）》	全球 44 座主要城市，包括中国的北京、上海和香港	工资水平；人力资源保障；办公空间；公司税率；政治经济商业风险
科尔尼管理咨询公司：《2020 全球城市指数报告（GCI）》	全球 230 多个主要城市，包括北京、上海、香港、合肥、济南、昆明等 31 个中国城市	福布斯 500 强公司；全球顶级服务业企业；资本市场；航运；海运；ICCA 认证
IESE 商学院全球化与战略中心：《IESE 城市动态指数 2020》（*IESE Cities in Motion Index 2020*）	全球 174 个主要城市，包括北京、上海、香港、深圳、杭州等中国城市	经济实力；公共管理；环境；人力资本；社会凝聚力；科技；政府治理；国际辐射力；城市规划；流动性与交通
万事达卡国际组织：《全球商业中心指数（WCoC）》	新兴市场经济体的 65 座城市，包括北京、上海、深圳与杭州等中国城市	开办企业；获得信贷；公司税负；办理破产；投资保护；执行合同；雇用劳动力；进入与退出市场

（二）国内营商环境评价指标

正如本书所述，"营商环境"的概念在我国兴起时间相对较晚，且由于我国各地区的社会、经济、文化发展程度存在一定差异，故至今尚未形成统一的、广泛认可的官方营商环境评价指标。不过，我国各级各地政府、部门、高校院所已对营商环境评价指标进行了相关研究，并产出了一系列实践与理论研究成果。

1. 实践成果

在实践领域中，我国各级各地政府、部门及研究院通过探索营商环境评价指标，定期编写、发布营商环境评价报告①，对全球主要国家、地区和城市的营商环境进行评估。基于营商环境评价指标体系构建主体之不同，又可以分为官方与非官方营商环境评价指标。

官方营商环境评价指标，即由各级各地政府、部门主导构建的营商环境评价指标，其中国务院《优化营商环境条例》的颁布，标志着我国初步形成了一个较为统一的、官方的营商环境优化方向。《优化营商环境条例》共 7 章、72 条，其着重围绕贯彻新发展理念、正确处理政府和市场的关系、完善社会主义市场经济体制等方面进行了有针对性的制度设计，重点解决市场

---

① 参见易海辉：《粤港澳大湾区内地城市群营商法治指数建构：动因、价值及路径》，载《法治社会》2018 年第 2 期。

主体平等保护、净化市场环境、优化政务服务、规范监管执法、强化法治保障5方面突出问题,做到了既全面系统又突出重点,既有原则规定又有具体要求,既集成实践经验又注重汇聚众智。具言之,其一,在市场主体平等保护方面,《优化营商环境条例》首先确立了各类市场主体权利平等、机会平等、规则平等、平等受到法律保护等基本原则,对各类市场主体一视同仁,力求营造有利于公平竞争的市场环境。① 其二,在净化市场环境方面,《优化营商环境条例》坚持贯彻简政放权、放管结合等基本原则,落实"证照分离"、市场准入负面清单、减税降费等改革政策,加强信用信息体系建设,加强和规范事中事后监管,聚焦解决市场准入难、退出难以及"融资难、融资贵"等问题,打造更高质量市场环境。② 其三,在优化政务服务方面,《优化营商环境条例》着力提升政务服务能力和服务水平,加强政务服务的制度化、标准化、信息化、一体化及公开化,切实降低制度性交易成本,使得政务服务更加透明高效,市场规则更加公平有效,更大激发市场主体的活力和社会创造力。③ 其四,在规范监管执法方面,《优化营商环境条例》强调应当严格按照法律法规所赋予的职责,厘清监管权限、落实监管责任、明确监管对象,依法对各类市场主体实行监管。④ 其五,在强化法治保障方面,《优化营商环境条例》为权力的有效规制进一步划清界限,在制定营商环境相关政策时需要以上位法为依据,同时充分听取市场主体、行业协会、商会的意见。⑤

同时,由于我国各地区地理位置、基础设施、经济发展水平、地域文化及政府行政文化存在差异,使得各区域营商环境也存在较大差异,各地政府在执行中央政府的法律法规时可以因地制宜,在制定地方性法律法规、政策文件时也具有一定自主权。目前,我国已有30余个省、自治区、直辖市、经济特区、设区的市都陆续出台了当地的优化营商环境条例⑥,这些条例在推动当地营商环境改善时着眼于不同视角,作用于不同着力点,所规范调整的内容、优化方向包括但不限于市场主体保护、审批服务、商事服务、融资服务、政务服务、公共服务、经营环境、人文环境、法治环境、宜居宜业、监管执法、法律责任等方面,这些因素也是当地营商环境的考核与评价指标。此外,国

---

① 参见《优化营商环境条例》第二章内容。
② 参见《优化营商环境条例》第三章内容。
③ 参见《优化营商环境条例》第四章内容。
④ 参见《优化营商环境条例》第五章内容。
⑤ 参见《优化营商环境条例》第六章内容。
⑥ 具体参见北大法宝,http://www.pkulaw.cn/fulltext_form.aspx? Db = chl&Gid = 891ab78acdf-7d754bdfb&keyword = 营商环境 &EncodingName = &Search_Mode = accurate&Search_IsTitle = 0,最后访问时间:2022年6月30日。

家发展改革委在 2020 年组织编写了首部《中国营商环境报告》,该报告系统性介绍了我国营商环境评价体系与评价方案。具言之,我国营商环境评价体系共包含 18 项一级指标及若干项二级指标(详见表 1-5)。

表 1-5 中国营商环境评价体系

开办企业
办理建筑许可
登记财产
获得信贷
纳税
跨境贸易
办理破产
执行合同
知识产权
获得电力
用水用气
市场监管
招标投标
政府采购
劳动力市场监管
保护中小投资者
包容普惠创新
政务服务

我国广东、江苏、山东等省与福建厦门、辽宁沈阳等市或是基于与国际接轨,或是基于简政放权,或是基于法治政府建设等缘由,均设计了营商环境相关评价指标。其中,广东省是最早对营商环境进行体系评价的地区,具有一定代表意义。① 广东省建立并实际适用的《商务环境评价指标体系》是我国目前完善度、认可度均相对较高的区域性营商环境评价体系,其以促进

---

① 2012 年 6 月初,广东省组织有关单位开展"建设法治化国际化营商环境"相关课题的调研,并委托中山大学、广东外语外贸大学开展"坚持社会主义市场化的改革方向建设法治化国际化营商环境"相关专题研究。同年 10 月,中共广东省委办公厅、广东省人民政府办公厅印发《广东省建设法治化国际化营商环境五年行动计划》,提出了营商环境建设的目标内容,即建设公平公正的法治环境、透明高效的政务环境、竞争有序的市场环境、和谐稳定的社会环境、互利共赢的开放环境等。

广东自由贸易区经济发展为主要目标,以广东省各城市为主要考察对象,搭建了由国际化、市场化、法治化 3 项一级指标、12 项考核目标与 48 项二级指标构成的营商环境评价体系,在国际化、市场化、法治化 3 项一级指标下分别设立 16 项二级指标(详见表 1-6)。[①]

表 1-6　广东省《商务环境评价指标体系》

一级指标	考核目标	二级指标
国际化	对外经济合作开放程度	外资的利用程度;引入外资项目数;对外投资开放度;民营企业经济走出去能力;贸易的依存度
	投资贸易便利度	通关的便利度;投资备案便利度
	服务业国际化	金融服务国际化;国际旅游业发展;航运业国际化;教育国际化
	国际影响力	国际总部企业集聚度;各国领事馆数量;城市综合吸引力;国际友好城市数;国际会议交流
市场化	政府与市场的关系	政府在市场资源分配中的效率;缩小政府规模;减少政府对企业的干预;办理投资项目的便捷度
	信用体系建设	信用市场建设;信用满意度评价
	民营经济活力	发展程度;投资状况;就业人数
	要素市场发育	技术研发投入率;科技创新氛围;高新技术转化率;人才培养;人力资源流动;土地资源供给效率;企业融资
法治化	政府法制廉洁	制度规范的完善;政府政策的连续性;行政复议效率;政务廉洁指数;政务透明度
	司法公正透明	商事合同纠纷的司法效率;司法的透明度
	维护投资者的合法权益	法律专业市场发育程度;知识产权保护程度;社会监督行政渠道畅通度;行政执法效率;社会退出机制完善程度;政民沟通渠道的畅通度
	社会公平正义	民生保障支出改善;社会公平;治安环境

　　非官方营商环境评价指标,即由各高校院所等科研机构主导构建的营商环境评价指标。例如,2017 年中国经济改革研究基金会国民经济研究所发布的《中国分省企业经营环境指数 2017 年报告》将与企业经营相关的影响因素划分为 3 个一级指标与 12 个二级指标;2020 年北京大学光华管理

---

① 参见胡益:《广东营商环境指标体系研究》,载广东经济学会《市场经济与创新驱动—2015 岭南经济论坛暨广东社会科学学术年会分会场文集》,广东经济学会 2015 年 10 月。

学院发布的《中国省份营商环境研究报告 2020》按照"国际可比、对标世行、中国特色"评价原则,将"十三五"规划纲要与《优化营商环境条例》中的市场环境、政务环境、法律政策环境、人文环境 4 个方面确定为中国省份营商环境评价指标体系的 4 个一级指标,同时吸纳世界银行、经济学人智库、中国市场化指数、中国城市营商环境、中国城市政商关系等国内外主流评价指标体系相关指标,凝练为 12 个二级指标进行量化评价和分析,构建出中国内地 31 个省份的营商环境评价体系,为各省优化营商环境提供依据①;同年,广东粤港澳大湾区研究院与 21 世纪经济研究院发布的《2020 年中国 296 个城市营商环境报告》对我国所有地级市营商环境的测算共分为了软环境、基础设施、社会服务、市场容量、商务成本、生态环境 6 个一级指标与 33 个二级指标②;此外,还有中国社会科学院城市与竞争力研究中心的《全球城市竞争力报告》等,其与 DB 评价体系完全一致,故本文不再赘述(详见表 1-7)。这些研究成果现已成为分析、评价我国不同地区、城市营商环境、投资水平和制度状况的重要方法。

表 1-7　我国其他研究报告中的营商环境相关指标

指标名称	评估范围	一级指标	二级指标
中国经济改革研究基金会国民经济研究所:《中国分省企业经营环境指数 2017 年报告》	中国 30 个省、自治区、直辖市(不包括台湾、香港、澳门、西藏)	政策公开、公平、公正	政策和规章制度公开透明;政策执行和行政执法公正;对不同企业的公平国民待遇;有无地方保护
		行政干预与政府廉洁效率	政府有无过度干预;与政府打交道占工作时间比例;政府效率;官员廉洁守法
		企业经营的法治环境	司法公正和效率;企业合同正常履行;经营者财产人身安全保障;知识产权、技术、品牌保护
北京大学光华管理学院:《中国省份营商环境研究报告 2020》	中国 31 个省、自治区、直辖市(不包括台湾、香港、澳门)	市场环境	融资;创新;竞争公平;资源获取;市场中介
		政务环境	政企关系;政府廉洁;政府效率
		法律政策环境	政策透明;司法公正
		人文环境	对外开放;社会信用

---

① 参见张三保、张志学:《中国省份营商环境研究报告 2020》,见北京大学光华管理学院管理创新交叉学科平台,第 1 页。

② 广东粤港澳大湾区研究院、21 世纪经济研究院:《2020 年中国 296 个城市营商环境报告》,https://www.sohu.com/a/452277477_680938,最后访问时间:2024 年 1 月 2 日。

续表

指标名称	评估范围	一级指标	二级指标
广东粤港澳大湾区研究院、21世纪经济研究院:《2020年中国296个城市营商环境报告》	中国296个地级及地级以上城市	软环境	人才吸引力;投资吸引力;创新活跃度;市场监管
		基础设施	路网密度;互联网水平;公路货运;水路货运;民航运输;供气;供水;地铁长度;出租车数量
		社会服务	融资;科技;医疗;养老;教育;人才;研发服务
		市场容量	常住人口;地区生产总值;社会消费品零售总额;一般预算收入;进出口额;贷款额;人均可支配收入
		商务成本	水电气成本;工资成本;土地成本
		生态环境	空气指数;水指数;绿地指数

2. 理论研究

自20世纪60年代,营商环境相关问题就进入学者视野范围。最早对营商环境进行专门研究的是美国学者里特法克(Litvak)和班廷(Banting),其在1968年的《国际商业安排的概念构架》一文中提出,营商环境应包括投资国的政治稳定性、市场机会、经济发展状况、文化一元化程度、法令性障碍、实质性障碍、地理及文化差异7个因素。[①] 此后,美国学者斯托博又提出应以政治稳定性、资本外调、外商股权、歧视和管制、货物稳定性、给予关税保护的意愿、当地资金的可供程度、近五年的通货膨胀率8项指标评估营商环境。波兰学者瓦赫·克日什托夫(Wach Krzysztof)根据文献研究和问卷调查,将营商环境划为资本可获得性和金融支持、当地政府自治措施、创业基础设施、企业对企业服务的可获得性和质量、高素质人才、交通运输和电信等基础设施、当地社区的流动性、知识和技术转移、当地社区的生活标准共9项因素。[②] 李丹结合全球经济形势,以经济政策明确性、要素供给支撑性、政务服务便利性、法治体系完备性、要素资源流动性、市场体系公平

[①]　See I.A.Litvak and P.M.Banting, "A Conceptual Framework for International Business Arrangements", Marketing and the New Science of Planning, ed. Robert L. King, Chicago, "American Marketing Association", 1968.

[②]　See Wach Krzysztof, "Impact of the regional business environment on thedevelopment of small and medium-sized enterprises in Southern Poland", *Cracow University of Economics Munich Personal RePEc Archive(MPRA) Paper*, No.31488, 2008.

性、市场准入的统一性 7 项指标评价营商环境。[①]

相比之下，营商环境相关研究在我国兴起较晚，研究时间较短，且不同学者基于学科背景及研究问题、方向、目的、方法等不同，构建出了各有侧重、关注点不同的营商环境评价体系。早在 2007 年，邓宏兵等学者就通过对我国省域投资环境竞争力进行动态分析，进而建立包括区位条件、基础设施、经济环境、社会环境 4 项一级指标与 13 项二级指标的营商环境评价指标[②]；2010 年，刘志荣基于对粤皖川 3 省中小企业所处营商环境的考察，认为营商环境包括法制、社会、信息、基础设施、生产性服务、市场及资金环境 7 个方面[③]；2014 年，许可等学者从企业层面进行调研，认为我国营商环境涉及金融准入、土地准入、商业许可、腐败、法律、犯罪偷盗及混乱、海关和贸易监管、电力获取、人力资本、劳工管理、政治稳定性、非正规部门竞争、税收管理、税负和交通共 15 项一级指标。[④] 2015 年，杨涛基于对鲁苏浙粤 4 省营商环境的比较分析，得出当前我国营商环境评价指标应包括市场发展环境、政策政务环境和法律环境 3 项一级指标与 18 项二级指标。[⑤] 2016 年，钟飞腾等学者在对世行 DB 研判基础上，将我国营商环境分为经济基础、国际化、便利化、法治化、绿色法治化环境 5 项一级指标[⑥]；张国勇等学者从影响生产经营外部条件入手，认为营商环境包括社会、市场、政务及法制共 4 项一级指标。[⑦] 2017 年，张威结合我国经济发展新常态，构建出由经济政策明确性、要素供给支撑性、政务服务便利性、法治体系完备性、要素资源流动性、市场体系公平性、市场准入统一性共 7 项一级指标和 25 项二级指标构成的营商环境评价指标[⑧]；魏淑艳等学者基于综合投资环境理论和嵌入逻

---

① See Dan Li, Manuel Portugal Ferreira, "Institutional environment and firms' sources of financial capital in Central and EasternEurope", *Journal of Business Research*, 2011.

② 参见邓宏兵、李俊杰、李家成：《中国省域投资环境竞争力动态分析与评估》，载《生产力研究》2007 年第 16 期。

③ 参见刘志荣：《中小企业服务体系的形成、运作机理与评价》，暨南大学 2010 年博士学位论文，第 10 页。

④ 参见许可、王瑛：《后危机时代对中国营商环境的再认识——基于世界银行对中国 2700 家私营企业调研数据的实证分析》，载《改革与战略》2014 年第 7 期。

⑤ 参见杨涛：《营商环境评价指标体系构建研究——基于鲁苏浙粤四省的比较分析》，载《商业经济研究》2015 年第 13 期。

⑥ 参见钟飞腾、凡帅帅：《投资环境评估、东亚发展与新自由主义的大衰退——以世界银行营商环境报告为例》，载《当代亚太》2016 年第 6 期。

⑦ 参见张国勇、娄成武、李兴超：《论东北老工业基地全面振兴中的软环境建设与优化策略》，载《当代经济管理》2016 年第 11 期。

⑧ 参见张威：《我国营商环境存在的问题及优化建议》，载《理论学刊》2017 年第 5 期。

辑,构建出由自然条件、社会状况、政府环境、经济因素、基础设施共 5 项一级指标和 17 项二级指标组成的营商环境评价指标;[1]2018 年,娄成武等学者基于市场主体主观感知的角度,认为营商环境评价指标包括总体评价、政府效能、行政审批、市场监管、法治环境、信用环境、金融环境、人力资源环境、社会环境、基础设施环境共 10 项一级指标[2];2019 年,刘江会等学者从社会环境(Society Environment)、市场环境(Market Environment)、创融环境(Innovation & Finance Environment)、法治环境(Legal Environment)和政务效率(Efficiency of Administrative Environment)5 项一级指标出发,构建了评估城市营商环境的 SMILE 指数,并进一步细分为 27 项二级指标[3];郑方辉等学者以"法治化"为价值导向和衡量标尺,构建出包括营商立法、执法、司法、守法 4 个维度、13 项二级指标及 50 项三级指标的营商环境指标体系。[4]2021 年,杨仁发等学者基于数据的连续性与可得性,初步构建了包含宏观经济环境、市场环境、基础设施和政策环境 4 项一级指标与 15 项二级指标的营商环境评价指标,并利用"熵值法"确定指标权重,进而较为准确客观地测算出我国 258 个城市的营商环境指数。[5] 上述一系列成果都极大丰富了我国营商环境评价指标研究。

　　经过上述讨论、比较不难发现,除世行报告外,国内外还存在诸多营商环境相关评价指标,各省、市、自治区、直辖市的《优化营商环境条例》也各有不同,不同研究机构基于不同经济体所存在的差异、不同研究背景和出发点,其构建的营商环境评价体系也紧密结合各自国家、地区、区域实际情况及学者自身特色。但总体来说,这些营商环境评价指标都注重于对投资环境的观测与评价,其中有些营商环境评价指标更注重经济体投资硬环境的建设,如基础设施、自然环境、交通便利程度等;有些营商环境评价指标更注重投资软环境中宏观环境的完善,如经济环境、政商关系、公共服务等;有些营商环境评价指标更注重投资软环境中具体制度环境建设,如投资者保护、

---

① 参见魏淑艳、孙峰:《东北地区投资营商环境评估与优化对策》,载《长白学刊》2017 年第 6 期。

② 参见娄成武、张国勇:《基于市场主体主观感知的营商环境评估框架构建——兼评世界银行营商环境评估模式》,载《当代经济管理》2018 年第 6 期。

③ 参见刘江会、黄国妍、鲍晓晔:《顶级"全球城市"营商环境的比较研究——基于 SMILE 指数的分析》,载《学习与探索》2019 年第 8 期。

④ 参见郑方辉、王正、魏红征:《营商法治环境指数:评价体系与广东实证》,载《广东社会科学》2019 年第 5 期。

⑤ 参见杨仁发、魏琴琴:《营商环境对城市创新能力的影响研究——基于中介效应的实证检验》,载《调研世界》2021 年第 10 期。

知识产权保护、劳动者保护等制度。即使仅限于具体制度建设,不同营商环境评价指标的关注点也不尽相同,有些营商环境评价指标更注重维护交易安全,有些更注重提升交易效率,而有些更强调维护交易公平。① 通过对这些营商环境相关指标体系的梳理,有助于对营商环境评价体系中最底层、最核心的词语——"营商环境"的定义予以明确,并进一步探讨何为营商环境法治以及营商环境法治化的价值所在。

三、基于功能认知的营商环境定义与价值

(一) 营商环境的定义——制度至关重要

定义是解决法律问题所必备的和必不可少的工具。② 一方面,"营商环境"是贯穿各种营商环境报告、营商环境评价指标的主线概念;另一方面,"营商环境"也是贯穿国务院及各省、市、自治区、直辖市中《优化营商环境条例》始终的核心概念,是条例的主要调整对象③和构成因素,由此可见,明确"营商环境"的内涵是构建营商环境评价体系与法治化营商环境的重中之重。通过整理文献可以发现,目前学界对营商环境的解释大致有以下三个不同维度。

1. 营商环境即为投资环境

第一种观点对营商环境定义最为宽泛,可以称之为"综合性定义"。该观点来源于综合投资环境理论,即认为"营商环境"就是"投资环境",是某一经济体内影响企业活动(包括从开办、运行到结束的各个环节)各种主客观因素的有机复合体,不仅包括政治、经济、文化、社会等,还包括地理位置、自然资源等可能影响经济发展的多种要素,涉及范围相当广泛。④ 与此类似,贝恩·埃弗特(Been Eifert)等将营商环境定义为影响企业经营的政策、机构、基础设施、人力资源、地理环境等。⑤

---

① 参见王伟、刘风景:《地方优商立法的好意与限度》,载《北京联合大学学报》(人文社会科学版)2018 年第 4 期。
② 参见[美]E.博登海默:《法理学:法律哲学与法律方法》,邓正来译,中国政法大学出版社1999 年版,第 486、487 页。
③ 法律调整对象解决的是某一法律规范调整什么样的社会关系问题,而法律调整方法就是指明这种关系是怎样被调整的。通常只有在决定法律是否可能、是否有必要对某一社会关系进行调整后,再选择法律调整手段才有意义。
④ 参见邓宏兵、李俊杰、李家成:《中国省域投资环境竞争力动态分析与评估》,载《生产力研究》2007 年第 16 期。
⑤ See Been Eifert, Alan Gelb & Viiava Rmamchandran, "Business Environment and Comparative Advantage in Africa:Evidence from the Investment Climate Data ICA Word Bank Working Paper", No.56,2005.

对此观点,也有不少国内学者表示赞同。例如,张威认为,营商环境是影响投资者投资行为的客观条件,是其投资时面临的外部条件;[①]陈伟伟与王艳梅等学者将营商环境定义为某一经济体内对企业生存与发展有直接或间接影响的基础性外部环境,且这些外部环境是企业无法通过自身能力轻易改变的,若想改善这些外部环境需政府、社会等多方力量介入;[②]魏淑艳与徐昱东等学者也认为,营商环境是企业生存发展所依赖的外部环境,是硬环境与软环境的总和。[③] 硬环境也可称为物质环境或物理环境,一般指地理区位、水、矿产、植物、气候等资源禀赋,及公路、水路、航空、电网、电信宽带网络、科研机构、产业结构等基础设施、硬件设施;软环境与硬环境相对,主要是指物质条件之外的其他外部环境与要素。卢纯昕认为,营商环境从最宽泛的意义上讲,就等同于一国家或地区的竞争力,而所谓竞争力是指包含企业经营及社会发展在内的基本要求、经营效率、创新及复杂要素在内的各种要素的综合。[④] 可见在此种观点下,我们可以简单地将营商硬环境看作是与企业经营相关的物质环境总和,营商软环境看作是与企业经营相关的制度环境总和,他们共同构成一国家或地区的营商环境。

从评价指标来看,也有不少国内外科研机构、高校院所发布的营商环境评价报告都认为,营商环境即为投资环境。如前文提到的经济学人智库《营商指标模型》、世界经济论坛《全球竞争力报告》、科尔尼管理咨询公司《2020 全球城市指数报告(GCI)》、IESE 商学院全球化与战略中心《IESE 城市动态指数 2020》(IESE Cities in Motion Index 2020)、广东粤港澳大湾区研究院与 21 世纪经济研究院《2020 年中国 296 个城市营商环境报告》等诸多国内外营商环境评价指标中,都将陆运、水运、航运、网络、通信等基础设施建设这样的硬环境作为评价一经济体营商环境的基础指标。

但事实上,投资硬环境并不应纳入营商环境的定义之中。虽然营商环境涉及方方面面,物质环境也确实会对企业的创办、生产、经营等活动产生影响,但其在一般情况下难以改变,或者说在短期内可塑性极低,从而导致

---

① 参见张威:《我国营商环境存在的问题及优化建议》,载《理论学刊》2017 年第 5 期。

② 参见陈伟伟、张琦:《系统优化我国区域营商环境的逻辑框架和思路》,载《改革》2019 年第 5 期;王艳梅、祝雅柠:《论董事违反信义义务赔偿责任范围的界定——以世界银行〈营商环境报告〉"董事责任程度"为切入点》,载《北方法学》2019 年第 2 期。

③ 参见魏淑艳、孙峰:《东北地区投资营商环境评估与优化对策》,载《长白学刊》2017 年第 6 期;徐昱东、崔日明、包艳:《俄罗斯地区营商环境的哪些因素提升了 FDI 流入水平——基于系统 GMM 估计的动态面板分析》,载《对外经济贸易大学学报》2015 年第 6 期。

④ 参见卢纯昕:《粤港澳大湾区法治化营商环境建设中的知识产权协调机制》,载《学术研究》2018 年第 7 期。

将其纳入营商环境内涵的意义不大。一个经济体的地理位置和水、矿产、植物等自然资源的丰富程度一般无法改变,公路、水路、机场、电网、电信宽带网络等基础设施的建设与科学研究能力的提高更非一朝一夕之事,也难谈优化与改善。董志强等学者也持有类似的观点,其通过对我国 30 个大城市的营商环境进行分析发现,地理位置、自然资源与基础设施的建设对一城市营商环境的影响极其有限。① 由此可见,将硬环境作为营商环境的内涵之一实属不必,愈来愈多的学者也发现了这一问题,并将营商环境内涵的挖掘聚焦在短期内可更改性较大的软环境之内。

2. 营商环境即为软环境

第二种观点相比第一种有所限缩,可以称之为"广义性定义",该种观点认为,营商环境就是商事主体从事商事组织活动或经营行为的软环境。软环境是一个相对硬环境而言的概念,又可称之为经济软环境、投资软环境,是企业生存发展中发挥作用的除有形物质条件以外的各种因素和条件总和,是一个有机整体,包括法律与政策、政治与文化、思想与观念、监管与服务、机制与体制、市场与经济等内容,涉及政治、经济、文化、社会等外部因素,具有系统性和整体性。② 例如国务院《优化营商环境条例》中就将营商环境定义为包括市场主体保护、市场环境、政务服务、监管执法、法治保障等市场主体在市场经济活动中所涉及的体制机制性因素和条件。③ 换言之,《优化营商环境条例》明确将营商环境视为主要包含体制机制等方面的"软环境",而非包括基础设施、自然生态、环境保护等方面的"硬环境"。

对此观点也有不少学者持赞同态度。如宋林霖等学者认为,营商环境可以理解为某一经济体政府在一定期间内为经济发展而在政治、经济、法治及对外开放等领域进行系统改革并营造的影响投资主体从事商业活动的政治环境、经济环境、法治环境及国际化环境等各种软环境的有机结合。④ 董彪与何凌云等学者从企业外在发展环境出发,认为营商环境就是一国家或

---

① 参见董志强、魏下海、汤灿晴:《制度软环境与经济发展——基于 30 个大城市营商环境的经验研究》,载《管理世界》2012 年第 4 期。

② 参见张莉:《"一带一路"战略下中国与东盟营商环境差异与协同构建研究》,载《经济与管理》2017 年第 2 期;董彪、李仁玉:《我国法治化国际化营商环境建设研究——基于〈营商环境报告〉的分析》,载《商业经济研究》2016 年第 13 期;关溪媛:《东北振兴需加强城市软环境建设》,载《经济咨询》2005 年第 2 期;张国勇、娄成武、李兴超:《论东北老工业基地全面振兴中的软环境建设与优化策略》,载《当代经济管理》2016 年第 11 期。

③ 参见《优化营商环境条例》第 2 条规定。

④ 参见宋林霖、何成祥:《优化营商环境视阈下放管服改革的逻辑与推进路径——基于世界银行营商环境指标体系的分析》,载《中国行政管理》2018 年第 4 期。

地区的经济软实力,是商事主体从事商事组织或经营行为的各种境况和条件,包括影响商事主体行为的社会、经济、政治、法律等要素。① 同时,上文中所提到的国内外营商环境评价指标也基本都是以软环境为主进行分析、评估。

但即便是软环境,也不应全部纳入营商环境内涵中。一方面,软环境外延十分广泛,包括各种各样的因素,而对于思想、意识、文化、社会观念这一类自发的、不自觉形成的软环境,很难在短时间内发生转变,也很难通过数理统计等科学方式进行观测与研究;另一方面,对此类软环境,除了其内生性发展、演变外,更多的是通过法律法规、制度政策这样的自觉、非自发形成的软环境作为中介手段进行间接调控。同时,法律法规、制度政策这类制度性软环境在短期内可塑性较强,也可以更好通过数据等方式进行观测、分析。在此逻辑下,愈来愈多学者将营商环境的内涵限定在"制度"内。

3. 营商环境即为制度环境

第三种观点相比第二种又有所限缩,可以称之为"狭义性定义",该种观点认为,营商环境即为制度。此类观点来源于世行 DB 对于营商环境的定义,DB 认为营商环境是企业在申请开设、生产经营、贸易活动、纳税、执行合约以及关闭等方面遵循政策法规所需要的时间和成本等条件的综合②,其基本理念是:领导会频繁更替,做法也会因人而异,只有规则相对稳定、可靠,故此,法律制度才是一经济体营商环境的核心要素。③ 易言之,世界银行对营商环境的考察从市场主体的角度出发,落脚在法律制度上,其目的在于降低制度性交易成本,以更美好的制度构造更美好的生活。④ 习近平总书记也在讲话中指出"我们提出建设开放型经济新体制,一个重

---

① 参见董彪、李仁玉:《我国法治化国际化营商环境建设研究——基于〈营商环境报告〉的分析》,载《商业经济研究》2016 年第 13 期;何凌云、陶东杰:《营商环境会影响企业研发投入吗?——基于世界银行调查数据的实证分析》,载《江西财经大学学报》2018 年第 3 期。

② 参见"Doing Business 2018: Reforming to Create Jobs", Washington D.C.: World Bank Group. 2017:IV;娄成武、张国勇:《基于市场主体主观感知的营商环境评价框架构建——兼评世界银行营商环境评估模式》,载《当代经济管理》2018 年第 6 期;后向东:《论营商环境中政务公开的地位和作用》,载《中国行政管理》2019 年第 2 期。

③ 参见薛峰、罗培新:《关于世界银行全球营商环境评估的几个问题》,载《中国工商报》2018 年 5 月 10 日第 8 版。

④ 20 世纪 30 年代,诺贝尔经济学奖得主罗纳德·科斯率先在"生产成本"之外提出"交易成本"的概念。他发现,运用价格机制来配置资源,并非毫无成本,产权保护、谈判签订合同、监督合同执行等,都存在着交易成本。1972 年获得诺贝尔经济学奖的经济学家肯尼斯·阿罗认为,科斯提出的交易成本实际上就是"一个经济体系运行的成本",而非单纯的商业成本,这也就是世界银行所称的制度性成本,即无论市场主体如何努力,如何聪慧,都必须承担的成本。

要目的就是通过开放促进我们自身加快制度建设、法规建设,改善营商环境和创新环境,降低市场运行成本,提高运行效率,提升国际竞争力。"①由此可见,制度是影响营商环境与经济发展的最重要因素之一,而各经济体间的市场竞争事实上就是制度竞争,较为发达的经济体必然存在着促进经济发展的制度,而较为落后的经济体必然存在着制约经济发展的制度②,我国优化营商环境的重点工作也在完善制度环境、健全法律法规中。③

对此观点也有不少学者持赞同态度。例如,张国勇等学者就借助嵌入性理论,从市场主体的角度出发,将营商环境界定为某一地区的市场主体嵌入"政府—市场—社会"系统中的,由政府服务环境、市场监管环境和社会基础环境构成的制度环境,是一系列制度的集合体,包括各种正式制度及非正式制度。④ 更有学者提出,营商环境是一经济体控制商事活动的法律、法规、政策、制度、规则等复杂因素的融合体,是投资氛围的子集。⑤

基于此,不少学者开始讨论制度与营商环境之联系。对于制度与营商环境内在联系的研究最早可追溯至马克斯·韦伯(Max Weber)的著名观点,即理性的法律通过给市场交易提供预期和合法性而支撑着经济活动的发展。⑥ 一个世纪后,经济学家道格拉斯·诺斯(Douglass C.North)将马克斯·韦伯的观点运用到具体制度领域中,在《西方世界的兴起》《经济史中的结构与变迁》等著作中提出了"制度是极其重要的"(Institution Matters)观点,将制度定义为人为设计的社会博弈规则,是约束人之间活动关系的一系列行为规则,涉及经济、社会、政治等方方面面。⑦ 诺斯将法律制度比作大坝或公路,是经济发展前的固定资产投资,其决定了经济发展之路径,但自身却会保持相对稳定。同时诺斯指出,制度的质量与制度变迁的方向是

① 《习近平:营造稳定公开透明的营商环境　加快建设开放型经济新体制》,《人民日报》2017年7月18日。
② 参见张清津:《以好的制度打造一流营商环境》,载《大众日报》2013年12月1日第1版。
③ 参见孙梦爽:《打好营商环境法治底色——全国人大常委会作出关于授权国务院在营商环境创新试点城市暂时调整适用计量法有关规定的决定》,载《中国人大》2021年第22期。
④ 参见张国勇、娄成武:《基于制度嵌入性的营商环境优化研究——以辽宁省为例》,载《东北大学学报》(社会科学版)2018年第3期。
⑤ 参见 Leveraging the Impact of Business Environment Reform: *The Contribution of Quality Infra-structure*, Lessons from Practice, DCED Working Paper.资料来源于 DCED 网站:http://www.businessenvironment.org/dyn/be/docs/detail2/284/6,最后访问时间:2024年1月2日。
⑥ 参见[德]马克斯·韦伯:《新教伦理与资本主义精神》,于晓、陈维钢等译,生活·读书·新知三联书店1992年版,第42页。
⑦ 参见[美]道格拉斯·诺斯:《制度、制度变迁与经济成就》,格致出版社2008年版,第37页。

决定一个经济体是富有或贫穷的直接原因。当一经济体具备优异制度时，其一方面可以限制政府及各类精英群体对私人的掠夺行为，为社会提供良好的私人产权保护，确保合约的履行，促使私人进行物质资本和人力资本上的投资，进而促进经济增长；另一方面，可以提供一个高效司法系统，解决私人与私人、私人与公共部门间的纠纷，促进社会分工和交易，进而促进经济增长。① 德隆·阿西莫格鲁（Acemoglu.D.）与詹姆斯·A.罗宾逊（James A. Robinson）将前者称之为"财产保护制度"（Property rights institution），后者称之为"契约维护制度"（Contracting institution），并强调制度与经济体之间、经济体内部之间贫富差距的根本原因。② 此后大量学者的研究也为此观点提供了丰富的经验证据。③ 基弗、莱文、斯特鲁普、法布罗、弗雷德等学者也证实了"制度至关重要"的假说。④

制度在我国被定义为人们自愿或被迫接受的、规范人类选择行为的习惯和规则，习惯一般指文化传统或风俗禁忌等，规则包括各种法律、规定及政策等。⑤ 李维安等学者经过研究表明，企业的生产经营行为与其所处制度环境具有内生性关系。⑥ 董志强等学者基于世行公布的我国 30 个大城市营商环境的大数据进行区域性研究，检验了营商制度环境与经济发展的关系，并提出制度环境的差异是理解区域发展差异的重要线索。同时还得出了我国本土化营商环境中"制度至关重要"的研究结论。⑦ 徐现祥和李郇

---

① 汪德华等选取的政府规模从四个方面衡量：政府消费支出占总消费比例、转移支付占 GDP 比例、政府以及政府控制企业的投资占总投资的比例、总边际税率。其综合评分越高表示政府规模越大。法治水平则主要衡量一国司法体系、警察在维护契约执行方面的质量，评分越高表明法治水平越高。参见汪德华、张再金、白重恩：《政府规模、法治水平与服务业发展》，载《经济研究》2007 年第 6 期。

② See Acemoglu D., S.Johnson & J.Robinson, "Institutions as the Fundamental Cause of Long-Run Growth", Ahgion P.& S.N.Durlauf(eds.), *Handbook of Economic Growth*, Elsevier, 2005.

③ See De Long, J.B.& A.Shleifer, "Princes and Merchants: European City Growth Before the Industry Revolution", *NBER Working Paper*, 1993, No.4274; Acemoglu D., S.Johnson & J.Robinson, "The Colonial Origins of Comparative Development: An Empirical Investigation", *American Economic Review*, 2001, 91(5), pp.1369–1401; Levchenko, A., "Institutional Quality and International Trade", *Review of Economic Studies*, 2007, 74(3), pp.791–819.

④ See Fabro G.and J.Aixalá, "Economic Growth and Institutional Quality: Global and Income-Level Analyses", *Journal of Economic Issues*, 2009.Vol.43(4), pp.997–1023.

⑤ 参见张宇燕：《个人理性与"制度悖论"——对国家兴衰的尝试性探索》，载《经济研究》1993 年第 4 期。

⑥ 参见李维安、邱艾超、阎大颖：《企业政治关系研究脉络梳理与未来展望》，载《外国经济与管理》2010 年第 5 期。

⑦ 参见董志强、魏下海、汤灿晴：《制度软环境与经济发展——基于 30 个大城市营商环境的经验研究》，载《管理世界》2012 年第 4 期。

根据霍尔和琼斯的研究,发现制度构架和基础设施建设在改善营商环境、促进经济发展过程中具有重要作用。① 董彪等学者强调统一、透明、可操作的法治体系和制度在国际化营商环境建设中的重要性,认为市场、资源、人才各项制度的完善对提高地方营商环境竞争力有积极意义。② 方颖等学者基于阿赛莫格卢的研究思路,指出造成地方经济发展和营商环境差异的两个关键性因素是产权保护制度和市场制度。③

总体来说,上述三种观点对于"营商环境"的定义,形成整体存在"投资环境—投资软环境—制度环境"从广义到狭义的趋势。本文认为,与各类市场主体开办、经营、运作及退出相关的因素众多,但在其中起决定性作用,且在短时间内可塑性较强的,即为制度环境。一个经济体的制度环境,不仅包括权力机关所颁布的宪法、法律、行政法规、部门规章、地方性法规与规章制度、自治条例和单行条例等正式法律制度,还包括公共政策、判例、风俗、习惯、道德规范、信念、正义观念、理性原则、社会思潮等非正式法律制度,不论是正式法律制度抑或非正式法律制度,都对该经济体的营商环境具有重要影响。④ 综上所述,笔者认为,营商环境是与企业创立、运行、生产、经营以及退出等活动息息相关的正式与非正式法律制度的综合。

（二）营商环境法治及其价值——关注市场主体

市场主体是稳定就业和经济基本盘的有力支撑,而营商环境则是市场主体生存的"土壤",其直接影响市场主体的发展,正因如此,我国在营商环境优化过程中更强调营商环境法治化及其价值。

1. 营商环境法治

习近平总书记在主持召开中央全面依法治国委员会第二次会议中指出:"法治是最好的营商环境。"⑤所谓营商环境法治,源自"法治"（rule of Law）这一古老的概念,而"法制"（Legal system）经常作为与之相关的对照概念同时出现。"法治"与"法制"相比,有以下不同之处:第一,内涵不同。"法制"本意是一个静态概念,是"法律和制度"或者"法律制度"的简称;而

---

① 参见徐现祥、李郇:《中国省区经济差距的内生制度根源》,载《经济学（季刊）》2005 年第1 期。
② 参见董彪、李仁玉:《我国法治化国际化营商环境建设研究——基于〈营商环境报告〉的分析》,载《商业经济研究》2016 年第 13 期。
③ 参见方颖、赵阳:《寻找制度的工具变量:估计产权保护对中国经济增长的贡献》,载《经济研究》2011 年第 5 期。
④ 参见董志强、魏下海、汤灿晴:《制度软环境与经济发展——基于 30 个大城市营商环境的经验研究》,载《管理世界》2012 年第 4 期。
⑤ 习近平:《论坚持全面依法治国》,中央文献出版社 2020 年版,第 254 页。

"法治"是动态概念,是指法律运行的状态。第二,产生时间不同。"法制"在人类世界还未出现宪法、民主等概念前就已存在;而"法治"则是晚近才出现的理念,强调对国家权力的限制和制约。第三,在社会规范体系中的地位不同。法治社会中的法律一般并非调整社会关系最主要的社会规范,其往往从属于道德、习惯等其他社会规范;而在法治社会中,法律具有极其重要的地位,法律至上成了法治社会的基本标志之一。第四,基本价值追求不同。在"法治"中,包含了法律至上、社会民主、维护自由平等、保障人权、程序正义及社会民主六大价值,而"法制"和这些价值追求并无必然联系,它既可与"法治"相结合,也可与"人治"相结合,但当"法制"与"人治"相结合时,法律权威只起到补充和辅助作用。

从法治环境特征来看,在所有软环境中,法治环境最具覆盖性、包容性和决定性,故要以法治手段优化营商环境①,"法治是最好的营商环境"。所谓营商环境法治化,即是将营商环境建设全面纳入法治化轨道,在优化营商环境过程中同时追寻法治化价值,把依法平等保护各类市场主体合法权益贯彻到立法、执法、司法、守法各环节。具体包括:

一是科学立法。"立善法于天下,则天下治;立善法于一国,则一国治。"故此,科学立法、民主立法、依法立法是营商环境法治的前提与基础。目前,我国已基本建立以《优化营商环境条例》为主干、以各类优化营商环境政策文件为补充,以各省、市、自治区、直辖市优化营商环境立法为支干的优化营商环境立法体系。② 在日后营商环境法治化过程中,我国应继续用好立法这一重要基础手段,制定、完善一系列行之有效、系统完备、公正透明、契合现代化经济体系需要的法律法规,不仅助力优化营商环境建设,也能更好地发挥法治固根本、稳预期、利长远之作用。

二是严格执法。执法是行政机关的基本职权,是与各类市场主体关联最密切的政府职权,故此严格执法、依法执法更是营商环境法治的关键。在优化营商环境背景下,严格执法即要求各级各地政府、部门做到"法无授权不可为,法定职责必须为",在政府与市场的边界上更加"泾渭分明"。

三是公正司法。司法是维护社会公平正义、保护各类市场主体合法权益的最后一道防线,故此公正司法是营商环境法治的基本保障,也是优化营商环境的应有之义。在优化营商环境背景下,公正司法要求司法机关平等

---

① 参见谢红星:《营商法治环境评价的中国思路与体系——基于法治化视角》,载《湖北社会科学》2019 年第 3 期。

② 参见张红哲:《法治是最好的营商环境》,载《人民日报》2020 年 10 月 16 日第 5 版。

保护各类市场主体合法权益,增强人民群众的财产财富安全感。只有实现公正司法,才能让各类市场主体安心,才能让市场具有更加强劲的创新创业动力。

四是全民守法。在现代化经济体系中只有各级各地政府部门、各类市场主体都积极守法,才能让遵纪守法的市场主体不吃亏,才能让创业者专心创业,才能让投资者放心投资,才能让企业家安心经营。故此,全民守法是营商环境法治的基石,在优化营商环境背景下,应强化全民守法的法治氛围的营造。一方面,政府、部门应该带头尊法学法、守法用法,进一步深化改革;另一方面,各类市场主体也应形成相信法律的思维方式与行为习惯,在法律范围内通过正当有序地竞争而获利。①

一言以蔽之,营商环境法治即是在科学立法、严格执法、公正司法、全民守法下,依法平等保护各类市场主体合法权益,而在此之中,设置透明、合理、高质量、有助于实现公平竞争的法律制度是实现这一目标的前提与基础。故此,营商环境法治需着力于法律制度,这些法律制度或是通过直接约束各类市场主体的进入、登记、劳动力获取、经营、融资、履行合同、纳税、退出等行为直接作用于各类市场主体,或是通过经济治理、宏观调控、社会舆论、人文环境甚至公民素质等,间接影响各类市场主体的经济活动。本书对市场主体中公司董事法律制度的研究即是相关制度研究浩瀚集合的一域视角。

2. 营商环境法治的价值

世界银行指出,营商环境与(政府)治理透明度和便利度息息相关,营商环境的优化、改善与提升有利于提高企业准入率,提升企业密度,吸引国际资本,增加国内投资,刺激该经济体经济增长。世行发布的一项研究报告表明,若某一经济体通过提升营商环境使开办企业所需时间减少 10 天,那么该经济体年投资率与 GDP 年增长率将会分别增加 0.3% 与 0.36%。可见,营商环境优化对市场主体和经济体的发展都具有促进作用,具言之,营商环境法治化的价值具体体现在以下几方面:

首先,营商环境法治化对企业具有重要价值,因为企业是营商环境所重点关注的对象。世行将企业的生存周期划定为企业开办、扩建、经营、破产四阶段,不论是哪个阶段,营商环境对于企业之影响就如同空气、阳光和水对自然人的影响一样,一刻也不停歇。明确、清晰的制度环境可以减少企业对未来的不确定性,降低企业运行成本,提高企业之预期,从而有利于企业

---

① 参见张红哲:《法治是最好的营商环境》,载《人民日报》2020 年 10 月 16 日第 5 版。

经营发展。同时,依据熊彼特(Schumpeter)和约瑟夫(Joseph)的创造性破坏理论,频繁创业有助于市场经济发展和市场竞争[1],而高效的制度环境正有利于企业进入、退出市场,从而保证企业优胜劣汰,进而促进经济发展。与此同时,道森(Dawson)通过对90个经济体15年的经济数据进行统计研究后发现,制度环境优化可以显著提高生产率,降低经济对投资的依赖,进而促进经济增长。[2]

其次,营商环境法治化对经济体也具有重大影响。习近平总书记指出:"投资环境就像空气,空气清新才能吸引更多外资。"[3]可见营商环境的优劣与投资的多少之间具有直接关系。皮翁斯基(Piwonski)通过实证研究发现,如果一经济体政府利用有效制度使得其营商环境排名每提高1位,那么该经济体的外国直接投资(FDI)将会增加4400万美元左右。[4]阿兹曼·赛尼(Azman-Saini)、巴哈鲁姆沙赫(Baharumshah)等通过对世行营商环境相关统计数据进行分析发现,外国直接投资(FDI)与营商环境具有显著正相关关系。[5]可见,对于一经济体来说,营商环境法治化可以吸引外国直接投资(FDI),而对外国直接投资(FDI)的吸引力不仅可使得该经济体在激烈国际竞争中取得先机,更可为该经济体提供更好的制度保障及政策激励取得前提,也可提高当地企业的资本积累,提高企业对该经济体以及自身经营的未来预期。此外,营商环境也是一经济体经济实力、软实力、国际竞争力的重要风向标[6],其优劣已成为经济全球化和一体化背景下衡量一经济体经济开放性、发展潜力、综合国力及国际竞争力的重要评判因素之一。姜科夫(Djankov)、麦克利什(McLiesh)和拉马鲁(Ramalho)通过利用世行营商环境数据库中1993年至2002年的数据,并对其中7个子指标进行加权平均,以研究商事法律制度与经济的关系,发现若一经济体的商事法律制度质量从最差的1/4提高到最佳状态,那么该经济体的经济年增长率将

---

① See Schumpeter, Joseph, "Capitalism Socialism and Democracy", *New York*: *Harper & Row*.1942:3.

② See J.W.Dawson, "Institutions, Investment, and Growth: New Cross-country and Panel Data Evidence", *Economic Inquiry*, 1998,36(4):603–619.

③ 《习近平著作选读》第二卷,人民出版社2023年版,第144页。

④ See K.Piwonski, "Does the 'Ease of Doing Business' in a Country Influence Its Foreign Direct Investment Inflows?", *Bryant University Working Paper*, 2010.

⑤ See W. N. W. Azman-Saini, A. Z. Baharumshah, and S. H. Law, "Foreign Direct Investment, Economic Freedom and Economic Growth: International Evidence", *Economic Modelling*, 2010, 27(5), pp.1079–1089.

⑥ 参见孙梦爽:《打好营商环境法治底色——全国人大常委会作出关于授权国务院在营商环境创新试点城市暂时调整适用计量法有关规定的决定》,载《中国人大》2021年第22期。

提高 2.3%①;同时,良好的营商环境更是促进国内经济与国际经济友好协
作发展的基础。

最后,营商环境法治化对于一个经济体之内的普通社会公众同样也是
不可或缺的。一方面,正如上文评价营商环境法治化对企业价值所提到的,
健全、明晰的制度,透明、高效的制度实施流程,流畅、清晰的监管机制不仅
有益于各类市场主体,更可以促进普通社会公众创新创业,进入到市场经营
中,成为市场主体新生力量,进而提升该经济体市场活跃度及经济活力。例
如经济学人智库就发现,某一经济体营商环境的改善能使该经济体内投资
者增加投资的可能性提高 30%。② 另一方面,Cebula 通过对经济合作与发
展组织(OECD)中 30 个国家与地区的相关数据进行统计研究发现,营商环
境的优化可以显著提升该经济体的人均收入。③ 吉兰德斯(Gillanders)和惠
兰(Whelan)也通过利用世行营商环境数据库中 2000 年至 2007 年的数据
进行统计研究发现,若某一经济体的营商环境排名每提高 1 位,其实际人均
收入将增加 0.008%。④ 可见对普通社会公众来说,营商环境法治化不仅可
以方便其创新创业、进入到市场中去,还可以提高其经济收入。

综上所述,营商环境即是与各类市场主体创立、运行、生产、经营及退出
等活动息息相关的正式与非正式法律制度的综合;营商环境法治化,即是发
挥法治的保障作用,将营商环境建设全面纳入法治化轨道,在优化营商环境
的过程中追寻法治化之价值。⑤ 同时,不论是营商环境、营商环境评价指标
抑或营商环境法治,都以市场主体为考察、适用对象,其目的都在于提高各
类市场主体的活跃度,降低各类市场主体的活动成本,提升各类市场主体的
活动效率,促进当地私营经济发展与繁荣,为所有人创造更多机会。营商环
境离不开法治,而善治的前提是要立良法。故此,营商环境法治中最为关键
的,便是设置透明、合理、高质量、有助于实现公平竞争的法律制度,而本书

---

① See S. Djankov, C. McLiesh, and R. M. Ramalho, " Regulation and Growth", *Economics Letters*,
2006,92(3):395-401.

② 参见康念福:《广东建设法治化国际化的营商环境及对策建议——2012 年"省长与专家座
谈会"主要观点综述》,载《广东经济》2012 年第 9 期;张国勇、娄成武、李兴超:《论东北老
工业基地全面振兴中的软环境建设与优化策略》,载《当代经济管理》2016 年第 11 期;李
林木、宛江、潘颖:《我国税务营商环境的国际比较与优化对策》,载《税务研究》2018 年第
4 期。

③ See R. Cebula, " Which Economic Freedoms Influence per Capita Real Income?", *Applied Economics Letters*,2013,20(4),pp.368-372.

④ See R. Gillanders and K. Whelan, "Open for Business? Institutions, Business Environment and Economic Development", *University College Dublin Working Paper*, No.40,2010.

⑤ 参见张红哲:《法治是最好的营商环境》,载《人民日报》2020 年 10 月 16 日第 5 版。

将聚焦于公司这一市场主体类型,重点关注其内部治理结构中最重要的董事法律制度。

第二节 关注:董事法律制度的体系构造

一、营商环境与董事法律制度

习近平总书记强调:"营商环境没有最好、只有更好。"①谁拥有法治化营商环境,谁就拥有竞争优势,就能在经济转型升级和高质量发展中先拔头筹。② 故此,世界各经济体都在不断优化营商环境,以持续适应经济之发展及市场环境之变化,而优化营商环境的最有效途径即为适时完善与改进相关法律法规。③ 为促进营商环境法治化,我国也以世界银行报告及我国营商环境评价指标为导向,做出了一系列法律制度改进。虽然现有营商环境评价指标体系不足以完全衡量某一经济体营商环境之全貌,其部分数据也不够具体、准确,但是一方面,世行营商环境评价指标自身也在不断改进与完善之中,例如从 DB 向 B-Ready 评价体系的转变,即表明了世行营商环境评价指标在向着更加科学、准确、全面的标准进发④;另一方面,在不伤害其他法益价值的情况下,针对各种营商环境评价指标做出适应性修订,提升我国营商环境全球排名,不但有利于提升法律制度之价值⑤,也有助于实现帕累托最优(Pareto Optimality)。

正如之前定义的,营商环境主要关注内容为制度建设,重点关注对象为各类市场主体,是与其创立、运行、生产、经营及退出等活动息息相关的正式与非正式法律制度的综合。在各类市场主体中,公司是现代市场经济体系中最普遍、最活跃的市场主体,在现代社会中发挥着重要作用。在这些正式与非正式法律制度之中,《公司法》是与包括公司在内的各种市场主体关联最为紧密的法律制度。根据《公司法》第 1 条之规定,《公司法》不但规制公

① 《习近平著作选读》第二卷,人民出版社 2023 年版,第 216 页。
② 参见张红哲:《法治是最好的营商环境》,载《人民日报》2020 年 10 月 16 日第 5 版。
③ 参见汪青松:《关联交易规制的世行范式评析与中国范式重构》,载《法学研究》2021 年第1 期。
④ 例如,作为对技术创新具有重要影响的知识产权保护、政府干预、融资约束等,该指数并未统计在内。参见卢万青、陈万灵:《营商环境、技术创新与比较优势的动态变化》,载《国际经贸探索》2018 年第 11 期。
⑤ 参见罗培新:《世行营商环境评估之"保护少数投资者"指标解析——兼论我国公司法的修订》,载《清华法学》2019 年第 1 期。

司之行为(即包括公司创立、运行、生产、经营以及退出等各个阶段的行为),还调整公司之组织形式(即公司内部机关、员工的构成与行为)。① 回首过去,自 1993 年 12 月 29 日第八届全国人民代表大会常务委员会第五次会议通过我国首部《公司法》以来,其就为建立与完善我国现代化公司制度以及优化营商环境等方面发挥了重大作用。时至今日,《公司法》已经历了1999 年、2004 年、2013 年、2018 年 4 次修正及 2005 年、2023 年 2 次修订,每次修正、修订都在朝着更好、更完善的营商环境砥砺前行。展望未来,自2019 年 4 月开始,《公司法》第 2 次修订就已提上日程,并于 2023 年 12 月29 日修订通过,自 2024 年 7 月 1 日起施行。此次《公司法》修订旨在提高公司制度供给质量,培育企业家精神,推动经济高质量发展,打造投资者及利益相关者友好型法治化营商环境。

　　公司属于法人,即法律拟制之人,其与自然人的相同点在于同样具有民事权利能力和民事行为能力,是享有权利并承担义务的民事主体;区别在于公司不具有实体,看不见摸不着。但如果将公司想象为一个有血有肉的"人",公司之行为就如同自然人之行为,包括法律行为、侵权行为甚至违法行为。对公司行为之规制就如同对自然人身体行为之规制。对公司而言,与其行为相关的法律制度不仅包括《公司法》,更包括《中华人民共和国证券法》《中华人民共和国破产法》等一系列法律,这一揽子制度构成了公司行为的制度环境。公司自身的意志与行为固然重要,但也不能否认客观规律的存在与制约,公司自身的意志与行为无法脱离客观的物质条件和市场经济客观规律,如果将公司自身意志和行为的作用加以无限扩大,容易将"主观能动性"歪曲为"主观随意性",陷入唯心主义和唯意志论的误区。可见,"环境"的影响在某种意义上要大于自身之行为,换言之,公司行为的制度环境在某种意义上也要比规制公司行为本体的制度更为重要。也正是因此,我国在对营商环境相应指标进行制度优化时也是从其相关法律规则入手,如在"开办企业""办理建筑许可"指标中,我国就通过制定、完善相关法律法规、行政规章提升得分。②

---

① 参见《中华人民共和国公司法(2023 年修订)》第 1 条规定。
② 如为提升"开办企业"的分数与便利度,上海市于 2019 年 3 月 4 日发布《进一步推进开办企业便利化改革的意见》,2019 年 4 月 30 日发布《关于本市提供免费公章刻制服务的公告》;为提升"办理建筑许可"的分数与便利度,国务院出台了《关于开展工程建设项目审批制度改革试点的通知》,上海市出台了《关于进一步简化本市小型建筑工程竣工验收工作的通知》《关于进一步简化本市小型建筑工程质量安全管理的通知》《上海市公共数据和一网通办管理办法》《关于进一步优化营商环境深化供排水接入改革的意见》《上海市不纳入建设项目环评管理的项目类型(2019)》等数十个文件。

相应地,公司组织机构就如同自然人的身体与精神,对公司组织之调整,即公司内部治理,就如同对自然人身体健康之保护、思想道德之教化及惩戒。对公司"身体健康之保护"主要包括股东权利保护、公司权益保护等法律制度,对公司"思想道德之教化及惩戒"主要包括股东会、董事会、监事会及高级管理人员权力行使、义务承受及责任承担等法律制度。如果对公司组织机构的相关规则制度做出一个更深刻、清晰的界定,学界一般将其称之为公司治理机制。所谓公司治理机制,是指为维护股东、债权人及社会公共利益,保证公司正常高效运作,由法律法规和公司章程规定的公司机构之间的权责配置、监督制衡机制体系,包括公司内部与外部治理机制。① 其中公司外部治理机制主要包括公司与其各利益相关主体(如债权人、社会公众、职员等)在公司设立、经营、运作、管理及退出等活动中的权责配置机制与监督制衡机制;公司内部治理机制主要包括公司内部的所有者(股东)、经营决策者(董事)和监督者(监事)之间通过公司权力机关(股东会)、公司经营决策机关(董事会及高级管理人员)和公司监督机关(监事会)形成的权责配置机制与监督制衡机制,并通过法律法规、公司章程等规定予以制度化。② 因公司本身是公司治理关系的主要载体,在公司中,股东、董事、监事和高级管理人员也是公司的主要内部人员,故相比之下,内部治理机制与外部治理机制相比更为重要。

在世行 DB 评价指标、英国普华永道会计师事务所(Pricewaterhouse Coopers)发布的《机遇之都》(Cities of Opportunity)报告、万事达卡国际组织(Mastercard International)发布的《全球商业中心指数(WCoC)》报告及中国营商环境评价体系中都有类似的"保护中小投资者""投资保护""少数投资者保护"指标,其也是与公司组织机构最为密切,专门指向公司内部治理机制法治保障的指标。③ 虽然在世行最新的 B-Ready 评价指标中不再有关于公司内部治理机制的相关指标,但这并不意味着公司内部治理机制不再重要,也并不意味着公司内部治理与营商环境没有关联,而是基于不同评价指标体系的侧重点不同所致。B-Ready 评价指标将评估的重点放在了微观监管层面与公共服务层面。

公司治理机制是公司组织机构制度的核心,同时公司良法善治也是增强国家经济竞争力的必要条件,是衡量营商环境优劣的试金石,是构建和谐

---

① 参见李维安:《公司治理学》,高等教育出版社 2005 年版,第 7 页。

② 参见刘秀萍:《国有控股公司董事经营责任的缺失与对策》,载《中州学刊》2005 年第 6 期。

③ 参见罗培新、张逸凡:《世行营商环境评价之"保护中小投资者"指标解析及我国修法建议》,载《华东政法大学学报》2020 年第 2 期。

社会的法律基石。① 党的十九大报告中指出,要通过全面深化改革,不断完善公司治理机制,加快建立和完善中国特色的现代公司治理体系。经济合作与发展组织(OECD)对公司治理机制也提出了基本原则,具体包括:第一,公司治理机制的框架应是保护股东权利;第二,公司治理机制应当确保所有股东,包括中小股东和域外股东得到平等对待;第三,公司治理机制应当确保利害相关者的合法权益;第四,公司治理机制应当确保及时准确披露与公司有关的重大问题;第五,公司治理机制应当确保董事会对公司和股东负责。②

上述这些基本原则揭示了公司治理机制内核,即股东权益保护、平等对待及董事义务与责任。可见在公司治理机制中,董事会可谓重中之重,从公司外部治理角度来看,董事会对外以公司名义行使部分经营与业务执行职能,是公司在债权人、社会公众、职工面前的"代表";从公司内部治理角度来看,其一,董事会承担部分管理决策职能,是公司的"大脑";其二,董事会向上对股东会负责,受股东会监督,向股东会报告工作,执行股东会决议③;其三,董事会向下决定聘任或解聘以公司经理为代表的高级管理人员,高级管理人员对董事会负责,其职权也来自董事会授权④;其四,董事会也是公司监事会重点监督对象。⑤ 可见,不论是在公司内部治理抑或外部治理中,董事会都与各个主体、组织之间存在千丝万缕的联系,可见其重要性。(详见图1-2)

对于如何完善我国公司治理机制,目前学界提出了诸多观点与建议,例如刘秀萍提到,我国公司治理机制存在缺陷的主要原因在于控制股东滥用权力、独立董事和监事会监督不力以及公司高层自我监督和互相监督不能实现等。⑥ 朱慈蕴认为,完善我国公司治理机制应强调控股股东的诚信义务,并赋予中小股东确保控股股东履行诚信义务的法定权利⑦;李蕴辉提出,公司股东会、监事会、董事会之间的权力制衡机制应遵循有效性、合理性、适度性和协调统一性的原则。⑧ 刘斌提出,基于不同公司类型,要将公

---

① 参见刘俊海:《推动公司法现代化优化营商法律环境》,载《法律适用》2020年第1期。
② 参见陈清:《OECD公司治理结构原则》,载《国企改革攻坚15题》,中国经济出版社1999年版,第128—137页。
③ 参见《中华人民共和国公司法(2023年修订)》第67条规定。
④ 参见《中华人民共和国公司法(2023年修订)》第67条、第74条规定。
⑤ 参见《中华人民共和国公司法(2023年修订)》第78条规定。
⑥ 参见刘秀萍:《国有控股公司董事经营责任的缺失与对策》,载《中州学刊》2005年第6期。
⑦ 参见朱慈蕴:《资本多数决原则与控制股东的诚信义务》,载《法学研究》2004年第4期。
⑧ 参见李蕴辉:《公司内部制衡机制的立法原则》,载《法制与社会发展》2004年第6期。

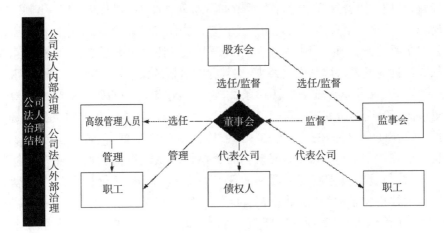

图1-2　公司法人治理结构

司监督权在监事会、董事会、审计委员会等机关间进行差异化配置,以实现公司良治。① 陈洁认为,实际控制人对公司治理等具有深远影响,而现行公司法条文并未对实际控制人的相关行为、后果予以清晰、明确的规范。故建议在未来公司法修改中明晰实际控制人的概念、义务与责任,进而完善公司治理机制。② 刘俊海、王涌、傅穹与陈景善等学者认为完善我国公司治理机制应该从具体制度入手,例如激活独立董事功能、培育独立董事,职业共同体③,完善独立董事的义务与责任,重构独立董事在公司治理中的当责性④,强化董事的合规义务与责任。⑤ 上述研究对公司治理机制中的相关制度提出了建设性意见。既然董事(会)为公司治理机制的中心,那么对公司治理机制的优化也应首先关注董事法律制度。

所谓董事法律制度,即为对董事的赋权、控制、制约机制在实证法上的表现⑥,是基于法学、经济学与管理学的互动视角下对董事会在公司组织、

① 参见刘斌:《公司治理中监督力量的再造与展开》,载《国家检察官学院学报》2022年第2期。
② 参见陈洁:《实际控制人公司法规制的体系性思考》,载《北京理工大学学报》(社会科学版)2022年第5期。
③ 参见刘俊海:《上市公司独立董事制度的反思和重构——康美药业案中独董巨额连带赔偿责任的法律思考》,载《法学杂志》2022年第3期。
④ 参见王涌:《独立董事的当责与苛责》,载《中国法律评论》2022年第3期;傅穹:《司法视野下独立董事的责任反思与制度创新》,载《法律适用》2022年第5期。
⑤ 参见陈景善:《董事合规义务体系——以董事会监督机制为路径依赖》,载《中国法律评论》2022年第3期。
⑥ 参见张开平:《英美公司董事法律制度研究》,法律出版社1998年版,第1页。

经营、管理及监督过程中的行为所做的一系列强制性和非强制性法律制度的总和，其核心不仅包括以公司法为代表的强制性法律规范，也包括不限于公司章程、公司治理原则、行业规则、公司/股东协议等非强制性法律规范。从我国目前董事法律制度实践来看，其存在董事定义与定位规则欠缺，董事（会）权力、义务及责任规制法律条文较少、表述不清等问题。从学术界对董事法律制度的研究中来看，现有研究要么过于片面强化董事的义务与责任，对董事（会）权力的关注较少；要么单独研究独立董事、董事会专业委员会的作用与功能，忽略了董事会的集体性。从现有的营商环境评价体系来看，与董事法律制度关联最为密切的是世行 DB 评价指标与中国营商环境评价体系中的"少数投资者保护"指标，其又包括"纠纷调解指数"与"股东治理指数"2 项二级指标。"纠纷调解指数"主要衡量中小股东与董事发生利益冲突时的调控能力，具体包括：其一，责任披露指数，主要指向董事的信息披露义务；其二，董事责任指数，即在何种情况下董事损害公司、股东利益需要承担损害赔偿责任；其三，股东诉讼便利指数，即股东追究董事责任的路径及方式。"股东治理指数"主要衡量股东在公司治理中的权力大小，具体包括：第一，股东权利指数，即股东对公司重大决策的决定权；第二，所有权和管理权控制指数，即股东会对董事会结构的控制；第三，公司透明度指数，即公司所有权、薪酬、审计和财务的透明度，同样指向了董事的信息披露义务。此外，"少数投资者保护"指标下的问题设计主要围绕关联交易案例，总体考察董事法律制度中的忠实勤勉义务。

可见，目前不论是与董事法律制度相关的制度实践、理论实践抑或营商环境评价体系，对公司内部治理机制中董事法律制度的考察一般都着重强调董事的义务构造与责任承担，对董事本身及权力之行使着墨不多，缺乏体系构造。但事实上，不论是董事信义义务的扩张，抑或董事责任承担范围与方式的界定，实质上都是以董事（会）权力的行使为前提，故此，对董事法律制度的完善不应该局限于具体制度的改善，而应着眼于整个董事法律制度甚至是整个公司法人内部治理机制的进步。本书拟以微观一域董事法律制度的体系化考量回应营商环境法治的现实需求，以董事主体制度及权力、义务、责任的配置与制衡机制为逻辑展开篇章结构。因考虑到内容的庞杂及篇幅限制，涉及董事的选任、解聘、罢免等属于股东会、职工代表大会等有权机关权力的行使以及董事的行政责任、刑事责任等问题，没有纳入本书的讨论范围。

二、董事法律制度再构的理念确立

所谓"再构"(reconstruction),即指在现有基础上重新梳理、修改与注入某些新元素,以不同的形式、形状或大小重新创建,使其达到更好效果的过程。本书对董事法律制度的再构以我国现有董事相关法律制度为基础,同时注入了两方面新元素:一是坚持营商环境优化与董事法律制度本土化。目前不论是立法实践还是商法研究中,都较为强调对域外法律制度、司法经验的借鉴与吸收。比较法研究固然是法律研究的重要方法之一,法律移植也是完善法律制度的重要途径之一,但是过度注重法律移植而忽视了对我国本土法律文化与要素的发掘,难免造成移植而来的制度出现"水土不服"的情况。基于此,本书以本土化为董事法律制度再构的立足点,在后续研究中充分考量我国现行董事法律制度、董事相关司法案例、公司治理商业实践、商事经营实践等,以满足我国市场经济现实需求为导向,立足我国公司实践场景与本土文化,构建具有中国特色的董事法律制度。二是结合营商环境优化的应然需求与我国董事法律制度的实然表现,本书提出以"中小股东保护"为董事法律制度再构的价值追求。一方面,以世行 DB 评价指标为代表的诸多营商环境评价体系都有类似的"中小股东保护"评价指标,以考察一经济体是否可以良好地保障中小股东合法权益;另一方面,在深析我国公司治理的本土化要素之后不难发现,我国公司中的中小股东一般都处于弱势地位,对中小股东权益保护则需要以完备、有效、优质的董事法律制度为前提。

（一）我国董事法律制度的再构立场:实践场景与本土文化

任何评价体系与法律制度都存在价值判断,营商环境评价体系与董事法律制度亦如此。从对历年世行 DB 的主题及评价体系的相关问题梳理中不难看出,其价值取向深受西方新自由主义影响,是新自由主义经济学在法律制度中的果实。[①] 世行认为,更高的政府审批效率与市场经济自由,是充分激励生产力、实现经济长期繁荣的前提。在欧美发达国家包容型(inclusive)经济和社会制度下,市场主体享有更为广泛的权利,更强调市场主体自由出入与竞争,任何主体都不得通过垄断或控制市场来获得超额利润,这也是欧美发达国家在 DB 中排名靠前的原因。

但事实上,不论是世行 DB 抑或 B-Ready 评价体系,在适用于我国经济

---

① 参见娄成武、张国勇:《基于市场主体主观感知的营商环境评估框架构建——兼评世界银行营商环境评估模式》,载《当代经济管理》2018 年第 6 期。

与社会中或许会存在一定问题:首先,世行营商环境在指标设置时未充分考虑不同经济体的现实情况,不同经济体基于其经济社会的差异可能很难以《营商环境报告》为导向做到制度标准化与统一化。从内在功能机制角度来看,"路径依赖"的重要性已经被证明,各经济体的经济、社会、历史、文化环境产生了不同营商环境制度,各经济体营商环境优化也需要在现有制度基础上循序渐进,故只有符合自身国情的营商环境制度才是最优的。① 其次,世行营商环境在指标设置时忽视了政府监管的积极面。事实上在某些情况下,政府有效的干预是必需的,良好营商环境并非一味减少政府监管或"去监管",而是需要透明、清晰、高效的监管规则,做到既不会对企业发展设置不必要的障碍,又有助于推动市场经济发展。再次,世行营商环境在指标设置时对政府监管的关注点存在偏颇,除《营商环境报告》中所强调的如手续、时间、成本等监管环节,监管的质量维度事实上更为重要。最后,世行营商环境在指标设置时未顾及在不同发展阶段的经济体中监管的差异性以及积极影响。

　　虽然《公司法》对董事会的基本要求是董事会要保持独立性,其作为公司内部独立的治理主体,在决策的过程中所必须秉持的公正、不偏颇于任何一方的利益②,但董事法律制度基于对交易效率与安全、实质公平与形式公平不同价值的考量,进而演化出诸如"股东会中心主义""董事会中心主义""经理层中心主义"等不同制度与学说,并以此为核心构建了不同董事法律制度,赋予董事(会)不同的权力、义务与责任。这些理论学说均来自域外,虽然主流经济学观点认为,经济上较为落后的国家通过"拿来"的方法汲取经济上比自己发达的国家的先进制度成果,可以大大节约制度成本,获得比先发国家更快的发展速度,获得"后发优势",但也有学者提出完全相左的观点。沃森(Walson)认为,这种"后发优势"实质上会演变成"后发劣势",最终成为"对后来者的诅咒"。我国学者杨小凯也认为,只有模仿宏观经济制度才可能获得"后发优势",若只是单纯模仿技术、企业组织形式等,在经历辉煌之后很有可能在中期停滞,最终走向"后发劣势"。③ 例如,从 2021年 11 月 12 日"康美药业证券集体诉讼案"判处 5 名独立董事承担连带赔偿责任,到之后一周内 21 家上市公司发布独立董事辞职公告,即表明我国《公司法》中对来源于英美法系的"独立董事"这一具体技术制度的移植并

---

① 参见陈弘:《浅议我国上市公司治理结构的法律制度环境》,载《经济师》2002 年第 10 期。
② 参见王斌:《论董事会独立性:对中国实践的思考》,载《会计研究》2006 年第 5 期。
③ 参见翟昕:《关于上市公司引入独立董事制度的法律经济学思考》,载《西北大学学报》(哲学社会科学版)2003 年第 4 期。

未发挥出该制度本身的作用及优势;同时在公司监督制度中,监事会形骸化现象频发,"监事会无用论"学说也经常被我国学者提及,认为我国《公司法》中对于大陆法系的"监事会"这一具体技术制度的移植事实上并没有起到该制度应有作用,与立法设计的期望相去甚远。这一系列事件的发生事实上都是外源型规范缺乏与我国实践场景与本土文化的互动所导致的。①

毋庸置疑,世行营商环境评估对于推动全球营商环境法治化变革具有重要意义,但是我国对董事法律制度的完善不应将眼光囿于世行营商环境评估一域,也不应简单地照抄或不切实际地完全照搬国外的做法,而是应以我国本土经济与市场环境为立足点,充分考量我国公司股权结构特点及特定股东结构带来的特殊公司治理问题②,考量实现有效监管与防止监管负担过重之间的平衡③,满足我国经济与市场的现实需求。在充分回应域外公司法律制度发展的基础上,遵循渐进式的改革思路,进行中国特色董事法律制度的本土化再构,既可以避免过度法律移植带来的"橘生淮南"的窘境④,又可以坚持我国公司法的中国特色,保障其本土化和民族化,同时又可以促进我国营商环境优化。本书拟参照、借鉴世行 DB 评价指标与中国营商环境评价体系中的"保护少数投资者"指标,在解析上述营商环境评价指标方法论与法学理论的基础上,一方面深入我国公司商事经营实践,探索商事经营实践中公司内部权力配置、董事义务承担与责任追究的基本范式;另一方面结合我国商事司法实践,对基于董事会权力行使与配置、董事义务承担、董事责任追究等缘由产生的司法案例进行类型化梳理,立足于我国公司实践场景与本土文化对我国董事法律制度进行体系建构。

---

① 正如科斯在《企业、市场与法律》一书中提到的,"中国读者应该注意的是,这些论文中叙述的事例是相对于英国和美国的制度而言的,而中国的社会制度(包括法律体系)与这些西方国家是不一样的……读者在考察中国社会时都应该小心谨慎地采用这些关于西方制度的论文中的观点"。参见[美]罗纳德·哈里·科斯:《企业、市场与法律》,盛洪、陈郁等译,上海三联书店 1990 年版,中译本序。

② 参见郭同峰:《独立董事制度与我国公司法人治理结构之完善》,载《理论探讨》2003 年第 2 期。

③ 参见娄成武、张国勇:《基于市场主体主观感知的营商环境评估框架构建——兼评世界银行营商环境评估模式》,载《当代经济管理》2018 年第 6 期。

④ 在公司监督制度中的体现就是中国的《公司法》直接移植了近邻日本的公司治理模式,设置了股东大会、董事会和监事会,没有对此制度进行更多的深入研究,从而导致在日本出现的监事形骸化现象也在我国频发,在日本出现的监事无用论学说也经常被我国学者提及,认为"监事会事实上并没有起到应有的作用,与立法设计的期望相去甚远"。这些问题的产生其实都是由于外源型研究范式作用,缺乏与中国场景及本土文化互动所导致的。参见罗礼平:《监事会与独立董事:并存还是合一?——中国上市公司内部监督机制的冲突与完善研究》,载《比较法研究》2009 年第 3 期。

（二）我国董事法律制度的底层逻辑：中小股东保护指标

1.宏观逻辑：商事安全、商事效率以及商事公平

从商事法律制度现代化宏观角度来看，随着我国社会主义市场经济高速发展，我国商事实践逐渐呈现出商事主体资格宽泛化、商事组织形式多样化、商事行为普遍化等特征，反映在公司治理中即表现为愈来愈多的普通主体都开始选择开办企业、投资公司，参与到公司经营管理中。在这一实践背景下，营商环境优化又对商事法律制度的构建与完善指明了方向，即以商法基本原则中"维护交易安全原则""提升交易效率原则""维护交易公平原则"等为价值导向。

"维护交易安全"是指主体在交易过程中获得相应利益安全。具言之，维护交易安全体现在以下三方面：其一，履约安全。履约安全是指交易获取之利益不受当事人意志任意左右，即合法成立之契约应按照约定安全地得到履行，对履约安全的破坏主要来源于当事人的违约行为。当然，商事法律制度无法制止当事人违约行为的发生，但可以通过建立相应的事前预防机制及事后追责机制降低当事人违约的风险与损害。在公司内部治理中则包括以信息披露制度、独立董事制度、审计委员会制度为代表的事前预防机制，和股东代表诉讼、股东直接诉讼为代表的事后追责机制。其二，交易人人身与财产安全。交易人的人身与财产安全是指交易中不应含有致使交易人人身和财产安全受到不合理损害之风险，例如对消费者、劳动者人身安全和财产安全的保护等。不过，此种制度与传统商事法律制度的关联并不大，一般主要在《中华人民共和国劳动合同法》《中华人民共和国消费者权益保护法》等法律制度中通过雇主责任、产品责任等制度保护。其三，商事制度本身的安全。商事制度本身的安全是指交易获取之利益不受法律突然打击，这主要包括两个方面的内容：一方面要求商事制度需要保持一定稳定性，以维护交易关系的确定性。若商事制度缺乏稳定性，则会使交易人对其交易行为的效果缺乏预测性，导致交易不安全。另一方面要求商事制度需要具有体系化和完备性，以维护交易关系的确定性。如若商事制度缺乏体系化和完备性，则会使法律规范对交易指引不力，使得交易人无所适从，这需要通过完善立法与弥补法律漏洞来解决。

"提升交易效率"即要求商事交易更高效、更便捷，而商事交易最为高效、简便的方法就是确认当事人的商事契约自由与交易方式自由，因为当事人会比其他任何人更清楚应如何配置自己的财产与权利才可以使自己利益最大化，只有在当事人意志自由的情况下，才能以明智的决策谋求利润最大化。而在尊重当事人意思自治的价值导向下，即要求商事法律制度弹性化。

同时,随着商事活动的复杂化、专业化,商事法律制度要对社会生活中的各种商事行为进行全面调整已是力不从心,商事法律制度弹性化也将是其重要出路,如商事制度一般条款的大量运用;立法理念由强制性向任意性转换,商事法律制度更多地发挥示范和指引作用;商事习惯、行业惯例及当事人双方的契约在对其商事行为的调整中发挥着愈来愈重要的作用。而在公司内部治理中,则体现在对公司章程、股东约定的重视,公司法中的大量规范也正在由强制性规范向任意性规范转换。

“维护交易公平”主要体现在商事交易活动中对平等交易、诚实信用等方面的要求,具言之,又可以分为商事法律制度中的形式平等与实质平等。商事法律制度中的形式平等,一般是指商事主体享有同样的程序性与实体性权利,例如享有平等的市场准入机制与退出机制等。商事法律制度中的实质平等,主要强调对商事交易中弱势交易人保护,其反映在具体制度上就是商法内容的公法化。而在公司内部治理中,实质平等主要体现在对董事、大股东、实际控制人权力的限制、义务与责任的规制及对中小股东、投资者的保护。

2. 微观逻辑:代理问题以及中小投资者保护

从董事法律制度再构微观角度来看,不论是董事会还是控股股东处于有利地位,也不论是产生第一类还是第二类代理问题,中小股东都是最大受害者,受到天然压迫。詹森(Jensen)和梅克林(Meckling)等学者提出,由于现代公司股权的高度分散,所有权与控制权分离成了典型模式,其最大特点在于公司股东不直接管理、控制公司,董事会是公司法定经营管理者,董事会作出的决议、行为,公司股东一般无权干涉、禁止与撤销。① 同时在“两权分离”背景下,公司股东和以董事为代表的管理层普遍存在着第一类代理问题,即董事会可能会为了追求个人利益最大化而损害股东权益。②

与此相反,东亚国家,包括我国企业普遍存在大股东、控股股东持股比例高度集中的情况,这又会导致控股股东与中小股东间产生第二类代理问题,即控股股东可能会为了追求个人利益最大化而损害公司整体利益及中

---

① 即 Business judgment doctrine(经营判断原理),该原理的概念、运用等请参考 Lewis D.Solomon,Donald E.Schwartz,Jeffrey D.,“Bauman:Corporations Law and Policy”,pp.1028-1129 对这一原理的讨论。

② See Jensen M.C.and W.H.Meckling,“Theory of the Firm:Managerial Behavior,Agency Costs and Ownership Structure”,*Journal of Financial Economics*,1976(4).

小股东权益。[1] 无论是有限责任公司抑或股份有限公司,无论是私人公司抑或公众公司,"资本多数决原则"和"一股一权原则"都是股东会行使权力、进行决策的两大基本原则。诚然,就经济层面而言,股东出资额与其所承担的投资风险成正比,其出资越多所承担的投资风险就越大,为了鼓励股东投资热情,就必须保证股东所承担投资风险与其在公司内的话语权及投资回报率之间成正比,就必然要确立"资本多数决原则"和"一股一权原则"。但是这两原则的有效运作是在一假定前提下,即股东在参加股东会投票与决议时是为了公司利益,且多数派决定的事项一般也符合公司最大利益。[2] 但是在控股股东持股比例高度集中的情况下,"资本多数决原则"和"一股一权原则"也会为控股股东损害公司,追求公司之外的超额利益铺平了道路。[3] 势单力薄的中小股东很难使自己的意见上升为公司之意见,最终使得股东会流于形式。

可见,不论是处于何种治理模式的何种公司,中小股东一般都处于弱势地位,同时由于中小股东多是以分散的个体身份存在,其在信息的获取与分析、专业技能与知识的掌握上均处于劣势地位。因此,单一的中小股东既无时间,也无足够精力,更无相应能力去主动了解公司信息、保障自身权益,这也是绝大部分中小股东普遍选择消极行使自己的表决权、"搭便车"、"理性冷漠"的缘由。也正因如此,当中小股东权益受到侵害时,由于受到自身时间、精力、经济承受能力等方面限制,其自我保护能力较差,也难以通过法律途径获得救济。[4] 可见,妄图中小股东发挥其主观能动性,依靠自身力量挣脱控股股东压迫可谓"痴人说梦",只能通过构建相应制度保护中小股东权益,限制控股股东及董事滥用权力,确保中小股东有效行使表决权,表达个人意见,实现股东间的实质公平。当下,我国已经通过商事法律制度现代化改革、出台相关司法解释及司法政策,进一步保护中小股东合法权益,以激发市场主体之活力,为营造稳定公平透明、可预期的营商环境提供有力的司

---

[1] See Lin.C., Y.Ma and Y.Xuan, "Ownership Structure and Financial Constraints: Evidence from a Structural Estimation", *Journal of Financial Economics*, 2011(2); Luo.Q., H.Li and B.Zhang, "Financing Constraints and the Cost of Equity: Evidence on the Moral Hazard of the Controlling Shareholder", *International Review of Economics and Finance*, 2015.

[2] See A.Hueck, "Die Sittenwidrigkeit Von Generalversammlungsbeschussen der Aktiengesellschaften und die Rechtsprechung des Reichsgerichts", *Die Reichsgerichtspraxis im deutschen Rechtsleben*, Bd.IV, 1929, p.173.

[3] See Mestmacker, Verwaltung, "Konzerngewalt und Rechte der Aktionare", 1958, S.343.

[4] 参见[加]布莱恩·R.柴芬斯:《公司法:理论、结构和运作》,林华伟等译,法律出版社 2000年版,第 356 页。

法服务和保障。当然,在保护中小股东权益的前提下,董事会同样要保障结构合理、运作高效,这是一个董事会有序运转的前提。

三、董事法律制度再构的逻辑塑造

法学研究能做的就是将经济学意义上的营商环境转化为法学意义上的商事法律制度,并为营商环境法治化进程提供理论回溯与制度支撑。营商环境优化不仅是微观的、某一具体制度的改变,更需要整体环境的改进,本书意图在营商环境法治化指导下,在传统商法以效率为价值导向的背景下更强调"中小股东保护"与实质公平之价值,再构具有中国特色的董事法律制度,以期为中小股东提供更为完善的法治营商环境。在董事法律制度中,董事(会)权力、董事义务以及董事责任三者是对立统一存在的。首先,董事(会)权力是董事法律制度的基础,其目标在于科学配置公司内部权力,使公司内部各机构之间实现功能互补和权力制约,以周密程序促进董事会高效有序运行。其次,权力与义务具有平等性与一致性,董事(会)既然享有一定权力,那么当其无法适当行使相应权力时也需履行相应义务,故此需要完备的信义义务体系,以合理的义务制度有效规范董事行为。最后,责任是追究董事义务的途径与救济机制,有效的董事责任监督与追究机制可以使得滥用职权、消极失职、损害公司与股东权益的董事承担应有责任。这三要素相辅相成、密不可分,构成系统完备的董事法律制度。在本书后续对董事法律制度的具体研究中,将主要以董事(会)权力—董事义务—董事责任为逻辑进行展开,从权力、义务、责任三个维度对董事法律制度予以再构。

在董事(会)权力维度,笔者拟首先明确董事与董事(会)权力之定义,即确定董事会所拥有的是权利还是权力,确定行使权力之主体是董事抑或董事会这一集体,并通过梳理国内外相关案例、法律法规,厘清董事会权力来源的历史沿革及现状。其次,通过考察国内外相关文献分析以"董事会中心主义""股东会中心主义"为代表的董事会权力配置范式,以国内法律法规及司法案例为入手点,检视我国董事会权力配置实践现状,归纳目前董事会权力相关制度在运作过程中所出现的规范性质不明、外延不清、未能适应不同类型公司董事权力配置需要等问题。再次,明确董事会权力配置的"效率优先、兼顾公平""权力明晰、相互制衡"等价值,探寻不同公司形态及股权结构公司对董事会权力配置的影响。最后,在优化营商环境法治、完善公司内部治理、保护中小股东等价值指引下,明确我国董事会权力独立、地位平等的基本原则,同时对我国公司运行实践中有限责任公司、非公众股份有限公司、公众股份有限公司、上市公司等公司内部控制程度、股权集中度及股东与董事的重合程度等数据进行分析,基于其公司内部治理结构的特色,设计不同的董事会权力配置规则。

董事义务维度从总论与分论两部分展开。在第四章董事信义义务总论中主要谈及董事信义义务中的义务主体、义务对象与义务内容三部分内容。董事义务主体是义务对象与义务内容的逻辑前提,解决的是"谁"应当承担义务的问题。当前我国有关董事义务主体的立法为形式主义立法范式,笔者通过对本国司法案例分析及域外公司法中实质主义立法的相关研究,分析我国董事义务主体形式主义立法存在的问题,以及实质董事之功能,并对我国董事义务主体制度进行优化完善;董事的义务对象,即董事应当对"谁"负有义务。笔者在现有文献基础上,对传统信义义务对象股东与公司的义务性质及冲突进行论述,明确我国董事信义义务对象指向的是公司,但基于强化董事约束和股东权益保护以降低代理成本的客观需求,需要突破董事只对公司承担义务的规定,适当强调董事对股东负有信义义务,在所有者和经营者之间形成制衡,提升公司治理的安全性和效率。此外,本书还讨论了董事在特定条件下对债权人、职工等非股东利益相关者的信义义务;最后董事义务的内容,是董事义务之核心,明确了董事应承担怎样的义务。对于董事义务内容的完善,笔者从横向与纵向两个维度进行分析论证。从横向维度探讨诚信义务与合规义务的引入,以寻求董事信义义务构造的改进,主要解决现行忠实义务和注意义务对董事行为涵盖的不周延问题,有助于促进董事权责的平衡,从而更为充分地保障公司及股东利益。

在第五章与第六章董事信义义务分论中,本书从纵向维度剖析董事忠实和注意义务存在的制度短板,并通过对司法案例的大数据分析中探讨现行制度适用的现状与问题,在此基础上提出董事信义义务制度的系统性完善,使其更好地发挥降低代理成本、优化公司治理等功能,也有助于通过法治化途径优化营商环境。具言之,董事忠实义务的优化应聚焦于规制理念及忠实义务具体类型的系统完善,达到公司利益保护与提升经济效率的最佳平衡,进一步实现建设营商环境的最终目标;董事注意义务优化则应关注注意义务判断标准、行为类型的清晰明确,使其精准且有效地发挥制度功能,同时也要结合营商环境法治化、公司内部治理等角度作同步性调整,从而实现董事注意义务在事前指引、事中约束、事后追责中对董事的全方位规制,提高股东权益保护水平。

董事责任的合理设定一方面可以敦促董事正确、合理、高效地行使权力,优化公司内部治理,另一方面可以保障股东、债权人诉权并提供便利的诉讼追责路径。这不仅有助于提升投资者的安全感，同时还能落实对利益相关者的权益保护，提升营商环境。在董事责任纬度，笔者首先从董事责任法理基础入手，着重讨论董事应对谁承担责任，并介绍大陆法系与英美法系法人机关理论、信托理论下董事仅对公司承担责任及其合理性，"利益相关者"等理论的出现逐步确立了董事应对公司、股东和第三人承担民事责任。在此基础上，进一步梳理域外多国对于此种责任是直接责任，还是包括以公司为中介的间接责任的两种模式，以及《民法典》中的相关规定。其次，讨论董事责任主体的相关问题。一是非正式董事的责任追究，主张实际行使董事权力的人应对其行为承担责任。二是内外部董事由于掌握的信息、履职能力、要求等不同，其承担的义务不同，故确定责任时做相应考量和责任区分。三是针对《公司法》中新增的职工董事，就其功能定位应承担何种责任。四是探讨未参加董事会会议的董事的责任机制。再次，将董事责任按对象分为对公司、对股东和对第三人，梳理了现有法规包括司法解释的相关全部内容，主要现状在于董事基于忠实义务和注意义务对公司承担赔偿责任的请求权基础大致满足实践需求，而股东和第三人追究董事责任的请求权基础主要限定于特定情形，如证券法上的虚假陈述等，相关案例也较为有限。进一步分析发现现有董事责任制度存在的主要问题在于基础概念模糊导致责任边界不清、责任构成要件尚不明确、对中小股东及利益相关者保护较为零碎等。在此基础上，本书提出董事责任应然构建的思路，涉及构成要件、抗辩理由、责任的具体形式、责任的限制与免除及董事责任保险制度等方面。最后，从强化中小投资者保护和优化公司治理的角度，本书建议应从严格限制董事的自我交易、强化关联交易中的董事责任、明确董事任职资格限制、多渠道提升中小股东的诉讼便利等方面进行完善。

第二章　董事及董事(会)权力的再检视

> 权力不易确定之处始终存在着危险。
>
> ——塞缪尔·约翰逊(Samuel Johnson)[1]

营商环境法治化内容包罗万象,国家与地区的营商环境优化离不开政治、经济、文化、社会、生态文明"五位一体"的多方位协调发展,更离不开市场主体自身的努力。本书以公司这一市场主体内部治理机制微观角度为切入点,讨论其与营商环境优化的关系,并以营商环境法治化为价值导向完善我国公司内部治理机制。公司是我国经济组织的主导形式,其成败兴衰事关我国社会经济的发展与进步,同时在营商环境中,公司不仅是优化营商环境的对象,也是优化营商环境的主体。[2]

从历史纵向回顾,董事与公司可谓是相伴而生、相辅相成。早在1599年,英王伊丽莎白一世便签署特权证书,授权商人建立东印度公司,该公司由25人组成的委员会管理,这便是公司董事会的前身。1694年,《英格兰银行章程》中最早明确设立了公司董事会制度,并在历史上首次使用了"董事"(directors)一词,用来特指英格兰银行管理委员会成员。[3] 从企业内部来看,董事是公司中不可或缺的组成部分,是公司存续与发展的基本条件。公司内外部关系也表明,董事在公司中占据着核心地位,是公司的核心议事机构[4],对董事法律制度的探究也是《公司法》研究中的重要内容。[5]目前,我国《公司法》规定了董事的选任方式、权力、义务及责任,本章旨在认识董事会权力的定义与来源,考察董事会权力配置的理论范式与实践现状。

---

[1]　参见 The Joint Stock Companies Act 1844(7 & 8 Vict. c. 110),Section III。

[2]　参见廖斌、徐景和:《公司多边治理研究》,载《政法论坛》(中国政法大学学报)2003年第1期。

[3]　参见邓峰:《董事会制度的起源、演进与中国学习》,载《中国社会科学》2011年第1期。

[4]　参见王保树:《股份有限公司的董事和董事会》,载《环球法律评论》1994年第1期。

[5]　See John P. Davis, Corporations: A Study of the Origin and Development of Great Business Combinations and of Their Relation to the Authority of State, *New York: G. P. Putnam's, Sons*, Vol. 1, 1905, pp.13–34.

第一节　董事的内涵与外延

一、董事内涵之明确

一般情况下人们对公司董事的基本认知是:董事是公司业务执行者与公司事务管理者。但事实上,公司是一个极其复杂的利益主体,是一个巨大"黑箱",其中包括股东、董事、监事、高级管理人员、员工、债权人等各种利益相关主体,不同主体的权利义务、利益诉求都不一致,这也导致了在实践中董事的身份、权力等时常被分割。某些时候,一些明明并非经过合法程序选举产生的主体却在事实上行使着董事权力,而一些经过合法程序选举产生的董事却因种种缘由无法实际履行其权力。受不同国家历史文化、价值观念、法律制度等因素的影响,学界对于董事的内涵暂无定论,不同国家对董事的定义也各有不同,但总体来说,国内外学界与法律制度中对于董事定义的解释可以区分为主体论与行为论。

（一）主体论下的认知——身份化组织

主体论又可称之为形式说、语意说、身份说、机关说、机构说等,其认为董事是具有董事身份(一般即为董事会成员),同时行使相应权力之主体。虽然此种界定方式也涉及董事的权力、功能及实质作用,但并非重点,主体论更强调董事的组织形式、身份及称谓。通俗来看,主体论更符合一般人的认知和思维习惯,即只有经过股东会、监事会或职工代表大会等有权机关选举或通过其他方式正式任命的、成为公司董事会成员的主体才是公司"董事"。"选任"程序及"董事会成员"身份具有公示性,体现了公司意志,可以起到保护交易安全的作用。在主体论下,国内外学者基于是把董事作为公司机关[①],还是仅将董事作为董事会这一公司机关的单个个体成员,抑或两者兼而有之不同,又使得董事内涵产生分歧。[②] 基于董事、董事会与公司机关之关系,董事内涵又可分为机关说、个体说、综合说三种。

一是机关说,认为董事即为公司机关。如《法学大辞典》认为董事是对外代表法人、对内执行业务的法人常设机构;《中国大百科全书》(法学卷)认为董事是对内执行业务、对外代表公司的法定常设机关;我国台湾地区"民法"第27条规定,法人必须设立董事,董事是法人常设机构;韩国学者

---

① 所谓公司机关,是指表达公司社团法人组织意志,管理公司内外事务的公司内部机构。
② 参见吴建斌:《现代日本商法研究》,人民出版社2003年版,第384页。

李哲松认为,董事为公司受任者,且是董事会成员,是享有持有执行公司业务等法定权力的股份公司必要常设机构。① 国内也有不少学者持类似观点。②

二是个体说,认为在一般情况下,董事个体不能作为公司机关,其仅是董事会这一公司机关的单个成员。如日本《法律用语词典》认为董事是董事会这一公司业务执行与意思决定机关之成员;我国《法学词典》也认为董事是董事会这一对外代表法人、对内执行业务的法人常设机构之成员。同时国内一些权威教科书也认为:"董事是董事会的组成人员并为有限公司所必设";"董事是股份公司必设的董事会组成人员";"人们一般不将董事个人作为公司业务执行机关"。③

三是综合说,认为董事可分为机关董事和个人董事,这一理念多存在于我国台湾地区,如台湾地区学者柯芳枝认为,董事可分为机关董事和为机关担当人之董事。机关董事是公司组织机构的一部分,其行为即是公司之行为;机关担当人之董事又可称为个人董事,与公司之间是委任关系。台湾地区学者郑玉波也持类似观点,即认为董事是公司机关,但担任董事的人在公司之外具有独立人格。④ 可见在这一理念之下,董事既有公司机关一面,亦有个人一面;既有组织法上一面,又有行为法上一面,同时,这一观点也更好地解释了为何公司机关董事会违反义务之责任需要由个人董事承担的原因。⑤ 一言以蔽之,在主体论下,不论是否将董事个体看作是公司机关,其都具有"董事"之身份,是董事会之成员,并以某种方式"昭告天下"。

在不同国家的公司法律制度与不同学说中,基于不同区分标准,其对于作为董事会成员的董事也有所区分。基于董事主体自身之区别,可将董事分为自然人董事与法人董事。对于法人是否为董事,不同国家和地区公司法有不同规定。如美国《标准商事公司法》第 8.03 条规定,只有自然人才能担任董事;德国《股份公司法》第 76 条第 3 款及意大利、奥地利、瑞士等国公司法也规定,只有具有完全行为能力的自然人才能担任董事,才可成为

① 参见[韩]李哲松:《韩国公司法》,吴日焕译,中国政法大学出版社 2000 年版,第 436—437 页。
② 参见梅慎实:《现代公司治理结构规范运作论》(修订版),中国法制出版社 2002 年版,第 437 页。
③ 参见王保树、崔勤之:《中国公司法原理》,社会科学文献出版社 2000 年版,第 203—204 页。
④ 参见赵旭东主编:《上市公司董事责任与处罚》,中国法制出版社 2004 年版,第 37 页。
⑤ 参见柯芳枝:《公司法论》,中国政法大学出版社 2004 年版,第 241 页。

董事会成员，法人不可担任董事。①之所以不接受法人担任董事，主要是出于以下一些缘由：如法人不具有"思维器官"；董事职务以个人信誉为基础；法人董事可能妨碍公司经营；等等。但与此相反，法国、英国、比利时等国家则允许法人担任董事。法国《商事公司法》第91条规定，法人可担任董事，但其必须指定1名常任代表，且该代表所负有的义务、承担的法律责任与其以本人名义担任董事时相同，其所代表的法人也要同时承担连带责任。②同时，从该制度的运行来看，法人担任董事对公司经营管理也并无实质性影响。此外，还有国家和地区在允许法人担任董事的同时亦有所限制。例如，我国香港地区《公司条例》规定，法人只能担任私人公司董事，且该公司并非某上市公司或公司集团之成员。

基于内部职权之区别，可将董事分为执行董事与非执行董事。执行董事又可称为经营董事或内部董事，其同时是公司员工且具体执行公司经营管理事务；非执行董事又可称为外部董事、兼职董事或非经营董事，是指那些不具体执行公司经营管理事务，仅参加董事会议，为公司提供建议、咨询并履行监督职责的董事。与执行董事相比，非执行董事具有以下关键作用：其一，在执行董事处理公司经营管理事务时为其提供支持、建议和帮助；其二，监督执行董事的经营决策与管理行为，确保执行董事以公司利益为主，遵守管理要求和道德规范，积极践行法律义务与责任。执行董事与非执行董事不仅在权力、义务与责任承担上存在区分，其构成比例同样也会影响公司运作。在20世纪70年代前，美国大量公众公司的董事会都主要由执行董事构成。随着时代发展，非执行董事在董事会中所占比例逐渐增加。在当今美国公众公司董事会中，平均仅有不到1/3为执行董事，且该比例还有进一步减少之趋势，大多数董事会成员都是非执行董事。

基于对外职权之区别，可将董事分为代表董事与非代表董事。代表董事是指对外代表公司进行意思表示并执行业务的董事，是公司的必要常设机关。基于代表董事外延不同，又可分为三种情况：第一，代表董事即是整个董事会，此立法例以英美法系公司法为代表，根据其观点，公司代理人是董事会这一集体，尽管董事会可将权力授予某个董事行使，但该董事仅为董事会之代理人，而非公司之代理人，该董事在行使权力时必须遵守董事会整体的行为准则，若其超越自己的代理权限行使权力，可由董事会决定是否予

---

①　参见《德国股份公司法》第76条规定，载《德国股份法·德国有限责任公司法·德国公司改组法·德国参与决定法》，杜景林、卢谌译，中国政法大学出版社2000年版，第34页。

②　参见卞耀武主编：《法国商事公司法》，法律出版社1999年版，第121页。

以追认,其代理人身份亦由董事会决定是否撤回。① 第二,代表董事是指董事会或董事长,此立法例以法国公司法为代表。根据法国《商事公司法》第98条第1款与第113条第1款规定,董事会拥有在任何情况下以公司名义进行活动的广泛权力,同时董事长负责全面领导公司的工作,也可对外代表公司并承担相应法律责任。第三,代表董事指个别董事,此种制度主要存在于日、韩公司法中,并不断通过判例加以完善。如日本《民法典》第53条规定,董事就法人一切事务代表法人,韩国商法也对代表董事作了相应规定。总体来说,日、韩公司法中的代表董事具有以下特征:其一,从构成来看,代表董事可由一人组成,也可由数人组成。如根据日本《商法典》第261条规定,公司可由一名董事代表,也可由数名董事共同代表。不过基于价值判断不同,日韩公司法在代表董事构成的制度上分别朝不同方向发展。基于提高公司运作效率之目的,2005年颁布的日本《公司法典》取消了共同代表董事制度;而基于限制违法行为与不正当代表行为,加强事先预防与事后救济之目的,韩国商法专门设置共同代表董事制度,只能由两个以上董事共同代表公司。其二,从权限范围来看,代表董事具有代表公司和执行业务的权力,而一般董事仅有执行业务而无代表公司之权。其三,从制度实践来看,日、韩公司法上的代表董事制度可以使得公司在复杂、频繁的交易中快速决策,提高效率。但也正是由于代表董事权力之广泛而导致其权力极易被滥用。故此,日、韩公司法上也均设计了各种各样的制度对代表董事权力加以限制。

基于是否直接行使职权,可将董事分为现任董事与候补董事。根据英国《公司法》之规定,公司的每一名现任董事都有权指定一名候补董事,并在登记机关进行登记。候补董事的任期与指定候补董事的现任董事一致,任期届满自动终止。候补董事承担的法定义务和责任与现任董事相同,同时除非公司章程做出明确的限制,候补董事不能从公司获取报酬。

(二) 行为论下的理解——功能性概念

行为论又可以称之为实质说、职务说、功能说等,其认为董事是对外代表公司,对内管理公司经营业务的决策者与管理者。在此种界定方式下,董事是一种功能性概念,换言之,其并不关注董事的表面身份及称谓,而更强调董事的权力、功能及实质作用。如《牛津法律大辞典》认为董事就是由股东选举出的决策者与管理者;《布莱克法律大辞典》认为董事是根据法律被任命或选举出来管理和经营公司的人;《奥斯本简明法律字典》认为董事是

① 参见张民安:《现代英美董事法律地位研究》,法律出版社2000年版,第32页。

负责管理公司的人,是公司的代理人与公司的金钱和财产的受托人。

　　在英美法系国家公司法中也存在大量规则支撑该观点。英国国会早在1884年就以法令的形式对董事内涵加以明确,即董事是指对公司事务进行指导(direction)、处理(conduct)、管理(control)和监督(superintendence)的主体。① 随着1948年英国《公司法》、1976年英国《公司法》及2006年英国《公司法》的颁布,其对董事的定义越来越模糊、越来越宽泛,最终演变为:任何占据公司董事职位之人,或以董事资格行使职权之人,或指示董事行为之人,不论其称谓为何,均为董事。② 美国《证券法》第3条第a款第7项规定,董事系指一公司之董事,或具有类似职能的任何组织有关的任何人,且不论该组织是否为公司法人。③ 中国香港地区《公司条例》第2条第1款规定,董事是指担任董事职位之人,不论该人是以何职称担任该职位。此外,大陆法系国家公司法中也有类似规定,如意大利《民法典》第2380条规定,董事为公司的管理人④;日本《商法典》第262条规定,任何被冠以总经理、副总经理、专务董事、常务董事等其他被认为可以代表公司对外实施营业行为的人都是董事。

　　可见上述国家与地区的公司法律制度对于董事之定义,即判断一个人是否为董事的关键,并非关注其职位、职务与头衔,而是关注其行为、功能和作用,并同时结合公司性质、公司章程或董事与公司间的关系、合同来判断。即使一个人被股东会或公司章程冠以总裁、主管、经理、管理人员、受托人、咨询人、主任等各种头衔,甚至是普通职员,但是从法律规制的角度穿透,只要其在公司中负责公司经营管理,实际上处于董事地位,行使董事权力,即为公司董事。⑤ 在行为论下,"董事"有可能并非经法定程序产生的主体,甚至可能不是董事会成员,但其称谓并不重要,更重要的是其行为,那些表面上不具有董事身份但事实上行使董事权力的主体也应被纳入董事内涵中,

---

① 参见张民安:《公司少数股东的保护》,载梁慧星主编:《民商法论丛》(第9卷),法律出版社1998年版,第114、115页。

② 参见2006年英国《公司法》第250条;张民安:《现代英美董事法律地位研究》,法律出版社2000年版,第2页;葛伟军:《英国2006年公司法》,法律出版社2008年版,第154页;林少伟:《英国现代公司法》,中国法制出版社2015年版,第362页。

③ 参见美国《证券法》第3条第a款第7项规定;[美]莱瑞·D.索德奎斯特:《美国证券法解读》,胡轩之、张云辉译,法律出版社2005年版,第287页。

④ 参见意大利《民法典》第2380条规定;陈国柱:《意大利民法典》,中国人民大学出版社2010年版,第421页。

⑤ 参见张民安:《现代英美董事法律地位研究》,法律出版社2007年版,第4页;葛伟军:《英国公司法要义》,法律出版社2014年版,第213页。

受董事法律制度规制与调整。①

在行为论下,根据形式上身份、称谓与实质上的职权、功能是否一致,可将董事分为正式董事、事实董事与影子董事。正式董事是指经过股东会、董事会、监事会、职工大会等有权机构民主选举的,属于董事会成员的主体。此时在行为论体系中正式董事之内涵与主体论下董事内涵一致。

事实董事是指虽未经有权机关正式选任,但以公司董事名义进行活动,或行为彰显其就是公司董事的人。如某人虽未经有权机关任命,但却经常参加公司董事会会议与决策,其就是事实董事。事实董事的概念最常见于英美法系判例中,后来逐渐被成文法所吸收,上文中英国《公司法》对董事的定义实质上已经涵盖了事实董事。美国《特拉华州普通公司法》也提到,事实董事是指一人尽管非经合法机关、合法程序选任,或选任程序存在瑕疵,或曾是董事但遭免职,但只要其行为表现出以董事身份在活动,他就被视为事实董事。中国香港地区《公司条例》也有类似规定。虽然日本《公司法》并未规定事实董事,但日本的司法判例也承认事实董事的存在,即虽然某人未进行登记,但其均有权决定公司重要事项,那么其则需要适用日本《商法典》第266条第3款规定,承担与董事同等的义务与责任。

影子董事也可称为隐名董事,是指不具备董事身份,不以董事名义活动,但事实上能以自己的意志实际控制公司的人。② 与事实董事相比,影子董事隐藏在董事身后,且不对外宣称其是董事。影子董事为英美法系中的概念,其定义最早确立于1985年英国《公司法》中,之后中国香港地区《公司条例》也对影子董事有类似规定。在承担义务与责任的场合下,英国《公司法》将影子董事视为正式董事。在实践中,影子董事有三种表现形式:一是大股东、控股股东、实际控制人与在幕后实际控制董事会的人;二是因破产等缘由丧失董事资格但在幕后实际控制董事会的人;三是控股母公司实际控制子公司的业务。

综上所述,主体论下的董事与行为论下的董事概念相对应,主体论更注重形式,行为论更注重实质;主体论更关注董事的身份与职位,行为论更关注董事的职权与功能。一方面,行为论的内涵相比主体论更为广泛,更深入董事本质,克服了主体论下对董事定义的刻板化与脸谱化,将董事定义从单纯的事实认定上升到价值判断的问题③;另一方面,行为论下的董事定义又

---

① 参见黄爱学:《论董事的概念》,载《时代法学》2009年第4期。

② 参见赵旭东主编:《上市公司董事责任与处罚》,中国法制出版社2004年版,第66页。

③ 参见黄爱学:《论董事的概念》,载《时代法学》2009年第4期。

因内涵过于广泛、界定标准不明,导致在追究董事义务与责任的时候存在极大困难。综述之,主体论与行为论对董事概念的阐述各有不同,具体制度有待于结合该国公司实践确定立法中的董事内涵与外延。

(三) 我国董事定义的讨论与优化

1. 制度现状

我国《公司法》与大多数大陆法系国家一样,未对董事的定义进行明确界定,也未对董事类型进行区分。不过根据实践中董事来源、权限和工作方式不同,以及有关法律法规、规则政策的规定,在事实上形成了不同类别。

根据我国董事选任方式的不同,可将其分为股东代表董事与职工代表董事。根据我国《公司法(2023)》第 59 条、第 112 条、第 117 条规定,选举和更换非由职工代表担任的董事是股东会之权力[1],而此类通过股东会选任产生的董事即为股东代表董事。随着公司社会责任理论与利益相关者理论的发展,职工代表董事作为劳动者权益的代表、作为维护职工合法权益的重要途径越来越受到重视,为体现公司中职工的主人翁地位,《公司法(2023)》对职工代表董事提出了更高、更细致的要求,根据第 68 条、第 120 条规定,不论是有限责任公司还是股份有限公司,其董事会成员中都可以有公司职工代表;若公司职工人数超过三百人,则应当有公司职工代表,职工代表由公司职工通过职工代表大会、职工大会或其他形式民主选举产生。[2]根据《公司法(2023)》第 173 条第 2 款规定,国有独资公司董事会中应当有公司职工代表。[3] 可见,不论是股东代表董事还是职工代表董事,公司都必须依照法定方式选任董事,这从侧面印证了我国《公司法》对董事的定义持主体说的观点,不承认事实董事、影子董事为董事。

根据我国董事职权范围不同,可将其分为董事长、执行董事、普通董事及独立董事。董事长是公司董事会的领导人员,根据我国《公司法(2023)》第 63 条第 1 款、第 72 条、第 114 条第 1 款、第 122 条第 2 款、第 123 条第 2 款规定,董事长除一般董事的权力之外,还拥有主持股东会会议、召集和主持董事会会议等权力。[4] 根据《公司法(2023)》第 68 条第 2 款、第 122 条第 1 款规定,有限责任公司董事长按照章程规定的方式产生,股份有限公司则

---

[1] 参见《中华人民共和国公司法(2023 年修订)》第 59 条、第 112 条、第 117 条规定。

[2] 参见《中华人民共和国公司法(2023 年修订)》第 68 条、第 120 条规定。

[3] 参见《中华人民共和国公司法(2023 年修订)》第 173 条第 2 款规定。

[4] 参见《中华人民共和国公司法(2023 年修订)》第 63 条第 1 款、第 72 条、第 114 条第 1 款、第 122 条第 2 款、第 123 条第 2 款规定。

由全体董事过半数选举产生。① 执行董事是出于节约成本、提高效率之目的而创设的一项制度,是股东人数较少或规模较小的有限责任公司、股份有限公司董事会的代替机构,在《公司法(2023)》第75条、第128条中统一称之为"董事"。② 独立董事是指在公司不担任董事外的任何职务,并与公司及主要股东不存在可能妨碍其独立客观判断关系的董事。根据我国《公司法(2023)》第136条第1款规定,上市公司设独立董事,相关具体办法由国务院证券监督管理机构规定。③ 与独立董事制度的发源地美国不同,美国的公司治理结构为单层制,公司内仅有股东会和董事会无监事会,故其建立独立董事制度的初衷在于完善公司监督机制。与此相反,我国公司治理结构为双层制,明确规定了监事会为监督机关,并赋予其相应职责。在此基础上,我国《公司法》引入独立董事制度使得独立董事与监事会在功能上与职权范围上出现交叉重叠和资源浪费,这也是我国独立董事与监事会制度需要进一步完善的目标。④ 普通董事是除董事长、独立董事之外的董事,所拥有的权力除一般董事权力外,在某些时候还拥有副董事长的权力。

综上所述,通过对我国公司法中董事类型、董事会的构成方式及职权行使的规定的整理,可以发现我国公司法律制度中将董事会(董事)整体而非个别董事作为公司机关,是享有一定权力、负有一定义务、承担相应法律责任的公司组织机构。可见,从我国目前的立法实践来看,我国对于董事的定义主要是从"主体论"的角度出发,即只要一个人名义上是董事会的组成人员,其即为董事,不论该董事是否能够真正影响董事会决议之效力,更重视形式而非实质。

2. 定义优化

就一般情况而言,一人是否可以行使董事权力,主要取决于他是否具有公司董事的身份,是否是根据法律法规及公司章程选任的董事会成员。这些被选举出来的人都被授予了"董事"或与之类似的头衔,以便公众能识别他的身份,了解他的职责。但事实上,董事并不总是名副其实。对董事的称谓和职责是否匹配的情况进行归类,大致存在三种情况:一是具有头衔且具体执行职务;二是具有头衔但不执行职务,即所谓"名义董事";三是不具有

---

① 参见《中华人民共和国公司法(2023年修订)》第68条第2款、第122条第1款规定。
② 参见《中华人民共和国公司法(2023年修订)》第75条、第128条规定。
③ 参见《中华人民共和国公司法(2023年修订)》第136条第1款规定。
④ 参见黄爱学:《论董事的概念》,载《时代法学》2009年第4期。

头衔,但实际执行职务,即所谓"事实董事""影子董事"。① 虽然我国《公司法》对于董事的定义主要是从主体论的角度出发,注重董事的身份与职位,并未承认事实董事、影子董事的董事法律地位,但并不意味着在我国公司的日常经济活动及公司治理实践中不存在事实董事、影子董事。

从实践层面来看,在我国公司实务中,无论是有限责任公司、一般的股份有限公司还是上市公司,无论是国有控股公司还是民营控股公司,一股独大的现象相当普遍,这些公司的控股股东、实际控制人或其法定代表人可能是董事会成员,也可能并非董事。但不论这些主体是否具有董事之身份,其事实上都可能利用其控股股东、实际控制人地位,控制公司董事会构成、影响董事会决策,进一步影响公司的生产经营与业务管理。此外在某些情况下,甚至监事、高级管理人员、一般职工,都有可能起到与事实董事、影子董事相类似的作用。在此情形下,上述控股股东、实际控制人、监事、高级管理人员、一般职工等就是行为论下的事实董事、影子董事。②

从制度层面来看,一方面,《公司法(2023)》第 265 条在解读控股股东、实际控制人的定义时,已经包含了部分事实董事、影子董事的元素。所谓控股股东是指其所持股权、股份占公司股本总额 50%以上,或虽然其所持股权、股份不足 50%但依其所持股权、股份所享有的表决权已足以对股东会决议产生重大影响的股东。既然控股股东足以对股东会决议产生重大影响,而董事会的组成成员、权责范围又大多都是通过股东会决议而确定的,故控股股东当然也会对董事会决议与职权的行使产生重大影响。所谓实际控制人是指虽非股东,但通过投资关系、协议或其他安排能够实际控制公司的人。既然实际控制人能够实际支配公司之行为,那其必然可以影响董事会决议与职权的行使。③ 另一方面,我国公司法在规制公司董事的义务与责任时,对特殊情形下的控股股东、实际控制人也施加了与董事相当的义务与责任。如《公司法(2023)》第 22 条、第 180 条将控股股东、实际控制人与董事并列,要求其不得利用其关联关系损害公司利益,其不担任公司董事但实际执行公司事务的,也承担与董事相同的忠实义务与勤勉义务。④ 可见虽然我国立法中并未使用事实董事、影子董事的概念,但控股股东、实际控制人与事实董事、影子董事存在重合之处。

---

① 参见赵万一、刘小玲:《对完善我国短线交易归入制度的法律思考》,载《法学论坛》2006 年第 5 期。
② 参见季奎明:《中国式公司内部监督机制的重构》,载《西南民族大学学报》2020 年第 4 期。
③ 参见陈运雄、蔡梅娥:《论公司董事概念》,载《求索》2004 年第 12 期。
④ 参见《中华人民共和国公司法(2023 年修订)》第 22 条、第 180 条规定。

　　从理论层面来看,明晰董事内涵与外延,不应止步于此,更应该实现一定的法律意义与价值。从主体论的角度出发,董事定义的价值在于明确行使董事职权之主体;从行为论的角度出发,董事定义的价值在于明确董事责任承担之主体。康德在责任伦理观中指出:"责任是自由行为的必要性,这是从自由行为与理性的绝对命令有联系的角度来看的。一项绝对命令就是一项实践规则。"[①]从应然出发,董事应该即为经过有权机关选任的董事会的组成成员,但是在实然中,若一主体行使了董事权力,那其也应承担董事义务,并对违法行为承担与董事相当的法律责任。而对董事作出准确的定义,其目的也不仅在于明确董事职权的行使,其最终目的应该是解决责任承担之问题,进而完善公司内部治理机制。

　　综上所述,基于康德的责任伦理观,以及营商环境法治背景下对中小股东保护的强调,以商事法律制度现代化中促进商事交易安全与商事交易的实质公平为出发点,我国应在对董事定义的立法中同时借鉴主体论与行为论学说的双重优势,从权力与责任两方面界定董事之定义。从权力即主体的角度出发,董事是指由法定机关依照法定方式选任产生的董事会的构成成员,此外,控股股东、实际控制人等其他主体都并非合法的董事主体。从责任即行为的角度出发,行使相应董事(会)权力,当然应承担相应的义务与法律责任,如果控股股东、实际控制人、监事、高级管理人、员工等其他主体行使了本该由董事行使的权力,那么在承担义务与追究责任时,也应该将这些主体视为董事,承担与董事相当的义务与法律责任。在本书论述董事(会)权力时,此处的"董事"即指由法定机关依照法定方式选任产生的董事会的构成成员;在本文后述论述董事义务及董事民事责任时,其"董事"则除由法定机关依照法定方式选任产生的董事会的构成成员外,还包括直接或者间接行使了董事(会)权力的控股股东、实际控制人、监事、高级管理人、员工等其他主体。当然,这也会带来一系列疑问,如何认定这些主体为"董事",其应该对何主体承担义务,应该承担何种义务等?

二、董事之法律地位

　　在公司中,企业所有权与经营权的融合以及分离、股东会与董事会的配合与角逐、董事会权力的扩张与限缩,每时每刻都在发生。董事法律地位,即董事与公司之间的法律关系,是董事权力、义务、责任产生的现实依据与

---

　　① 〔德〕康德:《法的形而上学原理》,沈叔平译,商务印书馆1991年版,第28页。

逻辑基础。① 在明晰董事内涵的基础上,正确界定董事法律地位,明确董事与公司之间的关系,赋予其合理权限,使其承担适当的义务与责任,有着重要的理论与现实意义。在传统公司法中,公司被定义为一个仅由物质条件所有者(即股东)组成的联合体,股东(会)对公司和董事(会)有直接控制权,因此董事与公司间的关系也可直接视为董事(会)与股东(会)间的关系,此处的"公司"完全可以用"股东"一词替换。在传统公司法中,董事与公司之间的关系大致可以分为五种,即英美法系的管理合伙人关系说、代理关系说、信托关系说、双重关系说以及大陆法系的委任关系说等②,其主要从董事职权范围方面来论证董事在公司中的法律地位,虽然也强调董事的义务承受与责任承担。在现代公司法中,股东不再被视为公司的"造物主",公司是一个由多个利益主体联合组成的契约组织。③ 此时董事与公司之间的关系就不仅限于股东(会),还包括职工、债权人、社会公众等。现代公司法中董事与公司之间的关系大致可以分为两种,即公司机关说与法定关系说,主要是从董事义务与责任方面来确立董事法律地位,虽然它仍然十分强调传统公司法中董事的职权。

(一) 管理合伙人关系说

管理合伙人关系说源于早期英美法系国家的公司实践活动,彼时绝大多数公司都是由父母子女、兄弟姐妹等家庭成员、亲戚朋友组成,建立在相互信赖的基础上,具有极强人合性,公司股东、董事、监事、高级管理人员就是公司全部成员,几乎没有额外雇员。同时,这种公司长期处于所有权与经营权合一的状态下,股东、董事的股份被严格禁止转让,其收入主要来源于工资与奖金。故此,董事参加公司管理是为自己和其他人的利益服务,与合伙企业中管理合伙人之地位极其相似。

但随着公司发展,管理合伙人关系说因其存在明显缺陷在英美法系中被逐渐废弃。一方面,管理合伙人关系说仅能适用于家庭作坊式的企业,无法适应当代大公司所有权与经营权相分离之情况。另一方面,在公司制度中,公司章程可以限制董事之权力,并且此种制约在对外交易中一般推定交

① 参见孙光焰:《也论公司、股东与董事之法律关系》,载《法学评论》1999年第6期。

② 简单地讲,信托关系说认为董事是公司的受托人,而股东是公司财产的所有人;代理关系说认为董事是公司的代理人,由股东会代表公司对董事行为进行控制;委任关系说认为董事是公司的委任人,为代表公司的执行机关。

③ 参见马骏驹、聂德宗:《公司法人治理结构的当代发展——兼论我国公司法人治理结构的重构》,载《法学研究》2000年第2期;赵建丽:《董事法律地位研究》,载《法律科学》2001年第6期。

易相对人是知晓的,除非有相反证据加以证明;而在合伙制度中,合伙企业的管理合伙人有权对外全权代表合伙企业,并且合伙人内部协议对管理合伙人的限制推定交易相对人为不知晓。①

（二）代理关系说

代理关系说来自对代理制度及公司的基本定义中。众所周知,公司是法人,即法律拟制的人,并不具有实体,也无法实际活跃于民商事领域中。故此,公司需要代理人代表公司对外进行活动。在此背景下,董事便成为了作为公司代理人的不二之选,代表所任职公司对外进行活动,同时享有代理人之权力,负有代理人之义务,承担代理人之责任。一方面,在民法中,代理人是以被代理人名义进行代理活动之人,其在代理权限范围内获得的权利由被代理人享有,其代理行为之后果与责任也需要由被代理人承担。与民法中的代理人内涵相同,董事是以公司名义对外代表公司进行活动,与第三人缔结契约,为公司创设相应的权利、义务与责任。另一方面,在民法基本理论中,要求代理人为被代理人的利益服务,在《公司法》中,同样要求公司董事要以促进股东、公司利益最大化为目标,为公司、股东之利益而服务。

早在1865年,英美法系国家便通过著名的 Ferguson V. Wilson 案明确了董事作为公司代理人之地位。② 时至今日,代理关系说仍然在现代英美公司法处理公司对外关系时占据重要地位。此外大陆法系也有国家在其公司法律制度中采纳了代理关系说之观点,其中以德国法为代表。③ 根据《德国民法典》第26条第2款规定,董事会、经理具有法定代理人之身份,在诉讼时与诉讼外可以代表社团;章程也可以对董事会代表权的范围加以限制,且此种限制也具有对外效力。此后《德国股份公司法》不但赋予董事会领导公司之权力,还对《德国民法典》中有关代理人的规定进一步在股份公司的形式下加以细化,根据《德国股份公司法》第78条第3款规定,公司章程可以授权董事会成员单独代表公司,也可以授权董事与一名代理人共同代表公司。④ 易言之,德国法律中的董事法律地位由《德国民法典》中的整体董事会机关为公司之代理人转变为《德国股份公司法》中的单个董事可以为公司之代理人,使得董事与公司之间的关系更符合代理关系之模式,更适用代理关系之规定。

---

① 参见张民安:《现代英美董事法律地位研究》,法律出版社2000年版,第29—45页。
② 参见张民安:《现代英美董事法律地位研究》,法律出版社2000年版,第29—45页。
③ 参见梅慎实:《现代公司机关权力构造论》,中国政法大学出版社1996年版,第148页。
④ 参见《德国股份公司法》第78条规定,载《德国股份法·德国有限责任公司法·德国公司改组法·德国参与决定法》,杜景林、卢谌译,中国政法大学出版社2000年版,第35页。

但即便如此,用代理关系说解释董事与公司之间的关系依然存在着不可弥补的缺陷。其一,在代理关系形成时,依照代理制度通说,代理权的授予是被代理人的单方法律行为,代理关系的产生也仅基于被代理人授权,无须经过代理人同意;而在公司法中,董事资格除需要公司授权外,还需经董事本人之承诺。其二,基于传统民法对代理之定义,代理是指代理人以被代理人之名义进行法律行为,其产生的法律效果直接归属于被代理人,代理人在处理被委托事务时,应遵循被代理人之指示,不得随意觊觎和变更;而在现代公司运作与经营中,商场如战场、时间即生命,若让董事在从事公司经营管理事务的时候需要等待、遵照公司股东会指示去行事,可能会使得公司错失良机,这在实践中也是无法想象的。基于此,董事在处理公司经营管理事务之时都具有一定程度的自由决策与执行权,尽力在激烈竞争的现代商业社会中抓住稍纵即逝的商机,使公司不断发展壮大。① 其三,依据代理制度之法理,代理人在代理关系中仅负有义务而不享有权利,即代理人无权确认代理权限之范围,只能遵照被代理人之意思行事,若代理人超越代理权限,即为越权;传统公司法也认可此理论,即公司董事超越公司章程授予的权限与第三人签订的合同即为无效,公司无须也不得追认,但是随着现代公司法发展,法律纷纷基于保护善意第三人的法理基础,规定公司董事超越公司章程授予权限签订的合同为效力待定,公司可以进行追认。其四,依据代理制度之法理,代理人在实施法律行为时,其仍具有自己独立人格,代理人与被代理人间的关系为两个平等法律主体间的关系;而当董事作为公司代理人代表公司执行业务之时,其自身之人格已被公司吸收。② 最后,一般来说代理制度主要适用于订立合同,或与合同具有密切关系或类似效果的法律行为、程序行为或事实行为,而用此种制度解释董事的法律地位,在适用范围上也有所欠妥。综上所述,从上述诸多角度来分析,代理关系说都无法合理的解释董事与公司之间的关系。③

（三）信托关系说

信托关系说脱胎于英美法系的信托制度中,此种学说认为,董事是公司财产的受信托人(Trustee)。所谓受信托人,是指经授权对一项财产具有合法所有权,同时为他人之利益进行管理的主体。根据英美判例法的传统观念,董事仅为公司受信托人,而并非公司股东之受信托人。基于此,英美判

---

① 参见王保树:《股份有限公司的董事和董事会》,载《外国法译评》1994 年第 1 期;王斌、沈红华:《试论我国公司法规定的董事忠实义务》,载《法学与实践》1995 年第 2 期。

② 参见张民安:《董事的法律地位研究》,载《现代法学》1998 年第 2 期。

③ 参见孙宏涛:《董事法律地位之再思考》,载《科学经济社会》2011 年第 2 期。

例法确立了董事仅对公司承担义务,而不对公司股东承担义务的基本原则,并将此基本原则看作公司法的核心信条。不过随着现代公司法的发展,虽然英国公司法仍固守这一传统,但以美国为代表的公司法则已打破了这一信条。

与信托法中的一般受信托人相比,董事的法律地位与其依旧存在巨大差别,这些差别最先在 Smith V. Anderson 一案中予以明确区分。此后,学者对董事之法律地位与一般受信托人之法律地位的区别予以概括,认为董事与一般受信托人的区别主要表现在以下几方面:第一,从法律基础出发,在一般信托关系之中,受信托人即是基于信托行为而为受益人所持有财产的法定所有权人,其是以主人、本人、所有权人的身份管理处分该财产的;而在公司之中,董事仅为公司雇员,不对公司财产享有所有权,公司本身才是公司财产的法定所有权人,同时董事在管理处分公司财产时,须以公司名义为之。第二,从权力出发,一般受信托人在通常情况下需要承担对保管与维持其管理财产的义务,其不得将信托财产用于投机事业,否则即会承担相应法律责任;而对董事来说,为最大限度获得投资回报,某些时候公司与股东甚至期望并鼓励董事从事投机性、冒险性事业,可见董事作为公司这一商事组织的商事管理人,在资本投资方面所享有的权力比一般意义上的受信托人要更大。第三,从义务出发,董事虽然与一般意义上的受信托人一样需要承担技能运用和注意义务,但是董事所承担的此种义务比一般受信托人的义务要求更低、更加灵活,即使董事的行为给公司造成损害,但只要未涉及其自身利益,董事的这种违反义务的行为所承担的法律责任就可以被公司、股东会、董事会或法院免除。[①] 第四,从行为出发,董事不得为自己订立契约,其仅能为所服务的公司,为公司之利益订立契约、管理财产、履行职权。综上所述,将董事与公司关系界定为信托关系,与董事在公司中的运行实践并不完全相符。

(四) 双重关系说

双重关系说将代理关系说与信托关系说二者相结合,认为董事对外是公司代理人,对内是公司受信托人,同时具备代理人与受信托人两种身份,享有代理人与受信托人两种权利,承担代理人与受信托人两种义务与责任。目前来说,双重关系说是对董事法律地位诠释较为全面的学说之一,已经接近问题的本质,但此外,公司董事的身份标签并不仅限于代理人与受信托人,其有时还是公司职员,有时也是公司的管理合伙人等,在某些国家其也

---

① 参见张民安:《现代英美董事法律地位研究》,法律出版社 2000 年版,第 35、36 页。

为公司机关。①

（五）委任关系说

委任关系说主要以日本和我国台湾地区的法律、学说为代表，我国学界也有学者持此种观点。② 委任关系说认为，董事为受任人，公司为委任人，委任的内容是董事对公司财产经营、管理并使其财产增值、保值。根据日本《商法典》第 254 条第 1 款第 3 项规定，董事与公司之间的关系从属委任之规定。我国台湾地区《公司法》第 192 条第 3 款参照日本之立法，也规定董事与公司之间的关系依照民法有关委任之规定，《公司法》另有规定除外。此外，我国大陆也有学者主张董事出于公司受任人之法律地位，并引入委托管理理论以解释董事与公司之间的关系。③

但事实上，委托关系说也难以清晰解释董事与公司间的关系。其一，在罗马法中，严格意义的委托实质上具有无偿性特征，后世罗马法的继承者，不论是《德国民法典》《法国民法典》还是《日本民法典》都继受了该原则，规定委托合同以无偿为原则、有偿为例外；而在公司中，董事一般都可以基于其工作从公司中领取报酬，享有报酬请求权，这与一般意义委托关系中的无偿性是相违背的。其二，根据《日本民法典》第 646 条规定，一般委托关系中的受任人可以自己名义为委任人取得权利；而在公司中，董事不具有自己的独立人格，不能以自己名义为公司取得权利，只能以公司名义行事。其三，即使在民法中，委托关系与代理关系的边界也并非十分明晰，故而笼统以委托来界定董事与公司的关系只会使问题更加扑朔迷离。④ 其四，对董事与公司关系的界定不仅仅涉及公司内部关系，也涉及公司外部关系，即董事、公司与第三人间的关系，而在此问题中，委托关系说面临与代理关系说类似的困境。代理关系说仅能解释董事、公司与第三人间的外部关系，而无法明确董事在公司内部的法律定位；委任关系说也仅能解释董事与公司、委任人与受任人间的内部关系，而不具有外部关系的属性。但在商事实践中，董事既要处理公司内部管理事务，又要代表公司对外进行经营行为，故不论是代理关系说还是委托关系说，在解释董事法律地位上都力不从心。

（六）公司机关说

公司机关说源于 20 世纪中叶，随着现代公司的迅猛发展，规模庞大、拥有成千上万股东的大型公司愈来愈多，并占据了社会主流地位，其对政治、

---

① 参见张民安：《董事的法律地位研究》，载《现代法学》1998 年第 2 期。

② 参见王保树：《股份有限公司的董事和董事会》，载《外国法评译》1994 年第 1 期。

③ 参见徐海燕：《英美代理法研究》，法律出版社 2000 年版，第 163 页。

④ 参见梁宇贤：《公司法论》，台湾三民书局 1980 版，第 362 页。

经济、文化、社会及生态环境的影响也愈来愈大。在此背景下,公司社会责任理论呼吁而出,世界上越来越多的官方部门、民间机构、专家、学者要求公司在进行经营活动时考量社会公共利益,担负维护社会公共利益的义务,承担相应社会责任。受公司社会责任理论影响,公司也不再单纯地被视为股东的"囊中之物",不仅是股东组成的"集合体",而是逐渐被定义为是一个由物质资本所有者(即股东)、人力资本所有者(即雇员)及债权人等利害关系人组成的契约组织。① 由于董事是公司民商事活动的全权管理者,故与其说公司社会责任理论是对公司所提出的要求,不如说是对董事会所提出的要求,即要求董事在行使权力、从事公司经营管理活动时不可仅追求公司与股东利益最大化,还必须维护公司所有组成者的权益,更要承担相应的社会责任,在此基础上,董事的法律地位与传统公司法也存在显著不同。因此,大陆法系的一些学者提出董事机关说,即将董事作为公司机关,使得公司对董事所从事的行为承担相应的法律责任,这一定义反映了公司社会责任理论的观点。②

(七) 法定关系说

上述各个学说在立法中与商事实践中已证明其合理性和存在价值,而对于我国公司中的董事法律地位,在理论上用目前现有的管理合伙人关系、代理关系、信托关系、委任关系等法律框架、逻辑,都不足以单独、清晰、完美地解释我国公司中的董事法律地位。③ 在我国,董事在公司内部负责管理公司财产及业务,有公司受托人之特质。董事在公司外部负责代表公司与第三人进行交易经营活动,有公司代理人之特质。④ 在以有限责任公司为代表的私人公司中,董事同时具有合伙人之特质。某些董事同时向公司提供具体劳务,具有公司雇员之特质。当董事以公司之名义对外从事行为,其行为即被视为公司行为,其行为的效果也直接归属于公司,公司需要对董事实施的各种法律行为、侵权行为、犯罪行为等承担相应法律责任,可见董事具有公司机关之特质。现代董事与公司之间的关系在理论上十分复杂,

---

① 参见马骏驹、聂德宗:《公司法人治理结构的当代发展——兼论我国公司法人治理结构的重构》,载《法学研究》2000 年第 2 期;赵建丽:《董事法律地位研究》,载《法律科学》2001年第 6 期。

② 参见施天涛:《让监事会的腰杆硬起来——关于强化我国监事会制度功能的随想》,载《中国法律评论》2020 年第 3 期。

③ 参见梅慎实:《现代公司机关权力构造论》,中国政法大学出版社 1996 年版,第 148 页。

④ 参见孙宏涛:《董事法律地位之再思考》,《科学经济社会》2011 年第 2 期;施天涛:《让监事会的腰杆硬起来——关于强化我国监事会制度功能的随想》,载《中国法律评论》2020 年第 3 期。

从不同角度进行观察,董事法律地位就会全然不同。基于此,我国大陆学者提出"法定关系说"的主张,致力于一揽子解决董事法律地位问题。法定关系说认为,董事与公司之间的关系是一种"法定"关系,即就公司的内部关系来说,董事与公司是"法定的有机统一体";就董事、公司与第三人的外部关系而言,董事是公司的法定机关。① 这似乎也是一种合理的归纳解释。

实践层面观之,一则基于我国公司制度的历史和现实,公司不应该仅是股东利益之代表,还应是员工、债权人甚至是全体社会利益的体现者和承载者,依据此逻辑,董事也需要体现员工、债权人、社会之利益,故此将董事视为股东或公司的代理人、受任人、受信托人都不妥当。二则依据我国公司法规定,不论是董事的选任方式、任期、决议方式,还是董事的权力、义务及责任,都来自法律明确规定,纵使某些条文规定公司章程享有一定自治权,其自治权也来自公司法授权,同样也限定在法律允许的范围内。从此意义上说,公司董事的法律地位直接来源于法律规定,董事与公司之间的关系也可以界定为法定关系。

三、董事任职资格

董事的任职资格包括积极资格与消极资格两类。

（一）董事积极任职资格

董事任职的积极资格既包括民法典和公司法所规定的具备完全民事行为能力的一般资格,还包括特别法所设定的特别资格。例如,《中华人民共和国证券法》第 124 条要求证券公司的董事需要具备"正直诚实、品行良好,熟悉证券法律、行政法规,具有履行职责所需的经营管理能力"的特殊资格②;《中华人民共和国证券投资基金法》第 16 条、第 17 条还要求公开募集基金的基金管理人的董事应当"熟悉证券投资方面的法律、行政法规,具有三年以上与其所任职务相关的工作经历"的特殊资格。③ 总而言之,公司董事应该具有德才兼备的基本素养。

（二）董事消极任职资格

为提前预防董事因为行使职权而产生的代理风险,降低代理成本,公司法及相关法律法规还规定了董事任职的消极资格。《公司法(2023)》第 178

---

① 参见孙宏涛:《董事法律地位之再思考》,载《科学经济社会》2011 年第 2 期。
② 参见《中华人民共和国证券法》第 124 条规定。
③ 参见《中华人民共和国证券投资基金法》第 16 条、第 17 条规定。

条第1款规定了不得担任公司董事的五种一般意义上的消极事由。[①] 此外,还有一些特别法对特殊行业的董事任职存在特别的消极资格限制,如《中华人民共和国证券法》第103条规定了证券公司董事任职的两种消极事由[②];《中华人民共和国证券法》第221条还规定了相应的"证券市场禁入"制度,即对于违反法律、行政法规或国务院证券监督管理机构有关规定的董事,国务院证券监督管理机构可以要求其在一定期限内直至终身不得从事证券业务、证券服务业务,不得担任证券发行人的董事、监事、高级管理人员,或一定期限内不得在证券交易所、国务院批准的其他全国性证券交易场所交易证券的制度。[③] 同时,若公司违反规定选任、委派存在上述事由的人员为董事的,则该选任、委派行为无效;若公司董事在选任之时不存在上述禁止的情况,但是在任职期间出现上述情形的,则公司应该依法解除董事职务。可见公司董事的行为能力、道德操守和信用状况不仅是走向公司董事位置的必要条件,也是维持其董事位置的必要条件。

第二节　董事(会)权力的定义与来源

企业是经济活动中的重要市场主体之一,其运行优良与否直接关系到整个市场经济的发展。罗纳德·哈里·科斯(Ronald H. Coase)在《企业的性质》中指出,企业与市场的区别在于,企业内部是以雇主的"权力"(authority)决定如何配置资源,而市场是以"价格机制"和契约来确定如何配置资源。由此,企业以权力与命令取代了市场的协商程序,节省了市场交易所需要的信息收集、谈判协商等诸多交易成本,从而使得企业内部的生产活动获得比市场交易更优异的效率。[④] 这一经典著作揭示了隐藏在现代公司庞大身躯、复杂组织外观下的公司实质,制度规制体现在对公司权力的运作与配置上。同时,基于产权理论和制度经济学理论的观点,制度设计的功能之一便是合理明确权力/权利边界,只有权力/权利边界足够明晰,才能压实法律责任,减少外部效应,降低制度运作成本,这些理论揭示了制度与权力/权利的密切联系。[⑤] 因此,研究董事法律制度应首先从董事

---

① 参见《中华人民共和国公司法(2023年修订)》第178条第1款规定。
② 参见《中华人民共和国证券法》第103条规定。
③ 参见《中华人民共和国证券法》第221条规定。
④ See Ronald Coase, *The Nature of the Firm*, *Economica*, 1937, 4(16):386-405.
⑤ 参见王骏:《完善上市公司监事会与独立董事关系构架的法律思考》,载《西南民族学院学报》(人文社会科学版)2002年第S4期。

(会)权力制度切入。从前述内容看,基于行为论功能概念的董事内涵是一个泛指的概念,因董事行使权力发挥作用主要依托董事会,故研究董事(会)权力时,多使用董事会的集合概念,重点也在于董事会与股东会关系的论争。

一、董事(会)权力之定义

目前,我国学界对董事(会)权力并未给予较多关注,对董事(会)权力也并未有统一界定,董事所享有的到底是权力、权利还是职权,享有权力/权利/职权的主体究竟是董事还是董事会?

（一）权力、权利抑或职权

在现有文献中,对董事(会)所享有的究竟是权力、权利还是职权,各种表述可谓层出不穷。在早期的法学、管理学及经济学专业相关学术论文中,大多使用"权利"一词来表述、讨论董事会或独立董事之"权利"。[①] 不过随着时间流逝,"权利"这一用法逐渐被抛弃,取而代之的是"权力""职权"等表述。例如在当前的研究中,一部分法学、管理学、经济学等专业的文章中都使用"权力"一词来分析董事会"权力"[②];而另一部分法学专业的文章则使用"职权"一词来分析董事会"职权",且"权力"与"职权"在使用的领域、

---

① 参见张耀辉:《论我国公司董事权利法律规范的完善》,载《政治与法律》2004 年第 4 期;王立国:《独立董事的权利义务与法律责任》,载《天津社会科学》2002 年第 3 期;孙敬水:《论独立董事的权利及法律责任》,载《科学学与科学技术管理》2003 年第 6 期;孙国峰:《独立董事公共权利干预的本质及其注册化取向》,载《经济管理》2003 年第 10 期;王克岭、马立军:《浅谈独立董事在上市公司中的权利与义务》,载《经济问题探索》2001 年第 9 期。

② 参见梁上上:《公司权力的归属》,载《政法论坛》2021 年第 5 期;吴高臣:《人合性视角下有限责任公司权力配置研究》,载《烟台大学学报》(哲学社会科学版)2020 年第 6 期;许可:《股东会与董事会分权制度研究》,载《中国法学》2017 年第 2 期;罗培新:《股东会与董事会权力构造论:以合同为进路的分析》,载《政治与法律》2016 年第 2 期;王宁、苏慧中、李东升:《非国有股东董事会权力、期望落差与国企创新》,载《东岳论丛》2021 年第 12 期;李姝、李丹:《非国有股东董事会权力能促进国企创新吗?》,载《外国经济与管理》2021 年第 12 期;李春玲、袁润、森李念:《非实际控制人董事会权力与国企战略变革》,载《科学学与科学技术管理》2021 年第 8 期;逯东、黄丹、杨丹:《国有企业非实际控制人的董事会权力与并购效率》,载《管理世界》2019 年第 6 期;严若森、朱婉晨:《女性董事、董事会权力集中度与企业创新投入》,载《证券市场导报》2018 年第 6 期;李长娥、谢永珍:《董事会权力层级、创新战略与民营企业成长》,载《外国经济与管理》2017 年第 12 期;曲亮、谢在阳、郝云宏、李维安:《国有企业董事会权力配置模式研究——基于二元权力耦合演进的视角》,载《中国工业经济》2016 年第 8 期;黄文锋、张建琦:《董事会权力等级、战略性资源配置变动与公司绩效》,载《中山大学学报》(社会科学版)2016 年第 4 期;等等。

时间、空间上都存在重叠。① 故此,有必要对"权力""权利""职权"予以区分。

1. 权力而非权利

权力是一个古老的且一直以来就颇具争议的概念,其在不同时代被赋予不同含义。在古汉语中"权"与"力"往往分开使用,其中"权"的意义包含两类:一有审时度势、权衡利弊之意②;二有制约、制衡之意。③ "力"则有"力量、能力"之意。故古汉语中的"权力"即指审时度势、权衡利弊之能力,亦指制约他人之力量,而现代汉语中"权力"的语意多为后者。在西方文艺复兴和资产阶级革命时期,许多政治学家如尼可罗·马基亚维利(Niccolò Machiavelli)、托马斯·霍布斯(Thomas Hobbes)、约翰·洛克(John Locke)、孟德斯鸠、让-雅克·卢梭(Jean-Jacques Rousseau)等大都在政治领域内研究权力,认为权力是支配、控制和制约他人的关系或力量。德国社会科学家、政治学家马克斯·韦伯(Max Weber)强调权力的意志强制性,认为权力是行为者在社会交往中将自己意志强加于他人行为上的能力。政策学家哈罗德·拉斯韦尔(Harold Lasswell)从政策影响力的角度认为权力是影响他人政策的过程,并在过程中使不服从其政策的人遭受损失。具体到法学领域中,《布莱克法律词典》将权力解释为"某一主体通过为或不为某一给定行为,从而改变某种给定法律关系的能力"④。美国法学家韦斯利·纽科姆·霍菲尔德(Wesley Newcomb Hohfeld)将最广义的"权利"区分为4个基本法律概念⑤:权利、特权、权力、豁免,并给出了清晰的语词定义。权利即指某人针对他人的强制性请求;特权即指某人免受他人之权利或者请求权

---

① 参见蒋大兴:《公司董事会的职权再造——基于"夹层代理"及现实主义的逻辑》,载《现代法学》2020年第4期;刘晓蕾:《国有独资公司董事会职权之实务考察与法律分析》,载《法学论坛》2016年第3期;刘泉红:《董事会职权改革与央企治理机制的关联度》,载《改革》2014年第11期;杨狄:《股东会与董事会职权分野的管制与自治——以公司章程在公司分权中的地位和作用为视角》,载《财经理论与实践》2013年第6期;杨道波:《公益法人董事会职权配置研究》,载《河北法学》2012年第5期。

② 例如《孟子·梁惠王上》有云:"权,然后知轻重;度,然后知长短。"意为称一称,这样才能知道是轻还是重;量一量,这样才能知道是长还是短。原来是孟子劝齐宣王权衡利弊,决定取舍的话,后人常用来比喻无论做什么事,都要权衡利弊得失,此处的"权"即为审时度势、权衡利弊之意。

③ 例如《管子·霸业》有云:"夫欲用天下之权者,必先布德诸侯。"意为想要制约天下,首先必须施德于诸侯,此处的"权"即为制约、制衡之意。

④ See Black's Law Dictionary, *west publishing company*, 1979, p.1130.

⑤ 权利的概念具有狭义、广义之分,本文一般直述"权利"即指狭义的权利,在可能引起歧义的地方即采用"广义权利"的方式表达。

约束的自由;权力即指某人对他人特定法律关系的强制性支配;豁免即指某人在特定法律关系中免受他人法律权力约束的自由。① 易言之,享有权利的人仅可以通过与他人沟通,请求他人与自己一起实施某一行为以改变某种既定的法律关系;而享有权力的人可以通过自己的单方面行为直接改变某种既定的法律关系。通过对上述"权利"与"权力"概念的对比,我们可以总结出二者具有如下差异。

其一,权利是一种被动的请求;而权力是一种主动的命令。

其二,权利不具有强制性;而权力具有强制性。

其三,权利主体与相对方是一种"我主张,你必须"的关系,若权利人的请求遭到义务人拒绝,则一般只能请求公力救济,缺少自力救济的手段;而权力主体与相对方是一种"我能够,你必须"的关系,若权力相对方不服从该权力,权力主体可以采取一定的强制性措施迫使其服从。②

其四,权利一般仅具有私利性,权利主体可以选择行使自己的权利,也可放弃自己的权利,例如,根据《中华人民共和国民法典》第152条、第393条、第409条、第435条、第538条、第574条、第687条、第701条、第726条、第860条、第1124条、第1145条、第1154条、第1161条规定,权利主体可以放弃自己的撤销权、担保物权、抵押权、质权、债权、领取提存物的权利、保证的权利、抗辩的权利、优先购买权、专利申请权、继承权等;③而权力一般具有公众性和组织性,权力主体必须无条件行使自己的权力,一般不可放弃,否则就要承担相应的法律责任。如根据《中华人民共和国安全生产法》第17条规定,政府应当组织负有安全生产监督管理职责的部门依法编制安全生产权力和责任清单;同时根据该法第90条、第91条、第111条规定,若负有安全生产监督管理职责的部门及工作人员滥用职权或不积极行使权力的,则应承担相应的民事责任、行政责任甚至刑事责任。④ 相似的,根据《中华人民共和国海关法》第6条规定,海关享有一系列检查、查阅、查验、查询、复制、扣留等权力,同时根据该法第71条、第72条、第94条至第99条规定,海关及工作人员滥用职权或不积极行使权力的,也应承担相应的民事

---

① 参见[美]霍菲尔德:《基本法律概念》,张书友编译,中国法制出版社2009年版,第26、70、76页。

② 参见沈宗灵:《西方法理学》,北京大学出版社1986年版,第150页。

③ 参见《中华人民共和国民法典》第152条、第393条、第409条、第435条、第538条、第574条、第687条、第701条、第726条、第860条、第1124条、第1145条、第1154条、第1161条规定。

④ 参见《中华人民共和国安全生产法》第17条、第90条、第91条、第111条规定。

责任、行政责任甚至刑事责任。①

将此组概念移至公司法律制度中不难发现,董事会在公司中应是"权力"而非"权利"。首先,董事会在以会议形式做出有效决议后,决议的执行者并不具有"讨价还价"的余地,必须不折不扣执行董事会决议。如公司法定代表人必须按照董事会决议的内容与第三人签订或不签订合同,高级管理人员必须按照董事会决议的内容执行某项事务、管理某项公司事务,甚至普通职工也必须按照董事会决议的内容从事某项具体工作。其次,若上述主体不服从董事会权力,董事会也无须寻求法院等公权力机关救济,而是可以直接采取一定的强制性措施,如提议股东(大)会更换法定代表人,决议解聘高级管理人员、直接辞退某一职工等,迫使相对方服从。再次,董事会权力也明显具有组织性和外溢性,其不仅可以自己的意志改变公司内部关系,更可以改变公司与第三人的法律关系,董事会在自己权限范围内行事,其行为所产生的后果将直接归属于公司。最后,各国公司法也都规定了董事在行使权力时要忠实、谨慎,不得滥用权力,否则就要承担相应的法律责任与法律后果。如根据《公司法(2023)》第 179 条、第 188 条、第 264 条及《中华人民共和国证券法》等法律规定,董事负有积极行使权力的勤勉义务,当其怠于行使权力给公司、股东、债权人以及社会公众造成损失时,其应当承担相应的民事责任、行政责任甚至刑事责任。② 可见董事会权力完全符合上述"权力"的特征,故董事会所享有的应是"权力"而非"权利"。

2. 权力而非职权

职权即指职务范围之内的权力,是指基于管理者职位与地位所固有的指挥和命令下属的组织性权力,其与担任该职位的个人特性无关,亦是非人格化的制度性权力。可见职权也是权力的一种,其范围小于权力。而在董事会中,其所能动用的资源和影响的主体显然大于职权的范围。一方面,从动用的资源来说,社会心理学家约翰·弗伦奇(John R.P.French)和伯特伦·雷文(Bertram Raven)把权力分为五类:强制性权力、奖赏性权力、法定性权力、专家性权力以及感召性权力③,前三类属于职权,而后两类则属于个人性权力。④ 而以董事为代表的管理者的权力即包含职权和个人性权力

① 参见《中华人民共和国海关法》第 6 条、第 71 条、第 72 条、第 94—99 条规定。

② 参见《中华人民共和国公司法(2023 年修订)》第 179 条、第 188 条、第 264 条。

③ See French J.R.P., Raven B., "The bases of social power", *University of Michigan*, 1959, pp. 150-167.

④ 参见杨占营、黄健荣:《论权力的内涵、形式与度量》,载《广东行政学院学报》2011 年第 4 期。

两方面。在董事会中,强制性权力、奖赏性权力、法定性权力当然来自法律对职位的要求或股东会授权,而专家性权力则依赖于董事会成员的专业知识,如财务、法律及所处行业的相关知识等方面,感召性权力则依赖于董事会成员的人格魅力。另一方面,从所能影响的主体来说,董事会不仅会影响公司内部的高级管理人员、普通职工,而且其还对外代表公司,会影响股东及公司。简而言之,董事会不止于"职权",而是更广泛的"权力"。

(二) 董事权力抑或董事会权力

明确"权力"的语义后,需明确权力的主体是董事还是董事会。本文认为董事之权力并非某一董事个人之权力,而是董事会之权力,原因有二。

其一,董事会是一个集体行动机构,以整体机关的外貌行使权力,具有功能上的独立性和唯一性。在传统公司治理以及高阶梯队理论的研究视角中,董事会也一直是作为整体被讨论其作用的①,虽然目前法律也承认规模较小、股东人数较少公司可以设置"一人董事会"(one person board of directors),但这仅是集体行动的特殊情况。如根据我国《公司法(2023)》第68条、第75条、第120条、第128条规定,有限责任公司、股份有限公司董事会成员为3人以上,只有股东人数较少、规模较小的有限责任公司、股份有限公司可以仅设置一名董事而不设董事会。② 由于《公司法》只规定了董事会成员的最低限额,所以董事会到底由多少董事构成则由公司章程具体规定,且公司章程确定的董事人数应当符合《公司法》规定的最低限额。在实践中,董事会是由具有不同利益诉求的股东、职工提名的董事组成的,不同董事必然会为不同主体的利益而工作,董事会内部必然存在着利益冲突,但是董事会内部所存在的利益冲突与斗争正是董事会的价值体现,董事会正是通过内部的斗争与妥协,从而避免单个自然人的有限理性造成决策风险,使公司更好地面对市场风险,提高公司盈利能力与经营水平。③ 同时,不论董事会内部冲突有多激烈,其最后做出的有效外部行为都是以董事会这一机关名义以决议形式做出的,只有一个意志。在董事会集体行动原则下,公司法一般不允许将董事会权力分解给董事个人行使,只能通过董事会会议这一形式共同对公司的经营管理、业务执行作出决策,以英国、美国、法国、德国等国家为代表的公司法律制度都明确规定,个别董事不得行使董事会权

---

① See KRAUSER,SEMADENIM,WITHERS M.C.,"Thatspecial someone:when the board view sits chairasare source",*Strategic Management Journal*,2016,37(9),pp.1990-2002.

② 参见《中华人民共和国公司法(2023年修订)》第68条、第75条、第120条、第128条规定。

③ 参见倪受彬:《中国上市公司董事会治理与制度完善》,载《河北法学》2006年第9期。

力,只能通过集体决策的方式行使权力。① 但是,以日本、韩国等国家为代表的公司法律制度则允许个别董事代表公司行事。纵观我国《公司法》之规定,行使经营管理、业务执行权力的机关都是董事会,未见有规定可以授权某一董事之情形。

其二,董事会以集体行使权力。董事会是一个合议制机关,其是以"董事会"(board)而非"个人"(individual)形式运作,故董事会的权力只能由各个董事通过出席董事会会议、投票表决的方式集体行使,同时还具有一定特殊要求。在程序上,董事参加董事会会议应当符合法定人数要求且一般应亲自出席。虽然在特殊情况下委托也被允许,但是有诸多限制。在主体方面,董事只能委托其他董事,不得委托董事之外的其他主体②;在时间方面,董事只能就某次董事会的出席、投票做出委托,长期委托一般不被允许,且被视为是出卖职位的表现。③ 在我国公司法律制度中也有类似限制,如《上市公司章程指引》第99条、《上市公司独立董事规则》第16条及《关于进一步促进境外上市公司规范运作和深化改革的意见》第3条等都有相关规定。④ 在实体上,董事会会议投票一般以人数为基础,即"一人一票",我国《公司法(2023)》亦如此规定⑤,只有在"势均力敌"的情况下,有些国家的法律允许董事长投出第二票。⑥ 在此种模式下,纵然单个董事具有某种资格,其也是权利而非权力,因为单个董事出席董事会会议与投票的行为并不会产生外部性,并不会影响其他主体,只有当符合法定或章定数额的董事都实施了上述行为后,才会产生董事会决议,才具有了外部性与组织性。故此,单个董事出席董事会会议、投票表决并非权力而是权利,更是董事应尽的义务。此外,董事作为个体所享有的查账、阅读记录或其他方式获取信息的权利也与出席董事会会议、投票表决的权力类似,都是为董事会行使权力而存在的。

由此可见,作为个体的董事不可直接行使与分享董事会权力。但若没

---

① See Mads Andenas and Frank Wooldridge, "European Comparative Comp any Law", *Cambridge University Press*, 2009, pp.288, 291, 308.德国明确允许公司章程作出例外规定,但个体决策不能对抗多数决策。

② 参见《上市公司独立董事规则》第112条的规定,股份有限公司董事会会议应当由董事本人出席;董事因故不能出席的,可以书面委托其他董事出席,授权范围在授权委托书中载明。

③ See Rufus J.Baldwin and another v.Thomas H.Canfield, 26 Minn.43, 1 N.W.261; 1879 Minn.

④ 参见《上市公司章程指引》第99条、《上市公司独立董事规则》第16条、《关于进一步促进境外上市公司规范运作和深化改革的意见》第3条规定。

⑤ 参见《中华人民共和国公司法(2023年修订)》第73条第3款和第124条第2款规定。

⑥ 参见邓峰:《董事会制度的起源、演进与中国的学习》,载《中国社会科学》2011年第1期。

有每个董事的参与,董事会权力当然也无法行使,同时每个董事都可以通过在董事会会议中表达自己的意见以及行使表决权,进而影响董事会权力的行使。因此从这个角度来看,每个董事权利的集合才是董事会权力,董事会权力的运行依赖于董事权利的行使。①

二、董事会权力来源之考察

(一) 由授权到法定

当前无论是大陆法系、英美法系还是我国公司法,在既有制度框架下,虽然董事是由股东会选举产生,但董事与董事会具有法定地位,且董事会具有独立权力,其权力一般直接来源于公司法规定而非股东会授权。② 但在起初,事实并非如此。在公司产生之初,其并未设置股东会,公司是由董事会掌管并运行的。直到 19 世纪,以英国为代表的资本主义国家确立了公司相关制度,股东会才被视为公司最高权力机构。③ 在此时,英国公司法并不认为董事会拥有独立的法定权力,而是强调股东会是公司最高权力机构,董事/董事会仅是公司的代理人,由股东会选举产生,权力来源于股东会的授权,必须听从股东会控制与安排。④ 公司增资、减资以及章程修改等都必须经过股东会批准,公司重大经营事项必须由股东会决策⑤,股东会与董事会之间的权力分配完全由公司章程规定,并依公司章程的变更而变更。⑥ 此外,股东会可以随时通过普通决议对董事会如何行使其权力发号施令,也可以通过普通决议随时变更、限制其权力,甚至直接介入其中。这一观点在早期的公司权力纠纷案件审理中大行其道。

案例 2-1：

1883 年怀特铁路公司案(Isle of Wight Railway Co.v.Tahourdin)⑦

案件事实：

怀特铁路公司(Isle of Wight Railway Co.)是一家根据成文法设立的公

---

① 参见董安生编译:《英国公司法》,法律出版社 1991 年版,第 264 页。
② 参见施天涛:《公司法论》,法律出版社 2018 年版,第 354 页。
③ 参见史际春:《国有企业法论》,中国法制出版社 1997 年版,第 303 页;韩长印、吴泽勇:《公司业务执行权之主体归属——兼论公司经理的法律地位》,载《法学研究》1994 年第 4 期。
④ 参见张开平:《英美公司董事法律制度研究》,法律出版社 1998 年版,第 36 页。
⑤ 参见王保树:《现代股份公司法发展中的几个趋势性问题》,载《中国法学》1992 年第 4 期。
⑥ 参见徐洁:《健全和完善股份公司机关的策略》,载《现代法学》2000 年第 1 期。
⑦ See Isle of Wight Railway Co.v.Tahourdin(1883)25 Ch.D.320,CA.

开公司。1883 年,该公司股东会拟计划召开临时股东会议,决定委派一家委员会对公司管理层进行重组,而根据怀特铁路公司章程规定,委任管理层本应属于董事会权力范畴。故公司董事会认为,股东大会拟决议的委任管理层的会议侵犯了董事会权力,故诉至法院,请求法院判令禁止公司召开股东大会作出相关决议。

裁判理由:

该案审理法官科顿(Cotton)认为,如果多数股东认为董事会在其权力范围内的行为并非为公司利益或与公司利益不符,并且股东唯一可以干预的途径便是召开股东大会、作出相应对策时,那么禁止公司股东召开股东会便是一件十分严苛的事情。基于此,法官认为怀特铁路公司股东会拟决议的内容是股东会对董事会的正当控制,最终驳回了董事会的诉讼请求。① 由此可见,早期英国公司法一直将股东会的授权视为董事会的权力来源,董事会无论如何不得质疑与违抗股东会的命令与决议。

在这种理念主导下,直到 20 世纪初,英国公司法都不承认董事会的独立权力,董事会执行公司业务与作出相关决策必须完全依照公司章程的授权和股东会决议。② 然而,随着公司法理论的发展与实践中相关争议的增加,英国公司法和普通法也逐渐意识到董事会权力具有一定独立性,即除非董事会在行使权力时违背了公司法规定或公司章程约定,否则股东会无权干预董事会权力之行使,此类观点首先也是体现在相关判例中。

案例 2-2:

1906 年自动过滤器公司案(Automatic Self-Cleansing Filter Syndicate Co.v.Cuninghame)③

案件事实:

在 1906 年,自动过滤器公司(Automatic Self-Cleansing Filter Syndicate Co.)在一次股东大会上通过一项普通决议,要求董事会将公司业务售予一为购买该业务而设立的新公司。根据该公司章程第 96 条规定,董事会享有对公司业务进行管理与控制的权力;同时,根据章程第 97 条第 1 款规定,董

---

① See(1883)25 Ch.D.320,CA,at 329;Goldberg,G.D.Article 80 of Table A of the Companies Act 1948,*Modern Law Review*,Vol.33,Issue 2(March 1970),pp.177-183.

② 参见张开平:《英美公司董事法律制度研究》,法律出版社 1998 年版,第 36 页。

③ See Automatic Self-Cleansing Filter Syndicate Co.v.Cuninghame,(1906)2 Ch 34(count of Appeal).

事会有权按照其认为适合的条件与条款出售公司的任何资产。基于此董事会认为,代表公司对外签订买卖合同的权力应属于董事会而非股东大会,股东在此类问题上无发言权,只有董事会可以决定,股东大会做出的此项决议不具有效力,董事会不同意执行该股东大会决议,并拒绝进行出售。二者由此产生纠纷,并诉至法院。

裁判理由:

在本案判决中,英国上诉法院明确支持董事会的做法,柯林斯(Collins)法官提到,原告梅迪阿米德(MeDiarmid)先生要求宣告被告自动过滤器公司董事会有义务执行 1 月 16 日股东会议通过的决议。而原告的诉求是基于这样一个观点产生的,即在股东会议中,若一项决议以多数决方式通过,则公司应依照决议将公司的部分资产、业务出售给买方。而董事会却真诚地相信,基于公司利益,此决议的内容是不可取的,故拒绝在决议上加盖公司印章,并拒绝执行该项决议。可见该案件的争议关键在于:根据公司章程与备忘录,董事是否有义务接受股东会决议之观点而以此取代自己的观点。柯林斯法官认为,董事会和股东会的权力取决于公司章程的安排,而章程又是一份经全体股东认可的合同。故若章程将某一权力授予董事会,则视为全体股东合意将该权力授予董事会,那么股东会就无权再干涉。同时柯林斯法官在判决中进一步通过举例方式加以说明,即若股东对章程中"有且仅有董事会才拥有公司管理权"等类似表述表示同意,那么如果股东会决议事项属于董事会权力范围,则董事会有权拒绝执行。在本案中,股东会以普通决议的方式通过了一项买卖合同,则董事会有权拒绝执行该合同。[①]

基于此案例,科曾斯·哈迪(Cozens-Hardy)大法官指出更深一层理论,即董事会与股东会享有平等法律地位,董事会行权不受到股东会干预。[②]此时,关于董事会权力来源的论述已存在由授权向法定转换的趋向。在随后的 1908 年留声机与打字机有限公司案(the Gramophone & Typewriter Ltd. v.Stanley)中,由另一批法官组成的上诉法庭在引用该案例时,对该观点表示强烈赞同。[③] 当然,这种新的裁判路径在当时并未被广泛引用和接受。[④]

---

① See Griggs,Lyden,"The Statutory Derivative Action:Lessons That May Be Learnt from Its Past", *University of Western Sydney Law Review*,Vol.6,(2002)pp.63–94.

② See Automatic Self-Cleansing Filter Syndicate Company Limited v.Cuninghame,(1906)2 Ch 34 (count of Appeal).

③ See Gramophone & Typewriter Ltd.v.Stanley,(1908)2 K.B.89,CA.

④ See Marshall's Valve Gear Co.,v.Manning Wardle & Co.,(1909)1 Ch.267.

不过,自 1909 年的昆和阿克斯坦诉萨蒙案(Quin & Axtens V. Salmon)开始①,"除非董事会决策违背了公司法规定或章程约定,否则股东会无权干涉董事会决策"这一观点几经沉浮,最终逐渐被英国及英联邦国家所普遍接受。②

在 1935 年的伊尔肖父子(索尔福德)有限公司案(Shaw & Sons(Salford)Ltd. v. Shaw)中③,法院认定股东会所做的不同意董事会行为的决议无效,该案大法官格里尔(Greer)更是提出一个创造性观点,即公司是一个独立实体,股东会与董事会都是根据章程行使相应公司权力的主体。基于此,若章程规定公司某些权力有且仅有董事会可以行使,那么股东会则不得篡夺章程授予董事会的那些权力;相反,若章程规定公司某些权力有且仅有股东会可以行使,那么董事会也不可篡夺章程授予股东会的那些权力。股东会能够控制董事会行使章程授予权力的唯一方式就是召开股东会并作出修改章程的决议,或不再选任那些与股东意见不合的董事。④ 故此,该案法院判令公司股东大会做出的不同意董事会行为的决议无效。⑤

另外,在 1943 年的斯科特公司案(Scott v. Scott)中⑥,该案大法官克劳森(Clauson)提到,公司法理论与实践经过多年发展,股东会对公司的管理控制权高于董事会的观念已悄然改变,在现代公司内部治理中,若公司某些权力已授予董事会,那在修改章程剥夺董事会相应权力前,股东会不得干涉董事会权力的行使。⑦ 故在该案中,法院认为公司股东大会做出的干预董事会发放临时股利与发放贷款的决议不具有效力。⑧

综上所述,随着判例法的蓬勃发展,"董事会与股东会地位平等,其权力均来自公司章程授权"这一理念业已形成并被广泛接受。公司作为具有独立法人资格的主体,为维持其正常运行必须设立机关并分别移交公司权

---

①　See Quin & Axtens v. Salmon,(1909)1 Ch. 311,CA;(1909)A. C. 442,HL.

②　See Slutsky,Barry V. "Ultra Vires-The British Columbia Solution", *University of British Columbia Law Review*,Vol. 8,Issue 2(1973),pp. 309-320.

③　See Shaw & Sons(Salford)Ltd. v. Shaw,(1935)2 K. B. 113,CA,at 134.

④　See Shaw & Sons(Salford)Ltd. v. Shaw,(1935)2 K. B. 113,CA,at 134.

⑤　See Barak,Aharon,"A Comparative Look at Protection of the Shareholders' Interest Variations on the Derivative Suit", *International and Comparative Law Quarterly*,Vol. 20,Issue 1(1971),pp. 22-57.

⑥　See Scott v. Scott,(1943)1 All E. R. 582.

⑦　See Goldberg,G. D. "Article 80 of Table A of the Companies Act 1948", *Modern Law Review*,Vol. 33,Issue 2(March 1970),pp. 177-183.

⑧　See Goldberg,G. D. "Article 80 of Table A of the Companies Act 1948", *Modern Law Review*,Vol. 33,Issue 2(March 1970),pp. 177-183.

力。由此董事会享有经营管理公司的法定权力;董事会与股东会作为相互独立的公司机构,应在章程授权范围内行使相应权力,且不得限制、剥夺对方之权力。随后 1948 年、1985 年及 2006 年英国《公司法》的一系列变革也将上述观念吸收进成文法中,成文法亦成为董事会权力的法定来源,其形成了董事会与股东会权力的法定界限。

（二）　对法定之论证

正如上文所述,英国成文公司法吸收了判例法理念,并通过法条形式加以表达,如根据 1948 年英国《公司法》表 A 第 80 条规定,公司股东会不得通过普通决议改变董事会在其权力范围内的决定①;1985 年英国《公司法》表 A 第 70 条规定,除本法、公司章程及股东大会特别决议另有规定与限制外,公司董事行使一切公司权力,对公司进行管理,经营业务。② 这些规则清楚表明,股东会通过普通决议对董事会权力范围内的事项所作出的任何指令都不具有约束力,股东会仅可通过特别决议,即类似于修改章程所需要的多数决来命令董事实施或不实施某一具体行为。自 1985 年以来,英国《示范公司章程》(Table A Articles of Association)就明确了董事会权力的立法立场,并将法律规定禁止、章程约定以及股东特别决议作为与董事会权力之间的一种平衡。根据现有适用于封闭公司和公众公司的示范章程,董事会权力应受到章程限制,而且现行英国《公司法》也在其条文中明确了应由股东所保留权力的具体内容。③ 由此可见,随着成文法的变革,英国公司中董事会的权力来源也由公司章程的授权变更为公司法的直接规定,股东会不得通过普通决议改变董事会在其权力范围之内的决定。④

美国现行公司法律制度也认为,董事会权力并非来自股东会授权而是来自法定。如根据美国《特拉华州普通公司法》第 141 条(a)款规定,公司的业务和事项都应由董事会经营管理,或在董事会指导下进行,但除本法或公司设立章程另有规定外。若公司设立章程另有规定,则应依照章程规定的范围,由章程所确定的人员来实施或履行本应授予董事会的权力或施加给董事会的义务。⑤ 根据美国《标准商事公司法》第 8.01 条(b)款规定,公

① 参见罗培新:《股东会与董事会权力构造论:以合同为进路的分析》,载《政治与法律》2018 年第 6 期。

② 参见张民安:《英美公司董事法律制度研究》,法律出版社 1998 年版,第 108 页。

③ 参见林少伟:《英国现代公司法》,中国法制出版社 2015 年版,第 411 页。

④ 参见罗培新:《股东会与董事会权力构造论:以合同为进路的分析》,载《政治与法律》2016 年第 2 期。

⑤ 参见 DGCL 第 141 条规定,载卞耀武主编:《特拉华州普通公司法》,左羽译,法律出版社 2001 年版,第 30 页。

司的所有权力应当由董事会行使,或在董事会的许可下行使,公司的业务和
事项也应由董事会经营管理或在董事会的指导下进行,但除本法、公司设立
章程或其他股东授权协议中另有限制外。① 此外,美国《纽约州商事公司
法》第 701 条、《加利福尼亚州公司法典》第 300 条等也有类似规定,此处不
再赘述。综上所述,从表面的公司法律制度来看,董事会所享有权力来源于
法律明文规定。同时,美国《标准商事公司法》官方评述中也明确提到,董
事会并不是仅执行股东会意志的代理人,公司法赋予了董事会广泛的权力、
义务与责任。股东会权力由法律和公司章程明确规定,除此之外的所有权
力均由董事会行使。易言之,股东会权力的终点即为董事会权力的起点,故
此,董事会权力也来源于公司法和公司章程明确规定。

　　在大陆法系国家中,因长久以来的成文法传统,故其董事会权力的内涵
与外延也多在公司法中予以明确。故大陆法系国家也当然认为董事会权力
来源于法律的直接规定,其中比较有代表性的为德国、法国、日本等国家的
公司法律制度。如根据德国《股份公司法》第 76 条第 1 款规定,董事会负
责领导公司;第 77 条第 1 款规定,董事会权力由董事会成员集体行使;第
119 条第 2 款规定,董事会对公司的日常业务经营管理享有法定专属权力,
董事有权全权决定,股东大会不得干预,仅有在董事会要求的情况下,股东
大会才可以行使此类权力;第 202 条规定,股东会对董事会权力所施加的限
制也不得用以对抗善意第三人。② 可见在德国公司法中,董事会负责领导
公司,其权力直接来源于法律规定,

　　根据法国《商事公司法》第 98 条规定,除法律明文规定属于股东会的
权力,其他权力均由董事会享有,董事会可在任何场合代表公司,以公司名
义,在公司目的范围内进行活动,行使上述广泛权力。同时,章程对董事会
权力的限制不得对抗第三人。在公司与第三人交易时,公司甚至需要对董
事会从事不属于公司目的之内的行为负责,除非公司可以证明第三人已经
知道或根据当时的情况不可能不知道该行为已经超越公司目的,但仅依据
章程约定不可证成此事项。③

---

① 参见《标准商事公司法》(*Model Business Corporatio Act*)第 8.01 条(b)款规定,载沈四宝编
　　译:《最新美国标准公司法》,法律出版社 2006 年版,第 90 页。
② 参见《德国股份公司法》第 76 条第 1 款、第 77 条第 1 款、第 119 条第 2 款、第 202 条规定,
　　载卞耀武主编:《德国股份公司法》,贾红梅、郑冲译,法律出版社 1997 年版,第 44—45、
　　75 页。
③ 参见《法国商事公司法》第 98 条规定,载卞耀武主编:《法国公司法规范》,李萍译,法律出
　　版社 1999 年版,第 66、67 页。

根据日本《商法典》第 230 条、第 260 条规定,股东会的权力范围仅限于本法或公司章程所明确规定的事项,而董事会可以在公司业务范围之内广泛行使公司权力,并监督董事具体权力行使情况。[①]

综上所述,不论是大陆法系国家还是英美法系国家,首先,从法律规定看,董事会所享有的经营管理权力均直接来源于法律规定。其次,从股东会与董事会的关系看,其同属于公司内设机构,各自拥有不同权力,并非从属关系。一般来说,股东会只具有资产受益、重大事项决策及选举、罢免董事之权力。[②] 而董事会是公司内部最主要的机构,代表公司经营,其权力范围广泛,并不局限于股东会授权。最后,从本质上看,公司具有独立的法律人格,具有独立法人地位。董事会作为公司的构成部分,其为公司整体利益而非为某一(些)股东的利益服务。董事会行使的权力是公司权力,而非股东会的权力,故不能因为董事是由股东会选举产生,就认为董事会是股东会的代理人,是在股东会的授权下行使公司权力。故此,在现代公司法律制度框架下,董事会权力一般直接来源于法律直接规定,而非股东会授权。董事会这一权力架构背后的经济学原理是:在公司规模较小、股东人数较少且大多参与公司经营的时期,一般都会构建"股东会一元主义"的公司权力架构;但随公司规模不断扩大,大型公司不断涌现,股权日益分散,理性冷漠使得股东愈来愈远离经营管理,而市场的多变又要求管理层迅速作出反应。同时,寻求股东会的临时授权极不现实,章程更无法预测后期市场变化而事先细致授权。在此基础上,必须为董事会拓展独立的权力空间,使其能够便捷地做出决策。因此,董事会管理、控制公司的权力由法律直接创制,可在一定程度上使得公司部分权力在分流给管理层时获得合法性基础。[③]

三、我国公司董事(会)的权力来源

我国公司法律制度对董事(会)权力进行了列举式加兜底条款的规定,根据《公司法(2023)》第 67 条、第 120 条第 2 款规定,一般的有限责任公司与股份有限公司董事会权力包括 9 项基本法定权力及公司章程赋予或股东

---

① 参见《日本商法典》第 230 条、第 260 条规定,载《日本商法典》,王书江等译,中国法制出版社 2000 年版,第 65 页。

② 参见罗培新:《股东会与董事会权力构造论:以合同为进路的分析》,载《政治与法律》2016 年第 2 期。

③ See Adolf A.Berle & Gardiner C.Means, "The Modern Corporation and Private Property", p.335.

会授予的其他权力①；根据《公司法(2023)》第 75 条、第 128 条规定，规模较小或股东人数较少不设董事会仅设一名董事的有限责任公司与股份有限公司，其董事权力与普通有限责任公司董事会相同②；根据《公司法(2023)》第 173 条规定，国有独资公司董事会权力与普通有限责任公司相同③；可见在我国现有公司法律框架下，董事与董事会的地位是法定的，是具有独立权力的公司业务执行机关，对内对股东会负责，对外代表公司。董事会成员由公司股东会选举产生的，也可由股东会罢免，同时负责执行股东会作出的决议。董事会是一个具有独立权力的机构，权力也是来自法定而非股东会授权。

当然一方面，董事会权力来自法定并不妨碍有时股东会将自己的某些权力通过章程或股东会决议等形式授权董事会行使。这种通过章程或股东会决议授权董事会特定权力属于权力的处分，并不会从本质上影响董事法律地位与董事会权力来源的基础。如我国《公司法(2023)》第 67 条第 2 款第 10 项就对董事会权力作了兜底性规定，即章程规定或股东会授予的其他职权也属于董事会权力范围。④ 另一方面，董事会权力来自法定也不妨碍其有时将自己某些权力授权给经理或其他公司代理人。根据我国《公司法(2023)》第 67 条第 2 款第 8 项、第 74 条及第 126 条规定，董事会可以决定聘任或解聘公司经理等其他高级管理人员，也可决定聘用其他员工。⑤ 故在我国现有法律框架下，公司权力属于董事会而非经理，经理只是公司的法定代理人，其附属于董事会，不具有独立的公司机关性质。公司经理一般无权做出决策，只负责执行董事会的决策与命令；即使公司经理享有部分经营管理权和决策权，其权力也是十分有限的，即仅能在董事会的委托范围内行使。故此，有必要在下文中对董事法律制度进行系统检索和规范，明确董事会的权力行使，董事的义务内容以及董事的责任承担形式，让股东行权有确定预期，切实落实对投资者，尤其是中小股东的权利保护。

目前国内外学者一般多从董事会的功能、结构、特征等方面对董事会权

---

① 参见《中华人民共和国公司法(2023 年修订)》第 67 条、第 120 条第 2 款规定。
② 参见《中华人民共和国公司法(2023 年修订)》第 75 条、第 128 条规定。
③ 参见《中华人民共和国公司法(2023 年修订)》第 173 条规定。
④ 参见《中华人民共和国公司法(2023 年修订)》第 67 条第 2 款第 10 项规定。
⑤ 参见《中华人民共和国公司法(2023 年修订)》第 67 条第 2 款第 8 项、第 74 条及第 126 条规定。

力进行研究。① 如公司治理理论认为,公司治理的逻辑起点是基于公司所有权和经营权相分离,股东会与董事会之间对公司剩余控制权博弈而引发的第一类代理问题②,以及控股股东由于现金流与实际控制权背离所产生的第二类代理成本问题③,尽管两类代理成本的主体与作用机理显著不同,但本质仍是通过市场机制对公司内部权力进行配置。④ 企业产权理论认为,所有权(尤其是对实物资产的所有权)是企业内部权力的首要来源,拥有企业所有权即意味着享有处置企业资产和参与重大决策等一系列权力。⑤ 委托代理理论认为,董事会权力是为了解决代理问题而设计的,易言之,董事会主要权力是受股东会委托,代表股东利益行使战略决策权并监督管理层⑥,当高级管理人员存在机会主义行为时,董事会可解聘相关人员来降低公司代理成本。⑦ 资源依赖理论认为,董事会主要权力是提供支撑决

---

① 参见李常青、赖建清:《董事会特征影响公司绩效吗?》,载《金融研究》2004 年 5 期;于东智、池国华:《董事会规模、稳定性与公司绩效:理论与经验分析》,载《经济研究》2004 年第 4 期;牛建波:《董事会规模的治理效应研究——基于业绩波动的新解释》,载《中南财经政法大学学报》2009 年第 1 期;谭劲松:《独立董事"独立性"研究》,载《中国工业经济》2003 年第 10 期;简新华、石华巍:《独立董事的"独立性悖论"和有效行权的制度设计》,载《中国工业经济》2006 年第 3 期;等等。

② See Michael C.J.and H. W. Meckling,"Theory of the Firm:Managerial Behavior, Agency Costs and Ownership Structure",*Journal of Financial Economics*,1976(4),pp.305-360.

③ See La Porta, R. F., Lopez - de - Salinas and A. Shleifer," Corporate Ownership around the World",*The Journal of Finance*,1999,54(2),pp.471-517.

④ See Amason A.C.,"Distinguishing the Effects of Functional and Dysfunctional Conflict on Strategic Decision Making:Resolving a Paradox for Top Management Teams",*Academy of Management Journal*,1996,39(1),pp.123-148;Dooley.R.S.and G.E.Fryxell," Attaining Decision Quality and Commitment from Dissent:The Moderating Effects of Loyalty and Competence in Strategic Decision-making Teams",*Academy of Management Journal*,1999,42(4),pp.389-402.

⑤ See Grossman S.J.,Hart O.D.,"The Costs and Benefits of Ownership:A Theory of Vertical and Lateral Integration",*Journal of Political Economy*,1986,94(4),pp.691-719;Hart O,Moore J.," Property Rights and the Nature of the Firm",*Journal of Political Economy*,1990,98(6),pp. 1119-1158.

⑥ See Desai V.M.,"The Behavioral Theory of the(Governed)Firm:Corporate Board Influences on Organizations Responses to Performance Short Falls",*Academy of Management Journal*,2015,59 (3),pp.860-879.

⑦ See Belsley.M.S.," An Empirical Analysis of the Relation between the Board of Director Composition and Financial Statement Fraud",*Accounting Review*,1996,71(4),pp.443-465;薛有志、彭华伟、李国栋:《董事会会议的监督效应及其影响因素研究》,载《财经问题研究》2010 年第 1 期;宋常、黄蕾、钟震:《产品市场竞争、董事会结构与公司绩效——基于中国上市公司的实证分析》,载《审计研究》2008 年第 5 期。

策之资源,通过集体决策促进信息与资源共享①,以减少股东、董事与经理之间的信息不对称与认知冲突。② 事实上,上述理论或多或少均存在一定问题,如公司治理理论未针对不同类型公司所存在的治理问题给出权力配置的解决方案;企业产权理论忽视了除所有权之外的其他权力来源作为董事会权力的构建依据;委托代理理论与资源依赖理论过于强调董事会内部的权力博弈而忽视了董事会整体的权力属性。故此,本文认为有必要在吸收上述理论的基础上寻找配置董事会权力的合理方案。

任何组织机构的权力构建与运行都包含以下三要素:其一,权力源,即该组织机构的权力源自何人、何处,这关系到权力的构建逻辑与运行规律。其二,权力构建,又称权力配置,即该权力应以何种原则、何种方式进行有效的原则性配置,可以使得相关利益主体能够获得权力与义务平衡、比例相当的权力以及由此派生的一系列权力性资源。其三,权力运行。在对权力进行构建、配置后的动态运行过程中,难免会发生权力的形变与异化,即该组织机构的权力有可能被其他主体侵蚀、限制,最终导致权力失衡、失效;也有可能其权力会无限制自由扩张,最终导致权力滥用与归属失衡,此时就需要对权力运行进行动态调整,达到权力在动态运作过程中的平衡。本书对董事会权力的讨论也采用了此逻辑:首先,深入剖析董事会权力制度背后的法理基础,考察与评价董事会的权力源泉;其次,分析与阐述现有董事会权力理论配置模型,即"股东会中心主义""董事会中心主义"及营商环境优化对董事会权力配置所造成的影响和提出的要求,同时分析我国董事会权力配置与运行现状及存在问题;再次,密切关注本土商事实践,明确董事会权力配置的基本原则,探究实践中不同形态、不同股权结构公司中对董事会权力运作的不同需求;最后,立足我国公司治理与董事会权力运作实践,基于不同的公司形态与股权结构,合理配置与划分董事会权力,明确董事会权力内涵与外延,分析董事会权力配置的目标与价值导向,同时探寻股东会与董事会的权力配置与划分是属于法律强制的范畴还是公司自治,不同形态、不同股权结构的公司是否需要不同董事会权力配置方案等问题,以期在优化营商环境背景下,达到公司内部权力配置的"帕累托最优",优化公司内部治

① 参见王斌、宋春霞、孟慧祥:《大股东非执行董事与董事会治理效率——基于国有上市公司的经验数据》,载《北京工商大学学报》(社会科学版)2015年第1期。

② See Grossman S.J. and Hart O.D.,"The Costs and Benefits of Ownership:A Theory of Vertical and Lateral Integration",*Journal of Political Economy*,1986,94(4),pp.691-719;Rajan R.G. and Zingales L.,"Power in a Theory of the Firm",*The Quarterly Journal of Economics*,1998,113 (2),pp.387-432.

理,激发市场主体活力,保护投资者等一系列制度效益。①

第三节　董事会权力配置理论范式与现实考察

任何一个公司机关都不得拥有无限权力,这是公司内部治理基本原则,该原则在 2003 年英国《公司治理联合准则》第 A2 段也有体现,即"任何人都不可能拥有无限的权力"②。在有多个利益主体与内部机构的公司中,欲实现利益平衡更需要进行权力配置,使不同主体享有不同权力,避免独裁情况出现。同时,现代公司所存在的独立人格与有限责任等特质也使得公司权力配置存在必要性。此外,现代公司所存在的所有权与控制权相分离之趋势也使得公司权力配置存在必然性。在此基调下,世界各国家和地区的公司法律制度通常都会将公司权力划分为决策权、执行权与监督权等权力,并依照分立与制衡的原则将上述公司权力在股东会、董事会(董事)及监事会(监事)③等诸多机关间进行配置④,这便是所谓的"机关分立主义",即"公司权力层次论"。⑤ 可见公司权力配置是公司内部治理的重中之重。

所谓公司权力配置,即指公司的所有人和控制人以某种结构分割把持公司权力,涉及公司权力来源以及包括决策权、执行权和监督权在内的公司权力的分配与运作机制等。为建立现代企业制度,规范公司内部治理结构,我国公司法规定,公司一般由股东会、董事会、监事会三内部机关组成,股东会是由全体股东组成的权力机构、意思机构与决策机构,其所形成的决议为公司意志⑥;董事会是由股东会、职工代表大会等有权机关选任的全体董事组成的常设经营决策与业务执行机构,负责执行股东会决议、代表公司行使

---

① 参见方龙喜:《德、美、日股份有限公司治理机制比较》,载《当代法学》2001 年第 3 期。

② 梁彦红、王延川:《公司财产权的演进与公司决策权力分配机制的更新》,载《理论月刊》2020 年第 3 期。

③ 英美国家不设此机关,但英国设公司审计人和美国设外部董事均与监事的功能相仿。

④ 例如,在英国 2008 年的《公司治理联合准则》(The Combined Code on Corporate Governance)第 1 节公司(COMPANIES)第 A2 段董事会主席和首席执行官主要原则(Chairman and chief executive Main Principle) 中首段中规定, "No one individual should have unfettered powers of decision." (任何人都不应该拥有不受约束的决定权。)这便是公司内部权力分配的最基本原则。具体参见 THE COMBINED CODE ON CORPORATE GOVERNANCE June 2008 , https://www.frc.org.uk/getattachment/56920102-feeb-4da7-84f7-1061840af9f0/Combined-Code-Web-Optimized-June-2008.pdf,最后访问日期:2022 年 1 月 30 日。

⑤ 参见梅慎实:《现代公司机关构造论》,中国政法大学出版社 1998 年版,第 241 页。

⑥ 参见《中华人民共和国公司法(2023 年修订)》第 58 条、第 59 条、第 98 条、第 99 条规定。

法人财产权、指导公司业务,对股东会负责并对外代表公司①;监事会是由股东会、职工代表大会等有权机关选任的全体监事组成的内部常设监督机构,负责对公司董事及高级管理人员执行公司事务及会计事务进行监督。②在上述公司权力与内部机关的协调运作中,公司监督权的内涵与外延总体较为明确,监事会权力也较为稳定、争议不大。但公司决策权、执行权的明确与辨析以及股东会和董事会权力的配置、划分与界限,一直是公司法律制度中争议较大的问题,其中尤需关注的是董事会权力。正如上文所述,董事会在公司法人治理结构中处于核心地位,发挥着重要作用。③ 一方面,董事会是股东利益的忠实代表,是保护股东权益、体现股东意志的制度依托;另一方面,董事会负责公司重大决策,对企业进行战略性监控,并负责选聘、评价、考核、激励经理人员,是企业内部深化改革、加强管理、提高效率的重要保证,是连接股东与管理者、债权人、客户等利害关系人的桥梁,是提升公司市场竞争力的基础。可见在公司内部治理的链条中,董事会处在公司权力配置的中心环节,作为上对股东会负责、下指导管理层工作的核心机关,在公司内部治理中起着承上启下的作用,其权力配置与运作更是公司内部治理的核心问题。同时营商环境法治化还强调对中小股东权益之保护,这也与公司内部治理及权力配置息息相关。故有必要首先剖析公司权力配置、董事会权力配置的问题。

股东会、董事会与监事会都是现代公司中主要的组织机构,是法定公司治理机关,自伯利和米恩斯洞见现代公司所有权与经营权分离以来,公司权力如何适当且有效率地分配便成为了公司治理中历久弥新的核心问题,也是现代公司法律制度中的重要议题。由于公司有限责任与内部委托代理关系的存在,现代公司内部股东、董事及其他相关利益者之间经常存在着理念、战略、利益等矛盾与冲突。为了协调与化解这一系列矛盾,保持合作稳定,在公司权力配置中逐渐形成了以股东会或董事会为中心的两种公司法上特定的公司治理模式。④ 这两种公司治理模式在不同基础理论指导下,以兼顾各利益相关者权益为原则,不同国家和地区的公司法律制度在不同

---

① 参见《中华人民共和国公司法(2023年修订)》第67条、第120条规定。

② 参见《中华人民共和国公司法(2023年修订)》第76条、第78条、第130条、第131条规定。

③ See Desai V.M.,"The Behavioral Theory of the(Governed)Firm:Corporate Board Influences on Organizations Responses to Performance Short falls",*Academy of Management Journal*,2015,59(3),pp.860-879;Krause R.,"CEO Duality:A Review and Research Agenda",*Journal of Management*,2014,40,(1),pp.252-282.

④ See Stephen M.Bainbridge,"Director Primacy:The Means and Ends of Corporate Governance",97 *Nw.U.L.* Rev.(2002)p.547.

历史发展阶段中形成了一系列特定规则,以配置公司权力,划分股东会与董事会权力,并由此演化为两种完全不同的理论模型,即"股东会中心主义"与"董事会中心主义"。① 本节着重对这两种不同的董事会权力配置理论范式的理论内核、制度现状进行比较考察,同时基于本土场景检视我国公司法律制度中对于公司权力配置的制度实践并反思所存在的问题与缺陷。

一、董事会权力配置基础理论范式

就公司内部权力配置而言,可分为"股东会中心主义"与"董事会中心主义"两种理论范式。② 关于两种治理模式优劣的争议由来已久,同时随着现代公司治理中涌现出来愈来愈多新问题,这两种理论范式也愈来愈受到挑战。

(一)股东会中心主义

"股东会中心主义"又称为"股东会优位主义""股东至上理论",其基于股东的公司所有人身份,将公司视为股东的产物,将公司权力视为股东权力之延伸,将股东会视为是公司至高无上的权力机关。故此,股东会享有管理公司一切业务与事项的权力,具有对公司一切业务与事项的广泛决策权,只要不违背公司法强制性规定与公序良俗。③

1."股东会中心主义"的理论基础

"股东会中心主义"发迹于现代公司崛起之时。一方面,当时的公司多为小型公司、封闭公司,股东也多亲自参与公司经营,故由股东会拥有公司大部分权力不仅符合逻辑直觉,也契合当时的社会实践。另一方面,更为重要的原因是受股东所有权理论影响,其为"股东会中心主义"的核心理论依据。股东所有权理论是指虽然公司具有独立人格与法人主体资格,但股东是其投资人与创始人,在公司的设立、存续及解散各阶段都承担巨大风险、负有巨大责任。既然公司因股东而存在,那么股东就是公司的真正主人,拥有公司财产所有权,享有公司一切权力也属"天经地义"之事,公司的经营目标当然在于股东利益的最大化。

---

① See Lynn A.Stout,"Bad and Not-so-Bad Arguments for Shareholder Primacy",75 *Southern California Law Review*,(2002)p.1189.

② 按照贝恩布里奇的说法,公司治理存在目的(ends)和方式(means)两种指标,前者是指公司应该为谁的利益优先考虑,后者是指公司的经营权力为谁所最终享有。股东会中心主义和董事会中心主义是按照治理方式进行的两种主要分类。See Stephen M.Bainbridge,"The Board of Directors As Nexus of Contracts",*Iowa L.Rev.*1,2002(88)pp.10-11.

③ 参见邓峰:《普通公司法》,中国人民大学出版社2009年版,第418页。

在股东所有权理论影响下,公司权力配置完全倒向了股东会,并由此产生了董事会权力授权理论与股东利益最大化理论。董事会权力授权理论上文已有分析,即认为公司为股东所有,董事会更像是一个附属品,一个被雇佣的组织,即使以董事会、高级管理人员为代表的管理者可以在各自的权力范围内行使相应权力,但不论其权力是来源于公司章程还是股东会决议,归根结底都是源于股东授权,都应服从于股东利益及股东会最终控制,其并不具有独立权力。股东会也当然可以随时介入董事会之行为,影响董事会决议,剥夺董事会权力,审查董事会活动,否定董事会决议,享有公司最终控制权。即使在当前,也有不少学者主张使股东会与董事会之间的关系应重新回到"被代理人与代理人"的关系中,这样可以使机构投资者在一些关键决策中掌握话语权。①

股东利益最大化理论认为,公司虽然是独立商事主体,但因公司资产即为股东股权,故其本质上与独资企业、合伙企业相同,都是投资者为获取投资收益而设立的营利性组织与工具,因此公司的全部经营活动应以股东利益最大化为目标。在公司权力配置中,不论行使权力的主体是股东会还是董事会,都应当以股东利益最大化为原则,按照股东利益行使权力,为股东利益最大化而服务,才能确保公司目标得以实现。不过值得注意的是,公司股东会在行使权力、作出决议时,当然也不得违背法律、行政法规的效力性强制规定,不违背公共秩序和善良风俗。

股东所有权是股东通过持有公司股权/股份实现的,故在此背景下,股权/股份属性的认定就变得尤为重要。早期英国《公司法》中普遍认为股份即为公司可计价的所有权,与公司资产的性质相同,即若公司资产为不动产,则股份也为不动产;若公司资产为动产,则股份也为动产。股份仅为公司资产分割比例而已。但是,这一理念自1837年的布利诉布伦特案(Bligh v.Brent)发生转变。② 在该案中,涉案公司的资产为土地,按照传统观念来看股东所持有的股份自然也为不动产。但该案法官并未遵照此观点,而是认为股东所拥有的股份与公司资产的性质不同,股份本质是利益而非资产,这开启了股份和公司资产隔离的进程。直到1854年的沃森诉斯普拉特利

---

① 参见赵渊:《"董事会中心说"与"股东中心说":现代美国公司治理学说之辩》,载《比较法研究》2009年第4期;张路:《公司治理中的权力配置模式再认识》,载《法学论坛》2015年第5期。

② See Bligh v.Brent(1837)(2Y & C Ex.268).

案(Watson V.Spratley)①,实务界逐渐达成共识,认为股份是公司股东人格的延伸,本质上是投资收益;而资产是公司经营的标的。但纵然如此,股东是公司实质所有人的理念并未断绝。

根据我国1993年《公司法》第4条第1款规定,公司股东作为出资者按投入公司的资本额享有所有者的资产受益、重大决策和选择管理者等权利。② 易言之,其将股东视为公司的"所有者",这正是股东所有权理论的体现。不过在2005年修订中,《公司法》删除了该条中"所有者"的表述,表明了我国公司法中股东所有者理论的弱化。③ 此外,根据《最高人民法院关于适用〈中华人民共和国公司法〉若干问题的规定(三)》(以下简称《公司法司法解释三》)第25条第1款规定,名义股东将登记于其名下的股权转让、质押或以其他方式处分,实际出资人以其对于股权享有实际权利为由,请求认定处分股权行为无效的,法院可以参照《中华人民共和国民法典》第311条规定处理。④ 而《中华人民共和国民法典》第311条正是对于动产、不动产无权处分的规定。⑤ 置言之,此处是将股权视为动产处理。我国台湾地区公司法学者柯芳枝也提到,股权实际上就是所有权的变形,只不过在所有权与经营权分离的背景下,使得股权作为所有权的占有、使用、收益以及处分等权能亦随之分裂⑥,即占有、收益、处分权能成为股权之内容,由股东享有,而使用权能(即经营管理、业务执行权)则脱离股权范围转移到董事会中。

2."股东会中心主义"的实践经验

"股东会中心主义"理论不论是在早期英美法系国家还是大陆法系国家的公司法都曾经占据统治地位,其中以大陆法系国家的公司法律制度更具代表性,其将股东会视为能够行使公司所有权力,决议所有公司事务的"万能机关"⑦,其主要特点为以下三点:第一,公司最高决策权掌握在股东会手中,其有权决定公司一切事务,且这些权力均来自法定;第二,董事会并无独立权力,而是来自章程授权与股东会决议;第三,因董事会为股东利益

---

① See Watson v.Spratley(1854)(10 Ex.222).该案中所谓公司并非现代意义上的公司,但也涉及对于股东投资的界定问题。

② 参见《中华人民共和国公司法(1993年)》第4条第1款规定。

③ 参见《中华人民共和国公司法(2005年修订)》第4条规定。

④ 参见《最高人民法院关于适用〈中华人民共和国公司法〉若干问题的规定(三)》第25条第1款规定。

⑤ 参见《中华人民共和国民法典》第311条规定。

⑥ 参见柯芳枝:《公司法论》,中国政法大学出版社2004年版,第162页。

⑦ 参见[日]近藤光男:《最新日本公司法》,梁爽译,法律出版社2016年版,第173页。

管理执行公司事务,故股东会也可介入董事会决策,包括剥夺董事会权力,审查、否定董事会决策等。随着公司规模扩张,所有权与经营权相分离的现象频繁出现,股东人数的增加,股东的多样性、任意性及非专业性等缺陷凸显,权力日益增大的董事会开始逐渐取代股东会。不过,与普通法系国家的公司法相比,大陆法系国家的公司法当下依然坚持以"股东会中心主义"为主的公司内部治理模型,其特征表现为以下几点。

(1)公司股东会权力更为广泛

大陆法系下的股东会权力更为广泛,不但对所有公司组织机关构建相关议题(如公司章程的修改、公司改组、合并、分立解散等相关议题)、公司资本相关议题(如公司资本变化、可转换公司债券发行、公司资产出售等相关议题)等享有最终决策权,还有对公司利润分配,董事、高级管理人员及审计人员的选任和薪资,发行新股的价格等公司日常经营管理中的一般性问题作出决议的权力。如根据法国《商法典》第 L.225—98 条规定,股东会可以对第 L.225—96 条、第 L.225—97 条规定事项外的其他一切事项做出决议。① 此外,德国、日本、比利时等大陆法系国家公司法中也有类似规定。②

(2)公司股东会权力限制较小

为防止公司股东会形骸化,一方面,大部分罗马法系国家公司法律制度规定,股东会权力不但不受公司章程的限制与约束,也不得将权力授权董事会或其他公司机关③;另一方面还规定,股东会可以通过制定、修改章程等方式扩张股东会权力。如 2002 年德国《公司治理法典》就提到要积极扩充股东会权力,强化其对董事、高级管理人员等经营管理者与业务执行者的控制与监督。④ 不过,该权力能扩张到何种程度以及是否应对权力的扩张进行一定的限制与约束,理论界和实务界还存在争议。⑤

---

① See Sofie Cools, "The Real Difference in Corporate Law Between the United States and Continental Europe: Distribution of Powers", 30 *Delaware Journal of Corporate Law*, (2005) pp.697–766.

② 参见[德]格茨·怀克、克里斯蒂娜·温德比西勒:《德国公司法》,殷盛译,法律出版社2010年版,第 532 页;[日]末永敏和:《现代日本公司法》,金洪玉译,中国人民法院出版社2000年版,第 106—107 页。

③ See Katharina Pistor, Yoram Keinan, Jan Kleinheisterkamp, Mark D.West, "The Evolution of Corporate Law: A Cross Country Comparison", 23(4) *U.Pa.J.Int' l Econ.L.*, (2002) pp.818–819.

④ 参见陈彦良:《德国公司治理概论——德国公司治理法典导论及内容》,载《月旦民商法杂志》2005 年第 9 期。

⑤ 参见[韩]吴日焕:《韩国公司法》,卞耀武、宋永新译,中国政法大学出版社 2000 年版,第337—350 页。

（3）公司股东提案内容更多样、程序更简易

与普通法系相比，大陆法系国家公司法中规定的股东提案内容更具有多样性，如公司利润分配、董事薪酬等都可以是股东会会议所讨论的内容。同时，股东提案也更容易进入股东会议议程中，因为在大陆法系国家，公司董事会负有将所有股东提案列入股东会议程的一般义务，除该提案可能侵害公司权益之外。

（4）公司股东会可以享有董事会的部分决策权

在大陆法系国家公司法中，对本由董事会负责的公司具体经营管理事项，股东会也可以享有部分决策权。如日本公司的股东会就可以通过修改章程将股东会固有权力之外事项纳入决议范围。① 在德国，根据 1982 年霍尔兹米勒（Holzmuller）案，在满足下列前提条件的基础上，相关公司经营业务就必须通过股东会决议，征得股东同意：其一，董事会决议严重影响股东的成员权、财产权等权利；其二，董事会决议涉及资产超过公司总资产的50%。总而言之，在罗马法系国家公司法律制度中，股东是公司存在之根本，股东会拥有制定公司"宪章"等一系列更广泛权力这一理念依然深入人心，"股东会中心主义"也依旧占据重要地位，产生巨大影响。②

而早期英美法系国家公司法也将股东会视为公司最高权力机构，董事/董事会仅是公司的代理人，必须听从股东会的控制与安排，股东会随时可以通过普通决议或变更公司章程行使董事会权力，变更董事会决议。此观念以早期英国公司判例法最为典型，例如 1883 年的怀特铁路公司案③，对于此案上文已有详细分析，故不再赘述。

3."股东会中心主义"的缺陷

一方面，随着经济繁荣发展，现代公司所能容纳的经济总量远超人们想象。这源于公司自身规模不断扩张，股东人数不断增加，是公司社会化的结果，也使得股东多样性、任意性及非专业性等特征显现。至此，股东逐渐不再作为公司管理者而蜕变为股权所有者，董事开始成为公司的决策者，进而使得所有权与经营权相分离的现象频繁出现。在该现象下，"股东会中心主义"也逐渐表现出一系列实践性缺陷。另一方面，随着公司实践与理论研究深入，股东会进行决策、行使权力的过程本身所存在的各种问题也逐渐浮出水面，"股东会中心主义"也逐渐表现出一系列理论与实践缺陷。

---

① 参见许可：《股东会与董事会分权制度研究》，载《中国法学》2017 年第 2 期。

② 参见高旭军：《德国公司法典型判例 15 则评析》，南京大学出版社 2011 年版，第 178 页。

③ See Goldberg, G.D., "Article 80 of Table A of the Companies Act 1948", *Modern Law Review*, Vol.33, Issue 2(March 1970), pp.177–183.

（1）股东会"大而无当"

股东会本就为非常设性机构,其工作的最通常方式即为召开股东会会议,但是在现代公司,尤其是公众公司、上市公司中,由于股东人数众多,使得股东会"大而无当",股东会会议形同虚设。具体表现为:一是主观上,公司基于成本考虑,股东会会议或是举行次数愈来愈少①,或是采用线上方式举行,使得股东会会议的沟通效果大大减弱;股东由于参加股东会会议并无报酬,更关注公司股价的涨跌及股利的发放,一般也对管理公司缺乏积极性,这便是股东产生所谓的"理性冷漠"(rationallyapathetic)问题、"搭便车"问题以及"用脚投票"行为,导致股东会空壳化、形式化的现象越来越严重。② 二是客观上,股东会在进行公司经营管理决策时存在集体行动问题,尤其是当股东人数众多、利益分散时,想要达成一致、通过一项决策存在极大难度。三是外界上,由于社会经济发展,商事活动节奏加快,市场竞争激烈等一系列变化,商业机会往往稍纵即逝,这也要求公司在短时间内做出决策,对公司经营管理效率的要求愈来愈高,这一客观存在的矛盾也导致作为非常设性机构的股东会大量行使公司权力的模式显然缺乏可操作性。

（2）股东会"才短思涩"

随着社会经济的发展以及社会分工的逐渐细化,人们仅做到深耕自己本专业、本领域即可,而公司经营管理涉及金融、管理、会计、法律、营销、生产等诸多专业知识,具有极强的专业性与复杂性。股东作为一般投资者,其是否具备上述各项专业技能与知识,是否确有能处理公司在经营管理各项事务的能力值得怀疑,股东会的决策能力也因此饱受质疑。此外,由于股东会的非常设性及"理性冷漠"股东的大量存在,即使股东与股东会具备上述各项专业技能与知识,其要么因长时间远离公司经营管理而对公司内部诸多具体事项不甚了解,要么无法获得充足信息,或是即使获得足量信息也需要耗费巨大的时间与成本,这使得股东会在进行决策或审核董事会的决策时同样需要在专业人员(如董事、高级管理人员)的辅助下进行。易言之,即使公司法赋予股东会诸多权力,也会因为股东会"才短思涩",导致要么无法正确、合理做出决策,要么做出决策成本过高,要么发生"名为股东会决策,实为董事会决策"的现象。

---

① 为了督促公司股东会的召开,公司法强制公司召开会议,比如我国公司法规定股东大会每年至少召开一个常会,而股东会的召开次数由章程规定。但效果如何,需要进一步探讨。
② 参见梅慎实:《现代公司机关构造论》,中国政法大学出版社1996年版,第241页。

（3）股东会"独断专权"

除了存在股东众多的公司之外，当然也存在股权高度集中的公司，在这种公司中，控股股东、大股东或实际控制人常常处于绝对控制地位与优势地位，当其与中小股东出现严重利益冲突时，由于股东会决议一般建立在资本多数决基础上，股东会很容易被控股股东、大股东或实际控制人所操控，所谓共治最后极有可能会演变为独裁，进而做出有可能损害中小股东权益和公司利益的行为或决策，产生公司治理当中的第二类代理问题（type Ⅱ agency problem）。[1]

（4）股东会"避重就轻"

公司法一直将合理、高效作出决策看作是董事义务，但从未将其视为股东义务。既然不将其视为股东义务，那么当然也不存在对股东会决议的责任追究机制，即使股东会决策失误，给公司和股东造成损害，也难以追究股东会或任一股东的责任。基于此，控股股东、大股东、实际控制人或董事会甚至会主动利用这一漏洞。控股股东、大股东或实际控制人很容易因为不能被完全监督以及难以追究责任而做出损害公司和其他中小股东的决议。在需要股东会与管理层联合作出的决策中，即由后者提议再由前者批准的决策中，如果这一决策损害了股东、公司之利益，管理层可以股东会表决作为抗辩事由。

由于"股东会中心主义"在实践中所存在的问题以及理论中所存在的缺陷，股东会作为最高权力机关地位开始被人们重新审视，愈来愈多的国家也逐渐转向"董事会中心主义"。

（二）董事会中心主义

"董事会中心主义"又可称为"董事会优位主义""董事会控制理论"，其将董事视为与公司、股东无利害关系的代理人、受托人，是股东与公司连接的纽带。董事会的职责在于权衡考量各利益相关方（如公司、股东、职工、债权人等主体）的共同利益，并在此基础上进行经营管理。故此，事实上公司业务的决策及执行权尽归公司董事会，董事会成为事实上的决策与控制机构，公司一切行为都应该在董事会的指导、监督和管理下进行，股东会只保留最基本的几种决策权力。从经济学角度来看，对公司经营的错误干预所造成的损失是百分之百不可恢复的，而与股东相比，董事显然更擅长公司日常经营，由股东管理公司的日常经营活动明显有违经济常理，且势必会带来更高经济成本。团队生产理论也认为，为避免逃避责任和寻租行为，

---

[1] 参见陆雄文：《管理学大辞典》，上海辞书出版社 2013 年版，第 62 页。

公司必须将部分重要权力让渡给按照公司章程创设的法律主体,即董事会。① 由此可见,董事会在现代公司内部治理中的显著地位并非一蹴而就,而是有着相当长的发展过程,具有深厚的实践基础与理论内核。

1."董事会中心主义"的实践基础

在实践中,"股东会中心主义"向"董事会中心主义"的更迭最早出现在19世纪50年代,当时"股东会中心主义"的权力配置模型已与公司发展实践相脱节。进入20世纪以来,随着社会经济的高速发展、生产力水平的提高、科技的迅速进步,现代公司也愈加繁荣,其自身规模不断扩张,股东人数也急剧扩张,股权逐渐分散,公司所能容纳的经济总量也逐渐超越人们想象,公司经营与治理也愈趋向复杂化与专业化。而此时股东会在激烈竞争的市场环境中显得力不从心,相比之下,董事会在公司经营管理方面却"一展拳脚"。

第一,与股东会相比,董事会会议更为频繁,可以随时关注公司运作情况,避免公司决策的滞后性;第二,与股东会相比,董事会人数更少,可以在一定程度上避免集体行动问题,亦可以在一定程度上有效克服集体决策之弊端;第三,与股东会相比,董事会吸纳了充足的具备专业知识的人员,使其在公司经营管理和业务执行方面大有可为;第四,与股东会相比,董事会在决策过程中奉行"一人一票"原则,可以实现真正的分权制衡和民主决策;第五,由于股东、董事、高级管理人间常常存在信息不对称与利益分歧,故作为股东与经理人之间桥梁的董事在理论上也最适合行使决策权与控制权②;第六,公司法还在董事会内外构建了专门的监督机构,如在董事会内设立独立董事与专业委员会,在董事会外设立监事会、监察会等,对公司事务的决策与执行进行监督,在强化对董事会监督的同时进一步削减股东会权力;第七,公司法还构建了体系化的董事义务与责任追究体系,可以在一定程度上避免其对参与公司经营管理表现出"理性冷漠"问题及"搭便车"问题。③ 在此背景下,愈来愈多的公司股东会或主动或被动将更多公司权力,尤其是事关公司日常业务经营、管理活动的决策权交给作为公司常设机构的董事会。

---

① 参见张宪丽、高奇琦:《团队生产理论:公司社会责任的理论基础考辨》,载《政法论丛》2017年第2期。

② See Henry Hansmann & Reinier Kraakman, "The End of History for Corporate Law", 89 *Georgetown Law Journal*, (2001), pp.439-468.

③ 参见[美]斯蒂芬·M.贝恩布里奇:《理论与实践中的新公司治理模式》,法律出版社2012年版,第174页。

2."董事会中心主义"的理论内核

"董事会中心主义"的兴起还伴随着股东所有权理论的没落以及"两权分离"理论的产生。"两权分离"理论出自1932年伯利和米恩斯的《现代公司与私有财产》①,其揭示了在现代公司发展中,由于资本(股份)的分散化和经营管理的专业化,公司内部权力将出现所有权不断分散与控制权日益集中的趋势,同时所有权与内部控制权渐渐分离,这便是"两权分离"理论。② 此后,"两权分离"理论对各国公司法发展及公司实践都产生了深远影响。在"两权分离"这种公司社会化大背景下,公司机关逐渐分化,公司权力配置逐渐转型,股东不再作为公司的管理者,而真正蜕变为单纯的股权所有者,公司权力配置也不再局限于"股东会中心主义",而是将公司管理控制权由股东会移转至董事会,董事逐渐成为公司的管理者与决策者,在公司的组织体系中逐渐取得核心地位,并发挥其作为专业经营管理者的优势。为适应这种现实发展的客观需要,世界各国公司法开始对公司内部权力分配进行调整,在制度上也由"股东会中心主义"衍变为"董事会中心主义"③。同时需要注意,"两权分离"现象并非只存在于股东人数较多的公众公司中。"两权分离"具有形式上分离与实质上分离两种:形式上分离是指股东将公司权力完全交给除股东外的专业人士,这种情况在实践中较为少见,因为董事会中总会有股东代表在其中;实质上分离是指部分股东掌握公司权力,这种情况不论在公众公司还是私人公司中都较为常见,因为实践中一般公司所有股东不会都进入董事会并成为董事,总会有股东未能担任董事、未能参与决策的情况发生。

"董事会中心主义"兴起的另一主要原因是股东所有权理论的没落。自20世纪50年代以来,公司理论发生了重大变化,一些学者认识到,股东的出资并非公司权力的唯一来源。在数字经济时代,人力资本、创新思想、客户资源、专利以及关键技术等非物质资本逐渐变得与物质资本同等重要。

---

① 但是也有学者认为,所有和经营分离并非后来的产物,起码在美国这种状况一开始就存在,而并非伯利和米恩斯所说的是在19世纪末才出现的事情。See Walter Werner,"Corporate Law in Search of Its Future",*Colum L.Rev.*,1981(81),pp.1611-1637.

② See Adolf A.Berle,"Corporate Powers as Powers in Trust",*HARV.L.REV.*,1931(44),p.1049. 无独有偶,此时的伯利主张公司存在的唯一目的是股东利益的最大化,将公司利益等同于股东利益。同时代的学者多德却认为,公司应该为社会承担责任,而不仅仅将股东利益作为公司经营的唯一目标。See E.Merrick Dodd.,"For Whom Are Corporate Managers Trustees?",*HARV.L.REV.*,1932(45),p.1145. 两人的争论引发了公司应该为谁的利益而服务的话题,这也是后来公司社会责任命题的滥觞。

③ 参见张开平:《英美公司董事法律制度研究》,法律出版社1998年版,第36页。

从经济学角度来看,职工、债权人与股东一样都是出资者,职工用劳动力出资,债权人用现金出资,二者的出资在一定程度上不比股东出资作用小。从会计学角度来看,股东出资与债权人出资并无太大不同。美国法学教授玛格瑞特·布莱尔(Margaret Blair)也认为,公司是基于股东、员工、债权人甚至当地社区为代表的诸多主体的共同投入产生的。① 简言之,公司逐渐被定义为一个由物质资本所有者、非物质资本所有者、人力资本所有者等利害关系人组成的契约组织。② 随着股东所有权理论没落,股东利益最大原则同样也受到考验,人们不仅从经济学意义上的产权、资本等角度加以质疑③,也从法学的角度予以批驳。④ 基于不完全契约理论,员工、债权人以及社区等投资主体难以通过契约方式来阻碍责任规避与竞租行为,最好的方法是通过公司法来解决。既然公司是在这些利害关系人的共同组建下存在的,每个利害关系人都有必要将一些经营性和管理性权力放弃并转移给公司。为保护这些利害关系人的权益,公司法也需构建并确认不同投资主体的协调性阶层架构(mediating hierarchy)。

在此背景下,由公司专职决策机构——董事会来行使公司权力就成为顺应潮流的选择。一方面,在公司内部,决策最好是团体而非个人作出,这样可以集思广益、提升决策效率、避免决策独裁,而董事会正是这样的决策机构。⑤ 另一方面,董事会在决策中更为中立,除股东利益外董事会也可以更好考量债权人等其他利害关系人利益。自第二次世界大战以来,在以德国为代表的欧洲国家,选举董事已非股东权利,董事会还应对股东外的其他利益主体负责。⑥ 自20世纪末,英美法系国家也普遍认识到董事会既要实现公司、股东利益,又要考虑雇员、社会的利益。如在美国1985年犹纳卡公司诉梅莎石油公司案(Unocal Corporation v. Mesa Petroleum Co.)中,法官就认为董事会在作出对抗恶意收购的决议时,虽受到商业判断规则保护,但必

---

① 参见梁彦红、王延川:《公司财产权的演进与公司决策权力分配机制的更新》,载《理论月刊》2020年第3期。
② 参见马骏驹、聂德宗:《公司法人治理结构的当代发展——兼论我国公司法人治理结构的重构》,载《法学研究》2000年第2期。
③ 相关文章可参见冯礼铭:《论劳动力产权》《经济转轨时期劳动力产权的确立》,载迟福林主编:《国企改革与产权》,外文出版社1998年版。
④ 参见[日]佐藤孝弘:《日本公司治理与国际化冲突》,载《日本研究》2009年第1期。
⑤ 参见梁彦红、王延川:《公司财产权的演进与公司决策权力分配机制的更新》,载《理论月刊》2020年第3期。
⑥ 参见马骏驹、聂德宗:《公司法人治理结构的当代发展——兼论我国公司法人治理结构的重构》,载《法学研究》2000年第2期。

须证明恶意收购会损害公司利益,此处的公司利益并不局限于股东利益,还包括债权人、职工以及社区等利害关系人权益。[1] 2006 年英国《公司法》第172 条也将"公司盈利"修改为"公司成功",使公司经营目标由为股东获益转变为提升公司利害关系人之利益,同时还强调董事有"促进公司成功的义务",并从六方面予以界定。[2] 同时英国《城市法典》第 9 条也规定,董事在向股东提出有关收购、兼并等事项的建议时,不仅应当考虑股东整体利益,还应该考虑雇员、债权人的整体利益,这同样表明董事会在行使权力时要考虑利害相关人的利益平衡。我国《公司法(2023)》为顺应社会潮流,也在第 19 条、第 20 条细化规定了公司社会责任,并将社会责任的履行交由董事会实现。[3]

通过对"董事会中心主义"理论内核的发掘与探究,不难发现"董事会中心主义"实质上是"股东会中心主义"在债权人保护、劳动者保护、利益相关者以及社会责任等理论影响下自然制度演进的结果。既然公司不再仅被视为股东组成的联合体,那么董事会作为公司经营管理者,也当然拥有超越股东会的权力,同时董事会在行使权力时也不能只考虑股东利益,还必须维护公司所有投资主体的权益。

3."董事会中心主义"与"股东会中心主义"的关系

"董事会中心主义"与"股东会中心主义"这两种公司权力配置模型均符合公司治理理念,具有相同价值追求,但同时二者又存在巨大差异。首先,二者的差异体现在公司权力中心以及董事会与股东会权力孰大孰小上。"股东会中心主义"下股东会是公司权力中心,是公司最高决策机构与行使最终控制权的机关;而"董事会中心主义"下董事会才是公司权力中心,是公司事实上的最高决策机构。但不论是"董事会中心主义"还是"股东会中心主义",无论是股东会还是董事会,都必须按照法律法规和章程规定的内容与程序行使相应权力,不得背离公司治理与公司法的价值。其次,"股东会中心主义"与"董事会中心主义"的差异还在于董事会权力来源不同。"股东会中心主义"理论下董事会权力根本上来源于股东授权;"董事会中心主义"理论下董事会权力被认为主要来源于法定授权而非股东授权。然而事实上,无论"股东会中心主义"与"董事会中心主义"如何认定董事会权力来源,如何分配公司权力,实践中董事会都事实上代表着公司,执行公司

---

① See Unocal Corporation v. Mesa Petroleum Co., 493 A.2d946(Del.1985).

② 参见 2006 年英国《公司法》第 172 条,载葛伟军:《英国 2006 年公司法》,法律出版社 2008 年版,第 105 页。

③ 参见《中华人民共和国公司法(2023 年修订)》第 19 条、第 20 条规定。

各项事务。最后,"股东会中心主义"与"董事会中心主义"的差异还在于董事义务与责任范围的不同。根据组织法中"谁控制、谁负责"之原则,"董事会中心主义"中董事会享有更多的公司权力,当然也应承担更多义务与责任。

事实上,"股东会中心主义"与"董事会中心主义"仅是在归纳实践现象后在理论层面的抽象总结,并无孰优孰劣之分①,"股东会中心主义"并不见得一定会提升股东利益,"董事会中心主义"也不见得必然会提高公司经营绩效。正如本章前文所述,公司内部治理的基本原则是:任一公司机关都不得拥有无限权力,实践中必然会出现公司内部权力的分化与互补。易言之,并不会出现绝对的"股东会中心主义"或"董事会中心主义",即使在奉行"股东会中心主义"国家的公司法中,也会赋予董事会一定的权力;即使在奉行"董事会中心主义"国家的公司法中,也会对董事会权力予以一定限制。任一经济体在设计其公司权力制度时,都是根据其公司商事实践出发,配置公司内部权力,问题关键在于,如何配置公司内部权力得以降低公司运行成本、提高公司决策效率。

4."董事会中心主义"的域外经验

现代公司法律制度形成以来,各国公司制度经过了从"股东会中心主义"到"董事会中心主义"的历史演变,其中英美法系最先摒弃了"股东会中心主义"的制度设计,转而采用"董事会中心主义"。

美国是当下奉行"董事会中心主义"的公司法中最具代表性的国家,这在美国诸多公司法律文本中都可觅得踪迹。美国50个州各有自己的公司法,其中,以《特拉华州普通公司法》最具有代表性。长久以来,特拉华州一直被视为美国公司治理规则的发源地②,其他州的公司法也往往以特拉华州公司法为立法样本,这使得《特拉华州普通公司法》在事实上已成为全国性法律,在美国公司法中具有举足轻重的地位。根据《特拉华州普通公司法》第141条第(a)款规定,除本法或公司设立章程另有规定外,公司的业务和事项应由董事会经营管理,或在董事会的指导下进行。如果公司设立章程中另有规定,则应依照该章程规定的范围,由章程所确定的人员来实施

---

① 有学者指出,近20年来,"董事会中心主义"与"股东中心说"看似针锋相对,彼此之间的争辩也从来没有停止过,但事实上两者在追求的目标上其实并不存在本质的冲突。参见赵渊:《"董事会中心说"与"股东中心说":现代美国公司治理学说之辩》,载《比较法研究》2009年第4期。

② See Hillary.A Sale,"Delaware's Good Faith",*Cornell I*,*Re*.2004(89),p.457.

或履行本法授予或施加给董事会权力和义务。① 通过对《特拉华州普通公司法》进行体系解释,上述规定中的权力包括但不限于:①选任与解聘高级管理人员②;②管理与指导公司投融资工作③;③制定公司分红方案并执行④;④对公司重大交易、公司章程等重要文件提出变更之权力等。同时美国律师协会制定的《标准商事公司法》也是美国公司法律制度的示范性文本,虽不具有法律上的约束效力,但在客观上对美国各州公司法的发展也发挥着至关重要影响。根据美国《标准商事公司法》第8.01条第(b)款规定,除了股东人数较少的私人公司可以在公司章程中规定不设置董事会或限制董事会权力外,其他所有公司都应设立董事会,且公司一切权力应由董事会行使或在董事会许可下行使,公司业务和事项也应由董事会经营管理或在董事会指导下进行,但上述一切均应当受公司设立章程或其他授权协议中明示限制的约束。此外,《纽约州商事公司法》第701条、《加利福尼亚州公司法典》第300条也有类似规定。⑤

与董事会的广泛权力相比,美国公司法中股东会权力一般仅限以下事项:①董事的选任与解雇;②批准公司运营方针与计划;③批准公司章程和章程细则;④批准公司合并、分立、解散、出售重大资产、股权置换等计划。⑥即使股东会仅行使上述权力,在行权过程中还会面临诸多困难:其一,纵使股东会可以选任与解雇部分董事,但拟选任新董事的提名权仍掌握在董事会及董事会提名委员会之手⑦;其二,召开临时股东会存在各种实体与程序阻碍,客观上减弱了股东选任与罢免董事的权力;其三,公司中交替董事会(staggered board)等制度的存在,也间接削弱了股东选任与罢免董事的权

---

① 参见 DGCL 第141条规定,载卞耀武主编:《特拉华州普通公司法》,左羽译,法律出版社2001年版,第30页。

② 参见 DGCL 第142条规定,载卞耀武主编:《特拉华州普通公司法》,左羽译,法律出版社2001年版,第35页。

③ 参见 DGCL 第151条、第152条规定,载卞耀武主编:《特拉华州普通公司法》,左羽译,法律出版社2001年版,第43—49页。

④ 参见 DGCL 第170条、第173条规定,载卞耀武主编:《特拉华州普通公司法》,左羽译,法律出版社2001年版,第62—65页。

⑤ 参见罗培新:《股东会与董事会权力构造论:以合同为进路的分析》,载《政治与法律》2018年第6期。

⑥ 参见[美]罗伯特·W.汉密尔顿:《美国公司法》,齐东祥译,法律出版社2008年版,第175页。

⑦ 值得注意的是,2010年美国证券交易委员会(United States Securities and Exchange Commission,简称为 SEC)试图通过修改《证券法》第14a—11条确立股东使用委托书提名董事这一制度,但最终因商业力量的阻击,而被法院宣告无效。参见 Business Roundtable v.SEC, 647F.3d1144(D.C.Cir.2011)。

力;其四,股东会行使权力的方式基本都是通过投票表决,即是否赞成与反对某一提案,最终影响提案的通过与批准。但事实上,股东会的该权力要建立在董事会提出相关提案的基础上,如果董事会想方设法以各种理由拒绝将相关提案纳入股东会的决议事项中,股东会也很难行使其权力。

与美国公司法的公司权力配置理念相同,"董事会中心主义"也在英国"深入人心"。在1906年自动过滤器公司案中①,英国上诉法院就认为当公司章程将权力授予董事会时,股东会便无权再干涉该权力的行使。② 该判例对英国公司法后续发展产生了深远影响,改变了"股东中心主义"的公司治理模式,使"董事会中心主义"的理念在英国流行开来。但与美国不同的是,如果说美国公司法是以管理层为中心,最大限度巩固董事会权力与地位,那么英国公司法便是以资本为中心③,这种公司法立法价值导向的差异使得英国公司法向更为缓和的"董事会中心主义"发展。如根据 Allen v. Gold Reefs of West Africa Ltd.、Peters' American Delicacy Co.Ltd.v.Heath 等判例表明,在英国、加拿大、澳大利亚等英联邦国家,通过章程、章程细则、股东与董事之间协议等限制、排除或剥夺股东会专有权力的条款均不具有效力。④ 根据2006年英国《公司法》规定,董事会可行使公司法或章程中规定必须由股东大会行使的一切权力。但同时,该法律也赋予了股东会任免董事、修改章程和章程细则、变更股本、清算公司等一系列专有权力⑤,也并未将公司日常经营管理事项的权力明文赋予董事,而是赋予章程和章程细则自行决定。换言之,股东会可根据法律规定,随时修改章程和章程细则,进而扩张、变更、限制,甚至收回董事的部分甚至全部权力。同时在某些特殊情况下,股东会还有权对董事会权力范围内的事项做出比董事会效力更优先、更强的决议。例如,对于董事会人数不足法定或公司章程规定的下限时,董事的任命、高级管理人员的薪资报酬、以公司名义提起诉讼等事项上,股东会决议都优先于董事会决议。⑥ 不仅如此,当董事会人数不足法定或

① See Automatic Self-Cleansing Filter Syndicate Co.v.Cuninghame, (1906) 2 Ch,34,CA.
② See Griggs,Lyden,"The Statutory Derivative Action:Lessons That May Be Learnt from Its Past", *University of Western Sydney Law Review*,Vol.6,(2002) pp.63-94.
③ See Jonathan Rickford,"Do Good Governance Recommendations Change the Rules for the Board of Directors?",in K.J.Hopt & E.Wymeersch(eds.),*Capital markets and company law*,(Oxford University Press,(2003).
④ See Jennifer Hill,"The Rising Tension between Shareholder and Director Power in the Common Law World",18 *Corporate Governance:An International Review*,(2010) pp.344-359.
⑤ 参见曾宛如:《股东会与公司治理》,载《台大法学论丛》2010年第39卷第3期。
⑥ 参见[英]丹尼斯·吉南:《公司法》,朱羿锟等译,法律出版社2005年版,第268页。

章定下限时,或董事会陷入僵局无法做出有效决议时,股东会也可代董事会行使权力。此外,董事会若未就权力范围内的事项作出有效决议或作出的决议无效时,股东会可以按照非正规公司行为规则的规定,以一致同意的方式作出有效决议。[①] 股东对董事会决议有异议的,可以通过股东会做出相关决议,指示董事作为或不作为。[②]

在英美法系国家公司法影响下,诸多大陆法系国家的"股东会中心主义"价值也受到冲击,纷纷选择赋予董事会更高权力。如德国修订后的1965年《股份公司法》第76条规定,董事会是公司的领导机关,享有广泛的公司管理权与代表权,且权力行使不受股东会特别决议限制。股东大会只对法律(第119条和第174条)和公司章程中所规定的特别事项享有决策权力,而关于公司具体的业务执行与经营管理事项,股东大会只有在董事会提出要求时才能作出决策。[③] 法国在1978年《民法典》中增设第九编"公司",规定有限责任公司经理和股份有限责任公司董事会拥有在任何情况下以公司名义进行活动的最广泛权力。[④] 同时,法国《商事公司法》第98条也规定,公司由董事会领导,一切公司事务应在董事会许可下进行,董事会享有在任何情况下以公司名义进行活动的权力,其应在公司经营范围内行使除法律明文规定属于股东会权力外的其他所有公司权力。[⑤] 日本在1950年修订《商法典》时也将股东大会的权力限制在法律与公司章程所规定的事项内,并将之前属于股东大会特别决议的事项,如发行新股、发行债券等,随着授权资本制的改革转换为董事会权力。我国台湾地区"公司法"第202条也规定:公司业务执行由董事会决定,除本法或章程规定应由股东会决议之事项外,均由董事会决议。

5."董事会中心主义"的缺陷

按照传统公司治理理论,公司目标为股东利益最大化,公司治理结构的

---

① 参见黄辉:《现代公司法比较研究:国际经验及对中国的启示》,清华大学出版社2011年版,第177—179页。

② See paragraph 3-4 of Schedules 1-3 to the Companies(Model Articles)Regulations 2008.

③ 参见《德国有限责任公司法》第76条、第119条、第174条规定,载《德国股份法·德国有限责任公司法·德国公司改组法·德国参与决定法》,杜景林、卢谌译,中国政法大学出版社2000年版,第34、58、83页。

④ 参见许明月:《企业法人目的范围外行为研究》,载梁慧星:《民商法论丛(6)》,法律出版社1997年版,第158—174页。

⑤ 参见王勇华:《董事会权力法律制度研究:理论与规则》,法律出版社2015年版,第162—165页。

设计基本贯彻"股东会中心主义",在此框架下,董事应当执行股东指令。① 但随着公司权力转移到董事会后,公司法上所出现的一个重要事实就是管理权力的合法集中化,董事会拥有公司决策权,而股东会权力被大幅缩小。这一现象所产生的必然结果就是所有权与控制权分离,并产生所谓的"伯利——米恩斯"问题,即公司股东与董事会之间的第一类代理问题(type I agency problem)。为解决该问题,各国实践中出现了两种优化范式:一是加强股东会权力,分化董事会权力,遏制经营者对公司的实际控制。如美国在20世纪90年代提出"股东行动主义"(Shareholder Activism),即通过赋予股东提案、代表诉讼等权力,制约董事滥用权力,维护股东在公司的地位。此外,许多国家一方面赋予董事会极大权力,另一方面又对其加以限制,例如,虽然德国《股份公司法》第76条规定,董事会是公司的领导机关,但同时根据第83条规定,股东会也具有一定积极权力。② 英国《示范公司章程》第70条规定,公司事务由董事会负责,但股东会可以径行提案,并修改章程,这样等于赋予股东会介入公司经营的权力。但从结果来看此种优化路径有回归"股东会中心主义"之嫌。二是强调对董事会权力的有效监督,强化董事义务③,遏制权力滥用,以保护公司利益相关者之权益。④

6."董事会中心主义"的演化:"经理人中心主义"

随着公司规模进一步扩张、股权进一步分散与董事会规模逐渐扩大,董事会中的非执行董事越来越多,非执行董事不直接参与公司日常经营,同时普遍缺乏足够的时间、知识和信息作出有效决策。在此基础上,董事会的战略管理职能逐渐被下放,公司内部治理愈来愈趋向于CEO、总裁等经理人主导的"集权制"。与股东会、董事会相比,经理人不但拥有直接的顾问和智囊团,同时具有显著信息优势,可以通过对董事会会议议程的控制,实现对公司的实质控制。而董事会角色更趋向于"监督",即选任与解聘经理人、对经理人的任职能力进行考察,做出"踩刹车式""维护式"的决策等。在此理论基础上,公司的经营管理决策权进一步下沉至经理层,"经理人中

---

① See Saleem Sheikh, William Rees, "Corporate Governance & Corporate Control", *Cavendish Publishing Limited*, 1995, p.8.

② 参见《德国股份公司法》第76条、第83条规定,载《德国股份法·德国有限责任公司法·德国公司改组法·德国参与决定法》,杜景林、卢谌译,中国政法大学出版社2000年版,第34页、第37页。

③ 但是,在司法实践中,法官却多通过经营判断法则来保护董事的利益。尤其在公司并购中,由于董事要保护的利害相关人多样化,难以说明股东利益受损以及董事采取某种行动的非正当性。

④ 参见王保树、钱玉林:《经理法律地位之比较研究》,载《法学评论》2002年第2期。

心主义"理论初步形成。"经理人中心主义"侧重于对当前大型公众公司内部客观现状的描述。但事实上,"经理人中心主义"的主张与现代公司治理中保护股东和相关利益者权益的初衷背道而驰,同时势必会加大公司经营的代理成本,这是相关改革努力克服和治理的对象。同时,因为经理人并非独立机构,而附属于董事会,故换言之,"经理人中心主义"依旧未跳出"董事会中心主义"理论范畴。

二、我国《公司法》中的权力配置范式

我国《公司法》作为公司法律制度的后起之秀,对公司权力也进行了一定配置与划分。从我国最新《公司法(2023)》来看,第 59 条规制有限责任公司股东会权力①,第 67 条规制有限责任公司董事会权力②,第 112 条为股份有限公司股东会权力内容③,第 120 条为股份有限公司董事会权力范围④,且上述条文均采用了明示列举加设置兜底条款的方式,将公司权力配置于不同的公司内部机构中,构成了我国《公司法》中的公司权力配置体系,希望通过此种方式实现公司权力的高效运作与相互制衡。但是,至于我国《公司法》中权力配置究竟是"股东会中心主义"还是"董事会中心主义",理论与实践中尚且存在争议。

(一) 我国公司权力配置学理分析

在"股东会中心主义"和"董事会中心主义"划分下,我国学界主流观点认为,由于我国特殊文化背景、产权结构与市场经济实践,我国《公司法》中的公司权力配置制度更偏向"股东会中心主义"。有学者以公司法理论与实践为着眼点,对该观点进行宏观解读。如邓峰教授提到,目前我国理论界与实务界普遍将公司看作股东的延伸,将公司资产看作股东财产的集合,而董事会仅是股东管理控制权延伸向公司的"手臂",是股东管理控制公司的"中介机构"。⑤ 叶林教授从制度研究与体系解释出发,对我国公司法律制度进行系统分析,认为总体上具有凸显股东会地位、强化股东会权力之倾向。⑥ 从"公司宪政理论"角度出发,我国公司内部权力配置和机构设置与

---

① 参见《中华人民共和国公司法(2023 年修订)》第 59 条规定。
② 参见《中华人民共和国公司法(2023 年修订)》第 67 条规定。
③ 参见《中华人民共和国公司法(2023 年修订)》第 112 条规定。
④ 参见《中华人民共和国公司法(2023 年修订)》第 120 条规定。
⑤ 参见邓峰:《董事会制度的起源、演进与中国的学习》,载《中国社会科学》2011 年第 1 期。
⑥ 参见叶林:《公司治理机制的本土化——从企业所有与企业经营相分离理念展开的讨论》,载《政法论坛》2003 年第 2 期。

我国国家的权力配置和机关设置有着异曲同工之妙,是对我国政治体制的模仿,即在角色设置上,股东会与董事会之关系类似于人民代表大会与常委会之关系;在权力配置上,股东会与董事会之关系类似于人民代表大会与行政、执法机关之关系。① 无独有偶,美国学者尼古拉斯·卡尔西纳·豪森(Nicholas Calcina Howson)从政治经济学角度出发,认为中国公司法的作用是促成国企进行"未私有化的公司化",而在此过程中明确"股东会中心主义"可以保证国家资本主义的形成。②

此外,还有学者还以具体公司法律制度为切入点,对该观点进行微观分析。如张民安教授根据公司法规定,认为我国公司法将股东会定义为公司权力机关,处于支配地位;而董事会是股东会决议的执行机关,受章程与股东会决议的约束,处于被支配地位。③ 罗培新教授根据《公司法(2018)》第46条、第67条、第108条中"董事会对股东会负责……并向股东会报告工作……执行股东会的决议"的表述④,认为我国公司法中董事会依附于股东会这一权力机关,受股东会领导、管理与监督。⑤ 郭富青教授通过分析我国《公司法(2023)》第59条、第112条中关于股东会权力之规定⑥,提出其权力中包含了部分经营管理性质的权力,故认为我国公司的权力配置模式仍然属于"股东会中心主义"。⑦ 李绍恒提出,我国公司法在确定股东会作为公司权力机构的基础上,以列举的方式将选举权、审批权、决定权、修改公司章程四大类公司主要事务的最终决策权赋予公司股东会,表明了我国公司法依然奉行"股东会中心主义"立场。⑧ 吴建斌认为,《公司法(2023)》第67条列举的制订公司利润分配方案、弥补亏损方案、增加或减少注册资本的方案及发行公司债券的方案等董事会权力,都须股东会审议批准后

---

① 参见邓峰:《中国法上董事会的角色、职能及思想渊源:实证法的考察》,载《中国法学》2013年第3期。
② See Nicholas C.Howson, "Protecting the State from Itself? Regulatory Interventions in Corporate Governance and the Financing of China's 'State Capitalism'", 37 *Seattle University Law Review*, (2014), p.667.
③ 参见张民安:《董事的法律地位研究》,载《现代法学》1998年第2期。
④ 参见《中华人民共和国公司法(2018年修正)》第46条、第67条、第108条规定。不过最新的《中华人民共和国公司法(2023年修订)》删除了"董事会对股东会负责"的表述。
⑤ 参见罗培新:《公司法的合同解释》,北京大学出版社2004年版,第277页。
⑥ 参见《中华人民共和国公司法(2023年修订)》第59条、第112条规定。
⑦ 参见郭富青:《从股东绝对主权主义到相对主权主义公司治理的困境及出路》,载《法律科学》2003年第4期。
⑧ 参见李绍恒:《交易成本理论视角下的公司权力配置与公司治理》,载《重庆社会科学》2019年第2期。

方能生效、执行。可见董事会权力很大程度上受到股东会的制约,至少从立法上看是缺乏独立性的,这表明我国公司法"股东会中心主义"的价值导向。①

在我国当前公司法以"股东会中心主义"为价值导向的基础上,愈来愈多学者提出,我国公司法赋予董事的人事权与重大事项的表决权已具备了由"股东会中心主义"向"董事会中心主义"转变的制度基础,故应顺应世界公司法律制度发展趋势,抛弃"股东会中心主义"转向"董事会中心主义"的公司治理结构,在限制股东会权力的基础上扩张董事会权力,确立公司董事的核心地位。②

（二）　我国公司权力配置立法演变

通过我国公司权力配置的学理分析看似已可以得出明晰结论,即我国公司权力配置以"股东会中心主义"为价值导向。但若回到《公司法》文本、发展历程和实践中,这些看似合理的结论会显得不那么有力。

首先,在我国1993年《公司法(草案)》中,为凸显股东会的地位与重要性,其条文明确表明"股东会是公司的最高权力机构",而在1993年12月29日正式颁布的《公司法(1993)》第37条中,却将"最高"二字予以删除。同时从当时域外公司法律制度的发展来看,"股东会中心主义"已"日薄西山",而"董事会中心主义"却"风头正劲"③,故很容易联想到"最高"二字抹去体现了我国公司法对"董事会中心主义"的回应以及限制股东会权力的立法宗旨与立法意图。④

其次,从立法目的来看,我国《公司法(1993)》出台时,或许是国有企业改制公司时出于维护国家股东利益的考虑,或许是在经济高速发展过程中出于对资本要素保护的迫切需求,其公司权力配置明显带有向股东会倾斜的特点,之后《公司法》虽然经过多次修订与修正,仍然维持该基本格局。从这一表现来看,将我国公司法中的公司权力配置看作为"股东会中心主义"也未尝不可。

再次,自首部《公司法(1993)》开始,其就以列举方式规定了股东会与

---

① 参见吴建斌:《现代公司治理结构的新趋势》,载《法学杂志》1996年第4期。

② 参见赵万一:《关于完善我国公司法的几个基本问题》,载《中南财经政法大学学报》2003年第6期。

③ See Blasius Indus.Inc.V.Atlas Corp.,564 A.2d 651,659(Del.Ch.1988).

④ 参见汤欣:《降低公司法上的代理成本——监督机构法比较研究》,载梁慧星主编:《民商法论丛》(第7卷),法律出版社1997年版,第27—30页。

董事会的各项权力。① 不过在 2005 年《公司法》修订中,不论是股东会还是董事会权力,都增加了"公司章程规定的其他职权"②;在 2023 年最新《公司法》修订中,还在董事会权力中增加了"股东会授予的其他职权"。③ 通过分析我国公司法中股东会与董事会权力的立法演变,可以总结出以下三点特质:第一,我国历代《公司法》均为沿袭、借鉴大陆法系国家公司法中"股东会中心主义"的传统做法,即除法定、章定、股东会授权的权力由董事会行使外,其他权力均属于股东会决策范围。第二,根据我国历代《公司法》中公司权力的列举式规定,我国股东会所行使的大量权力实际上都需要董事、监事的积极作为前提,股东仅具有消极表决而非直接决议之权力。如股东会所享有的审议批准董事会、监事会报告,审议批准公司的利润分配方案或弥补亏损方案等一系列权力,均需以董事会、监事会向股东会报告工作,董事会制订公司利润分配方案等一系列活动为前提。这一特征与坚持"股东会中心主义"的罗马法系国家公司法中所强调的股东会权力的主动性、积极性并不相符。第三,在经过 2005 年、2023 年《公司法》修订后,"公司章程规定或者股东会授予的其他职权"这一表述为股东会与董事会权力的扩张和限缩都提供了法律依据,并进一步强化了股东会权威。④ 但由此带来的问题是,对于公司法、章程、股东会决议都未明确规定的权力,是属于股东会还是董事会的权力范围,尚存在一定解释空间。

最后,我国历代《公司法》都将"决定公司内部管理机构的设置""制定公司的基本管理制度"之权力赋予董事会。考虑到公司内部管理机构与基本管理制度含涉广泛,这足以成为我国董事会权力扩张的渊源与基础。⑤ 故此,我国公司法被解释为"董事会中心主义"也是有法可循、有据可依的。

综上所述,通过历史解释与体系解释等研究方法不难发现,目前我国《公司法》中公司权力配置规则并未确立其价值导向是"董事会中心主义"

---

① 参见《中华人民共和国公司法(1993 年)》第 38 条、第 46 条规定;《中华人民共和国公司法(1999 年修正)》第 38 条、第 46 条规定;《中华人民共和国公司法(2004 年修正)》第 38 条、第 46 条规定。

② 参见《中华人民共和国公司法(2005 年修订)》第 38 条、第 47 条规定;《中华人民共和国公司法(2013 年修正)》第 37 条、第 46 条规定;《中华人民共和国公司法(2018 年修正)》第 37 条、第 46 条规定。

③ 参见《中华人民共和国公司法(2005 年修订)》第 67 条规定。

④ 参见虞政平:《公司意思自治的法律空间》,载《人民司法》2010 年第 19 期。

⑤ 利用公司内部规定争夺公司控制权的情形,可参考美国公司法中股东通过章程细则(Bylaws)突破董事会优位主义的实践。晚近的案例参见 CA, Inc. V. AFSCME Employees Pension Plan, C.A. No.329, 2008(Del. July 17, 2008)。

还是"股东会中心主义"。同时,法律原则的缺失导致商事实践中行为准则的缺失,愈来愈多的公司或是出于追求商事活动便利与快捷的目的,或是大股东、控股股东、实际控制人为掌握公司经营管理权,选择通过以股东会决议为形式,将原本属于股东会的法定权力,如公司合并与分立、增加注册资本、重大投资计划等重大事项的决定权,通过授权方式让渡于董事会,形成对股东会权力的变相剥夺与董事会权力的不当扩大。① 此外,立法的混乱也使得相关司法实践"举步维艰",即当股东、董事对上述权力的自主配置产生争议时,法院该如何认定这些授权决议的效力,该如何认定基于授权决议而做出的法律行为的效力,这不但给相关司法实践带来巨大困难,也成为我国当前公司治理的痛点与营商环境优化的短板。

三、我国董事会权力制度的再检视

权力划分若不能做到明确具体、界限分明,其运行效率就会大大降低,制衡效果也会大打折扣。目前,我国公司权力配置看似清楚明确,实则存有漏洞与缺陷。正如上文中所谈到的,我国公司权力配置究竟是偏向"股东会中心主义"还是"董事会中心主义"尚存有疑问,这一疑问带来的不仅是学理上的分歧,还有法律制度上的一系列问题,如股东会与董事会权力规范的性质不明、内涵不明,股东会与董事会现有权力内容重叠、外延不清,公司权力划分也未区别不同的公司类别,未适应不同类型公司实践需求等。同时在我国公司治理实践中,也存在股东会与董事会权力混同,董事会权力、义务与责任失衡,要么董事会权力过大,要么董事会权力过小,甚至出现董事会形同虚设等情况,越来越多的公司权力纠纷诉至各地法院,司法实践中也出现越来越多公司权力配置、股东会与董事会权力划分的疑难问题,这给我国公司良治和营商环境优化都埋下了不少隐患。

（一）董事会权力规范性质不明

众所周知,公司法中既有强制性规范又有任意性规范,是这些法律规范的集合。② 但就公司权力划分及董事权力配置而言,其是强制性还是任意性规范,是否允许当事人通过章程或股东会决议进行任意扩张或限制,仍存有疑问。我国《公司法(2023)》第 59 条对有限责任公司股东会权力表述为"股东会行使下列职权……"同时第 112 条对股份有限公司股东会权力表

---

① 参见雷涵:《我国公司法人机关权力制衡机制的公司法完善》,载《法律科学》1997 年第 6 期。

② 参见赵旭东:《公司法学》(第 2 版),高等教育出版社 2006 年版,第 44 页。

述为"本法第59条第1款、第2款关于有限责任公司股东会职权的规定,适用于股份有限公司股东会"。类似的,《公司法(2023)》第67条对有限责任公司董事会权力表述为"董事会行使下列职权……"同时第120条对股份有限公司董事会权力表述为"本法第67条……的规定,适用于股份有限公司"。可见,公司法中有关股东会权力、董事会权力的规定并无"应当""应该"等表述,明确公司权力划分、配置规定为强制性规范;也并无"可以"等类似的表述,明确该规定为任意性规范。公司法规范中公司权力划分、股东会与董事会的权力配置性质不明,进而带来的问题是:无法明确股东会是否可通过制定或修改章程、作出决议等方式,改变公司法规定的股东会与董事会权力,是否可以扩张或限制董事会权力以及对董事会权力扩张与限制的范围。

1. 公司章程在董事会权力配置中作用模糊

首先需要明确的是,通过公司章程可以扩张或限制董事会权力是毋庸置疑的。从董事会权力来源来看,其权力来自法定并不妨碍股东或股东会有时将自己的某些权力通过公司章程的形式授权给董事会行使,也不妨碍将某些董事会权力通过公司章程的形式授予股东会行使。这种授权行为属于权力处分,并不影响董事的法律地位与董事会权力来源的法理基础。从法律规定角度来看,我国《公司法(2023)》第59条第1款第9项、第67条第2款第10项、第112条第1款、第120条第2款对股东会和董事会权力都作了兜底性规定,即通过公司章程授予的权力也属于股东会与董事会权力范围。可见通过公司章程扩张或限制董事会权力是合理合法的。但问题是,因无法确定公司法关于公司权力配置的规定为任意性规范还是强制性规范,再加上上述《公司法(2023)》条款中"公司章程规定的其他职权"的表述并不完备,留有很多讨论空间,故也难以确定通过公司章程对董事会权力的扩张或限制是否有其边界。若认为公司法关于公司权力配置的规定为任意性规范,那么即可认为公司章程对股东会与董事会权力的扩张或限制不存在边界,章程可将公司法规定本属于股东会的权力交由董事会,也可将其规定本由董事会行使的权力交给股东会。若认为公司法关于公司权力配置的规定为强制性规范,那么即可认为章程对股东会与董事会权力的扩张或限制存在边界,公司法明文赋予股东会之权力董事会不得行使,明文赋予董事会之权力股东会也不得行使。

(1)立法冲突

公司法中公司章程在董事会权力配置中的作用不明、效力不清,不仅会导致解释与理解上的争议,还会导致下位法规定的反复及立法的冲突。与董事会权力配置相关的下位法常见于中国证券监督管理委员会(以下简称证监会)、中国银行保险监督管理委员会(以下简称银保监会)出台的行政规章以及上海证券交易所(以下简称上交所)与深圳证券交易所(以下简称深交所)出台的行业规定中,且大致可分为三种类型。

第一种是行政规章与行业规则中仅规定公司章程可以授予董事会行使股东会的部分权力,但未规定授权的范围与限制,也未规定公司章程是否可以限制董事会的部分权力。如证监会出台的《证券投资基金管理公司治理准则(试行)(2006年)》第29条、第51条规定,证券投资基金管理公司公司章程应当明确股东会与董事会的权力范围,公司章程可以授权董事会行使股东会部分权力,且授权内容应明确具体。① 但该条未明示公司章程授权董事会行使股东会权力的范围与限制,也未表明公司章程可否授予股东会行使董事会的部分权力。证监会公布的《证券投资基金管理公司管理办法(2020)》第39条、第41条规定,基金管理公司应当明确股东会与董事会的权力范围和议事规则。② 但该条未表明通过公司章程可否扩张或限制董事会权力,以及扩张或限制是否有其界限。在原银保监会制定的一些规章中也有类似情况,如《信托公司治理指引(2007)》第24条③、《融资性担保公司公司治理指引(2010)》第8条、第13条都规定④,信托公司、融资性担保公司的股东会与董事会应当依据《公司法》等法律法规和公司章程的规定行使权力,但也未规定公司章程可否对董事会权力进行扩张或限制,以及扩张或限制是否有其界限。此外,上交所发布的《上市公司董事会议事示范规则(2006)》第21条也规定,董事会应当严格在股东大会和公司章程的授权范围内行使权力⑤,但也未规定股东大会可否将部分股东法定权力通过公司章程的形式授予董事会。

第二种是行政规章中规定公司章程可以授予董事会行使股东会的部分权力,但是法定权力除外,不过也未规定公司章程是否可以限制董事会的部分权力。如证监会制定的《上市公司治理准则(2018)》第14条规定,上市公司应当在章程中规定股东大会对董事会的授权原则,且授权内容应当明确具体,但是章程不得将法定由股东大会行使的权力授予董事会行使。⑥

---

① 参见《证券投资基金管理公司治理准则(试行)(2006年)》第29条、第51条规定。
② 参见《证券投资基金管理公司管理办法(2020年修正)》第39条、第41条规定。
③ 参见《信托公司治理指引(2007年)》第24条规定。
④ 参见《融资性担保公司公司治理指引(2010年)》第8条、第13条规定。
⑤ 参见《上市公司董事会议事示范规则(2006年)》第21条规定。
⑥ 参见《上市公司治理准则(2018年修订)》第14条规定。

同样的《上市公司章程指引（2019）》在第40条中列举了16项由上市公司股东大会行使的权力，并在最后的注释部分强调，上述股东大会权力不得通过章程授权的形式由董事会或其他机构和个人代为行使。① 《证券公司治理准则（2020）》第12条也有类似规定，即《公司法》规定由股东会行使的法定权力不得授权董事会行使。② 类似的，原银保监会出台的《银行保险机构公司治理准则（2021）》第18条中也列举了6项由股东大会行使的权力，并在第3款规定公司法及本条规定的股东大会权力不得授予董事会、其他机构或个人行使。③ 此外，深交所发布的《深圳证券交易所上市公司规范运作指引（2020）》第2.2.5条也规定，上市公司不得通过授权的形式由董事会或其他机构和个人代为行使股东大会法定权力。④

第三种是在行业规则中反其道而行之，即规定公司章程可以限制董事会之权力，但不得变更或剥夺其法定权力，但同时也未规定公司章程可否授予董事会行使股东会的部分权力，以及权力授予的范围与限制。如上海证券交易所（以下简称上交所）在其发布的《上海证券交易所科创板上市公司自律监管规则适用指引第1号——规范运作》第3.3.5条规定，科创板上市公司董事会法定权力应当由董事会集体行使，不得授权他人行使，也不得以章程、股东大会决议等方式加以变更或剥夺。⑤ 但未规定章程可否授予董事会行使股东会的部分权力，以及权力授予的范围与限制。

综上所述，由于公司法规范中公司权力的性质不明、效力不清以及公司章程在董事会权力配置中的作用模糊，致使不同行政规章、行业规则对公司法产生了不同的理解与解释，对公司章程可否扩张或限制董事权力，以及董事会权力扩张与限制的范围这一问题给予不同的规定，造成了公司法与下位法以及下位法与下位法之间的立法冲突与规则反复。

（2）司法实践

公司法中章程在董事会权力配置中的作用不明、效力不清的表现，不仅会导致立法的冲突与规则的反复，还会造成司法实践中不同法院、法官对公司章程在董事权力配置中理解与解释不同，最终造成"同案不同判"的现象。以下选取几个较为典型的案例对该现象进行分析。

---

① 参见《上市公司章程指引（2019年修订）》第40条规定。
② 参见《证券公司治理准则（2020年修正）》第12条规定。
③ 参见《银行保险机构公司治理准则（2021年）》第18条规定。
④ 参见《深圳证券交易所上市公司规范运作指引（2020年修订）》第2.2.5条规定。
⑤ 参见《上海证券交易所科创板上市公司自律监管规则适用指引第1号——规范运作》第3.3.5条规定。

案例 2-3：

张某某诉上海××实业股份有限公司侵犯股东权益案①

案件事实：

原告张某某系被告上海××实业股份有限公司(以下简称实业公司)股东,1994 年 4 月 28 日,实业公司股东大会通过公司章程,章程第 18 条规定:股东大会闭会期间,董事人选有必要变动时,由董事会决定,但所增补的董事人数不得超过董事总数的 1/3。第 20 条规定:董事会设董事长 1 人,根据需要可设副董事长 1 至 2 人。董事长和副董事长由董事会以全体董事过半数选举和更换。1995 年 2 月 25 日,实业公司召开董事会,增补第三人马某某、莫某某为董事。同年 8 月 12 日,实业公司又召开董事会,增补第三人李某某为董事并增选其为副董事长。张某某认为,实业公司董事会增选李某某、马某某、莫某某三人为董事的行为违反公司法关于股东大会、董事会权力之规定,并由此引发了一系列的违法侵权行为,侵犯了股东权益。基于此,张某某诉至法院,请求判令实业公司停止侵权并确认增补李某某、马某某、莫某某三人为董事的董事会决议无效。而实业公司认为,董事会增补李某某、马某某、莫某某三人为董事的行为是依据公司章程实施的,公司章程是经股东大会通过,反映了全体股东的意志,故认为系争董事会决议合理合法,具有法律效力。

审判理由：

一审与二审法院均认为,董事会是公司决策机构。董事人选产生的合法与否,势必将影响公司经营和股东权益。我国《公司法(1993)》明确规定了股东会、董事会的性质与权力,即股东大会是公司权力机构,选举和更换董事的权力由股东大会行使②;董事会对股东大会负责,执行股东大会决议,是公司执行和经营决策机构。实业公司章程第 18 条关于选举和更换董事的规则明显不符合公司法规定,因此该章程规定不具有法律效力,董事会依据该违法章程所举行董事会会议并作出的增补董事的决议超越了我国法定董事会权限,违反法律,侵害了股东权益,也是无效的。同时根据《公司法(1993)》规定,股东大会、董事会决议违反法律、行政法规,侵犯股东合法权益,股东有权提起诉讼要求停止该违法行为和侵害行为。③ 综上,法院判

---

① 参见上海市浦东新区人民法院(1996)浦民初字第 5940 号一审判决书;上海市第一中级人民法院(1998)沪一中民终字第 282 号二审判决书。

② 参见《中华人民共和国公司法(1993 年)》第 102 条、第 103 条规定。

③ 参见《中华人民共和国公司法(1993 年)》第 111 条规定。

决实业公司关于增补马某某、莫某某为董事,关于增补李某某为董事、副董事长的决议无效。

案例 2-4:

石家庄晟×公司利润分配案①

案件事实:

2000 年,金×公司由晟×公司与航×公司共同出资设立。根据金×公司章程第 28 条规定,股利按照各股东所持股份占注册资本的比例进行分配,在公司年终决算后执行,具体分配方案由董事会定夺。2004 年 4 月,金×公司董事会作出 2003 年共分配利润 500 万元的决议,不过此后利润一直未支付给晟×公司。晟×公司起诉至法院后,金×公司于 2005 年 5 月召开了临时股东会,决定中止该利润分配方案。

审判理由:

一审法院认为,根据金×公司章程规定,利润分配方案将在董事会作出决议后生效,临时召开的股东会并作出的决议不具有法律约束力。因此金×公司被判定为支付晟×公司 2003 年相应的股利。二审法院维持原判后,金×公司提出申诉。最后,石家庄市中级人民法院作出再审判决,认为董事会决议不能等于股东会决议,虽然章程规定利润分配方案由董事会讨论决定,但不排除股东会行使其法定权力,遂撤销前两份判决。

案例 2-5:

徐某某等诉安顺××报业宾馆有限公司公司决议效力确认纠纷案②

案件事实:

2009 年 10 月 19 日,徐某某与贵州××报业发展有限公司(以下简称报业公司)共同出资设立安顺××报业宾馆有限公司(以下简称宾馆公司),其中徐某某出资 122.5 万元,持股比例占 49%,报业公司出资 127.5 万元,持股比例占 51%。之后股东徐某某与报业公司共同拟定了《宾馆公司

---

① 参见许可:《股东会与董事会分权制度研究》,载《中国法学》2017 年第 2 期;王保树:《章程的适用与章程的自治空间》,载渠涛主编:《中日民商法研究》(第 8 卷),法律出版社 2009 年版,第 266—267 页。

② 参见安顺市中级人民法院(2015)安市民商初字第 3 号一审判决书;贵州省高级人民法院(2015)黔高民商终字第 61 号二审判决书。

章程》,约定自 2009 年 10 月 19 日起生效。章程第 7 条规定,公司设董事会,董事会可以行使下列权力:(1)决定公司经营方针和投资计划;(2)决定总经理、副总经理报酬;(3)选择和更换由股东派出的监事;(4)审议批准总经理报告;(5)审议批准监事会报告;(6)审议批准公司年度财务预算方案、决算方案;(7)审议批准公司利润分配方案和弥补亏损方案;(8)对公司增加或减少注册资本作出决议;(9)对股东向股东以外的人转让出资作出决议;(10)对公司合并、分立、变更、解散和清算等事项作出决议;(11)修改公司章程;(12)制定公司基本管理制度。章程第 32 条规定,公司有下列情况可以解散:(1)章程规定的营业期限届满;(2)董事会决议解散;(3)公司合并或者分立需要解散;(4)公司违反法律、行政法规被依法责令关闭;(5)因不可抗力事件致使宾馆无法继续经营;(6)公司宣告破产。徐某某认为,根据《公司法》规定,《宾馆公司章程》第 7 条规定的董事会权力应由股东会行使,第 32 条规定的解散公司等权力也应由股东会行使,章程的上述规定违反《公司法》强制性规定,侵犯股东合法权益。故此,徐某某诉至法院,请求确认《宾馆公司章程》第 7 条、第 32 条无效。而宾馆公司与报业公司却认为,《宾馆公司章程》并未违反《公司法》强制性规定,且经过全体股东一致同意后签订,并未侵犯任何股东权益,故该章程合法有效,请求驳回原告诉讼请求。

审判理由:

一审法院认为,公司作为由股东共同投资组成的联合体,股东之间需要对公司的组织和行为规则有共同约定,形成共同意志,其具体表现形式就是自愿制定书面公司章程。公司章程可以确定适应本公司实际情况的具体规则,体现高度自治,但必须以遵守法定规则为前提。在本案中,《宾馆公司章程》是股东徐某某、报业公司共同制定的,对股东均有约束力。根据《公司法(2005)》第 37 条规定,股东会是公司权力机构,享有诸多权力。[1] 本案所涉公司章程将上述股东会权力赋予董事会,该赋权是经全体股东即徐某某、报业公司共同同意,故徐某某主张公司章程将股东会权力赋予董事会行使违反法律强制性规定的理由不成立。同时,原告徐某某作为公司登记股东,如认为公司章程内容违反法律规定或不当,应当根据《公司法》规定提议股东会进行修改,不能就此提起诉讼。且其并未提交证据证明与其他股东协商的依据,故其主张已进行交涉的理由也不成立。

二审法院认为,公司章程是由公司发起人或全体股东共同制定的公司

---

[1]　参见《中华人民共和国公司法(2005 年修订)》第 37 条规定。

基本文件,也是公司成立的必备法律文件,体现股东意志。根据《公司法(2005)》第 11 条"设立公司必须依法制定公司章程"规定①,表明章程具有法定性,它不仅体现股东自由意志,也必须遵守国家的法律规定。只要公司章程不违反国家强制性、禁止性法律规定,司法一般不应介入公司章程这种公司内部事务,即使司法要介入,也应保持适当限度,即适度干预。本案所涉公司章程规定了包括股东在内相应人员的权利和义务,对相应人员具有约束力,从有权利即有救济的角度看,如果股东认为公司章程内容违法或有侵犯股东权益的情形,股东应有权通过诉讼维护自己的合法权利。因此,原告徐某某请求确认公司章程部分内容无效的权利是存在的,被告宾馆公司和第三人报业公司认为"上诉人诉请确认公司章程部分无效没有法律依据"的理由不成立。在确认上诉人徐某某享有相关诉权后,本案争议焦点在于《宾馆公司章程》内容是否部分无效。从《公司法(2005)》第 38 条、第 47 条规定来看,董事会、股东会均有法定权力和章定权力两类。② 无论是法定权力还是章定权力,强调的都是权力,在没有法律明确禁止的情况下,权力可以行使、可以放弃,也可委托他人行使。但从《公司法(2005)》第 44 条第 2 款规定的法律表述用语"必须"可以看出,修改公司章程、公司合并、分立、解散以及增加或减少注册资本的决议有且只有股东会才有决定权,这是股东会法定权力。③《宾馆公司章程》第七条第(8)项、第(10)项、第(11)项以及第 32 条第(2)项将股东会法定权力规定由董事会行使,违反了上述强制性法律规定,应属无效。因此,被上诉人宾馆公司和第三人报业公司关于"该授权不违反《公司法》强制性规范"的辩解理由不成立,上诉人徐某某的上诉请求部分应予支持。故判决《宾馆公司章程》第七条第(8)项、第(10)项、第(11)项以及第 32 条第(2)项无效。

通过上述三案例可以看出,由于不同法院对《公司法》中有关公司权力配置规定的理解不同,故在公司通过章程将部分股东会法定权力授予董事会行使时,对章程法律效力的认定也不同。

在案例 2-3 中,《实业公司章程》第 18 条规定"股东大会闭会期间,董事人选有必要变动时,由董事会决定,但所增补的董事人数不得超过董事总数的 1/3",同时,"选举和更换董事"也是《公司法(1993 年)》第 103 条规定的股东大会法定权力之一。故该案一审与二审法院都认为公司章程第 18

---

① 参见《中华人民共和国公司法(2005 年修订)》第 11 条规定。

② 参见《中华人民共和国公司法(2005 年修订)》第 38 条、第 47 条规定。

③ 参见《中华人民共和国公司法(2005 年修订)》第 44 条第 2 款规定。

条规定与公司法相悖，不具有法律效力；董事会基于公司章程所做出选任董事的相关决议也由于违反公司法有关规定，超出了董事会权力范围，损害股东合法权益，也是不具有法律效力的。可见该案一审与二审法院都将公司法中有关将公司权力配置的规定解释为强制性规定，公司章程在扩张或限制董事会权力时不得变更与剥夺股东会与董事会的法定权力。

在案例 2-4 中，《金×公司章程》规定，股利按照股东在公司注册资本中的比例分配，并在公司年终决算后执行。具体分配方案由董事会定夺。同时，"审议批准公司利润分配方案"也是《公司法（1999）》第 38 条第 1 款第 7 项规定的股东会法定权力之一。[①] 不过该案一审与二审法院却认为，既然金×公司已通过章程将审议批准公司利润分配方案的权力授予董事会，那么股东会就不应再行使该权力，做出的相关决议也不具有法律效力。虽然再审法院纠正了判决结果，即认为虽然公司章程将审议批准公司利润分配方案的权力授予董事会讨论决定，但也不能排除公司法赋予股东会的法定权力。但不论是一审、二审还是再审法院，都认为通过章程将公司法明文赋予股东会的部分法定权力授予董事会并无不妥。可见该案一审、二审以及再审法院都将公司法中有关将公司权力配置的规定解释为任意性规定。

在案例 2-5 中，法院认为《公司法（2005）》第 38 条、第 47 条关于股东会与董事会权力的规定属于任意性规范，在无法律明确禁止的情况下，此类权力可以自己行使，也可委托其他机关和个人行使。但是《公司法（2005）》第 44 条所规定的股东会特别决议事项中有"必须"的表述，故应认定为强制性规范。这一"必须"不仅表明这些事项"必须"经特别多数表决权通过，还意味着这些权力"必须"由股东会行使。不过在该案中，不论观点是否正确，其论证路径均有待商榷。其一，正如本章前文所述，股东会与董事会行使的为"权力"而非"权利"，其论证逻辑链条的起始概念即定义错误；其二，股东会与董事会的法定权力已由《公司法（2005）》第 38 条、第 47 条明确，故《公司法》第 44 条并非对股东会权力之规定，而是旨在规定股东会特别决议的表决权法定数。

综上所述，在不同案件中，不同法院对公司法中有关将公司权力配置的规定有不同解释，这导致在不同案件中对于公司章程对董事会权力扩张或限制以及其界限相关规定的法律效力也有不同解读，由此导致了该类案件在司法审判中的混乱。

---

① 参见《中华人民共和国公司法（1999 年修正）》第 38 条第 1 款规定。

2. 股东会决议在董事会权力配置中的作用模糊

通过股东会决议的方式扩张或限制董事会权力与通过公司章程的行使相比有相似之处,但也有不同。相似之处是从董事会权力来源角度解释,虽然董事会权力来自法律规定,但并不妨碍股东会有时将自己的某些权力通过股东会决议等形式授权董事会行使,也不妨碍将某些董事会权力通过股东会决议的形式授予股东会行使。这种授权行为同样属于权力处分,并不会从本质上影响董事法律地位与董事会权源的法理基础。可见通过股东会决议的形式变更、扩大或限制董事会是合理的。但不同之处是,从法律规定角度来看,我国最新《公司法(2023)》第 67 条第 2 款第 10 项虽然增加规定股东会可以授予董事会行使法定权力之外的其他职权①,但依旧未明确规定是否可以通过股东会决议的方式限制董事会权力,以及决议的具体程序与内容是否要有所限制。

通过对与公司权力配置相关的下位法进行梳理,可以发现仅有《证券公司治理准则(2020)》第 12 条、《证券投资基金管理公司治理准则(试行)(2006)》第 29 条、《深圳证券交易所上市公司规范运作指引(2020)》第2.2.5 条明确提出可以通过股东会决议的形式授权董事会行使股东会的部分权力,但也未表明该决议为普通决议还是特别决议,需要遵循何种程序,以及对董事会权力的扩大或限制是否有其范围。② 此外,其他部门规章与行业规则甚至未提到股东会决议是否可以扩大或限制董事会权力,其在公司权力配置中起到何种作用。

在实践中,也确实有公司通过股东会决议扩大或限制董事会权力,并因此产生大量纠纷。同时由于法律制度的缺失,给此类案件的司法审判也带来巨大困扰。

案例 2-6:

某有限责任公司财产出售案③

根据某有限责任公司章程规定,董事会有权处分价值不超过 200 万元

---

① 参见《中华人民共和国公司法(2023 年修订)》第 67 条第 2 款规定。
② 参见《证券公司治理准则(2020 年修正)》第 12 条,《证券投资基金管理公司治理准则(试行)(2006 年)》第 29 条以及《深圳证券交易所上市公司规范运作指引(2020 年修订)》第2.2.5 条规定。
③ 参见罗培新:《股东会与董事会权力构造论:以合同为进路的分析》,载《政治与法律》2016年第 2 期。

的公司资产。一天,董事会计划将价值120万元的公司资产处分于他人,但同时股东会召开临时股东会,审议、表决并通过了保留该公司资产的相关决议,并要求公司董事会立即执行。董事会坚持认为根据《公司法》规定及公司章程约定,处分该公司资产属于董事会权力范围,并拒不执行股东会决议。由此,股东会提起诉讼。

法院在审理该案时,很容易陷入两难的境地。根据《公司法(2023)》第67条第2款第10项规定,董事会具有行使"公司章程规定"的其他职权的权力,按此规定判断,董事会当然享有处分该120万元公司资产的权力;同时该条款还规定,董事会具有行使"股东会授予"的其他职权的权力,那么临时股东会所作决议实际上就可看作对董事会章定权力的限制;若认为该决议具有法律效力,根据《公司法(2023)》第67条第2款第2项规定,董事会具有"执行股东会决议"的权力,那么董事会则不得处分该公司资产,公司章程约定的即与股东会决议授权的董事会权力相冲突,此时董事会该如何行事即陷入困境。

综上所述,不论是公司章程还是股东会决议在董事会权力配置中所遇到的问题,究其根本,是由于公司法中公司权力配置相关规定的法律性质不明所引发的。欲解决上述问题,先要明确公司法中有关公司权力配置相关规定的法律性质,即其究竟是强制性规范还是任意性规范。

（二）董事会权力规范外延不清

除董事会权力规范性质不明,我国《公司法》还存在董事会权力规范外延不清的情况。通过观察我国《公司法》中有关公司权力配置的规定不难发现,不论关于股东会权力还是董事会权力的划分,均采用了列举的方式加以规定。但是列举式的立法模式并不能穷尽公司全部权力,再加上公司法并未对股东会与董事会权力的内涵进行较为抽象、系统的规定,对其外延也未予以明确界定,现实中的有限责任公司与股份有限公司章程也基本都是照搬公司法制定的,这就会导致有一部分权力即未在公司法涵涉范围内,也未在公司章程中明文规定。在此情形下,此类权力应该由何种公司机关行使就成了一个悬而未决的问题。在司法实践之中,也会因此类问题产生歧义。

案例 2-7：

杨某某诉马某某等要求确认董事会决议无效案①

案件事实：

2002 年 12 月，北京××建筑工程有限责任公司（以下简称建筑公司）成立，杨某某任董事长，马某某任副董事长兼总经理，李某某、王某甲、王某乙均为公司董事。2006 年 7 月 28 日，杨某某召集马某某、李某某、王某甲、王某乙召开董事会，所议事项为归还××公司 20 万元欠款事宜，董事会决议内容为：于 2006 年（应是 2007 年）春节前一次性还清欠××公司 20 万元款项，若有可能也应尽量提前偿还。在此次董事会会议中，被告李某某又提出另一决议事项，内容为：为确保公司生产经营正常进行，维护公司正常工作秩序，本届董事会在未换届前仍应坚持分工负责的工作原则，全体董事必须各负其责，工资审批、支票领取、报销仍按原办法实施，营业执照和资质证书正本等按规定悬挂在财务科墙上，营业执照和资质证书副本和公章按公司惯例使用和按原办法由马某某负责保管。杨某某对此决议表示反对。最后，董事会就上述两个事项作出董事会决议，马某某、李某某、王某甲、王某乙均投出同意票并在董事会决议上签字。2006 年 7 月 31 日，杨某某在该董事会决议上签字，并写入了自己的反对意见。随后，杨某某诉至人民法院，请求判决上述董事会决议无效。

审判理由：

一审法院认为，董事会是公司常设执行机构，负责执行股东会决议和公司日常经营管理活动，包括对公司财产的管理。虽然公司的公章、营业执照及资质证书副本等属于公司财产，但董事会仅有对公司公章、营业执照及资质证书副本的使用进行决议的权力，对上述材料应如何保管则不属于董事会权力范围。因公司的公章、营业执照及资质证书副本属于公司专用物品，已在相关部门登记备案，具有对外公示效力。而根据公司法规定，法定代表人是代表公司行使权力之人，对内负责公司经营管理，对外代表公司，按照公司意志行使权力，在法律规定权限内代表公司进行民事活动，对公司的经营管理全面负责。故公司的公章、营业执照及资质证书副本等材料应由法定代表人管理。本案原告杨某某作为建筑公司法定代表人，法律赋予了其对外代表建筑公司开展经营活动、对内负责建筑公司全面管理的权力，但董

---

① 参见北京市东城区人民法院（2006）东民初字 9320 号一审判决书；北京市第二中级人民法院（2007）二中民终字第 2687 号二审判决书。

事会会议第二项中关于"营业执照和资质证书副本和公章按公司惯例使用和按原办法由马某某负责保管"的决议,剥夺了原告杨某某对外代表公司开展经营活动的权力,使原告无法对建筑公司实施全面的经营管理。故该董事会会议第二项决议,违反相关法律规定,应属无效。但因该董事会会议中的其他决议,未违反相关法律规定,故原告要求确认该董事会会议第二项决议之外的其他决议亦无效,缺乏法律依据,法院不予支持。

但二审法院却认为,股东会是公司权力机构,有权对公司的一切重大事项作出决议,董事会是公司执行机构,有权对公司的日常管理制度作出决议。建筑公司董事会会议的第二项内容是对公司的日常管理制度作出决议,属于董事会权力范围,同时该决议也未违反法律、行政法规强制性规定,故此,二审法院认为该决议内容合法有效。

案例 2-8：

顾某某诉上海××航空服务有限公司决议纠纷案①

案件事实：

顾某某与上海××资产管理公司(以下简称资产管理公司)均系上海××航空服务有限公司(以下简称航空公司)股东,其中顾某某出资 30万元,持股比例 20%,资产管理公司出资 120 万元,持股比例 80%。航空公司章程规定了股东权利、股东会与董事会权力等。其中,股东享有出席股东会议、行使选举权和被选举权、按持股比例对公司章程等重大事项行使决策和表决的权利。股东会由全体股东组成,享有选举和更换董事、监事,审批董事会和监事会报告,修改公司章程等权力。公司设董事会与监事,均由股东会选举产生,每届任期为三年。董事会负责召开股东大会,监事有权提议召开临时股东会。2013 年 7 月 23 日,资产管理公司向航空公司董事长发函,要求五日内召集和主持临时股东会,但航空公司董事长未作答复。随后,资产管理公司向包括顾某某在内的其他董事和监事提议,要求在五日内召集和主持临时股东会,但上述人员也均未作出答复。2013 年 8 月 21 日,资产管理公司通知顾某某参加临时股东会,并告知其会议的具体时间、地点及议题。2013 年 9 月 10 日,资产管理公司召开、主持临时股东会并形成临时股东会决议,决议内容包括撤销公司对外诉讼等。顾某某认为,其未参加

---

① 参见上海市静安区人民法院(2013)静民二(商)初字第 1857 号一审判决书;上海市第二中级人民法院(2014)沪二中民四(商)终字第 36 号二审判决书。

该临时股东会,且该临时股东会议在召集程序上违反公司法和公司章程,未由董事会召集,也未表明董事长或董事会未能履行职权,同时该临时股东会议决议内容也违反章程,章程规定的股东会权力不包括撤销公司对外诉讼。故此,顾某某诉至法院,请求判令撤销该临时股东会决议。

审判理由:

一审法院认为,根据《公司法(2013)》第39条第2款规定,代表1/10以上表决权的股东,1/3以上的董事,监事会或不设监事会的监事提议召开临时会议的,应当召开临时会议。① 本案中资产管理公司作为出资120万元,持股比例占全部股份80%的股东,当然有权提议召开临时股东会议,公司也应当召开临时股东会议。同时《公司法(2013)》第40条对临时股东会议的提议、召集及主持作出了递进式、替补式规定,即股东会会议先由董事会召集,董事长主持;董事长不能履行或不履行职务的,由副董事长主持;副董事长不能履行或不履行职务的,由半数以上董事共同推举一名董事主持;董事会或执行董事不能履行或不履行召集股东会会议职责的,由监事会或不设监事会的公司的监事召集和主持;监事会或监事不召集和主持的,代表1/10以上表决权的股东可以自行召集和主持。② 本案中资产管理公司在依次向董事长、其他董事和监事提议召集会议未果的情况下,自行召集和主持临时股东会,符合法律规定。虽然《公司法(2013)》第37条以及航空公司章程未明确规定决议与公司诉讼有关的事项属于股东会的权力,③但根据《公司法(2013)》第36条规定,股东会是公司权力机构,有权依《公司法》决定公司一切重大事项,那么当然也包括诉讼的有关事项。④ 故一审法院认为,原告顾某某主张临时股东会召集程序违法及决议内容违反公司章程的事实不成立,驳回原告的诉讼请求。

但在二审过程中,航空公司补充证据,证明在资产管理公司要求航空公司董事长召集和主持临时股东会后,其积极地履行了相应义务。在此情形下,根据《公司法(2013)》第22条规定,资产管理公司自行召集、主持的临时股东会程序违反法律,所形成的决议应当予以撤销。⑤ 故二审法院撤销了一审判决,并撤销了该临时股东会决议。

---

① 参见《中华人民共和国公司法(2013年修正)》第39条第2款规定。
② 参见《中华人民共和国公司法(2013年修正)》第40条规定。
③ 参见《中华人民共和国公司法(2013年修正)》第37条规定。
④ 参见《中华人民共和国公司法(2013年修正)》第36条规定。
⑤ 参见《中华人民共和国公司法(2013年修正)》第22条规定。

案例 2-9：

王某某与朱某某公司决议效力确认纠纷上诉案①

案件事实：

2004 年 10 月 28 日,北京××印章制作有限公司(以下简称印章公司)经核准设立,公司注册资本 500 万元,股东为王某某、朱某某等人。其中王某某出资 215 万元,持股 43%；朱某某出资 50 万元,持股 10%。根据《印章公司章程》第 17 条规定,股东会由全体股东组成,是公司权力机构,行使下列职权：(1)决定公司经营方式和投资计划；(2)选举和更换董事,决定董事报酬；(3)选举和更换监事,决定监事报酬；(4)审议批准董事会报告；(5)审议批准监事报告；(6)审议批准公司年度财务预算方案、决算方案；(7)审议批准公司利润分配方案和弥补亏损的方案；(8)对公司增加或减少注册资本作出决议；(9)对发行公司债券作出决议；(10)对股东向股东以外的人转让出资作出决议；(11)对公司合并、分立、变更公司形式,解散和清算等事项作出决议；(12)修改章程。2006 年 1 月 25 日,王某某从印章公司借款 100 万元且一直未予偿还。2007 年 4 月 20 日,印章公司召开股东会会议,决议第 4 条内容为：王某某以外的其他股东一致同意免除王某某欠公司的 100 万元债务。朱某某以对该股东会决议不知情,亦未委托他人参加股东会,诉争股东会决议并非真实意思表示,并且该决议内容超越了《公司法(2005)》第 38 条以及公司章程关于股东会职权范围为由,诉至法院,要求确认印章公司股东会决议第 4 条无效。

审判理由：

一审与二审法院均认为,该案系争股东会决议内容不符合法律、行政法规、公司章程规定。根据《公司法(2005)》第 38 条规定,股东会除可以行使公司经营方针和投资计划等法定权力外,还可行使章程规定的其他权力。② 但是在本案中,《印章公司章程》并未赋予股东会其他权力,故股东会做出的免除王某某债务的决议超越了职权范围,系越权决议。故此,判决印章公司股东会决议第 4 条"王某某以外的其他股东一致同意免除王某某欠公司的 100 万元债务"无效。

上述三案例都涉及对《公司法》与公司章程中均未明文规定的权力,应

---

① 参见北京市朝阳区人民法院(2011)朝民初字第 03361 号一审判决书。
② 参见《中华人民共和国公司法(2005 年修订)》第 38 条规定。

由何机关行使的问题。案例 2-7 涉及对于保管公司公章、营业执照及资质证书副本等材料之权力,一审法院认为,这些公司材料属于公司的专用物品,具有对外公示的权力,代表了公司意志,故保管这些公司材料的权力固然属于公司法定代表人,董事会无权将该权力赋予他人。而二审法院认为,保管这些公司材料仅是公司日常经营管理行为而已,董事会作为公司的执行机构,当然有权对公司的日常经营管理事务进行决议。案例 2-8 涉及撤销公司对外诉讼之权力,一审法院认为,虽然公司法以及航空公司的公司章程未明确规定决议与公司诉讼有关的事项属于股东会的权力,但根据公司法规定,股东会是公司的权力机构,有权依公司法决定公司的一切重大事项,那么当然也包括与公司诉讼有关的事项。案例 2-9 涉及免除公司股东债务之权力,一审与二审法院均认为,不论是公司法还是印章公司章程均未赋予公司股东会除法定职权外的其他权力,故股东会当然也无权作出免除公司股东债务的决议。

“一千个读者心中有一千个哈姆雷特”,从现有司法实践来看,对于保管公司公章、营业执照及资质证书副本、撤销公司对外诉讼、免除公司股东债务等一系列公司法与公司章程都未明确规定的权力,到底是由股东会行使还是由董事会行使,是一件“仁者见仁,智者见智”的事情,不同案例中的不同法院,甚至同一案例中的一审法院与二审法院由不同角度出发,通过不同解释方法,最终会得到不同结论。但是法律制度并非艺术作品,这种不同的解释与结论会导致司法案例产生分歧,出现不同的裁判结果,甚至有可能影响法律的稳定性与司法的公信力。

（三）未适应不同类型公司需求

我国《公司法》对公司权力配置、董事会权力划分的规定还存在一大问题,即未能充分满足不同公司类型在权力配置上的差异化需要。股份有限公司与有限责任公司不论是在公司特质上、所有权与经营权分离程度上、股东人数上、经营规模上、设立方式上以及管理要求上都存在显著差异。

首先,从公司特质来看,有限责任公司具有人合性,股东之间具有良好信任关系,同时公司规模较小,设立和运作的方式更为简单,运营有着更大灵活性,以此来看,有限责任公司的权力配置或许也应相对灵活;相比之下,股份有限公司一般规模庞大,具有资合性与公众性,是典型的资合公司,同时出于保护公众投资者的目的,其公司设立条件和程序都更复杂,运作方式也更烦琐,以此来看,股份有限公司的权力配置或许也应相对稳定。其次,从公司股东会规模与人数来看,为保护有限责任公司人合性,《公司法

(2023)》规定股东不得多于 50 人[1],从另一角度来说,这也给股东会高效行使权力奠定了现实基础;相比之下,股份有限公司必须有 2 位至 200 位发起人,股东人数无限制[2],其中较有代表性的上市公司更是拥有成千上万股民作为股东,在此情况下,股东人数过多,这也使得股东会行使权力的效率相比组织机构较为精简的董事会来说效率更低。再次,从股权流动性来看,有限责任公司股东之间可以相互转让股权,但若向股东外的第三人转让时,必须书面通知其他股东,其他股东在同等条件下有优先购买权,故股权流动性较差,变现能力较弱;相比之下,股份有限公司股票可以公开发行与转让,不受任何限制,流动性较高,变现能力较强。最后,从公司组织机构设置规范化程度上来看,有限责任公司的组织机构比较简单、灵活,可以通过章程约定组织机构,如不设董事会或监事会,可以规定只设一名董事、监事等;相比之下,股份有限公司对组织机构的规范性要求较高,如必须设立董事会、监事会,必须定期召开股东会等。此外,上市公司在此基础上,还要聘用独立董事,设立专门委员会,等等。

可见,有限责任公司与股份有限公司在方方面面都存在巨大差异。但是在我国,无论有限责任公司还是股份有限公司,无论公众公司还是非公众股份有限公司,均采取同样规定。公司法关于有限责任公司股东会权力的规定完全适用于股份有限公司股东会;有关有限责任公司董事会权力的规定也完全适用于股份有限公司[3],这显然未考虑到不同公司类型在权力配置上的差异化需求。

综上所述,我国董事法律制度中的董事会权力规范存在性质不明、外延不清,公司章程与股东会决议在董事会权力配置中作用模糊,未适应不同类型公司需求等诸多问题。本书拟明确董事会权力配置的价值导向,在营商环境法治原则下,根据我国不同公司组织形态、股权结构等各种因素对董事会权力配置之影响,明晰董事会权力配置的改进结构与模式选择,进一步完善公司内部治理机制,优化保障投资者合法权益之营商环境。

---

[1]　参见《中华人民共和国公司法(2023 年修订)》第 42 条规定。

[2]　参见《中华人民共和国公司法(2023 年修订)》第 92 条规定。

[3]　参见《中华人民共和国公司法(2023 年修订)》第 59 条、第 67 条、第 112 条、第 120 条规定。

第三章　董事会权力配置的体系再构

　　衡,加重于其一旁,必捶,权重相若也。相衡,则本短标长。两加焉,重相若,则标必下,标得权也。

——墨子①

　　通过对董事会权力配置理论范式与实践规则的考查,难免使人产生遐想,在营商环境法治化背景下,是否存在某一最佳的公司权力配置范式,可以使公司内部治理机制达到最优效果,可以最大限度保障投资者合法权益。很遗憾,这似乎是极为困难的。历史研究表明,公司权力配置与内部治理机制是否有效,不仅取决于该公司所在地区的政治、经济、文化、社会等环境特质,同样也取决于公司组织形态、股权结构等公司内部特质。② 从法律应然性构建来看,不论是采用"股东会中心主义"还是"董事会中心主义"的公司权力分配机制,不同国家、地区或经济体的公司法律制度也会根据当地公司在内部治理中所遇到的不同问题,其社会和市场经济的不同需求予以针对性解决。从法律实然性效果来看,公司权力配置在某一具体公司或案例中也有可能受到来自公司内外部诸多不同因素之影响。仅从应然角度抽象地研究"股东会中心主义"或"董事会中心主义"某一权力配置机制,并讨论孰优孰劣的意义十分有限,这会使我们忽略不同权力配置机制之间的联系、替代及互补作用。③ 可见公司权力配置机制是一个相互作用的系统,不同治理机制的最优组合才能发挥最有效的作用。④ 但总体来说,不论何种公司权力配置机制,都应该遵循同样的法律价值。本章旨在首先明确董事会权力配置的价值导向,在此基础上具体分析公司组织形

---

① 参见《墨子·经说下》,转引自汪太贤:《先秦法的概念隐喻》,载《中国社会科学》2023 年第 2 期。

② See Aguilera R V, Filatotchev I, Gospel H, et al., "Contingencies, Complementarities, and Costs in Corporate Governance Models", *Organization Science*, 2008, 19(3), pp.475–492.

③ See Desender K A, Aguilera R V, Crespi R, et al., "When Does Ownership Matter? Board Characteristics and Behavior", *Strategic Management Journal*, 2013, 34(7), pp.823–842.

④ 参见李维安、刘振杰、顾亮、郝臣:《基于风险视角的董事会相对权力与产品市场竞争力关系研究》,载《管理学报》2014 年第 11 期。

态、股权结构等各种因素对董事会权力配置之影响①，同时结合我国公司发展与运行之实践，力求明晰不同公司类型下董事会权力配置的改进结构与模式选择。

第一节　董事会权力配置的构建思路

一、董事会权力配置价值导向

（一）以"效率优先、兼顾公平"为价值导向

一般来说，董事会权力配置不仅需要"效率优先、兼顾公平"，同时还要做到"权力明晰、相互制衡"。不同于民主政治机关，公司首先是以营利为目标的商事主体，是投资者追求经济效益的工具，这就要求公司必须高效运作、高效决策，以应对瞬息万变的市场、抓住稍纵即逝的交易机会，这关系到公司的生死存亡。但若要公司如自然人一般反应迅速、进退自如，实在是"强人所难"，故此就只能在公司内部治理与权力配置机制中尽量以效率优先。正如上文所述，现代公司法中权力配置机制从"股东会中心主义"向"董事会中心主义"的转变，就是效率优先原则的直接贯彻落实。故不同于民主政治机关中以公平公正、权力制衡为首要价值的权力配置原则，在公司权力配置中应首先以效率优先为基本价值导向。具言之，在公司赋予股东会或董事会某一权力时，应首先考量股东会或董事会是否是最高效行使该权力的公司机关；在变更、限制、剥夺股东会或董事会某一权力时，应首先考量是否由其他公司机关行使该权力更为高效。

正如罗纳德·哈里·科斯（Ronald H.Coase）强调，公司存在的基础就是因为其能够凭借权力取代市场的协商程序，配置相关资源，降低市场交易所需要的信息收集、谈判协商等交易成本，使企业内部的生产活动比市场交易更具有效率。② 故董事会权力配置也应当以提高公司生产经营、资源运作与业务管理之效率为首要目标，并通过此提升公司绩效、增加公司利润，最终惠及股东和其他利益相关者。但也要注意，董事会权力配置中对于效

---

① 参见郑志刚、吕秀华：《董事会独立性的交互效应和中国资本市场独立董事制度政策效果的评估》，载《管理世界》2009 年第 7 期；Shleifer A, Singh S, "Large Shareholders & Corporate Control", *Journal of Political Economy*, 1986, 94(3), pp.461-488.

② See Ronald H.Coase, "the Nature of the Firm," 4 *Economica*, 1937, p.386.

率优先价值导向的理解应当是以帕累托最优为标准的。① 尽管在整个社会经济大环境下,公司以及公司内部机关与人员的任何行为都会不可避免地带来溢出效应,帕累托最优的理想化标准无论如何也无法实现,但如果排除第三方的存在和公司外部因素干扰,仅在公司内部判断权力配置的效率问题,即在追求公司内部某类成员权益的同时,避免损害公司内部其他成员的权益,此时帕累托最优的标准仍然具有适用的价值和空间。此外,在肯定了董事会权力配置以效率为首要原则的同时,还要注意公司法在配置公司权力时,应兼顾公平原则,不可为权力的高效运行而忽略少数投资者、员工、债权人等其他利害关系人之利益。

（二）以"权力明晰、相互制衡"为价值导向

公司内部权力配置不仅要遵循"效率优先、兼顾公平"之原则,还须以"权力明晰、相互制衡"为价值导向,并在此基础上制定董事会权力配置的最佳方案。所谓权力明晰,是指公司内部机关之间分工明确,明确何种权力由何机关享有,由何机关行使。若对某一权力未明确权力行使主体,或将其同时配置于不同公司机关,出现权力的重叠交叉现象,则难免会因此产生纠纷,不同公司机关在行使权力时也难免相互掣肘,这样权力运行的高效、公正也无从谈起。

在明晰不同公司机关权力内涵与边界的同时,也要使公司机关在行使权力时相互制衡,即通过将公司的不同权力分别授予股东会、董事会及监事会,实现公司内部机关之间的权力分立与制衡。② 公司内部权力的分立与制衡不仅有助于衡平与公司相关的不同利益相关者之权益,还可以在组织架构上最大程度地保障公司行为理性,保障公司决策过程的民主与科学,减少甚至避免"独断专行"决策给公司带来损失,实现公司以及利益相关者利益最大化。③ 在董事会权力配置中,权力制衡通常表现为公司通过董事会权力的合理配置,衡平股东会与董事会之间,董事会与监事会之间,股东会内部大股东、控股股东与中小股东之间,董事会内部执行董事、独立董事、职工董事之间,以及其他公司内部机关、利益相关者之间的利益,化解其冲突

---

① 帕累托最优,又称为帕累托效率,是资源配置的一种理想状态,即假定有一群人和可配置的资源,当从一种配置状态到另一种状态的变化中,在没有使任何人境况变糟的前提下至少使得一个人的处境变得更好。参见[美]理查德·A.波斯纳:《法律的经济分析》,蒋兆康译,中国大百科全书出版社1997年版,第15、62页。

② 参见雷涵:《我国公司法人机关权力制衡机制的公司法完善》,载《法律科学》1997年第6期。

③ 参见谢文婷:《中美董事会的权力制约与保护机制对比分析》,载《河北北方学院学报(社会科学版)》2011年第4期。

与矛盾,最大限度地减小、避免在公司权力行使过程中所产生的利益冲突与摩擦。此外,对于权力制衡价值的考量与追求还可以预防董事在行使权力过程中出现道德风险。易言之,董事会权力配置中的"权力制衡"价值也是董事负有法律义务、承担法律责任制度的前置因素之一。

（三）营商环境优化对董事会权力配置的价值导向

从以世行 DB 与中国营商环境评价体系为代表的国内外营商环境评价体系来看,与董事会权力配置相关的评价指标多存在于保护（中小）投资者指标下。不论是从该类评价指标的历史流变,还是从现有评价指标内容、评价问题,都与公司权力划分、董事会权力配置等问题息息相关。

早在 2002 年,由拉菲尔·拉·波塔（Rafael La Porta）、弗洛伦西奥·洛佩兹·德·西拉内斯（Florencio Lopez De Silanes）、安德烈·施莱弗（Andrei Shleiferd）与罗伯特·维什尼（Robert Vishny）四位学者组成的 LLSV 研究团队就比世行营商环境报告团队更早、更深入地展开保护少数投资者方面的研究。在 2002 年发表的《投资者保护与公司价值评估》一文中,LLSV 研究团队通过对 49 个国家与地区的投资者法律保护情况进行汇总、比较,对投资者法律保护情况与公司价值、公司绩效、股权结构、股票收益以及资本市场的相关关系进行深入研究。LLSV 研究团队将 49 个国家与地区的法律制度分为四种:（1）以美国、英国为代表的普通法系;（2）以德国为代表的德国民法法系;（3）以法国为代表的法国民法法系;（4）以瑞典、丹麦、芬兰、挪威等北欧国家为代表的斯堪的纳维亚民法法系。同时 LLSV 研究团队将对上述法律制度的分析考察指标划分为四项:"股东权益"指标、"债权人权益"指标、"执法质量"指标以及"反董事权力"指标,其中"反董事权力"指标用以衡量不同国家与地区对少数投资者权利保护的法律水平。

通过对相关数据进行分析,LLSV 研究团队得出了如下结论:第一,在上述四种法系中,对投资者保护力度最大、最完善的首先是普通法系,其次是德国民法法系,再次是斯堪的纳维亚民法法系,对投资者的保护力度最弱的是法国民法法系。LLSV 研究团队认为,出现这种不同法系对投资者权益保护存在差异的缘由,是基于不同法系的法律起源不同。在民法法系国家,法律是由专门立法机关制定的,且立法者认为法官应该仅是"自动执行法律的机器",不应享有扩大解释法律之权力;而在普通法系国家,法官一般被认为是法律的制定者,可以运用公平、正义、效率等不同原则不同程度解释法律。[①]

---

① 参见宋林霖:《世界银行营商环境评价指标体系详析》,天津人民出版社 2018 年版,第104 页。

第二,通过数据研究发现,在对投资者和信贷者保护力度大的国家,其公众持股型公司占全部公司的比例更大,且随着这种保护力度的增大,投资者也更愿意投资,公司的股权结构也会更加分散,公司也会有更好的绩效表现,能创造出更大的公司价值,带来更大的股票收益,进而影响资本市场更加繁荣发展;而在对投资者保护力度小的国家,私人持股或国家持股型公司占全部公司的比例更大。第三,在公司法保护投资者机制中即"反董事权力"指标下,一个最重要的指数是"反自我交易"指数。LLSV研究团队通过对"反自我交易"指数研究发现,对那种存在大股东、控股股东的公司,其在普通法系国家与在大陆法系国家相比较而言,一般具有更好的公司绩效、更大的公司价值、更高的股票收益。在该研究中,仅根据"反董事权力"指标与"反自我交易"指数的名称就不难看出,其研究重点在如何对董事会权力进行规制甚至反对,以及如何对董事的自我交易予以事前限制与事后救济,即一方面对董事会从事自我交易行为前设置更多的审查、监督机制;另一方面在董事从事自我交易行为后构建更便利的责任追究机制与股东权利保护机制。

2003年首份世行DB报告中"保护少数投资者"指标评价体系便是在《投资者保护与公司价值评估》的"反董事权力"指标基础上构建的。同时世行为了使"保护少数投资者"指标更适应上市公司的商事实践与法律法规,对"反董事权力"指标进行修订,使修订后的指标可以更准确地测算出72个国家与地区公司法律制度的有效性及基本维度。可见限制董事会权力的精神在世行DB报告萌芽之时就已根植其中。

目前世行DB中"保护少数投资者"指标方法论的基础来自西蒙德·詹科夫(Simeon Djankov)、拉菲尔·拉·波塔(Rafael La Porta)、弗洛伦西奥·洛佩兹·德·西拉内斯(Florencio Lopez De Silanes)以及安德烈·施莱弗(Andrei Shleiferd)四位学者共同发表的《自我交易的法律经济学》。[①] 易言之,世行DB中"保护少数投资者"指标设定遵循了《自我交易的法律经济学》的方法论,即衡量了一经济体公司内部治理中股东会与董事会权力的大小与制衡,主要包括该经济体公司法赋予了股东会与董事会何种权力、调控公司不同利益相关者利益冲突的能力、对股东权利的保障程度,其中最主要的考察内容为,当董事滥用公司权力为自己谋取私利时,法律如何保护中小股东的合法权益以及保护力度如何。

---

① See Simeon Djankov, Rafael La Porta, Florencio Lopez-de-Silanes, Andrei Shleiferd, "The law and economics of self-dealing", *Journal of Financial Economics*, Issue 3, 2008.

可见,在保护中小股东中,董事会权力的配置、行使以及对董事会权力的制衡、监督是一直以来的核心问题。在《自我交易的法律经济学》中,作者提出在公司中管理者存在利用权力将公司财富转移给自己,而不与其他投资者分享的冲动,这种自我交易的形式包括管理层特权、滥用公司商业机会、转移定价、过度补偿、通过金融交易转移财富甚至直接窃取公司资产。[1]更值得注意的是,一方面上述方法论对董事会权力的考察局限于自我交易这一类型化行为内,未能彰显所有权与管理控制权中存在的所有问题与冲突;另一方面,正如上文所述,英美法系公司法之内部治理范式本就是以"董事会中心主义"为样本构建的,故其指标体系难免会基于自身商事实践而对"董事会中心主义"产生反思,更强调对董事会权力的限制、监督以及对股东权利之保护,但这种指标体系与价值追求是否与我国公司内部治理实际情况相符还存有诸多疑问。

二、公司形态对董事会权力配置的影响

《公司法》是商事实践的产物,故其规范设计也应关注实践中不同公司的需求。基于公司性质、股东人数以及股权流动性的不同,公司又可划分为不同形态,不同形态的公司又展现出不同的组织架构、权力架构以及利益组合结构,对董事会权力的配置也提出了不同要求。可见公司形态也是影响董事会权力配置的重要因素,公司权力也需要根据不同公司形态在公司内部不同机关间合理分配,董事会权力配置也需要根据不同公司形态进行对应调整。世界不同国家与地区对公司形态的划分各有不同,如有的国家与地区将公司划分为有限责任公司与股份有限公司;有的划分为私人公司与公众公司;有的划分为封闭公司与公开公司;等等。不过这些不同公司形态的划分都只是称谓差异,其特征主要体现在公司性质、股东人数以及股权流动性的差异上。有限责任公司、私人公司及封闭公司一般都具有一定人合性,股东人数相对较少,股权流动性较差;而股份有限公司、公众公司及公开公司一般都具有一定公众性,股东人数相对较多,股权流动性较强。根据我国《公司法(2023)》第2条规定,我国公司可以划分为有限责任公司与股份有限公司[2],故下文也将以这两种不同公司形态中董事会权力配置的差异为线索进行分析。

---

[1] See Shleifer, A. , Vishny, R. , "A Survey of Corporate Governance", *Journal of Finance*, 52, 1997, pp.737-783.

[2] 参见《中华人民共和国公司法(2023年修订)》第2条规定。

（一）人合性：有限责任公司董事会权力配置的基本特质

自 1892 年德国《公司法》首创有限责任公司制度以来，其不仅深受各国投资者青睐，还逐渐成为各国公司法所普遍承认的重要商事主体，在各国市场经济与法律制度中扮演着重要角色。在德国之后，葡萄牙于 1901 年、奥地利于 1906 年、波兰于 1919 年、捷克于 1920 年、法国于 1925 年、日本于 1938 年相继承认有限责任公司，并颁布相关法律制度予以规制。此外英美法系国家也存在类似的有限责任公司制度，只不过对主体的称谓有所不同，英国法上称为私人公司，美国法则称为封闭公司。由此，有限责任公司制度便成了 20 世纪德国最成功的法律输出。与其他公司形态相比，有限责任公司并非商事组织自然演进的产物，而是德国法学家颇具匠心地将无限公司与股份有限公司的优点熔于一炉而创设的崭新公司形态，带有明显的人为设计痕迹。① 具言之，有限责任公司兼具商事合伙企业与无限公司中设立简便、组织精简、管理灵活、强调股东信用等人合性理念，以及股份有限公司中的公司架构、有限责任、强调资本信用等资合性特征②，在上述特征中，人合性为有限责任公司的本质特征，而资合性是外在表现形式。

1. 有限责任公司人合性解读

有限公司人合性是指其具有很强的人合性企业组织色彩，有限公司设计之初就立足于商事合伙等人合性组织，吸收股份公司中有限责任等资合性优点，克服以往人合性企业组织成员责任过重的弊端。以商事合伙为代表的人合性组织天生具有成员人数少、组织规模小、企业存续以成员相互信任为基础、成员变动对企业影响大、企业内部机构和经营管理相对灵活等特点，这些特征都可以视作人合性的具体体现。在有限责任公司的具体制度设计上，也或多或少地沿袭了人合性企业组织的某些特殊制度安排。其一，有限责任公司对股东人数上限作出了严格限制。根据我国《公司法（2023）》第 42 条规定，有限责任公司股东不得超过 50 人，且不具备其他国家与地区规定的遗赠、继承等原因可以突破上限的例外情形。③ 其二，机构设置相对灵活，可以不设董事会或监事会，仅设董事或监事，甚至在有的立法中股东会也不是必设机构。根据我国《公司法（2023）》第 75 条、第 83 条

① 参见赖源河：《闭锁性公司之法制度》，转引自赵东济：《论大陆公司法上有关有限责任公司之概念与特性》，载《东吴大学法律学报》2000 年第 12 期。
② 参见［意］安东尼奥·塞拉：《意大利公司法的现在与未来》，陈汉译，载赵旭东主编：《国际视野下公司法改革——中国与世界：公司法改革国际峰会论文集》，中国政法大学出版社 2007 年版，第 203 页。
③ 参见《中华人民共和国公司法（2023 年修订）》第 42 条规定。

规定,股东人数较少或规模较小的有限责任公司可不设董事会或监事会,仅设 1 名董事或监事,董事可以兼任经理。① 其三,有限公司股东股权转让须经一定程序。根据我国《公司法(2023)》第 84 条规定,当有限公司股东向股东外的第三人转让股权时,需要书面通知其他股东,且在同等条件下其他股东享有优先购买权。②

可见一方面,有限责任公司具有资合性公司基本特征,即有限责任制度,这是其颇受投资者青睐的最大魅力所在;另一方面,有限责任公司又具有明显人合性色彩,其设立、运作、管理甚至业务发展均是建立在股东相互信任的基础上。股东身份对公司具有重要意义,股东间的自主协商对公司经营管理亦有重大影响。而有限责任公司制度就建立在充分认识有限责任公司性质及发展趋向上,力求在资合性与人合性之间达到最佳平衡,以达到协助中小企业凭借此种公司组织经营事业创造财富,同时确保债权人以及少数股东权益。③

2. 有限责任公司董事会权力配置的域外经验

在商事实践中,由于有限责任公司人合性存在,股东会与董事会权力的配置与行使更偏向公司内部自主协商,权力行使时也存在较多随意性。如股东会甚至会通过一般决议而非修改公司章程的方式授予董事会行使原本属于股东会的部分权力,或是允许股东会直接代替董事会行使其权力。在制度实践中,不论是大陆法系国家还是英美法系国家公司法律制度,对股东数量有限、鲜有交易市场、股权自由转让受到约束的有限/封闭/私人公司而言,在立法上均在赋予股东宽泛的决策权和实质的控制权,彰显有限责任公司在人合性方面体现出诸多共性。在全球致力于改善营商环境背景下,可以借鉴其他国家和地区的经验,完善我国有限责任公司董事会权力配置。

(1)大陆法系中有限责任公司中的权力配置规范

有限责任公司制度源于德国,故对其权力配置的规定也理应首先考察德国公司法之规定。在德国有限责任公司(GmbH)制度中,股东会系最高权力机关,拥有通过直接修改公司章程、进行决议等方式来影响公司之权力。为增强有限责任公司的市场竞争力,德国于 2008 年对《有限责任公司法》进行了 19 世纪以来最重要的一次修订,其第 45 条对股东权力进行了一般性规定,即股东会关于公司事务,特别是与公司业务进行有关的权力及其

---

① 参见《中华人民共和国公司法(2023 年修订)》第 75 条、第 83 条规定。

② 参见《中华人民共和国公司法(2023 年修订)》第 84 条规定。

③ 参见赖源河:《新修正公司法解析》,台湾元照出版社 2002 年版,第 119 页。

行使,由章程规定,但不得违反法律规定。公司章程没有特别规定的,适用本法第 46 条至第 51 条规定。① 同时德国《有限责任公司法》第 37 条第 1款对董事权力也进行了一般性规定:董事代表公司行使权力,对公司承担义务,但其权力范围仅限于章程规定的范围;若章程对此未作规定,则由股东会决议对董事权力范围予以确定。② 根据上述规定可以看出,德国公司法赋予有限责任公司充分自治空间。第一,赋予有限责任公司股东会与董事会权力配置的最大自由,即股东会与董事会权力配置首先由公司章程或股东会决议进行规定。第二,明确有限责任公司权力配置规定为任意性规定、补充性规范,只有在公司章程无规定且股东会无决议的情况下,才准用德国《有限责任公司法》第 46 条至第 51 条规定。同时,第 46 条至第 51 条对股东会权力、股东表决权、股东会召集及召集方式等问题作了明确规定,为股东选择提供详细指引。③ 第三,该法并未明确规定有限责任公司董事会的任何权力,仅在第 37 条第 1 款规定董事会权力范围由公司章程和股东会决议确定,在给予股东会极大自治空间的同时也表明"股东会中心主义"之立场。第四,纵使有限责任公司将大量公司权力通过公司章程与股东会决议的形式赋予董事会,也不意味着中小股东丧失对公司的管理与控制,其依然可以通过对董事的监督实现。根据德国《有限责任公司法》第 51 条之第 1款规定:任一股东对公司事务有所询问时,董事应立即作出答复,并允许股东审查公司账册与文件。可见有限责任公司股东对公司日常经营管理享有广泛监督权。④

在早先的意大利公司法律制度中,有限公司与股份公司在公司机关设立、权力配置、公司日常经营管理与监督等方面并无制度差别,这就导致了其制度设计事实上更适合大型股份公司,并不适应有限公司及其股东的投资与经营需求,同时制度设计过于刻板,缺乏灵活性。基于此,意大利在

---

① 参见《德国有限责任公司法》第 45 条规定,载《德国股份法·德国有限责任公司法·德国公司改组法·德国参与决定法》,杜景林、卢谌译,中国政法大学出版社 2000 年版,第193 页。

② 参见《德国有限责任公司法》第 37 条规定,载《德国股份法·德国有限责任公司法·德国公司改组法·德国参与决定法》,杜景林、卢谌译,中国政法大学出版社 2000 年版,第190 页。

③ 参见《德国有限责任公司法》第 46 条至第 51 条规定,载《德国股份法·德国有限责任公司法·德国公司改组法·德国参与决定法》,杜景林、卢谌译,中国政法大学出版社 2000 年版,第 193—195 页。

④ 参见《德国有限责任公司法》第 51 条规定,载《德国股份法·德国有限责任公司法·德国公司改组法·德国参与决定法》,杜景林、卢谌译,中国政法大学出版社 2000 年版,第195 页。

2003年对有限公司制度进行了一系列改革,该项改革以"为公司的设立、发展提供便利,增强公司竞争力"为目标。① 此后意大利《公司法》在保留原有以资合性为主的有限公司制度同时,增加了以人合性为主的有限公司制度,形成了两种可供选择的模式,这种立法灵感来自德国的二元制立法与美国的单一制立法。② 投资者可以自由决定其设立的有限公司是以人合性或资合性为主。在以人合性为主的有限公司制度中,股东可以自由创设符合自身需要的、具有自身经营管理特色的有限公司。如在股东会和董事会权力配置上,法律赋予股东充分自治空间,即只要不将公司全部事务决策权交由投资人,以至于董事与董事会成为"看客",其权力成为一纸空文即可。③ 此外,法国有限责任公司(SARL)也有类似规定,即虽然公司由一名或多名经理进行经营管理,但由股东会享有最终决策权与控制权。

我国台湾地区《公司法》也以第三章专章对有限公司进行规范,其第108条第1款规定:有限公司应至少有1名董事执行公司日常经营管理业务并代表公司;董事会最多有3人,应经股东表决权2/3以上同意。董事应当从有民事行为能力的股东中选任。同时该法第8条第1款规定,在无限公司与两合公司中,执行业务或代表公司的股东为公司负责人;在有限公司与股份公司中,董事为公司负责人。可见在有限公司中,董事是公司负责人,同时只能由股东担任。易言之,董事会只不过就是人数更少、决策效率更高的"袖珍版"股东会,不论公司权力是由股东会还是董事会行使,归根结底,行使权力的个体都是具体股东,给予有限公司股东极大自治空间。此外,该法第109条还规定不执行业务的有限公司股东均享有监察权,以保护在董事会之外的其他股东权益。

(2)英美法系中私人公司中的权力配置规范

英美法系中虽然不存在有限公司,但也存在相似的公司主体,英国公司法中称为私人公司,美国公司法中称为封闭公司,为行文方便,下文将私人公司和封闭公司统称为私人公司。英美法系中私人公司的权力配置经验对我国有限公司董事权力制度的完善亦有借鉴意义。

---

① 参见[意]安东尼奥·塞拉:《意大利公司法的现在与未来》,陈汉译,赵旭东主编:《国际视野下公司法改革——中国与世界:公司法改革国际峰会论文集》,中国政法大学出版社2007年版,第203页。

② 参见[意]弗朗切斯·卡尔卡诺:《2004年〈意大利民法典〉公司法编之特点》,丁玫译,载《比较法研究》2005年第4期。

③ 参见吴越:《有限责任公司法的变革——意大利与中国的比较》,载吴越主编:《私人有限公司的百年论战与世纪重构》,法律出版社2005年版,第483—495页。

英美法系中的公司法起源于英国,故首先聚焦于英国私人公司。一般认为,英国现代公司在产生之初倾向于以合伙企业的组织形式展开运营,英国现代公司法在产生之初也借鉴了基于合同法和代理法产生的合伙规范,故英国公司也蕴含人合性因素。[①] 根据2006年英国《公司法》第156条规定,私人公司的组织机构包括股东会和董事会。[②] 在公司成立时,股东会通过制定章程将公司权力在股东会和董事会之间分配,股东会和董事会在各自权力范围内进行决策。在此基础之上,股东会与董事会相互独立行使公司章程授予的权力、互不干涉。股东会最关键的权力是可以通过法定程序修改公司章程,以扩大、限制或收回董事会权力。但修改章程仅影响董事会权力范围,并不会动摇董事会权力的独立性。如果认为董事行为违反法律或超越权限,则只需审查该项权力是否被法律、章程或股东会决议授予股东会。若答案是否定的,则该权力属于董事权力范围内。[③] 不过在特殊情况下,股东会也可以行使本应由董事会行使的权力,包括董事会陷入僵局、董事会出现越权行为、董事会未达法定人数或无董事、董事违反其义务、董事自愿将其权力交由股东会行使等。[④] 通过对英国公司法分析不难看出,一方面英国公司法将股东看作公司权力的最终控制者,因为章程是配置股东会与董事会权力的标准,而制定和修改章程的权力又属于股东,体现了私人公司人合性,并充分尊重了公司自治。另一方面在明确股东会权力范围后将除此之外的剩余权力分配给董事会,从而确定董事会权力范围,彰显了"董事会中心主义"的公司权力配置立法基础。最后,对在特定情况下股东会行使董事会权力的情形进行规定,以弥补法律、公司章程的不足与"董事会中心主义"弊端的纠正,尽可能使公司在内部妥善解决纠纷。

在美国,公司法律制度属于州政府的立法权限,而特拉华州又被称为"公司的天堂",其公司法也往往引领公司制度改革,故以《特拉华州普通公司法》为考察对象。《特拉华州普通公司法》第14分章对股票不上市的私人公司予以专门规制,其中第351条第(a)款规定,私人公司可以在组织大纲中约定,公司业务由股东会经营,并且在这一规定的有效期内,公司没有必要在股东会会议中选举董事;同时,股东在行使本法所规定的董事会权力时应被视为董事,但法律、组织大纲中另有规定除外;相应地,股东也要承担

[①]　See L.E.Talbot, Critical Company Law, *New York: Routledge, Cavendish*, 2007, p.11.

[②]　参见 UK COMPANIES ACT 2006 第156条规定,载葛伟军:《英国2006年公司法》,法律出版社2012年版,第96、97页。

[③]　参见林少伟:《英国现代公司法》,中国法制出版社2015年版,第409—410页。

[④]　参见林少伟:《英国现代公司法》,中国法制出版社2015年版,第411—413页。

全部的董事责任。① 可见在私人公司中,股东可以决定不成立董事会,约定公司所有权力由股东会行使,董事会甚至不是必要的公司机关。即使私人公司中有董事会,其权力也随时可以被股东限制、变更甚至剥夺的。根据《特拉华州普通公司法》第 350 条规定,私人公司有权参与表决并持有多数股票的股东之间可以达成书面协议,制约或干预董事会处理公司业务、管理公司事务时的权力。若股东通过上述协议制约或干预董事会处理相关事项的权力,则行使相关权力以及作为与不作为的义务与责任由协议股东承担,董事对这些事项则不再承担相应的责任与义务。② 这体现了私人公司的高度自治原则,也保护了公司人合性。

(3)域外有限责任公司权力配置的内涵

通过对上述大陆法系有限责任公司与英美法系私人公司的公司权力配置法律规范分析,可以发现存在以下两个特质:其一,公司权力配置,即股东会和董事会权力划分原则上由章程自行协商规定。但事实上章程又由股东会制定或修改,故公司权力配置的决定权在于股东会。其中还有一些国家与地区有较为特别的规定,如我国台湾地区《公司法》要求有限公司董事必须由股东兼任,美国特拉华州普通公司法规定私人公司可以不设置董事、董事会而由股东直接管理公司等。此类特殊制度更强化了股东之权力,也更强调所有权与经营权的合一。其二,在赋予股东更宽泛权力的同时,也更加关注股东滥用权力损害中小股东权益的情况,也通过一系列制度设计彰显了对中小股东的保护。在大陆法系公司法中主要体现为赋予中小股东更多的权力,即监察监督权。如德国《有限责任公司法》中赋予全体股东的监督权,我国台湾地区《公司法》赋予不执行业务之股东的监察权等。在英美法系公司法中主要体现为赋予控制股东更多的义务与责任。如美国《特拉华州普通公司法》规定,在不设置董事与董事会,私人公司股东直接管理控制公司的情况下,以及股东通过协议行使董事会权力的情况下,股东就是事实上的董事,需要承担相应的董事义务与责任。在英国《公司法》中也有类似的规定,如 2006 年英国《公司法》第 250 条规定,本法中的"董事"是指以任何名义行使董事权力,承担董事义务与责任之人。③ 这也可以看出,判断董

---

① 参见 DGCL 第 351 条(a)规定,载卞耀武主编:《特拉华州普通公司法》,左羽译,法律出版社 2001 年版,第 205、206 页。

② 参见 DGCL 第 350 条规定,载卞耀武主编:《特拉华州普通公司法》,左羽译,法律出版社 2001 年版,第 205 页。

③ 参见 2006 年英国《公司法》第 250 条规定,载葛伟军:《英国 2006 年公司法》,法律出版社 2012 年版,第 154 页。

事身份的主要标准并非其头衔,而是其行为。

与其他国家和地区的有限公司权力配置制度相比,我国公司法对有限责任公司人合性的考量较少,股东会和董事会的权力配置由公司法明确规定,这不仅不利于股东会根据实际灵活配置公司权力,有损有限公司人合性,同时也使得公司法与商事实践脱节,无法很好地满足社会之需求。故应准确地把握有限公司人合性,完善有限公司权力配置规则。

(二) 公众性:股份有限公司董事权力配置的法理基础

与有限责任公司相比,以上市公司为代表的股份有限公司具有显著公众性,即股东人数相对较多,股权流动性较强,公司规模较大。故二者董事会权力配置规则的不同考量也应以此为线索进行对比分析。

从股东会规模看,与有限公司相比,股份公司股东人数普遍更多。一方面,公司股东人数与股东会的效率呈负相关。在公司中,股东人数的增多会大大提高股东之间进行信息交流、协商和谈判的成本,股东之间越难进行协商,股东会效率也越低,而股东会效率决定了它对公司进行控制和决策的效率,进而影响公司效率。[1] 在有限公司中,股东人数较少,股东会集体行动成本较低,股东会效率较高,因此股东也有动机和能力要求更多权力。反之在股份公司中,股东人数较多,股东会效率当然也会降低,当股东会人数多到无法及时、顺利行使控制权时,股东就必须求助于董事会这种"小型领导集团",并最终被迫让出控制权。与股东会相比,董事会作为相对更小的集团,其组成人数更少、人员更专业,故当然具有更高的效率。[2] 另一方面,公司股东人数的增多更容易造成"搭便车"现象的发生。具言之,股东会由诸多股东组成(一人公司除外),股东会以会议形式和表决方式进行集体行为,形成决议。相对于股东个体而言,股东会行为产生的利益是一种公共性产品,这就不可避免地带来"搭便车"现象,股东人数越多,股东个体对股东会集体行为的影响就越弱,股东"搭便车"动机就越强;同时股东互相监督的可能性也相应降低,这也进一步加强对股东"搭便车"现象的激励。

从股权流动性来看,与有限公司相比,股份公司的股权流动性普遍更强。股权流动性的效益主要是通过股东参与决策与退出成本的对比体现的。著名发展经济学家阿尔伯特·O.赫希曼(Albert Otto Hirschman)认为,不论企业和组织赖以运行的社会制度设计多完善,其都具有不断衰退的倾

---

[1] 参见[美]曼瑟尔·奥尔森:《集体行动的逻辑》,陈郁、郭宇峰、李崇新译,上海人民出版社1995年版,第62—64页。

[2] 参见[美]曼瑟尔·奥尔森:《集体行动的逻辑》,陈郁、郭宇峰、李崇新译,上海人民出版社1995年版,第62—64页。

向,随着时间流逝,企业和组织的效率会不断降低,理性程度会不断流失,创造剩余价值的能力会不断衰退。此时企业和组织成员可以选择退出企业或组织,也可以选择对企业或组织保持忠诚,呼吁并促进恢复组织的效率、理性程度及竞争力。企业和组织成员作出何种选择取决于是否存在退出机制、退出成本、呼吁成本的大小与"潜在效应"。当缺乏退出机制或退出成本过高时,呼吁便成为唯一选择;而当退出机制顺畅且退出成本低廉时,理性组织成员将会更多选择退出。[1] 在公司制度中同理,即股东选择退出公司或参与公司事务决策取决于是否存在退出机制、退出成本的高低、参与公司事务成本的高低以及参与公司事务的潜在效应。股权流动性程度就是股东退出机制与退出成本的反应。在股东人数相同的前提下,当公司存在衰退倾向时,若股权流动性低、流动成本高且参与公司事务的成本低廉时,股东当然会更倾向于选择参与公司事务,如参与股东会决议等,力求改进公司效率,从而提高股东会的效率,使股东会也更有能力承担更多的控制权力;当股权流动性高且流动成本低廉时,理性股东将会更多选择退出公司。在以上市公司为代表的股份公司中,股东人数众多、股权份额较小等因素使得股东参与公司事务成本较高,参与公司事务的潜在效应较低,在公司决策中发挥的作用有限。同时,由于各级证券交易市场的存在,使得股东退出机制极为便利,退出成本极低,此时股东通常不直接干预公司经营管理,而是通过买卖股票直接影响公司重大决策,当公司业绩不佳、经营不善时投资者便会迅速抛售股票,这也被称为"用脚投票"。在这背景下,股份公司中股东会变动较为频繁,难以与管理层展开长期合作,为维护公司发展的可持续性,将经营管理权与控制权赋予更稳定、与公司联系更密切的董事,看似是更明智的选择。

三、公司股权结构对权力配置的影响

公司股权结构是指在不同股东持股类型上形成的不同公司资本样态。股东由于持股数不同,对公司的控制能力与信息获取能力也不同,参与公司事务的动机与风险偏好也不一致。尽管股东持股存在诸多形态,但可简化为两大类:控制股东与中小股东。控股股东是指在公司中大量持股并享有经营管理与控制收益权的股东。[2] 与一般股东相比,控股股东具有如下特

---

[1] 参见[德]阿尔伯特·O.赫希曼:《退出、呼吁与忠诚——对企业、组织和国家衰退的回应》,卢昌崇译,经济科学出版社 2001 年版,第 15、35、40 页。

[2] 参见[加]布莱恩·R.柴芬斯:《公司法:理论、结构与运作》,林华伟、魏旻译,法律出版社 2001 年版,第 66—67 页。

质:其一,控股股东拥有选任与罢免公司管理者的能力,能降低管理者的代理成本与风险,迫使管理者服从他们的意志。其二,控股股东拥有低成本获得公司经营信息的优势,可见控股股东有能力参与公司管理和事项决议,影响董事会决策。其三,相对于非控制股东而言,控股股东往往持有大量股份,故控股股东与公司管理更为紧密,更期望从公司经营中获取利润。可见控股股东有动机参与管理公司事务,影响董事会决策,并表现出明显积极性,故控股股东又可称为积极股东。中小股东一般是指在公司中持股较少且无法取得经营管理权与控制收益权的股东。受制于谈判能力弱、获取公司经营信息的成本过高,中小股东一般缺乏参与公司管理和事项决议的能力和动机,与其通过参与公司管理和事项决议改变公司经营状况来增加持股收益,更愿意通过出售股票、退出公司这种"用脚投票"的方式来间接影响公司决策。故中小股东又可称为消极股东,对公司事务表现出明显消极特征。

根据控股股东与中小股东性质差异,公司股权结构也可分为控制股东型和中小股东型股权结构。控股股东型股权结构又可称为积极股东型股权结构,是指控股股东在公司占据主导地位。在此类股权结构的公司中,控股股东享有绝对权力,如对董事享有选任、罢免之权力,对股东会之决议享有主导其通过或否决之权力。因此在此种公司中,不论公司法对权力配置倾向于股东会还是董事会,都不会改变控制股东实际控制公司这一事实。

中小股东型股权结构,又可称为消极股东型股权结构,是指中小股东在公司占据主导地位,一般存在于股权较为分散的公众公司,尤其是上市公司中。此类股权结构的公司中,股东会基本由中小股东构成,在公司治理中发挥的作用极其有限。一方面,股东会人数众多,股东集体行动效益过低,信息成本过高时难以克服"搭便车"等机会主义行为,股东会很难有效行使公司管理控制权。另一方面,中小股东通常通过股票买卖来参与公司决策,即所谓"用脚投票"。当公司业绩不佳时,中小股东便会迅速抛售股票。因而中小股东的更换轮替较为频繁,难以与管理层展开长期合作。在实践中,以中小股东为主的公司不可避免存在着公司经营管理与实际控制权由股东会向董事会转移的趋向,董事会成为事实上控制公司的实权机关具有必然性和合理性,即使法律采取偏重股东会权力的制度设计,股东会也无力挑战董事会实际掌控公司的地位。

基于股权结构不同,不同公司也会面临不同的内部治理问题。根据委托代理理论,现代企业中存在第一类代理问题与第二类代理问题,其分别彰显于积极股东型股权与消极股东型股权结构公司中。在积极股东型股权结构公司中,若全体股东都愿意参与公司经营和管理,或控制股东将其个人利益凌驾于公司利益上,即可能产生控制股东与非控制股东间的利益冲突,甚至可能出现控制股东"压制"非控制股东的"股东压制""公司僵局"现象。这便是由股权集中导致的第二类代理问题。① 在消极股东型股权结构公司中,即使公司法规定股东会拥有强大权力,由于实践中股东会的松散与孱弱,也很难阻止董事会及管理层对公司形成事实上的控制,这便会产生由所有权和经营权分离带来的第一类代理问题。② 不论是第一类代理问题还是第二类代理问题,均会干扰公司正常生产经营活动,对公司价值具有不利影响,故如何在控制股东型股权结构公司中抑制控制股东的利益侵占行为,如何在中小股东型股权结构公司中抑制管理层的机会主义行为,就成为不同股权结构公司内部治理机制的不同关注点。③ 公司法在配置控制股东型股权结构公司权力时,要重点考虑对第二类代理成本的限制,即规制与衡量控股股东所享有的权力、承担的义务与责任;在配置中小股东型股权结构公司权力时,要主要考虑对第一类代理成本的限制,即规制与衡量董事所享有的权力、承担的义务与责任。

综上所述,董事会权力配置除需要遵循一定价值追求外,还需要满足不同形态、不同股权结构的公司需求,若立法对权力配置规定不切合公司实际需求,就会影响公司效率与利益相关者权益的实现,实践中也可能会出现两种情况:要么公司尽量适应法律规定,但势必会降低公司效率;要么公司规避法律规定,使之成为空文。我国公司内部治理模式优化与公司权力配置的革新,尤其是董事会的权力配置,应当从公司商事实践出发,在秉持公司权力配置一般价值导向的基础上,针对不同的公司形态、公司股权结构及公司治理架构,构建多元化的公司权力配置方案,以满足不同类型、不同规模、不同治理模式公司的现实需求。不同公司类型应当采取不同权力配置模式。无论权力配置是向股东会还是董事会倾斜,都需要针对不同公司类型的情况,而且都应当以优化营商环境,提升公司效率,建立良性公司内部治理机制为目标。

---

① See Shleifer, A. and Vishny R.W., "A Survey of Corporate Governance", *The Journal of Finance*, 1997, Vol.52(2), pp.737–783.

② See Jensen, M.C. and Meckling W.H., "Theory of the Firm: Managerial Behavior, Agency Costs and Ownership Structure", *Journal of Financial Economics*, 1976, Vol.3(4), pp.305–360.

③ 参见罗进辉:《媒体报道的公司治理作用——双重代理成本视角》,载《金融研究》2012 年第 10 期。

第二节　营商环境优化背景下的制度创新构建

通过上文对董事会权力配置理论模型以及从公司权力配置经济学角度的分析,不论是"股东会中心主义"还是"董事会中心主义",其仅为一种事实判断,而非价值判断,都只是对公司权力配置实然现象的理论抽象,而非应然法律描述,两者都较为片面,存在一定缺陷。"董事会中心主义"认为现代公司因规模巨大、股东人数巨多、股权分散,股东会已无法良好地履行其职能。但事实上并非所有公司都存在这种问题,现实中还是存在诸多有限公司以及控制股东享有绝对权力的股份公司,这些公司并不符合"董事会中心主义"预设的理论模型。"股东会中心主义"以股东对公司出资,是公司所有人身份,公司是股东的产物为基础。但事实上,一方面公司社会责任理论、利益相关者理论的发展早已对股东所有权理论提出质疑;另一方面越来越多投资人都选择多线投资,不把鸡蛋放在一个篮子里,股东与公司的联系也并非那么密切,公司发展的成功与否也并不会对股东产生很大影响。与此相对,职业经理人的出现使得董事与公司的联系日渐密切,董事职业生涯甚至与公司发展牢牢地绑定在一起,从此角度,或许董事比股东更关心公司长远发展,其行为更符合公司利益。可见以公司法为代表的法律法规很难以"股东会中心主义""董事会中心主义"其一作为调整诸多不同类型、不同情况公司的准则。故有必要对我国公司法进行重新评价,借鉴世界各国公司立法有益经验,结合我国公司商事实践,创新构建高效、合理、完备的公司权力配置体系,提升公司效率,完善公司内部治理机制,优化营商环境。①

一、董事会权力独立、地位平等原则的确立

从公司法的价值和本质来看,公司法从诞生之日起,就着力于减少资本市场的交易成本、交易风险及交易摩擦②,在公司利益相关者之间合理分配风险,并将风险控制在各方都可接受的限度内,进而促进交易达成,最终实现社会财富总体增长。③ 易言之,在公司权力配置中,公司法的职责并不在于评估何种内部机构对公司更为重要、更为优先,亦不在于确定何项权力应

①　参见徐洁:《健全和完善股份公司机关的策略》,载《现代法学》2000年第1期。
②　参见[美]威廉姆森:《企业的性质:起源、演变和发展》,商务印书馆2007年版。
③　参见郭锐:《商事组织法中的强制性和任意性规范:以董事会制度为例》,载《环球法律评论》2016年第2期。

授权于何种内部机构就预设其为最优解,而应从切合不同公司内部治理的实际情况出发,在有利于社会经济发展、契合资本市场、节约交易成本、提高公司效率与收益基础上,在各方利害关系人平等、自由协商前提下,同时充分考虑不同类型公司具体情况,恰如其分地配置股东会和董事会各自的权力、义务与责任,构建合法、合理的公司分权制度,使股东会与董事会分别享有各自独立、平等的权力,相互合作治理公司。①

基于权责一致的考量,在董事法律制度中,只有先行明确董事会之权力,才能在相应的权力范围内配套相应义务、责任以及权力监控机制。从董事会的价值和本质来看,虽然人们总是在不断强调,董事会是公司的决策与执行机关,享有对公司经营管理及业务执行等事务的决策权,虽然前文也不断强调,董事会的权力来自法律直接规定,但法律并非"空中楼阁",经济基础决定上层建筑,正是大量公司存在董事会行使经营管理权与业务执行权的现实需求,董事会才会实然地获得相应权力。

在明确了公司法与董事会价值和本质前提下,恰如其分地配置董事会的权力、义务与责任,在不侵害其他公司机关以及利益相关者的基础下行使自己权力,才是董事会权力配置的核心要义,这便是超越"股东会中心主义""董事中心主义"的股东会与董事会"同等主义"。② 股东会与董事会"同等主义"是诉诸功能进路和经济分析,基于交易成本节约的原则上产生的,其强调首先应坚持股东会与董事会权力独立、地位平等原则③,即股东会在扩大、限制、变更董事会权力时需经过严格法定程序,不得随意而为,董事会在行使股东会权力时也需经过严格法定程序,不得任意为之。在坚持股东会与董事会权力独立、地位平等原则的前提下,应基于不同公司形态,在股东会和董事会之间合理权力分配,使股东会和董事会最终分别享有独立、平等的权力,并通过合作促进公司内部治理,这就是股东会与董事会"同等主义"之内涵。④ 下文将结合我国公司法对公司形态的划分与规定,结合我国公司股权结构的实际,对董事会权力配置进行类型化分析,由此明确公司权力配置的基本模式和规制进路。

---

① See Robert B. Thompson, "Anti-Primacy: Sharing Power in American Corporations", *Business Lawyer*, 2016(71), pp.381–426.

② See T. Baums, E. Wymeerch, "Shareholder Voting Rights and Practices in Europe and the United States", *Kluwer Law International*, 1999, pp.317–318.

③ 参见甘培忠:《我国新公司法对股东民主和公司自治推进政策的评价》,载赵旭东主编:《国际视野下公司法改革》,中国政法大学出版社 2007 年版,第 354—355 页。

④ 参见许可:《股东会与董事会分权制度研究》,载《中国法学》2017 年第 2 期。

二、有限责任公司中的董事会权力配置

（一）有限责任公司人合性在公司权力配置中的展现

根据国家统计局数据显示,截至 2019 年我国共有公司制法人单位数 1,667,780 家,其中有限公司为 1,546,236 家,占全部公司制法人单位的 92.71%,[①]可见有限公司在我国公司法人中占据重要地位。正如前文所述,人合性是有限公司的本质属性,强调股东间的相互信任,有利于降低有限公司的经营成本,提升公司自治水平,那么毋庸置疑,有限公司的人合性对于公司权力配置、股东会与董事会的权力划分具有重要影响。总而言之,在有限公司之中,股东会规模一般较小,故其行使公司权力的效率也较高;同时股东会与董事会的高度重合也使得公司权力的区分丧失了必要性。

为论证上述观点,本文在"京东蓝鲸征信"平台中随机抽取 50 家注册资本在 1000 万元以下的有限公司为样本[②],并对股东会与董事会成员进行分析。在对样本进行分析的过程中,为保护投资者隐私,本书对投资者个人信息进行隐名化处理,在表中用"股东 x"的形式表明股东,并标明每一股东所持有的股权占全部股权的比例(具体内容详见表 3-1)。

表 3-1　有限责任公司股东、董事以及股东持股比例

序号	公司名称	注册资本	股东/股东会（持股比例）	董事/董事会（职务）
1	太原××投资有限责任公司	10 万元	股东 1(99.9%)、股东 2(0.1%)	股东 1(董事)
2	通化××水利有限责任公司	10 万元	股东 1(100%)	股东 1(董事)
3	毕节××广告有限责任公司	10 万元	股东 1(40%)、股东 2(40%)、股东 3(20%)	股东 1(董事)
4	西安××精雕有限责任公司	10 万元	股东 1(60%)、股东 2(40%)	股东 1(董事)
5	成都××广告有限责任公司	10 万元	股东 1(70%)、股东 2(30%)	股东 1(董事)
6	大理××有限责任公司	10 万元	股东 1(60%)、股东 2(40%)	股东 1(董事)

[①]　数据来源于国家统计局,https://data.stats.gov.cn/easyquery.htm? cn=C01.

[②]　之所以将公司样本选择的范围控制在注册资本 1000 万元以内的有限责任公司,是由于通过检索发现注册资本超过 1000 万元的有限责任公司大多是由国有企业最终控股,故不具有代表性,不纳入样本分析的范围。

序号	公司名称	注册资本	股东/股东会 （持股比例）	董事/董事会 （职务）
7	张掖××广告有限责任公司	10万元	股东1(66.67%)、股东2(33.33%)	股东1(董事)
8	东营××广告有限责任公司	15万元	股东1(50%)、股东2(50%)	股东1(董事)
9	安阳××科技有限责任公司	15万元	股东1(55%)、股东2(45%)	股东1(董事)
10	和田××医院有限责任公司	20万元	股东1(100%)	股东1(董事)
11	金平××医院有限责任公司	20万元	股东1(50%)、股东2(40%)、股东3(10%)	股东1(董事)
12	陇南××科技有限责任公司	20万元	股东1(41%)、股东2(39%)、股东3(20%)	股东1(董事)
13	成都××科技有限责任公司	20万元	股东1(100%)	股东1(董事)
14	成都××物流有限责任公司	20万元	股东1(60%)、股东2(40%)	股东1(董事)
15	南宁××广告有限责任公司	20万元	股东1(100%)	股东1(董事)
16	太原××医院有限责任公司	30万元	股东1(56.67%)、股东2(23.33%)、股东3(6.67%)、股东4(6.67%)、股东5(6.67%)	股东4(董事)
17	东方××有限责任公司	50万元	股东1(90%)、股东2(10%)	股东1(董事)
18	保定××纺织有限责任公司	50万元	股东1(40%)、股东2(40%)、股东3(20%)	股东1(董事)
19	泸水××有限责任公司	60万元	股东1(93.33%)、股东2(1.67%)、股东3(1.67%)、股东4(1.67%)、股东5(1.67%)	股东1(董事)
20	新疆××能源有限责任公司	80万元	股东1(100%)	股东1(董事)
21	陕西××商贸有限公司	100万元	股东1(60%)、股东2(40%)	股东1(董事)
22	珠海××科技有限责任公司	100万元	股东1(60%)、股东2(40%)	股东1(董事)、股东2(总经理)
23	海宁××实业有限责任公司	188万元	股东1(60%)、股东2(40%)	股东1(董事)
24	广西××科技有限责任公司	200万元	股东1(86%)、股东2(8%)、股东3(6%)	股东1(董事)

续表

序号	公司名称	注册资本	股东/股东会（持股比例）	董事/董事会（职务）
25	广西××拍卖有限责任公司	200万元	股东1(60%)、股东2(40%)	股东1(董事)
26	会理××商务有限责任公司	200万元	股东1(95%)、股东2(5%)	股东1(董事)
27	长阳××运输有限责任公司	200万元	股东1(50%)、股东2(50%)	股东1(董事)
28	成都××医院有限责任公司	200万元	股东1(65%)、股东2(35%)	股东1(董事)
29	珠海××科技有限责任公司	200万元	股东1(75%)、股东2(25%)	股东1(董事)
30	大关××有限责任公司	200万元	股东1(47.36%)、股东2(35%)、股东3(17.64%)	股东1(董事)
31	信阳××印务有限责任公司	300万元	股东1(100%)	股东1(董事)
32	广西××拍卖有限责任公司	300万元	股东1(75%)、股东2(25%)	股东1(董事)
33	广西××科技有限责任公司	500万元	股东1(81%)、股东2(9%)、股东3(5%)、股东4(5%)	股东1(董事)、股东2(总经理)
34	新疆××木业有限责任公司	500万元	股东1(80%)、股东2(20%)	股东1(董事)
35	新疆××拍卖有限责任公司	500万元	股东1(98%)、股东2(2%)	股东1(董事)
36	福建××保安有限责任公司	500万元	股东1(80%)、股东2(18%)、股东3(2%)	股东1(董事)
37	新疆××广告有限责任公司	500万元	股东1(80%)、股东2(20%)	股东1(董事)
38	建平××热力有限责任公司	800万元	股东1(55%)、股东2(45%)	股东1(董事)
39	岐山××纺织有限责任公司	1000万元	股东1(100%)	股东1(董事)
40	新疆××物流有限责任公司	1000万元	股东1(45%)、股东2(30%)、股东3(25%)	股东1(董事)
41	金平××有限责任公司	1000万元	股东1(70.3%)、股东2(29.7%)	股东1(董事)
42	神木××运输有限责任公司	1000万元	股东1(100%)	股东1(董事)
43	海口××物流有限责任公司	20万元	股东1(50%)、股东2(50%)	第三人(董事)

续表

序号	公司名称	注册资本	股东/股东会 （持股比例）	董事/董事会 （职务）
44	安顺××有限责任公司	400万元	股东1(39.4%)、股东2(25%)、股东3(25%)、股东4(10%)、股东5(0.6%)	第三人(董事)
45	东营××物流有限责任公司	500万元	股东1(100%)	第三人(董事)
46	淳化××有限责任公司	50万元	股东1(60%)、股东2(40%)	股东1(董事长)、股东2(副董事长)、第三人1、第三人2
47	彬州××有限责任公司	88.25万元	股东1(33.99%)、股东2(32.58%)、股东3(8.56%)、股东4(8.56%)、股东5(8.39%)、股东6(7.93%)	股东1(董事长)、股东3(董事)、股东5(董事)
48	保山××医院有限责任公司	880万元	股东1(29.4%)、股东2(14.7%)、股东3(13.66%)、股东4(11.48%)、股东5(5.73%)、股东6(4.59%)、股东7(4.57%)、股东8(3.44%)、股东9(3.44%)、股东10(2.17%)、股东11(1.63%)、股东12(1.6%)、股东13(1%)、股东14(1%)、股东15(0.57%)、股东16(0.57%)、股东17(0.34%)、股东18(0.11%)	股东1(董事长)、股东2(副董事长)、股东4(董事)、股东5(董事)、股东8(董事)、股东11(董事)、股东14(董事)
49	康定××电器有限责任公司	1000万元	股东1(64.5%)、股东2(6%)、股东3(4%)、股东4(4%)、股东5(3%)、股东6(2%)、股东7(2%)、股东8(1.5%)、股东9(1.5%)、股东10(1.25%)、股东11(1%)、股东12(1%)、股东13(1%)、股东14(1%)、股东15(1%)、股东16(0.75%)、股东17(0.5%)、股东18(0.5%)、股东19(0.5%)、股东20(0.5%)、股东21(0.5%)、股东22(0.5%)、股东23(0.5%)、股东24(0.5%)、股东25(0.5%)	股东1(董事长)、股东2(董事)、股东4(董事)、股东7(董事)、股东22(董事)
50	定西××物业有限责任公司	500万元	股东1(13%)、股东2(9%)、股东3(8%)、股东4(8%)、股东5(8%)、股东6(6%)、股东7(6%)、股东8(6%)、股东9(6%)、股东10(6%)、股东11(6%)、股东12(6%)、股东13(6%)、股东14(6%)	股东1(董事长)、股东3(董事)、股东4(董事)、股东5(董事)

数据来源：京东蓝鲸征信平台，https://icredit.jd.com.

　　通过对该样本数据分析,本书归纳总结出以下两个特质,以彰显有限公司人合性:

1.有限责任公司中股东人数普遍较少

　　从理论上看,有限公司人合性主要体现为股东间的相互信任,而信任当然建立在相识相知、相互理解的基础上。若公司股东成员超过一定人数,必然会带来交流困难与沟通障碍,股东间的亲密关系也难以维系,股东之间甚至会彼此不相识,更难谈理解与信任,有限公司的人合性特质也会逐渐丧失,与股份公司的区别也会变得模糊。简言之从应然角度,有限公司股东人数必定会维持在相对较低的程度。从法律制度看,有限公司人合性特质的体现之一便是对股东人数的限制。根据我国《公司法(2023)》第42条规定,有限公司股东人数不得超过50人①,且不具备其他国家与地区公司法规定的遗赠、继承等可突破人数上限的例外情形。从实然角度看,通过对样本数据分析可知,在商事实践中有限公司股东人数也确实较少,甚至与50人这一法定最大人数相去甚远。在50家样本有限公司中,有9家公司仅有1名股东,占样本总量18%;有25家公司有2名股东,占样本总量50%;有8家公司有3名股东,占样本总量16%;有1家公司有4名股东,占样本总量2%;有3家公司有5名股东,占样本总量6%;有1家公司有6名股东,占样本总量2%;仅有3家公司的股东多于10名,分别为14名、18名与25名,占样本总数6%,其中股东最多的公司也仅有25名股东(详见表3-2)。

表3-2　样本中公司股东人数与相应公司数量以及占样本总量的比例

股东人数(人)	公司数量(个)	占样本总量的比例
1	9	18%
2	25	50%
3	8	16%
4	1	2%
5	3	6%
6	1	2%
14	1	2%
18	1	2%
25	1	2%

---

① 参见《中华人民共和国公司法(2023年修订)》第42条规定。

可见不论有限公司人合性的应然要求,抑或公司法制度限制,还是有限公司商事实践中的实然现象,其股东人数都始终较少。有限公司股东人数较少带来的影响是股东会始终控制在较小规模,进而使得股东间的协商成本与股东会集体行动成本较低,股东会决策效率较高。即使有限公司中由股东会行使大部分公司权力,其也完全可以胜任这一工作,这也给有限公司的权力配置提供了一定思路。

2. 有限责任公司中所有权与经营权的耦合

理论上,由于有限公司股东之间的相互信任关系,股东当然会难以避免地抗拒陌生第三人介入到共同治理的公司中,这就导致了有限公司的股权流动性较差,具有较大封闭性。在法律制度中,根据我国《公司法(2023)》第227条规定,有限公司在新增资本时股东有权按照实缴出资优先认缴[①];根据第84条规定,有限公司股东在向股东外第三人转让股权时,其他股东在同等条件下享有优先购买权[②];根据第85条规定,即使是在法院依照法律规定的强制执行程序转让股权时,其他股东在同等条件下依然享有优先购买权。[③] 在商事实践中,有限公司股权由于缺乏公开流转市场,导致其退出、转让成本相对较高。这一系列应然要求、制度规制、实然限制都使得有限公司股权在流转时受到重重阻碍,也正由于对有限公司股权流转的限制,使其具有较大封闭性,也使得股东在行使公司权力时具有较强积极性与主动性,一般都会积极参与公司经营管理事务。对此布莱恩·R.柴芬斯(Brian R.Cheffins)曾一针见血指出:"非上市有限公司中的股份通常不是一项可流动投资,故参与公司决策就成为股东保护投资的唯一办法。"[④]股东行使公司权力意愿较强的观点在我国商事实践中具体表现为,有限公司董事会成员或董事大多同时具有股东身份,股东会与董事会成员高度重叠。

通过对样本数据的分析也可佐证此观点。在这50家样本有限公司中,有45家公司都未设置董事会,仅设置一名董事,占据了样本总量90%。在这45家仅设一名董事的公司中,有42家公司的董事都是由股东亲自担任的,占样本总量84%,其中有23家公司的董事持有股权超过公司全部股权的2/3,为享有绝对控制权的股东,占样本总量46%;有10家公司的董事持有股权超过公司全部股权的50%但少于2/3,为享有相对控制权的股东,占

① 参见《中华人民共和国公司法(2023年修订)》第227条规定。
② 参见《中华人民共和国公司法(2023年修订)》第84条规定。
③ 参见《中华人民共和国公司法(2023年修订)》第85条规定。
④ 参见布莱恩·R.柴芬斯:《公司法:理论、结构与运作》,林华伟、魏旻译,法律出版社2001年版,第66—67页。

样本总量20%;有9家公司的董事持有股权少于或等于公司全部股权的50%,占样本总量18%。这45家仅设一名董事的公司中,有3家公司的董事由股东外第三人担任,占样本总数6%。不过这些第三人是真正与股东不具有"直接利益关系"的职业经理人,还是与股东具有"千丝万缕"关系的利害关系人,就不得而知了。此外,在这50家样本有限公司中,有5家公司设置了董事会,占样本总数的10%。这5家公司的董事会成员持有股权分别占公司全部股权的37%、50.94%、67.38%、77%与100%,将其称之为"袖珍版"股东会也不为过(详见图3-1)。

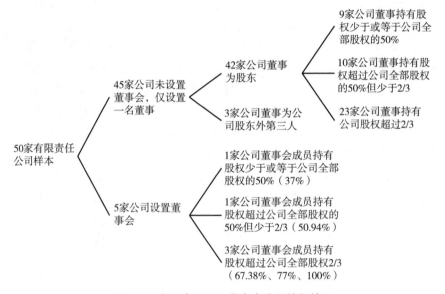

图3-1　有限责任公司董事会成员持股情况

可见在商事实践中,一方面,有限公司股东人数始终较少,股东会始终控制在较小规模,股东间协商成本与股东会集体行动成本较低,股东会决策效率较高,完全具备行使公司权力的能力。另一方面,有限公司的董事或董事会成员往往也是股东,确实存在股东会与董事会高度重合的现象,最终体现为公司治理结构的所有权与经营权合一。这些因素对有限公司的权力配置具有至关重要影响。即对此类公司的权力配置,公司法应更加强调对公司意思自治的尊重,对公司权力进行过于细微的干预实属不必,将股东会与董事会权力划分视为强制性规范同样意义不大,因为公司法不论如何安排,如何强调"两权分立",在事实上公司权力都是统一的,公司控制权实质上都由股东所把持,由股东会行使。但是根据我国《公司法(2023)》第59条、第67条对有限公司权力配置的规定可以看出,其过于强调对股东会与董事会权力划分,凸显"两权分立"价值,这与我国有限公司内部治理实践并不相符;同时,《公司法》也不够重视有限公司章程与股东会特别决议在公司权力配置中的作用,未能充分尊重有限公司人合性。此外,《公司法》对有限公司股东会与董事会的权力安排也显得过于细致,使得公司权力配置丧失灵活性。故此,有必要以有限公司人合性为理论支撑,以我国有限公司人合性相关法律为制度基础,以所有权与经营权相合一的有限公司内部治理现状为实践基础,构建完备的有限公司董事会权力配置制度。

（二）有限责任公司中董事会权力配置的制度构建

在致力于优化营商环境的背景下,我国公司法应在强调有限公司人合性的理论基础以及所有权与经营权相合一的实践基础上,借鉴域外国家和地区有限公司权力配置经验,与我国有限公司其他法律规范相结合,构建完备的有限公司权力配置制度。具体方案包括:

1. 适度简化董事/董事会组织机构,强调公司权力运行的效率

综观大陆法系和英美法系公司法律制度,一般为强调分权原则都规定公司必须设置董事或董事会,但也有对于董事组织机构较为特殊的规定。如我国台湾地区《公司法》将有限公司董事的选任范围局限于股东会成员内部;美国《特拉华州普通公司法》第 351 条规定,私人公司章程可以约定由股东会直接经营管理公司而不必选举董事。[①] 我国公司法也赋予了有限公司董事会组织一定自治空间,根据《公司法(2023)》第 68 条与第 75 条规定,有限责任公司董事会成员人数为 3 人以上;但是股东人数较少或规模较小的有限公司可以不设董事会仅设一名董事。[②] 通过上述实证研究发现,我国有限公司中的董事与董事会成员一般都是股东会成员,董事会是股东会的简化甚至几乎重合。在此基础上,不如借鉴《特拉华州普通公司法》相关规定修订《公司法》,即规定有限公司可以不设置董事会或董事,给予股东直接管理控制公司的合法性。同时对有限公司董事/董事会组织机构的简化,不仅可以赋予有限公司更多选择与更大自治空间,还可以有效降低公司运营成本、提高公司运行效率,更可以促使部分不是董事或董事会成员的中小股东也参与到公司日常经营管理中,更有利于保护中小股东的合法权益。在此情形之下,有限公司股东会就成为了事实上集公司权力机构与执行机构为一体的公司机关。

---

① 参见 DGCL 第 351 条(a)规定,载卞耀武主编:《特拉华州普通公司法》,左羽译,法律出版社 2001 年版,第 205、206 页。

② 参见《中华人民共和国公司法(2023 年修订)》第 68 条、第 75 条规定。

应当明确的是,在股东会行使董事或董事会权力时,其股东事实上就拥有董事身份,故也需要承担董事的义务与责任。在域外公司法律规范中也有类似制度,如根据美国《特拉华州普通公司法》第351条规定,当私人公司股东会不选举董事时,则由股东承担董事全部责任[①];根据2006年英国《公司法》第250条规定,董事是指实质上行使董事权力的任何主体,不论其称谓为何。[②] 根据《香港公司条例》第2条规定,不论是被称为总裁、理事还是经理,只要行使了董事权力,也同样可以被认定为董事。[③] 当然,如何判断股东是否行董事之实,是否为实质董事,将在后文中重点讨论。

2. 董事/董事会的权力配置

若有限公司不设置董事/董事会,则公司权力全部由股东会行使自然是毋庸置疑的,若有限公司设置董事/董事会,那么对董事/董事会的权力配置应坚持以下几个准则:

(1)以公司章程、股东会特别决议为准则

进一步扩大公司自治空间已成为我国理论界与实务界之共识。一方面,学界对有限公司权力配置制度缺陷已有了一定认识,并提出诸多解决对策,其核心即为赋予公司更大自治权。[④] 另一方面,我国《公司法》在2005年修订过程中在有限公司权力配置中增加了"公司章程规定的其他职权"的条款;在2023年修订过程中增加了"股东会授予的其他职权"的条款,赋予公司更大自治权。但事实上,这样的修改依旧存在多种多样的问题。其一,公司章程在公司权力配置与纠纷处理等方面的价值在实践中并未发挥其应有作用,绝大部分有限公司依旧采用的是公司法提供的公司权力配置模板,未根据自己需求进行个性化定制。其二,在有限公司权力配置中,应当以公司章程为公司权力划分的首要准则,以《公司法》为补充,而非像目前立法这样以《公司法》为首要准则,以公司章程为补充。由于有限公司人合性以及股东利益的多样化,法律难以提供一套标准规则,对不同股东诉求、公司治理模式以及投资格局予以良好制度回应。其三,虽然《公司法(2023)》增加了"股东会授予的其他职权"的规定,但并未明确股东会授权

① 参见 DGCL 第351条(a)规定,载卞耀武主编:《特拉华州普通公司法》,左羽译,法律出版社2001年版,第205、206页。

② 参见 UK COMPANIES ACT 2006 第250条规定,载葛伟军:《英国2006年公司法》,法律出版社,第154页。

③ 参见《香港公司条例》第2条规定,载朱大明:《香港公司法研究》,法律出版社2015年版,第178页。

④ 参见周游:《从被动填空到主动选择:公司法功能的嬗变》,载《法学》2018年第2期。

是通过一般决议还是特别决议,并未意识到股东会特别决议在有限公司权力配置中的作用和重要性。

在考虑到商法全球化与全球公司治理功能趋同背景下,可以借鉴大陆法系与英美法系的通常做法,强调公司章程与股东会特别决议的地位和作用,即由公司章程、股东会特别决议规范有限公司的公司权力配置,赋予公司章程与股东会特别决议划分股东会和董事会权力的权限。一方面,将配置有限公司权力的资格交由股东会根据公司实际情况,通过公司章程与股东会特别决议进行划分,体现对有限公司人合性的保护;另一方面,由公司章程与股东会特别决议对公司权力进行配置,给予有限公司治理更大自治空间,更好满足其自治需求,体现了对有限公司自治性的尊重,是一种有更坚实理论支撑的合理选择。

(2)以公司法规定为补充适用

不论是《公司法》的强制性规范、缺省性规范抑或任意性规范,其目的都并非立法者从主观臆断的角度来管理、控制公司及公司内部机关的行为,限制参与者缔约自由,其根本目的都是减少交易成本、风险及交易摩擦[①],在公司利益相关者间合理分配风险,并将风险控制在各方都可接受的限度内,进而促进交易达成,最终实现社会财富总体增长。由此可得出结论:《公司法》应以任意性规范为基础,允许公司股东选择公司的组织架构、行为模式及权力配置方案,从而达到其所追求的目的,不应以立法者代替当事人作出决定。只有在交易成本过高、风险过大或过于集中、股东无法达成真正合意之时,《公司法》才应以强制性规范为行为准则,通过这种压倒一切的权威来促使当事人达成合意、完成交易、形成实质意义上的自由。

在有限公司权力配置中,即使将公司法规定视为强制性规范,实践中所有权与经营权合一、股东会与董事会混同的现实情况依旧存在。故此,应该更多以任意性规范调整有限公司,彰显有限公司人合性。具言之,应将公司法对有限公司权力配置的规定视为选择性条款、任意性规范,视为对公司章程、股东会特别决议的补充性合同条款。我国《公司法(2023)》第59条、第67条已对有限公司股东会和董事会权力有所规定,但依旧存在规定内容不够具体明确,可操作性较低等缺陷。故建议依托现有制度,同时吸收一些在实践中已经存在或在未来可能出现的权力争议、公司运作机制、交易模式、争议解决机制与风险应对策略,对有限公司董事/董事会权力制度进行改

①　参见[美]威廉姆森:《企业的性质:起源、演变和发展》,商务印书馆2007年版,第2—3页。

良,以供投资者选择。① 遵循这一思路,我国《公司法》对有限公司权力配置的条文应规定为:股东会与董事会的权力由公司章程、股东会特别决议进行约定,若公司章程、股东会特别决议没有约定的,则适用本法第 59 条、第 67 条规定。同时在基于实践基础上对《公司法(2023)》第 59 条、第 67 条进行细化,并删除"公司章程规定或者股东会授予的其他职权"这一条款。

(3)明确公司剩余权力之归属

不论是通过公司章程、股东会特别决议还是《公司法》规定对股东会和董事会权力进行划分,难免会有未尽事宜,即存在未进行划分的剩余权力。对剩余权力归属,各国均有争议,我国也不例外。如德国《有限责任公司法》认为,股东会系公司最高权力机关,故公司剩余权力应归属于股东会。② 然而英国《公司法》则通过明确股东会权力的方法,将股东会权力之外的公司权力划归于董事会。此次《公司法(修订草案一审稿)》第 62 条规定,公司法和公司章程规定属于股东会职权外的其他职权均属于董事会,易言之,公司剩余权力也属于董事会。③ 但后续的修订草案二审稿、三审稿与正式出台的公司法还是回归了之前列举式的立法模式。在我国商事实践中,由于有限公司所有权与经营权合一以及股东会与董事会混同现象存在,使得无论将公司剩余权力视为股东会还是董事会权力范畴,其权力最终行权者都是股东。故不如直接将公司剩余权力分配给股东会或许是效率更优的解决方案。同时,将公司剩余权力交由股东会行使,也更有利于保护非董事的中小股东之权益,可以使其更多参与到公司决策中,也不会损害大股东、控股股东的利益。综上所述,在未来公司法修订中可以考虑变更有限公司剩余权力归属条款,即规定有限公司对特定事项的决议是属于股东会权力还是董事会权力没有约定或约定不明确的,应由股东会行使权力,进行决议。

(4)明确股东会代为行使董事/董事会权力的特殊情形

有限公司董事会权力一经公司章程、股东会特别决议及公司法授权,在其权力范围内即可独立行使权力,不受股东会干预与约束。即使股东会想扩大、变更、限制董事会各项权力,也必须经过如修改公司章程、做出股东会特别决议等严格的程序。但有原则必有例外,在有限公司实际运行中,难免会出现董事会无法良好行使或不能行使权力,且公司不及时行使该权力作出有效决议会使公司错失商业机会甚至遭受重大损失的情况。故此,应建

---

① 参见周游:《从被动填空到主动选择:公司法功能的嬗变》,载《法学》2018 年第 2 期。
② 参见[英]梅因哈特:《欧洲十二国公司法》,李功国、周林彬、陈志刚等编译,兰州大学出版社 1988 年版,第 237 页。
③ 参见《中华人民共和国公司法(修订草案第一次审议稿)》第 62 条规定。

立相应的解决机制,在这些特殊情形之下赋予股东会代为行使董事/董事会权力的权力。同时,这也与世行 DB 与我国营商环境评价指标中关于建立有限公司股东间的重大分歧解决机制的建议相一致①,因为有限公司股东会与董事会的合一性也使得其重大分歧具有一致性。可见,无论是从建立良好营商环境的角度还是从维系公司存续的考量,都应当确立当董事会无法良好行使或不能行使权力时,股东会代为行使权力的解决机制。在我国《公司法》日后的修订与完善中,应明确规定股东会可以代为行使董事会权力的具体情形,主要包括:

①董事会僵局或董事会压制。董事会僵局或董事会压制是指董事会内部成员之间因产生利益冲突或发生矛盾,使得董事会不愿作出决策或在权力范围内无法做出有效决策,并由此造成董事会僵局或董事会压制,使得董事会无法正常行使其权力。此时为维护公司利益、维持公司正常运作和公司内部机构正常运行,股东会可代为行使董事会权力。

②董事会未达法定人数、约定人数或无董事。造成这种情形主要有两种原因:一是董事会成员与公司进行自我交易、关联交易,在排除该董事表决权对该事项进行决策时,董事会中能行使表决权的成员不足法律规定或公司章程约定的最低决议人数的情形。② 如我国《公司法(2023)》第 139条规定的上市公司董事回避制度下就有可能出现上述情况。③ 笔者认为在我国有限公司制度中也应构建类似的关联董事回避制度,有助于解决董事会僵局、董事会压制的问题,且当由于关联董事的回避使得董事缺位,或董事会中能行使表决权的成员不足法律规定、公司章程约定的最低决议人数时,可由股东会对此事项作出决议。二是董事会成员因其他原因不足法定或章定最低决议人数的情形。根据我国《公司法(2023)》第 113 条规定,股份公司董事人数不足法律规定或公司章程约定人数的 2/3 时,应当在两个月之内召开临时股东会补选董事。④ 不过,这一规则并不适合有限公司。一方面正如前文所述,有限公司股东会与董事会常常混同,董事多为股东,故通过召开股东会的方式补选董事有"多此一举"之嫌;另一方面,先行召

---

① 参见罗培新:《世行营商环境评估之"保护少数投资者"指标解析——兼论我国公司法的修订》,载《清华法学》2019 年第 1 期。值得注意的是,2019 年 4 月 29 日出台的法释〔2019〕7 号《最高人民法院关于适用〈中华人民共和国公司法〉若干问题的规定(五)》第五条旨在弥补《公司法》中缺乏有限责任公司股东重大分歧解决机制的不足。

② 参见张民安:《公司法上的利益平衡》,北京大学出版社 2003 年版,第 347—348 页。

③ 参见《中华人民共和国公司法(2023 年修订)》第 139 条规定。

④ 参见《中华人民共和国公司法(2023 年修订)》第 113 条规定。

开股东会选举董事,再由董事会行使相关权力的方式使得整个权力运行程序过于冗长,在瞬息万变的市场中容易"延误战机"。故此,当有限公司董事缺位,或董事会中能行使表决权的成员不足法定或章定最低决议人数时,由股东会直接代董事、董事会行使权力或许效率更高。

　　③董事存在违反义务或越权行为。董事会行使权力时负有一定信义义务,当董事违反此种义务或超越权力界限作出越权行为时,相关董事即应承担一定法律责任,通过相应的董事责任机制予以解决。同时,公司决策权就是在股东会与董事会之间分配,那么董事会的越权行为所涉及的事项一般即属于股东会权力范围。故为了不使公司错过商业机会,对于董事会中董事违反义务或越权决议的事项,股东会应该追究相关董事责任与行使相应权力并行不悖。我国《公司法》也应该规定,当董事会在作出某一决议时存在违反董事义务或超越董事会权力范围的情形,股东会有权对该事项作出决议,并追究相关董事的法律责任。

　　此外,英国《普通公司法》还规定,当董事会自愿将权力交由股东会行使时,股东会可以行使该权力,但这似乎并不适用于我国有限责任公司情形。因为在经过公司章程、股东会特别决议以及公司法相应规定后,董事会权力明确而具体,若董事会擅自处分自己的权力,是对公司章程、股东会特别决议以及公司法的违背,董事会对相应事项作出决策既是一项权力,更是董事的义务。故我国公司法不应赋予董事处分其权力的权力,但公司章程和股东会特别决议另有约定除外。同时,从有限公司人合性与自治性考虑,在上述情况出现时,若公司章程有相应规定的,依旧以章程规定的行为规范为准则;若公司章程未规定的,则依照公司法规定由股东会暂为代替董事会行使相应权力。在相应义务承担、责任追究时,也要充分考量上述因素,即若股东会通过公司章程或股东会特别决议等设置行使董事会的部分甚至全部权力,那么当然也要承担董事的部分甚至全部义务与责任。

　　(三) 有限责任公司董事会权力的监督与制衡

　　在明确了有限公司权力配置后,如何确保股东会、董事会合理、高效地行使权力便是重中之重,尤其是在强调有限公司人合性与自治性的基础上,赋予了股东会更多的权力,随之而来的问题是,如何建立完善的内部监督管理规范,防止大股东、控制股东把持公司,保护少数股东的权益,防止人格混同、保护公司的独立性。本文认为主要可以通过以下路径加以完善:

　　1. 赋予中小股东更广泛的监督权

　　虽然根据我国《公司法 (2023)》第 76 条、83 条规定,有限公司的监事/监事会也是公司必设机构之一①,但在实践中,监事/监事会的监督作用极其有限,并且存在"形骸化"倾向,同时实践中股东因监事/监事会不能良好履行监督权而只能提起股东代表诉讼的情况也屡见不鲜。在此背景下,我国应借鉴德国《有限责任公司法》与我国台湾地区"公司法"相关规定,强化少数股东监督权。根据德国《有限责任公司法》第51条之1第1款规定,任一股东对公司事务有所询问时,董事应立即作出答复,并允许股东审查公司账册与文件②;我国台湾地区"公司法"第51条规定,不执行业务的股东,均可以行使监察权,可以随时向执行业务之股东质询公司营业情形,查阅财产文件、账簿、表册。此外,从有限公司人合性角度出发,强化股东监督权更有利于增进股东间的相互信任,也更有助于有限公司良性运行。故此建议我国公司法日后修订时赋予有限公司股东更广泛的监督权。

2. 赋予股东更广泛的公司退出途径

在有限公司中权力配置以股东会为主导,故其权力配置失效也表现为股东会内的股东"压制"、股东"对抗"现象。股东"压制"是指有限公司股东会决策过程中控制股东对少数股东的压制现象;股东"对抗"是指有限公司股东会决策过程中两名股东持股相当、势均力敌,但因为存在利益冲突,故意见相左,致使股东会无法做出有效决议,造成"公司僵局"。同时,以股东会为导向的公司权力配置模式更有可能增加股东"压制"、股东"对抗"现象出现。由于有限公司股权缺乏流动性,故建立有效的股东事前谈判与事后退出机制是避免与解决"压制"和"对抗"现象的主要途径。其中事前谈判机制主要依赖于股东的主观能动性,依赖于公司章程和股东会特别决议的约定,在此不再赘述;而事后退出机制主要依赖于立法外部介入,如我国《公司法(2023)》第89条就规定了3种公司强制回购股权的情形,第231条以及《公司法司法解释(二)》第1条也规定了公司司法解散的5种情形等,都给予了被"压制"股东与"对抗"股东退出公司的相应途径。③ 但上述规定依旧存在一定缺陷,即第231条与《公司法司法解释(二)》第1条规定的公司司法解散的5种情形,一经股东提出诉讼,就会发生公司"死亡"的情况,这会对其他股东也产生重大影响,故建议日后《公司法》修订中将上述公司司法解散的情形首先列为股东退出公司的情况,只有当无法退出公

---

① 参见《中华人民共和国公司法(2023年修订)》第76条、第83条规定。

② 参见《德国有限责任公司法》第51条规定,载《德国股份法·德国有限责任公司法·德国公司改组法·德国参与决定法》,杜景林、卢谌译,中国政法大学出版社2000年版,第195页。

③ 参见《中华人民共和国公司法(2023年修订)》第89条、第231条规定。

司或公司不回购股权之时,才发生司法解散的效果。

综上所述,在构建有限公司权力配置制度时,应充分尊重其人合性,给予有限公司更大自治空间,体现实践中所有权和经营权合一的特质。故此,在有限公司组织机构的构建中,首先应赋予有限公司自治权,可以不设立董事/董事会,由股东会行使相应权力,承担相应的义务与责任。其次,在划分有限公司权力、配置董事/董事会权力时,以公司章程、股东会特别决议为标准,以公司法为补充性规范,规定股东会代为行使董事权力的特殊情况。再次,在权力配置过程中,应着眼于权力配置失效的救济措施设计,做到权力、义务与责任相统一。最后,赋予非董事股东更广泛的监督权,赋予股东更广泛的退出公司途径,以加大对少数股东权益的保护力度。完善的有限公司权力配置制度可以更好地促进公司良性运作,促进营商环境的优化与改善。

三、非公众股份有限公司中的董事会权力配置

虽然我国公司法仅将公司划分为有限公司与股份公司,但事实上结合其他法律规定,对股份有限公司有着更细致划分,即非公众股份有限公司与公众股份有限公司。非公众股份有限公司,是指非公开发行股票的股份公司①,与公司法规定的发起设立的股份公司相当。非公众股份公司不但数量庞大,占据了股份公司的绝大多数,而且股东会构成与公司治理具有显著多样性。当非公众股份公司股东人数较少时,其与有限公司具有极大相似之处:其一,股东会规模与有限公司相当,故股东之间的协商成本与股东会集体行动成本也较低,股东会决策效率也较高;其二,因非公众股份公司股东人数较少,故在实践中也表现出所有权与控制权分离程度较低,股东会与董事会成员重合程度较高;其三,虽然与有限公司相比,非公众股份公司可以自由转让股份,但因此类公司股票并未在证券市场公开交易,故其股份依然比较缺乏流动性,股东也不拥有便利地退出公司的途径。可见股东人数较少的非公众股份公司与有限公司并无太多实质上的差异,因此对于此类公司内部治理与公司权力配置模式可以参照适用上文构建的有限公司权力配置规则。

股东人数较多的非公众股份公司与公众股份公司又具有极大相似之处:第一,此类公司股东人数较多,股东会规模较大,故股东之间的协商成本与股东会集体行动成本较高,股东会决策效率较低;第二,因此类公司股东

---

① 此处所指公开发行依据《证券法》第10条第2款的规定包括:(1)向不特定对象发行证券的;(2)向特定对象发行证券累计超过二百人的。

人数较多,故在实践中表现出所有权与控制权的分立程度较高,股东会与董事会成员重叠程度较低;第三,此类公司的股份流动性强。对公众股份公司来说,其股票一般可以在公开的证券市场自由交易转让;对股东人数较多的非公众股份公司,虽然未在公开的证券交易市场自由流转,但由于一般该公司社会认可度较高,故想要转让股份也并非难事。易言之,对此类公司股东而言,因为其可以低成本退出公司,故一般不愿意耗费时间与精力出席股东会并参与公司经营管理,存在着"搭便车"的心理动机与行为。可见股东人数较多的非公众股份公司与下文中将要谈到的公众股份公司并无太多差异。因此,下文将股东人数较多的非公众股份公司与公众股份公司的董事会权力配置作为一种类型进行讨论。

四、公众股份有限公司中的董事会权力配置

公众股份有限公司,是指公开发行股票的股份公司,一般包括上市公司和非上市公众公司。[①] 由于公众股份公司的以上特质,其在公司权力配置上也存在两方面倾向:一方面,因公众股份公司股东会成员众多、规模庞大,客观上难以有效行使公司权力,故董事会倾向于成为公司实质上最具权力的机构,并由此可能导致股东会权力转移至董事会,甚至会出现董事会架空股东会的情况。另一方面,公众股份公司的控制股东、大股东也有可能借助持股优势进入董事会,取得董事会中的重要职位。故在此类公司权力配置中所应该关注的首要问题,即为如何限制控制股东、大股东通过影响和掌控董事会来获得与其所有权不对应的公司控制权,并滥用这种控制权谋求与其持股不相对的利益。

根据上海证券交易所研究中心的一项研究结果显示,我国民营上市公司的所有权与控制权偏离程度较高,最终控制人投入公司的资金约为其所拥有控制权的63%,其所有权明显小于对公司的控制权。[②] 此时控制股东、大股东为谋求自身利益有充分动机实施"掏空"公司或侵害中小股东利益之行为。作为持股处于相对弱势地位的中小股东,因其持股数量较少且人数庞大,存在难以克服的集体行动障碍,故只能凭借证券交易市场通过"用脚投票"的方式保护自身权益。这一行为或许可以挽回中小股东的损失与成本,但几乎无法对控制股东、大股东的机会主义行为进行有效监督和控

---

① 参见中国证监会颁发的《非上市公众公司监督管理办法》第2条规定。
② 参见上海证券交易所研究中心:《中国公司治理报告(2005):民营上市公司治理》,复旦大学出版社2005年版,第56页。

制。同时,这种机会主义行为更进一步导致了股权高度流动性,加深了中小股东的理性冷漠倾向,并反过来加强了控制股东、大股东滥用权力之倾向。可见,对股东人数较多的非公众股份公司与公众股份公司的权力配置,关键在于遏制控股股东、大股东的机会主义行为,限制其滥用公司权力,保护中小股东之权益。下文将通过对此类公司治理实践观察与相关法律法规进行梳理,明确赋予董事会更大的权力,同时强化对董事会的监督与制衡机制,并在此基础上完善相应的董事义务与责任机制,以探寻完善公众股份有限公司权力配置得更有效的解决方案。

（一）公众股份有限公司内部控制的实践发展

根据国家统计局数据显示,截至 2019 年我国共有股份公司 121,544 家,[1]截至 2021 年 6 月,上海证券交易所共有上市公司 1950 家,深圳证券交易所共有上市公司 2455 家,我国共有上市公司 4405 家,仅占股份公司总数的 3.62%。[2] 虽然上市公司数量较少,但是到 2020 年底,我国上市公司总市值已超过 80 万亿元,超过我国 GDP 的 70%,同年度我国上市公司的营业收入总和也超过我国 GDP 的 50%。[3] 可见上市公司在我国市场经济中占据着举足轻重的地位。此外,因为上市公司相关信息数据具有公开性、可得性,故下文实证分析也主要以上市公司数据为样本。有观点认为,随着我国 2006 年股权分置改革基本完成,我国上市公司大股东减持情况愈来愈多,上市公司股权结构趋于分散状态,董事会甚至 CEO 实际掌控上市公司的情况愈来愈明显。[4] 但事实是否真的是如此呢?

本书以 2010 年 1 月 1 日至 2019 年 12 月 31 日为样本时间段,并在所有上市公司中剔除样本时间段中存在个别会计年度无数据的上市公司,剔除样本时间段中出现暂定上市、退市或财务状况异常情形的上市公司,剔除样本时间段个别年份数据缺失的上市公司。在按照上述标准进行筛选后使用 Excel 将符合标准的上市公司随机分为 100 组,每组随机抽取 1 家上市公司,共抽取 100 家上市公司为对象进行分析。通过分析这 100 家上市公司中控制股东、大股东的持股比例,董事会成员、监事会成员、高级管理人员持

---

[1] 数据来源于国家统计局,https://data.stats.gov.cn/easyquery.htm? cn=C01.

[2] 数据来源于上海证券交易所与深圳证券交易所官网,http://www.sse.com.cn/market/stock-data/statistic/;http://www.szse.cn/market/overview/index.html.

[3] 参见宋志平在"第四届新时代资本论坛"中的发言,https://www.sohu.com/a/437601408_100160903.

[4] 参见周冬华:《CEO 权力、董事会稳定性与盈余管理》,载《财经理论与实践(双月刊)》2014 年第 6 期。

股数占公司总股数比例等相关数据,力图描述我国上市公司内部控制的实际情况以及所有权与控制权的分离程度。数据分析中的相关变量包括上市公司第一大股东持股比例(ShrHolder1)、上市公司前三位大股东持股比例之和(ShrHolder3)、上市公司前五位大股东持股比例之和(ShrHolder5)、上市公司前十位大股东持股比例之和(ShrHolder10)、上市公司董事会所有成员持股数占公司总股数的比例(Bdshrt)、上市公司监事会所有成员持股数占公司总股数的比例(Spvshrt)、上市公司高级管理人员持股数占公司总股数的比例(Extshrt)等。这些数据来源于中国研究数据服务平台(Chinese Research Data Services Platform,CNRDS)的中国公司治理数据库(Chinese Corporate Governance Database,CCGD)与中国上市公司内部控制研究数据库(Internal Control Research Database of Chinese Companies,ICRD),Excel 是主要的数据处理软件,计算从 2010 年至 2019 年这 100 家上市公司中 ShrHolder1、ShrHolder3、ShrHolder5、ShrHolder10、Extshrt、Bdshrt、Spvshrt 指标的平均值(详见表 3-3)。

表 3-3 2010 年—2019 年我国上市公司的内部控制程度

Year (年)	ShrHolder1 (%)	ShrHolder3 (%)	ShrHolder5 (%)	ShrHolder10 (%)	Bdshrt (%)	Spvshrt (%)	Extshrt (%)
2010	35.52	49.81	54.76	60.34	19.30	0.86	10.73
2011	35.63	49.21	53.88	59.04	18.00	0.80	9.97
2012	35.57	48.96	53.40	58.34	16.50	0.59	8.68
2013	34.85	47.35	51.65	56.56	15.61	0.45	7.08
2014	33.87	45.40	49.34	53.84	14.67	0.38	6.32
2015	32.74	44.30	48.55	53.69	13.74	0.28	5.57
2016	31.56	43.05	47.53	53.15	12.45	0.27	4.81
2017	30.94	42.52	46.99	52.39	11.14	0.21	5.07
2018	29.93	41.87	46.65	52.12	9.85	0.17	4.39
2019	29.36	41.04	45.42	50.38	0.41	0.004	0.46

数据来源:中国研究数据服务平台(Chinese Research Data Services Platform,CNRDS),https://www.cnrds.com/Home/Login.

通过数据分析可以看出,虽然从 2010 年至 2019 年,我国上市公司中 ShrHolder1、ShrHolder3、ShrHolder5、ShrHolder10、Extshrt、Bdshrt、Spvshrt 等指标都呈现一定下降趋势,但一方面下降程度并不显著,另一方面不同指标的下降所带来的结果也并不相同。如从大股东、控制股东持股比例来看,虽然

ShrHolder1 指标从 2010 年的 35.52%下降到 2019 年的 29.36%,但降幅仅为 17.34%;类似的 ShrHolder3 指标从 2010 年的 49.81%下降到 2019 年的 41.04%,降幅仅为 17.61%;ShrHolder5 指标从 2010 年的 54.76%下降到 2019 年 的 45.42%,降幅仅为 17.06%;ShrHolder10 指标从 2010 年的 60.34%下降到 2019 年的 50.38%,降幅仅为 16.51%。根据《上市公司收购管理办法(2020)》第 84 条、《上海证券交易所股票上市规则(2022)》第 15.1 条、《上海证券交易所科创板股票上市规则(2020)》第 4.1.6 条与第 15.1 条、《深圳证券交易所股票上市规则(2022)》第 15.1 条以及《深圳证券交易所创业板股票上市规则(2020)》第 17.1 条对控制权、控制股东的规定与解释①,即使实践中上市公司大股东持股比例逐年降低,但第一大股东依然拥有上市公司 30%左右股权,对上市公司享有实际控制;前十大股东依然拥有上市公司 50%以上股权,依然是上市公司的控制股东,可以左右大部分股东会决策。可见,我国上市公司依旧处于股权高度集中的状态(详见图 3-2)。

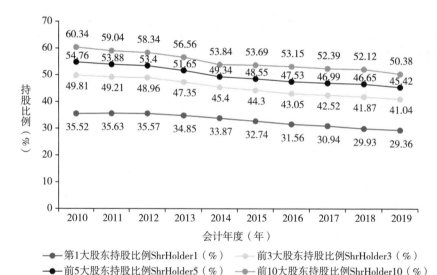

图 3-2　我国上市公司股权集中度

数据来源:中国研究数据服务平台(Chinese Research Data Services Platform, CNRDS),https://www.cnrds.com/Home/Login.

---

① 参见《上市公司收购管理办法(2020 年修正)》第 84 条规定;《上海证券交易所股票上市规则(2022 年修订)》第 15.1 条规定;《上海证券交易所科创板股票上市规则(2020 年修订)》第 4.1.6 条、第 15.1 条规定;《深圳证券交易所股票上市规则(2022 年修订)》第 15.1 条规定;《深圳证券交易所创业板股票上市规则(2020 年修订)》第 17.1 条规定。

当然,上市公司股权高度集中也并非"一无是处",其在特定情况下也具有一定优势:第一,控股股东、大股东与公司的利益相关程度较大,故其有积极参与公司事务的积极性;第二,控股股东、大股东对公司的控制力较强,这也可大大提高公司决策效率;第三,股权高度集中也有助于推动董事会成员、高级管理人员与控股股东、大股东的成员合一与利益趋同,有利于降低第一类代理成本。

但同时,上市公司股权高度集中也存在着难以避免的弊端:第一,在高度集中的股权结构中,由于缺乏对控股股东、大股东权力的有效制衡机制,致使公司在决策过程中缺乏民主,容易发生控股股东、大股东"一言堂"现象,进而导致决策失误,甚至出现控股股东、大股东利用控制权侵害公司利益、损害中小股东权益的行为,使得第二类代理成本大大增加;第二,在股权高度集中情况下,控制股东、大股东对公司的参与程度过高,会导致股东会、董事会、监事会被架空,中介机构也缺乏独立性,呈现公司内部治理机制"形骸化"趋势,进而导致严重的"内部人控制"问题与利益侵占问题;第三,在股权过度集中的情况下,由于控制股东、大股东拥有绝对控制权,代表既得利益者的董事会与高级管理人员具有强大的抵御能力防止上市公司控制权被其他股东所剥夺,公司重新构建董事会、更换高管的机会也不大,进而使得上市公司股票流动性逐渐降低;第四,在高度集中的股权结构中,股份公司的一些特有功能也会被弱化,如资本积聚功能、风险规避功能等。

由此可见,上市公司的股权结构对于公司内部治理、公司权力配置都有着重大影响,而在我国上市公司中,这种普遍存在的股权高度集中的结构总体来说是弊大于利的,上市公司控制股东、大股东滥用控制权,实施侵占公司资产、私吞公司资金、转移公司利润、强制公司为其出具担保以及关联交易等利益输送的行为,进而"掏空"上市公司、损害中小股东权益的情况也较为普遍。仅 2020 年上海证券交易所就产生了对上市公司控股股东、大股东共 74 起监管措施案件,其中书面警示案件 8 起、通报批评案件 16 起、公开谴责案件 10 起、出示监管工作函 40 起。

将目光转回我国上市公司内部机构成员持股比例来。根据表 3-3 的统计可以看出,与上市公司控制股东、大股东的持股情况相同,公司内部机构成员持股数占公司总股数的比例也在逐年降低,但不同的是,这些指标下降更为显著。如 Bdshrt 指标从 2010 年的 19.30%下降到 2019 年的 0.41%,降幅达 97.88%;Spvshrt 指标从 2010 年的 0.86%下降到 2019 年的 0.004%,降幅达 99.53%;Extshrt 指标从 2010 年的 10.73%下降到 2019 年的 0.46%,降幅达 95.71%。值得注意的是,上述三项指标都在 2019 年下降十分明显,分别达到了 95.84%、97.65% 与 89.52%(详见图3-3)。易言之,我国上市公司董事会成员、监事会成员以及高级管理人员持股数量逐渐减少,甚至可以看作几乎不再持有公司股票,与公司控股股东、大股东明显脱离,所有权与控制权分离现象显著,也正是这种现象的出现,才会导致"国美电器控制权之争"等类似的案件发生。

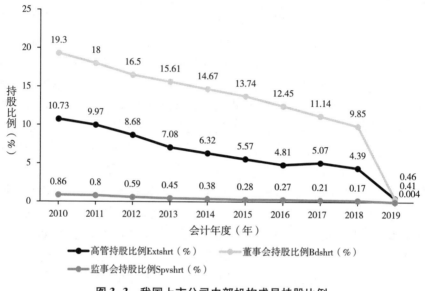

图 3-3　我国上市公司内部机构成员持股比例

数据来源:中国研究数据服务平台(Chinese Research Data Services Platform, CNRDS), https://www.cnrds.com/Home/Login.

　　综上所述,我国上市公司内部治理结构中存在股权高度集中、所有权与控制权显著分离的现象。目前,我国上市公司中普遍存在董事会水平不高、独立性不足以及"形骸化"等问题,这大大制约了我国上市公司的内部治理水平。其原因就在于控制股东、大股东实际上把持董事会,进而干预上市公司经营管理。外部控制权市场的弱化也无法对董事会绩效形成反向的激励作用。[①] 故此,我国上市公司所面临的关键问题也是由这两种现象所引起的,即如何建立起有效的控制股东、大股东制衡机制以及如何保障以董事会为代表的公司内部机关的独立性,进而维护中小股东的利益。概言之,我国上市公司内部治理的症结依然在于第二类代理成本的降低,而非第一类代理成本。保障董事会独立性以及强化董事会的权力也成为董事会权力制度

---

① 参见倪受彬:《中国上市公司董事会治理与制度完善》,载《河北法学》2006年第9期。

完善的主要目标。从董事会内部构成来看,股东会在选任董事会成员时采用累积投票制度,这种制度的优势在于通过票数的累计计算,中小股东可以将表决权集中投给一个或几个董事候选人,选举出能代表自己利益的董事。在股东行使表决权坚持"一股一权"的原则下,相对限制了控制股东、大股东的表决权和对董事会的绝对控制,防止其利用表决权优势操纵董事会成员选任,避免其垄断全部董事会成员的选任,矫正了股东会"一股一权"表决权制度所存在的弊端。此外,董事会在决议时采用"一人一票"的表决方式,又可以对股东会"一股一权"的表决权制度进行纠正。由此可见,中小股东权益保护问题的解决之道不妨立足于我国现存所有权与控制权分离之实践,赋予董事会更多的公司权力,以制衡控制股东、大股东之权力,有效激活公司治理规范。

(二) 公众股份有限公司权力配置的制度演变

我国规制公众股份公司权力配置、董事会权力划分的制度众多,除《公司法(2023)》第 112 条第 1 款、第 120 条第 2 款外,还包括国务院发布的《证券公司监督管理条例》①,证监会出台的《上市公司治理准则》②《上市公司章程指引》《证券公司治理准则》③《证券投资基金管理公司治理准则》④《证券投资基金管理公司管理办法》⑤,银保监会出台的《信托公司治理指引》⑥《融资性担保公司公司治理指引》⑦《银行保险机构公司治理准则》⑧,上海证券交易所出台的《上海证券交易所上市公司董事会议事示范规则》⑨《上海证券交易所科创板上市公司自律监管规则适用指引第 1 号——规范运作》⑩,深圳证券交易所出台的《深圳证券交易所上市公司规范运作指引》等。⑪ 这些规章制度在实际操作中也经历多次修订与修正,其中与公司

---

① 参见《证券公司监督管理条例(2014 年修订)》第 18 条规定。
② 参见《上市公司治理准则(2018 年修订)》第 14 条、第 27 再规定。
③ 参见《证券公司治理准则(2020 修正)》第 12 条、第 36 条规定。
④ 参见《证券投资基金管理公司治理准则(试行)(2006)》第 4 条、第 29 条、第 51 条规定。
⑤ 参见《证券投资基金管理公司管理办法(2020 修正)》第 37 条、第 39 条、第 41 条规定。
⑥ 参见《信托公司治理指引(2007 年)》第 24 条规定。
⑦ 参见《融资性担保公司公司治理指引(2010 年)》第 8 条、第 13 条规定。
⑧ 参见《银行保险机构公司治理准则(2021 年)》第 5 条、第 6 条、第 18 条、第 19 条、第 44 条规定。
⑨ 参见《上海证券交易所上市公司董事会议事示范规则(2006 年)》第 21 条规定。
⑩ 参见《上海证券交易所科创板上市公司自律监管规则适用指引第 1 号——规范运作》第 3.1.1 条、第 3.3.1 条、第 3.3.5 条规定。
⑪ 参见《深圳证券交易所上市公司规范运作指引(2020 年修订)》第 2.2.5 条、第 2.3.1 条、第 2.3.7 条规定。

权力配置、董事会权力划分的相关规则也历经屡次变更,通过梳理规则演变并总结相关规律,可以有助于我们理解与把握监管机关在公司权力配置、董事权力划分中的态度。本书以相关规则变化较为显著的《上市公司治理准则》《上市公司章程指引》《证券公司治理准则》为例进行梳理。

根据2000年我国证监会出台的首部《上市公司治理准则》第7条规定,上市公司股东会可以将其部分权力通过公司章程授权的方式授予董事会行使,不过授权内容应明确具体。那么,根据私法中"法无禁止即可为"的逻辑,一般认为股东会可以将其任何权力,包括《公司法》明确赋予股东会的权力授予董事会行使,那么根据同样的逻辑,董事会当然也可以允许股东会行使其部分权力,包括《公司法》明确赋予董事会的权力。但是2018年修订的《上市公司治理准则》第14条明确规定了股东会不得将法定由股东会行使的权力授予董事会行使,此处的法定权力即指《公司法》明确赋予股东会的权力,但是该法规并未明确股东会是否可以行使董事会的法定权力(详见表3-4)。

表3-4　《上市公司治理准则》中公司权力配置规则演变

《上市公司治理准则 (2000年)》	第7条:上市公司应在公司章程中规定股东大会对董事会的授权原则,授权内容应明确具体。 第42条:董事会向股东大会负责,上市公司治理结构应确保董事会能够按照法律、法规和公司章程的规定行使职权。
《上市公司治理准则 (2018年修订)》	第14条:上市公司应当在公司章程中规定股东大会对董事会的授权原则,授权内容应当明确具体,股东大会不得将法定由股东大会行使的职权授予董事会行使。 第27条:上市公司应当保障董事会依照法律法规和公司章程的规定行使职权,为董事正常履行职责提供必要的条件。

类似的,根据证监会1997年出台的首部《上市公司章程指引》第42条规定,股东会享有法律法规以及公司章程规定的应当由股东会行使的一系列权力;同时根据该法第94条规定,董事会也享有法律法规、公司章程规定以及股东会授权的一系列权力。这样的规定难免产生一系列疑问,如股东会可否通过公司章程或股东会决议将一些法律法规、公司章程规定本属于股东会的权力授予董事会? 法律法规、公司章程规定以及股东会决议授权之外的其他权力,即公司剩余权力应该由何机关来行使? 直到2006年,证监会对《上市公司章程指引》进行修订,在公司权力配置中主要存在以下变化:第一,在第40条注释中明确表明,股东会权力具有法定性,不得通过授权的形式由董事会或其他机构和个人代为行使。第二,根据第107条第1款第

16 项规定,股东会在授予董事会除法律法规之外的其他权力时,必须经过严格的法定程序,如修改公司章程等,不可仅通过作出相关的股东会决议即授予董事会相应的权力。第三,根据第 107 条规定,董事会不得行使法律法规、公司章程规定以及股东会授权之外的事项,超过股东会授权范围的事项应当提交股东会审议,换言之,公司的剩余权力应由股东会享有(详见表 3-5)。

表 3-5　《上市公司章程指引》中公司权力配置规则演变

《上市公司章程指引 (1997 年)》	第 42 条:股东大会是公司的权力机构,依法行使下列职权:……(包括 13 项具体权力以及法律、法规和公司章程规定应当由股东大会行使的权力) 第 94 条:董事会行使下列职权:……(包括 15 项具体权力和法律、法规或公司章程规定以及股东大会授予董事会的其他权力)
《上市公司章程指引 (2006 年修订)》	第 40 条:股东大会是公司的权力机构,依法行使下列职权:……(包括 15 项具体权力以及法律、行政法规、部门规章或者公司章程规定应当由股东大会行使的权力) 注释:上述股东大会的职权不得通过授权的形式由董事会或其他机构和个人代为行使。 第 107 条:董事会行使下列职权:……(包括 15 项具体权力以及法律、行政法规、部门规章或者公司章程授予董事会的其他权力) 注释:超过股东大会授权范围的事项,应当提交股东大会审议。
《上市公司章程指引 (2014 年第一次修订)》	第 40 条:股东大会是公司的权力机构,依法行使下列职权:……(包括 15 项具体权力以及法律、行政法规、部门规章或者公司章程规定应当由股东大会行使的权力) 注释:上述股东大会的职权不得通过授权的形式由董事会或其他机构和个人代为行使。 第 107 条:董事会行使下列职权:……(包括 15 项具体权力以及法律、行政法规、部门规章或者公司章程授予董事会的其他权力) 注释:公司股东大会可以授权公司董事会按照公司章程的约定向优先股股东支付股息。超过股东大会授权范围的事项,应当提交股东大会审议。
《上市公司章程指引 (2014 年第二次修订)》	第 40 条:股东大会是公司的权力机构,依法行使下列职权:……(包括 15 项具体权力以及法律、行政法规、部门规章或者公司章程规定应当由股东大会行使的权力) 注释:上述股东大会的职权不得通过授权的形式由董事会或其他机构和个人代为行使。 第 107 条:董事会行使下列职权:……(包括 15 项具体权力以及法律、行政法规、部门规章或者公司章程授予董事会的其他权力) 注释:公司股东大会可以授权公司董事会按照公司章程的约定向优先股股东支付股息。超过股东大会授权范围的事项,应当提交股东大会审议。

《上市公司章程指引（2016 年修订）》	第 40 条：股东大会是公司的权力机构，依法行使下列职权：……（包括 15 项具体权力以及法律、行政法规、部门规章或者公司章程规定应当由股东大会行使的权力） 注释：上述股东大会的职权不得通过授权的形式由董事会或其他机构和个人代为行使。 第 107 条：董事会行使下列职权：……（包括 15 项具体权力以及法律、行政法规、部门规章或者公司章程授予董事会的其他权力） 注释：公司股东大会可以授权公司董事会按照公司章程的约定向优先股股东支付股息。超过股东大会授权范围的事项，应当提交股东大会审议。
《上市公司章程指引（2019 年修订）》	第 40 条：股东大会是公司的权力机构，依法行使下列职权：……（包括 15 项具体权力以及法律、行政法规、部门规章或者公司章程规定应当由股东大会行使的权力） 注释：上述股东大会的职权不得通过授权的形式由董事会或其他机构和个人代为行使。 第 107 条：董事会行使下列职权：……（包括 15 项具体权力以及法律、行政法规、部门规章或者公司章程授予董事会的其他权力） 公司董事会设立审计委员会，并根据需要设立【战略】、【提名】、【薪酬与考核】等相关专门委员会。专门委员会对董事会负责，依照本章程和董事会授权履行职责，提案应当提交董事会审议决定。专门委员会成员全部由董事组成，其中审计委员会、【提名委员会】、【薪酬与考核委员会】中独立董事占多数并担任召集人，审计委员会的召集人为会计专业人士。董事会负责制定专门委员会工作规程，规范专门委员会的运作。 注释：公司股东大会可以授权公司董事会按照公司章程的约定向优先股股东支付股息。超过股东大会授权范围的事项，应当提交股东大会审议。
《上市公司章程指引（2022 年修订）》	第 41 条：股东大会是公司的权力机构，依法行使下列职权：……（包括 15 项具体权力以及法律、行政法规、部门规章或者公司章程规定应当由股东大会行使的权力） 注释：上述股东大会的职权不得通过授权的形式由董事会或其他机构和个人代为行使。 第 107 条：董事会行使下列职权：……（包括 15 项具体权力以及法律、行政法规、部门规章或者公司章程授予董事会的其他权力） 公司董事会设立审计委员会，并根据需要设立【战略】、【提名】、【薪酬与考核】等相关专门委员会。专门委员会对董事会负责，依照本章程和董事会授权履行职责，提案应当提交董事会审议决定。专门委员会成员全部由董事组成，其中审计委员会、【提名委员会】、【薪酬与考核委员会】中独立董事占多数并担任召集人，审计委员会的召集人为会计专业人士。董事会负责制定专门委员会工作规程，规范专门委员会的运作。 注释：公司股东大会可以授权公司董事会按照公司章程的约定向优先股股东支付股息。超过股东大会授权范围的事项，应当提交股东大会审议。

通过对上述规则的梳理可以发现,我国法律法规在规制以上市公司为代表的公众股份公司权力配置中,存在由自治到法定、由任意性到强制性的转变过程。早期相关法律法规或是规定股东会可以将部分权力通过公司章程授权的方式明确具体地授予董事会行使,或是直接未规定股东会可否将其权力授予董事会行使。但随着时间流逝,监管部门逐渐意识到公众股份公司权力配置对众多投资者具有非比寻常的意义,实践中也有诸多通过转移权力行使机关,规避中小投资者表决权,最终损害其权益的事件。故上述规则在之后的修订中都不约而同规定,公司法及相关法律法规明确规定由股东会行使的权力,股东会不得授权董事会行使。可见,我国监管机关对公司法制度中的股东会权力由任意性转变为法定性。在此基础上,上海证券交易所与深圳证券交易所也相继出台、修改了上市公司权力配置相关规则,深化对权力配置法定化的认识,并进一步明确董事会权力的法定性。如《上海证券交易所科创板上市公司自律监管规则适用指引第1号——规范运作》《深圳证券交易所上市公司规范运作指引(2020)》都明确规定,《公司法》赋予董事会的各项法定权力应由董事会集体行使,不得授权他人行使,也不得以公司章程、股东会决议等方式加以变更或剥夺。[①] 可见我国公众股份公司权力配置,不论是股东会权力还是董事会权力,都转变为了法定主义。

(三) 公众股份有限公司中董事会权力配置的制度构建

通过数据分析可以发现,在公众股份公司,尤其是上市公司中由董事会掌控公司大部分权力具有一定合理性,可以降低控制股东、大股东的代理成本。通过对我国公众股份公司权力配置相关法律制度演变的梳理可以看出,公司权力已经出现了由股东会向董事会转移的趋势,由董事会掌控公司大部分权力具有一定必然性。这些实证研究的基础进而可以转化为公众股份公司董事会权力配置的两大原则,即董事会权力扩大原则与董事会权力法定原则,在未来《公司法》修订中,可以通过对公司权力配置具体制度的构建与完善,以展现上述原则的精神与内涵。

1. 股东会权力配置的法定性

不同于有限公司权力配置以公司章程为首要准则,公众股份公司基于对公众性与中小股东权益的保护,为防止控制股东、大股东过度行使表决权

---

① 参见《上海证券交易所科创板上市公司自律监管规则适用指引第1号——规范运作》第3.3.5条规定;《深圳证券交易所上市公司规范运作指引(2020年修订)》第2.3.7条规定。

与控制权,通过变更公司章程、达成股东会决议掠夺公司利益、侵害中小股东权益,此类公司权力配置应体现法定性,即体现在以公司法为首要准则。故应该在代理成本、信息成本、集体决策成本等视角下,在公司法中以成本最优的角度首先明确公众股份公司股东会与董事会的法定权力。股东会法定权力是指仅由股东会行使而董事会不可行使的特定权力。同时股东会在对相关事项行使权力、做出决议后,董事会、监事会、高级管理人员及其他内部机关均受该决议约束,不得拒绝和违反。这种权力包括以下几类:

(1)调整公司结构之权力

调整公司结构的权力包括对公司的合并与分立、解散与清算、形态转换、上市与退市、注册资本的增加或减少、章程的修改等事项做出特别决议的权力。之所以将此类权力作为公众股份公司股东会法定权力,是因为这些事项都有可能造成公司结构的变化,而公司结构又与股东权益密切相关,对其的调整很可能会导致股东权益的扩张或减少。故应将有可能限制、缩小股东权利的决策权作为股东会的法定权力,而不应赋予公司其他机关。此外,作出公司反收购决定的权力也应属于股东会法定权力,因为从某种程度上来说,公司收购可以被视作一种外部监督机制,如果某一上市公司由于董事会能力不足等问题导致业绩不好、股价下跌,第三人就可以通过低价收购公司股票,获得大量公司股份与股东会表决权,进而重组董事会,以取代原董事会对公司的控制。但若允许原董事会可以任意决定公司的反收购事项,这种外部监督也就失去意义,而且也会损害股东权益。

(2)调整公司机构之权力

调整公司机构的权力包括:对股东会、董事会、监事会的规模、权限范围以及表决权行使方式的调整;对董事和高级管理人员义务与责任的免除;对董事、监事和高级管理人员的选任与罢免、薪资的调整以及报酬的控制等事项作出决议的权力。之所以将此类权力作为股东会法定权力,是因为公司机构的调整与董事、高级管理人员的利益息息相关,如果将此类权力赋予董事,很可能带来难以预估的代理成本,产生激烈利益冲突。

一般来说,董事解任存在以下情况:①任期届满,董事即自然解除职务,但可连选连任。②董事辞职。董事可在任期内提出辞职,一经提出,即不得撤回。③由股东会选任的董事,股东会可以决议方式解任。④在任职期间,董事情况发生变化,不再具备董事资格的,应当予以解任。⑤公司解散、破产时,董事职务即终止。除上述第5种情况因公司法人人格的消灭,董事法律地位自然不复存在外,其他情况均需股东会做出有效决议为前提。

（3）决定公司重大投资之权力

决定公司重大投资的权力包括对公司投资计划、收购、营业转让、购买或出售重大资产、重大担保等事项作出决议的权力。之所以将此类权力作为股东会法定权力，是因为公司重大投资相关决策是否正确、是否有利于公司发展，并非主要依赖于董事/董事会所擅长的经营技能、管理技能，而是更多依靠以股东为代表的投资者以及投资者所拥有并擅长的投资技能。[1] 股东决定收购一家公司或决定投资一家新公司所需要的技能和经验并无不同，但与董事/董事会所擅长的控制公司的日常经营与管理事项的技能和经验却相去甚远。

（4）批准董事会、监事会决议之权力

公众股份公司股东会因受集体行动成本、代理成本、信息成本以及空间、时间等各种条件限制，无法让每个股东在股东会上明确表达自己的意思，也无法对与公司治理相关的所有事项行使决议。故实践中一般将行使决策的具体方案制定权赋予董事会，而股东会权力就被抽象为"同意""弃权"与"不同意"三种消极投票方式，对相关提案同意或否决，这便是所谓的"董事积极行动、股东消极投票"（boards act and shareholders react）。[2] 如我国《公司法》第59条第1款第2项至第7项就规定了股东会有权对董事/董事会报告、监事/监事会报告、董事会制定的公司利润分配方案、弥补亏损方案、注册资本增加或减少方案、公司债券发行方案、合并与分立方案、解散或变更公司形式的方案等进行审议批准的权力。由此可见，股东会也是消极、被动的权力主体，故其不应该也无法命令董事会积极行使某一权力，从事某一行为，进行某项交易。

（5）监督、罢免董事会、监事会之权力

之所以将此类权力作为股东会法定权力，目的是加强对董事会、监事会权力行使的事前监督以及更有效地进行事后追责与救济。股东会对董事会、监事会所享有的最严厉的监督权便是罢免、解雇董事/监事之权力。罢免、解雇董事/监事的权力使得股东会依然拥有对董事会的牵制力并可以督促监事会加强监督职责，使得公司最终权力牢牢掌握在股东手中，如果股东无法接受高昂的代理成本，就可以行使该权力。尽管在实践中，股东会并不会经常行使该项权力，但这一权力的存在犹如始终悬挂在董事/监事头顶的

---

[1]　See Melvin A.Eisenberg，"The Legal Roles of Shareholder and Management in Modern Corporate Decision making"，*California Law Review*，1969（1），p.57.

[2]　参见石纪虎：《论股东大会的概念》，载《北方法学》2010年第3期。

"达摩克利斯之剑"（The Sword of Damocles），迫使董事/监事恪尽职守，忠实、勤勉地履行职责，维护公司利益，否则稍有不慎便有被撤换之虞。

与此同时，股东会具有"无故罢免"董事之权力不但已逐渐在理论界与实务界中达成共识①，也是衡量营商环境的一项重要标准。世行 DB"保护中小投资者"指标就将"上市公司股东会能否在董事任命期届满前毫无理由地撤销其职位"作为判断公司内部治理与营商环境是否优良的标准之一。域外法以美国《特拉华州普通公司法》与《标准商事公司法》为代表，都规定股东会可以在表明或不表明理由的情形下罢免一个或多个董事，但公司章程另有规定除外。我国在 2019 年 4 月 28 日颁布的《最高人民法院关于适用〈中华人民共和国公司法〉若干问题的规定（五）》（以下简称《公司法司法解释（五）》）第 3 条规定，股东会可以在董事任期届满前解除董事职务②，力求优化营商环境，保护投资者合法权益。证监会在 2019 年 4 月 17日修订《上市公司章程指引》时，也将第 96 条"股东大会不能无故解除其职务"改为了"董事由股东大会选举或者更换，并可在任期届满前由股东大会解除其职务"。③ 随后，上海证券交易所在 2019 年 4 月 30 日修改《上海证券交易所股票上市规则》时，也在第 3.1.5 条中新增规定，股东会可在董事任期届满前解除其职务。④ 类似的，《上海证券交易所科创板股票上市规则（2019）》第 4.2.5 条；《深圳证券交易所股票上市规则（2019）》第 3.1.13条、《深圳证券交易所创业板股票上市规则（2019）》第 3.1.18 条也在修订中新增规定，股东会可以随时、毫无理由地在董事任期届满前解除其职务。⑤

但是，股东会对董事的罢免、解雇也并非完全无限制。首先，股东会对董事的罢免应履行正当程序，譬如应事先通知董事，并在股东会上给予董事答复和发表意见的机会，以查明股东的指控是否属实；若董事通过答复与发表意见后表明，董事罢免是由于股东会和该董事的经营理念产生分歧，或控股股东、大股东单方面不信任该董事等较为主观或明显不能成立的理由的，

---

① 参见朱谦：《股东会罢免董事的法律问题研究——对公司法人治理结构优化的侧面考察》，载《比较法研究》2001 年第 3 期。
② 参见《最高人民法院关于适用〈中华人民共和国公司法〉若干问题的规定（五）》第 3 条规定。
③ 参见《上市公司章程指引（2019 年修订）》第 96 条规定。
④ 参见《上海证券交易所股票上市规则（2019 年修订）》第 3.1.5 条规定。
⑤ 参见《深圳证券交易所股票上市规则（2019 年修订）》第 3.1.13 条规定；《上海证券交易所科创板股票上市规则（2019 年修订）》第 4.2.5 条规定；《深圳证券交易所创业板股票上市规则（2019 年修订）》第 3.1.18 条规定。

该董事有权不接受罢免而选择继续任职。其次，股东会若无故罢免董事的，还应当赔偿董事因此所遭受的损失。如我国台湾地区《公司法》便规定，董事在任期内无正当理由被股东会决议罢免的，可以向公司要求赔偿损失。① 董事任期制度多形成在"公司宪制论"理论下，参照政府工作人员的任期形成。在英美法系国家中，尽管董事在被选任时通常有任职年限的约定，但却并无"任期"（tenure of office）概念，股东可以随时召集股东会，以某种理由，甚至无理由解雇董事职务，并重新选任新董事。但根据我国《公司法（2023）》第70条规定，董事任期由公司章程规定且每届任期不得超过三年，董事任期届满可以连选连任。② 易言之，我国公司法目前依然有对董事任期的规定。但事实上，公司的经营绩效会直接决定董事的薪酬，并反映在公司的股价上，即使没有任期作为保障，董事为了自己的利益也会全心全意、不敢懈怠地为公司服务。而政府工作人员则不同，若无任期制度保护，其就会对未来没有预期，害怕自己的职位朝不保夕，从而难免为了图一时政绩而做出"透支将来"的举措。故此，任期制度在公司法领域与公法领域具有不同价值，未来我国公司法是否需要保留董事任期制度，是否需要将任职年限交由公司与董事自行约定，有待进一步研究。

2. 董事会权力配置的法定性

董事会法定权力是指仅由董事会行使而股东会不可行使的某些特定权力，在实践中，公众股份公司董事会主要履行经营、管理、监督三大权能，具体包括：

（1）董事会管理权

董事会作为公司内部常设机关、执行机关，对公司日常经营事务享有管理权。之所以将管理权作为董事会法定权力，一方面是因为此类权力的行使对公司的基础性结构、公司机构等影响不大，且经济利益性也不高，但发生频率很高，需要决策者频繁、高效地做出决策。而董事会作为公司常设机关，自然有行使此类权力的基础。另一方面，此类权力的行使需要决策者具备经营、管理等相关专业技能与知识，而董事作为专业的管理人员，一般也具备上述技能。故此，基本上所有国家和地区均将此类权力赋予董事会，即董事会的日常经营管理权。③ 值得注意的是，在特殊情况下董事会也可以将此类权力授权总经理、部门负责人等为代表的高级管理人员行使，属于董

---

① 参见刘连煜：《公司法理论与判决研究》，法律出版社2002年版，第161页。

② 参见《中华人民共和国公司法（2023年修订）》第70条规定。

③ See Melvin A.Eisenberg，"The Structure of The Corporation：A Legal Analysis"，*Little Brown and Company*，1976，pp.13-16.

事会可以自由处置的权力。

董事会管理权主要表现为三类:第一,向股东会提出议案的权力。对于公司经营管理中需要股东会决议的事项,董事会先行向股东会提出决议案,再由股东会作出决议。如我国《公司法(2023)》第67条第2款第4项至第6项规定的制订公司利润分配方案和弥补亏损方案,增加或减少注册资本以及发行公司债券的方案,公司合并、分立、解散或变更公司形式的方案等权能,便属于此种权力。之所以赋予董事会决策提出之权力,是由于董事会与股东会相比具有获得公司与市场相关信息的优势,故赋予董事会此权力可以提高股东会决策效率。第二,执行股东会决议之权力。董事会作为公司执行机关的首要表现就在于享有对股东会相关决议的执行权,在股东会对公司经营管理中的一些事项作出决议后,由董事会通过实际操作转变为具有可操作性的方案。根据我国《公司法(2023)》第67条第2款第2项规定,董事会享有"执行股东会的决议"之权力。同时,执行股东会决议不仅是一项权力,也是一项义务,董事会不得拒绝执行股东会决议。第三,董事会直接针对公司日常经营管理中的重要事项作出决议,其中比较有代表性的即为我国《公司法(2023)》第67条第2款第7项至第9项规定的决定公司内部管理机构设置,决定聘任或解聘公司经理及其报酬的权力,根据经理提名决定聘任或解聘公司副经理、财务负责人及其报酬的权力,以及制定公司基本管理制度的权力。

(2)董事会经营权

除了具有决策公司日常经营管理事项之权力外,董事会还有权对与公司经营相关的重大事项作出决策,虽然与公司日常经营管理事项相比,此类事项一般具有长期性、战略性、重要性等特点,且决策频率较低、风险较高、时间相对较长,看似更符合股东会权力范围,但是基本上所有国家和地区均将此类权力赋予董事会,不例外的,我国《公司法(2023)》第67条第2款第3项规定的"决定公司的经营计划和投资方案"的权力也属于此类权力。将决定公司经营性重大事项的权力赋予董事会主要是基于如下考量:首先,对公司经营性重大事项进行决策的前提是掌握公司的经营现状与业务信息,而董事会正是此类信息的第一手获取者,故董事会也更可以促使此类权力高效、正确行使。其次,经营性重大决策权力行使的优劣与否,将会直接影响到公司股票价值、市场价值。董事往往受制于自己的精力以及公司对于关联关系的限制,仅能将自己的全部人力资本投资于一家公司中。若董事会做出或执行的某一经营性重大决策导致公司股票价值、市场价值下降,那么对该决策负有责任的董事将会面临被股东会罢免的危险,董事投入的人力资本也无法得到回报。相比之下，即使此类权力由股东会行使，且所做决策导致公司股票价值、市场价值下降，对该决策负有责任的股东也不会因此被"驱逐"出公司，同时因为股东具有多元化投资进而分散风险的市场保护以及股东有限责任的制度保护，也不会遭受太大损失。由此可见，董事会在行使此类权力时或许会更为谨慎，代理成本、市场成本也会更低。

（3）董事会监督权

关于董事会监督权，我国公司法中未有明文规定。笔者认为，董事会监督权来源于股东会法定权力的延伸与扩张，之所以赋予董事会监督权，是由于董事会与股东会相比更了解公司日常经营管理中所存在的问题，故赋予董事会此权力以弥补股东会监督信息与手段有限的缺陷。具言之，董事会监督权主要包括以下两方面：一方面，董事会拥有对高级管理人员的监督权。从制度逻辑来看，根据我国《公司法（2023）》第 67 条第 2 款第 8 项规定，董事会享有聘任或解聘公司经理、副经理、财务负责人以及决定其报酬的权力，可见董事会享有对以经理为代表的高级管理人员的最终控制权，是监督高级管理人员的最有力机关；同时根据《公司法（2023）》第 74 条、第 126 条规定，经理也对董事会负责，董事会也应当对以经理为代表的高级管理人员进行监督。实践中，董事会对高级管理人员的监督主要通过以下路径：一是对高级管理人员的工作绩效进行考核评价；二是对高级管理人员经营管理行为的合法性与合理性进行监督；三是对高级管理人员行为的目的性进行监督，即当高级管理人员自身利益与公司利益发生冲突时，其是否以公司利益为重。

另一方面，董事会拥有对董事会内部执行董事的监督权。根据我国《公司法（2023）》第 136 条规定，上市公司设独立董事，同时根据《上市公司治理准则（2018）》第三章第五节及相关法律法规规定，上市公司应建立独立董事制度，聘请一定数量独立董事，通过审查公司财务状况，对执行董事的业绩进行评价，对董事候选人进行审查并提出建议等方式，行使对董事会进行内部监督的权力，与监事会对董事会的监督相比，董事会自我监督具有以下特点：其一，董事会的自我内部监督属于事前监督与事中监督，而监事会对董事会的监督主要属于事后监督；其二，董事会内部监督的对象主要是执行董事与高级管理人员，而监事会主要是对董事会的决策行为进行整体监督。

3. 董事会权力的扩张

在决策成本、代理成本、信息成本最优的基础上，将股东会与董事会权力通过法律明文规定进行划分，是公司权力配置的第一步。但是由于法律的局限性,实践中还存在大量未被法律所涵盖的公司权力,或难以进行类型化的公司权力,诸如案例2-7中对公司公章、营业执照及资质证书副本管理的权力,案例2-8中撤销公司对外诉讼的权力,案例2-9中免除公司股东债务的权力等。对此类权力,建议在公众股份公司中限制公司章程、股东会决议对其的配置效力,将其纳入董事会权力范围。这一观点的提出主要基于以下缘由:

首先,由上述实证分析可以得出,我国以上市公司为代表的公众股份公司股权集中度依旧较高,大股东、控制股东对公司享有绝对控制权,公司治理重心依旧在于防范大股东、控制股东滥用公司权力。若规定公司章程、股东会决议可以对法律未明确规定的公司权力进行规制,则不可避免地会发生一种情况,即大股东、控制股东可以通过在股东会中拥有的多数投票权,左右公司章程的修改与股东会决议的通过,左右行使此类权力的公司机关以及决议程序,最终形成对该类权力的控制。故直接将此类权力授予董事会也更有利于限制大股东、控制股东权力的滥用。其次,在股东会内部,大股东、控制股东仅对中小股东负有诚信义务,而不承担如董事那样严苛的忠实义务和勤勉义务。若允许公司章程、股东会决议对此类权力进行配置,并将其赋予股东会行使,纵然大股东、控制股东在行使权力时有侵害公司利益、损害中小股东权益的举动,由于对其义务规则的缺失,也难以追究责任。相反,公司法中对董事义务与责任的规制都较为完善,如将此类权力授予董事会,还可以通过董事忠实义务与勤勉义务实现对董事的约束,通过董事责任承担机制实现相应的救济。最后,在域外公司法中,对股东会与董事会法定权力之外的剩余权力,也规定由董事会享有。如英美判例法认为,除公司章程另有规定外,公司的事务管理权由董事会排他享有,股东会不可直接篡夺公司章程授予董事会的任何权力。若要限制或变更董事会权力,只能通过股东会修改公司章程,或罢免董事的方式来实现;同样的,英美公司法也明确规定,除公司制定法及公司章程对股东会保留权力外,公司的一般管理权归董事会享有。

综上所述,对股东会与董事会法定权力之外的剩余权力,在配置上应向董事会倾斜。当然,在扩大董事会权力时,还要明确独立董事的法律地位与作用,强化董事的忠实义务和勤勉义务,完善董事责任承担机制,加强对中小股东的保护和救济。

4. 股东会代为行使董事会权力的特殊情形

上述基于公司权力配置法定原则与董事会权力扩大原则,对股东会、董事会权力已有较为清晰的划分。但有原则必有例外,在某些特殊情形下,公众股份公司股东会依然可以超越法定权力的边界,代为行使董事会部分权力。这种特殊情形与有限公司中股东会代为行使董事会权力的情况类似,包括董事会僵局或董事会压制;董事会未达法定人数、约定人数或无董事;董事存在违反义务或越权之行为,在此不再赘述。

现代公司制度本质上是一种权力运作机制,公司得以独立存在和发展的基础便是运用权力支配资源,以降低交易成本,获得比市场协商更高的效率。在公司治理中,公司内部权力的配置与划分更是重中之重。同时,公司自治和法律干预也是公司法领域的长久话题,二者都必不可少,但又过犹不及,需要在二者之间寻求合理平衡。为适应不断变化的市场环境,满足营商环境法治化建设,适应不同类型公司的实践需求,公司权力配置需要以效率为首要目标,在兼顾平衡的基础上,根据不同类型公司的实践需求,调整公司自治和法律干预的比例,在不同公司机关之间进行合理分配。我国公司法对公司权力配置的规定存在规范性质不明、内涵不明、外延不清等问题,同时不论何种类型的公司权力配置均准用有限公司之规定,未能适应不同类型和股权结构公司的需求,存在显著缺欠。结合我国有限公司、非公众股份公司、公众股份公司运行实践与相关法律规则,应对我国公司权力配置相关制度予以完善。

首先,不论何种形态、何种股权结构的公司,都应以股东会、董事会"同等主义"为原则。股东会与董事会均独立行使各自权力,且二者地位平等,董事会不得行使股东会之权力,股东会未经法定程序也不得任意行使、扩张、变更、限制甚至剥夺董事会之权力。在此基础上,根据公司形态不同区分规制其股东会权力与董事会权力。

其次,对有限公司的权力配置,以维护公司人合性、自治性为原则。具体制度构建为:在公司机构设置上,《公司法(2023)》第75条已规定,规模较小的有限公司可不设董事会,仅设一名董事,行使本法规定的董事会权力。[①] 本章认为不妨更进一步,即直接允许有限公司不设置董事/董事会,由股东会扮演董事会角色,行使董事会权力,但相应的也要履行董事的忠实义务与勤勉义务,承担董事责任。在公司权力配置上,将《公司法(2023)》第59条与第67条对股东会与董事会权力的规定看作任意性规范,以公司章程、股东会特别决议为准则,自由配置股东会、董事会之权力。只有在公司章程、股东会特别决议未约定时才适用公司法规定,赋予公司更多自治空间。在此基础上,对公司法中股东会与董事会权力的规定进行细化,将公司

---

① 参见《中华人民共和国公司法(2023年修订)》第75条规定。

章程、股东会特别决议未约定以及公司法未规定的剩余权力赋予股东会,保护公司人合性。规定股东会代位行使董事会权力的特殊情形,促使公司高效运转。在少数股东权益保护上,赋予其更广泛的监督权与退出公司的途径,防止大股东、控制股东把持公司,更好地保护中小股东权益,完善公司内部治理,优化营商环境法治化建设。

再次,对于非公众股份公司权力配置,根据股东人数、股东会规模进行类型化:对股东人数较少、股东会规模较小的非公众股份公司,其权力配置参照适用有限公司权力配置相关规则,赋予其一定自治空间;对股东人数较多、股东会规模较大的非公众股份公司,其权力配置参照适用公众股份公司权力配置相关规则,限制其自治空间,更强调法定性、强制性。

最后,以上市公司为代表的公众股份公司权力配置应更关注其公众性,应该以公司权力配置法定与董事会权力扩大为原则,目的在于限制大股东、控股股东利用控制权,损害公司利益,侵害中小股东合法权益。具体制度构建为:将《公司法(2023)》第 112 条、第 120 条对股东会与董事会权力的划分看作强制性规范,法律法规赋予股东会、董事会的权力不得通过公司章程、股东会决议进行任意扩张、变更或限制。其中,股东会法定权力应包括:调整公司结构之权力;调整公司机构之权力;决议公司重大投资之权力;批准董事会、监事会决议之权力;监督董事会、监事会之权力。董事会法定权力应包括:决定公司日常经营管理事项之权力;决定公司经营性重大事项之权力;执行公司股东会决议之权力;决策提出与监督之权力。对股东会与董事会法定权力之外的剩余权力,我国日后《公司法》修订中应增加规定兜底条款,明确由董事会享有,并在此基础上对董事义务规则、责任承担机制进行同步完善。规定股东会代位行使董事会权力的特殊情形,在保障中小股东合法权益的同时,提高公司运行效率。

总之,公司权力配置应该以股东会、董事会"同等主义"为基本原则,立足不同类型公司的股权结构实践,不同程度地适度向股东会或董事会倾斜,凸显出其在公司权力配置上的不同特质。基于上述逻辑,还需要对我国以公司法为代表的公司权力配置、董事会权力划分的法律法规进行统一梳理、修改、补充,进一步提升我国公司法律制度的类型化、体系化和科学化,提升公司效率,建立良好的公司治理机制,满足公司内部治理机制优化之需求,促进营商环境法治化建设。

第四章　营商环境优化背景下
董事信义义务概述

没有无义务的权利,也没有无权利的义务。

——卡尔·海因里希·马克思(Karl Heinrich Marx)①

　　在营商环境优化及本土化立场下,我国董事法律制度再构以中小股东保护为价值导向,在传统商法以效率为基础的背景下强调实质公平。前述在此主线下完成了对我国董事会权力配置的理论探析、实践检视、制度梳理及完善建议,以期提高董事会行权效率,提升公司市场活力。然而,公司良治的实现不仅要求降低董事会行权的制度性成本,也需要对董事义务进行规范。与权力不同,权力的行使主体为董事会,而义务约束对象则是董事。当前学界与立法实践对董事义务的讨论主要集中于信义义务,故本章旨在对董事信义义务进行整体解构,按照义务约束主体、义务承担对象与义务具体内容的逻辑展开。第一节为董事义务主体。权力与义务相对应,前文第二章已述及董事主体的认定应当结合主体标准与行为标准,本节结合司法案例与域外法律法规,进一步细化主体标准与行为标准相结合的具体规则,提出董事主体资格认定应遵循行为标准原则、实际影响力原则、岗位职责与公司实际情况相结合原则。第二节为董事义务承担对象,在中小股东权益保护的价值取向下,分析董事义务对象是否应适当突破公司这一主体,在特定条件下对股东及其他利益相关者承担义务。第三节为董事信义义务具体内容,主要探讨诚信义务与合规义务的引入,从横向维度寻求董事信义义务的改造。在后续第五章和第六章中,从纵向维度分析董事忠实义务的进一步明晰与勤勉义务的相应扩大。

第一节　董事义务主体制度立法检讨与体系再构

　　基于不同公司组织特征与股权结构,赋予董事会权力不同的内涵与外延,或许更适应我国商事实践,这不仅有助于提高董事行权效率、衡平公司

---

① 《马克思恩格斯文集》第3卷,人民出版社2009年版,第227页。

及利益相关者权益,更有助于推进营商环境优化。董事会是由单个董事个体组成,主要通过出席会议、投票表决、作出决议的方式行使董事会权力。但正如前文所述,控股股东、实际控制人存在影响、控制董事会行权的权力;监事、高级管理人员等也可能实际影响,或发挥董事的作用,成为事实董事或影子董事。若对董事定义采形式主义立法(即主体标准),则难以规制非董事实际行使董事会权力、或指引董事会行使权力损害公司利益的行为。我国《公司法(2018)》即采主体论,最新出台的《公司法(2023)》有限扩张了董事定义,规定公司控股股东、实际控制人不担任董事但实际执行公司事务的,适用忠实、勤勉义务的规定①;公司控股股东、实际控制人指引董事、高级管理人员从事损害公司或者股东利益行为的,与该董事、高级管理人员承担连带责任等,②将控股股东、实际控制人在特定情况下纳入了董事范畴,但具体认定标准为何仍不明晰。另一方面,《公司法(2023)》对控股股东、实际控制人之外的主体实际行使董事会权力的情形未作回应。实质董事制度与控股股东、实际控制人规制的立法路径如何协调均有待细化。基于此,本节遵循制度检视、制度设置法理以及制度具体构建的逻辑,对实质董事、影子董事的相关规定提出体系性完善建议。

一、董事主体论下实质董事的规制困境

公司权力③的归属一直是公司法研究与规制的重要课题。如前文所述,通常董事会行使日常经营管理权,但在实际公司治理中,享有日常经营管理权的公司治理主体往往存在多种形态。第一类为经法定程序选任的董事。根据《公司法(2023)》规定,董事会权力包括"决定公司的经营计划和投资方案",由此可知董事享有参与公司经营决策之权力。第二类为控股股东,其不具备董事身份,但具备股东身份。控股股东可通过控制董事会人选等方式进一步控制公司行为。第三类为实际控制人,其可以"通过投资关系、协议或者其他安排,能够实际支配公司行为"。④ 第四类是指不具备控制权的事实董事或影子董事。事实董事即指虽无董事之名,但具董事之实,实践中包括未经委任、委任过期或存在委任瑕疵的董事;影子董事是指非为董事,但却发挥幕后影响力操控董事行为者。⑤ 在主体论下,立法只能

---

① 参见《中华人民共和国公司法(2023 修订)》第 180 条规定。
② 参见《中华人民共和国公司法(2023 修订)》第 192 条规定。
③ 此处的公司权力指公司日常经营管理权。
④ 参见《中华人民共和国公司法(2023 修订)》第 265 条规定。
⑤ 参见刘斌:《重塑董事范畴:从形式主义迈向实质主义》,载《比较法研究》2021 年第 5 期。

对经法定程序选任的董事苛以忠实、勤勉义务与责任,对影子董事、事实董事的损害公司利益的情形难以规制。以下通过列举股份公司、有限公司相关案例直观呈现主体论对事实董事、影子董事的规制困境。

（一）控股股东、实际控制人的越权行为难以规制

控股股东、实际控制人与中小股东之间的利益冲突作为第二类代理成本一直是公司法规制的重点。具言之,控股股东、实际控制人滥用权力损害中小股东利益的情形可分为两种类型:一是控股股东、实际控制人利用自身影响力控制股东会决议,如关联担保、关联交易等;二是控股股东、实际控制人利用自身影响力控制董事会人选或决议,实质行使董事会权力以达到控制公司经营决策之目的。如在两权分离的公司治理架构下,将董事权力界定为经营管理权,前述两种情形的区别在于股东是否行使董事权力。第一种情形为股东直接滥用股东权利,通过股东会决议影响公司行为;第二种情形为股东虽非董事,但实际行使了董事经营管理的权力。本书以第二种情形为讨论对象,以"控股股东""实际控制人"为关键词,以"损害股东利益责任纠纷""公司控股股东、董事、监事、高级管理人员损害公司利益赔偿纠纷"为案由,在威科先行上对相关判决进行检索。截至 2022 年 6 月 12 日,在上述条件下共查询到民事判决 328 篇。通过对案例进行统计分析可以发现,有关控股股东侵害公司、股东权益的司法裁判纠纷集中在有限公司,328件民事案件中仅有 18 件案涉公司为股份公司或合作制企业(详见图 4-1)。这并不表明股份公司不存在控股股东、实际控制人行使董事权力损害公司利益的情形,相反,从本书第三章实证研究中可看出股份公司尤其是上市公司内部人控制的情形十分严重。司法案例集中于有限公司只是股份公司与有限公司股权流转的自由度不同所致。股份公司股东可自由退出公司;而有限公司股东退出公司的成本较高,股东在退出无门的情形下倾向于选择权利救济的方式弥补损失,因此相关案例多发生于有限责任公司。

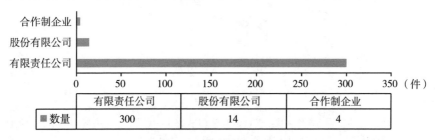

	有限责任公司	股份有限公司	合作制企业
■数量	300	14	4

图 4-1　不同类型公司数量

通过梳理上述民事判决裁判结果及审理期限发现,公司、股东维权成本

较高,合法权益难以保障。一方面,原告(公司、股东)胜诉比例较低,一审胜诉率仅有 18.6%,二审改判率也仅为 7.62%(详见图 4-2)。另一方面,案件审理时间较长,近四成案例审理期限超过 90 日(详见图 4-3)。这些数据均表明,公司、股东维权不仅需要付出较高时间成本与经济成本,而且高昂成本也不一定带来胜诉的结果。通过梳理案件具体内容不难发现,公司、股东维权成本高的原因有二:一是举证困难。在控股股东、实际控制人规制路径下,首先需要证明被诉主体为控股股东、实际控制人,对公司行为具有实际支配力,而部分实际控制人的持股状态、内部协议情况较为复杂,原告方难以举证。[①] 在证明被诉主体为适格主体后,司法案例普遍将损害公司利益责任纠纷等认定为侵权纠纷[②],因此原告方还需证明控股股东、实际控制人的行为符合侵权行为要件。而传统的侵权构成四要件对原告方而言证明责任过于严苛,故公司、股东的胜诉率极低。二是控股股东、实际控制人侵害中小股东权益的行为多具有隐蔽性与多样性,大多数难以上升为侵权行为。如有限公司控股股东、实际控制人通常以解雇中小股东董事职务、恶意阻碍中小股东查阅会计账簿等信息为起点,从而拒绝分红。但这类行为通常具有股东会、董事会决议程序合法外衣而难以被规制。以下兹举两例具体案例,对大型公众公司、封闭性有限责任公司控股股东、实际控制人损害公司、股东权益的行为进行阐释分析,并比较二者的特点。

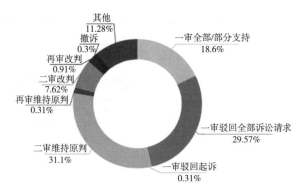

其他 11.28%
撤诉 0.3%
再审改判 0.91%
二审改判 7.62%
再审维持原判 0.31%
二审维持原判 31.1%
一审全部/部分支持 18.6%
一审驳回全部诉讼请求 29.57%
一审驳回起诉 0.31%

图 4-2　裁判情况

①　参见广东省广州市中级人民法院(2019)粤 01 民终 18310 号二审判决书;广西壮族自治区柳州市中级人民法院(2021)桂 02 民终 2340 号二审判决书。

②　参见上海市浦东新区人民法院(2020)沪 0115 民初 69388 号一审判决书;上海市虹口区人民法院(2020)沪 0109 民初 17535 号一审判决书;广东省佛山市禅城区人民法院(2018)粤 0604 民初 27609 号一审判决书。

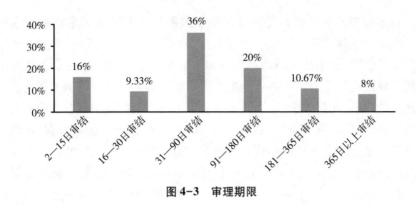

图 4-3 审理期限

案例 4-1：

国美电器控制权之争①

案件事实：

2008 年 11 月，国美电器创始人黄光裕被抓捕入狱。2008 年 12 月，国美电器停止黄光裕执行董事及董事局主席职务和其妻杜鹃女士执行董事职务，同时委任常务副总裁陈晓为代理主席，王俊洲、魏秋立为执行董事。②在此之前的 2007 年，国美电器曾向高盛亚洲有限公司发行可转债人民币 46 亿元，相应转股价为港币 19.95 元，后调整至港币 4 元—5 元间。高盛亚洲有限公司于 2014 年才可行使选择权。由于国美电器恰逢金融危机股票暴跌，转股事宜已无实际意义。因此国美电器需要解决现金周转困难。基于此，陈晓引进贝恩投资。贝恩资本向国美电器认购相当于人民币 15.9 亿元的可转债港币 18.04 亿元，年息 5%，换股价为港币 1.108 元，在 2009—2016 年可随时转股。此外，与贝恩资本签订的协议中载明：第一，国美电器董事局应委任贝恩资本提名的三名人选出任非执行董事，并于期限届满前，不得罢免其席位；在 2010 年股东年会上，国美电器应尽力将其增选为董事。第二，如果上述条件不满足，则贝恩资本可以要求国美电器赎回上述可转债，代价是可转债本金的 1.5 倍，即人民币近 24 亿元。

---

① 参见金勇军：《董事权力、权利和义务》，高等教育出版社 2016 年版，第 35—46 页；邹希瑶：《公司控制权研究——以国美电器公司为例》，载《财会通讯》2013 第 12 期；王广亮、张子澍：《基于 6 年道德伦理的国美控制权之争分析》，载《商业研究》2013 第 11 期。

② 参见国美电气控股有限公司 2008 年 11 月 29 日"根据上市规则第 13.09（1）条作出之公告"、2008 年 12 月 25 日公告"董事辞任暂停行政职务及重新委任执行董事"。

黄光裕与国美董事会的冲突开始于国美与贝恩资本的增选董事会决议。由于黄光裕家族认为引入贝恩资本会稀释自己的控股权,因此在董事会依照贝恩协议,委任贝恩资本提名的三位人选为非执行董事后,持股的黄光裕家族随后即在股东会决议上投出反对票。为避免违反增选董事会决议所造成的 24 亿元损失赔偿,当晚董事会以不符合全体股东利益为由重新召开紧急会议,决定重新委任三名非执行董事,且根据国美公司章程,董事会有权不经过股东同意任命非执行董事。据此前股东会授权,董事会有权增发及回购新股。因此,面对黄光裕家族的压力,国美公司董事会决定增发20%的股权以稀释黄光裕家族的股份。至此,围绕董事会增发及回购新股的授权,董事会与黄光裕家族之间的角逐拉开帷幕。直至 2011 年 3 月 9日,国美宣布陈晓辞去公司主席、执行董事职务,大中电器创办人张大中出任公司主席及非执行董事,此次控制权争夺才结束。陈晓的辞职标志着黄光裕保持对国美的控制权。

案例评析及影响:

国美电器控制权之争本质是控股股东与新任管理层间就公司控制权的争夺。黄光裕虽然在入狱后辞去了公司董事等职位,但仍为国美公司控股股东,作为公司创始人仍然需要参与到公司实际经营管理中。因此黄光裕方认为委任贝恩投资提名的三名候选人、实施期权激励计划、稀释股权等行为都会对其控制权造成不利影响,是对其控制权的争夺,从而采取否认董事会决议等措施以保持控制权。而陈晓作为公司新任管理层在改革过程中如若触动了控股股东的实际经营管理权,不可避免引起公司内部纷争,而这样的纷争则有可能损害中小股东权益。据股价统计,2010 年 8 月 9 日前黄陈两阵营谈判期间,外部股东和投资者对国美公司信心下降,股票收益率处于负值。2010 年 8 月 9 日至 2010 年 8 月 12 日、2010 年 8 月 18 日至 2010 年8 月 26 日是双方论战斗争期间,股票收益率回升至正值。但是到 2010 年 8月 27 日至 2010 年 8 月 30 日陈晓强硬回应黄光裕认购新股的信函时,收益率又呈现负值。公司的累计超额收益率在 8 月、9 月都是负值。超额收益率为负表明公司股票不能带来超过正常市场收益率的回报,也表明事件日股东经济利益的直接损失。因此,这样的控制权争夺导致公司治理的震荡,最后的受损者只能是公司及中小股东。①

---

① 参见邹希瑶:《公司控制权研究——以国美电器公司为例》,载《财会通讯》2013 第 12 期。

案例 4-2：

孙某某、山东××园林工程有限公司公司盈余分配纠纷案①

案件事实：

巩某某和孙某某为山东××园林工程有限公司（以下简称园林公司）股东，巩某某认缴出资占比为 99.86%，孙某某认缴出资占比为 0.14%。园林公司章程规定：股东会审议批准公司利润分配方案和弥补亏损方案；公司设执行董事一名，执行董事对股东会负责，制定公司利润分配方案和弥补亏损方案。原告孙某某诉称，自 2002 年 12 月 5 日至 2018 年 3 月 27 日期间，巩某某一直是公司控股股东及执行董事，但是巩某某在此 16 年期间拒不履行董事会制定利润分配方案的法定职责，明显违背公司法规定。同时，巩某某作为控股股东操纵股东会，对董事会不履行制定公司利润分配方案的违法行为未尽到提示、监督义务。根据《公司法》第 20 条禁止股东权利滥用的规定，第 37 条及第 46 条关于董事会制定公司利润分配方案和股东会审议公司利润分配方案的规定，巩某某的行为是滥用股东权利的体现。

审判理由：

一审法院认为，孙某某作为公司股东，请求公司分配利润，但并未提交股东会决议利润分配方案的相关证据。根据《公司法司法解释（四）》相关规定，孙某某诉求应依法予以驳回。关于孙某某认为巩某某滥用股东权利损害其他股东利益的主张，由于未提交证据予以证明。因此，对该意见一审法院不予采纳。二审法院认同一审法院的裁判意见，认为孙某某请求公司分配利润，应提交公司股东会决议分配方案以及公司存在盈利且符合法律规定的利润分配条件，故维持一审判决。而公司是否符合法律规定的利润分配条件，孙某某可在案外通过行使知情权了解。

案例评析：

在本案中，巩某某作为绝对控股股东，对公司经营管理具有绝对控制权，因此孙某某作为小股东行使权利及救济都受到了极大阻碍。首先，孙某某的投资收益受到了极大损害，有限责任公司由于股东股权转让受限，因此股东收益的方式主要为公司分红及任职报酬。而园林公司长达 16 年未向股东分配红利，且未向孙某某主动披露公司经营状况及盈利亏损状况，孙某某的投资收益受到了明显损害。其次，孙某某在行使知情权时也遭遇了极大阻碍。经查询，孙某某在该案终结后向公司提起了知情权诉讼。一审获

---

① 参见山东省淄博市中级人民法院,(2020)鲁 03 民终 562 号二审判决书。

胜后,公司进而提起二审上诉,二审维持原判。① 孙某某在知情权诉讼中胜诉,但其为此付出的代价是高昂的。园林公司在明显处于败诉风险的前提下依然提起上诉,可见公司拒绝为孙某某提供相应资料。而这些资料也成为孙某某请求公司分配利润,维护自身合法权益的阻碍。裁判文书对巩某某是否为执行董事并未作出确认,但该案例仍反映出董事主体论下对有限公司股东干预公司经营管理损害中小股东利益情形的规制困境。实践中常存在有限公司控股股东未实际担任董事但仍干预公司经营管理实行股东压迫的情形。在主体论下,公司法只能通过对控股股东、实际控制人滥用权利之规定对该类情形予以规制。但案例4-2已表明,司法实践对控股股东、实际控制人滥用股东权利持保守立场。因此,单一的控股股东、实际控制人规制路径难以应对实践中的复合型股东压迫。

案例4-1与案例4-2都属于公司控股股东实际参与公司经营管理,从而侵犯中小股东合法权益的事例,但二者因公司类型不同,侵害中小股东权益的方式也有所区别。在案例4-1中,国美电器公司是上市公司,属于公众公司范畴,中小投资者主要依靠公司股票涨幅获取收益,并不参与公司治理,因此,控股股东侵害中小股东的行为不仅包括通过关联交易进行隧道挖掘等常规手段,还包括争夺公司控制权、操控董事会等行为。案例4-2中,××园林公司作为有限公司,人合性较强,实质上属于封闭性公司。股东无论持股比例多少,其利益需求均包括参与公司经营及获得分红。因此控股股东侵害中小股东权益的表现形式为通过操控董事会决议将中小股东排除出管理层,或拒绝小股东获知公司财务信息,进一步拒绝分红。在现代公司理念中,股东并不作为公司的实际经营管理人,经营管理的职责由董事或高管行使。因此,公司法中并不对股东苛责过多的责任义务。《公司法(2018)》中有关股东责任的条款仅体现在第20条、第21条,股东权利不得滥用条款及关联关系损害公司利益之禁止。②《公司法(2023)》在此基础上增加了将控股股东、实际控制人认定为影子董事、实质董事之规定;并将控股股东、实际控制人滥用权利列为有限公司股权回购的法定事由。③ 从理论层面而言,《公司法(2023)》有限扩张了主体论,以控股股东、实际控制人为主体增设了实质董事、影子董事制度;通过将股东压迫列为有限公司股东退出公司的法定事由,增加了对控股股东、实际控制人滥用股东权利的规制

---

① 参见山东省桓台县人民法院(2020)鲁0321民初1318号一审判决书;山东省淄博市中级人民法院(2020)鲁民终2758号二审民事判决书。
② 参见《中华人民共和国公司法(2018年修正)》第20条、第21条。
③ 参见《中华人民共和国公司法(2023年修订)》第80条、第180条、第192条。

力度。这样的修订为中小股东应对复合型股东压迫提供了更多制度供给，但对于控股股东、实际控制人影子董事、事实董事的认定细则仍有待完善。

（二）司法实践中对董事身份之判定标准混乱

虽《公司法（2018）》对董事明确采取了主体论定义，但司法实践中已有法院采用行为标准将实质行使董事会权力的监事、高管认定为董事，苛以董事义务与责任。可见采用主体论之立法规定已无法回应司法实践之需求，一方面造成了司法实践中存在主体标准与行为标准的分野；另一方面由于未对行为标准的认定细则进行规定，因此采行为标准的法院在认定细则上也存在区别。本书分别以《公司法（2018）》第148条、第216条为裁判依据在威科先行上检索，截至2022年6月17日，在上述条件下共检索到民事案例324件，经实质筛选与董事、高管身份认定相关的共92件。① 根据公司法规定，董事由股东会选任，经理由董事会选任，因此将工商登记、公司章程、股东会与董事会决议作为认定董事、经理的形式标准，将是否实际行使董事、经理权力作为实质认定标准。92件案件中，涉及实质认定标准的案件共27例（详见图4-4）。涉案具体情形包括：（1）有董事、高管之名也实际行使了董事、高管之权力；（2）有董事、高管之名但未行使董事、高管之权力；（3）无董事、高管之名但实际行使了董事、高管权力；（4）无董事、高管之名也无董事、高管之实。

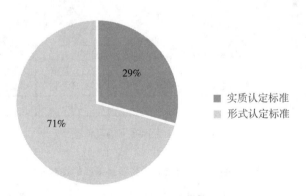

29%

71%

■ 实质认定标准
■ 形式认定标准

图4-4　案件数量占比

①采用实质认定标准的法院数量较少，且主要集中在东部地区（详见图4-5），大部分法院仍严守公司法对董事、高级管理人员之规定，对高级管理人员的范围界定以经理、副经理、财务负责人、上市公司董秘及章程规定

---

① 董事身份认定与高管身份认定实质相同，形式认定标准包括工商登记、股东会与董事会决议等，实质判定标准都为权力的行使，因此本文将高管身份认定的案件一同纳入分析。

的其他人员为限;在董事、高级管理人员的认定上,以工商登记、股东会决议、董事会决议以及人事任命通知书等作为认定依据。而东部地区商事活动相对复杂,法官在判决时更倾向于从立法原意的角度解释、运用法律。

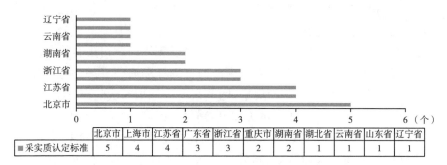

	北京市	上海市	江苏省	广东省	浙江省	重庆市	湖南省	湖北省	云南省	山东省	辽宁省
■采实质认定标准	5	4	4	3	3	2	2	1	1	1	1

图4-5　采实质认定标准的法院地域

②采用实质认定标准的法院以员工是否实际拥有董事、高管权力作为职务资格认定标准,但由于对是否实际行使权力的理解不同,裁判结果也存在区别(详见图4-6、表4-1)。

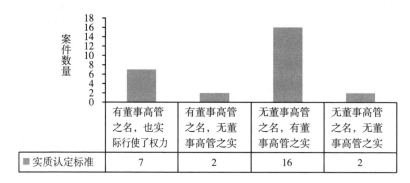

	有董事高管之名,也实际行使了权力	有董事高管之名,无董事高管之实	无董事高管之名,有董事高管之实	无董事高管之名,无董事高管之实
■实质认定标准	7	2	16	2

图4-6　实质认定标准下的案件类型

表4-1　实质认定标准下不同案件情形的裁判立场

案件类型	裁判立场	代表案例
无董事高管之名,有董事高管之实	相关人员应纳入董事、高管范畴,赋以忠实、勤勉义务予以规制	穆某某与三河市××文化传媒有限公司等损害公司利益责任纠纷案、邓某某等与上海××实业有限公司损害公司利益责任纠纷案、山东创智人力资源服务有限公司与阴某某等损害公司利益责任纠纷案

续表

案件类型	裁判立场	代表案例
有董事高管之名，无董事高管之实	此处采用实质认定标准的法院出现了裁判立场不统一的情形。部分法院认为，董事、高管并未实际行使权力，也无行使权力的能力，因此不应当承担相应的责任。部分法院认为，董事、高管虽然没有行使权力，但只要有利用公司的财产、信息或者在公司的职权为自己谋取私利的可能，那么他们都应该受到忠实义务的约束	张某与田某等损害公司利益责任纠纷案、湖南××食品有限公司与毛某某损害公司利益责任纠纷案
有董事高管之名，也实际行使了权力	相关人员应纳入董事、高管范畴，赋以忠实、勤勉义务	张某与重庆××汽车销售有限公司损害公司利益责任纠纷案
无董事高管之名，也无董事高管之实	不纳入董事、高管范畴	上海××创意策划有限公司与代某某等损害公司利益责任纠纷案

③董事身份认定是其后续是否承担义务的逻辑前提，因此采用实质认定标准的法院与采用形式认定标准的法院裁判结果是截然相反的。如若监事实际参与了公司经营管理，行使了经理职权，采实质认定标准的法院也会将其纳入高管范畴；而采用形式认定标准的法院则认为监事不得兼任董事、高管，不认为其应当承担勤勉、忠实义务。这样的情形不仅导致案情相似的案例出现了不同裁判结果，甚至同一个案件在一二审的判决中也出现不同结果。以下兹举三个案例进行阐述。

案例 4-3：

东×公司诉张某某、郭某某、徐某某、东×物流公司 损害公司利益责任纠纷一案①

案件事实：

东×公司成立于 2010 年 6 月 13 日，系有限责任公司，股东为慕某某（持股 60%）、张某某（持股 40%），张某某为监事。张某某、郭某某于 2004 年 2 月 6 日登记结婚。张某某任职于东×公司，公司公章由张某某保管。郭某某在 2013 年 5 月至 2020 年 7 月就职于东×公司，并负责开展东×公

---

① 参见福建省厦门市思明区人民法院（2021）闽 0203 民初 23361 号一审判决书。

司主要经营业务。郭某某于 2020 年 8 月后离职。郭某某任职于东×公司期间,根据东×公司费用支出报销凭证以及财务做账凭证记载,东×公司 2020 年 1 月至 7 月期间的管理事项及费用支出审批人为张某某或郭某某,2019 年 12 月至 2020 年 7 月期间,东×公司工资发放批准人为张某某或郭某某。在此期间,张某某、郭某某的工资标准和岗位标准居于东×公司工资发放标准之首。

东×物流公司成立于 2020 年 6 月 17 日,系有限责任公司,徐某某为公司唯一股东及法定代表人,系郭某某之母。东×物流公司经营范围与东×公司相同。东×物流公司成立后,与东×公司离职员工签订劳动合同(包括郭某某在内共 8 名),该 8 名人员在东×公司提出异议后分别于 2020 年 9 月 27 日、30 日与东×物流公司解除劳动合同。据查东×物流公司 2020 年 7 月至 12 月所进行贸易的 25 家客户也与东×公司存在稳定贸易往来。东×公司认为,东×物流公司共收到 25 家客户支付的营收款项,扣除增值税,所余款项即为张某某、郭某某、徐某某、东×物流公司共同损害东×公司合法利益给东×公司造成的损失。

裁判结果及理由:

一审法院认为,张某某、郭某某系东×公司高级管理人员。首先,张某某系东×公司股东,其虽为监事,但负责保管东×公司公章并任职于东×公司,薪酬亦高于东×公司普通工作人员。其次,根据东×公司财务报销审批凭证记载,东×公司 2020 年 1 月至 7 月期间的管理事项及费用支出审批人为张某某或郭某某,2019 年 12 月至 2020 年 7 月期间,东×公司工资发放批准人为张某某或郭某某。再次,郭某某任职于东×公司期间负责开展东×公司主要经营业务,且薪酬亦高于其他工作人员。最后,东×公司法定代表人慕某某同时担任厦门东×集装箱运输有限公司(成立于 2001 年 11 月 7 日)法定代表人。慕某某平时不在东×公司,不领取东×公司薪酬。由于张某某、郭某某系夫妻关系,结合一般商事规律、普通大众认知及公序良俗,可以推定张某某、郭某某系东×公司日常经营的实际管理人。综上所述,虽无明文任命张某某、郭某某担任东×公司高级管理人员,但张某某、郭某某实际掌控东×公司的经营业务和日常事务,根据商事习惯,足以认定张某某、郭某某系东×公司高级管理人员。

在此前提下,张某某、郭某某对公司负有忠实义务和勤勉义务。但张某某、郭某某、徐某某共同以东×物流公司名义开展与东×公司经营门类相同的业务,并谋取可能属于东×公司商业机会,损害了东×公司利益。第一,郭某某在东×公司任职期间以徐某某名义成立的东×物流公司具有与东×公司相同的经营门类。第二,郭某某作为东×物流公司实际控制人开展经营活动。不仅与东×公司离职员工签订劳动合同,且利用郭某某在东×公司任职期间因行业经营积累并获得不断扩展的业务知名度,使东×公司客户同时成为东×物流公司的客户并与之发生交易,谋取了可能属于东×公司的商业机会。第三,张某某、郭某某系夫妻,张某某作为东×公司监事及实际管理人,在知悉上述事实的前提下,不仅从未向东×公司执行董事提出应当向郭某某、徐某某、东×物流公司主张权利的建议,并且放任其谋取可能属于公司的商业机会。故难以排除四被告存在共同故意的可能。因此,足以认定四被告故意成立具有与东×公司经营门类相同的东×物流公司,并谋取了可能属于东×公司的商业机会。

案例 4-4:

上海××玻璃机械有限公司与姚某某公司高级管理人员
损害公司利益赔偿纠纷案①

案件事实:

姚某某为上海××玻璃机械有限公司(以下简称玻璃公司)的股东及监事。玻璃公司于2001年与韩方合资成立亚×公司,工商登记显示,股东为秦某甲、秦某乙。姚某某于2002年至2004年3月中旬,离开玻璃公司进入亚×公司工作,担任亚×公司副总经理。离开亚×公司后,姚某某于2004年5月与第三人成立艾×公司,并任执行董事兼法定代表人。玻璃公司认为,姚某某系公司监事、分管技术的副总经理,于2004年自行离开公司,未经公司同意与他人另行设立与公司经营范围相同的艾×公司,违反了竞业禁止的相关规定。另查明,玻璃公司章程规定:公司董事、经理及财务负责人不得兼任监事;玻璃公司法定代表人胡某某于2001年12月6日授权被告姚某某以副总经理身份并以原告名义参与项目投标。

裁判结果及理由:

一审法院认为,根据《公司法(2005)》规定,监事并不属于高管范畴,且监事不得兼任董事、高管。② 姚某某在玻璃公司担任监事,因此尽管原告曾

---

① 参见上海市嘉定区人民法院(2009)嘉民二(商)初字第448号;上海市第二中级人民法院(2009)沪二中民三(商)终字第510号。

② 参见《中华人民共和国公司法(2005年修正)》第52条、217条规定。

授权被告以副总经理的身份进行商业活动,但不能认定被告系原告的副总经理,况且被告设立艾×公司时已不在原告处任职,故对原告无竞业禁止的义务。而监事的忠实、勤勉义务,只有在其怠于行使或者不当行使监督职责时才能进行问责,并不包含竞业禁止。因此,公司不能基于监事的竞业行为主张归入权和赔偿损害请求权。这也是公司监督与经营管理权的体现。二审法院认同一审法院的裁判意见,理由为:第一,姚某某系玻璃公司监事,据《公司法(2005)》及玻璃公司章程规定,公司董事、高管不得兼任监事。因此不能以姚某某以副总身份参与过商业活动为由认定其为玻璃公司的高管。第二,监事没有竞业禁止义务,因此姚某某无竞业禁止义务。故维持一审原判。

案例评析:

以上两案例,均出现了非法定高管实际行使公司权力的情形,但由于对高级管理人员的认定缺乏统一标准,法院对此体现出的裁判思路以及裁判立场并不相同。在案例4-3中,法院对高管的认定持相对开放的态度,采实质认定标准,认为张某某、郭某某虽无高管之名,但实际参与公司经营管理,且薪酬也高于一般工作人员薪酬,因此应认定为公司高级管理人员。但在案例4-4中,法院裁判思路却出现转变,相对于案例4-3较为严守公司法预设的治理结构:董事、高管不得兼任监事,强调监督权与经营权的分离。即使证据显示,姚某某作为公司监事,也曾以副总经理名义参与公司经营管理,表明在公司实际经营过程中,监督权与经营权并未完全分离,二者仍呈现出融合的现象,但法院依旧延续监督权与经营权分离的思路,对姚某某高管身份的认定持保守立场。

案例4-5:

云南××实业有限公司、云南××科技有限公司
损害公司利益责任纠纷案①

案件事实:

云南××实业有限公司(以下简称实业公司)诉至法院称:赵某某作为公司高管,挪用公司10万元未还;利用职务便利将实业公司的33万余元挪用到××科技有限公司(以下简称科技公司)使用;利用职务便利,将科技公司的业务费拿到实业公司进行报销,报销费用为20万余元;在实业公司

---

① 参见云南省昆明市中级人民法院(2019)云01民终4177号二审判决书。

任职期间,经营科技公司,而科技公司的经营范围、业务与实业公司相同,违反了竞业禁止义务。另据工商登记及实业公司章程记载,赵某某为实业公司监事。

裁判结果及理由:

一审与二审法院对赵某某身份的认定持相反意见。一审法院认为,赵某某在实业公司工商登记上显示为监事。但证据显示,赵某某曾作为财务负责人在实业公司财务报账上签字,以高管身份签发文件,公司员工也认可其为赵总。据此,赵某某实际已经履行了公司负责人的职责,属于《公司法(2018)》规定的高管范畴。二审法院认为,赵某某虽然在其项目的费用报销清单中签字及签发标注为赵某某团队的任命文件,但无论从工商登记还是公司章程,赵某某的身份均规定为监事,据《公司法(2018)》规定,董事、高级管理人员不得兼任监事。对于实业公司所主张的赵某某担任公司经理的主张,本案中没有证据显示有任何任命程序或任命文件。综上所述,二审法院认为赵某某的身份并非高级管理人员。

针对司法实践中存在监事实质行使董事权力损害公司利益的情形,《公司法(2023)》将监事纳入了忠实义务的具体规制范围中。[①]《公司法(2018)》仅对监事忠实义务与勤勉义务进行了原则性规定,并未要求监事应遵循竞业禁止等具体要求。[②] 第一,相较于《公司法(2018)》,《公司法(2023)》更好地回应了实践需求,但对于监事义务采取一刀切的方式似与应然的现代公司治理状态不相符。应然的现代公司治理状态下,董事、高管、非高管人员所行使的公司权力不同,各主体对公司经营的影响力有所区别。董事、高管作为实际参与公司经营管理的主体,在执业过程中能接触更多关于公司经营发展的商业机会、决定公司商业决策,其行为与公司发展密切相关。因此不仅需要对其苛以更为严苛的消极义务(忠实义务),也要求承担积极的作为义务(勤勉义务)。而监事主要行使监督权,因此监事及其余非高管人员也并不能实际行使公司决策的权力,依据权责相统一的原则,法律对监事及其余非高管人员的要求相对较少。因此《公司法(2023)》规定虽较好地回应了实践需求,但也给不实质行使董事会权力的监事设置了较重的义务负担。第二,司法实践中对事实董事、影子董事的认定尺度仍有待统一。案例4-3结合了监事薪酬、各项资料的签名以及公司治理状况综合认定实质董事,案例4-5结合了各项资料签名以及员工证词等综合认定

---

① 参见《中华人民共和国公司法(2023年修订)》第181条规定。
② 参见《中华人民共和国公司法(2018年修正)》第147条规定。

实质董事。两案例的综合因素并不相同,裁判尺度也难言一致。因此还需立法制定细则以统一裁判尺度。第三,《公司法(2023)》是对主体论的有限扩张,难以回应实践中控股股东、实际控制人、监事以外的主体实际行使董事权力损害公司、股东利益之情形。鉴于此,我国可考虑进一步优化董事身份认定标准,结合主体论与行为论,促进司法裁判之统一,对真正损害公司利益的行为进行规制,以更好地保护投资者利益。

二、实质董事立法范式的制度功能及体系定位

在域外公司法实践中,对滥用公司权力行为的规制主要包括实质董事路径以及控股股东、实际控制人路径两种。实质董事路径是指对董事身份界定采用行为论下的认定标准,董事主体包括法定董事、事实董事与影子董事。控股股东、实际控制人规制路径是指对控股股东以及实际控制人单独规定义务责任,即使其行使董事权力也并不将其划入董事范畴。实质董事规制路径以英国立法例最为典型,控股股东、实际控制人规制路径以德国法最为典型,在公司治理实践的发展中,两种规制路径也呈现融合的迹象。《公司法(2018)》只对控股股东、实际控制人不得滥用权力进行了禁止性规定①,《公司法(2023)》在此基础上引入了对控股股东、实际控制人行使董事权力所需负担的义务以及控制董事损害公司利益所需承担的赔偿责任。② 但实质董事立法与原有的控股股东、实际控制人规制路径是否有重合之处? 二者分别所指向的公司治理场景为何,还需要结合公司治理实践以及两条规制路径的制度功能、体系定位予以厘清。

（一） 两种规制路径的域外法考察

实质董事立法以英国法为代表,形式董事立法以德国法为代表,对二者规制路径的社会经济背景分析,有助于为探究实质董事的制度定位奠定基础。

1. 英国实质董事立法体系下对中小股东的权益保护

英国法中董事的实质主义立法体系由制定法与判例法组成,制定法对董事概念进行了定义,并简单地划定了外延;判例法则进一步深化了事实董事与影子董事的认定标准。根据 2006 年英国《公司法》第 250 条规定,在公司法规中,董事包括处在董事位置上的任何人,不管其称呼。从法律规定可知,英国公司法中的董事是根据一个人的功能或作用,同时结合公司性

---

① 参见《中华人民共和国公司法(2018 年修正)》第 20 条、21 条规定。
② 参见《中华人民共和国公司法(2023 年修订)》第 180 条、192 条规定。

质、公司章程、董事的服务合同等来判断,而不是看有没有董事头衔。公司可以把董事叫作管理人、信托人、咨询人等,但这不会影响其作为董事的法律地位。① 2006 年英国《公司法》第 251 条则对影子董事的内涵及外延进行了定义和划分,具体为:(1)在公司法规中,与公司相关的"影子董事"是指董事习惯于根据其指导或指使而行事的人。(2)一个人并非仅因下列事项而视为影子董事:(a)基于该人以专业身份提供的建议;(b)根据该人在行使或根据一项制定法赋予的职责时提出的指示、指导、指引或建议;(c)根据该人以内阁阁员身份提出的指引或建议。(3)为下列各章之目的,法人并非仅因子公司的董事习惯于根据其指导或指使行事而视为其任何子公司的影子董事——第 2 章(董事的一般义务)、第 4 章(要求成员批准的交易)、第 6 章(与系董事的单个成员的合同)。②

司法判例则进一步深化了事实董事与影子董事的内涵界定,使得实质董事制度在实践中真正被适用,以保护公司、股东及债权人的合法权益。不过事实董事、影子董事是否与法定董事承担同样的义务有所不同。司法界对事实董事应当承担与法定董事相同的义务,已达成共识;而对影子董事是否与法定董事一样,对公司负有受信义务,仍有争论。③ 2006 年英国《公司法》第 170 条规定,当能够适用时并在此范围内,一般义务适用于影子董事。④ 换言之,在普通法规则和衡平法原则适用范围内,普通董事义务适用于影子董事,而在适用范围外,影子董事是否承担相应的义务与责任,学界及司法界意见并不统一。反对派意见认为,影子董事所具有的对公司的间接影响力并不足以将受信义务施加于他身上。⑤ 支持者认为,影子董事承担着普通董事的义务和责任。⑥ 持中立意见的则认为,应当视情况而定。如受影子董事的指令或指导的普通董事违反相关义务,则影子董事也应当承担责任。⑦

---

① 参见葛伟军译注:《英国 2006 年公司法》(第 3 版),法律出版社 2017 年版,第 209—211 页。

② 参见葛伟军译注:《英国 2006 年公司法》(第 3 版),法律出版社 2017 年版,第 213 页。

③ 参见林少伟:《英国现代公司法》,中国法制出版社 2015 年版,第 369—374 页。

④ 参见英国《2006 年公司法》第 170 条,载葛伟军译注:《英国 2006 年公司法》(第 3 版),法律出版社 2017 年版,第 141 页。

⑤ See Ultraframe(UK)Ltd v Fielding [2005]All ER(D)397(Jul)Ch.

⑥ See Re Mea Corporation Ltd,Secretary of State for Trade and Industry v Aviss [2007] 1 BCLC 618;Yukong Line of Korea Ltd v Rendsburg Corp Investment [1998]2 BCLC 485.

⑦ See Susan Watson & Chris Noonan, "The Nature of shadow Directorship:Ad Hoc Statutory Intervention or Core Company Law Principle?" (2006) *Journal of Business Law*,pp.763,773.

　　无论是对控股股东、实际控制人规制还是对实质董事的规制,其实质都是为了解决第二类代理成本。因此,想要厘清实质董事制度的功能及体系作用,还需梳理英国法中股东权利救济制度。英国股东权利救济制度包括股东直接诉讼、股东派生诉讼以及不公平损害救济制度,与实质董事制度一起构成了解决代理成本的法律制度体系。股东直接诉讼是指当股东法定权利遭到公司侵害时,可直接向法院提起诉讼。一般而言,股东个人权利救济源于以下几种情形:公司章程规定、对公司章程条款变更的异议、董事义务的违反、越权交易和股东协议。① 股东派生诉讼是指当公司权益受到控股股东、董事和高级管理人员侵害时,股东可提起诉讼。不公平损害救济制度是指当控股股东或董事以不公平的方式损害股东权益,受侵害的少数股东可提起诉讼。

　　股东直接诉讼、派生诉讼以及不公平损害救济制度三者相辅相成,共同构成对股东权利的体系性保护,而实质董事制度为义务主体制度,并非救济制度,是这三者救济制度的逻辑前提。股东直接诉讼旨在为股东法定权利直接受到侵害时提供救济途径。因此,基于诉由的限定性,股东直接诉讼无法在公司利益受损时为股东诉讼提供法律依据;基于股东法定权利范围有限,股东直接诉讼也无法对复合型、长期型以及具有隐蔽特征的股东压迫进行救济。股东派生诉讼与不公平损害救济制度弥补了前述缺陷。当公司利益受损,而公司被控股股东、实际控制人等掌控无法提起诉讼时,作为间接利益受损人的中小股东可提起派生诉讼以维护公司利益,进而保护自身权益。当中小股东遭受长期、隐蔽的股东压迫,该损害不能由股东直接诉讼所涵盖时,中小股东可提起不公平损害救济。因此不公平损害救济可视为股东权益保护的兜底性条款。故在实质董事体系下,符合董事认定要件的控股股东、实际控制人等人,不仅在法律规定范围内要承担相应的义务,还可能作为股东诉讼的对象;而当控股股东、实际控制人滥用股东权利而非董事权力损害少数股东利益时,少数股东可提起不公平损害救济制度。可见实质董事制度作为义务主体制度与股东救济制度一起,构成了对股东权益的全方位保护,为降低代理成本起到了积极效用。

　　2. 德国形式董事立法下对控股股东、实际控制人的规制

　　德国法中并未对董事进行定义,只规定了董事的选任与解聘。在股份公司中,董事由监事会选任产生;在有限公司中,仅有业务执行人与股东会

---

　　① 参见林少伟:《英国现代公司法》,中国法制出版社 2015 年版,第 236 页。

两个必要的机关,业务执行人由公司合同或股东会决议委任。① 可见,德国对于董事采取形式立法主义,即主体论。不过德国法中对于控股股东、实际控制人等都分别规定了相应的义务、责任。

第一,在德国《股份法》中专设一章规定了利用对公司影响损害公司利益的主体的法律责任。据规定,利用对公司的影响指示董事、监事、经理或全权代办人损害公司或其股东利益的人,应当就该损害向公司承担赔偿责任,以及就股东除了公司受损以外而遭受的损害向股东承担赔偿责任。如董事、监事违反了相应义务,也作为连带债务人。此外,因损害行为获益的人,只要具备主观故意,也应承担连带责任。债权人因此不能从公司获得清偿的,也可向公司主张赔偿。②

第二,康采恩规则。在契约康采恩企业中,控制企业的法定代表人应对公司尽到正直且认真的业务执行人的注意;法定代表人违反其义务的,作为连带债务人向公司承担赔偿义务。在事实康采恩企业中,法律规制更为严厉。控制企业在任何情况都不得利用其影响力促使从属公司实施对自己不利的法律行为,或者以从属企业蒙受不利的利益为由采取或放弃某种措施;未予补偿的,从属企业拥有请求权。此外,从属公司的董事会还应按照规定发布与关联企业关系的报告,便于外部监管。③

第三,德国判例确认了股东忠实义务,可作为大股东滥用权利侵害小股东的兜底性原则。此处的股东忠实义务不是指德国民法诚信义务的延伸,而是指基于股东身份所生之基本义务,为股东竞业禁止等义务的上位概念。1995 年 ITT 案确立了有限公司股东忠实义务。股东对公司负有忠实义务,股东与股东之间也互负忠实义务,大股东的忠实义务由于其对公司的影响力而产生,因此多数股东在决策时应当顾及少数股东利益。④ 1988 年 Lino-type 案则将股东忠实义务扩展到了股份公司。该案法院认为在股份公司中多数股东也有可能通过支配或干预公司业务而影响或威胁其他股东在公司中的相关利益。⑤

---

① 参见[德]格茨·怀克、克里斯蒂娜·温德比西勒:《德国公司法》(第21版),殷盛译,法律出版社 2010 年版,第 330—331 页。

② 参见德国《股份法》第 117 条,载胡晓静、杨代雄译注:《德国商事公司法》,法律出版社 2014 年版,第 121 页。

③ 参见德国《股份法》第 308 条—315 条,载胡晓静、杨代雄译注:《德国商事公司法》,法律出版社 2014 年版,第 215—219 页。

④ 参见刘渝生:《公司法制之再造——与德国公司法之比较》,新学林出版股份有限公司 2005 年版,第 197—200 页。

⑤ 参见王彦明:《德国法上多数股东的忠实义务》,载《当代法学》2004 年第 6 期。

3. 英国实质董事与德国形式董事规制路径差异的原因探析

英国法对实质董事的规定以及德国法对控制人的规定,目的都在于降低代理成本,保护股东权益,不过两国的社会、经济、文化基础不同,公司治理实践不同,故法律规制路径有所差异。英国实质董事的配置思路主要源于"弱股东、强管理层"的公司治理架构。由于英美股权市场高度发达,公司股权分化,在大企业中股东往往通过股票在市场上的转让差价获益,且单个股东所占份额较少,故股东没有动力也没有足够权力参与、影响公司经营管理。因此,公司经营管理权主要集中在管理层,公司代理成本主要体现在董事与股东之间。成文法及普通法对董事权力、义务以及责任的规定也比较完善。故对代理成本的遏制,英国法采取了实质董事制度作为股东权利救济的逻辑前提。对非董事身份却实际行使董事权力或影响董事权力行使的人员,也属于董事范畴,适用义务责任制度,从而有效遏制代理成本。此外,针对封闭公司中常见的第二类代理成本,即控股股东损害小股东利益的情形,英国法也规定了不公平损害救济制度予以规制。德国对于控股股东、控制企业的规制思路则源于法人交叉持股的股权背景。在德国,公司股权结构不如英美国家公司结构分散,银行作为公司主要的资金提供者,还发挥着一系列与公司治理有关的功能。由于法人之间相互持股的情况较为普遍,故德国公司的股权结构呈现较为稳定、银行为主要控股股东的特点。[1]代理成本也主要体现为控股股东侵害小股东权益。故德国公司法采取了对控股股东、控制企业进行区别规制的路径,分别规定其义务与责任;在判例法中确立了股东忠实义务,以作为股东权利救济的兜底性制度。

(二) 我国实质董事路径本土化的制度功能定位

学界对我国应采用实质董事路径还是控股股东、实际控制人规制路径并未形成统一看法,其主要争论点在于控股股东、实际控制人规制路径能否在我国形成良好的法律适用。支持者认为该路径契合当下我国公司的股权结构特点,反对者认为该路径不符合董事会中心的立法取向,制度本身存在抽象性不适合法律移植,应采用实质董事路径。实质董事与控股股东、实际控制人规制路径在制度功能及目标上存在互补性,在价值取向及法律适用上存在差异性。基于我国多样化的公司形态及股权结构,两者或许皆可适用于我国的公司治理实践,不过实质董事规制路径应考虑定位于公众股份有限公司及人数较多的非公众股份有限公司,控股股东、实际控制人规制路

---

[1]　参见梁洪学:《公司控制权配置的演进、变革及启示——基于英美模式与德日模式的比较视角》,载《当代经济研究》2014年第12期。

径应定位于有限责任公司及人数较少的非公众股份有限公司。

1. 实质董事与控股股东、实际控制人规制路径的学理争论

结合域外立法例,遏制公司代理成本,保护股东权益主要包含两条法律规制路径。其一,实质董事范畴下的权力、义务与责任体系。凡是行使了董事权力或影响董事权力的人,都将在董事义务责任体系中受到规制。其二,在董事权力、义务与责任体系外,构建控股股东、实际控制人的义务责任体系。主要包括在判例法中赋予股东诚信义务、股东压迫救济制度以及不公平损害救济等。具有原则性、抽象性等特点,需结合判例法予以适用。当前我国学界对上述两条路径的移植与适用争论不休。支持对控股股东赋予信义义务的学者认为,我国公司治理实践中已存在控股股东实际经营管理、侵害公司及小股东利益的事实,因此立法应在尊重实践的基础上承认控股股东的治理地位,并移植英美法上控股股东的信义义务,对其予以规制。[①] 反对者认为,控股股东信义义务在美国法上本就极为抽象,至今未形成统一的规则及适用情形,且控股股东信义义务在美国法上呈现出明显弱化倾向。[②]故由于该制度本身的抽象性特征,在法律移植上存在一定的难度。且过于强调控股股东、实际控制人在经营管理中的地位,反而模糊了股东与公司的责任边界[③],不符合董事会中心主义的公司法变革趋向。[④]

2. 实质董事与控股股东、实际控制人规制路径的互补性与差异性

本文无意对控股股东信义义务的规制路径进行批判,法律制度是否行之有效的重要因素之一在于是否与一国的经济社会背景及公司治理实践相契合;具体到公司治理机制的构建,应与本土公司形态及股权结构相契合。因此,实质董事制度与控股股东、实际控制人规制路径在不同的公司治理背景下都具有一定的合理性,且二者的制度目标、功能定位等存在互补性。英国的立法实践也表明,二者可以并行不悖。故二者可以同时存在于一国立法体系中,不过在构建实质董事制度时,要厘清二者的联系与区别,以免相互重复。具体而言,二者的区别与联系体现在以下方面:

一方面,实质董事制度与控股股东、实际控制人的义务责任体系在制度

---

① 参见赵旭东:《公司治理中的控股股东及其法律规制》,载《法学研究》2020 年第 4 期;王建文:《论我国构建控制股东信义义务的依据与路径》,载《比较法研究》2020 年第 1 期。

② 参见朱大明:《美国公司法视角下控制股东信义义务的本义与移植的可行性》,载《比较法研究》2017 年第 5 期。

③ 参见郑彧:《论实际控制人的法律责任:公法的路径依赖与私法的理念再生》,载《财经法学》2021 年第 3 期。

④ 参见刘斌:《重塑董事范畴:从形式主义迈向实质主义》,载《比较法研究》2021 年第 5 期。

目标上具有共通性,但在适用范围上有所交叉,在价值取向上也并不相同。第一,两种制度的设定目的都是为了遏制公司代理成本,保护股东权益。控股股东、实际控制人义务责任的设置其目的在于遏制第二类代理成本,即防止控股股东、实际控制人滥用股东权利损害中小股东权益。而实质董事制度的适用范围更为广泛,当法定董事违反法律规定,损害公司、股东权益时应承担相应法定责任,有利于遏制第一类代理成本;当控股股东、实际控制人行使董事权力或控制、指令董事行使权力时,也应当在相应的范围内承担董事义务责任,在一定程度上可遏制第二类代理成本。此外,不具有董事、股东身份的人员行使董事权力时也应承担相应责任。第二,二者价值取向不同,主要区别在于是否承认董事在公司管理中的中枢地位。义务、责任与权力相对应,赋予控股股东义务、责任实际上承认其享有公司经营管理权,有可能消解公司独立性;如果肯认董事的职位和董事会权力,那么就应相应增加实质董事和其他管理人员的可问责性规范,而非径行穿透至幕后控制股东。① 前者可视为对股东会中心主义的回归,后者可视为趋向于董事会中心主义。

另一方面,实质董事制度与控股股东、实际控制人的义务责任体系虽然在法律性质、法律适用及法律责任上有所不同,但在制度功能上具有互补性。控股股东、实际控制人义务责任体系规定了主体的义务内容及责任承担方式,可作为权利救济的依据。而实质董事制度实质上属于义务主体制度,并不涉及董事的义务内容与责任承担方式,其内涵主要包括对董事资格身份的认定。在法律适用上,控股股东、实际控制人的义务责任体系对判例法具有较大的依赖性,尤其是信义义务及不公平救济制度等,因为规定本身具有原则性、抽象性等特点,需要法官根据个案事实综合认定。同时基于前述特点,法官的自由裁量权较大,因此司法裁判的内容及尺度难以统一。实质董事制度的认定标准则相对明晰,司法弹性较小。在法律责任上,控股股东、实际控制人的违信责任为损害赔偿,对造成损害的公司权益及小股东权益承担赔偿责任;董事义务责任制度下,董事的法律责任则相对多样,包括撤销董事资格、损害赔偿、所得利益归入公司等。但正是由于前述不同,二者在制度功能上具有互补性。一方面,由于控股股东、实际控制人规制路径的抽象性、原则性,可作为实质董事制度以外的兜底性条款。另一方面,二者的适用范围也可互补。对控股股东滥用股东权利的情形,实质董事制度无法规制;对不具备股东身份的人,行使董事会权力以及指导、指令董事权

---

①　参见刘斌:《重塑董事范畴:从形式主义迈向实质主义》,载《比较法研究》2021 年第 5 期。

力行使的情形,控股股东路径无法规制。故二者在适用范围上具有互补性。

3.实质董事与控股股东、实际控制人规制路径定位于不同类型公司

公司法制的构建应与公司治理实践相契合。当前我国公司治理实践中存在一股独大、内部人控制的现象,与英美股权高度分散化及德日法人交叉持股的公司治理实践均不相同。基于前文所述的我国公司治理实践,本书认为我国《公司法》可考虑既设立实质董事制度,也应对控股股东、实际控制人予以单独规制,不过二者制度定位有所不同。首先,实质董事的制度构建应主要定位于解决公众公司代理成本。此处的公众公司是前文所指的人数较多的非公众股份公司以及公众股份公司。正如第三章实证研究数据显示,由于公众公司存在股权高度集中的现象,容易发生控股股东、大股东"一言堂",甚至滥用控制侵害公司利益、损害中小股东权益的情形,因此应强化、扩大董事会权力,限制大股东、控股股东滥用控制权。故出于强化董事会权力的需要,应构建实质董事制度,承认董事在公司治理中的中枢地位。其次,控股股东、实际控制人的法律体系构建应主要定位于解决有限公司及人数较少的非公众股份公司的问题。第三章实证研究数据显示,有限公司及非公众股份公司具有人合性、所有权与经营权合一等特征,因此董事会权力与股东会权力的分野并不明显,更多以股东意思自治为主。在此背景下,实质董事制度并无太多适用余地。且有限责任公司中,由于股东缺乏退出机制,股东压迫呈现出复杂性、多样性以及常态性的特征,故更应对控股股东、实际控制人规定相应的法律责任与义务,以保护中小股东权益。

三、我国实质董事制度的具体构建

在实质董事制度下,董事主体范畴可分为非法定董事与法定董事。非法定董事体系的构建主要包含以下三个问题,即事实董事与影子董事的适用情形、确立标准以及与现行法律体系的协调。

(一)实质董事的认定原则

1.行为标准原则

影子董事、事实董事制度属于防御机制,对其认定应采用行为标准,即根据主体的行为认定其是否具有董事身份,而该主体是否具有股东身份、是否为董事的近亲属、是否为公司控股企业的董事或股东则不构成影响。如司法实践中常出现的母子公司,母公司控股股东作为母公司董事,那么该董事是否自然为子公司董事?按一般商业经验,母公司控股股东作为董事时,不仅可以凭借大额持股控制母公司行为,也可控制子公司行为,并且有机会利用母子公司的商业机会、资金等为自己谋利。因此部分法院认为,由于母

公司和子公司具有利益的一致性,因此母公司董事的忠实勤勉义务自然延伸至子公司。① 这样的裁判理由虽可有力保护公司利益,但似乎对董事存在不公平之嫌。母公司董事虽有操控子公司经营之可能,但只是一种可能性假设。在此基础上将其董事义务自然延伸,可能导致对董事苛以太多义务而影响正常行权,且也有悖于公司独立人格。域外法中也有类似判例,如在英国 Commissioners of HM Revenue and Customs v. Holloand 案中,数家公司的唯一董事都是某一公司(即法人董事),该公司拥有一名自然人董事②,那么该自然人董事是否也是数家公司的事实董事呢? 多数观点认为,如果认定该自然人董事也是其他数家公司的事实董事将有悖于公司的独立人格;少数观点则认为,如果其行为或实施了公司决策,其即为事实董事。③ 无论多数观点还是少数观点均否定了单独凭借关联关系即认定某一主体为事实董事的判定标准。因此,在判定某一主体是否为公司事实董事时,应将其行为是否影响、操控公司决策作为构成要件,而关联关系等只能作为考量因素。

2. 实际影响力原则

对实际行使董事权力的认定应结合具体事项、行使职权的频率、时间等进行综合考量,其实质在于判断相关人员对公司经营管理有无实际影响力。在司法实践中,非董事行使董事权力的情形分为两种。其一,非董事身份的人员实际担任了董事职位,享有董事权力,对公司经营决策具有实质影响力。这样的实质影响力往往具有长期性特征,一般常见于分工不明确的封闭性公司,监事等公司职员也可行使董事职权,如"鞍山市××耐火化工材料有限公司、蒋某某与被申请人焦某、鞍山市××耐火原料有限公司损害公司利益赔偿纠纷案"。④ 其二,非董事身份的人员受公司管理层委托在某一事项上行使董事职权,如"杭州××装饰工程有限公司与陈某某、杭州××房地产代理有限公司等损害公司利益责任纠纷案"。⑤ 该案与前案的区别在于相关人员对公司经营的实质影响力并不具有长期性,仅在某一事项上行使了经营管理人员的职权。因此,在第一种情形中,非董事身份的人员应直接认定为事实董事,而无须区分具体情形;在第二种情形中,非董事身份的人员如需承担董事忠实、勤勉义务,则公司应证明其在从事具体经营管理

---

① 参见广东省高级人民法院(2019)粤民终 1027 号二审判决书。
② See Commissioners of HM Revenue and Customs v. Holland[2010]UKSC 51,at 53.
③ 参见刘斌:《重塑董事范畴:从形式主义迈向实质主义》,载《比较法研究》2021 年第 5 期。
④ 参见辽宁省鞍山市中级人民法院(2015)鞍审民终再字第 6 号民事判决书。
⑤ 参见浙江省杭州市中级人民法院(2017)浙 01 民终 8119 号二审判决书。

事项时进行了窃取了公司机会、侵占资金等损害了公司利益的不法行为。法理基础在于相关人员有无窃取公司商业机会、利用公司资源的可能性。第一种情形中,非董事人员因对公司有长期的实质影响力,因此随时都有利用公司资源的可能性;第二种情形中,非董事人员仅在特定情况下有窃取公司资源的可能性,因此二者承担的义务应有所区别。

3. 岗位职责与公司实际情况相结合原则

对董事、高管的身份认定不应局限于职务名称,应结合公司业务范围、实际管理架构、岗位职责予以综合确定。我国《公司法(2023)》对忠实义务的具体要求限于董事、监事、高级管理人员,而高级管理人员仅包括经理、副经理、财务负责人、上市公司董秘和章程规定的其他人员。但不同类型公司中公司管理人员的职务名称也有所区别。如生产类型公司其经营管理人员可能为生产厂长、技术总监等;销售类型公司其经营管理人员可能为销售总监、销售经理,其岗位职责实际上等同于董事、经理职权。例如在"嘉兴××自动化科技有限公司、吴某某等与李某某等损害公司利益责任纠纷案"[①]中,被告即为生产厂长,从职位名称来看并不属于董事、高级管理人员范畴,但其实际却是公司重要的生产经营管理人员和财务负责人,应属高管范畴。因此,在具体判断董事、高管身份时,不应局限于《公司法》列举的职务范围,还应结合公司类型、岗位职权予以综合确定。

（二）实质董事认定与控股股东、实际控制人路径的具体调和

结合我国《公司法(2023)》有关董事会权力与控股股东、实际控制人为事实董事、影子董事的规定,可将事实董事的认定标准设定为,实际参与董事会决策、行使董事会权力的非法定董事;影子董事的认定标准设定为,控制、支配董事会召开、决策及董事个人行权的非法定董事。就公司内部治理而言,董事个人权力的行使最终要通过董事会决策才发生效力。就对外代表而言,虽然董事并无法定的对外代表权,但是实践中董事依旧享有代表公司签订合同、洽谈商业机会等权力。这两种情形均可作为董事权力行使的表征。因此虽无董事身份,但是实际参与了董事会决策、对外代表公司进行商事活动的主体也应认定为实质董事,在相应的范围内承担责任。事实董事则应在行权范围内承担与法定董事相同的义务、责任,影子董事义务责任的承担则可参照《韩国商法典》第401条第2款规定,即利用其对公司的影

---

① 参见湖南省宁乡市人民法院(原湖南省宁乡县人民法院)(2021)湘0182民初5598号一审判决书。

响力指示董事执行业务者,与董事承担相同的损害赔偿责任。① 不过,并不要求利用影响力的主体本身存在任务懈怠的情形,只要接受指示的董事满足对公司的任务懈怠即可。② 由于影子董事并未实际行权,因此依据被指示董事违反义务的程度,一同承担连带责任,不仅符合法理也节约了立法成本,无须另行设立法律规范。这也和《公司法(2023)》规定相契合。最后,还应注意金带协议下产生的"名义董事",即控股股东资助董事选举、试图掌控公司控制权的情形,由于相关董事受控股股东资助,在成功当选后将会引发向公司承担受信义务与向控股股东承担受信义务之间的冲突,相关董事也被称为名义董事。该公司治理现象发生在澳大利亚,澳大利亚的立法者通过设置名义董事的信义义务来防止其向控股股东进行利益输送的行为。虽然当前我国公司治理实践中这类情况寥寥,但该情形也涉及影子董事制度的适用,未来出现该类情况时,可考虑将此类案例中的控股股东纳入影子董事范畴。

我国《公司法(2023)》第 21 条对股东行使权利进行了限制,股东滥用权利损害公司、股东利益,应承担赔偿责任;损害债权人利益的,对公司债务承担连带责任。③ 本条可视为股东权利不得滥用的原则性规定,作为公司法建立不公平损害救济的制度入口。④ 因此,该条与事实董事、影子董事的关系可视为控股股东、实际控制人规制路径与实质董事规制路径的关系。实质董事制度是为了规制董事权力的行使,而《公司法(2023)》第 21 条是为了规制股东权利的行使,因此第 21 条可作为实质董事制度的兜底性条款。当控股股东、实际控制人行为无法纳入董事范畴时,可通过《公司法(2023)》第 21 条予以规制。《公司法(2023)》第 22 条对控股股东、实际控制人利用关联关系损害公司利益进行了禁止性规定。⑤ 该条并不必然与实质董事制度发生重叠,应视关联关系的表现形式而定。当控股股东、实际控制人操纵董事会决策为自己输送利益时,可结合案件情况适用实质董事制度,此时产生的董事责任与第 22 条可选择适用;当控股股东、实际控制人滥用股东权利、通过关联关系为自己输送利益时,将无法纳入实质董事制度,

---

① 参见《韩国商法典》第 401 条之 2,载吴日焕译:《韩国商法》,中国政法大学出版社 1999 年版,第 89 页。

② 参见汤欣等:《控股股东法律规制比较研究》,法律出版社 2006 年版,第 136 页。

③ 参见《中华人民共和国公司法(2023 年修订)》第 20 条。

④ 参见李建伟:《股东压制的公司法救济:英国经验与中国实践》,载《环球法律评论》2019 年第 3 期。

⑤ 参见《中华人民共和国公司法(2023 年修订)》第 22 条。

此时即可适用第 22 条。

　　本节是基于营商环境优化要求,在维护商事效率及中小股东权益保护的价值引导下,对我国董事义务主体制度的立法检讨与体系再构,建议我国扩大法定董事以外的义务主体。首先,通过本土司法案例等数据分析,指出现行主体论的董事立法体系下,存在控股股东、实际控制人的越权行为难以规制、董事主体身份认定标准不统一的问题。其次,通过域外法考察,厘清了董事义务主体制度的功能定位,及与控股股东、实际控制人立法体系之间的关系。明确了实质董事制度是对董事权力的规制,而控股股东、实际控制人体系是对股东权利的规制,二者虽有竞合之处,但在价值取向以及功能定位上并不相同。于我国而言,实质董事路径有利于解决公众公司第一类代理成本问题,实际控制人路径有利于解决封闭公司的代理成本问题。最后,结合本土司法实践情况及前文实证研究显示的我国公司形态及股权结构情形,我国实质董事认定标准的构建应遵守行为判断标准原则、实际影响力原则以及岗位职责与公司实际情况相结合原则,并对事实董事、影子董事认定标准、义务承担及与《公司法(2023)》第 21 条、第 22 条的条文衔接提出了建议。下文将对董事信义义务对象及内容进行讨论分析,形成义务主体、义务对象以及义务内容的完整逻辑。

第二节　董事信义义务对象解构

一、董事对公司的信义义务分析

　　公司产生早期,由于公司规模较小,股东利益与公司利益往往是一致的,董事以公司为信义义务对象即以股东为信义义务对象,此时讨论董事的信义义务对象为何不具有实际意义。后期随着公司规模扩大,公司经营管理呈现出了董事集中化经营与股东分散化的特点,股东异质性增强,股东利益与公司利益也出现了分离。此时董事信义义务对象的确定直接关系到公司如何进行商业决策,因此讨论董事信义义务对象为股东还是公司的命题重新具有了现实意义。

　　(一)董事信义义务对象:股东抑或公司

　　董事以股东为信义义务对象还是公司为信义义务对象经历了三阶段变迁。早期公司规模较小时,董事信义义务对象为股东,其法理基础为管理合伙人关系说。管理合伙人关系说建立在经营权与所有权合一的公司治理状态下。由于人合性极强,股东、董事的股份被严格禁止与转让,董事参加公司管理是为自己和其他人的利益服务。① 随着公司规模的扩大,股东异质性凸显,股东利益与公司利益出现了分离,从而为董事信义义务对象由股东转向公司提供了契机。股东利益与公司利益分离具体体现为两方面:一方面中小股东利益与公司长期利益的分离。在早期公司实践中,证券市场并不发达,股东收益主要通过公司的分红,因此公司利益与股东利益是一致的。但所有权与经营权出现分离后,公司股东人数众多、较为分散,且公司的经营管理也需要更加专业化的人士。因此公司的经营管理权主要掌握在董事手中,股东逐渐从公司治理中脱离出来。对于中小股东而言,股东的收益除了公司分红外,更多是依靠股票市场的买进卖出,获取差价。中小股东既没有兴趣参与公司的经营管理,也不关心公司的长远发展。另一方面,控股股东利益与公司利益的分离。由于控股股东可以直接控制公司的经营管理,因此公司治理实践中常常出现控股股东关联交易为自己输送利益的自利行为。此时董事信义义务对象仍为股东将不利于公司的长远发展,并且也会产生大股东与小股东间的利益冲突。因此董事信义义务对象由股东转为公司。

近年来,域外金带协议又重新引发了学界对董事信义义务对象的争论。金带协议是指股东与董事签订协议,约定股东资助董事参与公司选举。签订协议的董事成功当选后,依协议也应向资助股东承担受信义务,同时依法律规定,董事又应向公司承担受信义务。因此,该协议会引发董事承担双重信义义务的利益冲突。典型案例为加拿大化肥巨头加阳公司与其最大股东纽约对冲基金加纳合伙之间展开的代理权争夺。加纳合伙基于股东利益,要求加阳公司拆分零售业务以提供股东回报。但加阳公司认为拆分零售业务将危及公司财务,出于公司利益保护拒绝了该提议。加纳合伙为实现该提议以及实现对公司的控制,向董事会提名 5 名董事。加纳合伙与董事签订协议约定,被提名董事每人获得 5 万美元竞选资助,如果成功当选,将在2012 年 9 月开始的三年间抽取 2.6% 的加纳合伙所得公司分红。② 加纳合伙的行为是股东积极主义的体现,但同时也引发了人们对于董事经营管理的担忧。反对者认为,金带协议首先损害了董事会统一的商业判断能力,创设了一个多层次且功能失调的董事会,使得部分董事得到与其他董事明显不同的补偿激励,破坏董事会内部的和谐统一。其次会导致董事会的短期

---

① 参见张民安:《现代英美董事法律地位研究》,法律出版社 2000 年版,第 29—45 页。

② See Matthew D.Cain;Jill E.Fisch;Sean J.Griffith;Steven David off Solomon,*How Corporate Governance Is Made;The Case of the Golden Leash*,164 U.Pa L.Rev.649(2016),p.652.

行为,更为重要的是引发人们对管理者"一仆侍二主"的担忧。①

(二) 董事信义义务对象的域外法考察

当前英美法中已经普遍确立以公司为董事信义义务对象的一般原则。早期英国公司法依照信托原理设立,因此董事对股东负有信义义务。但自 1856 年统一公司法颁布后,法律重点强调公司独立人格,判例法上就倾向于把董事视为公司受信人。② 该原则在制定法中也被确立下来,2006 年英国《公司法》规定,董事的一般义务对象为公司。③ 且在立法中明确指出,公司董事必须善意地认为为了公司成员的整体权益而以最大可能地促进公司成功的方式行事。④ 学界有关理论也支撑了这一观点。如传统理论信托说认为,公司作为法人享有独立人格,公司财产属于公司独立于股东。因此,董事作为公司财产的管理人,应积极运用财产为公司谋取利润。代理关系说认为,董事只是公司的代理人,因此董事应以公司利益为服务对象,承担代理人的责任。⑤

大陆法系国家也基本确立了以公司为董事义务对象的基本原则。在《德国股份法》中,虽然并未明确规定董事对公司负责,但是从法律规定中依然可以推断出该结论。例如,董事违反注意义务的责任对象为公司。据《德国股份法》规定,对违反注意义务的董事,对由此产生的损害有义务作为连带债务人向公司赔偿。⑥《日本商法典》第 254 条规定,董事与公司的关系从有关委任的规定。⑦ 即董事是公司的受任人而非委任人。大陆法系国家有关董事义务的理论基础也支撑了公司为董事义务对象的观点。如德国学界认为,董事与公司之间为代理关系,董事与公司之间的关系完全适用法律关于代理关系的规则。日本学界认为,公司与董事之间系委任关系,公司为委托人,董事为受任人,委任的标的为公司财产管

---

① 参见薛前强:《论股东资助和补偿董事选举的法律规制——兼议我国防范董事选任利益输送的前置性变革》,载《政治与法律》2018 年第 9 期。

② 参见张开平:《英美公司董事法律制度研究》,法律出版社 1998 年版,第 159—160 页。

③ 参见英国《2006 年公司法》第 170 条,载葛伟军译注:《英国 2006 年公司法》(第 3 版),法律出版社 2017 年版,第 140 页。

④ 参见英国《2006 年公司法》第 172 条,载葛伟军译注:《英国 2006 年公司法》(第 3 版),法律出版社 2017 年版,第 143 页。

⑤ 参见王凤恺:《董事忠实义务研究》,吉林大学 2014 年博士学位论文。

⑥ 参见《德国股份法》第 93 条,载胡晓静、杨代雄译注:《德国商事公司法》,法律出版社 2014 年版,第 107 页。

⑦ 参见《日本商法典》第 254 条之 3,载《日本商法典》,王书江等译,中国法制出版社 2000 年版,第 65 页。

理与经营。①

（三）我国董事信义义务对象的现状考察

本书认为，我国董事信义义务对象也应以公司为主。《公司法（2023）》也基本确认了董事义务对象为公司。第一，归入权主体为公司。据《公司法（2023）》规定，董事、高级管理人员违反忠实义务所得的收入应归公司所有。董事、监事、高级管理人员违法违章，应当就给公司造成的损失对公司承担赔偿责任。② 责任与义务相对，责任主体即为义务主体，责任对象即为义务对象。因此从归入权规定可知，董事、高级管理人员的义务对象为公司。第二，股东派生诉讼主体为公司。据《公司法（2023）》规定，董事、高级管理人员违反法律规定给公司造成损害的，股东可以请求董事、监事以公司名义提起诉讼。可见，股东并不享有当然的诉权，这表明股东并非董事、监事等人员的义务对象。从我国公司治理实践的角度考虑，董事以公司为信义义务对象是公司良治的必然需求。当前股东间的利益分歧不仅包括大股东和小股东的利益分歧，还包括长期持股股东与短期持股股东的利益分歧等，使股东利益产生利益分歧的因素包括投资组合差异、身份差异等。③ 因此一方面，在股东异质性日趋明显的背景下，董事以公司为信义义务对象有利于公司的长远发展以及保障全体股东的合法权益。另一方面，在股东利益多样化且不统一的背景下，董事以股东为信义义务对象将使董事陷入协调、平衡不同股东利益冲突的窘境，反而不便于提高行权效率。

二、董事对股东的信义义务探讨

（一）董事对股东负担信义义务的原因

如前所述，我国董事信义义务的对象主要以公司为主。但若纯粹地把公司看成是独立于股东的拟制实体，而忽视股东作为公司出资人的地位和事实，反而不利于营造良好的投资氛围，与法治营商环境强调股东权益保障的目标也存在差距。公司作为股东的一种投资工具，股东当然希望通过公司利益的最大化实现股东整体利益的增加，从而获取投资回报。股东选任董事也正是利用董事的专业技能来达此目的。同时股东享有对公司的剩余价值索取权，其作为公司经营风险的最终承担者，有权要求董事为其利益而

---

① 参见范健、蒋大兴：《论公司董事之义务——从比较法视角考察》，载《南京大学法律评论》1998 年第 1 期。

② 参见《中华人民共和国公司法（2023 年修订）》第 18 条、188 条规定。

③ 参见冯果：《股东异质化视角下的双层股权结构》，载《政法论坛》2016 年第 4 期。

经营管理公司。因此从宏观层面来看，公司利益与股东利益①可以说是一致的，公司利益是股东利益的载体，股东的目标内化于公司的目标之中。若仅因股东异质性而将公司利益与股东利益完全割裂开来，股东利益必然不能得到有效保障，从而影响股东投资的积极性，更不利于公司在市场经济中的长久发展，制约市场主体的竞争活力。简言之，董事信义义务实际上是一种对公司与股东共同利益的保障机制，公司利益及负载于公司股东利益的实现都依赖董事的勤勉尽职。纵观域外公司法的发展②，无论是英美法系还是大陆法系，都或多或少地认可了董事信义义务的对象及于股东的观点。如英国2006年《公司法》第172条规定：董事必须善意地认为为了公司成员的整体权益而以最大可能地促进公司成功的方式行事③；《瑞士债法典》第二十六章"股份有限公司"第754条规定："负有指导、管理或者监督公司事务之责任的任何人，均应当对其因故意或者过失未能履行职责而造成的损失向公司、股东或债权人负赔偿责任。"④除上述分析外，关于董事对股东负有信义义务的主张还存在如下理由：

第一，是董事产生方式的本质要求。从法律层面来看，董事是公司受托人。但就公司本质而言，其只是抽象虚拟的组织体，公司任何行为都需要落实到公司成员的个人或集体行为上。换言之，董事与公司之间委任关系的产生或成立主要依托于股东会作出的决议。无论是直接投票制还是累积投票制，股东对公司董事的选任和罢免都具有重要的话语权。这一权力的享有和行使不仅是股东法律地位的重要体现，也是董事忠实勤勉地为公司和股东利益服务的根本保障，契合信义关系中的"信任"因素。

第二，是所有权与控制权分离的必然结果，有利于强化对股东权益的保护。公司治理的实质是所有者与经营者之间的利益制衡，但随着现代公司"两权分离"趋势的加剧，股东对公司的控制支配地位逐渐淡化，董事会的实际控制力却不断增强。由于董事与股东追求的利益并不一致，由此产生较高的代理成本。一方面董事可能存在懈怠心理，不尽其最大努力追求最佳的公司及股东利益；另一方面，董事容易产生滥用权力以谋取私利的机会主义倾向，如为个别股东或个人私利而将公司资源不合理地分配在低回报

---

① 此处的股东利益主要指股东的长期利益。

② 在英美判例法上，例如英国 Gething v.kilner、Re a company、美国 Donahue v.Rodd Electrotype Co.Of New England Inc.、Wilks v.Springside Nursing Home Inc.等案例中，相关法官也都明确了董事对股东承担信义义务的原则。

③ 参见英国2006年《公司法》第172条。

④ 吴赵详等译：《瑞士债法典》，法律出版社2002年版，第228页。

或追求短期收益但存在巨大风险因素的业务中,进而损害公司和股东的合法权益。亚当·斯密在《国富论》中指出,这些负责公司营运的董事或者经理,并非总是以符合股东最大利益的方式行事。股东通过被动投资寻求利益最大化,但经理在企业中没有投资,因此没有支持股东目标的动力。① 因此,基于强化董事约束和股东权益保护以降低代理成本的客观需求,有必要突破董事只对公司承担义务的规定,适当明确董事对股东负有信义义务,从而在所有者和经营者之间形成制衡,有助于解决所有权与控制权分离背景下公司治理结构"失灵"产生的股东利益保护问题。

第三,具有经济合理性,符合公司治理的客观规律。从契约经济学的角度分析,董事信义义务是为了克服不完全合同的缺陷而产生,因此董事的义务与职责本身就具有一定的复杂性和不确定性。如果要求股东对董事履职情况进行全面和专门的监督,既不符合信义关系的信任基础,也不具有现实操作性,反而会导致公司治理成本增加,运行效率低下,以及资源的严重浪费。从制度效益来看,纠错成本远远大于预防成本。而将董事信义义务的对象范围扩张至公司股东,其实就是通过事前引导代替事中监管,有助于降低股东对董事经营行为的高昂监督成本,减少股东利益遭受损害的可能性,促使董事在公司治理中更加尽职尽责。

第四,符合我国公司治理实践。虽然我国公司法规定董事应对公司承担信义义务,但关注我国公司治理实践会发现,我国公司基本接受了董事在对具体股东负责的基础上从事公司经营管理的做法。通过第三章对我国有限公司和上市公司的公司治理架构情况的实证分析可以发现:有限公司董事/董事会成员大多同时具有股东身份,且在66%的公司中,担任董事的是拥有公司股权50%以上的股东;上市公司存在股权高度集中的现象,使得董事会成员与控股股东、大股东成员合一与利益趋同。可见,实际上董事在执行公司职务时或多或少都会考虑自身利益或其所代表群体的利益。

综上所述,要求董事对股东负担信义义务,不仅增加了对股东利益的保护范围和手段,也有利于提升公司治理的安全性和效率,为公司内部治理环境的优化奠定基础。但应注意的是,董事是对股东整体承担信义义务,而不受个别股东的控制或股东间利益冲突的影响,以矫正公司实践的中小股东利益保护的失衡,也契合法治营商环境对中小股东权益保障的追求。

---

① 参见王文钦:《公司治理结构之研究》,中国人民大学出版社2005年版,第73—74页。

（二）特殊公司中董事信义义务的强调——基于弱势股东群体保护的考量

董事法律制度的再构要遵循传统商法的效率导向,但也应注重营商环境强调中小股东保护背后所体现出的实质公平价值。而关注特殊类型公司中不同投资主体的差异性地位,并强调对处于弱势地位的股东群体进行保护,是商事立法变迁对实质公平价值所应有的正面回应,亦是对营商环境法治化的回应。

1. 双层股权结构公司

"双层股权结构(又称特殊表决权机制)"是一种同股不同权的公司股权结构安排。双层股权结构可以较好地化解公司融资需求和创始股东股权稀释的冲突,符合经济学的交易成本理论,并有助于发挥创始股东在公司治理中的积极作用,保证公司经营理念的一致性和公司战略的前瞻性,有效提升公司治理效率。我国《公司法(2023)》对公司可以发行特别表决权股予以规定[1],从而回应了股东之间存在不同投资偏好以及利益的异质化现实。但与普通股权结构公司相比,双层股权结构打破了普通公司治理中表决权与剩余价值索取权的均衡配置,公司所有权与控制权加剧分离,可能导致特别表决权股东滥用控制权的道德风险增大,而普通股股东或低表决权股东(以下统一简称为"非控制股东")将面临更为沉重的代理成本。一方面,董事的选举或委任是股东会最为核心的职责,也是股东权利行使和权力争夺的关键。[2] 普通股权结构公司的股东往往会通过表决权征集或签订一致行动协议等方式来确保代表其意志的董事入主董事会,从而提升自己对公司的控制力。然而这以往在资本多数决方式之下通过资本优势才能获得的制度红利,如今特别表决权股东借用双层股权结构便可轻易实现[3],董事会很可能成为特别表决权股东的利益代言人。而原本就处于弱势地位的非控制股东因表决权被进一步削减,其权益更容易遭受侵害。同时,特别表决权股东也可以出任董事直接参与公司的经营管理,如我国科创板就规定,持有特别表决权股份的股东应当在公司上

---

[1] 参见《中华人民共和国公司法(2023年修订)》第144条规定。

[2] See Jeffrey N Gordon, *Executive Compensation: If there's a Problem, What's the Remedy?*, The Journal of Corporation Law, 2005(30), p.675. 参见刘海东:《双层股权结构下的股东利益保护与董事的忠实义务》,载《东岳论丛》2018年第8期。

[3] 参见李燕、李理:《公司治理之下的双层股权结构:正当性基础与本土化实施路径》,载《河北法学》2021年第4期。

市前及上市后持续担任董事。① 此时董事具有身份上的双重性,可以利用
特别表决权股将资本的杠杆作用发挥到极致,非控制股东的投资时时都有
面临董事自我交易的风险。② 另一方面,在所有权与经营权高度分离的现
代公司治理结构之下,股东依然能够有效监督董事履职的重要保障,就是一
股一权和资本多数决原则所赋予股东平等选任、罢免董事的权利。换言之,
平等表决权是约束董事勤勉尽职的最终防御措施。③ 但在双层股权结构公
司中,非控制股东对表决权的让渡弱化了其股权本身具有的对董事的监督
作用,董事是否还会为全体股东利益而勤勉履职令人怀疑。再加之,由于差
异化表决权结构能够有效阻碍内外部因素对公司控制权变更的影响,特别
表决权股东的控制地位实际上难以撼动。④ 在此情况下,即便董事未能合
理履行信义义务,但非控制股东参与公司治理的成本过高,也难以克服集体
行动障碍,最终只能选择"用脚投票"的方式维护自身权益。这一行为几乎
无法对特别表决权股东或董事的机会主义行为进行有效监督和控制,反而
股权的高度流动性可能会强化非控制股东的理性冷漠倾向,进而加强特别
表决权股东滥用权力的倾向。

　　综上分析,双层股权结构导致公司控制权的过于集中,董事会也可能成
为特别表决权股东掌权下的公司控制者。在权责一致的要求下,相应地也
就需要强调特别表决权股东及董事对非控制股东的信义义务,从而实现对
特别表决权行使的有效制约,缓解特别表决权股东、董事与非控制股东之间
的利益冲突。这种强调源自对代理成本负面效应的平衡,是保障双层股权
结构制度顺利实施的不二法门,同时也有助于提升公司治理效率,满足公司
治理的多样化需求。⑤ 当双层股权结构不再有利于公司的发展或特别表决
权股东丧失对公司的实际控制时,可以通过"时间或特定事件的日落条款"
确定双层股权结构的失效,切实保护非控制股东的合法权益。如我国《上

---

① 参见《上海证券交易所科创板股票上市规则(2019 年修订)》4.5.3:持有特别表决权股份
　　的股东应当为对上市公司发展或者业务增长等作出重大贡献,并且在公司上市前及上市
　　后持续担任公司董事的人员或者该等人员实际控制的持股主体。持有特别表决权股份的
　　股东在上市公司中拥有权益的股份合计应当达到公司全部已发行有表决权股份 10%
　　以上。
② 参见刘海东:《双层股权结构下的股东利益保护与董事的忠实义务》,载《东岳论丛》2018
　　年第 8 期。
③ 参见张舫:《美国"一股一权"制度的兴衰及其启示》,载《现代法学》2003 年第 3 期。
④ 参见张赫曦:《特别表决权股东信义义务构建》,载《中国政法大学学报》2021 年第 3 期。
⑤ 参见王波、董振南:《双层股权结构中独立董事勤勉义务标准研究》,载《证券法律评论》
　　2020 年卷,法律出版社 2020 年版,第 421 页。

海证券交易所科创板股票上市规则(2019)》就规定了特别表决权股份向普通股份转换的四种情形:(1)特别表决权股东不再符合持股主体资格和最低持股的要求,或者丧失相应履职能力、离任、死亡;(2)实际持有特别表决权股份的股东失去对相关持股主体的实际控制;(3)特别表决权股份的转让,或者特别表决权的委托行使;(4)公司控制权发生变更。

2. 国有企业

随着我国混合所有制改革的不断推进,国有企业在建立和完善现代企业制度方面进行了有益的探索和实践,在国有企业的良性治理中需要重视对中小股东权益的保障。首先,由于国有企业承载着实现国家战略目标及社会政策目标的职能,其本质特征和经营责任不同于一般商事企业,[①]而兼具营利性和公益性。在资源有限的情况下,国有股东需要完成稳定就业、保障公共产品与服务供给等非经济目标,而民资中小股东却追求经济目标,此时难以兼顾的现实可能会使得行政权力加强对国有企业运行的干预,而不考虑中小股东利益。其次,国有企业的治理架构体现为,国务院或地方人民政府授权国有资产监督管理机构或其他部门履行出资人职责,同时由国有资产监督管理机构委派董事会人员,由此形成了全体公民—政府—国有资产监管机构或其他部门—国有企业—企业董事、高管等管理层的委托代理链条。[②] 然而,这种多层次、复杂化的委托代理关系却可能会加剧公司治理中的信息不对称和董事、高管等人员的道德风险,董事利用信息优势谋求自身利益而放弃股东利益的动机和可能性增加。再加之,董事的双重身份可能使得其为了政治晋升更多地服务于国有股东的利益诉求,而较少考虑中小股东利益,导致董事与中小股东之间的矛盾。最后,国有企业因缺乏对董事的激励与监督约束机制或许存在更为严重的委托代理问题。[③] 如前所述,国有企业的政府董事并非单纯的企业受托人,也是基于人事任命产生的管理国有资产的国家公务员。因此,企业对该部分董事的管理主要参照公务员标准进行,而非通过市场化的办法来确定。但薪酬激励的缺乏却可能导致该部分董事缺少勤勉履职的动力而怠于履行董事义务。尤其在监事会监督乏力的背景下,部分董事遵循"做得少,错得少"的逻辑,认为只要根据

---

① 参见冯果、杨梦:《国企二次改革与双层股权结构的运用》,载《法律科学(西北政法大学学报)》2014年第6期。

② 参见刘青:《国有企业委托代理关系的特殊性及改革路径》,载《当代世界社会主义问题》2003年第2期。

③ 参见陈曙光、霍晓萍、任艺:《混合所有制改革与国有企业投资效率——基于委托代理冲突和股东间冲突的视角》,载《会计之友》2021年第16期。

上级主管部门的指令完成任务就不会存在承担责任的风险,从而削弱了国有企业董事在公司经营管理中的进取意识和积极性,倾向于保守经营。[1]由此可见,强调国有企业董事对中小股东的信义义务,是基于中小股东权益保障的现实所需,有助于缓解内部人控制,最大限度发挥不同资本间的监督制衡效应。同时,反过来也可以调动民营资本参与国企混改的积极性,从而促进市场化国企改革目标的真正实现。

此外,近年来,为了应对国有企业混合所有制改革过程所面临的重大问题——如何在国有股逐步减持的同时,实现社会资本吸引和维持国有资本必要控制权的平衡,国家提出探索建立特殊管理股制度。特殊管理股是相对于单一普通股结构而言的特殊股权结构设计,目前学术界对特殊管理股的内涵与外延并未形成统一的认识。有学者认为特殊管理股是政府与企业之间达成的契约[2],有学者主张特殊管理股的事后控制模式。[3] 从有关文件和特殊管理股试点来看,特殊管理股是国家或政府通过较少的出资而获得对公司最大的决策权和控制权[4],主要体现为对特定事项的同意和决定[5],且该权力有时具有"一票否决"的性质。由于在关乎国计民生和国家长远发展的重要行业和关键领域,国家资本必须保有对国有企业的控制权,避免因社会资本逐利本性而忽略对社会政策目标的追求,引发重大风险。因此,国有企业可以通过搭建特殊管理股,维持对国有企业的特殊控制权,同时促进国有资本与社会资本之间的互信及利益共享。但特殊管理股带来企业控制权的进一步集中,可能不利于社会股东对国有股东的制衡,因此,此种情况下需要强调国有股东对社会股东的信义义务,以修正两者之间不

---

[1] 参见薛智胜、刘红丽:《论国有企业董事勤勉义务制度的完善》,载《政法学刊》2014 年第 4 期。

[2] 参见潘爱玲、郭超:《国有传媒企业改革中特殊管理股制度的探索:国际经验与中国选择》,载《东岳论坛》2015 年第 3 期。

[3] 参见程柯、韩硕:《特殊管理股制度的缘起、超越与融入》,载《编辑之友》2016 年第 3 期。

[4] "设置特殊管理股是通过特殊股权结构设计,使创始人股东(原始股东)在股份制改造和融资过程中,有效防止恶意收购,并始终保有最大决策权和控制权。具体是将公司股票分为 A 类股和 B 类股两种,二者拥有同等的经营收益权,但创始人股东的股票(B 类股)具有特别投票权,包括董事选举和重大公司交易的表决等。这种办法为国外很多公司所采用。"参见编写组:《〈中共中央关于全面深化改革若干重大问题的决定〉辅导读本》,人民出版社 2013 年版,第 349 页。

[5] 参见《非公有制文化企业参与对外专项出版业务试点办法》第 3 条规定:新设立公司的公司章程要有明确的特别条款,明确实行特殊管理股制度,赋予国有出版单位特殊的管理权:(一)国有出版单位拥有出版物内容终审权,有权决定新设立公司的出版物发行或不发行;(二)股权转让、引进战略投资者等重大投融资事项及主要经营管理人员聘用等须经国有出版单位同意。

平衡的利益配置。

三、董事信义义务对象的扩大：社会责任思潮的兴起

环境、社区等也属于广义营商环境范畴，公司想要获得长远发展与非股东利益相关者的关系也非常重要。因此在环境污染、虐待劳工等事件频出导致公司负外部性增加后，学界与立法界也开始重新思考在股东与公司之外，董事的信义义务对象是否还应包括非股东利益相关者。其问题的实质是如何控制公司日益庞大的经济实力使其不伤害社会运行，甚至于更好地为社会服务。该问题在公司法范畴内可分解为以下几个部分：第一，在理论层面，公司承担社会责任的正当性，以及应当承担什么类型的社会责任；第二，在法律机制的构建与落实上，如将非股东利益相关者扩充为董事的信义义务对象。那么，如何促进董事自觉承担该义务，以及当非股东相关者的利益与公司、股东利益相冲突时如何协调？

（一）公司承担社会责任的正当性及社会责任类型

20 世纪初美国大型公司出现的社会现实推动了社会责任理论的形成。一方面公司合并浪潮促使了大公司的出现，使公司拥有了雄厚的经济实力及政治影响力，所以学者们开始重新审视大公司拥有的权力与其责任之间的关系，例如戴维斯责任铁律的提出。另一方面股权分散化与公司管理的专业化促使了所有权与控制权的分离，经营权的集中与所有权的缺位为学者们思考管理层对谁负责提供了契机。[1] 此时对于公司社会责任理论的研究集中于正当性讨论。进入 20 世纪 80 年代，由于美国敌意收购浪潮，使人们认识到在股东利益最大化原则下，将出现保护股东利益而损害社会公益的情形，并非社会财富的增加，而是社会财富的再转移。因此，各州立法者纷纷颁布非股东的其他利害关系人的立法，授权公司董事会以考虑非股东的其他利害关系人的利益为挡箭牌，防御和组织敌意收购的进行。[2] 利益相关者法律的制定标志着社会责任从理论进入实践。随后，由于跨国公司经营业务在地域上呈现出复杂性与广泛性，而不同地区道德意识与道德底线也具有一定落差。此时如果公司仍然以法律规定这一最低的道德标准作为行为参照，则将有可能触犯民众的道德底线，从而

---

[1]　参见沈洪涛、沈艺峰：《公司社会责任思想起源与演变》，世纪出版集团 2007 年版，第 10 页。

[2]　参见刘俊海：《公司的社会责任》，法律出版社 1999 年版，第 61 页。

引起消费者的抵制。① 因此,出于外部道德压迫及长久经营的需要,实践中出现了众多以社会责任为中心的法律改革运动,并呈现出从"国内到国际、再从国际到国内"的特点。当下社会责任对于大型企业而言,不仅是风险管理的工具,更是可持续发展所必须重视的课题。

从历史起源角度考察,当前我国公司承担社会责任的正当性主要在两方面:一方面,促进公司价值与创造方式的转变,尤其针对大型公司而言。我国民众的道德意识在逐步提高,出于风险管理的需要,公司应当加强社会责任建设。且出于环境保护、扶贫等政策的开展,大型公司也应当自觉承担起相应的社会责任。正如习近平总书记所言:"企业既有经济责任、法律责任,也有社会责任、道德责任。任何企业存在于社会之中,都是社会的企业。"②《上市公司治理准则》中也规定了上市公司在环境保护、精准扶贫上应当承担的义务。③ 另一方面,对公司进行道德约束是我国建设社会主义的必然要求,有助于彰显社会主义特色、构建和谐社会。企业脱嵌于社会是西方完全市场经济下的产物,而我国是社会主义市场经济,市场与企业的发展最终要服务于社会发展,如果使经济发展逻辑凌驾于社会规则之上,将有违社会主义核心要义。不过应当明确的是,不同类型的公司承担的社会责任类型并不相同,所承载的社会责任要求也并不相同。整合现有文献可将社会责任演进分为三个层次:社会回应阶段、整合阶段以及可持续发展阶段。社会回应阶段,即指由于利益相关者的诉求迫使企业改变经营策略,具有短期性的特征;整合阶段,即指企业出于风险防控将社会责任提升到战略高度同时又落实到可操作层面;可持续发展阶段,即指企业将利益相关者视为命运共同体,将社会责任战略与企业日常行为相结合。④ 对于一般中小企业而言,尚处于社会回应阶段,应采取鼓励态度。对于大型上市公司而言,由于社会影响力较大且经营业务的地域范围较为广泛,因此处于整合阶段,应通过社会信息披露制度等法律手段,引导促进上市公司自觉承担社会责任。对于国有企业而言,由于其设立之初即是为了社会公共利益,属于全民财产,因此处于可持续发展阶段,应要求国有企业将社会责任与企业日常

① 例如布伦特石油事件。壳牌公司在北海有一个叫作布伦特浮轮的大型石油浮动储存装置,准备将其沉到北大西洋的海底、放弃使用。但是激起了环保人士的抗议,并且绿色和平组织的成员试图用小船拦截浮轮的画面在夜间新闻中被播出,使壳牌公司成了几百万欧洲消费者抵制使用天然气的对象。

② 《习近平著作选读》第二卷,人民出版社2023年版,第323页。

③ 参见《上市公司治理准则》第83、84、85、86、87条。

④ 参见齐丽云、汪瀛、吕正纲:《基于组织意义建构和制度理论的企业社会责任演进研究》,载《管理评论》2021年第1期。

行为相结合。

(二) 董事对非股东利益相关者信义义务的法律机制构建

社会责任的落实最终体现在公司决策中,即公司在决策时需要考虑到非股东利益相关者的合法权益。而董事为公司的决策管理层、公司权力的行使者,因此公司社会责任最终转化为董事对非股东利益相关者信义义务法律机制的构建。法律机制的构建具体可以包括激励机制与约束机制。如前所述,中小企业处于社会回应阶段,承担社会责任主要依靠道德驱动;国有企业处于可持续发展阶段,在政策及法律驱动下已经将社会责任落实到公司经营决策中,并且在实践中我国国有企业社会责任承担情况最为良好。因此,在法律机制的构建上,需要关注的是大型上市公司社会责任的实现机制。基于此,在激励机制的设计上应通过税收、社会责任信息披露制度等引导、促进上市公司董事在决策时考虑非股东利益相关者的合法权益。在约束机制的设计上,应设置董事违反社会责任造成社会公益、公司利益损害时的法律救济途径及董事责任。

1. 股东优位的价值导向

社会责任的具体落实必须考虑社会价值与股东价值的位置次序,故此我国仍应坚持股东优位的价值导向。我国国内大部分公司经济实力并未达到相应的规模,还处于资本原始积累和适应转型的发展阶段,因此盈利性仍是公司经济活动的中心。[1] 过度强调社会责任而贬损股东利益将损害投资积极性,也不利于公司发展。同时,发达国家中也尚无将社会责任优于股东价值的先例,放弃股东价值优位的后果不可预计。如在 2006 年英国《公司法》修改中,虽然规定董事在行事时应考虑"公司雇员的利益、促进公司与供应商消费者和其他人商业关系的需要、公司运作对社会和环境的冲突、公司维护高标准商业行为之声誉的愿望",但是前述考虑都应建立在董事以"公司成员整体权益、最大可能促进公司成功"的方式行事的基础上。[2] 可见,英国立法例中采取的是开明股东价值,即社会责任的承担应是为了公司整体利益而服务的。那么在股东优位的价值取向下,不应要求公司为了社会公共利益而损害自身权益,例如在公司经营不善的情况下仍要求公司承担植树造林、捐款捐物等慈善责任;但同时也应要求公司在决策时不应仅以自身利益为导向,而应兼顾社会利益的实现。

---

① 参见周友苏、张虹:《反思与超越:公司社会责任诠释》,载《政法论坛》2009 年第 1 期。
② 参见《英国公司法(2006)》第 172 条,载葛伟军译注:《英国 2006 年公司法》(第 3 版),法律出版社 2017 年版,第 143—146 页。

2. 激励机制与约束机制的构建

一方面,就激励机制而言,要求董事在决策时考虑非股东利益相关者的合法权益,可配合社会责任信息披露机制的构建以及社会责任投资的发展。社会责任信息披露机制是指要求上市公司定期发布社会责任报告,而在公司治理中,董事即为发布社会责任报告的直接责任人。① 而随着社会责任投资的发展,投资者在做出投资选择时不仅关注上市公司的财务表现,也关注上市公司在环境保护、员工福利等方面的社会责任承担情况。因此在社会责任报告中表现良好的上市公司往往更易于获得投资者青睐。另一方面,就约束机制而言,股东利益与社会价值的连接点在于公司的长期利益。即实证研究表明,社会责任的承担有利于公司的长远发展。且实践中,公司出现恶性道德事件时,往往会导致消费者对公司产品的抵制从而损害公司利益。因此,如董事在经营决策时忽略了对社会的负面影响从而导致公司形象受损,依据《公司法(2023)》第188条、第189条规定,股东可提起股东代表诉讼要求董事承担损害赔偿责任。

（三）董事对非股东利益相关者信义义务适用及具体内容分析

虽然社会责任即要求公司在决策时考虑社会公益,但是具化为对具体利益相关者的信义义务时,社会责任的内容、形式等也应有所区别。原因在于不同利益相关者与公司利益的关联性不同,所以社会责任的内容等应随关联性的强弱而有相应的变化,且是否需要对单一类别的非股东利益相关者都承担信义义务也值得分析。参照《上市公司治理准则》第83条,可将我国公司非股东利益相关者的范围界定为债权人、员工、客户、供应商、社区及其他。根据其与公司的关系远近,可以将其区分为关键利益相关者与外部利益相关者,即债权人、员工为关键利益相关者,因为其利益与公司经营活动密切相关,对董事信义义务的要求也应更高。客户、供应商、社区及其他为外部利益相关者,其利益与公司经营活动关联性较弱,一般而言,公司对其仅承担慈善义务。

1. 董事对债权人的信义义务

传统公司法理论中,董事并不直接对第三人承担民事责任。如法人机关理论认为,法人通过机关成员进行民事活动,并对机关成员职务活动的后果承担法律责任。② 随着利益相关者等理论的发展,域外立法逐渐突破了

---

① 参见香港交易所《附录二十七:环境、社会及管治报告指引》。
② 参见李飞:《论董事对公司债权人负责的法理正当性——从法人组织体说的局限性及其超越之路径展开》,载《法制与社会发展》2010 年第 4 期。

法人机关理论,开始在制定法或判例法中确立董事对第三人的责任制度。英美法系主要通过判例法确认了董事对债权人的民事责任制度。如在美国判例法中,当公司不能清偿到期债务,但并未申请破产时,董事信义义务的受益人则从股东转换为债权人。① 特拉华州高等法院前首席法官 Veasy 指出:"当公司趋近于无偿付能力时,公司价值最大化的受益人将从股东转变为债权人,但是董事信义义务的对象不变。"②换言之,董事应当为公司最佳利益服务,当公司处于正常经营状态时,最佳利益对象为股东;当公司丧失偿付能力时,信义义务受益人转变为债权人。基于此,对于债权人地位司法界也有两种不同的意见,第一种意见认为债权人是信义义务唯一受信人,第二种意见认为债权人加入了董事信义义务对象,与股东一起组成了董事信义义务对象。不过第二种意见也认为债权人利益优于股东利益。③

大陆法系中主要通过制定法规定了董事对债权人的信义义务。例如,《日本商法典》规定,董事在执行职务时有恶意或重大过失时,以及虚假披露法定公司信息时,对第三人承担连带责任。④《德国股份法》规定,除法定情形外,只有董事在严重违反注意义务时,才对债权人直接承担民事责任。⑤ 据中国台湾"公司法"规定,董事对第三人责任之发生条件有二:其一,须董事有违反法令的行为;其二,须第三人因董事之行为而受损害。⑥总结而言,制定法中,董事对第三人承担民事赔偿责任的主要情形包括:董事在执行职务时有恶意或重大过失,对公司第三人造成损害;董事滥用职权给第三人造成损失;董事违反法律、行政法规或公司章程的行为,给第三人造成损失;董事对其应提供的重要信息,或披露的重要文件,如有虚假的或隐瞒重要事实,给第三人造成损失;对公司破产负有责任的董事对第三人负赔偿责任。⑦

美国法与大陆法系关于董事对债权人民事责任的规定其实质都是在特

---

①　参见朱圆:《论美国公司法中董事对债权人的信义义务》,载《法学》2011 年第 10 期。

②　See E.Norman Veasey & Christine T.Di Guglielmo, *What Happened in Delaware Corporate Law and Governance from 1992−2004? A Retrospective on Some Key Developments*, 153 U.Pa.L.Rev. 1399,1431(2005).

③　参见朱圆:《论美国公司法中董事对债权人的信义义务》,载《法学》2011 年第 10 期。

④　参见《日本商法典》第 266 条之 3,载《日本商法典》,王书江等译,中国法制出版社 2000 年版,第 71 页。

⑤　参见《德国股份法》第 93 条,载胡晓静、杨代雄译注:《德国商事公司法》,法律出版社 2014 年版,第 107 页。

⑥　参见张民安:《董事对公司债权人承担的侵权责任》,载《法制与社会发展》2000 年第 4 期。

⑦　参见王伟:《论董事对债权人的民事赔偿责任》,载《法律适用》2005 年第 6 期。

殊情形下对债权人利益保护的倾斜。美国法规定破产时,董事的信义义务对象转化为债权人,其原因在于债权人从固定收益者变为风险收益者。大陆法系国家在规定董事对债权人的民事责任时,一般会设定恶意或严重过失的主观要件,以平衡董事责任与债权人利益保护。当前我国《公司法》中关于董事对债权人的直接责任仅体现在《公司法司法解释(三)》第13条,即"股东在公司增资时未履行或者未全面履行出资义务,依照本条第一款或者第二款提起诉讼的原告,请求未尽公司法(2018)第一百四十七条第一款规定的义务而使未出资缴足的董事、高级管理人员承担相应责任的,人民法院应予支持"。即董事未尽相应催缴义务使公司资本不足时,应当承担相应责任,但此时董事并非最终责任人,董事承担责任后,可以向被告股东追偿。此外,《公司法(2023)》《破产法(修订草案)》也关注到了董事对债权人责任的问题,例如将董事作为公司清算义务人,因清算给债权人造成损失的,承担相应赔偿责任。[①] 表明我国立法与监管部门已经注意到了该问题。因此在公司法与破产法将其纳入法律规定的立法倾向下,接下来考虑的是如何将相关条文细化,以切实保护债权人权益以及更加契合维护商事交易效率与公平的营商环境需求。

2. 董事对职工的信义义务

在域外法中并无关于董事对职工信义义务的直接规定,对职工权益的保护主要体现在职工民主管理中。具体而言有以下方式:第一,职工持股。美国是世界上最早实行职工持股的国家,起源于美国的职工合作社,企业职工有权拥有公司股份。美国政府也通过税收等手段激励企业推行职工持股。如1984年《税收改革法》中,美国政府对推行职工持股计划的公司以及放贷银行等主体都给予了一定的税收优惠。从此以后,美国职工持股计划迅速发展,并且为其余国家所吸收。当前,除美国外,职工持股计划在英、法、德、日、新加坡等国作为重新安排产权关系的一项激励措施,已经付诸实践。[②]第二,利润分享,通过将报酬与公司业绩相关联,激发职工参与公司管理的积极性。此项措施不仅得到了雇主认可,也得到了政府支持。在法国,凡是雇用时间超过3个月的职工都有权利按其薪酬比例分享利润;在英国,参与利润分享的职工比例超过了18%;在美国,实行利润分享的公司超过15%。[③]

---

① 参见《中华人民共和国公司法(2023年修订)》第232条规定。

② 参见李洋:《基于利益相关者治理的职工参与制度研究》,载《天津师范大学学报(社会科学版)》2004年第3期。

③ 参见李洋:《基于利益相关者治理的职工参与制度研究》,载《天津师范大学学报(社会科学版)》2004年第3期。

第三,职工共同治理制度。共同治理制以德国为代表。其模式为雇员代表与股东代表一同组成公司决策机关。共同治理机制下,董事会负责公司的日常经营管理工作;监事会监督董事会,负责公司的重大决策。①

我国《公司法(2023)》中也并无董事对职工信义义务的规定,但细化加强了对职工权益的保护,本书认为设置董事对职工的信义义务是非必要的。我国《公司法(2023)》对职工权益保护已经设置了详细规定,且相应的立法完善也有丰富的域外立法例可借鉴。此外,《中华人民共和国劳动者权益保护法》等外部法也可为职工提供保护。并且职工依据劳动法等外部法对公司提起相应诉讼往往更加直接、保护力度更大。

3.董事对客户、供应商及社区的信义义务

当前各国公司法中都并无有关董事对客户、供应商及社区信义义务的直接规定,仅在学理中进行讨论。公司的产品质量直接影响到消费者的使用体验乃至人身安全。当前虽然《中华人民共和国消费者权益保护法》《中华人民共和国产品质量法》等外部法律对此已有详细规定,但是仍有学者呼吁在公司法内部构建对消费者权益的保护机制。如公司法可适度扩展董事对消费者的信义义务,董事既是股东的代理人也是消费者的代理人,则董事不得损害消费者利益以保护股东利益。就忠实义务而言,消费者作为公司的利益相关者,在阻止公司财产的不当管理上拥有与股东同样的利益。因此,可以赋予消费者对违反忠实义务的董事以诉权,提供对公司的另一套监督体系。② 此外有学者还提出应在公司法增设一条,以明确社会责任的内涵,其中社会责任的内涵包含对消费者的责任。③

供应商之于公司而言,可以分为特定供应商以及普通供应商。特定供应商提供的是特定产品或服务,可替代性较小。因此公司对其的依赖性较强,往往会与其订立长期合同关系。有鉴于此,部分观点认为,董事、高管应对特定供应商承担信义义务,以弥补长期合同的不完全性以及由此产生的机会主义行为。就公司与社区的关系而言,社区的一些实质性投资例如学校、道路、下水道等公共设施有助于公司的创办与发展,同时公司的创办也会为社区带来就业机会。但如果公司因搬迁、合并等脱离原社区,将导致社

---

① 参见杨瑞龙、周业安:《企业的利益相关者理论及其应用》,经济科学出版社2000年版,第115页。

② 参见赵学刚、朱云:《消费者利益的公司法保护路径研究》,载《新疆社会科学》2014年第1期。

③ 参见何云:《公司社会责任背景下的公司对消费者的社会责任问题》,载《河南省政法管理干部学院学报》2010年第6期。

区就业机会的丧失、实质性投资的浪费。①

综合上述理论,从促进商事效率提升的制度构建目标看,不应要求董事对客户、供应商及社区等承担信义义务,公司对其仅承担一定意义上的道德责任,且《公司法(2023)》已细化了社会责任条款,进一步明确了公司对非股东利益相关者的道德义务。② 董事从事的本就是存在商业风险的经营行为,如对董事苛责过多的信义义务将影响其决策的自主性,反而影响公司经营。且如对非股东利益相关者都规定信义义务,各类信义义务的冲突将难以协调。当前《中华人民共和国产品质量法》等外部规定以及完善的市场竞争可以为客户、供应商及社区等提供保护。例如,特定供应商可以与公司通过商业谈判、协商签订合同,以保护自己的合法权益。而相应的法律关系有《中华人民共和国反不正当竞争法》等民事法律、经济法进行规定。

第三节　董事信义义务内容扩充

注意义务和忠实义务确立了董事行为的基本框架,但在董事会权力不断法定化、实质化的背景下,现行信义义务内容对董事不当行为的制约稍显乏力。从理论上来看,也难以周延覆盖董事归责的需求。因此董事信义义务的内容需要更为精细化和多样化,才能充分实现董事权责的平衡,并发挥其控制代理成本、优化公司治理的功能效用,为股东权益保护强化制度供给。同时信义义务是一个发展的概念,随着社会经济的变迁其内容亦会发生新的变化,从而与时俱进地对董事履职进行指引和矫正,为不同情形下公司或股东对董事的问责提供依据,故董事信义义务内容的丰富与拓展符合该制度内在的发展规律。③

一、董事信义义务内容的基本构成

(一) 董事信义义务的二元结构

董事信义义务的二分法为世界各国立法例所遵循。④ 譬如在美国,忠

---

① 参见施天涛:《〈公司法〉第 5 条的理想与现实:公司社会责任何以实施?》,载《清华法学》2019 年第 5 期。

② 参见《中华人民共和国公司法(2023 年修订)》第 20 条规定。

③ 需明确的是,本书第七章将探讨我国董事责任限免机制的构建和完善,即在此基础上主张董事信义义务内容的扩充不会造成董事权责的再次失衡。

④ 参见李安安:《金融创新与董事信义义务的重塑》,载《证券法苑》2012 年第 7 卷,第363 页。

实义务和注意义务长期以来几乎都是判断董事行为的排他性的历史标准。① 我国学界通说亦认为忠实义务和注意义务两者相互独立,但又共同构成董事信义义务的全部内容。② 忠实义务要求董事将公司利益作为其行为准则,公司利益重于董事个人利益,其核心思想是禁止利益冲突和谋取私利。注意义务,又称为勤勉义务、善管义务、谨慎义务,是指董事作为公司的管理者,应当谨慎地履行法律以及公司章程所赋予的董事职权,适当地注意管理公司以免损害公司利益,并合理相信其行为是为了公司最佳利益。③

从现代公司机关的职能定位来说,董事会作为执行机关,是公司经营目标实现的真正践行者,本就处于公司权力中心和信息优势地位。而公司所有权与经营权的分离可能会加剧董事滥用职权以谋取私利的机会主义行为,公司股东承受的代理风险也随之增加。董事信义义务则通过法定标准的明确,对董事权力运作的过程加以规范和制约,以董事个人行为的"最优解"实现董事会集体行动的"最优解",从而直接或间接保障公司经营目标的实现,切实维护股东权益。其中,忠实义务要求董事恪守职业道德,时刻将公司利益置于首位,以禁止性规则实现行为约束目的。④ 但忠实义务作为一种消极不作为义务在某种程度上似乎只能维持公司利益的"保值",而不能实现"增值"⑤,董事就此沦为公司财产的"保管员",这显然并不契合公司的营利性本质。注意义务则强调董事的专业水准和敬业精神,即董事并非仅仅是公司和股东利益的忠实守护者,还需要以善良管理人的姿态和注意,以满足积极作为之要求实现公司利益最大化。但是注意义务对董事行为的约束效果可能不如忠实义务显著。因此,忠实义务与注意义务作为信义义务的"一体两翼",都是公司治理中不可或缺的关键要素,共同作用于董事履职指引、权力滥用制约、代理成本降低以及经营目标实现等公司治理目的,在平衡董事权责冲突的同时,也为司法强制力介入公司自治提供了路径和依据。

虽然忠实义务和注意义务联系紧密,但二者在义务要素和制度功能上又存在明显差别,各自具有独立价值,不能混为一谈或相互替代。首先,二者强调内容不同。忠实义务主要关注董事的道德和品行,强调的是董事在

---

① 参见任自力:《美国公司董事诚信义务研究》,载《比较法研究》2007 年第 2 期。

② 参见朱慈蕴:《公司法原论》,清华大学出版社 2011 年版,第 327 页。

③ 参见施天涛:《公司法论》,法律出版社 2018 年版,第 418 页。

④ 参见李燕、杨淦:《董事注意义务的司法审查标准刍议》,载《法律适用》2013 年第 12 期。

⑤ 参见汪青松:《中国公司法董事信托义务制度评析——以英美公司法相关理论与实践为视角》,载《东北大学学报(社会科学版)》2008 年第 5 期。

面对利益冲突时应当具备的价值判断和立场选择，即董事应当始终把公司整体利益放在首位。注意义务强调的是在公司利益最大化的必然要求下，董事履职时所应具备的技能、勤勉和谨慎，因而注意义务主要与董事的工作能力和工作态度有关。其次，二者判断重点不同。忠实义务侧重考察董事的职业操守是否存在污点，注意义务主要关注董事的行为过程是否存在瑕疵。再次，二者对于过错的要求不同。董事违反忠实义务时一般可直接推定董事存在故意，这是由忠实义务内涵所决定的。而追究违反注意义务的董事责任时，通常需要证明董事存在过失或重大过失。因此，忠实义务对董事的约束实际上比注意义务更为严格。此外，二者实现的难度不同。忠实义务为董事与公司之间的利益冲突筑起一道"防火墙"，其消极不作为的制度目标的实现比较容易界定，责任认定也相对简单。而注意义务要求董事履职实现公司最佳利益，这一积极作为的制度目标的实现受到诸多不易被克服的障碍影响①，董事个体能力的差异使得注意义务的衡量标准也难以统一、责任认定更为困难。最后，二者的责任承担形式有所不同。董事违反注意义务需要承担的是违约责任或侵权责任，主要方式包括停止侵权行为、赔偿公司损失等。而董事违反忠实义务主要承担严格归责的违约责任②，除赔偿损失外，针对董事所获得的收益公司可以依法行使归入权。

（二）我国董事信义义务的公司法规范③

我国《公司法（2018）》第 147 条对忠实义务和注意义务作了一般的原则性规定，第 148 条对忠实义务进行了详细列举。④ 最新修订的《公司法（2023）》对董事忠实义务和注意义务进行区分规定，并针对性地完善了忠实义务的行为类型。⑤ 有学者认为，忠实义务与注意义务组成的董事信义义务并非董事义务的全部内容，此外董事对公司还须承担公司法规定的其他义务，如董事应依法分配股息或红利、董事负有不得违反法律规定而作出由公司收购公司自己股份决定的义务等。⑥ 但实质上，此类守法性义务是

---

① 参见汪青松：《中国公司法董事信托义务制度评析——以英美公司法相关理论与实践为视角》，载《东北大学学报（社会科学版）》2008 年第 5 期。

② 参见邢宝东：《论董事的义务与责任》，载《沈阳师范大学学报（社会科学版）》2009 年第 3 期。

③ 此处依据的法律规范包括《中华人民共和国公司法（2018 年修正）》和《中华人民共和国公司法（2023 年修订）》，对相关内容仅作简单阐述，如新旧公司法无变化则引用新公司法。关于忠实义务和注意义务的具体分析请详见本书第五章和第六章。

④ 参见《中华人民共和国公司法（2018 年修正）》第 147 条、第 148 条规定。

⑤ 参见《中华人民共和国公司法（2023 年修订）》第 180 条、181 条、182 条、183 条、184 条规定。

⑥ 参见李安安：《金融创新与董事信义义务的重塑》，载《证券法苑》2012 年第 7 卷，第 363 页。

董事在执行公司职务时应当保有的基本谨慎和注意,属于注意义务范畴。

1.董事忠实义务

(1)不得获得非法利益。董事履职应当以公司和股东的最佳利益为行为准则,不能利用职权从中谋取私利、获取非法利益。对此《公司法(2018)》第147条第2款规定董事不得利用职权收受贿赂或其他非法收入、不得侵占公司财产,第148条规定董事不得利用职权挪用公司资金、将公司资金以其个人名义或以其他个人名义开立账户存储、收取归属于公司的佣金,并且就上述违法获益规定了公司归入原则。《公司法(2023)》将这些行为统一归类到第181条董事不得从事违反忠实义务的具体行为之中,条文设计更为科学。

(2)竞业禁止义务。董事、高管等经营管理者处于企业科层制的顶端,其负责的工作内容往往涉及公司重大或关键事务的决策,因此也通常掌握着公司重要的商业机密。在此种前提下,董事一旦实施竞业,可能会为了其自身利益而泄露公司秘密或严重影响公司原本可得的交易机会和交易收入,损害公司利益。为了防止董事与公司之间的这种商业竞争和利益冲突,《公司法(2018)》第148条第1款第5项规定董事不可以自己经营或为他人经营与其所在公司相同或类似的业务,但竞业禁止义务具有相对性,经股东(大)会同意可以获得免除。《公司法(2023)》则新增关于利益冲突事项的报告义务,同时董事应当按照公司章程的规定经董事会或者股东会决议通过。①

(3)禁止篡夺公司机会。董事不得因一己私利而利用职务便利将原本属于公司的商业机会转归自己,卷入个人与公司的利益冲突之中。该项义务在我国公司法上从绝对禁止发展为相对许可,《公司法(2018)》第148条第1款第5项对此作了规定。但除了授权例外,《公司法(2023)》还新增了"根据法律、行政法规或者公司章程的规定,公司不能利用该商业机会"的例外情形。②

(4)禁止自我交易。董事作为公司的受托人,在执行公司职务时应以公司利益最大化为基础作出行为选择。然而在董事与其所任职的公司订立合同或进行交易时,即便以共赢为目标,但交易双方最根本的利益状态无疑是冲突对立的,那么就无法避免董事为了自己或他人谋取私利的机会主义倾向,公司利益遭受损害的情况极有可能出现。因此,禁止自我交易构成董

---

① 参见《中华人民共和国公司法(2023年修订)》第184条规定。
② 参见《中华人民共和国公司法(2023年修订)》第183条规定。

事的一项忠实义务,但满足一定条件时自我交易同样可以进行。《公司法(2023)》修改了认可董事自我交易的程序要求,还扩大了董事自我交易与关联交易中关联人的范围。①

(5)禁止泄露公司秘密。董事负责公司日常的经营管理和业务执行,掌握着影响公司生存和发展的核心机密,该机密的泄露将给公司造成致命的打击。对此,《公司法(2023)》第 181 条第 1 款第 5 项作出规定。

(6)董事的回避义务。该项义务是以程序性规则规避利益冲突,即当董事与董事会会议所表决事项存在利益关联时,该董事不能行使表决权。我国《公司法(2023)》第 185 条对董事回避义务作出明确规定。

2. 董事注意义务

(1)不得违反法律、法规以及公司章程的规定。守法义务是董事履职时应当保有的基本谨慎和注意,也是公司营利所应承担的必要成本。并且董事执行公司职务的行为往往被视为是公司行为,其法律后果由公司承担,那么董事一旦违反相关法律规定,极有可能给公司招致诉讼,影响公司的形象和声誉。公司章程作为公司治理的主要依据和载体,是规范公司活动的总章程和行为遵循,董事作为公司的执行机关,同样要受其约束。《公司法(2023)》第 179 条对董事守法义务予以单独规定。

(2)董事应当在正当权限范围内行使权力。从善意第三人的角度来说,董事可能并不清楚公司内部权力的划分与限制,因此其可以主张担任董事这一职务通常可以认定董事有能力代表公司处理某一事项。但为了防止董事滥用权力给公司带来不利后果,应强调董事对自己的职权范围有清晰认识,并承担相应的注意义务,不得超越法定或规定的权力边界行使职权。若特殊情况下需要越权履职,需经股东会或董事会的授权。

(3)董事应当出席董事会会议并对决议承担责任。同时,在列席股东会时,董事应当接受股东的质询,不得有所欺瞒,并如实向监事会提供相应情况和资料,协助监事会行使监督职责。②

(4)董事应当对公司资本情况进行核查。如董事在发现股东未履行或未全面履行出资义务时,及时向其发出催缴书;对知道或者应当知道的股东抽逃出资行为采取必要措施,及时维护公司利益。董事的出资催缴义务最早明确于《公司法司法解释(三)》第 13 条③,《公司法(2023)》对董事维护

---

① 参见《中华人民共和国公司法(2023 年修订)》第 182 条规定。

② 参见《中华人民共和国公司法(2023 年修订)》第 124 条、第 125 条、第 187 条规定。

③ 参见《最高人民法院关于适用〈中华人民共和国公司法〉若干问题的规定(三)》第 13 条第 4 款规定。

公司资本充实的义务与责任再次进行了强化。①

（5）董事作为公司清算义务人时，应当在公司解散事由出现后及时组成清算组进行清算；作为清算组成员时，应当履行清算职责。② 此义务为《公司法（2023）》所新增。

（三）　我国董事信义义务归责的理论困境

忠实义务和注意义务构成董事信义义务的基本内容，确立了董事行为的基本框架，同时该二分法具有清晰简练的优势，能够为法院审查董事履职提供较为明确的指引。但从逻辑严谨性来看，现行信义义务的内容在涵盖董事行为方面存在缺陷，可能造成公司实践中对董事归责的无所适从，即无法单独且明确地适用忠实义务或注意义务对董事的某些行为进行归责。

根据我国《公司法》基本理论，董事违反信义义务的行为主要包括违反忠实的故意行为和欠缺注意的过失行为，且忠实义务的故意以董事存在将个人利益置于公司利益之上或谋取私利的目的为前提。可见忠实义务和注意义务对董事过错形态的要求不同。然而问题就在于，在没有利益冲突的情况下，董事仍有可能玩忽职守、漠视职责，或是有意冒进导致公司违法，抑或滥用职权，从而损害公司和股东的合法权益。上述行为表明董事的主观过错已超越了过失或重大过失的界限，而注意义务规制的是偶发性"疏忽"，并非基于故意或放任的主观心理。同时该行为又无法纳入忠实义务对故意的规制范畴，且适用完全公平标准进行判定显得过于苛刻。即使退而求其次，以注意义务的重大过失路径问责，董事责任也可能因公司章程而得以限免，最后使得董事问责流于形式。由此可见，传统意义上的忠实义务与注意义务并不足以完全涵盖董事的不正当行为。在现代公司实践中，如三鹿奶粉案、上海福喜案，因不存在董事与公司利益冲突或董事谋取私利的情形，就难以适用《公司法（2018）》第 147 条、第 148 条有关忠实义务的规定进行归责，同时董事也是为了公司利益最大化而有意做出的不诚信行为，不符合注意义务的基本原理。但其可责难性显然大于注意义务所涵射的重大过失，为保护公司与股东的利益，理应受到禁止。又如在"中信泰富"事件中，董事基于对荣智健"铭感于心"的特殊情感，未对其实施的对冲累计外汇期权合约的重大冒险行为进行有效监督和约束，反而习惯性地予以"同意"，最终导致公司遭受巨额亏损。这种非基于经济因素考量的徇情决策或非理性决策属于"董事会的结构性偏见"，难以通过理性范式路径下的

---

① 参见《中华人民共和国公司法（2023 年修订）》第 51 条、第 53 条规定。

② 参见《中华人民共和国公司法（2023 年修订）》第 232 条、第 238 条规定。

忠实义务和注意义务对董事进行问责。①

此外，股东追究董事违反信义义务的责任并非易事，特别是在所有权与控制权高度分离的公众型公司中，董事基于其经营管理公司的主导地位，拥有一般股东所不具备的职权优势和信息优势。对于董事可能存在的不当行为，一般的中小股东其实难以察觉，更遑论举证推翻。② 就责任承担而言，即使董事违反信义义务的行为被证实，其仍然可能受到公司章程的保护，责任得以限免。

基于强化股东权益保护的现实需求，同时也是回应法治化营商环境建设中董事法律制度的完善，法律对董事信义义务内容的安排至关重要。但需要注意，理论上的不完备并不等同于司法实践中无法对董事进行问责。在笔者整理的涉及忠实义务和注意义务的案例中，大多数情况下法官在裁判说理时都不会实质性区分忠实义务和注意义务，或是不谈及董事义务，仅将董事的不当行为视为侵权行为进行归责。可见法院对董事行为归责的认定远比学界认为的积极，但这也同时反映了制度预期和法律适用之间可能存在一定程度的偏差，因此探讨制度完善才更具有现实的意义和价值。

二、营商环境优化背景下董事义务的扩充与完善

针对理论上忠实义务和注意义务在董事行为涵盖方面的不足，本文认为丰富董事信义义务内容或扩张信义义务体系是一条可行的改进路径。同时董事信义义务作为董事制度的一部分，需要与董事会权力制度、董事责任制度作协同性调整，故董事信义义务内容的丰富与拓展符合董事法律制度内在的发展规律。

（一）诚信义务

诚信（good faith）③一词最早出现在公司法领域，是 1984 年特拉华州法院在 Lewis v. Aronson 案对商业判断规则的描述。④ 在 1985 年 Smith v. Van Gorkom 案，特拉华州法院判决违反注意义务的董事对公司承担赔偿责任。⑤ 批评者广泛认为该判决创造了一种有害风险决策的文化，阻碍了适

---

① 参见朱羿锟：《董事会结构性偏见的心理学机理及问责路径》，载《法学研究》2010 年第 3 期。

② 参见王建文：《论董事"善意"规则的演进及其对我国的借鉴意义》，载《比较法研究》2021 年第 1 期。

③ 亦有学者将其翻译为"善意"，参见王建文：《论董事"善意"规则的演进及其对我国的借鉴意义》，载《比较法研究》2021 年第 1 期。

④ 73 A.2d805（Del.1984）.

⑤ See Smith v. Van Gorkom，488A.2d858（Supreme Court of Delaware，1985）.

格人选任职董事。① 在巨大压力之下，特拉华州立法机关于1986年修改《特拉华州普通公司法》，赋予了公司更大自治空间，允许以公司章程形式豁免董事违反注意义务的责任，并率先在该部法律中使用了"诚信"术语。美国律师协会起草的《标准商事公司法》在1998年修订版中也规定了相关"诚信"条款。后随着安然事件和世界通信事件的发生，美国公司法学界对董事信义义务进行了反思，许多学者认为除传统的注意义务和忠实义务外，董事还应当对公司及股东负有诚信义务（duty of good faith），因此诚信规范日益受到追捧。特拉华州巧妙地运用早在制定法中存在的"诚信"一词对董事信义义务做出新的阐释，并在一些判例中频频向人们传递出"董事诚信是董事作为公司受托人不可规避的独立义务"的信息。在经过长达14年围绕诚信路径重构董事信义义务的争论后，曾一直坚持"三分法"的特拉华州最高法院在2006年的Stone v.Ritter案指出"诚信"要素仅仅是忠实义务的一个部分②，尽管仍有学者对此质疑，但Stone案中特拉华州最高法院的立场也持续至今。③ 为了摒弃诚信的虚无主义倾向，对董事诚信义务的界定可以从主客观两个方面进行：主观上，董事应真诚地认为其是为了公司最佳利益而行为；客观上，董事应忠于职守、行为正派，不违反普遍接受的商业行为准则与基本的公司道德规范。④ 诚信义务具体适用于董事"滥用职权""严重失职""不坦诚告知""故意让公司违法"四种行为的规制。⑤

1. 我国引入诚信义务的原因

关于我国是否引入诚信义务的讨论，学界存在赞同说和反对说。赞同说认为，信义义务二分法中的忠实义务和注意义务路径均无法涵摄董事的非理性行事，且在应对董事会结构性偏见时存在局限。⑥ 而诚信义务的兴起是公司治理中董事权利与责任平衡的结果，具有弥补忠实义务与注意义务不足的独立价值⑦，并能够克服股东与董事之间的信息不对称。⑧ 为此

---

① See Daniel R.Fischel, *The Business Judgment Rule and the Trans Union Case*, 40 bus.Law.1985, pp.1437,1454.

② See Stone v.Ritter, C.A.No.1570-N, 2006 Del.Ch.LEXIS, p.20(Del.Ch. ,Jan.26,2006).

③ 参见梁爽：《董事信义义务结构重组及对中国模式的反思——以美、日商业判断规则的运用为借镜》，载《中外法学》2016年第1期。

④ 参见李安安：《金融创新与董事信义义务的重塑》，载《证券法苑》2012年第7卷，第377页。

⑤ 参见朱羿锟：《董事问责标准的研究》，载《中国法学》2008年第3期；朱羿锟、彭心倩：《论董事诚信义务的法律地位》，载《法学杂志》2007年第4期。

⑥ 参见翁孙哲：《论董事的诚信义务》，载《商业研究》2012年第10期。

⑦ 参见任自力：《美国公司董事诚信义务研究》，载《比较法研究》2007年第2期。

⑧ 参见朱羿锟：《董事问责标准的研究》，载《中国法学》2008年第3期。

我国可以赋予诚信以新的内涵,将其作为一项独立的信义义务并予以确认,使其与传统的忠实义务和注意义务并列,从而填补董事信义义务的问责空隙,为进一步发展董事信义义务提供良好的平台。① 反对者认为,"诚信"在定义、内容、操作标准等层面仍然十分模糊,容易使人误解为主观上的判断标准,强行引入会产生学术混乱的不利后果,故在引进董事信义义务"诚信"概念的问题上应当谨慎。②

本书赞同我国在董事信义义务中引入诚信义务。诚信义务不仅强调董事行为的主观诚信动机,也要求其行为方式的诚信。③ 可见诚信义务的内涵与外延具有极强的包容性,有助于弥补前述董事信义义务归责的理论缺陷,强化信义义务对董事行为的周延评判,从而降低股东对董事履职的监督成本,建立有效的董事问责机制。并且由于诚信原则具有解释或补充法律漏洞的功能,法院可以借助于董事的诚信规范来克服董事信义义务造成的文化的僵化或局限。另外,诚信义务的引入契合"两权分离"背景下董事会权力扩大的趋势,有利于实现董事权力与责任的平衡,降低股东和董事之间的代理成本,推动公司良治。

2. 诚信义务的融入路径

我国多数学者认为,董事诚信义务具有独立的内涵和价值,其既非信义义务的同位概念,又非忠实义务或注意义务的附属义务或解释要素,因此才能填补传统董事信义义务的归责空隙。如董事勤勉履职是否符合注意义务的要求,主要通过对董事外化的客观行为加以判断,不必考察主观心态。诚信义务则主要关注董事行为时的主观状态,仅仅存在错误决策或公司经营不善等情况并不足以证明董事具有恶意,只有董事在持续性地玩忽职守、有意漠视职责或者故意滥用职权时,才会被推定为恶意,从而构成诚信义务的违反。因此注意义务对董事勤勉履职的要求比诚信义务更为严格。与忠实义务相比,虽然诚信义务和忠实义务对董事主观过错程度的要求较为一致,但规制角度有所不同。忠实义务是从影响董事行为的经济动机出发,即对利益冲突或谋取私利的故意进行规制,而诚信义务却可以对包括个人情感、声誉在内的非经济动机进行阻挡,从而确保董事履职不偏离公司和股东利益的轨道。就忠诚的要求而言,忠实义务强调董事对公司及股东利益的绝对忠实,而诚信义务还强调董事对其职务的忠诚。这种职务忠诚蕴含着股

① 参见彭心倩:《公司法董事诚信义务的法律厘定》,载《湖南社会科学》2007年第5期。
② 参见梁爽:《董事信义义务结构重组及对中国模式的反思——以美、日商业判断规则的运用为借镜》,载《中外法学》2016年第1期。
③ 参见彭心倩:《公司法董事诚信义务的法律厘定》,载《湖南社会科学》2007年第5期。

东、债权人、职工、社会公众等主体的期待,其既是"公司标准"也是"社会标准"。可见董事诚信义务是符合信义逻辑关系并有其自身内涵体系的信义义务下位概念。① 若将"诚信"局限在忠实义务或注意义务范畴内,其应有的规范功能可能会受到限制。②

但也有学者认为,我国董事信义义务的理论和规则尚不成熟,若一味强调引入诚信义务以构建董事信义义务的"三分法",忠实义务和注意义务的边界可能愈发变得模糊,也必然会衍生出更多难以统合的理念,造成学术研究的混乱。实际上,忠实义务与注意义务的内涵和外延远比人们想象的复杂。因此,我国可以参考美国和日本对董事诚信义务的新二分进路,即通过扩大忠实义务或注意义务的现有内涵以囊括诚信义务,从而完善我国董事信义义务的内容和体系。③ 美国的传统信托义务仅限制利益冲突,注意义务是在传统信托义务扩张的基础上,才发展为与忠实义务并列的信义义务内容。如美国斯特林(Strine)法官认为,受托人的所有行为都必须首先从忠实义务出发,且只有忠实的受托人才能尽到谨慎人的合理注意。④ 另有学者认为"忠实"的最高等级是对一系列价值和原则的全身心奉献,这种"奉献"理应使注意义务的内核定义为"忠实"。⑤ 可见,在美国信托关系说下,忠实义务和注意义务并不存在鲜明的界限,忠实义务的张力甚至可以囊括注意义务,因此扩张传统忠实义务以涵盖诚信义务仅仅是信义义务发展的路径依赖。如今美国多数学者认为,忠实义务就是董事为了公司最佳利益而采取的作为或者不作为的义务。换言之,从积极层面来看,董事必须为了公司或股东利益而诚信履职;从消极层面来看,董事不能将其个人利益置于公司利益之上,不得与公司存在利益冲突。⑥ 就日本而言,其学界通说认为忠实义务和注意义务具有同质性,且忠实义务是对注意义务的进一步细化和明确。在这一解释路径中,忠实义务仅规制利益冲突,相关的董事行为因具经济性要素而易于判断。在排除此类利益冲突的案件后,董事难以认定

---

① 参见朱羿锟、彭心倩:《论董事诚信义务的法律地位》,载《法学杂志》2007 年第 4 期。

② 参见任自力:《美国公司董事诚信义务研究》,载《比较法研究》2007 年第 2 期。

③ 参见梁爽:《董事信义义务结构重组及对中国模式的反思——以美、日商业判断规则的运用为借镜》,载《中外法学》2016 年第 1 期。

④ 参见梁爽:《董事信义义务结构重组及对中国模式的反思——以美、日商业判断规则的运用为借镜》,载《中外法学》2016 年第 1 期。

⑤ See LYMAN J., *After enron: remembering loyalty discourse in cor-porate law*. Delaware Journal of Corporate Law, 2003.

⑥ 参见徐化耿:《信义义务的一般理论及其在中国法上的展开》,载《中外法学》2020 年第 6 期。

的不当行为或不诚信行为均可纳入具有兜底性质的注意义务中予以规制,漏洞得以填补。

从前述分析可知,美国和日本通过寻求义务的同质性,将"忠实"或"注意"解释为董事信义义务的内核,为传统信义义务的扩张提供便利。虽然在一定程度上可能会加剧忠实义务和注意义务关系的错综复杂,但正如美国学者伊斯特布鲁克(Easterbrook)和费希尔(Fischel)在《公司法的经济结构》中指出,忠实义务和注意义务之间并不存在鲜明的界限,①譬如董事因不作为而导致公司利益受损时,如何区分是因私心(品德问题)抑或不尽心(能力有限)可谓困难重重;当出现混合动机的并购行为时,也很难根据传统的自我利益来判断董事行为。因此,美国和日本分别以"忠实"和"注意"涵盖诚信义务,并不存在法理上的障碍。

我国到底采取何种诚信义务的融入路径,需要溯源该义务发展历程,并在充分结合我国国情考量的基础上才能做出最佳选择。从诚信义务起源来看,其产生于美国法院对董事违反注意义务的司法审查中。美国董事注意义务的判断经历了从严苛标准,到允许公司章程免除董事责任的宽松要求,再到强化董事问责的三个阶段。而诚信义务则主要产生于第三阶段,以加强对董事不当行为的规制,明确董事对边缘性故意不端行为的责任,从而促使注意义务的司法功能得以复活。② 由此可知,诚信义务成为董事的基本行为准则之一,是美国法院在漫长的司法实践中,通过对诚信含义的不断阐释和深化使然。从具体案例中看,诚信通常是原告用以反驳或推翻董事免责规定、补偿规定以及商业判断规则适用的工具。因此诚信义务虽然具有独立内涵,却不是一项可作为独立诉由的信义义务。相较于美国,我国虽然规定了注意义务,但对其内涵、外延和判断标准并无具体界定,学界至今也仍有争论,本土语境中更未明文规定商业判断规则,可见我国尚不具有与美国诚信义务发展类似的环境和土壤。同时,诚信义务虽然可以有效填补董事信义义务的归责空隙,但如何对其进行界定和判断同样存在争议,且诚信带有一定的道德评判色彩,具有抽象性和模糊性,依赖法官在个案中的具体认定。艾森伯格(Eisenberg)教授指出,将某一行为定性为缺乏"善意"要比

---

① See Frank H. Easterbrook and Daniel R. Fischel, *The Economic Structure of Corporate Law*, Harvard University Press, 1991, p.103.

② See Carter G. Bishop, *A Good Faith Revival of Duty of Care Liability in Business Organization*, La 41T ulsa University La Revie. 2006.

为"善意"提供一个一般定义容易得多。① 因此,诚信义务的三分法解释路径难以改变董事义务体系杂乱的缺点,也无法解决其存在的法律适用问题,容易从一种不确定变为另一种不确定②,从而导致董事信义义务的过度扩张。

日本的诚信义务发展进路对我国具有较大的参考价值。一方面我国同日本一般,以"委任说"作为董事与公司关系的通说,具有将"注意"解释为董事信义义务内核的可行性。另一方面,我国《公司法》未对注意义务的内涵进行明确界定,也未对其行为类型予以具体化。因此,注意义务拥有更多的发展空间,可以通过扩大解释的方法融入"诚信"要素,并将其作为信义义务的兜底条款来适用。如此一来,既有助于填补传统董事信义义务的归责空隙,也适当维持了法律体系及法律适用上的稳定。但问题在于,我国《公司法》首先引入的是忠实义务,而后增设注意义务,且这两类义务在我国具有同等的独立性和重要性,而非包含与被包含的关系。可见我国《公司法》对董事信义义务的移植,无论是概念定义还是规则构成方面均与英美法系国家的立法更相符,而与日本视忠实义务为注意义务特殊要求的董事信义义务体例难以契合。③ 换言之,诚信义务的引入不可忽视我国《公司法》内生性的结构特征,在我国注意义务连忠实义务都无法涵盖的前提下,更无法通过扩大解释包含"诚信"要求。而且日本路径对注意义务制度的要求较高,需要一套具有可操作性的注意义务审查标准来识别董事的不当行为,而我国董事注意义务制度的发展尚不够成熟。

综上所述,我国可维持董事信义义务的二分法,通过赋予忠实义务新的内涵以纳入诚信义务,丰富我国董事信义义务的内容与体系。首先,忠实义务与诚信义务对董事主观上的要求较为相似。作为一般原则的忠实包括了董事内心的正直不阿,而诚信也要求董事在主观上保持诚信和正直。并且违反忠实的董事和缺乏诚信的董事在主观层面都存在直接或间接故意。对此类主观动机上的"不忠",比注意义务所规制的过失或重大过失更为严重,可统一归入违反忠实义务的范畴。其次,诚信其实是忠实义务较高层次的要求。传统的忠实义务为董事树立了"忠贞不贰的公司利益目标"④,但不能存在利益冲突仅是实现这一目标的消极方面,诚信服务于公司利益则

---

① See Melvin A. Eisenberg, "*The Duty of Good Faith in Corporate Law*", Delaware Journal of Corporate Law, Vol.31, No.1(May 2006), p.21.

② 参见王莹莹:《信义义务的传统逻辑与现代建构》,载《法学论坛》2019年第6期。

③ 参见郭富青:《我国公司法移植信义义务模式反思》,载《学术论坛》2021年第5期。

④ 参见朱羿锟、彭心倩:《论董事诚信义务的法律地位》,载《法学杂志》2007年第4期。

是在积极方面的体现。事实上,早有理论从代理和信托的角度考察,认为代理人或受托人均应怀有"诚信",其含义是指代理人对被代理人负有忠实义务①,至少包括拥护公司最佳利益的积极作为义务和回避对公司造成损害利益的消极不作为义务。要求董事积极努力或许与注意义务的理解有类似之处,但"扩张了的忠实义务"中的作为义务仅指董事不能习惯性、持续性地放弃履职。② 再次,前文述及诚信义务包含对公司、股东、债权人乃至社会公众对董事"忠诚"的期望,而这一期望可以内化于忠实义务之中得以实现。从本章第二节关于董事信义义务的对象扩张至公司外部利益相关者的论述可知,董事信义义务不仅是单纯的公司内部治理工具,而且在特定情况下董事应将外部利益主体纳入其决策的考量因素中。因此将诚信义务归入忠实义务中调整,符合利益相关者理论和本书的观点逻辑。另外从成本效益的角度分析,扩张忠实义务使之覆盖诚信义务,既不用改变现行董事信义义务的二元结构,对公司法的理论变动也比较小,从而有助于减少学理研究和法律适用上的混乱。③ 因为忠实义务和诚信义务都主要涉及董事主观心理的考察,都以故意为判断标准。而注意义务侧重于通过客观行为来予以判定。最后,这一路径有助于优化董事问责机制。即在维持法院对注意义务的尊重审查模式的同时,明确董事责任限免规则的适用范围仅限于董事注意义务,排除忠实义务包括诚信义务的责任限免,从而实现义务类型与责任程度的适配。

（二）合规义务

良好的营商环境强调公司内部治理的"良法善治",而公司合规管理刚好契合这一目标。有效的合规机制能够指引和校正董事及公司的行为④,对于规范公司运作、优化公司内部治理环境、降低制度性交易成本、提升公司治理效益起着重要作用,而这又将反过来赋能公司在法治营商环境优化中发挥主体作用。

1. 我国确立合规义务的原因

虽然公司在促进市场经济的发展和社会财富的创造等方面发挥着重要

---

① See Sylvester v. Beck,178A 2d,pp.755,757(pa,1962).
② 参见梁爽:《董事信义义务结构重组及对中国模式的反思——以美、日商业判断规则的运用为借镜》,载《中外法学》2016 年第 1 期。
③ 参见梁爽:《董事信义义务结构重组及对中国模式的反思——以美、日商业判断规则的运用为借镜》,载《中外法学》2016 年第 1 期。
④ 参见汪青松、宋朗:《合规义务进入董事义务体系的公司法路径》,载《北方法学》2021 年第 4 期。

作用,但基于公司营利性本质,其行为逻辑亦具有趋利避害、规避监管的天性。在缺乏强制力约束的情况下,公司唯利是图的本能会被不断放大,从而突破其应有的行为道德底线。① 如上海福×公司为了公司利润,使用劣质肉来降低公司的生产成本。可见当违法成本远远低于违法收益时,董事的不良倾向将更为明显。但公司违规经营可能造成其自身和社会公共利益的双重危害,公司可能会面临民事赔偿、行政处罚以及刑事制裁,同时其违法行为也会扰乱市场竞争秩序,容易引发系统性风险。鉴于此,公司尤其是公众公司不仅存在对股东的治理责任,还存在对公众的治理责任,这一责任可以通过公司合规制度的建立予以承担,且基本的合规要求是公司为实现经济利益最大化所需支付的必要成本。

公司的合规管理具有内外统一性,既要遵循公司内部规章制度,也要服从公司外部法律法规、商业道德等规范,以使内部控制和外部控制有机结合,促进公司自身的"良法善治"。相比之下,传统公司治理注重外部监管作用的发挥,即假设国家公权力能够及时发现并制裁公司违法违规行为,对公司施加违法成本,以达到矫正行为、预防违法的效果,从而使公司治理恢复到理想状态。但在金融创新背景下,公司的经营管理愈发复杂和专业,相关违法违规行为更加隐蔽,非深度介入公司内部治理是难以发现的。基于此,现代公司治理越来越强调企业自身的合规自主性和积极性。② 但公司只是抽象拟制的组织体,公司的合规管理必须落实到公司机关以及具体个人的职务行为。随着现代公司治理中所有权与经营权的分离,董事会逐渐成为公司运营管理的权力中心。董事行为取向很大程度上将影响着公司的行为选择,而董事的不当行为很可能同时导致公司陷入违法境地,因此董事理应承担相应的合规义务。③ 另外,由于利益追求的不一致,董事和股东、公司间本就存在代理风险,在发生利益冲突时,董事完全有可能放弃公司利益以保全个人利益。④ 因此无论是基于对公司和股东合法权益的保护,还是为了规范公司运作、完善公司治理,合规义务都有必要成为董事信义义务的内容之一。

我国对董事合规义务尚未作出全面系统的规定,其规则多散见于针对

---

① 参见赵万一、王鹏:《论我国公司合规行为综合协调调整的法律实现路径》,载《河北法学》2021年第7期。

② 参见赵万一:《合规制度的公司法设计及其实现路径》,载《中国法学》2020年第2期。

③ 参见汪青松、宋朗:《合规义务进入董事义务体系的公司法路径》,载《北方法学》2021年第4期。

④ 参见赵万一:《合规制度的公司法设计及其实现路径》,载《中国法学》2020年第2期。

特定类型公司的规范性文件中,包括但不限于《中央企业合规管理指引(试行)》《合规管理体系指南》《商业银行合规风险管理指引》《保险公司合规管理办法》《证券公司和证券投资基金管理公司合规管理办法》等。从词源角度看,"合规"(compliance)起初仅指董事行为本身的合规,即董事负有不违反法律规定、公司章程和一般职业道德等要求的消极义务,也不得故意或有意识地使公司违法。但董事仅"洁身自好"是不够的,其还应密切关注公司和下属员工的行为是否合规①,而"遵守"或"不违反"并不会自动实现,因此董事还应当承担建立合规管理体系并监督其有效实施的积极义务②,通过组织化使公司、公司机关及公司职工的行为合乎法律要求。但需要注意的是,合规制度的建立并不意味着可以完全避免公司违法行为的发生。判断董事是否适当履行了合规义务的基础在于其所建立的合规制度本身,而不在于是否完全避免了公司违法行为。③

2. 合规义务的融入路径

关于合规义务如何进入董事信义义务,现有研究主要存在三分论和二分论的观点分歧。但由于大多数学者认为董事故意或有意识使公司违法属于诚信义务规制的范畴,因此有关合规义务的争论也主要是在诚信义务法律地位之争的基础上进行的——将董事信义义务从忠实义务和注意义务的二元结构扩张为忠实义务、注意义务与诚信义务的三元结构,并用诚信义务囊括合规义务;抑或是坚持董事信义义务的二分法,并将合规义务纳入忠实义务或注意义务之列。当然,无论合规义务的融入路径如何选择,将遵守合规要求作为公司董事的基本义务内容已成为学界共识性观点。

根据"三分论"的立场,公司的违法违规行为可能是基于成本效益衡量的结果,在董事为了公司利益最大化而故意使公司违法的情形下,董事既没有谋私又不属于失职和无能,其仍然忠实地为公司利益服务,因此难以通过传统的忠实义务和注意义务对该类行为进行约束,此时应引入独立的诚信义务。④ 由于董事诚信义务强调的职务忠诚涵盖了"公司标准"和"社会标准",契合董事合规义务对于社会公共利益维护的考量。换言之,董事不能

---

① 参见杨大可:《德国公司合规审查实践中董/监事会的分级合作及启示》,载《证券市场导报》2016 年第 11 期。

② 参见汪青松、宋朗:《合规义务进入董事义务体系的公司法路径》,载《北方法学》2021 年第 4 期。

③ 参见王东光:《组织法视角下的公司合规:理论基础与制度阐释——德国法上的考察及对我国的启示》,载《法治研究》2021 年第 6 期。

④ 参见朱羿锟:《论董事问责标准的三元化》,载《商事法论集》2012 年第 21 期。

因为违法效益高于守法成本而故意使公司违法,否则就是不忠于职守,违反了包括合规要求在内的诚信义务,亦不能寻求商业判断规则的保护。例如,艾森伯格教授就认为,将合规义务纳入信义义务的理由与忠实无关,违反合规义务也未必就违背公司和股东利益,关键在于守法是公司的安身立命之本,属于社会伦理性要求,因此公司或股东利益的最大化不能成为其违法的正当理由,这是由董事诚信义务决定的。[①] 艾伦·帕尔米特(Alan Palmiter)教授则认为忠实义务和注意义务是不完整的,导致公司违法违规的董事行为可能是勤勉和无私的,但与公众对公司行为的基本期待不一致。[②]

　　根据"二分论"立场,部分学者基于诚信义务从属于忠实义务的观点,主张董事如果实施了违法行为,可以认定其违反了扩张后的忠实义务。如美国威廉·钱德勒(William Chandler)法官和毕肖普(Bishop)教授等认为"诚信"是忠实义务的核心要求,而守法合规和"诚信"相关联,其主观过错的表现也更接近于忠实义务。同时,将"故意违法"作为董事违反忠实义务追究责任,相对来说更容易,也避免了因为注意义务而产生的责任限免效果。而在美国判例法上,董事及董事会的"建设防止不正当和违法行为发生的合法合规体制"基本都与董事监督义务相关,并且法院通常认为,董事如果完全没有在公司内部搭建起信息收集与传达机制,就属于有意识漠视职责,从而构成对忠实义务的违反。[③]

　　但另有学者认为,董事合规义务是从注意义务中引申出来的,应将注意义务作为其发展路径。原因在于,在域外公司合规的立法实践中,美国法学会(ALI)《公司治理和结构准则》草案第4.01条第(b)款明确规定,注意义务内涵"合理对是否存在和是否有效的督导系统,包括法律合规体系的关注"[④]。德国虽未明文规定董事合规义务,但对有限责任公司,通常将《有限责任公司法》第43条第1款注意义务作为合规法律基础;对于其他一般企业,往往以《股份公司法》第76条第1款领导义务(Leitungspflicht)、第91条第2款董事会设立监督制度(Überwachungssystem)、第93条第1款注意义

---

① See Melvin A.Eisenberg,*The Duty of Good Faith in Corporate Law*,31 Delaware Journal of Corporate Law,2008,p.38.

② See Alan R.Palmiter,*Duty of Obedience:The Forgotten Duty*,55 New York Law School Law Review,2011,p.458.

③ 例如 In Re Caremark Intern.Inc.Deriv.Lit 案和 Stone v.Ritter 案。参见梁爽:《董事信义义务结构重组及对中国模式的反思——以美、日商业判断规则的运用为借镜》,载《中外法学》2016 年第 1 期。

④ 参见邓峰:《公司合规的源流及中国的制度局限》,载《比较法研究》2020 年第 1 期。

务(Sorgfaltspflicht)作为合规制度的法律基础。① 此外《德国公司治理准则》
第 4.1.3 条规定,董事会应当自己遵守并负责公司遵循法律规定及公司内
部条例。由于德国规定合规义务应由董事会整体承担,因此就董事个人承
担的合规职责而言,不会因为董事会内部职责的横向划分或董事会与下属
部门职权的纵向委任而被免除。② 可见注意义务是董事合规义务的理论基
础和依据,合规义务是注意义务的表现形式之一。鉴于我国公司法尚未对
注意义务内容予以明确和体系化,从注意义务中解释合规义务是最为可行
的路径。③

　　除通过董事信义义务的路径引入合规义务外,还有学者从法理分析、路
径比较、明确合规义务的独立价值等方面论证,主张在维持"忠实+注意"二
元信义义务的前提下,以独立于信义义务的方式将合规义务纳入董事义务,
从而构建"忠实+勤勉+合规"的三元董事义务体系。

　　综上比较,将合规义务纳入注意义务规制范畴最符合我国国情,这主要
是基于合规义务具体内容的考量。如前所述,合规义务要求董事不仅确保
自身行为的规范,还应当承担在公司建立合规管理体系并监督其有效实施
的积极义务,从而使公司、公司机关及公司职工的行为合乎法律要求。首
先,董事的守法、守规义务其实在我国历来就被认为属于董事注意义务的内
容,如《上市公司章程指引(2019)》第 98 条规定,董事应当遵守法律、行政
法规和本章程,对公司负有下列勤勉义务:应谨慎、认真、勤勉地行使公司赋
予的权利,以保证公司的商业行为符合国家法律、行政法规以及国家各项经
济政策的要求,商业活动不超过营业执照规定的业务范围。同时,董事对公
司进行合规管理与董事的监督职能是存在重合的。《上海证券交易所上市
公司董事选任与行为指引(2013)》"第四章董事的勤勉义务"第 37 条规定
董事应当加强对公司规范运用情况的监督、推动内部制度建设、纠正公司违
法违规行为,第 38 条则强调董事对其他董事、监事高级管理人员的监督。④
《公司法(2023)》第 177 条要求国有出资公司加强内部合规管理。虽然该
条未明确承担合规管理的义务主体,但结合《中央企业合规管理指引(试

---

① 参见王东光:《组织法视角下的公司合规:理论基础与制度阐释——德国法上的考察及对
　　我国的启示》,载《法治研究》2021 年第 6 期。
② 参见郝慧:《股份公司管理机构的合规义务与责任——以中德法律比较为视角》,载《中德
　　法学论坛》2016 年第 13 辑。
③ 参见王东光:《组织法视角下的公司合规:理论基础与制度阐释——德国法上的考察及对
　　我国的启示》,载《法治研究》2021 年第 6 期。
④ 参见《上海证券交易所上市公司董事选任与行为指引(2013 年修订)》第 37 条、第 38 条
　　规定。

行)》第5条规定,董事会的合规管理职责主要包括批准企业合规管理战略规划和基本制度、推动完善公司合规管理体系、按照权限决定有关违规人员的处理等,可见是明确了董事会作为公司合规管理的主要义务和责任主体。综上所述,本书认为合规义务是注意义务的行为类型之一,理应将其纳入注意义务予以调整,同时这一路径不仅符合我国国情,也有助于提高社会接受度,从而降低制度改进成本。

　　营商环境优化与公司良治的实现不仅需要董事权力配置的高效、稳定,同时也需要系统性的董事义务规范为支撑。本章为董事信义义务概述按照义务约束主体、义务承担对象、义务具体内容的逻辑展开,旨在对董事信义义务制度进行横向整体解构。董事义务主体是义务对象与义务内容的逻辑前提,解决的是"谁"应承担董事信义义务的问题,当前我国有关董事义务主体的立法采用形式主义立法范式。本章通过对我国司法案例分析以及域外公司法中实质主义立法的相关研究,发现我国董事义务主体形式主义立法的问题所在以及实质董事的制度功能,并以此为基础对我国董事的义务主体制度进行优化完善,建议优化董事、高管身份的认定标准,兼采行为论,从而促进司法裁判之统一,对真正损害公司利益的行为进行规制。董事义务对象即董事应当对"谁"负有信义义务。我国《公司法》规范明确董事信义义务的对象首先指向的是公司。但基于强化董事约束和股东权益保护以降低代理成本的客观需求,需要突破董事只对公司承担义务的规定,适当强调董事对股东整体负有信义义务。尤其应当关注到营商环境强调中小股东保护背后所体现出的实质公平价值,而强调特殊类型公司中不同投资主体的差异性地位,并对处于弱势地位的股东群体进行保护,既是商事立法变迁对实质公平价值所应有的正面回应,亦是对营商环境法治化的回应。此外,董事不仅在特定条件下对债权人、职工等非股东利益相关者负有信义义务,在广义营商环境范畴之下,董事还需要对客户、供应商、社区等主体承担特定的信义义务,从而落实公司社会责任董事义务内容是信义义务的核心,故需明确董事应当承担何种义务。鉴于忠实义务和注意义务对董事行为评判的不周延问题,《公司法》通过诚信义务、合规义务的确立,从而促使董事权责的平衡,更为充分地保障公司及股东利益。下文第五章与第六章将在本章的讨论基础上,进一步分析董事忠实义务与注意义务在实践中的突出问题和制度短板,并分别探讨制度优化路径,以推动董事信义义务制度的完善,从而实现董事信义义务在事前指引、事中约束、事后追责中对董事的全方位规制,提高股东权益保护水平,优化公司内部治理,并以此赋能公司在法治营商环境优化中发挥主体作用。

第五章　董事忠实义务制度的再界定

> 法律的基本原则是：为人诚实，不损害他人，给予每个人他应得的部分。
>
> ——查士丁尼（Justinianus）①

董事忠实义务可简单理解为董事行使权力时应当善意，在自身利益与公司利益发生冲突时应该以公司利益为先，是对董事道德的最低要求。在委托代理理论下，董事作为代理人时常因缺乏激励与约束机制损害股东及公司的合法权益，这也是第一类代理成本的重要表现形式；实践中第一类代理成本也是各国公司立法规制的重点，可以说公司治理的核心和目的均在于降低代理成本。② 因此，董事忠实义务是《公司法》保护股东利益的重要制度，其作用在于遏制董事的机会主义行为，以保护股东，尤其是中小股东权益不受侵害；约束董事权力，实现董事权力与股东权力的制衡。

第一节　趋同与存续冲突下董事忠实义务的优化道路

世行营商环境优化旨在降低制度性成本，保护投资者利益，这吻合了公司趋同论的中心思想，即在资本市场全球化的竞争压力下，各国公司法将会寻求效率最高的公司治理模式——股东利益导向型治理模式。因此，营商环境优化背景下的法律变革，可理解为公司法趋同的新一轮表现形式。③ 在营商环境优化浪潮前，忠实义务相关规定已深受公司趋同的影响，综合继受了英美法与大陆法的相关规定。本节对董事忠实义务相关司法案例进行分析，发现实践中董事等管理层滥用职权损害公司权益的事件依旧层出不穷，司法实践对竞业禁止、自我交易等案件的认定标准与裁判思路也并不统一，存在同案不同判的现象，表明经由趋同影响形成的忠实义务规则与本土

---

① 参见［罗马］查士丁尼：《法学总论—法学阶梯》，张企泰译，商务印书馆 1989 年版，第 5 页。
② 参见林少伟：《英国现代公司法》，中国法制出版社 2015 年版，第 226 页。
③ 参见李燕：《优化营商环境背景下董事忠实义务规范再构》，载《学海》2023 年第 3 期。

实践并未契合。本节一则对董事忠实义务的制度结构进行考察分析,其主要包括内涵、外延、规制方法及手段;二则考察我国董事忠实义务的立法与司法实践概况,分析路径依赖与趋同相冲突的具体表现;三则以效率与股东利益保护的营商环境价值目标为引领,结合域外立法例及本国公司治理实践,提出完善建议。

一、忠实义务制度结构简析

为便于后续分析梳理域外法规定,讨论具体义务类型的完善,本书将忠实义务的制度结构分为忠实义务的内涵、类型化整理、规制方法与理念三个板块进行阐述。

(一) 忠实义务的内涵

从词源角度考察,董事忠实义务(duty of loyalty)与董事诚信、道德有关。Loyalty 源于法语 Loi,意思是法,即忠实行为产生于法律、道德或制定规则。这意味着:(1)忠实必须达到一定的度(due loyalty);(2)忠实带有道德性;(3)忠实来源于法律或"委托—代理"合同或准合同关系。[1] 由于各国经济社会文化不同,道德具体表现形式也各不同,且基于道德的广泛性,忠实义务具体形式无法被全部列举,学界与各国立法对董事忠实义务的外延界定并未形成一致。相反,忠实义务的内涵却相对确定,均将董事个人利益与公司利益冲突当作重点规制对象。当董事个人利益与公司利益发生冲突时,董事应将公司利益放在首位,不得罔顾公司利益而追求个人利益。在英美法中体现为主观性义务与客观性义务。主观性义务即诚实、善意义务;客观性义务指不使自己肩负的义务与个人私利发生冲突,或称行为公正义务[2],不得利用在公司中的优势地位为自己或与自己有利害关系的第三人谋求在常规交易中不能或很难获得的利益。[3] 在德国法中董事忠实义务包括避免利益冲突与特别利益之禁止两方面。避免利益冲突是指涉及公司与董事之间利益冲突的法律行为时,公司利益应比个人利益享有优先权;特别利益冲突之禁止,是指规范董事单方面行为举止,如侵占公司财务、窃夺公司商业机会等。[4]

---

[1]　参见邓峰:《普通公司法》,中国人民大学出版社 2009 年版,第 461 页。

[2]　See L.C.B.Gower, *Gower's Principles of Modern Company Law*, p.576; Harry G.Henn & John R. Alexander, *Laws of Corporation*, p.627.载刘俊海:《股份有限公司股东权的保护》,法律出版社 2004 年版,第 436 页。

[3]　参见刘俊海:《股份有限公司股东权的保护》,法律出版社 2004 年版,第 437 页。

[4]　参见洪秀芬:《德国法之董事忠实义务》,载《月旦法学杂志》2011 年第 194 期。

（二）董事忠实义务的类型化整理

董事忠实义务的外延虽不能穷尽,但在利益冲突内涵下,大致可分为以下几类:直接自我交易与间接自我交易、高管薪酬、公司商业机会、竞业禁止、侵占公司资产。不过各国由于规制传统及重点不同,在立法实践中的分类也有所区别。如财务协助是指管理者利用公司财务资源支持管理者或其控制公司的私自投资或其他需要,在英国法中被单列为自我交易之外;而在美国法中被纳入了自我交易范畴①,原因在于英国传统上对贷款等类行为控制比较严格。② 我国也有对贷款等行为进行严格规制的传统,因此《公司法》也将关联担保作为董事忠实义务的单独列别。为便于后续对忠实义务类型进行分类论证,本书依据我国《公司法(2018)》第148条及第21条,以董事是否直接与公司交易为标准,将董事忠实义务分为两种类型。第一种类型为自我交易,分为直接自我交易与间接自我交易。直接自我交易是指董事作为交易相对方与公司交易,间接自我交易是指董事利用关联关系,操控公司与自身关联公司交易。③ 第二种类型为董事单方侵害公司利益的行为。具体可分为董事直接侵害行为与协助他人侵害行为。在直接侵害行为中,如董事侵害的是公司资金等有形利益,则为侵占公司财产④;如侵害的是可期待利益等无形财产,则为竞业禁止、谋取公司商业机会与泄露公司秘密。⑤ 协助他人侵害则是指财务协助行为,在我国公司法中体现为关联担保。⑥

（三）董事忠实义务的规制方法与理念

由于董事忠实义务目的在于遏制公司第一类代理成本,因此《公司法》规制方法上也延续了传统公司法对代理成本的遏制。在经济学分析框架下,信息不对称以及监督成本是导致第一类代理成本的主要原因⑦,因此应当加强对董事的约束与激励机制。具体到法律规制方法上,则以约束机制为主,包括"监管策略"与"治理策略"。监管策略通过实体法律规范设定代理人的义务责任,以直接约束代理人行为,如忠实义务中有关绝对禁止的规定。治理策略则是致力于提升委托人对代理人的控制能力,如忠实义务中

---

① See Charlesworth Company Law, Op.Cit, pp.291-292.转引自邓峰著:《普通公司法》,中人民大学出版社2009年版,第463页。

② 参见邓峰:《普通公司法》,中国人民大学出版社2009年版,第463页。

③ 参见《中华人民共和国公司法(2018年修正)》第148条第4款,第21条规定。

④ 参见《中华人民共和国公司法(2018年修正)》第148条第1款、第2款、第6款规定。

⑤ 参见《中华人民共和国公司法(2018年修正)》第148条第5款、第7款规定。

⑥ 参见《中华人民共和国公司法(2018年修正)》第148条第3款规定。

⑦ 参见陈郁编:《所有权、控制权与激励——代理经济学文选》,上海人民出版社2006年版,第6页。

有关相对禁止的规定,将董事可否进行自我交易的决定权授予股东会。监管与治理策略也可纳入事先规制与事后规制的范畴。事先规制是指对代理人行为或禁止行为进行规定,在代理人行动前即全面生效,事后规制是指设定某些标准,在代理人的行为作出后进行评价与反应。[①]

至于忠实义务的规制理念可分为绝对禁止与相对禁止。绝对禁止与相对禁止的区分标准在于是否将利益冲突行为的效力判断交由公司机关。在绝对禁止规制理念下,涉及自我交易、窃取公司商业机会等违反董事忠实义务的行为均属无效,公司有权机关是否同意或事后追认不影响其效力。在相对禁止理念下,公司有权机关可同意或事后追认部分违反董事忠实义务的行为,经其同意或事后追认的行为并不当然无效。早期普通法对董事自我交易等忠实义务的规制承袭了信托法关于自我交易的严格规定,只要是自我交易均可撤销。后期随着经济发展,立法者与公司均发现,自我交易等部分与公司产生利益冲突的行为不可避免,并且自我交易并不一定实质损害公司利益。因此对忠实义务的规制逐渐从绝对禁止理念转向了相对禁止理念。绝对禁止在规制方法上属于监管策略,由法律直接设定利益冲突行为的效力无效,在时间上属于事前规制。相对禁止在规制方法上属于治理策略,包括赋予股东会或董事会决议利益冲突行为是否可行的权力,以及设定法院事后对行为效力进行判断的标准。在时间上包括事前规制与事后规制。

二、我国董事忠实义务的趋同与存续分析

世行营商环境评价指标实质上可以理解为公司法趋同的新型表现形式,因此营商环境法治化背景下董事忠实义务的优化可理解为公司法趋同下董事忠实义务应如何完善。虽然本书第一章论述了我国董事制度改革不应囿于营商环境评估指标,而应以我国本土经济与市场环境为立足点,充分考量我国公司股权结构特点以及特定股权结构带来的特殊公司治理问题,在充分回应域外公司法律制度发展的基础上进行中国特色的本土化再构。但董事忠实义务的形成就带有公司法趋同的影响,在法律适用上多大程度契合我国的公司治理实践、法律体系等还有待分析;同时我国对董事忠实义务的规定于2005年定型,经过近20年法律适用也形成了路径驱动依赖与结构驱动依赖。因此我国董事忠实义务如何回应"营商环境优化"带来的新一轮公司法趋同挑战,如何顺应国际公司法制潮流与适应本土公司治理

---

① 参见[美]莱纳·克拉克曼、[美]亨利·汉斯曼等:《公司法剖析:比较与功能的视角》(第2版),罗培新译,法律出版社2012年版,第39页。

实践特色,还需在前述董事(会)权力制度改革的大方向下,结合立法及司法实践情况进一步细化讨论。基于此,本书主要从制定法与司法案例两个层面对我国董事忠实义务进行分析,聚焦的问题是:2005 年董事忠实义务在修订后是否适用于我国公司治理实践,与原有路径依赖是否相契合,以及存在哪些问题。为如何在优化中小股东权益保护的营商环境背景下进行后续改革提供问题导向与实证基础。

(一) 董事忠实义务的制定法分析

我国《公司法(1993)》正式引入忠实义务,在其基本框架下,《公司法(2005)》对忠实义务的定义与外延进行了调整,并沿用至今。《公司法(1993)》关于"董事不得利用在公司的地位和职权为自己谋取私利"的规定可被视为对董事忠实义务的定义。① 而《公司法(2005)》却删除了这一定义,直接表述为:"董事应当遵守法律、行政法规和公司章程,对公司负有忠实义务和勤勉义务"②。从条文表述看,董事负有守法义务、忠实义务和勤勉义务,但忠实义务的定义却并未明晰,忠实义务与守法义务、勤勉义务的边界也并未明晰。这一点在学界中广受诟病,不过《公司法(2023)》中增加了董事忠实义务、勤勉义务的内涵界定③,表明立法在渐趋完善。在外延调整上,《公司法(2005)》增加了不得窃夺公司商业机会以及禁止关联交易的规定并沿用至 2023 年《公司法》修订之前。相较于《公司法(1993)》,《公司法(2005)》最重大的修订是调整了绝对禁止与相对禁止的适用范围(详见表 5-1)。

表 5-1　我国忠实义务外延变迁

	董事直接行为					财务协助	自我交易		兜底性条款
	挪用公司资金	将公司奖金借贷给他人	自营或者为他人经营与其所任职公司同类的业务	公司商业机会	泄漏公司秘密	将个人公司资产以个人名义或者以其他个人名义开立账户存储	以公司资产为本公司的股东或者其他个人债务提供担保	与本公司订立合同或进行交易(直接自我交易)	董事不得利用关联关系损害公司利益	违反董事忠实义务的其他行为
1993 年《公司法》	绝对禁止	绝对禁止	无	相对禁止	绝对禁止	绝对禁止	绝对禁止	相对禁止	无	无
2005 年《公司法》	绝对禁止	相对禁止	相对禁止	相对禁止	绝对禁止	绝对禁止	相对禁止	绝对禁止	绝对禁止	绝对禁止

---

① 参见《中华人民共和国公司法(2018 年修正)》第 59 条第 1 款规定。
② 《中华人民共和国公司法(2018 年修正)》第 147 条规定。
③ 参见《中华人民共和国公司法(2023 年修订)》第 180 条规定。

　　为分析我国有关忠实义务的规定是否体现了公司趋同理论的影响,本书以英国《2006 年公司法》①、美国《特拉华州普通公司法》②、德国《公司治理法典》③以及我国台湾地区 2021 年《公司法》④为依据,对英国、美国、德国以及我国台湾地区有关忠实义务外延及规制方式的规定进行简要梳理(详见表 5-2)。

表 5-2　英国、美国、德国及中国台湾地区对董事忠实义务的外延界定及规制方式

	第三人处接受权益	自我交易	信用交易	重大财产交易	公司商业机会	竞业禁止	贷款	准贷款	高管薪酬
英国	绝对禁止	相对禁止	相对禁止	相对禁止	相对禁止		相对禁止	相对禁止	
美国		相对禁止					相对禁止	相对禁止	
德国	绝对禁止	相对禁止			绝对禁止	相对禁止	相对禁止		
中国台湾地区		相对禁止				相对禁止	绝对禁止		相对禁止

　　从表 5-2 可见,公司法在制定法层面体现出了法律规范趋同的趋势。在规制理念及规制策略上,已逐步由绝对禁止向相对禁止转化。对董事从事与公司经营范围相同或类似的行为、自我交易以及公司向董事提供贷款或关联贷款等情形都采用了相对禁止理念。原因在于上述情形并不必然损害公司利益。因此立法主要采用治理策略将是否准许董事从事相应业务的权力交由股东会或董事会,并设定公平性审查标准供引起争议时法院进行事后判断。在董事忠实义务的外延上,各国也逐渐趋同。如德国《股份公司法》中仅对董事竞业禁止进行了规定,但在《公司治理规约》中却引入了英美法有关公司商业机会的规定,表明各国公司法间的融合与趋同。⑤

　　结合表 5-1 与表 5-2,可发现我国董事忠实义务在制定法层面受域外法影响较深,体现了公司趋同理论对我国《公司法》修订的影响,并且在制

----

① 参见英国《公司法》第 175—177 条、190—214 条,载葛伟军译注:《英国 2006 年公司法》(第 3 版),法律出版社 2017 年版,第 151—154、163—182 页。
② 参见《特拉华州普通公司法》第 143、144 条,载徐文彬等译:《特拉华州普通公司法》,中国法制出版社 2010 年版,第 44 页。
③ 参见高娅:《德国公司治理法典(2008 年修订)》,载《公司法律评论》2009 年版,265—273 页。
④ 参见中国台湾地区"公司法"第 15 条、196 条、209 条、223 条规定。
⑤ 参见周林彬、方斯远:《忠实义务:趋同抑或路径依赖——一个比较法律经济学的视角》,载《中山大学学报(社会科学版)》2012 年第 4 期。

定法层面使我国的立法更加科学完善。其一,董事忠实义务的外延明显扩大,与域外法对忠实义务的外延界定靠拢。《公司法(2005)》增加了对公司商业机会、关联交易以及兜底性条款的规定,将公司商业机会与竞业禁止规定在同一条文中,共同吸收大陆法系与英美法系有关忠实义务的规定,使得我国董事忠实义务体系更加完善。其二,忠实义务的规制理念呈现出从绝对禁止向相对禁止转化的趋势。相对禁止事项明显增多,在同等事项下,有三项绝对禁止事项(资金借贷、竞业禁止与财务协助)转化为了相对禁止事项。并且绝对禁止与相对禁止的适用范围更加合理,如借贷公司资金、竞业禁止以及关联担保行为并非绝对损害公司利益,因此立法态度由绝对禁止转向了相对禁止;而泄露公司秘密这一行为属于绝对损害公司利益的情形,由相对禁止转向了绝对禁止。《公司法(2023)》对忠实义务的外延及规制理念并未进行变更。公司法对董事忠实义务的变革不仅与域外立法例相契合,而且尊重了市场规律,不随意对交易行为进行否定,与营商环境要求保护公司利益、提高商事交易效率的价值取向相契合。

（二） 董事忠实义务的司法实践概况分析

趋同理论与存续理论在某种程度上可以理解为法律移植与法律规则设计应契合社会经济背景等本土化要求。我国忠实义务的立法规定体现了对域外立法例的移植,但法律的生命在于实施,其具体立法效用究竟如何还需要通过司法实践检验。为检验被移植法律在实践中是否可以在中国情境中顺利进行,西方学者往往采用两个评价标准:首先,被移植法律是否在实践中释放出了立法者预期的功能。其次,被移植法律规则在中国情境中能否像其在西方的制度环境中一样有效。[1] 如前所述,忠实义务的制度功能在于抑制第一类代理成本,在西方公司法实践中主要应用于大型公众公司。故本书通过对案例的梳理,从忠实义务的适用情形以及对代理成本的遏制效果两个方面出发,分析忠实义务立法在我国的具体实践效果。

本书以"公司法第一百四十八条"为裁判依据及理由在北大法宝上进行案例检索,截至 2022 年 4 月 10 日,共检索到 246 件,经实质筛选,与董事忠实义务相关的仅有 81 件。通过对这 81 件案件进行分析统计推论出,我国司法实践仍体现出较强路径依赖。

---

[1] See R. Peerenboom, *Assessing Implementation of Law in China: What is the Standard?* (September 2008). La Trobe Law school Legal Studies Research Paper No.2008/12. 转引自周天舒:《中国公司治理法律规则发展模式的再探讨:一个路径依赖的视角》,载《中国法学》2013 年第 4 期。

1. 我国董事忠实义务纠纷多发生在中小型有限责任公司

在公司类型分布及公司规模分布上,与英美法中董事忠实义务纠纷多集中于公众型公司不同,我国多集中于中小型有限公司。在这 81 件案例中,仅有 3 件案例涉案公司为股份公司,其余均为有限公司,这与相关课题组以北京市法院系统 2005—2007 年间的相关案例为样本的实证研究结果相同。[①] 在公司规模上,81 件案例中仅 42 份判决书列出了涉案公司的注册资本,其中注册资本最密集的范围为 50 万—500 万元,个别公司达到 5000万元,总体上仍以中小企业为主(详见图 5-1)。

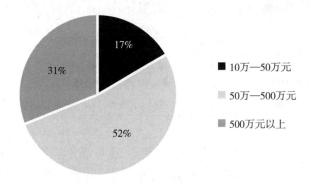

图 5-1　公司注册资本数值范围

按照预设的逻辑,中小型有限公司中股东与董事身份高度重合,所有权与经营权合一,在此背景下,似乎股东压迫的危害更为急迫。但实践案例却与预设逻辑相反,可能基于以下原因:一方面,我国《公司法》对有限公司中小股东的退出机制规定不足。股份公司中,由于股东出资可以随意转出,因此当发生董事机会主义行为时,中小股东虽"势单力薄",但是可以及时转出股票以保护自身权益。而有限公司基于人合性的限制,股东转出股份及退出公司(股份回购)较为困难,因此中小股东受到侵害时,如退出机制失效,则只能诉诸司法途径以保护自身权益。故有关忠实义务的诉讼多发于有限公司中。《公司法(2023)》优化了有限公司股东退出机制,将股东压迫增列为了有限公司股东股权回购的法定事由,且股东对外转让股权只需通知其他股东即可。相关修订在制定法层面减少了有限公司股东退出的制度成本,有助于缓解有限公司股东间的利益冲突。另一方面,受路径依赖影

---

① 参见楼建波、闫辉、赵杨:《公司法中董事、监事、高管人员信义务的法律适用研究——以北京市法院系统 2005—2007 年间的相关案例为样本的实证研究》,载甘培忠、刘兰芳主编:《新类型公司诉讼疑难问题研究》,北京大学出版社 2009 年版,第 324 页。

响,我国股份公司多由国企改制而来,内部管理机制具有较为浓厚的行政色彩,对于管理人机会主义行为的遏制,忠实义务并无太大空间。①

2. 对于第一类代理成本的遏制有一定效用,但不足预期

《公司法(2005)》修订中除保留有关竞业禁止的原有规定外,还吸收了英美法系有关公司商业机会的规定,将二者吸纳进同一条文中,试图吸收两大法系的优点,相关规定一直沿用至《公司法(2018)》。但司法实践效果似乎并不好。81 件案例中,以公司商业机会与竞业禁止的案件最多,共 40 件;挪用及侵占公司资金等有形资产的案件次之,共 23 件;再次为自我交易的案件,共 13 件;而与商业秘密有关的案件并不存在(详见表 5-3)。

表 5-3　董事忠实义务案件类型分布

	公司商业机会与竞业禁止	挪用及侵占公司资金	侵占资金以外的公司有形财产,例如证照等	自我交易	关联担保
数量	40 件	18 件	5 件	13 件	5 件

公司商业机会与竞业禁止的案例最多,这与部分学者所作实证研究结论相同。② 这表明《公司法(2018)》有关公司商业机会及竞业禁止的规定存在缺陷,无法对董事进行有效约束。具言之,《公司法(2018)》中并未对公司商业机会及竞业禁止的含义及认定要件进行规定,需要法官依据个案判断,因此激励了管理层机会主义行为。③ 挪用及侵占公司资金的案例较多则是因为侵权形式较为简单,因此也成为董事机会主义行为的高发区之一。而自我交易也是由于立法缺陷导致法律无法对董事进行有效约束。首先,虽然我国《公司法(2018)》增加了有关关联交易的规定,④但是由于自我交易以及关联交易的区分不清,司法实践中的认定标准也较为混乱。其次,对《公司法(2018)》第148条第4款属于管理性强制性规定还是效力性强制性规定也并未明确,导致不同案件中对自我交易的效力认定标准不同。如在"韩某某与孙某某损害公司利益责任纠纷案"(以下简称"韩某某案")

① 参见周林彬、方斯远:《忠实义务:趋同抑或路径依赖——一个比较法律经济学的视角》,载《中山大学学报(社会科学版)》2012 年第 4 期。
② 参见王军:《公司经营者忠实和勤勉义务诉讼研究——以 14 省、直辖市的 137 件判决书为样本》,载《北方法学》2011 年第 4 期。
③ 参见王军:《公司经营者忠实和勤勉义务诉讼研究——以 14 省、直辖市的 137 件判决书为样本》,《北方法学》2011 年第 4 期。
④ 参见《中华人民共和国公司法(2018 年修正)》第 21 条规定。

中,二审法院认为,公平原则也是董事自我交易的重要考量因素。[1] 而在"佛山××光电有限公司与陈某某、佛山市××环境工程技术有限公司损害公司利益责任纠纷案"(以下简称"佛山××光电案")中,法院却未对自我交易进行公平性审查。[2]

但是也应看到,我国司法裁判具有一定的能动性,一定程度上发挥了现行法的效用。《公司法(2018)》并未规定自我交易的审查要件、举证责任以及董事免责情形,但是也有法院借鉴域外立法例的规定进行了能动完善。如在"韩某某案"中,法院不仅完成了对自我交易的形式审查,并且将公平性作为自我交易的实质审查标准。除此以外还借鉴了域外立法中的举证责任规则。由于韩某某自我交易未经股东会批准以及事后追认,因此应由韩某某承担举证责任,而韩某某未能承担相应举证责任,因此败诉。[3] 这类案例表明,我国法院在审理案件时并不只是简单地照搬法条而不理解立法原意,随着法官素质的提高,法院的司法能动性也逐步增强,能在实践中灵活运用域外法有益经验,一定程度上提高了法律移植的成功性。

(三) 我国董事忠实义务仍存在着趋同与存续的矛盾

从制定法层面分析,我国立法体现了与域外立法变迁相一致的趋同性。单从法律文本角度分析,我国忠实义务体系在立法趋同影响下变得更为完善科学。主要体现为相对禁止理念的采用与忠实义务外延的周延。但是从司法实践的层面分析,忠实义务的趋同化似乎并未达到预期的效果,由于制度互补性,域外立法的简单移植与中国本土的公司治理模式及司法裁判资源产生了割裂与冲突。

一方面,我国的股权结构模式等经济因素与域外法不同,因此对域外法不加选择及修正移植将导致法律无法良好地适应本国国情。路径依赖理论的核心观点为制度互补性,互补性是公司治理、金融、组织与生产等系统要素的特性,如果特定系统的要素相互良好结合在一起就具有互补性。[4] 换言之,法律能良好发挥作用的前提是与周围的体系性要素相契合,例如现有法律规则体系、公司治理实践。英美国家中,大型公众公司股权结构较为分散,在董事会集权的背景下,容易发生董事会权力滥用的情形。因此,英美法对于董事忠实义务的规定也主要构建于大型公司的模型之上。而实证

---

[1]　参见北京市第三中级人民法院(2020)京 03 民终 7060 号二审民事判决书。

[2]　参见广东省佛山市禅城区人民法院(2018)粤 0604 民初 15627 号一审民事判决书。

[3]　参见北京市第三中级人民法院(2020)京 03 民终 7060 号二审民事判决书。

[4]　See Reinhard H. Schmidt, Gerald Spindler. *Path Dependence*, *Corporate Governance and Complementarity*. International Finance, 2002, 5(3).

研究表明,我国有限责任公司中小股东更需要相应的救济,但是我国在吸收相关规定时并未加以修正调整,致使立法规定与体系性要素的脱节。如前文所述,法律在董事权力、义务主体的认定上仍采用主体论,导致诸多实际行使董事权力的主体无法受到忠实义务的限制。

另一方面,英美法系对于董事忠实义务的制定法规定较为简略,因为英美国家有着悠久的判例法传统及丰厚的判例法资源。相对简略的制定法规定,反而为法官"造法"留出更多空间,有助于提高法律的适用性与灵活度。而我国偏向于大陆法传统,并无法官"造法"的司法裁判惯例。其一,实践中法官资质良莠不齐,对法律规范的理解也并不完全统一。部分法官倾向于发挥司法能动性,从立法原意、精神的角度出发理解法律,弥补立法缺陷。而更多的法官则拘泥于条文本身进行机械判断。其二,超越文义解释本身对法律条文进行立法原意的解读,有引起当事人上诉以及发回重审的风险,因此出于结案率以及社会安定考量,法院也往往倾向于依据文义解释对条文进行解读,而不过多追求立法原意及对法律条文的灵活适用。因此过于简略的制定法不一定能适应我国司法裁判现状。我国忠实义务的趋同化实质上只是粗糙的法律移植,并未依据我国的实际情况进行调整,故在制度互补性的影响下,并未发挥其应有的效用。综上所述,在中小股东利益保护的背景下,我国忠实义务亟待结合本土公司治理实践细化忠实义务类型项下关于自我交易认定标准等规定。

三、股东利益保护价值取向下董事忠实义务的完善方向

前述实证研究表明,忠实义务趋同化似乎并未带来较好的实践效果,那么是否表明我国应避免趋同化带来的影响? 在路径依赖理论指导下进行忠实义务完善? 本书无意陷于趋同还是存续方向的宏大讨论,仅在营商环境强化保护中小股东利益的价值取向下,建议顺应国际立法潮流,在趋同同时结合本土体系性要素对法律规则进行调整完善。

一方面,营商环境优化旨在提高效率、降低制度性成本、保护投资者利益,最终达到促进投资、活跃经济发展,这与公司趋同论的中心思想相同。换言之,营商环境优化背景下带来的法律变革,既是公司法趋同的重要推动因素,也是公司法趋同理论的重要产物。公司趋同理论强调在资本市场全球化竞争压力下,各国公司法将会寻求效率最高的公司治理模式,从而实现各国公司治理模式统一。因此营商环境优化作为降低制度性成本、提高效率、促进投资理念下的产物,也可被视为是国际组织对公司趋同理论的重要实践。而世界银行等国际组织发布的世行报告等国际指标,将有力推动各

国公司法向以效率提升、股东利益保护的公司治理模式靠拢，从而促进各国公司法趋同。另一方面，通过移植形成的与公司治理相关的法律体系已达成了一种均衡状态，意味着即便这种发展路径是低效的，要彻底摆脱它付出的代价也是巨大的，在不可逆转的情况下，最优道路是去优化现有规则而非彻底变革。① 我国《公司法（1993）》对于忠实义务的规定基本继受了域外法相关规定，2005 年的修订法也是在《公司法（1993）》确立的基本框架下进行，并且也经过了近 20 年的法律适用，表明我国已经进入了结构驱动依赖以及法律规则路径依赖。② 故结合本土化要素进行修订优化较为妥当，而非全盘重构。

那么董事忠实义务制度在我国《公司法（2018）》立法基本格局基础上如何改革？通过对域外法考察，本书建议以英美法为镜鉴，分析英美法在其特定公司治理实践下对董事忠实义务的监管理念及规制办法，依托本土公司治理实践进行法律规则的调试。首先，英美法关于董事忠实义务的规定已经形成了比较完善的法律体系，大陆法系关于忠实义务的规定相对粗糙，且呈现出向英美法系靠拢的趋势。③ 其次，LLSV 团队的实证研究表明，普通法系国家（英国和美国）是四大法系国家中对投资者保护做得最好的国家，且世行营商环境评价指标也是在 LLSV 的基础上修订的。④ 最后，从法社会学反身法理论的角度分析，英美法相对规制的理念及监管方法，也更符合董事忠实义务的经济结构。传统绝对禁止的规制理念可理解为命令—控制模式，在法社会学上属于实质法的范畴，即以目的为导向，通过规则、标准和原则使得特定目的的行为得以实施。⑤ 例如，法律直接禁止董事自我交易、竞业禁止等利益冲突行为，直接控制法律行为的结果。实质立法模式将造成规范限制与规范立法两大问题。⑥ 规范限制是指，董事的利益冲突行为属于经济领域，范围广泛，法律不可能穷尽；规范立法是指由于利益冲突

---

① 参见周天舒：《中国公司治理法律规则发展模式的再探讨：一个路径依赖的视角》，载《中国法学》2013 年第 4 期。

② 参见邓峰：《中国公司治理的路径依赖》，载《中外法学》2008 年第 1 期。

③ 参见周林彬，方斯远：《忠实义务：趋同抑或路径依赖——一个比较法律经济学的视角》，载《中山大学学报（社会科学版）》2012 年第 4 期。

④ 参见宋林霖：《世界银行营商环境评价指标体系详析》，天津人民出版社 2018 年版，第 104—106 页。

⑤ 参见图依布纳、矫波：《现代法中的实质要素和反思要素》，载《北大法律评论》1999 年第 2 期。

⑥ See ORTS W. Reflexive environmental law. Northwestern University Law Review, 1994, 89（4）：1227—1299. 载华忆昕：《企业社会责任规制反身法路径的适用与反思》，《重庆大学学报（社会科学版）》2021 年第 3 期。

行为的广泛性,在此基础上立法将会造成法律体系极为庞大。而治理策略将控制权交由股东会或董事会,法律并不直接对行为结果进行评判,并且设置事后标准供法院参考,最后保证实质正义的最后防线。这样的规制相对科学,可以作为我国忠实义务的镜鉴。

董事忠实义务虽然以利益冲突为核心,但是具体到不同类型,认定标准依然不同,并且在实践中被适用的频率也不同。受篇幅所限,本章仅对典型的自我交易、公司商业机会进行分类论述。

第二节 自我交易体系完善及认定标准优化

自我交易是董事忠实义务中最典型的利益冲突表现形式,也是域外法规制最完善的忠实义务类型。自我交易的违法性在于违背了合同平等及意思自治的基本原则,合同法强调合同双方在平等地位下订立合同,双方在地位上互不隶属,并且在意思表达上均为真实意思。但在自我交易中,管理者直接或间接地控制着合同双方的意志,形成"虚假"合意,在意思表示上就可能已违背合同法要求的平等及意思自治原则,由此可能造成第三人(公司)利益损害的结果。从公司利益受损的角度判断,是实质标准;从合同双方权力控制的角度判断,是形式标准。① 形式标准与实质标准构成了英美法有关自我交易规制的基本框架,即无利害关系人批准+披露(形式标准)以及公平性审查(实质标准)。《公司法(2018)》对自我交易的审查机制尚未规定,各法条规定之间联系不强,较为零散。不过立法与监管部门已注意到此问题,在最新《公司法》修订中增加了自我交易需由股东会或董事会审查以及非关联董事通过等规定。②

一、自我交易的规制缺陷

虽然我国《公司法》未对自我交易的内涵及外延进行明确界定,不过学界对自我交易的内涵形成了较为统一意见,即董事自我交易是指董事或与董事有利害关系的第三人与公司进行交易或订立合同。但学界对自我交易外延的认定也各不相同,主要分为三种界定方式。在最广义的界定方式中,董事自我交易不仅包括董事与公司之间的交易,还包括拥有一个或多个共

---

① 参见邓峰:《公司利益缺失下的利益冲突规则——基于法律文本和实践的反思》,载《法学家》2009 年第 4 期。
② 参见《中华人民共和国公司法(2023 年修正)》第 183 条规定。

同董事的公司之间的交易、公司商业机会以及同业竞争。[①] 在第二种界定方式中,自我交易是关联交易的典型表现形式,而关联交易作为自我交易的上位概念包括关联担保、公司商业机会等其他利益冲突类型。[②] 也有学者并未运用自我交易的概念,仅采用了关联交易的概念,但从对关联交易的定义来看,等同于最广义的自我交易。[③]

这些界定方式实际上都指向两种关系。其一,董事与公司订立合同的交易行为;其二,董事与公司订立合同之外与公司有利益冲突的行为,包括与董事有利害关系的第三人与公司签订合同,董事窃取公司商业机会、竞业禁止等行为。不过对于"交易"的定义不同,界定方式也就存在不相同。如果仅将"交易"定义为签订合同或形成合同关系,那么董事自我交易就指董事或与董事有利害关系的第三人与公司订立合同,可分为直接自我交易与间接自我交易;如果将"交易"定义为订立合同等与公司有利益冲突的情形,那么董事自我交易则包含关联担保、公司商业机会等概念。本书对"交易"的定义采取狭义方式,即董事自我交易是指董事或与董事有利害关系的第三人与公司订立合同的行为。在此语境下,董事自我交易涉及的《公司法(2018)》条文包括第21条、第124条、第148条第4款、第216条,《公司法司法解释(五)》第1条、第2条,《上市公司章程指引》第80条、第119条、第107条等。通过对上述法律规定及司法实践的分析梳理,可以发现现行法对自我交易的规制在以下问题上还有待明晰。

(一) 关联交易与自我交易关系不明、法律适用混乱

在前述法条中,只有《公司法(2018)》第148条第4款是关于董事直接交易的规定,其余法条均是关于关联关系及关联交易的规定,由于《公司法(2018)》未明确提出自我交易的概念,所以司法实践中对于自我交易与关联交易的关系认定并不统一,进一步导致法律适用也并不相同,以下兹举两例进行分析。

[①] 参见朱慈蕴、祝玲娟:《规制董事利益冲突交易的披露原则》,载《现代法学》2002年第2期。

[②] 参见施天涛、杜晶:《我国公司法上关联交易的皈依及其法律规制——一个利益冲突交易法则的中国版本》,载《中国法学》2007年第6期;王艳梅:《论中国董事自我交易合同的效力》,载《社会科学战线》2021年第8期。

[③] 关联交易包括直接交易与间接交易。直接交易就是关联方直接与公司发生买卖、共同投资、担保、租赁等合同关系的交易;间接交易就是关联方并未与公司直接交易,但可能出现公司利益转移的情形,如公司机会、同业竞争、管理报酬等。参见夏雪:《上市公司关联交易法制演变的研究》,华东政法大学2010年博士学位论文。

案例 5-1：

韩某某与孙某某损害公司利益责任纠纷案①

案件事实：

大×公司于 2010 年 10 月 19 日设立，原股东为冯某和韩某某。自大×公司成立至 2019 年 1 月 24 日期间，韩某某任职执行董事，冯某任职监事。2016 年 4 月 6 日，公司章程变更，孙某某入股大×公司。2018 年孙某某提起股东代表诉讼，称韩某某作为公司董事违反了董事忠实义务，其自我交易行为包括两项：其一，大×公司与韩某某投资设立的个人独资企业卓某某工作室签订合同，但是并未召开股东会议，且卓某某工作室确认收到大×公司转账 12.6 万元。其二，2016 年 4 月，大×公司向韩某某转账 150 万元，用于购买韩某某和冯某某各自持有的××科行公司 50% 股权。据查，该股权转让并未经过股东会决议，韩某某或大×公司均未能提交韩某某与大×公司签订的股权转让协议，大×公司受让股权时××科行公司的信息、资料或核查报告等材料。

裁判结果及理由：

一审法院认为，韩某某与卓某某工作室的行为属于自我交易行为，开始交易及终止交易均未经股东会同意，且在客观上给大×公司的利益造成一定损害，违反了董事对公司应有的忠实义务，根据法律规定，其所得收入应当归大×公司所有。股权交易转让行为属于直接自我交易，在交易时未经股东会同意，且在法庭辩论终结前该行为尚未经大×公司股东会追认。故韩某某因该交易行为取得的股权转让对价款应当收归大×公司所有。除此以外，一审法院还对公平原则进行了考量。在股权转让交易中，韩某某并未举证证明涉案股权交易价格是否足够公允。故韩某某应返还相应价款。

二审法院认为，案涉交易属于关联交易。依据《公司法（2018）》第 148 条、《公司法司法解释（五）》第 1 条规定，董事、高级管理人员所实施的关联交易需满足"公平标准"，而"公平标准"具体又包括程序公正标准与实质公正标准。程序公正标准主要指根据法律和公司章程的规定，关联交易需经股东会、股东大会同意，并且董事履行了信息披露义务。在此前提下，关联交易还需满足实质公平标准，是指公司所得与公司所失相等，公司是否愿意以同等条件与第三人进行交易。对上述要求，主要应由董事、高级管理人员负担举证责任，否则其要承担举证不能的法律后果，关联交易便不具有正当

---

① 参见北京市第三中级人民法院(2020)京 03 民终 7060 号二审民事判决书。

性。在本案中，韩某某并未举证证明案涉交易符合程序公正标准与实质公正标准，因此应承担举证不利的后果，应返还相应价款。

案例5-2：

佛山××光电有限公司与陈某某、佛山市××光环境工程技术有限公司损害公司利益责任纠纷案①

案件事实：

佛山××光电有限公司（以下简称光电公司）是由××光电（香港）有限公司于2012年5月10日依法设立的有限责任公司。光电公司设立后，陈某某入职公司担任总经理，2016年12月5日，陈某某从原公司离职。佛山市××光环境工程技术有限公司（以下简称光环境公司）于2016年5月30日设立，陈某某为股东及法定代表人。光电公司诉称，光环境公司于2016年6月15日与光电公司进行的路灯买卖合同，未经股东会批准，属于自我交易，且原告至今无法收回所发生的合理成本。因此原告应赔偿路灯买卖损失126000元。陈某某辩称该笔交易属于关联交易，而公司法并未绝对禁止关联交易。

裁判结果及理由：

法院认为，关联交易首先是交易双方要形成关联公司，具有关联关系。根据《公司法（2018）》第216条第4项规定，关联公司之间应存在控制与被控制或组织与协调的关系，有着统一安排或共同的整体利益。本案光电公司与光环境公司之间不存在控制与被控制或组织与协调的关系，因此二者不属于关联公司，发生的交易不属于关联交易，不应适用《公司法（2018）》第21条规定。自我交易限制义务是指公司董事、高级管理人员未经法定程序不得与公司进行自我交易。依据交易行为的主体不同又区分为直接自我交易和间接自我交易。其中间接自我交易是指从形式上该交易发生在公司与第三人之间，与高级管理人员或董事并无直接法律关系，但实质上董事、高级管理人员与该交易有利害关系。根据《公司法（2018）》第148第1款第4项对自我交易的规定，若负有自我交易限制的人员与公司之间的交易未经股东会同意，则该交易应属无效。案涉交易属于间接自我交易的情形，并未经股东会同意，故该笔交易无效，赔偿金额为合同交易金额。

从案例5-1与案例5-2可看出，法院对自我交易与关联交易关系的认

① 参见广东省佛山市禅城区人民法院（2018）粤0604民初15627号一审判决书。

定并不相同。案例 5-1 认为自我交易直接等同于关联交易,同时适用《公司法(2018)》第 148 条有关自我交易、《公司法司法解释(五)》有关关联交易的规定。案例 5-2 将关联交易与自我交易区分开来,首先认定交易中不存在关联关系,排除了关联交易相关法条的适用;其次,认定案涉交易属于间接自我交易,适用《公司法(2018)》第 148 条第 4 款规定,因不满足程序标准直接无效。自我交易与关联交易关系不明所造成的影响是多方面的,不仅导致法律适用混乱,而且也是导致司法裁判中对自我交易的效力认定标准不同的原因之一。因为《公司法(2018)》第 21 条对关联关系的规定中采取了公司利益标准,并且《公司法司法解释(五)》第 1 条明确规定"不能仅因程序合法作为抗辩理由"①。而对自我交易乃至董事忠实义务都并未明确公司利益标准。因此实践中部分法院将第 148 条统领在关联交易的规定下,对自我交易进行实质审查,而部分法院只对自我交易进行形式审查。

(二) 自我交易认定标准缺失导致司法裁判结果不一

司法实践中对于董事自我交易的认定分为两种标准,第一种标准是实质审查+形式审查标准,即不仅要对案涉自我交易进行程序性审查,还要对其进行实质性审查。常见情形为,案涉交易虽不符合程序标准,但并不因此绝对无效,还需要结合交易价格等因素对是否公平进行判断。第二种标准是仅对案涉自我交易进行形式审查,若未经有权机关批准,案涉交易则无效。发生上述情形的原因有二,第一,前文所述关联交易与自我交易关系不明,如果将自我交易认定为关联交易的范畴,则适用标准则为形式标准与实质标准;若否,则法院将《公司法(2018)》第 148 条视为管理性规定抑或禁止性规定。第二,在法院对《公司法(2018)》第 148 条属于管理性规范还是禁止性规范的认定并不统一。在第一点的逻辑下,在单独适用第 148 条时,部分法院认为其是管理性规范,则对案涉交易将结合公平标准予以实质审查;而部分法院认为其是禁止性规定,只要案涉交易未经股东会同意,则该交易无效。现将不同审判立场如表 5-4 所示。

表 5-4　自我交易的不同认定标准

关联交易与自我交易的关系	自我交易适用法条	认定标准
自我交易属于关联交易	《公司法》第 21 条、第 148 条以及第 216 条《公司法司法解释(五)》第 1 条、第 2 条	形式标准+实质标准

---

① 参见《中华人民共和国公司法司法解释(五)》第 1 条。

续表

关联交易与 自我交易的关系	自我交易适用法条	认定标准
自我交易不属于 关联交易	《公司法》第 148 条	第 148 条为禁止性规定,形式标准 第 148 条为管理性规定,形式标准+ 实质标准

上述认定标准的不同不仅在案例 5-1 与案例 5-2 中有所体现,在最高法案件中也有所体现。以"自我交易"为关键词、审判法院为最高人民法院及其巡回法庭在北大法宝上进行检索,共检索到案例 25 篇,经实质审查后涉及董事自我交易,并对自我交易进行效力审查的案件共 5 例。其中 4 例认为案涉交易属自我交易,适用《公司法(2018)》第 148 条,1 例认为案涉交易属关联交易,适用《公司法(2018)》第 21 条。在 4 例适用《公司法(2018)》第 148 条的案例中,也分为两类裁判立场,实质是对第 148 条属于禁止性规定还是管理性规定的认识有差异。以下兹举两例,由于部分判决最高法裁判文书并未列举全部案件事实,因此对该判决,本书仅对最高法裁判意见中有关自我交易效力认定的部分进行摘录。

案例 5-3：

佘某某、贵州××投资股份有限公司损害公司利益责任纠纷案①

裁判结果及理由：

法院认为,查清本案所涉股权交易是否经投资公司股东大会同意,是认定佘某某是否违反公司法规定的董事忠实义务的前提。而本案中佘某某提交的股东会决议是否真实有效,应该经过有效法律程序确认该决议是否不成立、无效或者撤销。即使无效,也应审查佘某某是否为交易中的善意第三人。查清本案所涉股权交易是否公平具有重要意义,股权交易是否公平应当考量公司对董事的交易条件与公司对第三人的交易条件是否相同。一方面,如果佘某某向投资公司转让股权的价格基本符合当时股权价值,即使未经股东会同意,那么该交易能否因未违反公平原则而不能当然认定为违法?另一方面,即使该交易确实属于公司法禁止的未经股东会同意,董事与本公司订立合同或者进行交易的行为,则也应查清交易时的股权价值,作为归入

---

① 参见最高人民法院(2018)最高法民再 439 号民事裁定书。

权的参考依据。综上,原判决对案件的基本事实未予查清,裁定撤销一审与二审判决,发回重审。

案例 5-4:

魏某某等与西宁经济技术开发区发×集团公司借款合同纠纷案①

案件事实:

2003 年 7 月,魏某某与××门窗厂(以下简称门窗厂)成立了恒×公司。2006 年 3 月至 4 月期间,发×公司与恒×公司、魏某某和门窗厂签订了《增资扩股协议》,约定发×公司入股恒×公司,恒×公司法定代表人由总经理魏某某担任。发×公司增资后,占注册资本的 51.3%,成为恒×公司控股股东;门窗厂占资本的 4%;魏某某占注册资本的 44.3%。另查明,魏某某是门窗厂的法定代表人。魏某某与恒×公司分别于 2004 年 3 月 15 日、2006 年 1 月 6 日、2008 年 12 月 19 日达成三份借款协议,约定魏某某自 2004 年 3 月至 2010 年 5 月 28 日向恒×公司支付借款。恒×公司逾期未还款,魏某某遂诉至法院,要求恒×公司、发×公司共同返还借款及利息、违约金,并承担诉讼费用。

裁判结果及理由:

一审法院认为,魏某某是恒×公司的股东及执行董事、法定代表人,在未经股东会同意与恒×公司签订借款合同,属于《公司法(2018)》第 148 条第 4 项禁止的董事自我交易情形,依据《合同法》第 52 条第 5 项合同无效规定,《公司法(2018)》第 148 条第 4 项禁止自我交易行为的规定属于效力性强制性规定,所以魏某某与恒×公司签订的借款合同违反了法律的强制性规定,属无效合同。所以对魏某某要求恒×公司偿还借款利息及违约金不予支持,但恒×公司应返还本金。二审法院也即最高法认为,依据《公司法(2018)》第 148 条第 4 项以及第 2 款规定,即董事自我交易以及归入权的规定,一审判决并无不当,故驳回上诉维持原判。

在案例 5-3 中,虽然法院由于案件事实不清未直接进行判决,但在裁判意见中也可看出法院对于董事自我交易并未持形式标准立场,其认为在形式认定标准未满足的情况下,如果交易时的价格符合公平标准也不应当认定为违法。而案例 5-4 则肯定了一审法院的裁判意见,认为第 148 条第 4 项有关董事自我交易的规定属于法律禁止性规定,如果案涉交易不符合

---

① 参见最高人民法院(2017)最高法民终 83 号纠纷上诉案。

公司章程或未经股东会决议,当属无效。

法院对自我交易的认定标准不同,将造成裁判结果完全不同的局面。如果将《公司法(2018)》第148条第4项的规定认定为效力性强制性规定,则实践中董事进行自我交易时并未经有权机关批准,将直接导致自我交易无效的结果。如果将《公司法(2018)》第148条第4项的规定认定为管理性强制性规定,在审查时采用形式标准与实质标准,则自我交易并不当然无效。但我国并未对实质性审查标准进行规定,也导致当中存在诸多细节问题。例如,如果采取形式标准与实质标准,那么形式标准的存在意义为何?在案例5-1中,法院认为案涉交易并不符合程序标准,而韩某某也并未举证证明该交易符合公平标准,故承担败诉风险。从裁判理由来看,法院似乎是将程序标准作为举证责任转移的条件,即在未满足形式标准的自我交易规制案件中,应由董事承担该交易符合公平性标准的举证责任。但在案例5-3中法院并未对举证责任进行说明,只是提出了在案涉交易符合公平原则的前提下,交易是否并不当然无效。故我国不仅需要确立自我交易的认定标准,还应完善标准确立后的举证责任等细节问题。

二、关联交易与自我交易的协调

协调关联交易与自我交易关系的前提在于,厘清关联交易与自我交易的关系,在此基础上处理好法律条文间的衔接。

(一) 关联交易与自我交易的关系

自我交易是指董事或与董事有利害关系的第三人与公司签订合同的行为。依据该定义,《公司法(2018)》仅有第148条第4款与之对应,即董事不得违反公司章程的规定或未经股东会同意,与本公司订立合同或进行交易。从文义解释的角度出发,该条指向直接自我交易,不过通过上文对司法案例的梳理可以发现,法院基本都认为该条规定包括直接自我交易与间接自我交易,①虽然可弥补立法空白,但实际上有超出立法条文进行裁判之嫌。而《公司法(2018)》第216条有关关联关系的定义与自我交易的关系考究,则需要厘清关联关系的外延以及自我交易中"利害关系"的外延。

《公司法(2018)》第216条第4款对关联关系进行了定义,将关联关系的主体扩展到了公司控股股东、实际控制人,体现了我国《公司法(2018)》的后发优势,但是对关联关系的定义实际极为模糊,并不利于实践操作。明显采用了经济学等学科的思维模式,而法学的理论性、技术性与实践性明显

---

① 参见广东省佛山市禅城区人民法院(2018)粤0604民初15627号一审判决书。

不足,难以达到法律的专业化与实践性对概念的要求。① 除公司法外,其余法律规定对关联关系也有定义,如路径依赖理论所言,法律规定只有与体系性要素相契合,才能具备良好的效用。故本书对商事法律中的关联关系进行了梳理,以归纳总结我国商事法律制度对关联交易的内涵界定(详见表5-5)。

表5-5 我国商事法律对"关联方"的界定

相关商事制度	对"关联方"的界定
《中华人民共和国企业国有资产法》	本法所称关联方,是指企业的董事、监事、高级管理人员及其近亲属,以及这些人员所有或者实际控制的企业。
《上市公司信息披露管理办法》	关联人包括关联法人(或者其他组织)和关联自然人 上市公司关联法人或其他组织包括: 1. 直接或者间接地控制上市公司的法人(或者其他组织);2. 由前项所述法人(或者其他组织);3. 关联自然人直接或者间接控制的,或者担任董事、高级管理人员的,除上市公司及其控股子公司以外的法人(或者其他组织);4. 持有上市公司百分之五以上股份的法人(或者其他组织)及其一致行动人;5. 在过去十二个月内或者根据相关协议安排在未来十二月内,存在上述情形之一的;6. 中国证监会、证券交易所或者上市公司根据实质重于形式的原则认定的其他与上市公司有特殊关系,可能或者已经造成上市公司对其利益倾斜的法人(或者其他组织)。 上市公司关联自然人: 1. 直接或者间接持有上市公司百分之五以上股份的自然人;2. 上市公司董事、监事及高级管理人员;3. 直接或者间接地控制上市公司的法人的董事、监事及高级管理人员;4. 上述第1、2项所述人士的关系密切的家庭成员,包括配偶、父母、年满十八周岁的子女及其配偶、兄弟姐妹及其配偶,配偶的父母、兄弟姐妹,子女配偶的父母;5. 过去十二个月内或者根据相关协议安排在未来十二个月内,存在上述情形之一的;6. 中国证监会、证券交易所或者上市公司根据实质重于形式的原则认定的其他与上市公司有特殊关系,可能或者已经造成上市公司对其利益倾斜的自然人。
《企业会计准则第36号——关联方披露》	一方控制、共同控制另一方或对另一方施加重大影响,以及两方或者两方以上同受一方控制、共同控制或重大影响的,构成关联方。 控制,是指有权决定一个企业的财务和经营政策,并能据此从该企业的经营活动中获取利益。 共同控制,是指按照合同约定对某项经济活动所共有的控制,仅在与该项经济活动相关的重要财务和经营决策需要分享控制权的投资方一致同意时存在。 重大影响,是指对一个企业的财务和经营政策有参与决策的权力,但并不能够控制或者与其他方一起共同控制这些政策的制定。

从法律条文规定看来,依据影响力大小,我国商事法律对关联关系的认

---

① 参见冯占省:《关联交易:概念确立、规范定位及制度创新》,载《学海》2021年第6期。

定可采取三个标准:控制、重大影响及其可能导致利益转移的其他关系。控制是指企业或法人可以直接操控公司经营行为,在范围上包括企业的控制企业、实际控制人、控股股东以及控制公司的董事等经营管理人员;重大影响是指虽未达到直接控制公司经营决策的程度,但可直接参与决策或者对决策结果产生重大影响,例如持股比例相对较多的股东、董事等;可能导致利益转移的其他关系则主要是指与控股股东、董事等公司内部人员存在亲情等可能导致利益转移的其他关系,这种关系不仅指直接物质利益联系,也包括特殊情感联系,包括配偶、子女以及近亲属等。在范围上,关联关系还可分为公司内部关联方与公司外部关联方。内部关联方则指公司的控制企业、控制股东、董事等;外部关联方则指并未实际参与公司经营,但与公司内部关联方存在关联关系的主体,例如与公司同属一家控制企业的子公司,与公司拥有同一个或多个控股股东或董事。

通过对关联关系的确立标准及外延进行考察发现,《公司法(2018)》第21条"董事不得利用关联关系损害公司利益"的规定应包含自我交易,自我交易是关联交易的典型表现形式。在直接自我交易中,董事在公司任职,无论其对公司的影响力为何,都存在影响公司决策的可能,因此董事是公司关联方是毋庸置疑的。故董事直接自我交易属于关联交易的范畴。就董事间接自我交易而言,虽然我国并未对"利害关系"作出界定,甚至没有关于间接自我交易的规定,但是从对域外法的考察来看,董事间接自我交易当属于关联关系的范畴。《美国标准公司法》有关利益冲突交易规定中的主体包括董事任职的企业实体,或公司的控制企业,或与公司同属一家控制企业的子公司,以及董事的配偶、子女、孙子女、兄弟姐妹,或者与董事共同居住的人等。① 可见,对于利害关系的认定也包括物质利益标准与情感利益标准②,与关联关系的认定标准有相似之处,而自我交易仅指订立合同或形成合同关系,关联交易泛指一切以关联关系损害公司利益的行为,故自我交易应从属于关联交易的范畴。

（二）关联交易与自我交易间的条文衔接

在厘清我国《公司法》语境下自我交易与关联交易的关系后,就可分析自我交易与关联交易的条文衔接问题。公司法及相关法律法规与关联交易相关的条文可分为以下几部分。其一,对关联关系的认定及关联交易的禁

---

① 参见《美国标准公司法》第8.60节(ii)(3),载沈四宝编译:《最新美国标准公司法》,法律出版社2006年版,第120页。

② 参见储育明、张启兵:《公司法中的自我交易制度研究》,载《安徽大学学报》1998年第5期。

止性规定(以损害公司利益为标准)①;其二,关联交易的认定标准,主要指程序合法性不能作为关联交易合法的理由②;其三,对上市公司关联交易的特殊规定,包括利害关系董事回避以及公平性审查标准等③;其四,关联交易的典型表现形式,自我交易。④ 其中,《公司法(2018)》第21条、第216条及《公司法司法解释(五)》有关关联交易合法性的规定,可被视为关联交易的原则性规定,适用包含自我交易在内的所有关联交易。而关联交易的具体表现形式恰好体现为《公司法(2018)》第148条关于自我交易规则,上市公司关联交易规则可被视为对特定公司类型的规定。现将条文规定与条文间的关系用下图5-2显示。

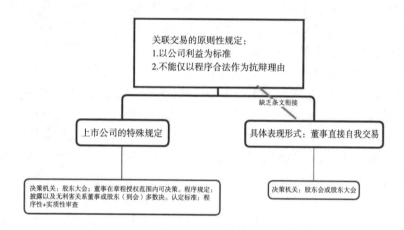

图5-2　关联交易的条文规定内容及条文间的关系

从图5-2可知,衔接关联交易与自我交易只需明确《公司法(2018)》第21条作为原则性规定的地位。因此在现行法体系下,可以在第21条中增设一款,明确自我交易是关联交易的典型表现形式。不过,《公司法(2023)》对自我交易进行了修正,明确了自我交易包含直接自我交易与间接自我交易,并规定了关联董事不得参与表决,对董事有关关联关系的人员、企业范围的术语概念进行了明确规定。⑤ 这一修订实际上是将长期以来的司法实践上升为立法,且表明监管部门也认同自我交易应属于关联交

---

① 参见《中华人民共和国公司法(2018年修正)》第21条、216条规定。
② 参见《最高人民法院关于适用〈中华人民共和国公司法〉若干问题的规定(五)》第1条。
③ 参见《上市公司治理准则》第74—77条,《上市公司章程指引(2023年修订)》第80条、119条、107条规定。
④ 参见《中华人民共和国公司法(2018年修正)》第148条第4项规定。
⑤ 参见《中华人民共和国公司法(2023年修订)》第181条、185条规定。

易的范畴,都适用《公司法司法解释(五)》第1条、第2条规定。故为方便理解,在《公司法(2023)》规定下,本书建议将公司法条文中有关自我交易、关联关系的称谓统一为关联交易①,使法条之间的关系更加明晰,统一法院对关联交易的认识。除此以外,立法对关联交易的审查标准并未明晰,下文将重点讨论。

三、自我交易认定标准优化

自我交易认定标准包括形式标准与实质标准,形式标准包括无利害关系股东或董事同意、关联董事披露,实质标准则是交易的公平性标准。构建我国自我交易的认定标准应明确如下问题。其一,形式标准与实质标准的关系。满足形式标准的自我交易是否可排除法院对交易公平的审查;或形式审查标准是否为实质审查标准的前置程序,只有当法院无法查明自我交易是否符合形式标准时,才对自我交易进行公平性审查。其二,形式标准的构成。决定自我交易的权力应分配给股东会还是董事会,以及关联董事披露的效力。其三,实质标准的具体认定。为厘清上述问题,本书将基于对域外法的考察以分析形式标准与实质标准的功能定位,最后结合我国公司治理实践探讨标准的具体构建。

（一）形式标准与实质标准采用的法理基础分析

1. 英美法关于自我交易认定标准的立法沿革与规制模式考察

英美法已经形成了关于形式标准与实质标准的完善规定,从立法沿革考察,英美法对自我交易的规制经历了以下几个阶段。从形式标准为主到实质标准为主,再到公平标准退化,最后重申公平标准,实现形式标准与实质标准并重的立法模式。在形式标准为主阶段,实质标准只是形式标准的附加标准。具体而言,在"非利害关系董事的多数"存在的情形下,法院普遍的做法是承认其作为公司代表与相对方董事签订合同的行为有效。但是为了防止公司中"利害关系少数"利用其在公司中的影响力去影响甚至操纵董事会决议,法院会进一步对交易公平性进行审查。在这一阶段,对交易公平性的审查居于"非利害关系多数同意"这一情形被确认之后。防止有利害关系的主体影响或操纵公司决议是法院对实质公平进行审查的目的,但由于交易本身的公平性已经在司法实践中引发关注②,故形式标准并不

---

① 参见施天涛:《公司法应该如何规训关联交易?》,载《法律适用》2021年第4期。
② 参见施天涛、杜晶:《我国公司法上关联交易的皈依及其法律规制——一个利益冲突交易法则的中国版本》,载《中国法学》2007年第6期。

是审查的唯一依据,实质标准已经确立了其辅助地位。

进入 20 世纪二三十年代,由于大部分自我交易都涉及利害关系董事①,早期的严格可撤销原则已落后于实际,同时法院也不能参照以往对"非利害关系多数"有严格要求的案例来进行裁判,故审查对象通常直接指向了交易本身的公平性。法院在裁判利益存在冲突交易时将交易本身是否符合实质公平标准作为了主要甚至决定性的条件,表明交易公平这个要件成为法院审查利益冲突交易的独立因素,这也是传统的公平标准。② 但是公平标准的缺陷在于无统一认定标准,法官自由裁量权过大,且自我交易属于经济领域,法官并不能完全对交易价格是否合理作出公正判断,从法社会学角度解释,经济系统存在自身理性与逻辑,因此立法不能过度干预结果以损害系统自身运行的理性。故自我交易审查标准又由逐渐从公平标准占据主导地位过渡到重视程序标准。具体而言,在制定法中,形成了"安全港"规则,只要符合了以下任何一种情形,公司主张自我交易因涉及利益冲突而需撤销的请求法院不予支持。其一,利益冲突交易已向股东会或董事会披露,并经非利害关系董事或股东的肯定性表决善意批准了这一合同或交易;其二,在股东会、董事会批准交易之时,交易对公司而言是公平的。③

不过,在披露、无利害关系多数同意以及实质公平三要素下,美国各州对各个要素的效力认定不同,也就形成了不同的规制模式。在特拉华州判例法中,非利害关系股东或董事同意的情形下,如果自我交易相对人为董事,则判例法将非利害关系董事或股东的同意作为一项商业判断纳入考量,根据商业判断规则来对交易公平性进行审查。此处的商业判断规则是注意义务中的商业判断规则,该规则旨在确认非利害关系董事是在享有充足信息来源这一情形下,善意且有正当理由相信允许自我交易是为了追求公司最佳利益。如果非利害关系董事或股东的同意符合商业判断规则,法院则不会对交易本身的公平性进行实质审查。当交易过程未符合某项程序规则,则仅通过商业判断规则来审查非利害关系董事或股东的同意是不足够的,公平审查标准变为"完全公平"。④ 在交易相对人为控股股东的场合,由

---

① See Decision, *Corporations-Common Directors-Judicial Interference with Inter-Corporate Transactions*, 38 Colum. L. Rev. 338 (1938).

② 参见施天涛、杜晶:《我国公司法上关联交易的皈依及其法律规制——一个利益冲突交易法则的中国版本》,载《中国法学》2007 年第 6 期。

③ 参见《特拉华州普通公司法》第 144 条,载前引徐文彬等译,第 44 页。

④ 参见孙英:《论董事自我交易的法律规制——以〈公司法〉第 149 条的适用与完善为核心展开》,载《法学》2010 年第 6 期。

于控股股东具有操控股东会决议与董事会决议的控制力,此时非利害关系多数同意则不能保证交易的公平性,因此判例法对此采取了完全公平标准。① 至于什么是完全公平标准,美国律师协会的权威解释认为,包括交易条件、对公司利益以及决策过程(利害关系董事是否披露、非利害关系董事决策时是否独立客观)等等。②

除特拉华州模式外,美国立法中还存在另一种规制模式,即对股东会同意与董事会同意进行区分对待。当章程或法律规定为自我交易仅需非利害关系董事同意时,法院审查应采取更严格的公平标准;当自我交易由非利害关系股东同意时,法院可采取相对较轻的公平标准。该规定具体表现在加利福尼亚模式与美国法学会提出的《公司治理原则:分析与建议》中。在加利福尼亚州模式中,即使非利害关系董事已批准了自我交易,法院仍需对交易的实质公平进行审查,交易应当满足"公正合理"的要求③;但当非利害关系股东已表示同意,如果股东是在知晓并善意地作出判断的前提下,则可完全排除法院对自我交易的审查。④ 在《公司治理原则:分析与建议》中,自我交易只要由非利害关系董事批准的,该交易应被视为是具有公平性的。⑤此处的公平标准比"完全公平"宽松,却比商业判断规则之"理性标准"严格;⑥经非利害关系股东多数同意的,对交易的审查标准仅限于在股东批准时不存在挥霍公司财产的情形。⑦

2. 比较法的启示:公平与效率的冲突与衡平

从保证合同公平的角度出发,形式标准(披露+非利害关系多数决)的目的在于保证合同双方意思表示真实,实质标准(公平性标准)的目的在于

① See Zohar Goshen, The Efficiency of Controlling Corporate Self-dealing: Theory Meets Reality, 91 California Law Review(2003)393, p.428.

② 参见张开平:《英美公司董事法律制度研究》,法律出版社1998年版,第260页。

③ See Revision Report of the Assembly Select Committee on the Revision of the Corporation, 55 (1975),转引自施天涛、杜晶:《我国公司法上关联交易的皈依及其法律规制——一个利益冲突交易法则的中国版本》,载《中国法学》2007年第6期。

④ 参见孙英:《论董事自我交易的法律规制——以〈公司法〉第149条的适用与完善为核心展开》,载《法学》2010年第6期。

⑤ 参见《公司治理原则:分析与建议》5.02(a)(2)(A),载楼建波等译:《公司治理原则:分析与建议》,法律出版社2006年版,第248页。

⑥ See Melin Aron Eisenberg, "Self-interested Transactions" in Corporate Law, 13 J Corp. L. 997 (1987-1988), p.1005. 转引自孙英:《论董事自我交易的法律规制——以〈公司法〉第149条的适用与完善为核心展开》,载《法学》2010年第6期。

⑦ 参见《公司治理原则:分析与建议》5.02(a)(2)(D),载楼建波等译:《公司治理原则:分析与建议》,法律出版社2006年版,第248页。

抑制合同的负外部性。而不同的规制模式赋予形式标准与实质标准不同的法律效力,实际上体现了立法者在尊重商事主体效率、意思自治与保护商主体利益、维护实质公平之间的价值选择,在立法理念上为放松管制的自由主义与干涉行为自由的父爱主义。

自由是企业的天性①,法的自由主义在商法上体现为减少对公司的干预,给公司留出自治空间,尊重公司意思自治。具体到合同法上则体现为减少对合同效力的干预,着力于合同主体间地位平等即可,只要双方意思表示真实,合同内容即为有效。② 法律父爱主义是公权力为了保护公民个体免受伤害,增进其利益或福利水平而作出的强行限制和干预,是政府对公民强制的"爱"。③ 在公司法中体现为强制性法律规范,例如早期的公司设立登记核准模式;在合同法中则体现为对合同内容的实质干预。法律父爱主义存在软父爱主义和硬父爱主义的划分。软父爱主义只在当事人真实意志没有如实反映而导致危险的情形下才予以干预,有利于维护和鼓励当事人的意思自治;硬父爱主义则是指管理人主观上出于善意,为了保护和增进当事人的利益,客观上不考虑当事人自身的真实意愿而对其自由予以干预。④ 父爱主义理念下,如果干预的理据充分,干预所导致的损害小于所获得的利益,并且管理人对行为人实施的干预把控在最低,父爱主义有其存在的合理性。⑤ 具体到自我交易这一合同形式中,形式标准由于直接影响合同意思表示是否真实,因此单纯的形式标准是自由主义立法理念的体现。立法只规定形式标准的情形下,只要公司与董事意思表示真实、达成合意,自我交易就可认定为有效,体现了优化营商环境与提高市场效率的统合需求。单纯的实质标准则是父爱主义的体现,立法规定不论自我交易是否符合程序标准,都应对交易公平性进行审查,违反交易公平的自我交易当属无效。其立法目的在于维护交易的实质公平,切实保护公司利益。

英美立法的变迁体现了立法者在自由主义与父爱主义之间的徘徊,体

---

① 参见施天涛:《公司法的自由主义及其法律政策——兼论我国〈公司法〉的修改》,载《环球法律评论》2005 年第 1 期。

② 参见图依布纳、矫波:《现代法中的实质要素和反思要素》,载《北大法律评论》1999 年第 2 期。

③ 参见杨善长:《流押条款法律效力辨——兼及法律父爱主义立法思想之取舍》,载《河北法学》2017 年第 3 期。

④ 参见季奎明:《商主体资格形成机制的革新》,载《中国法学》2019 年第 3 期,转引自孙笑侠、郭春镇:《法律父爱主义在中国的适用》,载《中国社会科学》2006 年第 1 期。

⑤ 参见季奎明:《商主体资格形成机制的革新》,载《中国法学》2019 年第 3 期。

现了促进市场效率与维护实质公平间的冲突与衡平。早期的绝对禁止理念,是法律父爱主义之体现。法律出于公司利益保护的善意,对于自我交易这一可能损害公司利益的合同采取了否定性评价标准,此时并未考虑公司意愿,因此属于硬父爱主义。但实践证明,自我交易并不一定损害公司利益,故立法由绝对禁止转向了相对禁止。在相对禁止理念下以形式标准为主、实质标准为辅的第一立法阶段中,法律采用实质标准进行审查的目的仅是为了防止有利害关系的少数利用自身在公司的影响力去影响或操控公司决议,对有可能不真实反映当事人意志的危险选择进行限制和干预,由硬父爱主义转向了软父爱主义。软父爱主义的立法理念一直延续到了以公平性审查为主的立法阶段,原因在于自我交易中利害关系董事过多,法院无从对交易中合同双方意思表达的真实性进行审查。但由于对公平性审查的随意性过大,公平性标准在实践中逐渐退化,立法从父爱主义迈向了自由主义与父爱主义并存的阶段。以特拉华州立法为例,如果自我交易符合程序性规制要件,则法院仅对交易采用商业判断标准予以审查,不进行实体审查,此时属于完全的自由主义立法;但如果不符合形式标准,则法院将采用完全公平标准进行审查,此时则属于软父爱主义立法理念。

总而言之,现阶段美国法不同的规制模式体现了父爱主义与自由主义的交织,对于完全公平标准的强调,则表明父爱主义理念更强,将对交易公平的监督权交由法院执行。对于形式标准的强调,则表明自由主义更强,强调交易的效率。而在降低企业的制度性成本、维护中小股东利益的营商环境优化需求下,父爱主义与自由主义哪种立法理念更优其实并无固定的答案,具体要结合一国的股权结构、股东在公司治理中的地位、董事在公司治理中的地位等综合因素予以确定。在通过程序控制可以保证交易主体双方意思表示真实的情况下,可以偏向自由主义立法;反之应偏向父爱主义立法。例如在美国特拉华州公司法中,在自我交易相对人为控股股东的场合,可能存在控股股东操纵公司决议的情形,此时非利害关系多数的表决可能并不能表达公司的真实意思,故立法选择对交易采取完全公平的审查标准,体现了软父爱主义的立法理念。

（二）自我交易认定规则的具体设置

《公司法司法解释（五）》第1条规定,董事不得以关联交易履行了信息披露、经股东会同意等法律、行政法规或公司章程规定的程序为由抗辩。这说明在现行法律规范中,程序标准的合法性并不能排除实质标准的适用。那么形式标准的法律效力为何? 现行法并未明确。在有权机关的设置上,

《公司法(2018)》将直接自我交易的批准权交由了股东会,但并未规定利害关系股东回避的情形;上市公司自我交易的批准权包括股东大会以及被授权的董事会,并规定了利害关系董事回避的情形。这表明在《公司法(2018)》立法体系下,除上市公司以外的公司都由股东会对董事自我交易进行批准。《公司法(2023)》对此进行了修正,将自我交易的批准权为股东会还是董事会交由章程决定;并规定如果由董事会决议将排除关联董事的投票权。下文将结合前述第三章不同公司类型的股权结构与公司治理情况,对条文规定进行评析并提出相应的完善建议。

1. 股份有限公司自我交易认定标准优化

形式标准的设置包括自我交易的批准、表决以及披露。公众型股份公司股东会的召开分为年度股东会与临时股东会。年度股东会每年召开一次,临时股东会在董事认为必要时应在两个月内召开。可见我国股份公司股东会召开频率并不高,并且公众型股份公司存在临时股东大会召开时间久、中小股东难召集的情形。如果自我交易都由股东大会进行决议,则导致交易成本太高,与营商环境要求效率价值不符,也不利于公司发展。此外,据第三章对我国公众股份公司实证研究的数据显示,我国公众型股份公司股权集中度仍然较高。因此公司治理中易出现控股股东、实际控制人与利害关系董事处于同一利益链条的情形,股东大会决议也无力保护自我交易的实质公平。故基于营商环境提高商事交易效率、维护中小股东权益的价值取向,建议针对公众型股份公司应将自我交易的批准权交由董事会,由非利害关系董事进行多数决。最后,为了便利中小股东起诉,回应世行营商环境指标中的中小股东诉讼便利指数,建议赋予利害关系董事向股东披露有关自我交易重大事项的义务。

实质审查标准主要指采用商业判断规则还有完全公平规则,由于公众型股份公司易存在控股股东、实际控制人操控董事会,使董事会"形骸化"的情形,因此董事会决议也并不能保证交易的公平性,中小股东利益亟须立法保护。因此,可延续《公司法司法解释(五)》第1条规定,程序合法性不得作为抗辩理由,且法院应采取完全公平标准对自我交易进行审查。至于形式标准与实质标准的关系以及形式标准的法律效力,一方面为防止司法实践中程序标准适用退缩,法院完全采用公平标准对交易进行审查导致司法实践的随意性;另一方面也为防止中小股东滥诉。因此,形式标准的符合可触发"安全港"规则,即由异议股东或公司承担自我交易违反公平的举证责任,反之将由利害关系董事承担举证责任。而形式标准的违法性也并不必然导致自我交易的无效,形式标准违法时应由利害关系董事承担举证责任。至于非公众股份公司,前文讨论时分为人数较多的非公众股份公司与人数较少的非公众股份公司,但是公司法难以对人数的多少设定评判标准,故建议针对非公众股份公司,由公司章程决定将自我交易交由股东大会还是董事会进行表决,即《公司法(2023)》规定较为合理,其余规定参照上市公司认定标准的设置。

2. 有限责任公司自我交易认定标准完善

本书第三章实证研究显示,在有限公司治理实践中,经营权与所有权高度合一,股东基本具备董事、监事身份,股东会与董事会的职权界限不明。故基于实践中董事会可能不会常态化召开和运行的情况,本书建议法律赋予有限公司股东会批准董事自我交易的权力。接下来的问题是,是否要排除利害关系股东的表决权。其实无论怎样设定表决比例、是否排除利害关系股东的表决,在有限公司中都很难具有实践可操作性。首先,我国有限公司不乏由两个股东组成股东会的情形,此时若排除利害关系股东表决权,则利害关系股东是否能进行自我交易的决定权则掌握在另一个股东手中。若股东之间关系不和,则容易造成公司陷入僵局。其次,若控股股东与董事身份重合,排除利害关系股东表决权有可能造成少数股东暴政,不符合营商环境保护股东及提高效率的价值取向。最后,有限公司人合性较强,股东之间很可能存在配偶、近亲属等关系,因此对利害关系股东不便进行认定。故是否排除利害关系股东的表决权对自我交易公平性影响不大,换言之,有权机关批准这一设置在有限责任公司中并不能实际起到保证公司意思表示真实、维护公平、监督董事的效用。基于此,可以将利害关系股东表决权的排除交由公司章程规定,而章程如何规定直接影响后续公平标准的适用。

我国有限公司中由于股东对外转让股权、退出公司较为困难,因此股东压迫现象严重,出于中小股东利益保护的需要,对于实质标准的规定建议仍采用完全公平标准。若公司章程规定自我交易应排除利害关系股东的表决权,并且实际操作中也符合程序要件,那么异议方起诉时,应由其举证证明交易违反公平原则;若公司章程规定自我交易无须排除利害关系股东/董事,那么异议方起诉时,应由利害关系股东/董事举证证明交易符合完全公平标准。实质标准与程序标准的关系则可参照适用上市公司的规定。此外,在股东会决议不能保证意思自治的前提下,也应重视利害关系董事披露在有限公司自我交易的作用,要求利害关系股东披露该交易与自己可能存在利益冲突,并披露与交易有关的重大事实。披露不仅可以使与会股东了解自我交易的基本情况,在此基础上作出判断,还可便利中小股东在提起诉讼时举出证据,切实保护中小股东权益。① 总而言之,采用公司章程自治的措施符合营商环境对效率、公司意思自治的需求;采用完全公平的标准,实质上是将监督权赋予法院,有利于保障中小股东权益,体现实质公平;赋予利害关系董事披露的义务也与营商环境下保护股东利益的价值取向相契合。

第三节　不篡夺公司商业机会与竞业禁止
义务关系界定和要件完善

从语意角度考察,公司商业机会分为三种类型,一是适宜进行商业活动的时机;二是商事主体的地位彼此平等;三是商事活动参与者实施某种具体的行为增加商业利润或实现某项交易的可能性,这种可能性不是抽象意义上的泛指,而是指向某个具体目标。② 公司法语境下的商业机会通常为第三种语意。不篡夺公司商业机会可简单理解为公司人员不能为了自己的目的和利益将本应属于公司的机会挪用给自己。③ 实践中公司为获得某项交易往往需要经过前期的磋商、准备工作,因而会付出一定的交易成本,而董事篡夺公司商业机会的行为将使公司磋商阶段的交易成本付诸东流,还有可能造成公司预期利益的损失,与董事忠实义务将公司利益置于个人利益之上的要求相悖。因此需要将其纳入董事忠实义务的具体类型予以规制。竞业禁止是针对竞争性行为予以规制,也存在广义与狭义之区别。广义的竞业禁止指对不特定的人从事的某种具有竞争性的具体营业予以规制;狭义的竞业禁止仅对与权利人有特定关系的义务人进行的某种具体竞争行为予以规制。④ 董事竞业禁止义务属于狭义竞业禁止范畴。董事在公司之外的商事主体中任职或者从事经营活动,一方面可能陷入双方商事主体的利益冲突中,另一方面也可能陷入自己与公司的利益冲突中,不能良好履职。故竞业禁止也被划入了董事忠实义务的具体表现形式予以规制。

从定义看,二者虽同属于董事忠实义务的范畴,但是在规制功能上存在着不同。董事篡夺商业机会时已经将自己处于与公司利益冲突的状态,因此域外法对此的限免主要限于公司无利害关系股东/董事同意、公司放弃、

---

① 参见施天涛、杜晶:《我国公司法上关联交易的皈依及其法律规制——一个利益冲突交易法则的中国版本》,载《中国法学》2007年第6期。

② 参见吕来明:《论商业机会的法律保护》,载《中国法学》2006年第5期。

③ See H.HENN, LAW OF CORPORATION § 237(2d ed.1970).

④ 参见张立新:《论竞业禁止》,载徐国栋主编:《罗马法与现代民法》,中国法制出版社2000年版,第325页。

公司无法实际利用该商业机会三种类型。而董事兼任其他管理职务或从事其他经营活动仅意味着有与公司发生利益冲突的可能,故仅要求股东会同意即可;如果董事在经营过程中有利用职务便利进行自我交易、窃取公司商业机会等行为,则需符合相应法律要求。可以说,竞业禁止是对自我交易等利益冲突风险的预防,而不得窃取商业机会义务是防止董事在已存在的利益冲突中损害公司利益。而由于竞业行为会加大董事利益冲突的风险性,因此在实践中董事竞业行为与窃取公司商业机会行为常同时出现。在域外法中,英美法系与大陆法系对二者均有规定,但各有侧重。英美法以公司机会原则(corporate opportunity rule)为主,其中营业范围标准与竞业禁止义务有所交叉。大陆法系国家由于董事享有更广泛权力,因此承担更广泛的竞业禁止义务①,但后来出于丰富忠实义务外延、弥补法律漏洞的必要性,大陆法国家也引入了公司商业机会相关规则。② 我国在2005年公司法修订中通过增加公司商业机会的规定来丰富董事忠实义务的内容,并让这一规定与竞业禁止共存于同一条款中。但是未明确二者关系,也并未对二者内涵与认定要件进行详细规定,导致实践中二者制度功能存在混同,并未彰显应有的制度价值,亟待厘清二者的关系、完善认定要件。

一、不篡夺公司商业机会与竞业禁止义务的规制缺陷

《公司法(2018)》对不篡夺公司商业机会与竞业禁止义务仅用一个条文予以规制,导致实践认定中出现了诸多问题。一方面,将不篡夺公司商业机会与竞业禁止义务吸收进同一条文中,司法实践中对公司商业机会与竞业禁止是否从属于同一义务出现了截然不同的立场,进而影响了具体法律认定要件的适用。另一方面,对公司商业机会与竞业的认定因素没有进行具体规定,对商业机会与竞业的认定是董事是否违反忠实义务、适用董事责任的逻辑前提。立法空白导致法院的考量因素各不相同,裁判尺度也不统一,将不属于公司商业机会的交易纳入规制范畴,本应予以规制的窃取公司商业机会的行为却逃离司法制裁,不利于对董事的行为进行统一指引,影响司法权威性,也不利于保障公司权益。以下将通过案例进行简析。

(一) 不篡夺公司商业机会与竞业禁止义务关系不明

司法裁判中对于不篡夺公司机会与竞业禁止义务关系的认定主要包含

---

① 也有学者认为英美法中公司机会原则是竞业禁止的主要表现形式,参见翟业虎:《竞业禁止的域外法律实务考察》,载《法学杂志》2013年第12期。

② 参见《公司治理规约》第5.5.1,载高娅:《德国公司治理法典(2008年修订)》,《公司法律评论》2009年。

两种立场。其一,同一义务论。即不篡夺公司商业机会义务与竞业禁止义务属于同种义务,并且体现出了将不篡夺公司商业机会吸纳入竞业禁止义务的趋向。部分法院认为不篡夺公司商业机会是竞业禁止的典型表现形式,部分法院并未对其加以区分,统一认定即可。其二,不同义务论。不篡夺公司商业机会与竞业禁止属于不同的义务,所适用的法律认定要件也不相同。以下兹举三例进行分析。

案例 5—5:

蒋某某与常州××电子科技有限公司损害公司利益责任纠纷案①

案件事实:

蒋某某于 2014 年 12 月 15 日至 2018 年 10 月 30 日担任常州××电子科技有限公司(以下简称电子公司)总经理。电子公司经营范围为 3D 打印设备、3D 打印商品、3D 快速成型设备的研发、技术咨询、技术转让、技术服务等。龙×公司成立于 2016 年 9 月 22 日,股东为倪某某与曹某某,倪某某担任法定代表人,持股 60%,而倪某某与蒋某某系夫妻关系。龙×公司的经营范围为智能机器人的研发、销售,3D 打印机的研发、设计、销售,计算机的软硬件的技术开发、技术咨询、技术服务、技术转让,多媒体系统及零部件研发、设计、制造、加工、销售及技术服务,教学设备、实验室设备、电子产品、数码产品、通信产品、办公用品销售,等等。龙×公司与电子公司的经营范围存在部分重合。2016 年 9 月 28 日至 2018 年 10 月 30 日,龙×公司与蒋某某之间进行了大量银行转账,均是由龙×公司转账给蒋某某,转账备注为往来款、报销,且龙×公司的经营业务往来中,客户与电子公司有实际交易重合。故电子公司向法院提起诉讼并作出了以下请求:1. 确认蒋某某的行为违反《公司法》规定的高级管理人员应当对公司负有的忠实义务;2. 判令蒋某某将违反忠实义务的所得收入人民币 30 万元转移为电子公司所有;3. 判令蒋某某立即停止损害电子公司利益的行为;4. 本案诉讼费用由蒋某某承担。

裁判结果及理由:

一审法院认为,蒋某某存在利用其在电子公司的职务便利谋取属于电子公司的商业机会,自营或为他人经营与电子公司同类的业务。首先,蒋某某在电子公司的身份以及担负的职责使他具有接触公司客户群体的便利条

---

① 参见江苏省常州市中级人民法院(2021)苏 04 民终 2337 号二审判决书。

件并参与到公司的商业机会中。其次,倪某某系蒋某某的配偶,其在蒋某某担任电子公司总经理期间成立了龙×公司,而龙×公司的经营范围与电子公司的经营范围存在高度重合,且部分原电子公司的客户与龙×公司进行了交易活动。再次,蒋某某在电子公司任职与龙×公司经营的重合期间,龙×公司与蒋某某有大量的极为频繁的转账汇款往来,均为龙×公司汇款至蒋某某,转账备注为往来款、报销。据此,法院有合理理由相信蒋某某利用了其在电子公司担任总经理一职时的职务便利,对龙×公司进行经营管理,为龙×公司经营与电子公司的同类业务。据此判定蒋某某违反了董事忠实义务,应返还相应所得。

二审法院认为,虽然蒋某某提交的情况说明显示公司承诺在其离职后不会追究其担任公司总经理期间的责任和损失,也不干涉其个人及家属工作和事业的发展。但是电子公司一审时提交的证据,可以证明蒋某某在电子公司任总经理期间,其配偶倪某某投资并成立了龙×公司。龙×公司与电子公司在经营范围、客户上存在大量重合的情形,且龙×公司与蒋某某存在大量的转账汇款往来。因此,一审法院认定上诉人蒋某某存在利用其在电子公司的职务便利谋取属于电子公司的商业机会,自营或为他人经营与电子公司同类的业务,证据充分,并无不当。

案例 5-6:

王某某等与北京××科技有限公司损害公司利益责任纠纷案①

案件事实:

北京××科技有限公司(以下简称科技公司)成立于 2004 年 3 月 9 日,王某某为公司股东,持股 25%,并担任经理职务,于 2015 年 7 月离职。智×公司成立于 2013 年 9 月 5 日,王某某持股 60%,周某某(系王某某妻子)持股 40%。在智×公司成立后,王某某利用其担任科技公司经理的职务便利,以其邮箱向其负责的客户发送了公司业务变更的说明,公开向其负责的客户告知部分业务转至智×公司等多种手段,将科技公司部分业务转入智×公司。基于此,科技公司诉称,要求判令王某某、智×公司立即停止经营与科技公司经营业务同类的业务,并要求判令其归还收入所得及同期银行存款利息。

---

① 参见北京市第一中级人民法院(2018)京 01 民终 8010 号,王某某等与北京××科技有限公司损害公司利益责任纠纷二审民事判决书。

裁判结果及理由：

一审法院认为，王某某系科技公司股东并长期担任公司经理，负责公司大客户往来及部分业务，通过科技公司提供的公证邮件内容，应认定王某某利用职务便利将科技公司部分客户及业务揽入其另行成立的智×公司，虽然王某某辩称与科技公司并未存在约定竞业禁止的情形，且并未从智×公司处分配利润。但是王某某将公司客户变相转至智×公司，为智×公司谋取相应商机，应视其为未尽忠诚义务，并且据法律规定，王某某是否分配利润与本案无关。故王某某的行为对其身为股东、高级管理人员而应对公司履行的忠实义务构成了严重违背，判令王某某和智×公司立即停止经营同类业务，并返还相应收入。

二审法院认为，依据我国《公司法》第 148 条第 1 款第 5 项以及第 2 款规定，竞业禁止义务的行为主体为董事、高级管理人员；行为表现为利用职务便利、篡夺本应属于公司的商业机会；行为后果是将违反竞业义务所得的收入归公司所有。本案中，王某某虽无权利用原公司无形资产为自己谋取利益，但是《公司法》并未禁止离职后的王某某从事同类业务领域的工作。因此一审法院判决离职的高级人员立即停止同类业务经营，实则判令其永远不得与其任职在先的公司竞争，将导致资源浪费严重，故撤销一审法院禁止王某某从事同类业务的判决，但对赔偿责任予以支持。

案例 5-5 与案例 5-6 中，法院均认为竞业禁止与不篡夺公司商业机会属于同种义务，并且体现出将不篡夺公司商业机会吸纳入竞业禁止义务的趋向。在案例 5-5 中，法院虽并未对二者的从属关系进行确定，但在认定要件上却主要采取的是竞业禁止的考量因素。即公司商业机会应是指某项具体的交易，在认定时应当将该机会是否属于公司的商业机会范畴纳入考量（包括公司是否为其付出了交易成本、是否有实际进行交易的可能性等）、董事是否有利用职务便利窃取该机会的行为等。但是在案例 5-5 中，法院仅通过经营管理人员有利用职务便利参与公司商业机会的可能性、经营管理人员经营范围与公司经营范围重合以及双方有频繁财务往来就认定经营管理人员同时违反了不得窃取公司商业机会与竞业禁止义务，实际上是用竞业禁止义务的考量因素对公司商业机会予以认定。案例 5-6 中，法院则明确将窃取公司商业机会视为竞业禁止的表现形式。此种裁判立场并不鲜见。① 域外法中既存在以公司机会原则为基础吸纳竞业禁止规定的实

---

① 参见广东省高级人民法院(2019)粤民终 1027 号，深圳华佗在线网络有限公司、深圳市美谷佳科技有限公司损害公司利益责任纠纷二审民事判决书。

践,也存在以竞业禁止为基础吸纳公司机会原则的实践,表明如何构建二者的关系应坚持本土原则,以本国公司治理实践为基础。在我国立法条文不明晰的情况下,直接认定公司商业机会从属于竞业禁止的范畴,存在忽略不得窃取公司商业机会义务的独立价值之嫌,但具体关系还应结合我国实践予以探讨。

案例 5-7:

嘉兴有×工程有限公司、朱某某损害公司利益责任纠纷案①

案件事实:

2016 年 5 月 16 日,青岛有×公司与谢某某签订《股东协议》约定成立嘉兴有×装饰工程有限公司(以下简称有×公司),据该协议,有×公司的经营范围包括建筑装饰装潢设计及施工。成立后,有×公司与朱某某签订合同,约定自 2016 年 3 月 1 日起至 2019 年 2 月 28 日止由朱某某担任有×公司总经理。2012 年 1 月 12 日,朱某某成立嘉兴市致×装饰工程有限公司(以下简称致×公司),该公司为一人独资公司。2016 年 7 月 30 日,朱某某以有×公司的名义与自己名下的致×公司签订了《装饰装修施工合同》。有×公司认为朱某某在任职高管期间同时系致×公司的法定代表人、经理、执行董事及唯一出资人股东,故朱某某利用身为有×公司总经理的职务便利与自己的公司签订合同的行为违反了我国《公司法》第 148 条第 1 款第 4 项和第 5 项的规定,特向法院提起诉讼,请求判决朱某某赔偿原告经济损失 10 万元。

裁判结果及理由:

一审法院认为,虽然有×公司并未提供执行董事聘任朱某某为有×公司经理的证据,但是从朱某某的实际职权来看,可以认定朱某某是有×公司的高级管理人员。首先,不宜认定朱某某有谋取有×公司商业机会的行为。朱某某的职权只限于签订合同,而合同的履行、款项的支付是需要有×公司相关负责人同意的。证据表明有×公司的相关负责人知道致×公司与朱某某之间的关系,并同意与致×公司的该次交易。其次,朱某某的竞业行为也并不违反《公司法》规定。朱某某开办致×公司在先,有×公司成立在后。朱某某所称有×公司招聘"总经理"要求有装修老板的经验是可信的。因

---

① 参见浙江省嘉兴市中级人民法院(2020)浙 04 民终 2200 号,嘉兴有×装饰工程有限公司、朱某某损害公司利益责任纠纷二审民事判决书。

此,可以认定,有×公司在招聘朱某某时,知道或者应当知道朱某某已开办致×公司的情况,但双方之间的《劳动合同》中并未有禁止朱某某继续从事同类业务的约定。因此,一审法院认定朱某某不具有符合该款项规定的情形的行为。二审法院认可了一审法院的裁判理由并维持了一审法院的裁判结果。

　　案例5-7中虽未过多涉及对窃取公司商业机会与竞业禁止考量因素的具体认定,但是法院判决中明确地将二者列为两项义务进行分别评判。其一,朱某某的职权有限,并无利用职务便利窃取公司商业机会的可能性,且公司负责人也知悉朱某某与致×公司的关系,故朱某某不存在窃取商业机会的行为。其二,朱某某在担任公司经营管理职务之前,就已经营致×公司。公司负责人知道或者应当知道朱某某存在竞业的行为,可视为变相默认,符合《公司法》相关规定。故朱某某并未违反竞业禁止的相关规定。从裁判可以得知,谋取公司商业机会与竞业禁止属于两种行为,在认定因素上也各不相同。案例5-5、5-6、5-7表明,我国司法裁判中对于不得窃取公司商业机会义务与竞业禁止义务存在不同的裁判立场。

　　(二) 公司商业机会认定标准不一

　　公司商业机会的内涵本身具有模糊性特征。不同于已经被明确列举规定的民事权利,公司商业机会是否属于民事权利的范畴还存在争议,多被划分到纯粹经济损失或尚未上升为权利的民事权益范畴进行讨论;且公司法也并未对商业机会的考量因素以及认定要件进行规定,导致司法实践中对商业机会认定标准不一。而不得窃取公司商业机会的核心在于对商业机会的认定,因此司法裁判的不统一将直接影响到董事是否违反忠实义务的认定以及公司权益的保护。以下兹举两例进行阐述。

案例5-8:

常州××环保设备工程有限公司与
邹某某、戴某某等损害公司利益责任纠纷案①

案件事实:

　　2003年1月18日,常州××环保设备工程有限公司(以下简称环保公司)与世×之窗公司、士×公司签订《合作协议书》,载明世×之窗公司及

──────────

① 参见江苏省高级人民法院(2012)苏商外终字第0050号二审判决书;最高人民法院(2015)民申字第1877号民事裁定书。

士×公司协助环保公司获得 JFE 公司及商社的产品加工、制作和生产的订单；环保公司为其加工、制造，产品之出口由士×公司代理。该协议三方盖章，邹某某作为世×之窗、士×公司的代表人予以签字。另查明，JFE 公司、香港环保设备公司（环保公司原股东之一）以及 TNJ 公司于 2005 年 8 月 20日订立出资经营合同，约定由三方共同经营环保设备公司。换言之，JFE 公司以及 TNJ 公司两家日本企业成为环保公司的新股东，并且合同载明，TNF公司积极地向环保设备公司提供委托设计、委托制造加工业务，并且防止中国的其他公司在环保公司有实力去从事的业务范围之内与环保设备公司经营同类业务。邹某某自 2005 年 6 月 19 日担任环保公司董事；邹某某与戴某某于 2006 年 9 月成为士×公司新股东，各持股 50％；邹某某与戴某某于2001 年 6 月 27 日至 2011 年 5 月 26 日间担任世×之窗公司董事。环保公司认为，邹某某作为公司董事负责向 JFE、TNJ 等日本企业出口外贸业务，利用职务便利和世×公司、世×之窗公司有关联关系，侵占环保公司商业机会和涉案业务收入，将案涉出口外贸业务交由士×公司，并将所获利润交由士×公司与世×之窗公司，构成了侵权。

裁判结果及理由：

一审法院认为，关于邹某某是否窃取环保设备公司商业机会的重点在于判断与 JFE、TNJ 等日本企业签订的涉案合同是否在日本企业与环保设备公司之间成立。裁判中援引的法律规定为我国《合同法》及相关司法解释，合同关系主要包括合同是否成立、成立于哪一方当事人之间、合同标的或者明确的权利义务关系如何约定的因素。而综合环保公司董事会会议资料、2003 年的合作协议书等证据，尚不足以认定日方企业和环保公司之间成立委托制造合同关系。

二审法院认为，认定商业机会的相关标准应涵括以下几个方面：一是商业机会与公司经营活动之间存在关联性。二是第三人有意愿将该商业机会给予公司。三是公司不仅对该商业机会享有期待利益，而且其没有表现出任何意向能够表明公司打算拒绝或放弃该商业机会。由日本企业提供的商业机会是否属于环保公司的商业机会这一问题已经由环保公司提供的证据给予了肯定的答复。首先，日本企业提供的涉案机会与环保设备公司的经营活动存在明确的关联。第一，日本企业提供的涉案机会在环保公司的经营范围之内；第二，邹某某担任董事的职责包括为环保公司就涉案机会与日本企业展开合作；第三，环保公司的股东和环保公司股东介绍给环保公司的客户是在本案中提供商业机会的日本企业。其次，日本企业有将该商业机会提供给环保公司的意向。最后，环保公司没有对该商业机会作出过拒绝或者放弃的意思表示。所以,涉案来自日本企业的业务属于环保公司的商业机会。再审法院认可了二审法院的裁判理由并驳回了邹某某、戴某某、士×公司的再审申请。

案例 5-9:

徐某某等与北京××能源科技有限公司
损害公司利益责任纠纷案①

案件事实:

北京××能源科技有限公司(以下简称能源公司)成立于 2012 年 9 月 20 日,主营业务为能源、环境领域技术开发等。徐某某于 2018 年 12 月 12 日担任能源公司销售副总经理。即×公司成立于 2018 年 4 月 13 日,徐某某 100%持股,水×公司成立于 2018 年 11 月 23 日,徐某某持股 95%。水×公司、即×公司经营范围与能源公司均有相同之处。2019 年 3 月,上海××中心(甲方)与即×公司(乙方)签订《实验室废液即时处置项目设备租赁合同》。2019 年 3 月,上海××中心(甲方)与水×公司(乙方)签订《上海××中心实验室废液即时处置项目设备运行服务合同》。能源公司主张,徐某某系能源公司副总经理,主管上海公卫项目,担负与项目委托方的磋商合作、商业谈判及推进招投标项目的进行等职责,但其名下的即×公司和水×公司与上海公卫项目开展了合作,谋取了本应属于能源公司的商业机会,违反《公司法》对高管忠实义务的规定,给能源公司造成损失,因此要求徐某某、即×公司及水×公司向能源公司赔偿谋取涉案商业机会所得的全部收入及相应利息,同时要求徐某某、即×公司及水×公司停止经营与能源公司同类的业务。

裁判结果及理由:

一审法院认为,关于徐某某是否谋取了属于能源公司的商业机会,应该从以下几个方面判断:首先,从商业机会来源的角度,受信义务之所以加于董事、高级管理人员,是因为董事和高级管理人员担任的是公司的特殊职务,那么由此推定,其基于职务获取的商业机会均应当认定为可能为公司所属商业机会,而其基于个人身份获得的机会,则应当推定为与公司无关。徐某某在担任能源公司副总经理期间获取的涉及上海××中心的商业机会,应当被认定属于能源公司商业机会。其次,从诉争商业机会与能源公司的

① 参见北京市第一中级人民法院(2021)京 01 民终 6267 号二审判决书。

经营活动关联性来分析。本案中,诉争商业机会在能源公司经营范围之内,属于能源公司同类业务内容,对于能源公司而言具有可利用性。最后,从能源公司是否具有利用诉争商业机会的条件来分析,包括该公司是否具有该商业机会所需的资源、能力等因素。本案中,从能源公司经营范围和技术能力来看,显然具有利用诉争商业机会的条件。综上,一审法院认定诉争的上海公卫废液处理项目属于能源公司商业机会,徐某某通过即×公司、水×公司利用该商业机会开展自营活动,谋取了能源公司的商业机会,侵害了能源公司的合法权益。

二审法院认为,判断董事、高管人员是否谋取了公司商业机会,须对以下几方面进行逐一考量:一是董事、高管人员是否在执行公司职务的过程中获取了该机会。二是该机会是否与公司经营活动存在明确的关联性。三是该机会是否是董事、高管人员有义务向公司披露的。首先,因为本案中徐某某无法提供相关证据证明上海废液处理项目是凭借其个人身份获得的,故应认定其系在执行能源公司职务过程中获得,应属能源公司商业机会。其次,上海公卫废液处理项目业务在能源公司的经营范围内。最后,徐某某系在执行能源公司职务过程中获得的商业信息和机会,即负有向能源公司披露的义务。综上,应认定案涉上海公卫废液处理项目属于能源公司的商业机会,徐某某通过即×公司、水×公司不正当地获取了该商业机会并开展了经营活动,谋取了能源公司的商业机会,侵害了能源公司的合法权益,一审法院酌情判定徐某某、即×公司、水×公司连带赔偿能源公司 30 万元并无不当,应予维持。

从案例 5-8 和案例 5-9 可以看出,法院对公司商业机会的认定标准并不统一。案例 5-8 中,一审法院显然混淆了公司商业机会与已经成立的合同关系的区别。已经成立的合同关系中,合同主体具有相对性、确定性与专属性,即民事合同中仅存在确定的两方主体。而公司商业机会并不必然属于公司,仅意味着经过前期的努力和谈判,公司争取到了获得该商业机会的高度可能性。此时其余商事主体通过合法市场竞争手段取得该商业机会并不违反法律规定,但是董事基于忠实义务不允许窃夺此种商业机会。因此案例 5-8 中一审法院依据《合同法》等法律规定对公司商业机会进行认定,显然并未厘清商业机会与民事合同的区别。虽然案例 5-8 中二审法院及案例 5-9 中一、二审法院对商业机会进行了特殊考量,但是考量因素也仍有所区别。案例 5-8 中,二审法院关于商业机会的判断标准主要涵括了以下几个方面:该机会与公司经营活动之间的关联程度、相对方是否有意向向公司提供该机会、公司对该机会是否具有期待利益,并未对公司是否具有利用该商业机会的条件等因素进行分析。在案例5-9中,法院对公司商业机会的认定从商业机会来源(是否是由担负特定职责的人获得)、商业机会与公司经营活动的关联性、公司是否具有利用该商业机会的条件来进行判断。可见,司法实践中对公司商业机会的认定标准虽然关联性要素上存在重合之处,但并不一致。表明我国《公司法(2018)》亟待完善商业机会的认定标准及考量因素,以统一司法裁判。

（三）"竞业"内涵不明晰

对于竞业的认定是判断董事是否违反竞业禁止义务的关键。与公司商业机会的模糊性特征不同,竞业的内涵是相对清晰的,争论点在于其内涵应包括哪些要件。通过对司法案例的梳理,司法实践中对竞业内涵的认定存在以下三个冲突。第一,对竞业主体范围的认定,司法实践中董事配偶等近亲属从事竞业行为是否可被认定为董事从事竞业行为存在争议。第二,对业务范围的认定,与公司相同或类似的业务应采取形式认定标准还是实质认定标准。形式认定标准是指以公司章程载明的业务范围为限,实质认定标准是指可能与公司形成冲突性利益等标准。立法并未对竞业的内涵进行明确,因此司法实践中出现了许多法院扩大解释、综合全案情况综合认定的情形。法院的司法能动性值得肯定,但也存在裁判不一的现象。第三,对竞业行为的认定不统一。董事是购买同业竞争公司的股份即为竞业,还是需要达到实际控制标准才构成竞业？ 相关问题在司法实践中均有分歧,同时也表明我国立法滞后于实践,亟待完善竞业标准。以下兹举四例对上述三点冲突进行阐述。

1.竞业主体范围认定不一

案例5-10:

成都××科技有限公司、朱某某损害公司利益责任案①

案件事实:

成都××科技有限公司(以下简称科技公司)成立于2011年10月14日,经营范围为研发、制造、销售机械设备、机床等。公司章程明确规定,董事、经理不得自营或为他人经营与其所任职公司经营相重合或者相类似的业务,或者进行会对本公司利益带来不利后果的活动。朱某某系科技公司股东之一,也是科技公司董事和技术主管。彬×公司成立于2015年2月

---

① 参见四川省成都市中级人民法院(2018)川01民终2370号二审判决书。

10 日,经营范围与科技公司的经营范围部分重合,股东为朱某某的配偶胡某某与两名案外人。2016 年 8 月 9 日,朱某某向科技公司提交辞职申请,解除劳动合同申请。科技公司认为,在科技公司采购电主轴的业务中,朱某某作为科技公司技术主管,利用其推荐供应商的职权,推荐贝×公司成为科技公司供应商,而贝×公司又向朱某某存在关联关系的彬×公司进行采购,朱某某将电主轴内部部件图交给彬×公司,彬×公司委托第三方加工后销售给贝×公司,贝×公司再平价销售给科技公司,相应利润由彬×公司获得,朱某某的行为违反了忠实义务,遂诉至法院。

裁判结果及理由:

一审法院认为,朱某某担任科技公司的董事、技术主管,属于科技公司的高级管理人员,又同时在彬×公司兼职技术顾问,并收取相应报酬。彬×公司与科技公司的经营范围部分范围相同或类似,属同类经营。故朱某某构成竞业禁止。朱某某上诉称,二者经营范围并不重合,兼任彬×公司技术顾问不属于法律规定的竞业禁止行为。二审法院认为,竞业禁止义务所涵盖的情形除了董事、高级管理人员自营、为他人经营,还应当将假借他人名义实则董事、高管人员自己受益的隐性竞业行为囊括进来。董事、高级管理人员配偶从事的经营活动与公司经营活动相重合,也应视为董事、高级管理人员从事了竞业经营活动。彬×公司和科技公司在经营范围或者生产产品上存在业务相同的情形,朱某某的配偶胡某某为彬×公司股东,彬×公司出具的《意见函》亦认可聘请朱某某为兼职技术顾问并支付其报酬的事实,应当认定朱某某实施了法律规定的竞业禁止行为。

案例 5-11:

上海××物业管理有限公司与临×物业经营管理(上海)
有限公司、张某甲等损害公司利益责任纠纷案①

案件事实:

被告张某甲于 2016 年 3 月至 2016 年 9 月 9 日担任原告上海××物业管理有限公司(以下简称物业公司)董事长。被告陈某某为被告张某甲的母亲,于 2015 年 8 月 4 日受让临×物业股权。2015 年 8 月 12 日完成登记,显示陈某某持股 50%。2016 年 2 月 2 日,临×物业变更工商备案,被告陈某某减持股份至 30%。临×物业分别于 2016 年 2 月 2 日、2 月 4 日分四笔

———————————

① 参见上海市浦东新区人民法院(2018)沪 0115 民初 32786 号一审判决书。

向被告张某甲汇款 55 万。2016 年 4 月 8 日,陈某某又增持股权至 65%。2016 年 8 月 30 日,被告陈某某退出被告临×物业,新增股东吴某某。另查明,徐某某、张某某、薛某某系原告员工,分别于 2016 年 7 月 12 日、9 月 14 日、5 月离职,离职后在被告临×物业处任职。其中徐某某曾于 2016 年 2 月 2 日受临×物业委托代办理工商变更登记。2016 年 2 月 4 日,徐某某、张某乙、薛某某分别向被告张某甲汇款 50 万、20 万、50 万。物业公司认为,张某甲通过陈某某投资并经营与公司经营同类业务的临×物业。陈某某已是 64 岁老人,无投资实体行业经验,需要张某甲赡养,其独立投资的可能性极小,更合理的可能是张某甲通过母亲投资于自己从业经验丰富的物业行业。即便投资于临×物业的钱确实由陈某某出资,但是二被告作为母女,存在天然代持关系。故张某甲违反了竞业禁止义务,遂诉至法院。

裁判结果及理由:

法院认为,首先,虽被告陈某某与被告张某甲系母女,但原告据此认为二者间存在"天然的"的股权代持关系,缺乏事实依据,不当扩张了法律和章程规定的竞业禁止义务主体的范围。其次,原告认为被告张某甲利用徐某某对被告临×物业实施经营管理。徐某某曾于 2016 年 2 月 2 日受被告临×物业委托为其办理工商变更备案,但并无证据证明该委托是由被告张某甲实际授权或经由其指令。故即使徐某某在任原告员工期间为同类企业处理委托事务,亦仅可能构成徐某某对其劳动合同或规章制度的违反,而不足以证明被告张某甲违反竞业禁止义务。最后,原告认为张某甲在陈某某股权减持的同时,从时任原告员工的徐某某、张某乙、薛某某处收受巨额汇款。然而,无证据证明三人所汇钱款即被告陈某某出让的股权对价,甚至不能证明该款与被告临×物业有关。则仅凭被告张某甲在原告任职期间从原告员工处收款的事实,显然不足以推导出其存在违反竞业禁止义务行为的结论。

案例 5-10 与案例 5-11 都存在董事的配偶等近亲属投资从事与董事公司相同或类似业务范围的情形,但是判决结果却并不相同。在案例 5-10 中,二审法院扩大了对于竞业行为的认定。即竞业禁止还包括董事配偶等与董事关系密切的人。虽然竞业经营活动是董事的配偶,但是如果实际收入的主体为董事,也应视为竞业行为。在案例 5-11 中,法院的立场则较为保守。虽然从商业经验推论,张某甲有操控利用陈某某实施竞业行为的嫌疑,但是在证据未达到高度盖然性的前提下,并未认定张某甲的竞业行为。对竞业行为的扩大解释有利于保护公司权益,但是也存在一定的逻辑悖论。董事的配偶在婚姻存续期间所获得营业收入都为夫妻共同财产,因此董事配偶营业所得收入主体也当然都包括董事。那么依据此判决裁判要旨,何种情况下董事的配偶都不应当从事与经营范围相同或类似的商事活动。虽有保护公司利益之利,但也有过度限制董事之嫌,并且都是超出立法原意的扩大解释,是否应吸纳为立法规定还有待商榷。而相对保守的裁判立场则不利于公司利益的保护。张某甲与陈某某之间是否具有操纵关系难以通过证据予以证明,如果证明责任全由公司负担,则易造成举证难的困境。因此立法不仅需要完善对竞业行为的认定,还需在公司利益与董事自由之间进行平衡。

2. 业务范围标准不明

案例 5-12：

佛山××光电有限公司与陈某某、佛山市××光环境工程
技术有限公司损害公司利益责任纠纷案①

案件事实：

佛山××光电有限公司(以下简称光电公司)经营范围包括光电产品等,佛山市××光环境工程技术有限公司(以下简称光环境公司)经营范围为城市及道路照明工程、亮化景观照明工程、机电工程、建筑楼宇智能化工程等。光电公司认为陈某某在光环境公司任职违期间违反了竞业禁止规定。陈某某辩称,光电公司以光电产品及其设计服务商为主,无法开具建筑服务类增值税发票;光环境公司以工程业务为主,开具建筑服务类增值税发票,两种业务类型完全不一样。且原告根本没有实施工程施工的技术及管理人员,也没有资金及实力承接照明工程施工业务。故光电公司与光环境公司分属不同行业,也不是直接竞争的同类业务公司,陈某某并未违反竞业禁止的相关规定。

裁判结果及理由：

法院认为,竞业禁止的关键在于判断当事人是否从事了公司的同类业务。公司在注册登记时必须载明其经营范围,在公司正式投入运营后,其经营活动通常不会超出营业执照所登记的经营范围,工商行政管理部门可能会对超出营业执照所载明范围的经营行为作出处罚。因此,在判断同类业

---

① 参见前引广东省佛山市禅城区人民法院(2018)粤 0604 民初 15627 号一审民事判决书。由于本案前文已援引,因此对于公司基本情况不再赘述,只对涉及陈某某竞业禁止的案件事实部分以及裁判结果进行摘要。

务时,可以将公司营业执照所载明的经营范围作为依据加以参照。需要注意的是,该标准辅助判断是否为同类业务时仅具有形式上的意义,而是否认定其为同类业务,应以其是否具有冲突性利益作为实质性判断标准,即只要属于对公司营业具有替代性或市场分割效果的经营行为,均可认定为同类业务。因此,在确定竞业范围时,应将形式标准和实质标准相结合,既审查公司章程或营业执照所载明的经营范围,又将高级管理人员的竞业行为与公司利益是否存在冲突纳入考量。可以认定光电公司的主要业务为光电产品及照明设计服务,该公司业务则侧重于照明项目施工,二者之间的关系更接近于产业链的上下游关系。依据现有证据,难以认定两者之间具有冲突性利益。因此,本院认定光电公司与光环境公司不存在竞争关系,并据此确认陈某某未违反竞业禁止义务。

3. 竞业行为认定不统一

案例 5-13:

洪某某与宁波××投资有限公司损害公司利益责任纠纷案①

案件事实:

宁波××投资有限公司(以下简称投资公司)前身为保健公司,洪某某为股东之一。投资公司于 2007 年 7 月,与宁波××大药房有限公司共同设立了宁波××保健食品有限公司(以下简称保健食品公司),由洪某某出任法定代表人。洪某某还于 1994 年到 2000 年 11 月 6 日担任投资公司经理,从公司设立起到 2002 年 4 月 15 日担任公司董事。另查明,洪某某是浙江贝×科工贸有限公司(简称贝×工贸)的原始股东,该公司于 1999 年 3 月 5 日设立,后贝×工贸于 2011 年发行上市时,洪某某还增资扩股。洪某某还于 2008 年 6 月 16 日受让取得贝×集团(简称贝×公司)原始股股份。在经营过程中,投资公司及保健食品公司经销贝×工贸生产的奶粉等产品。投资公司于 2012 年 12 月 14 日召开临时股东大会做出决议,洪某某在贝×工贸以及贝×公司的投资行为违反了竞业禁止的相关规定,应将相关收入归公司所有。因此,洪某某诉至法院要求撤销该股东会决议。

裁判结果及理由:

一审法院认为,同业竞争的判断在双方存在争议的情况下不应局限于从经营范围上进行判断,应遵循实质重于形式的原则,从业务的性质、客户

对象、产品或劳务的可替代性、市场差别、是否妨碍了公司利益的获取、是否抢夺了本属于公司的商业机会等方面进行判断。投资公司提供的证据不足以证明投资公司与贝×工贸和贝×公司间存在同业竞争关系,且投资公司在作出本案决议时,经营范围已变更为实业投资、房屋租赁。另外,洪某某虽然系贝×工贸及贝×公司的原始股东,但无证据显示对此两公司具有实质影响力或控制权,故难以认定洪某某在本案中存在违反忠实义务的行为。二审法院认为,首先,洪某某投资设立贝×工贸时,洪某某为投资公司董事,贝×工贸与投资公司属于婴幼儿食品的交易关系。因此双方进行交易时,洪某某存在利益冲突的可能性。故洪某某购买贝×工贸原始股的行为已违反忠实义务。其次,洪某某受让贝×公司股份时,虽非投资公司高管,但系投资公司股东,以及保健食品公司法定代表人兼总经理。保健食品公司与贝×公司存在同类经营项目,而根据投资公司章程规定,在公司任职期间不得从事为自己或他人谋取属于公司或投资设立控股公司的商业行为,不得自营或为他人从事公司或投资设立控股公司经营范围内的义务。故洪某某入股贝×公司的行为已经违反章程义务。

案例5-12与案例5-13表明由于法律未明晰竞业行为以及业务范围的认定,法院对竞业行为及业务范围的判断标准并不统一。一方面,对竞业行为的认定不统一。案例5-13中,一审法院认为全案证据并未证明洪某某达到了实际控制贝×工贸及贝×公司的地步,因此结合投资公司与贝×工贸、贝×公司不存在同业竞争的认定,难以证明洪某某违反了忠实义务。表明董事在投资另外一家企业时,其持股是否达到了控制企业的标准是重要的考量因素。而二审法院却认为,在两家公司已经存在同业竞争的前提下,董事只要购买另一家的股份就已构成了忠实义务的违反。另一方面,对经营范围的认定不同,案例5-12、5-13都采用了实质认定标准。实质认定标准虽可有力保护公司利益,但是也可能因其模糊性造成法院司法裁判权的不当扩大,损害董事合法利益;并且也会造成司法判决不一的情形。在案例5-12中,以实质性利益冲突作为认定标准,法院认为处于上下游交易链的企业不存在竞业关系;在案例5-13中,投资公司与贝×工贸的业务往来为生产与销售间的关系,实际上也属于产业上下游的关系,但一审法院不认为有同业竞争关系,二审法院却认为具有同业竞争关系。可见实质认定标准的弊端也十分明显,其裁判结果随法院对实质性利益冲突的理解而改变。

二、不篡夺公司商业机会与竞业禁止义务关系探析

（一）不篡夺公司商业机会与竞业禁止关系的域外法考察

1. 英美法的非严格限制原则

英美法对不篡夺公司商业机会与竞业禁止行为的规制主要存在于判例法中,成文法只对董事忠实义务或者公司机会原则进行笼统规定。① 在判例法体系下,不篡夺公司商业机会与竞业禁止虽然分属两种不同的行为,但是法院及学术界传统观点②均不认同对董事竞业行为进行限制,只要该行为出于善意。如在确立公司商业机会基本原则的经典案例中,法官指出,一般认为公司高级职员或董事完全可以自由地从事独立的竞争性义务,只要他不违反公司与自己之间存在的信托法律关系或道德义务。③ 这一观点在后续的判例中被广泛认可并沿用。④ 在 Lincoln Stores Inc.v.Grant 案中马萨诸塞州法院拒绝将不竞业义务施加在被信任者身上。该案中原告商店的一名董事和一名经理向该商店提供了一个商业机会,然而商店未利用该机会。于是该董事和经理便将该机会据为己用,开办了一家与原告存在利益冲突的具有竞争性的商店。法院对被告依据侵权进行了处罚而非推定信托,原因在被告运营自己商店时利用了原告的秘密信息,法院不承认被告负有不竞业义务。⑤

该观点的形成与美国商业实践有关。在美国商事实践中,拥有经济实力及管理才能的人身兼多职是长期存在并且被社会广泛接受的现象,如果因此而惩罚董事将打断诸多管理人员已有的职务安排;同时商业管理人才也具有稀缺性,需要尽可能地利用商业管理人才的专业知识以及管理思想的交叉融合。⑥ 真正受到法律规制并被学术界给予关注的,是董事窃取公司商业机会的行为,尤其是在董事存在竞业行为时,对于公司商业机会的认

---

① 参见英国《公司法》第 215 条,载葛伟军译注:《英国 2006 年公司法(第 3 版)》,法律出版社 2017 年版,第 151 页。

② See Chicago 17th ed. James C. Slaughter, "The Corporate Opportunity Doctrine", Southwestern Law Journal. 18, vo.1(March 1964):96-116.

③ See Guth v. Loft, Inc. Supreme Court Of Delaware Apr.11,1939.

④ American Inv. Co. v. Lichtenstein, 134 F. Supp. 857(E.D.Mo.1955); Mckinistry v. Thomas, 258 Ala.690,64So.2d 808 (1953); Raines v Toney, 228 Ark. 1170, 313 S.W.2d 802 (1958); Industrial Indem.Co.v.Golden State CO.,117 Colo.App.2d 519,256 P.2d 677(1953).

⑤ See Lincoln Stores Inc.v.Grant,309.Mass.417,34 N.E.2d 704(1941),载薄守省:《论美国法上的公司机会原则——兼谈大陆法上的竞业禁止》,载《国际商法论丛》2002 年第 0 期。(此为集刊一年只有一期)

⑥ See APA 7th ed.(1961)."Corporate opportunity", *Harvard Law Review*,74(4),765-778.

定更加复杂。这一冲突在 Johnston v. Greene 案中得到了详细阐述。被告 Odlum 同时担任了 Airfleets 的兼职总裁、投资公司 Altas 的总裁以及其他公司的董事和基金会的受托人,如果当他获得投资机会时,他的受托责任是将其提交给他担任董事的公司,那么问题就在于应该选择哪家公司,为什么选择 Airfleets 而不是 Atlas?[1] 在经营范围标准(line of business)确立后,这一冲突更加明显。经营范围标准是指当一个商业机会呈现在公司面前时,公司有足够的能力、实践经验及财务状况把握该机会,而且符合公司合理的商业需求和扩张愿望,那么该机会就在公司业务范围内,就属于公司机会。[2] 而竞业是指与董事同时在多个相同或类似业务的公司担任职务。经营范围标准的确立意味着董事如果从事竞业业务,将可能随时陷入将商业机会提供给哪家公司的利益冲突中。

不过美国律师协会发布的《公司治理原则》中对判例法的裁判立场进行了修正,对竞业禁止予以折中规定。董事可以从事与公司相竞争的活动为自己谋取金钱利益,但是需要满足法律规定的实质标准与形式标准。实质标准是指这种竞争给公司带来的预期利益大于其将导致的预期损害,并且这种损害要控制在合理范围之内,或者这种竞争不会给公司带来损失。形式标准是指董事竞业行为需要获得事前授权(章程或股东会同意等)以及事后追认(披露后由非利益冲突董事或股东进行批准等)。[3]《公司治理原则》认为,竞业禁止与公司商业机会是相互关联的,都可能对同一事情施以独立的公平交易义务,但是需要遵守的法律规定不同,所产生的法律责任也不同。例如 X 公司从事杂货零售业,计划在某一地点开设新店以取代同在该区的旧店,该公司的董事 A 得知计划后买下新店址的土地并开了一家店与 X 公司形成了竞争关系。此时 A 的行为既违反了不得篡夺公司商业机会义务,从而负有将店和土地提供给公司的法律责任,也违反了竞业禁止义务,对公司因竞争所受损害负有赔偿责任。如果 A 在此之前将店址提供给 X 公司,而 X 公司表示拒绝,但 A 也不能利用该商业机会,此时还受到竞业禁止的限制。如果 A 辞去 X 公司董事职务后开设新店,虽不违反竞业禁止规定,但是仍需遵守公司商业机会原则,如果公司对该机会主张权利,则

---

[1]　See Johnston v. Greene, 35 Del.Ch.479 I2I A.2d 9I9(Sup.Ct.1956).

[2]　See Guth v. Loft, Inc. Supreme Court Of Delaware Apr 11,1939.

[3]　参见《公司治理原则》5.06 与公司竞争(a),载楼建波、陈炜恒等译:《公司治理原则:分析与建议》,法律出版社 2006 年版,第 349 页。

A 即便在离职后也不能使用该机会。①

　　这一案例表明在某种情况下公司商业机会与竞业行为是事情的两个方面,只是侧重点不同。公司商业机会侧重于董事不得利用公司交易机会,包括在离职后也不能利用在职时获知的商业机会;竞业禁止侧重于对竞业行为的限制,仅在任职期间对董事予以约束。并且二者法律责任也不相同,案例显示,只要董事非法利用公司商业机会,就应承担相应的法律责任,主要将与公司构成竞争的业务交给公司,并且所获取的收益也应归入公司。而在董事违反竞业禁止义务的情况下,董事只有在因竞业给公司造成赔偿的范围内对公司承担责任,未必会被要求将与公司构成竞争的业务交给公司。但在一些情况下,公司商业机会与竞业行为是完全分开并相互独立的。如董事完全利用自己的资金、人脉等资源经营与公司经营范围相同或类似的业务,此时只构成竞业行为,在日后的经营中可能面临利用原公司商业机会的情况。不过美国法对此尚无法律依据表明对此进行禁止。②

　　2. 大陆法的严格竞业禁止规定

　　大陆法与英美法相反,以竞业行为为主要规制对象,在成文法中形成了完善的竞业禁止规定,后期才引入公司商业机会的规定。以德国法为例,《德国股份法》中规定了大陆法国家中最为严格的竞业禁止:董事未经监事会同意,既不得从事商事营业的经营,也不得在公司所在的行业为自己或者他人之计算从事经营;未经同意,也不得成为其他商事公司的董事、业务执行人或者承担个人责任的股东。③ 其严格之处在于,董事无论其经营范围均不得经商,即禁止兼业,从根本上排除了董事与公司发生利益冲突的可能性;不得为自己或他人之计算从事经营,实际上是禁止董事与公司之间的自我交易,属于广义上的竞业禁止。④ 相较之下,日本、中国台湾等大陆法地区对竞业禁止的规定较为宽松,竞业的范围仅包括董事从事与公司经营范围相同或类似的经营活动。⑤ 在公司法趋同的影响下,德国法于 2005 年在《公司治理规约》中引入了商业机会的规定,虽不具有法律效力,但是商业机会原则在司法判例中已被采用。最高法经常在判决中,从利益冲突之避

---

　　① 参见《公司治理原则》5.06 与公司竞争(a),载楼建波、陈炜恒等译:《公司治理原则:分析与建议》,法律出版社 2006 年版,第 354—355 页。

　　② 参见薄守省:《论美国法上的公司机会原则——兼谈大陆法上的竞业禁止》,载《国际商法论丛》2002 年第 0 期。

　　③ 参见《德国股份法》第 88 条第 1 款,载胡晓静、杨代雄译注:《德国商事公司法》,法律出版社 2014 年版,第 104 页。

　　④ 参见郝红:《董事忠实义务研究》,载《政法论丛》2005 年第 1 期。

　　⑤ 参见《日本商法典》第 264 条,载《日本公司法》第 209 条。

免导出公司商业机会理论：一个业务执行者必须对所有公司利益有关的事项，完全以公司福祉及安危来衡量，而不得考虑自己或他人之利益。[①] 可见虽然竞业禁止在规约中与公司商业机会分属两项独立的义务，但是在司法实践中公司商业机会的基本原则即在于竞业禁止义务，是竞业禁止原则的延伸。并且德国法学界也普遍认为竞业禁止之前提要件与法律后果，可在建构商业机会理论时被谨慎类推加以延用。[②]

3. 英美法与大陆法区别原因的思考

英美法与大陆法区别的原因有三。第一，国家对经济发展的自由观不同。英美国家奉行自由竞争理念，鼓励企业等商事主体自由竞争。允许董事同时从事多项经营活动，有利于充分发挥董事个人才能，同时促进良性竞争、提高社会资源的利用效率。大陆法国家中，由于集权体制以及不鼓励在无政府干预下白手创业的文化传统，政府对经济的干预相较更多。[③] 第二，法律体系不同。英美法国家的法律体系由成文法与判例法组成，判例法也是重要法源，从而为公司机会原则的适用提供了良好的土壤。而大陆法以成文法为主要法源，竞业禁止的认定标准相对简易易于操作，且不会留下过多的司法裁判空间，适合成文法系国家。第三，公司治理实践不同。英美法国家中，董事逐渐脱离了业务执行的范畴，通常只领取少量或象征性的津贴，而且只把一部分时间留给任何一家公司。[④] 而竞业禁止实际上是要求董事一心一意只为一家公司服务。在这样的公司治理实践背景下，显然不能对董事苛以竞业禁止的要求。然在大陆法国家中，董事权力较为广泛。例如德国法中董事对公司行使指挥权、业务执行权和代表权，显然超出了在英美甚至日本的董事职权，基于权利和义务对等原则，董事必须承担广泛的竞业禁止业务。[⑤]

（二）我国不篡夺公司商业机会与竞业禁止义务的功能定位

英美法与大陆法最初由于市场环境、法律传统的不同，分别选择了公司商业机会原则与竞业禁止作为忠实义务的具体规制类型。后续由于公司法

---

① See Vgl.BGH WM 1967,679；WM 1977,361,362；WM 1983,498；NJW 1986,584,585；NJW 1986,585,586；WM 1989,1335,1339,载洪秀芬：《德国法之董事忠实义务》，《月旦法学杂志》2011 年第 194 期。

② See Vgl.Fleischer,a.a.O.（Fn.3），§ 93 Rn.167；Fleischer,a.a.O.（Fn.3），§ 9Rn.24,转引自洪秀芬：《德国法之董事忠实义务》，《月旦法学杂志》2011 年第 194 期。

③ 参见缪因知：《国家干预的法系差异——以证券市场为重心的考察》，载《法商研究》2012 年第 1 期。

④ See APA 7th ed.（1961）.Corporate opportunity.Harvard Law Review,74（4），765-778.

⑤ 参见翟业虎：《竞业禁止的域外法律实务考察》，载《法学杂志》2013 年第 12 期。

趋同的影响,分别在各自的公司治理原则中引入了竞业禁止与公司机会原则。但是出于路径依赖的限制,英美法仍以公司机会原则为主,大陆法仍以竞业禁止义务为主。我国《公司法(2005)》就同时规定了公司商业机会原则与竞业禁止义务,并形成了相应的路径依赖。故我国《公司法》仍应保留公司商业机会原则及竞业禁止义务的二元体系,并且二者相互独立、互不隶属。这也与《公司法(2023)》的规定相符合。①

公司商业机会原则与竞业禁止义务在规制情形、规制功能上具有互补性。二者在规制情形上是交叉关系。当董事利用公司商业机会从事与公司相同或类似业务时,公司机会原则与竞业禁止是同一事件的两个方面;当董事完全依靠自己的资源与能力从事与公司相同或类似业务时,仅涉及竞业禁止义务;当董事将公司商业机会提供给他人而自己不参加经营活动时,仅涉及公司商业机会原则。因此二者在规制情形上是既有重合的部分,又有互相独立的部分。二者在规制功能上具有互补性。竞业禁止义务是前端风险控制,在广义、严格的竞业禁止义务下,董事不能从事公司经营以外的商业活动,基本遏制了董事从事窃取公司商业机会、自我交易等行为的可能性。公司商业机会原则是在利益冲突实际发生后为公司提供风险防控与救济的手段。竞业行为不一定会导致利益冲突的实际发生,只是会加大利益冲突的可能性,因此美国《公司治理原则》中规定只有当董事因竞业行为损害公司利益时才承担损害相应的责任。而董事窃取公司商业机会则可能将直接导致交易移交给公司并将收入归入公司的法律责任。②

我国的法律体系可以适配竞业禁止与公司机会原则。我国是成文法传统国家,竞业禁止的认定要件简明清晰,与我国的成文法传统相契合。除此以外,我国实质上也有案例指引制度可以适用公司机会原则。公司机会原则在成文法国家中的适用困境在于公司商业机会的抽象性与简陋的司法裁判间的冲突。公司商业机会的认定具有模糊性,即使在英美法国家也存在多种认定标准,需要法院在司法实践中结合全案证据及实施综合认定,因此对法院的司法能动性及法官素质有较高的要求。而成文法国家的司法裁判自身独立性价值不够,法官也只能依据成文法进行裁判,无须对裁判的正当

---

① 参见《中华人民共和国公司法(2023 年修订)》第 182 条、183 条规定。

② 美国法上称为严格信托(strict trust) ,在严格信托的框架下,一旦法院确定被挪用的机会是公司的,调查就会停止,被告要承担窃取公司商业机会的法律责任,法院并不调查交易的公正性。See Chicago 17th ed. Roger L. Carter, "Corporate Opportunity" , *Journal of Corporation Law 3* , *no.2*(*Winter1978*) :422-436.

性进行论证。① 因此法官裁量权空间不足,无法适应公司商业机会弹性大的特性。但我国虽不承认判例法的效力,但是批复、指导案例等实质上可以起到指引、统一司法裁判的功能。案件请示批复制度已是法定的司法解释之一②,这表明地方各级法院都需要遵照执行最高法的批复,且最高法针对个案所作的批复,具体内容要以"最高人民法院公告形式发布",实际效力远不限于个案。此外,案例选编公告、案例指导制度等也可对地方法院的裁判形成指引。③ 因此我国可以通过批复等形式对公司机会原则的适用进行符合立法原意的解释,形成统一指引,进而满足公司机会原则的弹性需求。

　　我国公司治理实践需要竞业禁止与公司机会原则的二元规定。一方面,与美国公司治理实践不同,我国董事仍担负着业务执行等基本职责,董事会的定位为股东会的执行机构、经理的决策机构以及监督机构。④ 这表明在制定法中,我国董事会仍然扮演着业务执行人的角色。在有限公司的治理实践中,股东与董事身份高度重合,董事不仅是业务执行人,更有可能是公司的决策者。因此基于权力与义务对等的原则,仍有必要对公司董事苛以竞业禁止义务的规定。另一方面,竞业行为的隐蔽性要求设置公司商业机会原则这一事后救济途径。如案例显示,当前董事为了规避竞业禁止义务,让自己的配偶、父母等近亲属从事与公司业务相同或近似的经营活动,而董事与该公司是否存在操控关系又难以证明。仅依靠扩大对竞业行为的认定,禁止董事的近亲属从事相应的经营活动不利于经济效率的提高及保持商事活动的活力。这表明竞业禁止这一前端风险控制不能完全遏制董事自利行为,我国公司治理实践需要设立公司商业机会原则以提供风险防控与救济。

三、商业机会的认定标准

（一）商业机会认定标准需结合经济政策导向及经济发展背景

美国判例法对商业机会的认定标准分为三种基本类型。第一,利益或期待利益标准(interest or expectancy)。若公司对该商业机会有法律或基于

---

① 参见刘克毅、翁杰:《试论演绎式三段论法律推理及其制度基础——兼及大陆法系司法制度及其运作机制》,载《甘肃政法学院学报》2006年第2期。

② 参见法发〔2021〕20号《最高人民法院关于司法解释工作的规定》第6条。

③ 参见魏胜强:《为判例制度正名——关于构建我国判例制度的思考》,载《法律科学(西北政法大学学报)》2011年第3期。

④ 参见王谨:《公司治理下的董事会职权体系完善研究》,载《法学杂志》2022年第2期。

公平、公正原则享有合理的期待利益,那么机会就属于公司商业机会。① 若要适用利益与期待利益标准,核心问题在于公司是否对商业机会有基于现实的期望,愿意抓住机会并实现它,如果是,董事就不得篡夺该机会。② 第二,经营范围标准。前已详述。第三,公平标准(fairness)。法院在运用公平标准时,本着公平公正的标准,确定董事对公司机会是否有不当侵占。③在这三种标准中,利益与期待利益标准是最先被设立并采用的标准,在认定尺度上也是三种标准中最严格的。当时美国正处于资本主义发展的自由竞争时期,促进和保护竞争是法院处理此案件时必须考虑的社会政策。因此利益与期待利益被局限于现实利益,如已经订立的合同,以及源于现实权利的期待利益,如续租权等。进入到垄断资本主义时期,出于公司利益的保护,法院对公司机会的认定范围扩大,经营范围标准与公平标准由此设立。④ 在司法适用上,利益与期待利益标准本身太过局限,并且由于市场经济的发展,商业机会的范围远远超过了传统意义的范畴,继续采用该标准将导致很多场合不能涵盖公司机会,因此逐渐处于边缘化的地位。⑤ 而经营范围标准和公平标准明显拓宽了利益标准,而受到更多采用。

不过这三种标准都存在抽象性的缺陷,除利益可被随意解释外,经营范围也可被任意扩大或缩小,公平标准对于"公平"的定义更是没有实质内容,由法院综合全案进行确定。因此后续判例法在这三种标准的基础上进行了任意组合和优化,形成了新的认定标准。典型代表是明尼苏达州的两步分析法(two-step analysis test)。明尼苏达州在审理 Miller v. Miller 案件时,将经营范围标准与公正性标准相结合。根据业务范围标准确定某一商业机会是否是公司机会;如果是,那么法院下一步将围绕该交易的情况以确定被告挪用公司机会是否违反了他对公司忠诚和公平交易的受托责任。⑥

---

① Abbot Redmont Thinlite Corp.v.Redmont,475 F.2d 85,88-89(2d Cir.1973);Burg v.Hon,380 F.2d 897,899-900(2d Cir.1967);Blaustein v.Pan Am.Petroleum & Transp.Co.,293 N.Y.281, 300,56 N.E.2d 705,713(1944)

② See Eric G.Orlinsky:"The treacherous State of Director and Officer Conflicts of Interest",Md Bar J 37 nol Ja/F 2004.p.513. 转引自杨川仪:《美国公司法公司机会原则探析——以美国缅因州东北海岸高尔夫俱乐部诉哈里斯案为例》,载《当代法学》2013 年第 3 期。

③ Weiss v.Kay Jewelry Stores Inc.,470 F.2d 1259,1270-71(D.C.Cir.1972)(applying Delaware law);Toledo Trust Co. v. Nye,392 F.Supp.484,487(N.D Ohio 1975);Durfee v. Durfee & Canning Inc.,323 Mass.187,199,80 N.E.2d 522,529(1948).

④ 参见薄守省:《论美国法上的公司机会原则——兼谈大陆法上的竞业禁止》,载《国际商法论丛》2002 年第 0 期。

⑤ 参见徐晓松:《公司法与国有企业改革研究》,法律出版社 2000 年版,第 100 页。

⑥ See Miller v.Miller,301 Minn.207,226,222 N.W.2d 71,81(1974).

举证责任在不同阶段的分配也不相同。公司应举证证明该机会属于商业机会,如果案件进入第二阶段则应由董事举证证明他在这利益冲突中没有违背公司利益。① 美国法对于公司机会认定标准的变迁实际上表明该标准的设立需要结合社会经济环境及政策导向。在自由竞争时期,此时垄断资本主义尚未形成,经济政策以鼓励竞争为主,因此商业机会认定标准设置得过于宽泛阻碍董事的竞业活动,降低竞争效率。进入垄断资本主义时期,此时政策由鼓励竞争转向需要限制恶性竞争,因此对公司机会的认定也就日趋宽泛。

（二）我国学界及司法实践对商业机会认定标准的讨论

我国学界对于公司机会标准的讨论主要是在美国法的基础上进行本土化改造。本书选取了部分代表性观点,依据从严格到宽松的标准进行陈述罗列,见表5-6。对公司商业机会的认定要件越少,说明限制条件越少,被认定公司商业机会的可能性也就越大,因此依据要件数量可以将我国学界对于公司商业机会的认定分为五种类型。

表5-6　学界对于公司商业机会的认定

要件数量	公司商业机会认定标准
单个认定要件	与公司经营活动密切相关②
两要件	一项逐渐成熟的生意+与经营活动密切相关③
	经营业务关联性+商业机会的来源具有合理性（基于职务）④
三要件	一项渐趋成熟的生意机会+与经营活动密切相关+基于职务⑤
	董事基于职务获得+有义务向公司披露+与经营活动密切相关⑥
四要件	经营业务关联性+公司能够开发和挖掘该商业机会+第三人有给予公司的意愿或者公司符合第三人要求+公司对此享有期待利益（没有拒绝或放弃）⑦

① See Fliegler v.Lawrence,361 A.2d 218,221（Del.Sup.Ct.1976）;Miller v.Miller,301Minn.207, 227,222 N.W.2d 71,81（1974）.
② 参见徐晓松:《公司法与国有企业改革研究》,法律出版社2000年版,第101—102页。
③ 参见王影丽:《董事责任制度》,中国财政经济出版社2002年版,第180—181页。
④ 参见王肃元:《禁止篡夺公司机会规则的立法完善》,载《甘肃政法学院学报》2011年第4期。
⑤ 参见侯怀霞:《我国"禁止篡夺公司机会原则"司法适用研究》,载《法商研究》2012年第4期。
⑥ 参见刘俊海:《股份有限公司股东权的保护》,法律出版社2004年版,第454—455页。
⑦ 参见郭敬波、何建君:《谋取属于公司的商业机会的认定》,载《人民司法》2008年第8期。

续表

要件数量	公司商业机会认定标准
五要件	职务身份获得（公司指派、董事职务范围）+公司与机会之间的先前联系（预先谈判或合同权利）+机会对公司有特殊价值+使用了公司资源+机会与公司的经营范围的契合程度①

从表5-6可知，学界对公司商业机会的建构都是以与公司经营活动的关联性为基础要件，在这基础上往上增加要件。司法实践中对公司商业机会的认定也未超出上述要件。本书在北大法宝上以"公司商业机会"为关键词，以"控股股东、实际控制人、董事、监事、高级管理人员侵害公司利益责任纠纷""损害公司利益责任纠纷"为案由搜索民事判决书，截至2022年6月28日，共检索到相关案例150件，经过实质筛查，涉及董事违反公司商业机会的案例共40件，40件案例中法院明确阐述了商业机会认定因素的共23件。判决中不同认定因素的出现次数及频率如下图5-3所示。

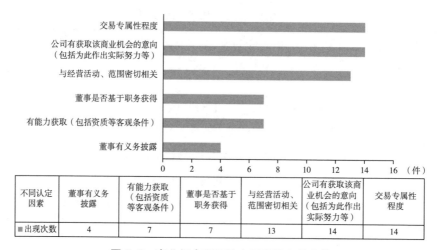

不同认定因素	董事有义务披露	有能力获取（包括资质等客观条件）	董事是否基于职务获得	与经营活动、范围密切相关	公司有获取该商业机会的意向（包括为此作出实际努力等）	交易专属性程度
■出现次数	4	7	7	13	14	14

图5-3　商业机会不同认定因素的出现次数

从图5-3可以看出，一半以上案例都采用了经营范围、公司有获取该商业机会的意愿以及交易专属性程度标准。即大部分法院认为，只要该商业机会属于公司经营范围或经营活动的范畴，则对于公司而言具有利用价值；并且公司为此作出了实质努力，如洽谈、付出了资源等，表明公司有获取该商业机会的意向，则该商业机会应属于公司。不过部分法院在此基础上

---

① 参见谢晓如：《公司机会规则研究》，厦门大学出版社2014年版，第149—154页。

加入了对交易专属性程度的要求。交易专属性程度是指该商业机会是否专属于公司。部分法院认为，只有该交易在某种程度上属于公司，才能认定为公司的商业机会。其中交易专属性程度依据专属性的从低到高可分为三个阶段：第三方有将该商业机会交予公司的意向，第三方将公司认定为唯一交易对象，该商业机会对于公司而言是确定、必然的。不同的法院对交易专属性程度的要求不同，具体情况如下图 5-4、5-5 所示。

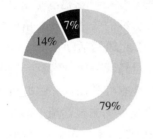

■ 第三人有给予公司商业机会的意向

■ 第三人将公司作为唯一交易对象

■ 商业机会对公司而言是必然、确定的

图 5-4　交易专属性的三个阶段占比

图 5-5　交易专属性不同程度的表现形式

初步意向、唯一交易对象以及必然的、确定的交易可理解为交易的不同阶段。其中，初步意向与唯一交易对象可认定为预期性利益，即公司对最终达成协议享有预期。而必然的、确定的商业机会可认定为确定性利益，公司即将签约或已经签约。结合学界、司法实践对公司商业机会的认定，本书将商业机会的认定分为四个部分。第一，商业机会认定的客观条件，包括与经营范围、活动是否有关；公司是否具备相应资质，有能力挖掘、获取该资源；是否与第三方已经达成过交易关系，对此享有预期利益等。第二，商业机会认定的主观条件，包括公司没有作出放弃或拒绝该商业机会的意思表示；公司为获得该商业机会进行了洽谈，付出了人力、物力、财力等资源，做出了实质性努力等。第三，交易专属性程度，具体程度如前文所述。第四，商业机会对董事的要求，包括该商业机会是董事基于职务获得的；该商业机会是董事有义务披露的两个因素。下文将通过对这四个部分的分析，为我国商业机会认定标准的构建提出建议。

（三）我国公司商业机会认定的考量因素

结合营商环境提高市场交易效率、降低交易制度性成本以及中小股东维护的价值导向，本文建议我国商业机会的认定应包含如下考量因素：

1. 基于客观条件所产生的期待利益

采用期待利益标准，公司基于经营范围、经营活动等客观条件所产生的预期利益应作为商业机会认定的考量因素。客观条件是指商业机会与经营范围、活动等相关联，以及已达成的既往交易等。此处经营范围是指公司章程载明的经营范围，经营活动是指公司实际所从事的营业活动。由于民法典规定超越经营范围的合同并不当然无效①，因此经营活动可能在经营范围内，也有可能在经营范围外。商业机会与公司经营范围、经营活动相关，表明该机会于公司而言是可纳入业务范畴的，具有可利用性。因此可认定为公司对该商业机会享有期待利益。公司与交易相对方已达成的既往交易也暗含经营范围标准的认定，既往交易说明该机会属于公司经营活动范畴，同时也表明交易相对方与公司有合作基础，可能有继续交易的意愿，例如公司长期合作客户。前文提及的公司是否有机会、有能力挖掘、利用该商业机会，实际上是经营范围等客观条件的证明结果。属于公司经营范围或已达成过既往交易，表明公司有利用该商业机会的资质、合作基础。除经营范围标准与既往交易外，只要能证明公司可实际利用该商业机会、具备利用该商业机会的客观条件，就可认定公司对此享有期待利益。部分案例将公司有接受商业机会的意思表示、第三方有与公司进行交易的意思表示等因素也列为期待利益的范畴。② 虽具合理性，但有过于扩大利益标准之弊，使商业机会的认定过于宽泛，不利于维护竞争。因此本书将利益标准仅限于基于客观条件所产生的合理期待。

2. 公司是否接受商业机会的意思表示

在符合期待利益标准的前提下，公司是否接受该商业机会的主观要素也应被纳入考量因素。公司是否接受的意思表示可分为三种类型：第一，通过股东会会议等形式明确对该商业机会表示放弃或拒绝；第二，公司既未作出接受也未作出拒绝的意思表示；第三，公司明确表示接受，其表现形式可体现为为争取该商业机会与交易相对方洽谈，为获得该商业机会付出了人力、物力等资源，作出了实质性努力。如果公司对该商业机会明确表示放弃

---

① 参见《中华人民共和国民法典》第 505 条。
② 参见北京市海淀区人民法院（2019）京 0108 民初 52535 号一审判决书；江苏省高级人民法院（2012）苏商外终字第 0050 号二审判决书。

或拒绝,在鼓励竞争、提高市场主体经济活力的营商环境优化背景下,该机会不属于公司商业机会,可由董事、高管加以利用。关键点在于当公司对该商业机会既未作出接受也未作出拒绝的意思表示时,该商业机会是否属于公司。笔者认为,如果董事想利用该商业机会为自己谋利,在公司未作出明确意思表示时,应积极向公司披露说明,请求公司作出相应的意思表示。如果公司在一定的期限内仍未做出相应的意思表示,从鼓励市场竞争、提高市场交易效率的角度,公司将丧失对该商业机会的专属权,该机会将可由董事、高管予以利用。相反,公司如果明确表示要利用该商业机会,则该商业机会应属于公司,以维护公司权益,也与维护投资者利益的营商环境优化方向相契合。

3. 第三方是否有与公司进行合作的意向

前文将交易专属性分为了不同的程度,在前两个阶段中,公司所享有的都是预期性利益,在最后一个阶段中,公司所享有的是确定的、必然的商业利益。本书认为商业机会应属于期待性利益,不是必然的、确定的。商业机会本就指公司与交易相对方达成交易的可能性,将商业机会认定为必然的、确定的商业利益,与词语本意不符。且期待性利益与确定性利益所导致的法律责任也并不相同。在期待性利益的范畴下,如果交易相对方出于交易价格等市场因素的考虑,导致公司丧失商业机会,则公司不承担责任,除非交易相对方的行为符合民法缔约过失责任的构成要件。如果商业机会属于必然的、确定性利益,则交易相对方选择中止交易一定会承担缔约过失责任或违约责任。既然名为商业机会,则交易相对方应有交易选择权,因此商业机会于公司而言应属于期待性利益。至于交易专属性应达到何种程度才能认为该机会是公司商业机会,笔者认为只要第三人有给予公司商业机会的意向,该机会就可认定为专属于公司的商业机会。机会是否专属于公司是相对于董事而言的。专属的意义在于,董事不得谋求该机会为自己所用。因此,当第三人有给予公司商业机会的意向时,董事基于忠实、勤勉义务的要求就应协助公司将该商业机会转变为现实的交易,为了公司利益最大化而服务。

综上所述,建议公司商业机会认定的考量因素包括基于客观条件所产生的期待利益、公司是否接受商业机会的意思表示以及第三方是否有与公司进行合作的意向。以上条件均满足才可认定为公司的商业机会。至于商业机会的来源、董事是否基于职务获得、董事是否有义务披露则不在考虑因素之列。一方面,该商业机会是否为董事基于职务获得难以认定。第三方向董事提供该商业机会,难以明晰其是基于董事职务还是董事个人身份,公司在起诉时也难以举证。当第三方明确表示不与公司合作，只与董事个人合作，此时不满足第三个考量因素，也不应视为公司商业机会。当第三方表示与公司合作，而董事拒不向公司汇报时，属于董事忠实义务的违反。因为此时已满足商业机会的第一、第三个认定要素，而董事应当向公司汇报以获知公司的意思表示。可见，前述三个认定要素已形成严密的逻辑体系，不需要再考虑该机会是否为董事基于职务身份获得。另一方面，董事是否有义务披露属于董事是否基于职务获得的逻辑延伸，也有逻辑倒置之嫌。在部分案例中，法院将该机会由董事基于职务获得与董事有义务汇报分别列为商业机会的考量因素，但又阐明董事有义务汇报的原因在于该机会系董事基于职务获得。① 这表明，董事基于职务获得与董事有义务汇报实际为一个考量因素。逻辑应为，因为该机会属于公司商业机会，所以董事有义务汇报。董事有义务汇报仅是公司商业机会的特征，不能将特征列为考量因素。

四、"竞业"内涵的完善考量

对竞业内涵的完善主要包括前述两个问题，第一，竞业主体范围认定不一。案例中竞业主体范围认定标准的区别实际上属于学理上名义说与利益归属说的争议。名义说是指以自己或第三人代理人或代表人的名义从事竞业行为；利益归属说，是看行为人从事竞业行为所产生的后果是否归属于其本人或第三人，而不考虑其以何种名义为之。② 第二，竞业行为及业务范围标准不明。

（一）竞业主体的认定应以名义说为主，兼采利益归属说

对竞业主体范围的认定应以名义说为主要原则，兼采利益归属说的规制理念。名义说的实质是，只有董事以自己参与到公司营业范围相同或类似的经营活动时，才可认定其行为为竞业行为。这种行为包括以自己名义开办企业或与在第三方公司担任职务。利益归属说的实质是，以经营活动的利益归属主体判断竞业行为。实践中的情形如案例5-10，董事的配偶在公司外另设立与公司经营范围相同的公司，并且实际收入主体为董事，则董事应当被认为从事竞业行为。虽然利益归属说更贴近竞业禁止义务的本质，避免董事规避竞业禁止义务，但是也存在相应的弊端。一方面，董事存在实际经营行为实难举证。确定利益归属主体为董事的意义在于，表明该公司的实际经营者为董事。但实践中该第三人一般为董事的配偶、父母等

① 参见北京市第一中级人民法院（2021）京01民终6267号二审判决书。
② 参见刘洲：《论公司治理视野中的竞业限制》，载《学术界》2010年第9期。

近亲属,配偶的收入本就和董事为夫妻共同财产,何来收益主体实际为董事的说法;如为配偶外的近亲属,董事可为规避法律风险不转移收入,收入由自己的近亲属持有。因此该学说在实践中实际难适用。另一方面,利益归属说的大范围适用可能损害竞争。如放宽对竞业行为的认定标准,则可能导致董事的近亲属从事商事活动被划入竞业禁止的范畴,从而抑制应有的商业竞争。因此,对自营或为他人经营的认定应以名义说为主要原则,只有当证据足以证明董事实际利用第三人开办公司经营时,才可将其划入竞业的范畴。

(二) 公司营业范围的认定应结合形式标准与实质标准

公司营业范围的认定应结合形式标准与实质标准,包括公司章程记载的经营范围、符合公司目的的经营范围以及与公司实际经营范围有实质性利益冲突关系的经营范围。有学者认为,并非只要和原单位属于同类业务以及竞业限制的范围,否则会因对董事择业自由限制过宽而有失公平。如公司章程中虽记载了某项营业,但并未实际经营,因此董事的竞业范围应只限于公司实际经营的范围。[1] 笔者认为,还是可以公司章程记载的经营范围为主要参考。一方面,虽然公司不一定实际从事章程记载的所有经营事项,但是该经营事项记载于公司则表明公司有从事该事项的意向,董事从事该经营事项在未来仍有可能与公司存在竞争关系。另一方面,如公司为防止董事从事竞业行为,恶意拓展经营事项,法院可依据实质标准对公司经营范围进行裁定。因此,章程记载的经营范围还是具有参考性。对于超出公司经营范围的营业行为,首先应明晰依据《民法典》规定,超出经营范围的营业范围并不当然无效。[2] 因此公司是可以超出经营范围进行营业的,只要不违反法律法规的强制性规定。与公司目的密切相关的业务可能影响到公司的经营及存续,包括公司的上下游企业等,如建筑公司董事同时进行建筑设备的销售就违反了竞业禁止义务。[3] 因此对此类经营活动应予以规制。与公司实际经营范围有实质性利益冲突的判断标准应当是是否对公司的营业存在替代、对公司的市场产生分割等妨碍公司利益的实现。在实践中该标准可以作为最根本的准则,在前述认定标准有损公平时,予以适用。

综上所述,本章在第四章董事信义义务概述基础上剖析董事忠实义务

---

[1]　参见孙宏涛:《论董事之忠实义务》,载《西南交通大学学报(社会科学版)》2013 年第2 期。

[2]　参见《中华人民共和国民法典》第 505 条规定。

[3]　参见孙宏涛:《论董事之忠实义务》,载《西南交通大学学报(社会科学版)》2013 年第2 期。

所存在的制度短板,通过对司法案例的数据分析总结现行制度适用的现状及问题,在此基础上探讨董事信义义务制度的系统性完善,使其更好地发挥降低代理成本、优化公司内部治理等功能,也有助于通过法治化途径优化营商环境。营商环境法治化实质是公司趋同理论在实践中的应用与延伸,我国公司立法研究也基本延续着公司趋同的路径,即对以效率为目标的域外法进行选择性继受,以提高公司治理效率、消除资本流通的壁垒。忠实义务也不例外。从立法表达看,忠实义务在国内规制传统的基础上,基本沿用了域外立法的规定。同时,在顺应公司法趋同化潮流下,也凸显出路径依赖的特征。董事忠实义务可简单理解为董事行使权力时应当善意,在自身利益与公司利益发生冲突时应该以公司利益为先,是对董事道德的最低要求。在董事忠实义务制度的构建上,我国公司法应该坚持以股东利益保护为价值导向,以"命令—控制"模式为范式,以利益冲突规制为核心。在自我交易体系的完善以及认定标准的构建中,应区分不同的公司类型加以构建,在股份公司中坚持以形式标准为主、以实质标准为补充;在有限公司中坚持以忠实标准为主,并采用完全公平的标准,强化对中小股东权益的保障。在考察何为公司商业机会时,应以基于客观条件所产生的期待利益、公司是否接受商业机会的意思表示、第三方是否有与公司进行合作的意向三方面作为考量要素。在考量竞业禁止中"竞业"的内涵时,应该以利益归属为核心,兼顾形式标准与实质标准。

第六章　董事注意义务制度的再表达

> 信任是必须的，但核实也是必要的。（Доверяй, но проверяй.）
>
> ——俄语谚语

前述着重讨论董事忠实义务，并明确我国董事忠实义务制度应聚焦于归责理念及具体类型的系统完善。本章主要对董事注意义务予以详细探讨。董事注意义务作为董事行使权力的指引和董事问责机制的保障，具有降低代理成本、优化公司内部治理的重要制度功能。但就我国现行董事注意义务制度而言，其本身存在一定制度短板，不足以应对现代公司治理中董事会权力的进一步法定化和实质化，而激励与约束的不平衡则有可能会进一步加剧中小股东面临的代理成本，不符合营商环境中小股东保护的价值取向。另外，公司治理固然强调公平性和安全性，但营商环境同时也关注市场主体对效率的追求，即通过降低制度性交易成本，以激发市场主体活力，提高经济运行效率，最终实现股东投资利益。故本章对董事注意义务制度的研究在公司整体利益的观测维度下以中小股东权益保护为主线而展开，研究落脚点即促使该制度更加清晰明确、透明可预期，并达致两个目标：第一，在事前和事中对董事行为产生良好的指引、约束和威慑效果，提升公司治理效率；第二，增强董事注意义务制度的可诉性，便于事后追责，有效保障公司及股东权益。基于此，本章分为四节内容：第一节从我国实际情况出发，剖析董事注意义务制度的现状及存在问题；第二节结合域外董事注意义务判断标准的考察，构建适用于我国营商环境优化、公司内部治理本土化的董事注意义务判断标准；第三节对董事注意义务进行类型化研究，以便更为精准且有效地发挥制度功能；第四节从司法实践、公司内部治理等角度探讨与董事注意义务制度的联动调整。

第一节　我国董事注意义务制度现状分析

完善的董事注意义务制度有助于制约董事会权力行使的恣意性，维持股东权利与董事会权力间的动态平衡，也为董事问责提供制度供给，从而成为保障中小股东权益的有力机制，为营商环境法治化提供支撑。但法治化营商环境的实现不仅在于制度完善,更在于促使制度真正落地,使其契合我国公司发展的理念与需求。因此在优化营商环境背景下,首先需要重新审视我国现行董事注意义务制度,即立足于我国本土找出问题的根本所在,而非直接照搬域外立法以达到"国际化""现代化"的趋同标准。

一、营商环境优化对董事注意义务制度的要求

正如前文所述,在股权高度分散的公司中,高效、专业的公司经营需求逐渐导致董事会权力扩张,由此也不可避免地引发代理成本问题,董事会权力滥用成为可能。在股权较为集中的公司中,控股股东或大股东可以利用资本多数推举代表其利益的董事人选,或由自己担任董事,从而实现对公司的操纵和控制。中小股东不仅面临沉重代理成本,且缺乏有效的权益保障途径,处于绝对弱势地位。因此我国董事法律制度再构的价值导向是中小股东保护。当然在营商环境优化的视角下探讨中小股东保护,不能脱离公司作为组织体的整体利益之观测维度,否则容易使中小股东拥有与其剩余索取权不相匹配的控制权,不利于公司治理效率的提升。在此情形下,一方面倾斜配置的权利可能因中小股东缺乏行权的心理准备与现实激励而处于被闲置状态,不能发挥其预期效用;另一方面也可能导致中小股东并非仅用这些"盈余"权利来维护权益,而是就此谋取私利,引发道德风险①,阻碍公司正常经营活动。因此,回应营商环境优化对中小股东权益保障的要求而加以完善的董事信义义务制度,也应统摄于公司整体利益的观测维度之下,才能在公司法领域实现公平与效率价值的协同,推动公司层面的"良法善治"。

由于中小股东与董事之间存在天然矛盾,仅依靠市场力量无法得以完全化解。因此,董事信义义务制度作为一种代理人约束工具,通过对董事行为予以有力规制,在董事、公司和股东利益之间实现平衡。而作为董事信义义务的内容之一,董事注意义务在公司整体利益维护和中小股东保护之间发挥着不可替代的重要作用。在董事相对独立且不受股东间利益冲突影响的前提下,董事履行注意义务应时刻关注公司整体的最佳利益,客观作出对公司最有利的经营判断和行为选择,从而最大限度地平衡各方主体的利益,积极促使中小股东权益保护的目标得以实现。可见董事注意义务制度内含

---

① 参见梁伟亮:《营商环境优化视角下少数投资者保护的实践迷思与破解——以〈最高人民法院关于适用《中华人民共和国公司法》若干问题的规定（五）〉为例》,载《改革与战略》2019年第9期。

公平与效率原则的兼顾,契合营商环境对良好投资环境的商事制度要求。但随着现代公司治理中所有权与经营权的分离,董事会的独立法律地位逐渐得到强调,董事会权力更呈现出实质化和扩张化的特征。在此背景下,需要有完善的董事义务和责任体系,以督促董事正确、积极地行使职权和履行职责。但相较而言,我国现行董事注意义务的法律规则过于笼统与简单,无法从义务方面强化对董事行权的约束和控制,也难为司法适用提供可操作的裁判思路。若董事问责机制都无法落到实处,更遑论发挥其维护中小股东权益的制度功能。

因此,不论是从优化营商环境,还是改进现代公司治理的角度,我国董事注意义务制度都期待法律层面的完善。结合前述论之,我国应在公司整体利益的观测维度下,以中小股东权益保护为主线完善董事注意义务制度,使其在事前和事中对董事行为产生良好的约束和威慑效果,并便利公司或股东对董事的事后追责,增强制度的可诉性。对此,需明晰董事注意义务的判断标准、行为类型和义务范围,从而促使董事注意义务制度更加清晰明确、透明可预期。但仅强调保护中小股东的规则或许并不是公司治理的最佳规则,董事也不仅是公司财产的守卫者,更是公司利益的创造者。故董事注意义务制度还应重视对公司整体利益和经营效率的考量,遵循投资者风险自担、尊重董事独立商业判断等基本规律。通过对公司治理最优路径的探寻以提高投资者保护水平,营造良好的法治营商环境,加强中小股东对我国投资市场商事制度的信赖,形成良好的投资氛围。

二、我国董事注意义务制度的立法现状

(一) 我国董事注意义务的制度梳理

董事注意义务[①],又称为善管义务、勤勉义务、谨慎义务,其作为法律术语使用最早由英美判例法所创造。[②] 我国于 1993 年《公司法》引入董事信义义务制度,但当时并未明文提及董事的注意义务。2005 年《公司法》修订专门对作为董事信义义务组成部分的注意义务和忠实义务进行了规定,并确立了"董事对公司负有勤勉义务"的一般条款,填补了法律空白,具有重要的进步意义。2013 年《公司法》修正,关于董事注意义务的规定没有实质性变动,只是在法条顺序上稍有提前。《公司法(2018)》第 147 条第 1 款

---

① 我国《公司法》采用"勤勉义务"这一表达,尽管部分学者对于二者内涵是否相同仍有疑义,但在本书中笔者暂且不去探析立法措辞上的妥当性和科学性,而将两者等同视之。除引用相关法条和文献资料外,本书均采用"注意义务"一词。

② 参见任自力:《公司董事的勤勉义务标准研究》,载《中国法学》2008 年第 6 期。

"董事、监事、高级管理人员应当遵守法律、行政法规和公司章程,对公司负有忠实义务和勤勉义务"仍是对注意义务的原则性规定,与 2005 年首次规定相比未发生任何变化。值得注意的是,最新出台的《公司法(2023)》对董事信义义务制度加以完善,既区分规范忠实义务和勤勉义务,还明确了勤勉义务的核心即董事执行职务应当为公司的最大利益尽到管理者通常应有的合理注意。① 此外,公司法及其司法解释中还存在着一些实质意义上的董事注意义务内容。如《公司法司法解释(三)》第 13 条规定董事需承担出资催缴义务②;《公司法(2023)》第 124 条要求董事出席董事会会议、对董事会决议承担责任;第 51 条、第 53 条对董事维护公司资本充实的责任予以了明确和强化③;第 232 条、第 238 条新增了董事作为清算人时的清算义务,以及作为清算组成员时负有履行清算职责的勤勉义务。④

在《公司法》外的法律中,亦有关于董事注意义务的规定。如《证券法》第 82 条规定,董事应对上市公司的定期报告签署书面确认意见,并确保披露信息的真实、准确、完整;第 124 条对证券公司董事的任职资格作出规定,要求董事具有履行职责所需的经营管理能力;第 142 条要求证券公司董事应勤勉尽责,避免使公司存在重大违法违规行为或者重大风险。《企业国有资产法》第 26 条规定,董事对企业负有注意义务,不得做出损害企业利益或国有资产出资人权益的行为,例如超越职权或者违反程序决定企业重大事项。《企业破产法》第 125 条规定,董事不得违反注意义务致使其所在企业破产,否则将承担相应的民事责任以及三年的任职资格限制。更为细致和明确的董事注意义务要求主要体现在证监会和证券交易所对上市公司董事的规制中,包括合规义务、勤勉尽职义务、谨慎决策义务等。如《上市公司治理准则(2018)》第三章第二节"董事的义务"⑤,《上市公司章程指引(2019)》第 98 条⑥,《上海证券交易所股票上市规则(2020)》第 3.1.5 条、

---

① 参见《中华人民共和国公司法(2023 年修订)》第 180 条规定。
② 参见《最高人民法院关于适用〈中华人民共和国公司法〉若干问题的规定(三)》第 13 条第 4 款:股东在公司增资时未履行或者未全面履行出资义务,依照本条第一款或者第二款提起诉讼的原告,请求未尽忠实勤勉义务而使出资未缴足的董事、高级管理人员承担相应责任的,人民法院应予支持;董事、高级管理人员承担责任后,可以向被告股东追偿。
③ 参见《中华人民共和国公司法(2023 年修订)》第 51 条、第 53 条规定。
④ 参见《中华人民共和国公司法(2023 年修订)》第 232 条、第 238 条规定。
⑤ 参见《上市公司治理准则(2018 年修订)》第三章第二节"董事的义务"中规定董事应遵守法律、行政法规及公司章程、出席董事会会议、对董事会决议承担责任,并保证有足够的时间和精力履行职责。
⑥ 参见《上市公司章程指引(2019 年修订)》第 98 条规定。

《深圳证券交易所股票上市规则(2020)》第3.1.6条①,《上海证券交易所上市公司董事选任与行为指引(2013)》第四章"董事的勤勉义务"则从第26条至第40条规定了董事履行注意义务的多个方面,包括审慎地判断与决策、积极关注上市公司的运作状况、信息披露等工作。

(二)我国董事注意义务制度的缺陷检视

通过制度梳理可以发现,虽然距离公司法首次确立董事注意义务已时隔多年,但可以说董事注意义务在我国《公司法》中仅呈现出制度的初级形态,即一般性地规定董事负有注意义务,以及违反义务时应当承担赔偿责任。《公司法(2023)》第180条对董事履行注意义务的标准作了细化要求,但该规定依然较为原则,缺乏可操作性,可能导致董事问责无法落到实处,中小股东权益得不到有效保障。散见于规范性文件中的规则虽然通过行为列举的方式对董事注意义务作了积极探索,然而这些规则效力层级低下,适用范围狭窄,能否作为司法裁判依据仍有待商榷,也在客观上造成了公司法对董事注意义务的规制落后于实践的现象。因此不论是从营商环境优化,还是现代公司治理的角度来说,我国董事注意义务制度的完善都期待法律层面的回应。从一项完备法律制度所需的特质来看,我国董事注意义务制度具体存在如下缺陷:

1. 内涵不清,外延不明

定义是董事注意义务制度的基础,是统一注意义务判断标准的先决条件,也是其他董事注意义务规范得以存续的前提。我国有关公司法律规范未对董事注意义务进行界定,尤其是相较于公司法对忠实义务的明确列举,董事注意义务的内涵和外延更显得模糊不清,因此容易和忠实义务发生混淆。作为一项积极作为的义务,注意义务能够最大限度地实现公司利益的保值增值,增进股东福祉。但我国对注意义务和忠实义务的立法失衡在强化对公司独立财产权保护的同时,却无助于促进股东投资和公司经营目标的实现。② 究其原因,并非公司法对注意义务制度功能和价值的否定,而是受制于成文立法所固有的技术缺陷。由于董事注意义务难以把握具体尺度,传统大陆法的理论知识体系和思维方式对类似注意义务、理性人等抽象表述也较为生疏,在该项制度未成熟定型前,我国对其采取了谦抑的立法态度。实际上,忠实义务可以说是对董事职业道德的底线要求,但注意义务与

---

① 参见《上海证券交易所股票上市规则(2020 年修订)》第3.1.5条、《深圳证券交易所股票上市规则(2020 年修订)》第3.1.6条规定。

② 参见汪青松:《中国公司法董事信托义务制度评析——以英美公司法相关理论与实践为视角》,载《东北大学学报(社会科学版)》2008 年第5 期。

董事专业的经营管理能力相挂钩,是一种过程性义务。① 因此不仅注意义务的标准通常高于忠实义务②,而且难以期许立法或公司章程通过数条行为列举就能够翔实涵盖董事履职的所有情况,从而进行有效的事前规制。证券交易层面的相关规范对董事注意义务进行列举与细化的尝试较为简单,难以体现注意义务贯穿董事行为全过程的特性。综上所述,明确董事注意义务的内涵与外延存在一定难度,但对于增强董事履职时的行为预期却具有重要作用,有助于发挥董事注意义务在公司治理中的激励、约束、保护和问责机能,有效降低公司遵循的制度性成本,契合营商环境对公司良治的要求。

2. 缺乏明晰判断标准

注意义务判断标准是董事注意义务制度的核心内容,亦是该制度发挥功能效用的关键所在。我国《公司法(2018)》仅宣告性地规定董事负有注意义务,但对注意到何种程度,以及如何判断董事是否违反注意义务,并未涉及。《公司法(2023)》指出董事履行注意义务时应当为公司的最大利益尽到管理者通常应有的合理注意,但该规则具有较强抽象性,能否为司法实践提供可行的裁判指引仍然存疑。事实上,董事注意义务的客体是董事的履职行为,鉴于公司事务的复杂性,对其行为的妥当性判断应在特定场景中作出。但正是受到董事专业能力、经验知识、市场环境、公司所属行业等各种主客观因素的多重影响,董事注意义务的判断标准难以明确统一,只能通过模糊性话语表述,董事是否违反注意义务也往往需结合个案分析。相比之下,忠实义务强调董事的职业道德操守,规制利益冲突状态,因此即使法律对忠实义务的判断标准未明确,但在董事失信悖德的情况下,法官基于朴素伦理道德进行利益衡量,也可以判别董事是否存在违反忠实义务的情形,而伦理道德标准对于审查董事注意义务的作用不大。同时注意义务的判断标准亦存在原生矛盾难以平衡:若标准过于严苛则会阻碍董事商业开拓的热情,趋于保守经营进而影响公司的长远发展;若标准过于宽松则会助长董事懈怠或过于冒险的心理。诚如学者所言:"尽管法学家们致力于在成文法上抽象出一项普适性的标准,但这样的功夫至今仍局限于用抽象的思维描述董事在处理公司事务时的主观心态。"③但问题在于,注意标准的缺失

---

① "董事的勤勉义务是一种过程性义务和积极的注意义务。"参见徐某与中国证券监督管理委员会其他二审行政判决书,北京高级人民法院(2019)京行终 7613 号行政判决书。

② 参见徐化耿:《信义义务的一般理论及其在中国法上的展开》,载《中外法学》2020 年第 6 期。

③ 甘培忠:《公司控制权的正当行使》,法律出版社 2006 年版,第 194 页。

是董事注意义务应用于实践的最大阻碍,直接影响了董事履职、公司追责与司法裁判。换言之,我国董事注意义务的判断标准不明,模糊的判断结果则导致董事义务违反之责任追究的不知所措。① 加之注意标准本身不易确定和统一,使注意义务在董事信义义务中不断地被边缘化,从而与优化公司治理、保障中小股东权益的要求相悖。如前所述,由于注意义务是比较抽象的义务,在董事处理公司事务的过程中无处不在,立法技术也难以对全部的行为类型加以列举,且不同公司对董事的履职要求存在差异,故此也更需要一个明确、细化的标准来对董事注意义务的履行进行判定。

3. 缺乏完善责任制度

《公司法(2023)》关于董事因违反注意义务承担责任的规定集中在第125 条和第 188 条,但进一步审视会发现董事注意义务的责任制度不够科学和体系化,主要存在以下两个问题:

其一,结果导向的归责缺乏合理性。若对《公司法(2023)》第 125 条和第 188 条进行严格文义解释,可得知董事承担赔偿责任采取的是结果归责原则,即不考虑董事主观上是否存在过错及其过错程度,只要董事违反注意义务,并造成损害后果,就必须承担相应赔偿责任。② 但这种归责方式实际上并不符合注意义务履行逻辑,可能会让董事不合理地担负过重的责任。董事、高管等经营管理者处于企业科层制的顶端,其承担的工作内容往往涉及公司重大或关键事务的决策,即使遵循公司最佳利益且保持勤勉尽职,也难免走在公司利益得失的风险边缘。换言之,董事注意义务的存在是为了督促董事尽职尽责为公司最佳利益而工作,但不能苛求每个行为或经营判断都能产生最佳效益。因此不同于忠实义务侧重考察董事与公司之间的利益冲突状态,注意义务更加关注董事的行为过程。如在商业决策中,一方面,随着现代公司治理结构的不断完善,公司内部科层增加、分工细化。基于董事获取信息的间接性及其理性的有限性,若董事赖以决策的基础信息存在问题,董事也很有可能会作出错误决策,但这并不代表其主观上存在未对信息进行有效甄别的过错。另一方面,考虑到商业经营的复杂性,商业决策本身并不是非黑即白的简单认识,通常要结合各种因素谨慎判断,董事即使高度注意也难以避免决策失误。有时为了抓住商机,董事不得不在信息不完备的情况下及时作出决策。由此可见,以结果来判断董事是否违反注意

---

① 参见林少伟:《董事横向义务之可能与构造》,载《现代法学》2021 年第 3 期。
② 此处仅就一般意义上的董事作为讨论对象,不对独立董事、外部董事等主体作特别区分。

义务是存在瑕疵的,因为该结果既依赖于董事的行为,也受制于信息、市场等因素的不确定性和偶然性。"赏不可虚施,罚也不可妄加。"在不掺杂个人利益的情况下,若对董事合理的冒险行为或风险决策进行简单的结果判定,让其承担决策失利的全部后果,将导致矫枉过正,打击董事的进取精神,使董事更趋向于保守经营,进而直接影响公司长远发展[①],甚至与为增进股东和公司福祉而设立董事注意义务的立法初衷相背离。此外,董事商业决策一旦成功,股东将从中收获巨大经济利益,但在对董事责任的结果归责中,股东却被置于风险决策的失败之外,如此的风险分配方式显然不合理不公平。

其二,免责事由规定不完善。《公司法(2023)》对董事责任的免除似乎存在"法律保留",并未赋予股东会及公司章程自主决定是否免除董事因违反注意义务承担赔偿责任的权利与自由。同时,《公司法》明文规定董事责任免除的情形也仅限第125条——董事符合一定条件时对董事会决议不承担责任。但如前所述,"谨慎管理义务是一个一般性的条款;在实践中,它可以包括无数且并没有完全包括的行为准则"[②],即注意义务贯穿于董事处理公司事务的全过程,董事并不只负有出席董事会并作出董事会决议这一职责,因此对董事责任的免除也不应仅限于董事会决议这一情形。另外,商业经营本就存在巨大风险,这些正常的经营风险属于公司和投资者从事商业活动应当承担的必要成本,而严格董事责任的结果可能会使得本该由公司或股东承担的风险转嫁到董事身上,造成公司、股东与董事之间的利益失衡,难以实现优化公司治理的目标。

三、我国董事注意义务制度的司法概况

通过在北大法宝司法案例数据库"高级检索"中的"全文"处输入"董事*勤勉义务",审结日期选择"2019年1月1日至2022年6月9日"[③],案件

---

① 参见任自力:《公司董事的勤勉义务标准研究》,载《中国法学》2008年第6期。

② [德]托马斯·莱塞尔、吕迪格·法伊尔:《德国资合公司法》,高旭军等译,法律出版社2005年版,第161页。

③ 鉴于有学者曾对2006年至2018年间的董事注意义务案件进行过实证研究,故笔者将案例检索的审结日期选取为2019年至检索当日。各年间的具体案例数据可参见罗培新、李剑、赵颖洁:《我国公司高管勤勉义务之司法裁量的实证分析》,载《证券法苑》2010年第3卷,第390—401页;楼建波、闫辉、赵杨:《公司法中董事、监事、高管人员信义义务的法律适用研究——以北京市法院2005—2007年间的相关案例为样本的实证研究》,载《商事法论集》2012年第1期;梁爽:《董事信义义务结构重组及对中国模式的反思——以美、日商业判断规则的运用为借镜》,载《中外法学》2016年第1期;周春光:《董事勤勉义务的司法审查标准探究——以实证与比较分析为视角》,载《光华法学》2019年第1期。

类型选择"民事案件",文书类型选定"判决书",案由选择为"损害股东利益责任纠纷损害公司利益责任纠纷",从而确定检索条件进行高级检索,结果显示共有 1457 个案例。经进一步查阅筛选,剔除主体为非董事案件和重复案件,最终整理出涉及董事注意义务的有效案例共有 112 例。需要说明的是,基于检索路径、检索条件、检索平台、对注意义务的主观认知差异、人工筛选等因素,案例整理可能存在疏漏,但相关数据大致能反映出近年来涉及董事注意义务案件的司法概况,从而为后文探讨基于本土化的制度再塑提供实践基础。

（一）董事注意义务的可诉性仍存质疑

结合 2006 年至 2018 年间学者对我国董事责任案件的实证研究,从案件审结年份来看,涉及董事注意义务的案件数量总体呈现出上升趋势。在《公司法(2018)》对董事注意义务条款未作任何修改的背景下,此现象主要源于近年来公司数量大幅增加。随着我国"放管服"改革和营商环境建设的不断深化,商事准入门槛淡化审批,高效率和低成本的准入使得公司数量骤增,而公司数量的膨胀间接导致相关民商事纠纷增多。同时市场经济的高质量发展对公司内部治理提出了更高要求,故公司对董事的工作和履职要求也越来越高。但就整体案件数量而言,仍然相对较少。究其根源,有限公司治理通常不区分所有者与经营管理者,董事往往具有股东身份。这种身份上的双重性使得对董事责任的追究实质上转化成了对股东责任的追究,因此可能造成董事注意义务的法律要求和责任追究流于形式。在股份公司中,控股股东通常以推举其利益代表者任职董事的方式掌控公司,因此董事行事一般会听从控股股东的指挥和安排。而股东的异质性使得中小股东往往存在理性冷漠,都抱有"搭便车"的想法,对高成本和高风险的股东派生诉讼望而却步,或选择"用脚投票"的方式一走了之,不会主动追究董事违反注意义务的责任。此外实践中对上市公司董事违反注意义务的规制主要倾向于行政处罚,而忽视民事诉讼运用。从涉案公司性质来看,有限公司数量远远超过股份公司,因为在我国有限公司占注册公司中的绝大多数。① 同时,该现象又值得深思,在现代公司治理愈发专业化、科层化的背景下,尤其是上市公司对董事的专业知识和经营管理能力要求越来越高,股

---

① 根据第四次全国经济普查结果,截至 2018 年末,在我国登记注册的企业法人单位中有限责任公司的数量达到 233.4 万,占注册企业总数的 12.6%,股份有限公司的数量为 19.7 万,占注册企业总数 1.1%。参见国家统计局:《第四次全国经济普查公报(第二号)》,发布时间:2019 年 11 月 20 日,https://www.gov.cn/xinwen/2019-11/20/content_5453896.htm,最后访问时间:2024 年 1 月 4 日。

份公司的董事因违反注意义务而被追责的民事诉讼案件却寥寥无几。这一现象的产生显然并非是因为多数董事履职都能达到注意义务的要求,事实上因上市公司信息披露违法违规而对董事予以行政处罚的案件仍不在少数。(详见图 6-1、图 6-2)

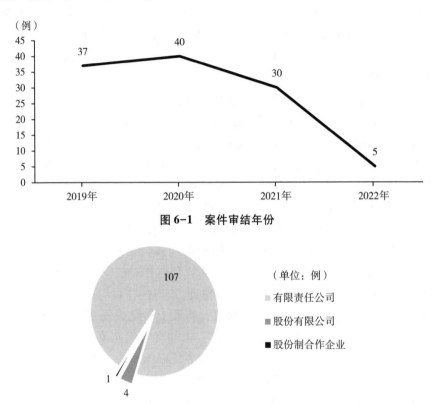

图 6-1　案件审结年份

图 6-2　涉案公司性质

　　从案件审级来看,共有 52 例一审案件,60 例二审案件。虽然上诉比例较高,但最终改判案件仅有 7 例,占上诉案件的 11.67%,这表明法官在处理涉及董事注意义务案件时较为严谨,案件办理质量较高。从裁判结果来看,相关案件胜诉率占比 45%,似乎彰显了董事注意义务在解决董事责任纠纷中的作用尚未被虚置(详见图 6-3)。但值得注意,在这 51 个胜诉案件中,法院明确指出董事违反勤勉义务的案件仅有 8 例,在另外 43 个案件中董事行为虽涉及勤勉义务,但法官仅以董事是否违反"忠实和勤勉义务"为标准作出判断。可见是董事信义义务的概括条款在此类案件中发挥着主要作用,而注意义务的适用仍处于较为边缘和尴尬的位置。由此可进一步推断,基于董事注意义务引发的诉讼案件,实际上败诉率更高。该现象一定程度上源于注意义务内涵与外延的不明,以及判断标准的立法缺失,导致法院认定时存在困难。同时,由于涉及专业、复杂的商业决策,法官对于公司自治的介入往往持较谨慎态度,多数法官没有能力也无法作出完美的事后判断。但另外,这一诉讼结果的高度一致性也不得不让人产生合理怀疑——通过诉讼方式追究董事违反注意义务的赔偿责任是否具有效果。诉讼成本与效益的严重失衡自然将产生诉讼抑制效应,董事注意义务的制度价值可能会因之大打折扣。

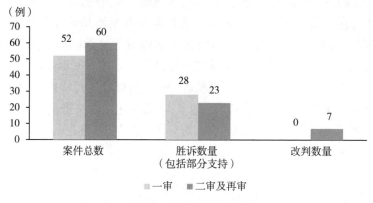

图6-3　案件审理概况

（二）董事注意义务的独立性未受重视

虽然董事忠实义务和注意义务联系紧密,但二者在义务要素、判断标准、制度功能上又存在明显差别,各自具有独立价值,不能混为一谈或相互替代。董事注意义务作为优化公司内部治理的重要路径之一,发挥着激励、约束、保护和问责的机能。首先,完善的董事注意义务制度能够鼓励董事为了股东、公司的最佳利益积极履行职责,敦促董事根据公司经营管理的需求不断提高自身职业能力。其次,董事注意义务能够为董事提供行为指引,有效遏制董事的疏忽懈怠行为。最后,作为规范公司问责的机制,科学保护尽到注意义务要求的董事在公司遭受损失时能够合理抗辩,免受追责,也能为董事违反注意义务时的行为认定和责任追究提供制度保障。然而在整理的有效案例中,大多数法院并未实质性分析董事行为是否属于注意义务,也未对忠实义务和注意义务进行严格区分,而是概括性地判定董事是否有违忠实注意义务,或是只探究董事行为是否违反了法律、行政法规或公司规章并损害公司利益,而不提及董事义务。观察图6-4可知,判决笼统的案例在整个分析样本中占比83.04%。如果说在忠实义务和注意义务都涉及的案例中,可能存在数个董事行为,法官无法有效区分这些行为似乎情有可原。

但在董事行为仅涉及注意义务的 75 个案例中,法院未明确的就有 61 例。甚至在"东营市××大厦有限责任公司、崔某某损害公司利益责任纠纷案"中,二审法院认为"忠实义务、勤勉义务是指董事、监事、高级管理人员在从事公司经营管理活动时恪尽职守,具有普通谨慎的同行在同类公司、同类职务、同类相关情形中应有的经营管理水平"①。这一现象实际上反映了本章第一节所论述的,公司法的概括性规定可能导致法官认知的差异性和裁判的模糊性,忠实义务和注意义务的判断容易混淆,从而使得注意义务在董事信义义务的适用中越发边缘化,让人怀疑理论上区分忠实义务和注意义务是否还有意义和必要。同时,董事注意程度的判断涉及其行为时的一系列主客观状态,本就不易,法院在适用此类案件时往往面临很大的风险和压力,因此更愿意采取一种更为稳妥和可靠的判决方式——不做详细分析,将《公司法(2018)》第 147 条第 1 款或第 149 条的规定进行罗列,并与案件事实结合进行简单描述。尽管有部分法院尝试阐述注意义务的内涵及要求,但总体而言,法官裁判说理的过程较为简单,仅以明晰案件的逻辑关系和裁判理由为主要目的。

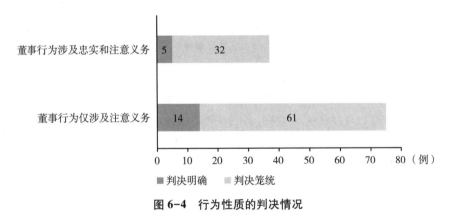

图 6-4　行为性质的判决情况

从董事违反注意义务承担责任的裁判路径来看,法官一般运用侵权责任构成的四要件,即审查董事行为、主观过错、损害后果、行为与结果之间的因果关系,且此类诉讼的案由主要归入损害公司利益责任纠纷和损害股东利益责任纠纷(详见图 6-5)。当然如果董事身份存疑,首先会考察其身份是否适格。可见尽管学界对董事责任的性质仍存有争议,但司法实践倾向于用侵权责任予以规制。同时也表明,虽然立法上关于董事注意义务的主

---

① 参见山东省东营市中级人民法院(2021)鲁 05 民终 758 号民事判决书。

观要件有所缺失,但司法实践并没有忽视对董事过错的审查,主要是通过董事行为的方式和过程来衡量其主观意图,也进一步从实践层面印证了本章第一节所指出的制度完善方向的可行性。从另一角度分析,董事注意义务虽然被认为是从民法上的一般注意义务发展而来,本质上都是过失侵权。[①]但作为现代公司法上的注意义务亦有不同于传统注意义务的内容,譬如对待风险的不同态度。民法上的注意义务要求行为人在自己能够预见或应当预见的范围内最大限度地防范风险或损害结果的发生,避免损失的扩大,但商业经营本就是高风险的活动,因此董事注意义务要求董事迎难而上,为了公司最佳利益而冒险决策既是其职权也是其职责。因此,董事注意义务相对于一般注意义务而言,具有其特殊性和独立性,法院在处理相关案件时不能以普通侵权一概而论。

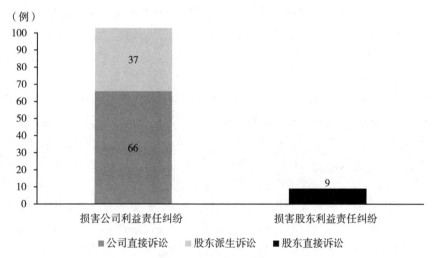

图 6-5 涉诉案由分类

(三)董事注意义务的司法审查标准不一

公司立法尚未对董事注意义务设置明确细致的判断标准,在司法实践中则反映为不同法院在审理相关案件时采用的判断标准并不统一,客观上造成法律适用的随意和混乱。具体司法审查标准大致可以概括为四类:"正常经营行为"标准、商业判断规则、客观标准、主观标准。另外,对同一类董事行为,不同法院也会运用不同的判断标准。例如,在分析样本中,有39.29%的案例都涉及董事决策行为,然而上述四种标准都有单独或结合地

---

① 参见陈本寒、艾围利:《董事注意义务与董事过失研究——从英美法与大陆法比较的角度进行考察》,载《清华法学》2011年第2期。

运用到不同案件的董事决策审查中。

1. "正常经营行为"标准

"正常经营行为"标准通常着眼于董事的职责范围和行为的正当授权，且该授权具有概括性，而董事的越权行为显然不符合法律、行政法规或公司章程等"正当权源"的规定，从而构成对注意义务的违反。但如果董事行为被认定是正常经营行为或属于公司行为，法院便不再进行实质审查。

案例 6-1：

李某甲与李某乙损害公司利益责任纠纷案①

案件事实：

苏州××企业管理有限公司（以下简称企业管理公司）于 2017 年 2 月 6 日经工商登记核准设立，注册资金 2000 万元，公司经营范围包括体育场馆管理、体育器材租赁等。原告李某甲、被告李某乙、案外人彭某某作为公司股东，认缴出资额分别为 600 万元、900 万元、500 万元，认缴出资时间 2016 年。2017 年 1 月 23 日，公司形成股东会决议，通过公司章程，选举李某乙为公司执行董事，彭某某为公司监事。2017 年 6 月，股东会成员变更为：李某乙、李某甲、彭某某、叶某某。原告李某甲诉请主张李某乙系企业管理公司法定代表人，在其负责企业管理公司经营期间，擅自将"××体育公园"和"青岛××篮球公园"场馆低价出售，严重侵害企业管理公司利益，给企业管理公司造成重大损失，应承担赔偿责任。李某乙认为：因李某甲自行转走公司资金，导致公司经营困难，经股东会决议表决将"××体育公园"项目转让给原房东苏州××电脑有限公司，扣除各项费用后转让价格 15 万元；因公司资金周转需要将"青岛××篮球公园"项目对外转让，经股东会决议通过，转让给青岛××国际贸易公司，转让价格 55 万元。上述两笔转让款均已付至企业管理公司，不存在低价转让或损害公司利益的行为。

审判理由：

一审法院认为，股东起诉主张公司高管未尽勤勉尽职义务，对公司造成损失，属侵权之诉范畴，股东应承担证明相应人员在执行公司职务时存在违反法律、行政法规或公司章程行为的证明责任。依据李某甲、李某乙提交的证据，企业管理公司于 2017 年 12 月形成股东会决议，将位于青岛和苏州的两处场馆转让售卖，并设定了售卖金额，此后企业管理公司对外签订的转让

---

① 参见江苏省苏州市中级人民法院（2019）苏 05 民终 7728 号二审判决书。

协议未超出股东会决议范畴。且依据企业管理公司章程,股东会有权决定公司的经营方针和投资计划,执行董事有权决定公司的经营计划和投资方案,故股东会决议的作出和转让协议的签订,并不违反公司章程的约定。股东会决议一经作出,未经法定程序变更、撤销或确认无效,具备相应法律效力。据此,案涉两处场馆的转让行为,依据现有证据应视为企业管理公司股东集体意志的体现,非李某乙个人行为,亦不能确认其过错和违法性。

案件6-2:

河北××机械设备有限公司、朱某甲等损害公司利益责任纠纷案①

案件事实:

2017年9月29日,被告朱某甲、赵某某、张某某、朱某某、石某某五个自然人股东共同成立原告河北××机械设备有限公司(以下简称机械设备公司)。2018年1月3日,被告五个自然人股东全部退出,原告机械设备公司股东变更为创×公司和一×公司两个股东,创×公司投资245万元占股49%,一×公司投资255万元占股51%。原告机械设备公司法定代表人为被告朱某甲,任执行董事及经理;被告石某某为机械设备公司监事;被告崔某某任出纳;被告施某某任会计。原告主张2019年6月至2019年12月机械设备公司未经全体股东同意的情况下对外有大量借款,给机械设备公司造成了大量的损失,被告朱某甲、崔某某、施某某三人均系机械设备公司高级管理人员,对于机械设备公司的损失具有直接责任。

审判理由:

一审法院认为,原告机械设备公司自2019年3月13日就存在以公司名义借款经营,且监事并未对此提出异议,故被告朱某甲在任职原告机械设备公司法定代表人为经营公司需要的借款及经营活动中发生的税费、返点等计入业务费,应均被视为正常公司经营活动,理应由原告机械设备公司承担,而不应认为是损害了公司的利益。二审法院认为,公司在生产经营中向他人借款并不为法律所禁止,在公司章程及公司内部制度无特别规定的情况下,也并非需履行会议前置程序或经股东确认,机械设备公司亦无证据证明该借款行为损害了公司利益。

在案例6-1中,一审法院将争议焦点整理为案涉"××体育公园""青

---

① 参见河北省邢台市中级人民法院(2021)冀05民终4054号二审判决书。

岛××篮球公园"两处场馆的转让是否系李某乙违反公司法规定所为①,因此主要集中于审查董事行为是否属于"擅自"范畴,而未考察场馆转让决策是否合理、是否符合公司最佳利益、是否存在明显低价转让的情形等,显然是认为这些事项属于公司自治的范畴,法院不应过度介入。依该案证据显示,董事转让场馆符合股东会决议,而股东会依据公司章程享有决定公司的经营方针和投资计划、处置公司资产的权力,因此董事并未违反注意义务,属于职权范围的事项。值得注意的是,在该案二审中,法院首先直接认定了案涉场馆项目转让均是以企业管理公司名义作出的,而后对转让价格是否明显不合理低价损害公司利益进行了实质审查,最后因证据不足驳回原告的上诉,可见实际上二审法院的审查事项更符合原告主张的诉求。在案例6-2中,一审、二审法院未对公司借款的实际用途、数额、是否符合公司利益等情况进行考察,而是认为借款行为不违反法律规定,公司章程也未作特别的程序性规定。可见法官的潜在逻辑还是认为董事以公司名义对外借款是属于其职权范围内的事项。

通过上述两个案例的分析,可以发现"正常经营行为"标准实际上是一种浅层次表面化的合规审查,其将守法或守章作为董事注意义务的内核,采取程序性的检验方式来代替对董事行为的合理性、是否符合公司利益等问题作实质性审查和认定。因此,在这一标准之下,原告承担较重的举证责任,除非董事严重越权、行为严重违法违章,否则很难证明其违反了注意义务。由此可见,"正常经营行为"标准具有保护董事的"安全港"作用。然而问题在于,在现代公司治理中董事通常都会获得广泛授权,该标准的普遍适用可能会使得董事问责无从谈及。另外,董事"在其位,谋其职",董事行为在其权限范围内仅仅是一个前提条件,注意义务作为一项过程性义务,关注重点应是董事履职过程中的行为方式和主观态度。

2. 商业判断规则

商业判断规则是美国法院经过长年审判实践所形成的一项司法审查原则。该规则侧重考察董事决策的方式与过程,即在董事与其作出的商业决策不存在利害关系的前提下,只要董事充分收集并掌握了与决策相关的信息,且该决策是基于公司最佳利益的考量而作出的,就应当认定董事履行了注意义务。

---

① 该案的争议焦点还包括被告是否存在设立与企业管理公司经营范围完全相同公司的竞业禁止、谋取商业机会等行为,但因本章主要研究董事注意义务,故对有关忠实义务的部分不作赘述。

案例 6-3：

宫某某等与孙某甲等公司利益责任纠纷案①

案件事实：

安徽××科技有限公司(以下简称科技公司)于 2012 年 7 月 5 日注册成立,注册资金 200 万元。2015 年 8 月 8 日,孙某乙、赵某某、李某甲、李某乙、灿×公司签订《增资协议》,约定由灿×公司对科技公司增资,增资后,公司执行董事及法定代表人由灿×公司委派宫某某担任,公司监事由李某乙担任,公司总经理由赵某某担任。科技公司成立后制定了相应的证照及重要文件管理制度,宫某某担任科技公司执行董事期间亦制定了印章管理制度。2017 年 2 月 3 日,宫某某出具遗失声明一份,载明:"本人因不慎将科技公司营业执照、组织机构代码正副本、税务登记证(国税、地税)正副本全部丢失,申请补办。"2017 年 2 月 4 日,宫某某在《江淮晨报》上刊登遗失声明,声明科技公司营业执照正副本、组织机构代码正副本、税务登记证正副本、公章、财务章、法人(宫某某)章、合同章、发票章、银行开户许可证遗失。其后宫某某补办了上述印章及证照。原告认为,被告作为科技公司法定代表人及执行董事在经营管理公司的过程中,违反勤勉、忠实义务的原则,违反法律规定、公司章程和公司的规章制度,擅自编造谎言称科技公司的营业执照正副本等遗失,并在《江淮晨报》上刊登"上述遗失证件"作废的声明,重新办理科技公司的证照印章,致使公司管理失控,无法正常经营,已经给公司的利益造成了严重损害。被告宫某某辩称,其在担任执行董事和法定代表人之后,于 2015 年 10 月制定了公章保管制度,保管制度载明公司印章由执行董事和法定代表人进行管理和保管,执行董事和法定代表人有权决定印章的发放和回收,监督、保管、使用、补办和更换。被告对公司印章经过调查无法获知具体下落,有权力为公司的利益废止旧章,重新刻制公章。因此其行为有法律和章程依据,没有给公司造成任何损害,而是对公司的财产权益进行了有效的保护。

审判理由：

一审法院认为,在公司各类印章及证照被他人取走而不返还时,宫某某作为公司执行董事及法定代表人可以向有关责任人提起返还请求权之诉讼。而补办这些公司印章和证照的行为已经远超内部基本事务的管理范

① 参见安徽省合肥市中级人民法院(2017)皖 01 民终 7360 号民事判决书、安徽省高级人民法院(2020)皖民申 388 号民事裁定书。

畴,涉及公司的重大事项,理应由股东召开股东会形成决议。因此,宫某某在未能履行各类印章及证照返还请求权及召开股东会并形成决议的情况下,直接登报宣称各类印章及证照遗失并补办,有失妥当。

二审法院和再审法院认为,第一,股东会作为公司最高权力机构,可以通过公司章程的制定来解决股东会与执行董事的职权范围问题,可以赋予执行董事更宽泛的职权,也可以在法定范围内限缩执行董事的职权。但在科技公司的股东会未将补办公司执照及印章的权力明确从执行董事的职权范围中排除的情况下,一审法院认为补办公司执照及印章应召开股东会形成决议的观点,无法律或事实依据。同时,相关案件事实也印证了对于公司印章及证照的管理属于执行董事宫某某的职权,那么宣告公司印章及证照遗失并补办是对公司印章及证照管理过程中产生的具体事务,当然属于执行董事的职权范围。第二,基于公司经营业务的复杂性和商业决策自身的特点,考量公司执行董事的责任,应当参照商业判断规则。本案中,保管人不将公司原印章及证照交给执行董事,却将其交给三原告,说明宫某某已失去对公司相关印章及证照的控制。同时,相关证据显示,有人在公司印章及证照挂失前持公司印章对外签订合同。在上述情形下,及时在报纸上刊登公司证照及印章的遗失作废声明,并进行补办,不失为及时减少公司商业经营风险、避免损失的有效措施,亦是宫某某履行执行董事职责的体现。该行为未违反法律、法规和公司规章,亦未违反董事对公司的忠实和勤勉义务。

该案中,两个法院对于补办公司的印章证照是否属于执行董事的职权范围存在不同认识,根源在于对股东会权力和董事会权力关系的认识不同,相较而言二审法院更加尊重董事的独立判断,因此也适用了商业判断规则来对董事补办印章证照的行为进行审查。在该案中,可以更为清楚地看到"正常经营行为"标准和商业判断规则适用的对比。一审法院仅仅依靠超出职权范围就对董事行为下了结论,但二审法院还考察了董事行为方式是否符合公司利益、其主观是否善意等要素。由此可见,商业判断规则虽然也是一种形式化的审查标准,但其背后蕴含着实质性审查的要求,指明了董事作出一个合理的商业决策需要具备的几个基础性要素,从而将程序性检验的要求更加具体化。由于注意义务指向的不是董事行为的结果,而是行为的过程,相比于"正常经营行为"标准,商业判断规则更加契合注意义务的履行规律和商事经营的市场化考量。但需要注意的是,商业判断规则在我国立法或司法解释中都尚未有明文规定,法院在裁判说理的适用中仍应保持谨慎。

3. 客观标准

客观标准是指董事履行职责应尽到类似谨慎之人在相同或类似的情况下所能尽到的谨慎和注意，即"以交易上一般观念认为具有相当知识和经验以及他向来对于一定事件所用注意作为标准，并客观地加以认定"①。

案例 6-4：

国研××融资租赁有限公司与北京国研××投资管理有限公司、黄某某等损害公司利益责任纠纷案②

案件事实：

2015 年 1 月 12 日，国研××集团有限公司、××控股有限公司签署《合作备忘录》，就合作成立原告中外合资公司国研××融资租赁有限公司（以下简称国研公司）与相关事宜达成协议。2015 年 5 月 6 日，北京国研××投资管理有限公司（以下简称北京投资管理公司，是国研××集团有限公司的控股子公司）与××控股有限公司就合营各方同意在天津市共同投资设立中外合资经营企业，签署《中外合资经营企业合同》，并制定了公司章程。2015 年 10 月 21 日，国研公司董事会聘任黄某某为总经理。2016 年 5 月 3 日，国研公司形成董事会决议：暂由黄某某同志担任公司执行董事，负责公司日常经营管理工作。

2016 年 3 月 17 日，国研××集团、国研公司与汉×公司签订《房屋租赁合同补充协议》。2016 年黄某某三次签批支出凭单，分别向汉×公司支付房租 326192.06 元；2017 年黄某某四次签批支出凭单（记载的租金截至时间为 2018 年 1 月 19 日），分别向汉×公司支付房租共计 145627.29 元。2018 年 1 月 9 日，黄某某在财务总监处签批向汉×公司支付房租 22572.29元（从 2018 年 1 月 20 日至 4 月 19 日）。另外，2016 年 4 月 7 日，国研××集团、国研公司与北京××建筑装饰工程有限公司（以下简称北京装饰公司）签订《办公室装修施工合同补充协议》，明确国研公司分担装修费150277.27 元。2016 年 4 月 20 日，黄某某签发支出凭单，向北京装饰公司支付工程款 150277.27 元。原告国研公司认为北京投资管理公司滥用股东权利，违反公司内部审批规定签订合同；黄某某作为执行董事和总经理，没有履行勤勉义务，违反财务审批管理规定支出费用，给公司造成经

---

① 参见王利明、杨立新、王轶、程啸：《民法学》，法律出版社 2017 年版，第 891 页。
② 参见北京市海淀区人民法院(2019)京 0108 民初 17167 号民事判决书。

济损失。

审判理由：

法院认为，勤勉义务，是指董事、监事、高级管理人员须以一理性人在类似岗位与类似情形下所应有的谨慎态度和专业技能来管理公司事务。勤勉义务最大的特点在于，其建立的理性标准人是公司的管理者，而不是社会中的普通人，这对董事、监事、高级管理人员的管理技能提出了更高的要求，要求其应有相应管理技能下的谨慎态度。判断董事是否履行了勤勉义务，应综合如下三个方面加以辨别：是否以善意为之、是否尽到在类似情形和类似地位的一般性谨慎的人在处理自己事务时所需要的注意、是否为了公司最大利益的方式履行其职责。结合本案来看，黄某某作为国研公司的董事兼总经理，全面负责公司日常管理工作，其决策应当善意地从为了公司最大利益的实现而出发，并以应有的专业技能和谨慎态度管理公司事务。就是否善意而言，黄某某签批支出凭单并非为个人谋取私利，而是为了公司经营运转的目的；从审慎的专业管理技能角度看，因国研公司董事长长期在国外，黄某某签批案涉支出凭单的行为存在正当理由。

案例 6-5：

桂林××运输股份有限公司、张某甲损害公司利益责任纠纷①

案件事实：

2014 年期间，被告张某甲系原告桂林××运输股份有限公司（以下简称运输公司）的法定代表人并担任董事长职务。位于桂林市象山区，土地证号为桂市国用（×××）第×××号的国有土地使用权人为原告运输公司所有，也是运输公司下属重型汽车修理厂（桂林××汽车技术服务有限公司）的经营场地。2014 年 10 月 28 日，运输公司就重汽修理厂改造文化产业园承包方案一事召开董事会，会议上董事长张某甲及其他董事会成员均发表了意见，提出了一些方案，最终大家在会议上的意见是"继续谈"。谭某某时任原告公司监事会主席，列席了董事会议。谭某某在本案中证明：因政府对瓦窑片区改造，对包括原告下属重型汽车修理厂经营场地范围进行文化产业园改造是政府的意见，原告公司按照政府意见，由董事长将改造产业园议题在董事会进行讨论，会议从 2014 年 9 月 4 日开始到 11 月，开了多次会没有结果，之后交给经营办，由张某乙牵头谈，最后将意见集中到总

① 参见广西壮族自治区桂林市中级人民法院（2021）桂 03 民终 750 号民事判决书。

经理王某某和董事长处。2014 年 11 月 12 日,原告运输公司与汇×公司签订《修理厂整体租赁合同》。原告认为,被告作为公司董事长,在大修厂对外出租并在与汇×公司签订合同的决策中未尽到一般性谨慎义务。本案涉案的重大事项应按公司章程规定由董事会过半数决议通过方可实行,而本案合同签订虽经董事会多次讨论,因有多人明确表示反对,最终未获决议通过,不了了之。而被告则利用自己董事长的地位,直接责令经办人与汇×公司签订合同,并最终给原告造成巨大损失。

审判理由:

一审法院认为:董事是否违反勤勉义务,应当以普通谨慎的董事在同类公司、同类职务、同类相关情形中所应具有的注意知识和经验程度作为衡量标准,只要董事根据掌握的情况或信息,诚实信用的决策,即应认定董事履行了勤勉义务。2014 年期间,被告担任原告运输公司董事长及法定代表人,在处理运输公司下属重型汽车修理厂经营场地改造文化产业园承包方案一事过程中,曾主持召开董事会进行讨论,该事务经由原告具体经办部门处理后,将意见汇总至总经理和董事长处,最终由原告与汇×公司签订《修理厂整体租赁合同》,以整体租赁的形式进行处理,但由于在合同履行过程中汇×公司欠付原告租金,导致原告发生经济损失。在涉案事务处理上,被告没有违反法律、行政法规和公司章程的行为,履行了董事职责。原告因汇×公司欠付租金导致的经济损失,与被告的决策行为没有因果关系,且原告在就桂林市中级人民法院(2017)桂 03 民初 14 号民事判决书的相关判决事项,向桂林市中级人民法院申请强制执行期间,向法院申请撤销强制执行申请,属于自行处分其对外债权的行为。因此,由原告承担举证不能的法律后果。

二审法院认为,判断公司高级管理人员是否履行了勤勉义务,主要是辨别公司高管是否以善意为之、是否尽到在相似位置上的普通谨慎的人在相同或类似情况下所需要的注意义务、是否为了公司的最大利益的方式履行其职责。本案中,根据相关证据可知,针对案涉的项目召开过专题会议讨论研究,可见被上诉人彼时有以善为之和为公司争取最大利益的初心,董事会也考虑到了投资的风险。本次会议并未得出案涉项目必须要招投标的硬性要求。在 2014 年 11 月 12 日上诉人就签订了《修理厂整体租赁合同》。从庭审后上诉人提交的其他董事会会议记录看,2014 年 9 月 17 日董事会会议上讨论的补偿金上市问题、年薪制定方案在至少约 7 个月后,即 2015 年 4 月 23 日、2015 年 8 月 3 日才再次被讨论。据此可知,案涉项目推进顺利,不存在谈不拢的情形。另外,上诉人一审提交的公司章程是 2014 年 12 月

8 日设立的。经本院二审庭审释明后,上诉人亦未提供 2014 年 12 月 8 日以前的公司章程,而上诉人 2014 年 11 月 12 日就签订了《修理厂整体租赁合同》。因此,以后来设立的公司章程去要求之前已经发生过的项目需经过董事会过半数表决通过显然不当。综上,现有证据无法形成证据链有效证实被上诉人未履行好勤勉义务。

在上述两个案例中,法院都运用了客观标准对董事是否违反注意义务进行审查。然而可以看到,不同法院对于客观标准中的理性人建构尚未形成统一认识,案例 6-5 的二审法院提出的是普通人的合理注意,案例 6-4 和案例 6-5 的一审法院要求的是类似董事的同行的普通谨慎,并且在案例 6-4 中法官还特别强调"勤勉义务建立的理性标准人是公司的管理者,而非社会中的普通人,因此对'董监高'的管理技能提出了更高要求,要求其应有相应管理技能下的谨慎态度"。另外,案例 6-4 和案例 6-5 在运用客观标准的同时,也审查了董事主观层面的心态。以上分析可见董事注意义务制度在司法适用上的混乱,而理性人塑造的不同也可能使得法官审查的深入程度不一,最终导致"类案不同判""裁判理由不统一"等现象,这进一步反映了制度完善的现实必要性。

4. 主观标准

主观标准,即法院以董事实际具有的知识、技能和经验作为考察董事是否违反注意义务的依据,此标准更能满足个案中存在特殊情况时对董事行为的审查要求。

案例 6-6:

曹某某等与邵某某等损害公司利益责任纠纷案①

案件事实:

北京××技术有限公司(以下简称技术公司)系一家成立于 2014 年 3 月 21 日的有限责任公司,注册资本为 1200 万元,法定代表人为邵某某,股东为沈某某、曹某某、张某某、技术公司。该公司执行董事为邵某某,监事为闻某某,经理为姜某某。本案中,原告沈某某、曹某某、张某某提交中国及多国专利查询信息三份,第一份查询信息显示:发明名称为部分覆盖的二维码防伪标签及其形成方法,专利号为 200810×××,申请日为 2008 年 6 月 27 日,申请人为技术公司,发明人为沈某某、刘某某等五人,该专利状态为等年

---

① 参见北京市第一中级人民法院(2021)京 01 民终 1766 号民事判决书。

费滞纳金。该发明专利第 13 年年费为 6000 元,缴费截止日为 2020 年 12 月 28 日,该笔费用尚未缴纳。截至 2020 年 10 月 27 日,当年年费金额及应交滞纳金额总计为 6900 元。第二份查询信息显示:发明名称为二维码防伪标签,专利号为 2014100×××,申请日为 2014 年 1 月 21 日,申请人为技术公司,发明人为沈某某,该专利状态为逾期视撤失效。第三份查询信息显示:发明名称为一种组合防伪标签,专利号为 2014200×××,申请日为 2014 年 2 月 25 日,申请人为技术公司,发明人为沈某某,该专利状态为未缴年费专利权终止,等恢复。原告因此主张技术公司遭受专利损失系因邵某某、闻某某未履行职责所致。

审判理由:

一审法院认为,勤勉义务系指上述人员应当依法运用自己的才能、知识、技能和经验,以适当的注意管理公司,以免公司利益受损。本案中,《公司法》和《技术公司章程》并未规定执行董事和监事具有维护公司专利权的相关职责或管理义务,且沈某某、曹某某、张某某并未证明邵某某、闻某某具有知识产权领域的专业知识、经验和能力,故沈某某、曹某某、张某某据此主张邵某某、闻某某违反勤勉义务,依据不足。二审法院未对董事行为作出认定,仅从因果关系和实际损失两个方面的举证不足驳回上诉。

案例 6-7:

张家口××房地产开发有限公司、法某某
损害公司利益责任纠纷案[①]

案件事实:

张家口××滑雪度假有限公司(以下简称滑雪度假公司)系外资企业,于 2006 年 9 月 14 日成立,法某某自 2010 年 12 月至 2014 年 1 月担任滑雪度假公司董事长、法定代表人,自 2014 年 9 月至 2015 年 10 月担任公司总裁,2015 年 10 月自公司离职。原告认为在公司滑雪场酒店式公寓楼及配套设施项目中,项目工程由公司原总经理徐某某负责,法某某对前期合同谈判、工程管理等一无所知,但在没有任何项目负责人及工程负责人签字认可的前提下,法某某未进行审慎审核,就直接在结算定案说明和结算定案表上签字,导致涉案工程增项费用损失。

---

① 参见河北省高级人民法院(2019)冀民终 485 号民事判决书。

审判理由：

一审法院认为，从工程设计到施工验收，存在洽商变更、设计变更等符合实际，而从设计到施工验收没有任何变更是极特殊的情形；而本案从涉案工程的背景、施工地点、施工条件、施工时间等情况看，结算书与施工合同有差异，符合客观实际；从结算书的签字行为看，是法某某在公司各部门的核对、核算、汇总、汇报的情形下，作为滑雪度假公司当时的法定代表人对外从事民事活动的表现。本案中，苛求法某某作为建设工程方面的专业人员，有失公正，况且法某某还是意大利人。退一步讲，即使存在失误，亦是原告公司内部机构、内部决策、有关人员专业水平等综合因素共同决定的，滑雪度假公司以事后对工程进行造价鉴定与形成结算书时存在差异而得出法某某未尽勤勉义务，且造价鉴定依据的资料存在缺失的情形，有失公正。

二审法院认为，法某某签署结算单据属于正常履行公司法定代表人的职责，属于公司管理性事务，并非需要特别授权或者开会审议的程度。正如一审判决认定的那样，即使法某某存在行为或决策的失误，亦是公司内部机构、内部决策、有关人员专业水平等综合因素共同决定的，不能由法某某个人承担事后的赔偿责任。至于法某某的工作能力或者自身知识水平等能否满足工作需要、能否胜任本职工作的问题，不是法律应当考虑的范围，其后果由公司自身承担和负责。

以上两个案例都没有单独适用主观标准，而是将其作为一个辅助性标准，结合客观标准或是"正常经营行为"标准予以综合判断。并且在案例6-7中，二审法院明确提到，董事的工作能力或者自身知识水平等能否满足工作需要的问题，不是法律应当考虑的范围，即在该案中不需要考量董事个人的专业水准。由此可见，对于董事注意义务的司法审查能否运用主观标准，各个法院的认知和评价不一，法官自由裁量权较大。

从上述案例分析中可知，一方面，各法院对董事注意义务的判断标准都进行了有益探索，一定程度上证明了我国法官具备在商事案件中解释法律、运用自由裁量的能力。但另一方面，这一现象更多展现了自由裁量权行使中的尴尬境地，即关于董事注意义务的司法裁判缺乏明确清晰的法律条文支撑。我国《公司法》未对注意义务的内涵、外延和判断标准予以明确，在这种情况下，法官拥有较大的自由裁量权。但囿于法官个人的认知差异，对同一事实在价值判断、利益衡量以及法律解释方法的运用上都可能出现分歧，因而各个案件中董事注意义务的司法判断标准和审查路径无法统一，可能造成"类案不同判"，影响司法判决的权威和公信力，也使得当事人不敢贸然顶着巨大的诉讼成本进行诉讼。① 而营商环境优化对商事制度的要求,强调的却是降低制度性成本、强化公司和股东追责与诉讼的便利度。可见董事注意义务制度仍需要在本土中不断进化,立足于实践及时对法律条文进行再次塑造。②

第二节 我国董事注意义务的标准明晰

通过上文分析可知,董事注意义务的判断标准是董事注意义务制度的核心内容,既关系到董事履职和公司治理的水平,也是董事问责和司法裁决的重要依据。然而立法空白客观上造成了司法适用的混乱和随意,不同判断路径下的责任结果也存在较大差异,使得董事注意义务无法充分发挥上述制度功能,遑论为中小股东权益提供有效的保障与救济,也与营商环境关于优化公司治理、降低制度性成本的追求不符。因此,在董事注意义务的制度缺陷中,其判断标准的明确最具有迫切性和必要性。纵观域外立法,囿于企业文化和法律体系的差异,各国对注意和勤勉存在不同理解,从而董事注意义务的判断标准亦有所差别。③ 对此,可以充分考察域外董事注意义务的判断标准,最后立足于本国实践探索具有合理性、适应性的制度安排,以此促进我国董事注意义务的制度完善,为法治化、国际化营商环境的优化助力。

一、严格的客观注意标准:德国法之"正直、勤勉的经理"

德国董事会在公司的经营管理中享有广泛职权,基于权责一致性的要求,德国判断董事是否违反注意义务,依据的是一种严格而客观的注意标准,学界称之为"正直、勤勉的经理"标准或专家标准。该标准的严格性主要体现在以下四个方面:其一,德国《股份公司法》第 93 条第 1 款规定,董事在履行义务时,应尽通常及认真的业务执行人之注意。德国学者认为,注意义务是一般性的规定,在公司实践中可以细化为无数的行为准则,而董事

---

① 参见沈竹莺:《公司监事兼任高管的法律后果及其勤勉义务》,载《人民司法》2011 年第 2 期。

② 参见周天舒:《论董事勤勉义务的判断标准——基于浙江省两个案例的考察》,载《法学杂志》2014 年第 10 期。

③ 根据各国相关的立法和司法实践,可将董事注意义务的判断标准归纳为四类:严格的客观注意标准、折中的客观注意标准、主客观相结合的注意标准、宽松的客观注意标准。此四类标准是在对各个国家立法规定和司法审查中董事履行注意义务的行为标准(主客观方面)和归责标准(过失程度、免责事由)等综合考察的基础上作出概括和总结。

在执行公司职务时的所有马虎行为都将视为对注意义务的违反。① 因此，董事在作出商业判断之前，需要进行必要的准备工作，例如充分收集相关信息，明确并降低决策可能带来的各种风险，这是考察董事决策是否恰当的关键性因素。其二，董事履行注意义务的程度既遵守公司对董事职务在专业水准、精力投入等方面的一般要求，又取决于具体情况下董事履职所需达到的特殊要求。② 因此，担任公司董事一职也意味着随着公司的持续发展，董事有义务不断提升自己的专业能力与素养，主动获得更多履职所应具备的技能。其三，德国的"正直、勤勉的经理"标准是一种纯粹的客观标准，并不考虑董事个人的特殊情况。如果董事以个人能力、知识或经验不足而主张其并没有违反注意义务，是不能产生任何抗辩或免责效果的。其四，就责任承担而言，董事履行注意义务时的任何疏忽或微小过失都将导致董事承担赔偿责任，并且德国法禁止公司以事先的章程规定或事后的股东会决议等方式减轻或免除董事的相应责任。当然，由于董事行为时所处的具体环境不同，"正直、勤勉的经理"标准只是客观方面的一个辅助性判断标准，个案判断还应结合考量公司的性质、规模、行业发展情况等因素。

综上所述，尽管德国的公司法律规范并未明文规定董事履行注意义务需要达到"正直、勤勉的经理"标准，但实际上董事履行的是一种严格注意义务，其以"专家"的谨慎为参照构建，注意程度通常远高于一般人。

二、折中的客观注意标准：日本法之"善良管理人"

日本 2006 年《公司法》第 531 条规定监事"须以'善良管理人'的注意履行职务"，而未明确董事负有注意义务。但根据日本民法理论，董事、监事与公司之间的关系均为委任关系，并且《公司法》第 423 条第 1 款规定股份公司的董事、监事等高级管理人员怠于履行职责的，应对公司损失承担赔偿责任。因此，日本学界通说认为董事与监事都应承担注意义务，并且该注意义务需达到"善良管理人"的注意标准。③

日本法对董事注意义务标准的界定实际上是继承了罗马法的传统。在罗马法上，"善良管理人"的注意义务分为两种情况：一是以现实生活中并不存在的抽象之人为标准，即处理普通事件时一般人所为的注意；二是须结合当事人自身情况判断的具体标准，即应尽到像当事人处理自己事务时所

---

① 参见马一德：《公司治理与董事勤勉义务的联结机制》，载《法学评论》2013 年第 6 期。
② 参见刘敬伟：《董事勤勉义务判断标准比较研究》，载《当代法学》2007 年第 5 期。
③ 参见任自力：《公司董事的勤勉义务标准研究》，载《中国法学》2008 年第 6 期。

为的勤勉与注意。但后世对"善良管理人"的注意义务进行了继承与修正，认为董事应当尽到本行业一般从业人员的勤勉、谨慎与注意，同时应利用自身的技能与知识如处理自己事务那般用心地处理公司事务。[①] 故日本董事注意义务的判断标准也称之为"善良家父"标准，即董事需要以"善良家父"的形象和要求经营管理公司。[②] 这种现象也与日本的公司治理结构有关，由于相互持股形成的内部股东关系较为稳定，而董事的任免权由股东会享有。同时，董事需从公司内部遴选产生，通常会经历普通员工—业务领导—董事的历练过程。因此，公司对董事而言相当于自己的"家"，董事就是公司这个"大家庭"的"善良家父"。[③] 然而，在日本司法实践中，法院很少以董事违反注意义务为由判决其承担责任。主要原因在于，考虑到公司经营的复杂性与专业性，法院认为不应在事后主动且过多地介入到对董事商业决策的判断之中。

日本董事注意义务的判断标准与同为大陆法系的德国标准看似相同，但实际上仍然存在差异，从"善良管理人"和"专家"两个概念使用的微妙差别上也可以看出，主要体现在董事责任豁免方面。日本立法者认为，由董事承担公司经营活动中的所有商业风险是非常不合理的，需要依照公平原则对董事、股东和公司之间的风险负担进行重新分配，从而才能促进公司治理结构的完善，满足经济发展新态势的需要。因此，《日本公司法》规定，对于善意的一般过失，董事可依法免除部分或全部赔偿责任；但对于因重大过失所致的公司损失，董事应一律承担赔偿责任。[④]

三、主客观相结合的注意标准：英国法之"理想勤勉人"

（一）早期英国董事注意义务的主观标准

英国法上董事注意义务的判断标准是由判例发展而来。早期英国判例对董事注意义务的要求比较低，即董事只需尽到与其自身专业能力和经验

---

① 参见徐化耿：《信义义务的一般理论及其在中国法上的展开》，载《中外法学》2020 年第 6 期。

② 参见曹顺明：《股份有限公司董事损害赔偿责任研究》，中国法制出版社 2005 年版，第 76 页。

③ 参见马一德：《公司治理与董事勤勉义务的联结机制》，载《法学评论》2013 年第 6 期。

④ 例如《日本公司法》第 425 条：董事执行职务善意且无重大过失的，可经股东大会决议，依法免除其第 423 条第 1 款下的部分或全部赔偿责任。第 426 条：公司可以在章程中规定，在董事执行职务善意且无重大过失的情形下，经董事会或半数以上其他董事的同意，依法免除其第 423 条第 1 款的责任。参见任自力：《公司董事的勤勉义务标准研究》，载《中国法学》2008 年第 6 期。

水平相符的一般注意。当时主流的观点认为,既然不同的董事在能力、经验等方面存在差异,且被要求不同程度的注意,那么唯一具有可操作性的注意义务标准只能是一个主观性标准。1925 年 Recity Equitable Fire Insurance Co.案是体现这一观点的典型案例①,该案大法官罗默(Romer J.)认为,董事在履行注意义务时不需要实施相较于其自身所拥有的知识和经验来说更高程度的注意,同时董事履职具有间接性,如定期参加董事会会议,而不必对公司事务给予持续地关注。该判例确立了董事注意义务的主观标准,即不能期望董事拥有与董事职位相匹配的知识和经验,而应以董事自身实际具有的知识和经验进行判断。但将主观性标准运用于实践却会带来一个问题——董事拥有的知识、技能、经验越丰富,其责任越重;反之,董事的专业水平越低,其责任越轻。这种标准显然过于随意,不利于公司治理水平的提高,也不符合董事在现代公司治理结构中的核心定位。按照大多数英国学者的看法,主观性的注意义务要求显得过分的低。② 因此,后来的英国判例法提高了董事注意义务的判断标准。

（二） 董事注意义务判断标准的转变

在 Dorchester Finance Co.Ltd v.Stebbing 案中,公司两名具有注册会计师资格的非经营董事按照经营董事斯蒂宾(Stebbing)的要求签发了空白支票,后查明该笔贷款违法。福特(Forter)法官认为,两位非经营董事作为会计师根本未展示必要的财务会计技能,未尽到合理的注意,虽然法官没有明确提出采用客观标准来判断董事注意义务的履行,但其强调作为一种公司职务,董事均须具备并表现出必要的经验和技能,履行其应尽的义务,而无论是执行董事还是非执行董事,人们可以期望对具有专业技能的董事适用更高和更客观的标准。该案对注意义务的判断在事实上排除了董事的个性差异而转向适用客观标准,符合现代社会董事角色的发展要求。③ 与此种观点相对应,英国 1948 年的《公司法》也并未区分执行董事与非执行董事。

（三） 后期英国注意义务判断标准的发展

后期英国法在董事注意义务判断上采用"理性勤勉人"(a reasonably diligent person)标准,并将客观标准与主观标准相结合。1986 年英国《破产法》第 214 条第 4 款规定,董事必须按"理性勤勉人"的标准行事,应具有(a)可被合理期望的与董事履行同样职能的人所具有知识、技能和经验;

---

① See In re CIity Equitable Fire Ins.Co.Ltd.,1925 Ch.407,408(Eng.C.A.).

② 参见张开平:《英美公司董事法律制度研究》,法律出版社 1998 年版,第 186 页。

③ 参见刘敬伟:《董事勤勉义务判断标准比较研究》,载《当代法学》2007 年第 5 期。

(b)该董事实际具有的一般知识、技能和经验。[1] 尽管这是《破产法》上的规定,但在随后的一些判决中,法官认为这种检验可以广泛应用到更多公司正常运营当中的普通董事纠纷,以审查董事注意义务的履行情况。[2] 因此,若董事实际具有的知识、技能和经验超出了一般董事职务水平,但其履职行为并没有达到该实际标准,也会视为违反了董事注意义务。[3] 由于执行董事和非执行董事的专业资质不同,相应的注意义务也具有不同的判断标准。与履行一般业务监督和咨询职责的非执行董事相比,从事公司日常管理业务的执行董事应当满足更为严格的职业标准。[4] 除了针对不同主体灵活适用标准外,根据英国《公司法》和《破产法》的有关规定,董事只有在重大过失的情况下才需要承担赔偿责任,而轻微或一般过失可以依法获得免责。

经过大量判例积累,英国法上董事注意义务的内涵及标准逐渐厘清并通过制定法予以明确。2006 年英国《公司法》第 174 条规定:(1)董事必须运用合理的注意和技能且保持勤勉;(2)这里的注意、技能和勤勉是指在如下状态:一个勤勉的自然人所应当具有(a)一个自然人为了履行与公司相关的董事职责而应当具备的一般的知识、技能和经验;(b)一名董事所拥有的知识、技能和经验。[5] 可见,2006 年英国《公司法》采用的仍然是主客观相结合的双重标准,并将适用主体扩大到所有董事。为了避免董事注意义务因成文而僵化,立法还明确法官可以在特殊情况下依据衡平原则进行个案裁量,以拓展董事义务的成文法规定,从而避免董事注意义务脱离《判例法》的生长土壤,保留其继续发展的制度空间。[6]

四、宽松的客观注意标准:美国法之"商业判断规则"

(一) 美国成文法上的董事注意义务标准

美国法对董事注意义务的判断标准经历了从严格到宽松的态度转变。早期美国各州关于董事注意义务的规范主要适用于银行及金融机构的董事。法院在裁判时,通常要求董事履职应当达到与处理自己事务时的专注和谨慎程度,并且董事需要为自己的一般过失负责,因此属于较为严格的注

---

[1] 参见罗培新、李剑、赵颖洁:《我国公司高管勤勉义务之司法裁量的实证分析》,载《证券法苑》2010 年第 3 卷,第 378 页。

[2] 参见叶金强:《董事违反勤勉义务判断标准的具体化》,载《比较法研究》2018 年第 6 期。

[3] 参见刘敬伟:《董事勤勉义务判断标准比较研究》,载《当代法学》2007 年第 5 期。

[4] 参见张开平:《英美公司董事法律制度研究》,法律出版社 1998 年版,第 188 页。

[5] 参见罗培新、李剑、赵颖洁:《我国公司高管勤勉义务之司法裁量的实证分析》,载《证券法苑》2010 年第 3 卷,第 379 页。

[6] 参见李燕、杨淦:《董事注意义务的司法审查标准刍议》,载《法律适用》2013 年第 12 期。

意标准。19世纪90年代以后,董事注意义务的适用范围逐渐扩大到所有类型的公司。与此同时,1891年的Briggs v.Spaulding案为美国董事注意义务确立了一个普遍标准,即董事处理公司事务时需要达到普通谨慎人之程度。① 但由于银行涉及金融安全和公共利益,因此,在标准具体适用上,法院对银行董事的要求仍高于普通公司的董事。后来随着美国公众公司数量的增多,银行董事的注意义务也逐渐降低为一般注意程度,董事只需对其重大过失承担赔偿责任。至此,美国董事注意义务的判断标准从严格注意过渡为一般注意。②

董事注意义务再次掀起讨论热潮是在1985年Smith v.Van Gorkom一案后。③ 在该案中,法院运用商业判断规则考察董事注意义务的履行情况,即更多审查董事作出决策的程序是否合理、是否符合公司最佳利益原则,包括决策时间长短、信息获取与审查、决议程序等因素,而非考察董事决策的具体内容、结果和对公司的影响。最终,特拉华州最高法院以多数意见认为在公司出售事宜上董事具有重大过失,违反了注意义务。然而,该案却带来了负面的社会效果。因担心商业决策所致的高额赔偿,董事任职的信心备受打击。因此,1987年特拉华州通过对《特拉华州普通公司法》的修订,赋予公司更多自治权,其第102条第(b)款第7项允许公司章程减轻或免除董事违反注意义务的赔偿责任,但董事因违反忠实义务、恶意行为、非法行为等产生的责任不得豁免。后来该规则被美国其他各州仿效,使得美国董事注意义务标准从一般的注意进一步向宽松的注意转变——如果董事只是违反了注意义务,而没有同时违反忠实义务或诚信要求,即使构成重大过失,该董事也可根据公司章程主张减轻或免除赔偿责任。因此,有学者认为,在Smith案之后,董事注意义务在美国公司治理中历经短暂苏醒后进一步走向了死亡,仅具有形式上的意义。④

（二）美国判例法上的商业判断规则

如前所述,董事决策并非简单的是非对错问题。由于商事经营的复杂

---

① See Michael Bradley and Cindy A.Schipani, *The Relevance of the Duty of Care Standard in Corporate Governance*, 75 Iowa L.Rev.1(1989).

② 此种注意标准体现在美国《标准商事公司法》的第8.30条:(1)董事会的每位成员在履行其董事义务时,应当本着(a)诚信;(b)以其合理相信符合公司最佳利益的方式而行为;(2)董事会成员或董事会委员会的成员在知悉与其履行决策功能有关的信息时,或者在履行其监督功能而施加注意时,应尽到一个处于相同位置的普通人在类似情形下所合理相信适当的注意。

③ See Smith v.Van Gorkom, 488A.2d858(Supreme Court of Delaware, 1985).

④ 参见任自力:《公司董事的勤勉义务标准研究》,载《中国法学》2008年第6期。

性和风险性,董事并不能保证其作出的商业决策就能够实现公司的最佳利益。同时,为了避免延误商机,董事往往只能在有限的信息中及时作出判断,决策失误在所难免。① 鉴于此,为了保护董事独立的判断权和执行力,避免让其对事后看起来"不合理的决策"承担责任,打击董事为公司和股东创造财富的积极性,并且为了避免法院总是以事后结果作为标准来衡量董事的事前行为,造成司法对公司治理和商业运营的过度干预,美国法院在长期的审判实践中总结出了一条非常重要的司法审查规则,称之为"商业判断规则"(The Business Judgement Rule)。②

"商业判断规则",是指董事所作出的商业决策(在不涉及直接的个人利益或自我交易)若是基于充分信息的理性判断,就算该决策导致公司遭受损失,董事亦无须对此承担责任。③ 在 1984 年以前,商业判断规则主要是董事对抗股东派生诉讼的一种防御性手段,董事可以借此免受股东事后的无理责难,相对独立地经营管理公司。在 1984 年 Aronson v. Lewis 案④后,该规则演变成以"推定"为核心的司法审查规则,具有举证责任分配的程序功能。⑤ 当商业判断规则作为诉讼当事人的程序指引时,其本质上是由一系列审查要素和证据规则组成:首先,法院将假设或推定董事在作出商业决策时与该决策事项并无利害关系,主观上为善意且是基于公司最佳利益的考量,客观上已获知了充分信息,此时原告应就董事行为不满足前述条件承担举证责任。如果原告无法证明,法院将不再进行实质性审查。但如果原告的举证能够推翻上述假定,董事也未必就承担责任⑥,因为商业判断规则作为程序性规则适用,仅仅影响原被告之间证明责任的承担。此时,法院则有必要进一步考察董事决策是否公正适当,而董事若无法证明交易公正适当,就应对公司损失承担赔偿责任。例如,在 Smith v. Van Gorkom 案中,法官就明确指出董事作出的公司合并决策不符合商业判断规则所要求的正当程序,而且董事也没有将所有重大信息充分披露给股东,导致股东会在信息不完全的情况下作出决议,因此董事决策时违反的程序性问题并不能因股东会的批准而消除。但需要注意的是,就算在实质性审查

---

① 参见张开平:《英美公司董事法律制度研究》,法律出版社 1998 年版,第 190—191 页。

② 参见刘敬伟:《董事勤勉义务判断标准比较研究》,载《当代法学》2007 年第 5 期。

③ See Robert W. Hamilton. Richard D. Freer, *The Law of Corporation*, 6th edition, West Publishing Company, 2011, p.163.

④ See Aronson v. Lewis, 473 A.2d, pp.805, 812(Del 1984).

⑤ 参见傅穹、陈洪磊:《商业判断规则司法实证观察》,载《国家检察官学院学报》2021 年第 2 期。

⑥ 参见李燕、杨淦:《董事注意义务的司法审查标准刍议》,载《法律适用》2013 年第 12 期。

阶段,法院也坚持适用宽松的责任标准,即董事只需要对其重大过失行为负责。

另外,在 Walt Disney Company Derivative Litigation 案①,原被告在关于批准雇佣合同、选举迈克尔·奥维茨(MichaelOvitz)为公司董事长以及无过错解雇迈克尔·奥维茨导致公司支付巨额费用等问题上公司董事是否违反了注意义务而争执不休。②此案经过5份判决,2次上诉,耗费8年之久,特拉华州最高法院最终认为董事在决策时具备足够的知悉与善意,公司应自行承担一亿三千万美元的巨额安置费。法院认为,在批准雇佣合同时,薪酬委员会成员对无过错条款及其项下的巨额补偿费是知悉的,这一知悉主要依赖于相关信息的调查和收集、判断和分析,以及对自身专业经验和以往实践经历的合理信赖,而这几点在此案中均有呈现。因此,尽管在董事批准雇佣合同的程序上存在瑕疵,但尚不构成重大过失,董事未违反注意义务。需要注意的是,该案股东曾试图混淆"重大过失"与"恶意",想通过证明董事的恶意行为来阻却"商业判断规则"的适用。然而该案法官认为,故意造成损害构成"典型的恶意",但重大过失单独无法构成恶意,应严格区分恶意行为与重大过失。在此案中,恶意则体现为"有意的忽视"③,即故意玩忽职守或故意不履行其应当履行的职责等,但真实情况却并非如此。

---

① 该案基本案情:被告迈克尔·艾斯纳(Michael Eisner,公司CEO)雇佣了其朋友迈克尔·奥维茨作为公司的董事长。迈克尔·奥维茨的雇佣合同条款由迈克尔·艾斯纳一手操办,其中包括无过错终止条款(No-Fault Termination,NFT)。公司的董事会与薪酬委员会只花了不到一小时就批准了该雇佣合同,彼时,合同的多处条款仍然未明确。在雇佣决定宣布那天,迪斯尼的市值大约上涨了十亿美元。但很快,迈克尔·奥维茨因无法胜任工作而提出了辞职。根据雇佣合同的无过错条款,如果迈克尔·奥维茨非因过错而离职,公司将一次性补偿其一千万美金,还有权在接下来的四年中,每年获得一百万美金的剩余薪酬和七百五十万美金的红利,以某一特定价格购买迪斯尼公司股份三百万股的股票期权等解雇利益。最终,迈克尔·奥维茨因为"无正当理由解雇"而获得大约一亿三千万美元的安置费。迪斯尼公司的股东认为一亿三千万美元的安置费用是对公司资产的浪费,损害了公司利益,公司董事以及薪酬委员会成员构成对信实义务的违反,于是向特拉华州衡平法院提出派生诉讼。See In Re the Walt Disney Company Derivative Litigation(Brehm v. Eisner)906A.2d27;2006 Del.LEXIS307.

② 该案的争议焦点还涉及忠实义务的违反、恶意行为的判断、公司资产浪费等问题,但由于本章主要讨论董事注意义务,因此对该案争议焦点的归纳也主要围绕董事是否违反注意义务而展开。

③ Court cites"intentional misconduct" and "egregious process errors" as indications of bad faith, and as such are reasons to counteract the BJR presumption and support claims of breach of duty.

五、我国董事注意义务判断标准的确立:主客观结合标准

(一) 域外董事注意义务判断标准的总结

德、日、英、美四国关于董事注意义务标准的界定,看似存在四种不同模式,但底层逻辑均是以"理性人"标准为参照,只是该参照通过主客观判断和过失程度两个维度进行轻重调节,从而具化到某一个角色,并以此为基础,搭建注意义务的标准体系。德国法对董事注意义务采用类似"专家"的严格客观标准,并且董事需要对一般过失承担责任,标准严苛。日本法与德国法对董事履行注意义务的要求相似,使用"善良管理人"的客观标准,但却允许董事根据股东会决议或公司章程的规定对于其善意且非重大过失行为减免责任。可见企业管制较为严格的传统大陆法系国家通常对董事注意义务的要求较高。英国法适用主客观相结合的判断标准,即以"一般理想勤勉人"的标准为基本准绳,结合董事个人实际情况加以判断。同时,董事违反注意义务但行为善意时,即使构成重大过失,法院仍有权根据实际情况决定减轻或免除其赔偿责任。① 因此英国法董事注意义务的标准实际上与董事会职权和公司治理结构相挂钩,制度设计更为灵活。与美国法崇尚契约自由的商业精神和成熟的诉讼救济制度相对应,美国法对董事注意义务的要求最为宽松,采用客观化的行为审查标准,同时允许公司章程对董事免责进行规定。而商业判断规则的适用为注意义务的判断提供了另一种路径,不仅克服了"理性人标准"的抽象性,也为董事追责前置了一道门槛,在激励董事职业热情与约束权力之间寻求一种平衡。

就美国法商业判断规则而言,是尊重董事专业判断、保护董事独立决策、保持司法谦抑和克制的重要举措,避免法官总是站在上帝视角对董事的商业决策进行事后评价,因此侧重于程序性事项的审查,尤其是董事对相关信息的充分获知。而这种不探究"结果正义"的"程序正义"将在一定程度上降低董事承担责任的可能。重大过失是阻却商业判断规则适用的重要事由,也是对董事归责的重要标准,但轻微的程序瑕疵在一定程度上可能会被法官包容,商业判断规则的适用不受影响。尽管商业判断规则在诞生之初只是法院的司法审查规则,但随着法官在判例中的不断运用,自然而然地就被董事认为是履职的行为准则,商业判断规则的实体性

---

① 参见任自力:《公司董事的勤勉义务标准研究》,载《中国法学》2008 年第 6 期。

也日益得到体现。①

（二）我国董事注意义务判断标准的确立

1. 主观标准和客观标准的取舍

通过对域外董事注意义务标准比较考察，并结合对相关标准司法适用情况的分析可以发现，纯粹的主观或客观标准都存在一定缺陷。主观标准将董事自身能力作为注意义务考察的准绳，实际上容易造成董事能力越高、法律对其要求就越高、责任也更重，而能力越低、法律要求就越低、责任更轻的困境。该认定标准过于随意，不利于公司治理的稳定性，也无法适应当下公司发展需要。由于公司向董事支付高额薪酬往往是为了换取其特有的经营技能与经验。在此背景下公司有理由要求董事的知识、技能与经验达到其所预期的行业水准。客观标准则认为董事应达到处于相同或类似位置的普通谨慎之人在相同或类似情况下所应尽到的注意程度。该标准具有一定普遍适用性，有助于抑制董事在应聘期间的机会主义行为。譬如董事在聘任时可能会运用应聘技巧以争取公司的青睐，但在之后履职过程中实际水平或注意程度若未达到客观标准的要求，并由此给公司造成损失，那么公司则可以根据客观标准进行有效追责，而非以董事实际情况为准。② 但同时，作为基础性人格形象的董事，实际上也会存在较大差异。由于不同行业、规模、性质的公司对董事履职的具体要求有所不同，不同职位的董事行使职权的方式也有所不同，如执行董事对于公司事务的参与程度和投入的时间、精力等要远远超过非执行董事，对其主管范围内的事项显然应承担比非执行董事更高的注意义务要求。另外在董事与公司之间的有偿契约关系中，给付均衡原理可能也会对董事注意义务的判断产生一定影响③，即董事职位越高，获得的报酬越高，其应当具备的知识、技能以及经验要求必然越高，履行注意义务的要求则越高。由此可见，一个不变标准不可能完全将董事注意义务固定下来，而且该"平均水平"标准对于业务能力较强的董事来说，

① 亦有学者认为商业判断规则在美国已被尝试进行文化表述。如美国法律研究院（American Law Institute, ALI）制定的《公司治理原则：分析与建议》第 4.01（c）条规定，"董事或高级管理人员在善意做出商业判断时，如果满足了下列条件，视为其履行了谨慎职责（对应本章"注意义务"）：（1）对于判断的事项无利害关系；（2）按当时情形下，在董事合理相信适当的范围内了解与判断事项相关的信息；（3）合理相信该判断是为了实现公司利益的最大化。"参见傅穹、陈洪磊：《商业判断规则司法实证观察》，载《国家检察官学院学报》2021 年第 2 期。

② 参见周天舒：《论董事勤勉义务的判断标准——基于浙江省两个案例的考察》，载《法学杂志》2014 年第 10 期。

③ 参见叶金强：《董事违反勤勉义务判断标准的具体化》，载《比较法研究》2018 年第 6 期。

可能会培养其惰性或者纵容其过错。

2. 确立主客观相结合的双重标准

董事注意义务的判断标准事关董事行为的自由与限度,为确保制度的妥适性,从我国现有理论积淀和司法实践倾向出发,我国董事注意义务制度可采用主客观相结合的双重标准。在主客观标准结合架构下,以客观标准作为判断董事是否履行注意义务的一般要求和基础依据,即所有董事,不论其个人学识、经验、能力如何,都应达到客观标准要求。同时为保护公司及股东的合理信赖,该客观标准不会因董事个体情况而降低。但当董事因职业要求或专业技能等原因具备更高的知识储备或能力水平时,注意义务的判断标准将会被提高,即通过主观标准将那些超出普通董事具有的知识、能力和经验纳入考量范畴。主客观结合标准的科学合理之处在于客观标准符合优胜劣汰的市场经济规律,设定的限度要求虽然给能力低于一般社会水平的董事带来了压力,但也能反向督促其采取更为积极进取的态度履行注意义务,采用客观标准为主的判断方法也更符合我国司法实践经验。而主观标准能够满足公司根据自身的经营实际对董事的个性化需求和期待,譬如董事是会计师或审计师,那么其在财务问题上就应达到相对普通董事更高的注意程度。此种情况下若不提高标准,可能就无法追究过错董事的责任,有违"自己责任"的要义。而标准的提高则可以敦促董事行事谨慎,有助于进一步激发董事履职的主观能动性,从而提升公司治理的效益,充分保障公司与股东的合法权益。同时,主客观相结合的标准具有宽严相济的功能,既能实现对董事行权的制约,又能为其独立经营决策留下充足的空间。此外,该标准还实现了静态与动态的结合,即客观标准具有制度适用的稳定性,而主观标准有助于在个案中实现对客观标准的微调,法官可以结合个案中董事的实际经营能力和水平、职位薪酬等因素来适当提高其承担义务程度的边界,从而避免成文法僵化和滞后的缺陷。

3. 客观标准中的"理性人"选择

我国董事注意义务的客观标准是采用英美法普通人的"一般谨慎",还是日本法"善良管理人"的高度注意,抑或德国法"专家"的严格标准,需要结合我国经济发展与公司治理水平综合确定,以确保该标准与我国董事注意义务制度目的的适配。虽然我国《公司法》将董事会定性为执行机构,但从实践来看,董事的职责不仅是出席董事会会议、执行股东会决议,更多的是自主地进行业务经营和商业决策,在激烈的市场竞争中把握住商业机会,为公司赚得利润和增值。因此董事在经营管理公司时是站在一个有相当知

识经验人的立场上,而非一般普通人的立场上。换言之,董事较之于普通人
应负有更高的注意义务要求,否则董事注意义务可能会变为一纸空文,造成
"庸才"董事或"挂名"董事盛行的不良现象,也无法激发董事经营管理公司
事务的积极性和主动性,最终损害的是公司和股东利益。但另外,董事注意
义务的客观标准不能过于苛刻,否则董事将面临较大的责任风险,不符合正
常商业风险的自担性要求。① 出于规避风险的考虑,董事可能会基于不求
有功但求无过的心态倾向于保守经营,不利于激励董事为了公司利益最大
化的风险决策。换言之,尽管在董事会权力法定化、实质化的背景下,应保
持强化董事问责的倾向,但激励商事创新也是商法的永恒使命,应当防止在
过度追求安全价值中丧失创新效益②,此也即良好营商环境之追求。从法
经济学的角度来看,当且仅当董事勤勉尽责的边际成本等于边际效益,投
入注意义务的产出效益才为最佳,也即董事注意义务不能一味地追求高
标准、严要求,而应适当考虑董事利益,授予其合理的独立裁量空间,董事
才更能推动企业开拓创新,从而实现公司及股东所预期的财富价值最大
化。③ 此外,我国目前尚未形成职业经理人市场,设定的标准应防止庸才董
事或挂名董事的出现,但又不能阻碍和影响有经营管理能力的人担任董事
职务。

　　综上所述,我国董事注意义务的客观标准宜采用类似日本"善良管理
人"的注意程度,这对于确保董事正确履职、促进公司健康发展利多弊少。
这一观点不仅契合我国新修订的《公司法(2023)》第180条对董事注意义
务标准的明确,即董事在执行职务时应当为公司最大利益尽到管理者通常
应有的合理注意。④ 同时也符合我国司法实践情况,因为在笔者所整理的
涉及客观标准的7个案例中,有5家法院都将客观标准的"理性人"塑造为
类似董事的"普通谨慎的同行"。

---

① 例如民法中情势变更的适用就排除商业风险的情形,参见《民法典》第533条:合同成立
　后,合同的基础条件发生了当事人在订立合同时无法预见的、不属于商业风险的重大变
　化,继续履行合同对当事人一方明显不公平,受不利影响的当事人可以与对方重新协商;
　在合理期限内协商不成的,当事人可以请求人民法院或者仲裁机构变更或者解除合同。

② 参见范健:《从全球经济危机反思现代商法的制度价值》,载《河北法学》2009年第8期。

③ 参见周林彬、官欣荣:《〈公司法〉第148条第1款"勤勉义务"规定的司法裁判标准探析》,
　载《商事法论集》2012年第21卷,第481页。

④ 参见《中华人民共和国公司法(2023年修订)》第180条第2款:董事、监事、高级管理人员
　对公司负有勤勉义务,执行职务应当为公司的最大利益尽到管理者通常应有的合理注意。

第三节　我国董事注意义务的类型解构

虽然理想的法律秩序未必能随着成文法的颁布而当然形成,但公司的良法善治依然是营商环境优劣的重要试金石。[①] 前文提及,我国《公司法(2018)》对董事注意义务的规定过于简单和原则,无法应对公司治理中董事会权力扩张的现实,也难以满足司法实践中纠纷解决的需求,而法院也常常将注意义务和忠实义务混为一谈。为增强董事注意义务制度的可操作性,使其更为精准且有效地发挥控制代理成本、优化公司治理的制度功能,可以通过类型化研究的方法解构董事注意义务的行为类型,以此为董事提供可预期的行为指引,降低司法甄别的难度。本节从董事注意义务的本质特征——从公司最佳利益原则出发,以我国董事注意义务现有规则为基础,结合司法实践中较常涉及的董事履职行为,大致总结出技能义务、勤勉义务、谨慎义务和监督义务等注意义务的四种基础行为类型,并试图以此为中心构建董事注意义务的义务群。但从社会效果检验的角度来说,复杂的注意义务类型并不一定对公司治理起到良好作用。因此,公司法应当将最为常见的董事履职行为纳入注意义务,通过列举加兜底的方式厘清注意义务的外延。

一、技　能　义　务

技能义务是董事注意义务的当然内容,也是保障董事顺利履职的前提。董事作为具有一定特殊性和专业性的职业,任职董事的个人应当具备与该职业相匹配的知识、技能和经验,以服务于执行公司职务的需要。就普通董事而言,通常需要掌握基础的财务会计知识或其他专业知识、具备公司业务经营和事务管理的能力和经验等,并且能够依赖其掌握的知识、经验和技能对公司相关事项作出独立客观的判断,满足相应技能下的勤勉与谨慎。需要注意的是,董事应当具备相应技能并不等同于董事必须是全能型人才,其可以合理依赖具体业务所涉领域的专家意见,但董事具备的技能程度应使其具有判断专业意见真伪的基础能力。[②] 此亦为前文所提到的注意义务客观标准的最低水平。同时,技能义务区别于董事任职资格的要求,具有持续性和强制性特征。换言之,若董事能力水平与其所从事的公司业务难度程

---

① 参见刘俊海:《推动公司法现代化,优化营商法律环境》,载《法律适用》2020年第1期。

② 参见郭富青:《我国公司法移植信义义务模式反思》,载《学术论坛》2021年第5期。

度不符,就有必要去获得相应技能以满足履行职责的需要,并且这种需要会随着公司经营的发展或董事职位的变动而变动。①若董事不能达到技能义务的要求,将视为对注意义务的违反,董事不能以其缺乏专业知识和技能作为责任抗辩理由。

在前文提到的英国 Dorchester Finance Co.Ltd v.Stebbing 案中,福特法官就认为,两名具有注册会计师资格的非经营董事在签发空头支票的行为中,根本未展示必要的技能、未尽到合理的注意,显然违反了董事注意义务。可见对律师、会计师等具备特殊技能的专家型董事来说,除了要满足一般的技能义务要求外,还需要有与其专业资格相匹配的专业技能。如对律师来说,应具有相应的法律知识储备、法律风险识别能力与执业能力等,注重对公司进行合规管理,加强对公司所涉法律风险的识别、评估和防控;而会计师则应具备相应的审计能力,对公司的财务会计问题给予更多的关注,能够对存疑的数据实施必要的核查以保证相关信息的真实准确。另外,在一些高新技术企业或互联网公司中,部分董事的技能义务可能体现为从一般性的、普适性的技能(如管理、财务)等向专业性的、针对性的技能(如科技手段、技术研发能力等)的转变。因此,此类公司可以将与自己公司发展所需的特定技能的掌握纳入对董事注意义务履行的考察中,此举符合对股东合理期待的保护。

案例 6-8：

陈某某、徐某某损害公司利益责任纠纷案②

案件事实：

四川省彭州市××实业有限公司(以下简称实业公司)于2002年8月15日经成都市彭州工商行政管理局注册登记成立,注册资本为700万元。三股东分别为:徐某某出资4878236元,占出资比例69.69%,为公司的执行董事兼总经理;于某某出资2039426元,占出资比例29.13%,为公司监事;陈某某出资82338元,占出资比例1.18%。2014年12月12日,实业公司因

---

① 我国《上市公司治理准则(2018年修订)》第4条规定:董事、监事、高级管理人员应当持续学习,不断提高履职能力,忠实、勤勉、谨慎履职。《银行保险机构公司治理准则》第31条规定:银行保险机构董事履行如下职责或义务:(五)积极参加公司和监管机构等组织的培训,了解董事的权利和义务,熟悉有关法律法规及监管规定,持续具备履行职责所需的专业知识和能力。

② 参见四川省成都市中级人民法院(2018)川01民终18763号民事判决书。

在开具部分普通发票时适用税率错误,由彭州市国家税务局稽查局税务向其作出处理决定书,决定追缴其公司增值税 8075.28 元,并加收万分之五的滞纳金;同月 15 日,实业公司缴纳了增值税 8075.28 元及滞纳金 1938.07 元。

审判理由:

一审法院认为,徐某某作为实业公司的执行董事兼总经理,对实业公司负有法定的忠实义务和注意义务,而在履职期间保证公司合法经营、依法纳税,建立完善的财务管理制度是其应尽注意义务的基本要素和核心内容。根据 2014 年 12 月 12 日税务机关向实业公司作出的税务处理决定书,实业公司在 2012 年开具增值税普通发票时适用税率错误,存在未按相关税收法律规定缴纳税费的事实,且根据实业公司提供的民事判决书及当庭自认的事实等可反映出其在经营过程中存在未按规定及时将收入计入公司账目及未按规定开具发票的情况,故徐某某作为公司事务的执行人和管理人,无论在对公司财务人员选任还是对公司财务制度管理等方面显然未尽最大的忠实、勤勉义务。二审法院对注意义务的内容未作涉及。

案例 6-9:

陈某甲、梁某某损害公司利益责任纠纷案①

案件事实:

原百×公司成立于 2013 年 10 月 28 日,企业类型为有限责任公司,股东为香港××公司。2018 年 6 月 6 日,原百×公司名称变更为××桐树公司,股东变更为常州××生物科技有限公司、香港××公司,注册资本从 3500 万元人民币变更为 4800 万元人民币。梁某某于 2013 年 9 月 30 日至 2015 年 4 月 13 日担任原百×公司的法定代表人,也是董事会成员之一。2013 年,原百×公司分别与陈某甲、张某某、陈某乙签订《劳动合同》,陈某甲任职财务及行政总监,张某某任职公司副总经理,陈某乙任职公司总经理。后原百×公司与陈某乙、张某某、陈某甲发生劳动争议,原百×公司解除了与陈某甲、张某某、陈某乙三人的劳动合同关系。广州市地方税务局稽查局从 2015 年 5 月 7 日起对原百×公司 2013 年 1 月 1 日至 2015 年 5 月 5 日的纳税情况进行检查,并于 2017 年 5 月 18 日作出《税务事项通知书》,决定对原百×公司应扣未扣的行为处以罚款 70065.25 元。原百×公司

---

① 参见广东省广州市中级人民法院(2019)粤 01 民终 19691 号民事判决书。

于 2017 年 11 月 30 日向税务机关交纳了上述罚款。2018 年 1 月 11 日，原百×公司提起本次诉讼，要求四原审被告赔偿 70065.25 元的罚款损失。

审判理由：

一审法院认为，××桐树公司在生产经营过程中，依照税法规定负有向纳税义务人代扣代缴个人所得税的义务。××桐树公司因未足额应扣未扣陈某甲、张某某、陈某乙个人所得税的行为，违反了税法相关规定，××桐树公司因此被税务机关罚款 70065.25 元，属于××桐树公司的经济损失。其次，本案中陈某甲是公司的财务及行政总监，张某某是公司的副总经理，陈某乙是公司的总经理，被告梁某某是公司的法定代表人，也是公司的董事会成员之一，四原审被告属于××桐树公司的高级管理人员，应当履行忠实和勤勉义务，遵守税法相关规定是四原审被告最基本的要求。陈某甲作为××桐树公司的财务及行政总监，应该清楚税法关于个人所得税报税的相关规定，应当依据税法相关规定正确履行职责，依法统筹计算公司纳税人员足额交纳个人所得税。但税务机关的《税务事项通知书》可以证实，在 2013 年 1 月至 2015 年 5 月 5 日这段时间内陈某甲、张某某、陈某乙未把工资薪酬中的相关补贴按规定计算个人所得税，违反了《个人所得税法》与《个人所得税法实施条例》的相关规定，属于在工作中未尽到其忠实勤勉义务。陈某乙、张某某位居正、副总经理职位，应按公司法及公司章程的规定履行对公司行政管理的职责，严格依照税法的规定对应缴纳税款进行审核，且陈某甲、张某某、陈某乙既是公司的高级管理人员，也是公司纳税义务人，在计算个人所得税问题时更应谨慎和理智。陈某乙、张某某、陈某甲未足额缴纳个人所得税的事实，证实了张某某、陈某乙违反了作为公司高级管理人员应尽到的谨慎审查核实义务，在个人所得税计算审核方面存在过失。被告梁某某作为公司法定代表人，应当在法律、法规和公司章程职权范围内行使职权，履行义务，对公司生产经营和管理全面负责。从陈某乙、张某某、陈某甲未足额缴纳个人所得税的事实可证实，被告梁某某作为法定代表人在纳税最终决策方面存在过失，同属未尽忠诚勤勉职责。综上分析，四原审被告在公司纳税人员的税款缴纳过程中存在计算和审核的过失，违反了作为公司高管人员应尽到的忠实勤勉义务。

二审法院认为，陈某甲作为公司的财务和行政总监，应当了解并遵守公司财务报税的相关制度和规定，确保公司依法纳税，合法经营，原审法院认定陈某甲属于在工作中未尽到其忠实勤勉的义务并无不当。梁某某作为公司的法定代表人，应当在法律、法规和公司章程规定的范围内行使职权，对公司的生产和管理工作全面负责,原审法院认定梁某某作为法定代表人在纳税最终决策方面存在过失,同属未尽忠诚勤勉职责亦无不当。同理,梁某某关于其未对公司的生产和管理工作全面负责,不存在原审法院判定的"纳税最终决策方面存在过失",故其无须承担责任的抗辩,与其作为法定代表人的职责相悖。

从上述两案例可知,保证公司合法经营、依法纳税,建立完善的财务管理制度是董事注意义务的基本要素和核心内容,说明董事应当了解基础的财务会计知识、具备行政管理和法律风险管理的基本能力。尤其是案例6-9表明,具体职位的不同将影响注意义务履行的内容和程度。例如,作为财务总监应当清楚税法的相关规定,应依法统筹计算公司纳税人员足额交纳个人所得税;作为公司的正、副总经理,应按公司法及公司章程的规定履行对公司行政管理的职责,对应缴纳税款尽到的谨慎审查核实义务;作为公司法定代表人,对公司生产经营和管理全面负责,因此在纳税最终决策方面应保持谨慎注意。虽然该案中,只有一个涉案主体是董事,其他都是高级管理人员,但由于我国公司法将董事、监事和公司的高级管理人员的义务机制统合在一条之内,而未区分不同主体具体的适用标准,因此该案对讨论董事应负的技能义务具有重要参考价值。

二、勤 勉 义 务

董事职位不仅是一个头衔,还需要"在其位,谋其职",对公司和股东负责。因此,董事注意义务除了关注董事的专业水准,还强调其敬业精神,即董事应保证其有足够的时间和精力参与公司日常的业务经营和事务管理,此为董事勤勉履职的基础,而董事是否付出了时间和精力可以从下列行为中加以考察。

（一）定期出席董事会会议

在公司治理的共管模式下,董事主要通过董事会会议行使职权,参与公司的经营管理,因此出席董事会会议是董事履行职责的前提和基础。同时,董事出席会议与谨慎决策等其他注意义务内容联系密切。例如,谨慎决策要求决策信息的充分收集和妥当处理,而董事会会议是否及时召开、董事是否出席会议并对审议事项进行充分讨论等,都一定程度影响着董事对公司内部情况及外部市场环境的把握,进而影响会议决议作出符合公司最佳利益的决策判断,也可能关系到公司发展战略和目标的实现。

从英美判例法的发展经历来看,早期判例对董事是否必须出席董事会会议持否定态度。在当时,法院主张以主观标准对董事注意义务的履行情况进行判断,如果一个董事长期未出席董事会会议,那么该董事通常是只具有名誉头衔的非执行董事,并不享有参与公司经营管理的实质性权力。在权利与义务相匹配的原则下,很难要求其承担相应的义务,也谈不上因其过失而导致公司利益受损,因此法院也很少判决未出席会议的董事承担赔偿责任。后来随着现代公司治理日趋专业和复杂,享有高薪的董事被期待在公司经营管理中发挥更为积极的作用,因此董事注意义务判断标准不断客观化,董事因未出席董事会会议而被追责的判例也开始出现,如 Kavanaugh v.Gould 案①、Gamble v.Brown 案②等。由此,出席董事会会议作为董事注意义务的一项内容逐渐得到明确。

结合我国《公司法》《上市公司章程指引》《上市公司治理准则》等法律法规的规定,董事定期出席董事会会议的义务主要包含三个方面的内容:第一,定期亲自出席董事会会议;第二,各个董事对会议审议事项进行充分地讨论和审查,独立、专业、客观地发表意见,在审慎判断的基础上作出表决;第三,在董事会会议记录上签字并对会议决议承担责任。需要注意的是,董事若因正当事由无法亲自出席董事会会议时,可以委托其他董事代为出席,但不得全权委托或一般授权,即授权事项和决策意向必须具体明确,且董事对会议决议事项承担的责任不因委托授权而免除。同时董事也不能长期委托他人代为出席董事会会议。对此,《上海证券交易所上市公司董事选任与行为指引》规定董事一年内亲自出席董事会会议的次数少于当年会议召开总次数三分之二的,由监事会对董事履职情况以及是否勤勉尽责进行审议;在无疾病、境外工作或学习等特别理由,亲自出席的次数不得少于当年会议次数的二分之一,否则上海证券交易所将公开认定该董事三年以上不得担任上市公司董事。

(二) 及时了解公司的经营管理状况

董事应对公司的生产经营情况、财务状况、与公司相关的重大事件及其影响予以及时了解并持续关注,如定期检查公司财务报表,熟悉公司会计提供的财务会计报表和律师提供的咨询意见等。董事对公司整体的经营和管理,必然建立在掌握公司基本情况的基础上。在竞争激烈的现代市场经济中,若董事对公司业务经营等情况完全不了解,其很难把握商机并带领公司实现经营战略目标,无法对公司进行有效监督,也说明董事并没有在公司事务上付出与其职位相匹配的时间和精力。因此,准确掌握公司的经营和管

---

① See Kavanaugh v.Gould,233 N.Y.103(RY.1918).

② See Gamble v.Brown,29 F.2d 366(U.S.App.1928).

理状况是董事注意义务的必要内容,可以据此判断董事在执行公司职务时主观上善意与否。在英美判例法中,董事因疏忽大意或故意懈怠等原因不了解公司基本状况,从而仓促作出决策最终导致公司受损的情况也不少见,如 Kavanaugh v.Gould 案董事不了解公司的经营方式、Re Denham & Co 案董事不阅读公司的财务报表、BRiggs v.Spaulding 案董事没有检查公司的业务执行和财务管理情况等。

虽然我国仅在《上市公司章程指引》《上海证券交易所股票上市规则》等文件中规定上市公司董事应"及时了解公司业务经营管理状况",但事实上因董事不了解公司情况而造成公司损失的现象并不只有在上市公司中出现,故此项注意义务的要求应针对所有公司类型的董事。通常而言,董事欲了解公司经营管理状况,可以通过自行查阅相关文件报表、询问有关人员、参加公司各类会议、现场考察、组织调查等多种方式和途径实现。同时,这一义务的履行具有持续性,即董事可能因故无法亲自出席董事会会议,但却不能不对公司事务持续保持关注,因为"不知情"不能成为董事推卸责任的借口,或责任免除的抗辩。① 另外,尽管正如上述规范性立法所期待的那样,上市公司的独立董事或非执行董事或许可以通过积极作为的方式主动了解公司状况,从而改变其"不知情"的状态,但公司的性质规模、治理架构、权责分配以及不同董事的具体职位(执行董事或非执行董事)等因素都会影响董事"知情"的程度。换言之,独立董事或非执行董事并未深度参与公司日常的经营管理,其对公司事务投入的时间和精力也都非常有限,因此独立董事或非执行董事不可能如同内部董事那般对公司情况了如指掌,尤其是在控股股东、公司高管故意避开董事会导致信息严重不对称的情况下,其仅凭专业技能显然难以洞察及甄别出上市公司经营管理中可能存在的所有问题。故独立董事或非执行董事在某些情况中的"不知情"是受制于其外部董事的本质属性,让此类董事承担超出其信息获取能力或精力投入程度的"知情"是不切实际的,反而可能增加制度成本,甚至产生因担心过高的法律风险而不愿出任董事职务的负面效应。

---

① 参见《上海证券交易所股票上市规则》(2020 年修订)3.1.5 及《深圳证券交易所股票上市规则》(2020 年修订)3.1.6 规定"不得以不直接从事经营管理或者不知悉有关问题和情况为由推卸责任";《上海证券交易所上市公司董事选任与行为指引》第 26 条规定"不得仅以对公司业务不熟悉或者对相关事项不了解为由主张免除责任"。

案例 6-10：

北京××科技发展有限公司、叶某某等损害公司利益责任纠纷案①

案件事实：

××信息科技有限公司（以下简称信息科技公司）的股东为北京××科技发展有限公司（以下简称北京科技公司）、青岛××股权投资合伙企业（以下简称青岛投资企业）和山东××网络科技有限公司（以下简称山东科技公司）。2019 年 7 月 11 日，公司法定代表人、董事长变更为叶某某。2020 年 11 月，济南市历下区人民法院立案受理××环境技术服务有限公司（以下简称环境公司）诉信息科技公司建设工程施工合同一案；2021 年 1 月 14 日，青岛投资企业以北京科技公司为被告向济南市中级人民法院提起股权转让纠纷诉讼，提出北京科技公司向其支付股权回购款及逾期付款利息等诉讼请求；2021 年 2 月 23 日，青岛投资企业以信息科技公司为被告向本院提起股东知情权诉讼，要求信息科技公司向其提供公司的相关资料。

原告主张，叶某某在任职期间怠于履行法定义务，严重损害了信息科技公司利益。2019 年 9 月 23 日，信息科技公司将法定代表人人名章交接给叶某某，因信息科技公司变更工商登记，导致工商注册信息与银行账户信息不符，银行短信及电话通知信息科技公司需变更预留印鉴信息。叶某某作为信息科技公司的法定代表人、董事长，负有配合变更银行印鉴的义务，但叶某某均拒不配合，致使信息科技公司账户被银行采取管控措施，禁止对外支付。因信息科技公司无法发放 2020 年 6 月至 2020 年 8 月期间的职工工资，造成大量技术人员离职，部分员工对信息科技公司提起劳动仲裁，损失巨大。因叶某某自行保管其法定代表人人名章，其拒绝审批支付信息科技公司的应付账款等，致使公司业务无法正常开展。在信息科技公司向其申请支付项目款时其拒不付款，直接导致合作方起诉信息科技公司至济南市历下区人民法院要求支付工程款、逾期付款利息及诉讼费、律师费等。叶某某严重损害信息科技公司的经营和管理，其行为导致信息科技公司的评估值下降，最终导致北京科技公司被另一股东青岛投资企业起诉至济南市中级人民法院主张回购股权。因叶某某未尽勤勉义务，无视公司日常工作，多次无故缺席董事会、股东会等，致使公司总经理离职后无法任命新的总经理，至今信息科技公司总经理职位空缺，导致公司无法正常经营。叶某某作

①　参见山东省济南高新技术产业开发区人民法院（2021）鲁 0191 民初 4654 号民事判决书。

为信息科技公司法定代表人、董事长,违反法定义务,损害信息科技公司利益。

审判理由:

法院认为,信息科技公司的工商登记信息变更后,银行预留账户信息未予变更,导致账户管控、暂停对外支付。从北京科技公司提供的证据来看,2020年5月6日总经理杨某某辞职;2020年6月4日账户管控,无法对外支付;2020年6月30日青岛投资企业向信息科技公司回函同意配合变更;2020年8月13日,账户相关信息完成变更。在此过程中,虽然北京科技公司提供的证据不足以证明叶某某在2020年6月30日前已经知悉银行印鉴需要变更的事宜,但是作为公司董事长及法定代表人,叶某某应当主动对公司的情况进行了解并妥善解决相应问题。根据双方提交的证据及庭审中的陈述,结合信息科技公司相关费用支出需要经过叶某某审批等事实,信息科技公司在青岛投资企业确认收到要求法定代表人变更银行账户信息函件的一个多月后开始完成银行账户信息变更,证实双方相互之间欠缺更加积极有效的沟通交流,亦欠缺更加积极主动的责任意识,双方对于纠纷产生均有一定过错。

案例 6-11:

汪某某与陆某某、李某某损害公司利益责任纠纷案①

案件事实:

2010年5月25日,上海××医疗用品有限公司(以下简称医疗公司)经工商登记部门核准设立,注册资本为10万元。股东为原告汪某某、被告陆某某、被告李某某,由陆某某任公司法定代表人。2012年11月6日,三股东共同签订一份《停止经营协议》,并就相关事项进行约定。2014年2月26日,原告汪某某分别以股东知情权纠纷及民间借贷纠纷为由向法院提起诉讼,法院经审理后,于2014年5月20日依法作出判决:一、医疗公司提供自2010年5月25日至2014年4月15日期间的财务会计报告供汪某某查阅、复制;二、医疗公司提供自2010年5月25日至2014年4月15日期间的会计账簿供汪某某查阅。后原告汪某某认为,其通过强制执行获得的医疗公司的财务会计报告及会计账簿反馈,发现医疗公司自2012年11月15日停止经营之后,医疗公司账上反映有合计366,260.57元的资金去向不

---

① 参见上海市嘉定区人民法院(2016)沪0114民初13303号民事判决书。

明,而该段时间内,公司已经停止经营却有如此多的资金去向不明,被告陆某某作为公司执行董事及法定代表人、被告李某某作为公司财务负责人损害了公司利益,应当对此承担返还的义务。

审判理由:

法院认为,根据鉴定意见书,2012 年 11 月 23 日,医疗公司有一笔金额为 20,000 元的银行转账既未编制会计凭证,银行对账单亦未能显示资金去向,被告陆某某作为公司法定代表人、李某某作为公司财务负责人也未说明该笔转账的用途及去向,故两被告作为公司高级管理人员未尽勤勉义务,损害了公司的利益,应共同向医疗公司返还该笔款项。

三、谨 慎 义 务

从广义上来说,谨慎义务包括履职谨慎和决策谨慎。履职谨慎要求董事在执行职务时遵循主客观相结合的标准,即董事应尽到如"善良管理人"在类似公司、类似职责、相似情况或特有专业技能背景下所应有的谨慎和注意,对于其职责范围内的事项应积极、正确地作为。实际上,履职谨慎和董事的技能义务、勤勉义务及之后所要探讨的监督义务是息息相关的,有时并不存在明显的行为界限。例如,董事在对公司财务进行管理时,首先要求董事应掌握相应的财务会计知识和财务管理技能,其次在充分了解公司的财务状况后实施或构建符合公司实际情况且规范的财务管理计划、方案或规章制度,最后在财务报销审批或纳税审核等具体环节中保持谨慎,对自己的签字负责。由此可见,履职谨慎更多的是一种要求,而非具体的行为类型。因此,此处主要讨论决策谨慎的行为类型。

决策谨慎是指董事应谨慎处理公司事务,尤其是在进行商业决策时,董事应当收集、调查、分析与决策有关的所有信息,在充分知悉的基础上,本着为公司利益最大化的考量,谨慎作出决策。董事的商业决策行为,既是一项职权,更是一项义务。结合我国《深圳证券交易所主板上市公司规范运作指引》《上海证券交易所上市公司董事选任与行为指引》等对董事谨慎决策的规定,该义务应具体包含三方面内容:

其一,信息收集。为了避免董事履行职责过程中潜在的道德风险,其在进行任何一项商业决策时,都应当全面收集与决策相关的所有实质性信息,对决策所需的信息量要有充分地了解和掌握,这是董事理性决策的前提。但基于市场活动的特性,此处所要求的所有实质性信息范围仅限于董事"在当时情形下合理地相信是恰当的"范围,因此,信息收集强调充分性,而非完全性。判断董事收集的信息是否充分恰当,应结合多个因素综合考量,如公司状况、董事的专业知识、能力与经验、信息收集的时间和成本、决策信息的来源途径与相关性、董事会会议对决策内容的讨论等。

其二,信息处理。董事不能只是进行简单地收集信息,还应当进一步对相关信息予以筛选和评估,并结合公司实际情况进行分析。当然,董事并非无所不通的全才,其可以合理信赖专家提供的信息和意见,但对于这些信息,董事仍需保持合理的谨慎和注意。例如,以信息来源的不同途径,可将决策信息分为公司内部信息和他人提供的第三方信息。相较而言,来源于公司内部的信息其可信度本身较高,如果不存在显著问题引起了董事的合理怀疑,董事其实可以不用过度考察该类信息的真实性和准确性。但也正是基于董事对公司情况的熟悉和掌握,若未对相关公司信息的真实准确与否进行有效识别,那么就存在重大过失。对于他人提供的第三方信息,董事应当更为谨慎地对待和处理。在专业评估机构出具意见的情况下,信息处理的谨慎主要体现为董事应审查评估机构的专业资质、独立性、假设前提的合理性、评估方法与评估目的的相关性以及评估定价的公允性等内容。但这一要求也不应过于严苛,否则可能会降低董事决策效率,过分增加公司的交易成本。因此,除非董事明显未尽到"善良管理人"应有的注意或违反自身专业技能标准,否则其基于对专家、中介机构等所提供的信息、意见、报告和报表等的合理信赖而作出的商业判断应不受事后问责,以解除其履职的后顾之忧。[1]

其三,谨慎决策。董事应在充分知悉的基础上,谨慎考虑决策事项的可行性、合法性以及可能为公司带来的风险和收益等因素,以谨慎合理的态度对决策事项表明个人意见并记录在册。同时,由于公司治理的共管模式,谨慎决策还要求董事关注法律、行政法规或公司章程中关于董事会审议事项的决策程序,尤其是提议程序、决策权限、表决程序和回避事项等内容,以有效降低董事违反注意义务的风险。但就董事决策程序完备性的考察方面,美国法院一般认为考虑和考虑不足之间不存在本质区别,也即董事进行了基本程序考虑但省略了部分程序的瑕疵行为不构成对注意义务的违反。[2]

---

① 参见傅穹、曹理:《独立董事勤勉义务边界与免责路径》,载《社会科学》2011年第12期。

② 参见任自力:《公司董事的勤勉义务探析》,载《人民司法》2007年第5期。

案例 6-12：

宁波××国际贸易有限公司、邱某某损害公司利益责任纠纷①

案件事实：

宁波××国际贸易有限公司（以下简称国贸公司）于 2012 年 8 月 24 日登记成立，邱某某系国贸公司股东，并于 2012 年至 2018 年 7 月 19 日期间担任国贸公司董事、总经理，系国贸公司法定代表人。2016 年 10 月 21 日，国贸公司向哥伦比亚客户 TOYSANDGIFTSS.A.S. 出具编号为 xxx - 16RG07006E 的形式发票一份，载明了货物品名、规格、价格，装货港宁波，目的港布埃纳文图拉，价格条件 FOB，总价人民币 453808.67 元，付款方式 OA90 天，运输方式海运 MARITIMO 等。国贸公司于 2016 年 10 月 26 日将该批货物出运。国贸公司及关联公司就外贸出口业务向中国出口信用保险公司投保，并于 2016 年 10 月 18 日向中国出口信用保险公司申请了对买方 TOYSANDGIFTSS.A.S.的信用限额，审批金额为美元 300000 元。原告认为，邱某某任职国贸公司高级管理人员期间，国贸公司于 2016 年 10 月向国外客户出运货物，邱某某没有合理进行信息收集和调查分析国外公司资质，仅接受电签合同，未签订书面合同，国外客户收货后未付款，导致国贸公司无法主张货款，亦不能向中国出口信用保险公司进行理赔。

审判理由：

一审法院认为，结合法律和国贸公司的章程规定，邱某某作为国贸公司总经理有主持公司的生产经营管理工作等职责，但该管理职责并非是针对公司的每一项具体业务、每份合同的签订及履行，也不能仅因一份合同的签订及履行存在瑕疵或者风险而认定公司高级管理人员在履职期间违反忠实、勤勉义务；涉案合同由国外客户电签，符合外贸交易习惯，货物出运有相关单据，能够证明国贸公司履行合同的事实；国贸公司对外贸交易有投保出口信用保险，且针对该客户向中国出口信用保险公司申请了买方限额并获得审批通过，而保险公司在审批买方信用限额时会针对买方进行资信调查后给予信用限额，由此可见，单就该笔交易而言，邱某某并不存在违反法律或公司章程规定的忠实、勤勉义务的行为；至于货物出运后未能收到货款属于公司的经营风险，且国贸公司对于货款未能收回的原因并未充分举证，未能进行出口信用保险理赔也没有证据证明系因邱某某原因所致。二审法院认同一审法院的论证。

① 参见浙江省宁波市中级人民法院（2020）浙 02 民终 2751 号。

案例 6-13：

金某某、香港××股份有限公司损害公司利益责任纠纷案①

案件事实：

云南××策划有限公司(以下简称策划公司)成立时的合营双方为：昆明××经济信息咨询有限责任公司(以下简称信息咨询公司)和香港××传播有限公司，投入资本分别占注册资本的 49% 和 51%。该公司章程规定：董事会是公司的最高权力机构，决定公司的一切重大问题；公司章程修改、公司资产抵押等事项必须由出席董事会会议的全体董事一致同意方可作出通过决定。

信息咨询公司于 2000 年 3 月 6 日委派金某某等三人为拟成立的策划公司的董事会成员。2002 年 5 月，香港××股份有限公司(以下简称香港科创公司)受让了××传播有限公司持有的策划公司的股权后成为该公司股东。2002 年 6 月 28 日，策划公司董事会通过《关于金某某借款代公司购房的决议》，通过金某某以个人名义向银行按揭贷款购买位于昆明市北京路某大厦 A 座 11 层作为公司办公地点，房产价值为人民币 1146768 元。公司承担房产首期付款及每月还贷，还有各种税费。所有款项都以暂借形式付给金某某。实际产权归于公司，待公司付完所有款项，金某某需将房产正式过名公司并抵消借款。同日，金某某与中国建设银行云南省分行昆明市城东支行和昆明××房地产开发有限公司签订了两份《中国建设银行个人住房借款合同》，以购买上述地点的 1101 和 1102 号房，并于 2003 年 4 月 28 日办理了上述两套房屋的所有权证，所有权人登记为金某某。

2009 年 7 月 19 日，香港科创公司向策划公司和信息咨询公司发函，告知该公司出任策划公司新一届董事会的 4 名董事，并决定委派傅某某为公司董事长。该董事长的变更未进行工商变更登记。2009 年 8 月 27 日，傅某某以董事长的名义签发了策划公司第二届董事会第一次会议的通知。2010 年 3 月 1 日，香港科创公司作为申请人向中国国际经济贸易仲裁委员会申请仲裁，请求解除《合资建立云南××策划有限公司合同》，对策划公司进行清算解散，2011 年 5 月 26 日，该仲裁委作出裁决书，驳回申请人解除合同的请求。2010 年 3 月 2 日，持有策划公司公章的相关人员以策划公司的名义委托律师在昆明市盘龙区人民法院(以下简称盘龙法院)起诉金某某，要求判决涉案两套房屋权属归策划公司所有，并要求金某某配合办理

---

① 参见云南省高级人民法院(2019)云民终 425 号民事判决书。

产权过户手续。2010年3月19日,上述委托代理人出具盖有策划公司公章的调解申请书,提出涉案房屋的权属归金某某所有,由金某某将策划公司已支付的购房款及已归还的银行借款本息返还,并适当承担诉讼费的调解方案。2010年4月7日,该案因在审理期间双方当事人达成调解协议,盘龙法院作出第82号调解书。

原告认为,被告利用自己是策划公司总经理,实际掌控策划公司管理经营的职务之便,撇开策划公司董事会,撇开董事长暨法定代表人,设计了(2010)盘法民二初字第82号诉讼,非法侵占策划公司的巨额资产,其行为已经严重损害策划公司的合法财产权益,进而也实质损害了原告外商投资人的合法财产权益。

审判理由:

一审法院认为,策划公司的公司章程虽然没有规定对于公司资产的处分应经何种程序,但在第二十条规定了公司资产抵押必须由出席董事会会议的全体董事一致同意方可通过。因公司资产的抵押可能导致在实现抵押权时资产被处置,按照举轻明重的原则,可以类推在涉及公司资产处置、转移的重大事项时,也应当经过出席董事会会议的全体董事一致同意。涉案房屋系策划公司董事会全体董事决议以金某某名义向银行按揭贷款购买,虽然登记在金某某名下,但应属于策划公司的公司资产。2012年2月,持有策划公司公章的相关人员以策划公司的名义委托律师向盘龙法院起诉金某某,要求确认涉案房屋的权属归策划公司所有,并由金某某协助办理房屋产权过户登记手续。在该案的审理过程中,又以策划公司的名义出具调解申请书和调解方案,并最终达成将涉案房屋归金某某,由金某某偿还策划公司767510.54元等的调解协议,被法院确认后形成第82号调解书。金某某因此取得了涉案房屋的所有权。对此,第82号案件诉讼具体由谁实际发起并与金某某达成调解协议的事实从本案现有证据上无法证明,但无论代表策划公司提起诉讼的人是属于有权控制策划公司的人,还是其他无权或越权代理人的行为,即便是有权代表公司的人提起该案诉讼,按照公司章程规定,也无权个人决定公司与金某某达成公司资产转移协议这一重大事项,而是必须由出席董事会会议的全体董事一致同意才可方通过。但相关证据表明,公司对涉案房屋所有权转移的事项并未召开过董事会会议,更谈不上出席会议的全体董事一致通过,且至今也未得到董事会的事后同意或追认。金某某作为策划公司的董事和高管,并不同于公司外部对公司章程规定并不知情的善意第三人,即其对于公司资产转移决定的必经程序应是明知的。故金某某在未经公司董事会同意的情况下,仍与公司达成公司资产转移的调解协议,违反了《公司法》和《公司章程》规定的董事应尽的忠实勤勉义务,侵犯了公司合法权益。二审法院与一审法院说理一致。

从以上两个案例可以看出,对于董事决策行为,法院主要围绕与决策相关联的外在事项进行程序性或形式性审查,包括信息的收集与分析是否充分、决策是否经过董事会决议等,而没有考察决策内容是否合理、是否符合公司利益、董事的主观目的如何。同时,法院认可董事对外部信息的合理信赖,并没有简单地从事后结果角度对董事行为予以判定。

四、监 督 义 务

(一) 董事负有监督义务的现实基础

一般意义上的监督义务,是指董事在履职时应持续关注公司事务并监督其他董事和高级管理人员的行为,当发现公司经营存在重大异常或其他员工行为涉嫌违法违规等问题时,应采取必要措施,如进行询问、调查、要求相关方立即纠正或者停止不当行为,并及时向董事会或监事会报告,从而维护公司和股东的合法权益。但部分学者认为董事监督义务的履行不应过于消极被动。[①] 董事无法对公司每一具体运营项目和治理工作了如指掌,因此监督义务的核心应在于推动公司事先建立监督机制,如内部的信息收集与报告机制、合规管理机制与风险监控机制等,并推动监督机制有效运转,从而实现监督目的。

在英美法系单层制的公司治理结构中,董事的决策功能与监督功能实际上是并存的。但我国沿用的是大陆法系的公司内部权力配置模式,公司法学理上认为监事会才是公司独立、专门、常设的监督机关,而董事会作为执行机关,其监督功能并非一目了然。为了避免职能冲突,公司法对董事监督义务的强调和制度建构也十分薄弱。另外,在我国公司控制权相对集中的大背景下,董事会亦难以维持独立性,要求董事履行监督义务的似乎显得不切实际。但事实上,随着公司内部经营授权、董事会科层化、独立董事等现代公司治理模式的不断演进,董事义务中存在监督因素和监督功能已是不争的事实。[②] 同时,近年来我国公司经营问题频发,三鹿奶粉事件、上海福喜食品案、中国联通公司案件等都昭示着监事会监督作用的式微,公司内部监督体系存在困境。内部监管机制的缺失将严重损害公司及股东利益,

---

① 参见吕成龙:《上市公司董事监督义务的制度构建》,载《环球法律评论》2021 年第 2 期。

② 参见汪青松:《中国公司法董事信托义务制度评析——以英美公司法相关理论与实践为视角》,载《东北大学学报(社会科学版)》2008 年第 5 期。

甚至影响社会公共利益,因此确有强调董事监督义务之必要。

我国监事会之所以形同虚设,究其根本,在国企改革中国家所有权至上的理念下,监事会职能定位存在对"一主(股东)两翼(董事和监事)"立体三角的治理模式的路径依赖[①],但忽略了制度移植时德国监事会作为上级机关的实质权力和监督责任。[②] 此种公司结构从一开始便决定了监事会的弱势地位,期待监事会能够发挥强有力的监督功能是不现实的。同时,鉴于我国监事会缺乏独立性和有效的监督手段,无法获取真实而有效的信息。缺乏必要的激励与约束机制[③],更加无法解决"谁来监督监督者"的问题,导致监事会怠于履职的法律责任总是落不到实处。而董事承担监督义务能够有效解决公司内部监督体系的困境。首先,监督义务本质上是平衡董事会权力过大的一种工具,通过强调董事的监督义务督促董事为公司的利益行事,防止董事们的消极不作为。[④] 因此,董事履行监督义务能够有效发挥内部权力机关相互制约的作用。其次,细数《公司法(2018)》第 46 条关于董事会职权的规定,除为了辅助股东会所有者权力实现而设置的职权以外,董事会的其他职权实际上是进入了公司经营管理领域,与经理机构分享着不同层次的公司管理权力,如决定公司的经营计划和投资方案、决定公司内部管理机构的设置等。因此,我国公司法上的董事会实际上具有股东会决议执行机构与公司经营管理机构的双重属性。[⑤] 那么,董事承担的监督义务其实就是董事的固有职能。通过董事的监督来约束其他董事或经理层,以董事违反监督义务追责的方式来激励其积极履行职责,也有助于化解公司内部的监督"僵局"。

最新修订的《公司法(2023)》就正面回应了监事会的实践困境,并明确了董事会的监督职能,即允许公司章程自治选择"单层治理模式",由董事组成的审计委员会等专门委员会的对公司财务会计进行监督。[⑥] 再者,较之于监事会,董事会作为公司日常运营的核心机构,对公司业务的熟悉、获

① 参见蔡伟:《公司内部监督责任体系的困境基于对监事的再考察》,载《中外法学》2018 年第 6 期。

② 参见郭雳:《中国式监事会:安于何处,去向何方? ——国际比较视野下的再审思》,载《比较法研究》2016 年第 2 期。

③ 参见李建伟:《论我国上市公司监事会制度的完善——兼及独立董事与监事会的关系》,载《法学》2014 年第 2 期。

④ 参见王真真:《我国董事监督义务的制度构建:中国问题与美国经验》,载《证券法苑》2018 年第 25 卷,第 294 页。

⑤ 参见赵旭东:《公司法修订中的公司治理制度革新》,载《中国法律评论》2020 年第 3 期。

⑥ 参见《中华人民共和国公司法(2023 年修订)》第 69 条、第 121 条规定。

取信息的容易、掌握信息的充分等优势使得董事能够更加有效、及时地行使监督职能,监督力度也更强。最后,董事监督义务实际上是公司监督体系健全的重要一环,而并不是对监事会监督职能的取代。稳健和高效的公司治理并不是简单地由监事或者(独立)董事的监督而成就的,当代公司治理中发展出的多种多样的监督机制也间接证明了相互配合的多元监督机制的重要性。①

（二）监督义务的具体要求

结合《上市公司章程指引》《上市公司治理准则》《上市公司独立董事履职指引》《独立董事促进上市公司内部控制工作指引》《上海证券交易所上市公司董事选任与行为指引》等规范性文件对董事监督职责的规定,董事监督义务可进行如下体系化构建:第一,对公司规范运作情况的监督。该监督要求可分为两个阶段:事前应积极推动公司各项内部制度的建设,包括信息搜集与报告机制、合规管理体系、风险识别及控制机制②;事后在发现公司经营管理异常时应及时采取质询、调查或者其他监督行动,并将有关情况上报董事会讨论,即重点关注董事是否采取了积极措施,而不仅仅以是否起到了阻止或纠正的后果为限。在美国判例法上,如 Caremark 案和 Stone 案中法官均指出,如果董事完全没有在公司内部构建一套信息收集及传达的机制,没有注意把握公司的风险信息,或者在得到可疑信息后却放弃了对公司业务的监督,就构成了对自身职责的有意识漠不关心。③ 实际上,我国"中兴"等公司存在的重大体系缺陷也正是合规部门没有向董事会直线报告和反馈的渠道,高管或者销售部门可以轻易突破公司的合规管控。④ 第二,对其他董事或高管等员工履行职务的监督。如前所述,相较于监事会(或监事),董事对公司的业务经营和日常管理情况更为熟悉,了解程度更深,其中就包括董事、高管的履职情况,且高管本身就承担着组织实施董事会决议的职责,因此由董事进行监督较为便利。另外,该监督层面其实还内含了董事应首要确保自身履职行为规范的要求,即董事应遵循法律、行政法规、公司章程,不超过其职权范围行事。结合本书第四章内容可知,笔者主

---

① 参见蔡伟:《公司内部监督责任体系的困境基于对监事的再考察》,载《中外法学》2018 年第 6 期。

② 参见吕成龙:《上市公司董事监督义务的制度构建》,载《环球法律评论》2021 年第 2 期。

③ In Re Caremark Intern.Inc.Deriv.Lit 案和 Stone v.Ritter 案,参见梁爽:《董事信义义务结构重组及对中国模式的反思——以美、日商业判断规则的运用为借镜》,载《中外法学》2016 年第 1 期。

④ 参见梁爽:《美、日公司法上的董事合规、内控义务及其对我国的启示》,载《中外法学》2022 年第 2 期。

张将合规义务纳入董事注意义务的监督义务中予以规制。需要注意的是,鉴于公司职能部门划分的专业和复杂,以及董事有限的知识和精力,董事难以对公司的全部经营行为进行主动而普遍的监督,无法也无须事必躬亲。因此董事可以将部分职权授予或委托下属的专业机构或专业人员行使,并对他们享有合理信赖,这符合现代公司治理中所应具备的基础信任价值导向。但与此同时,由于董事必须保留和承担对公司经营管理的最终监督责任,故董事也应对其授权人员的履职情况进行必要和适时的监督。除此之外,除非出现可能引起合理怀疑的情形,董事不负有监督的义务。

(三) 资本维持义务的明确

监督义务要求董事应持续关注公司业务情况与财务状况,发现异常时应及时采取质询、调查或者其他积极措施,以避免公司遭受损失以及损失的进一步扩大。《公司法(2023)》就强化了董事对公司资本情况的关注,其第51条第1款规定,董事会应当在公司成立后对股东出资情况进行核查,发现股东未按期足额缴纳公司章程规定的出资的,由公司向股东发出书面催缴书,并载明缴纳出资宽限期。宽限期届满,股东仍未缴纳出资的,可以向该股东发出失权通知。虽然公司是股东出资当然的催缴主体,但依照公司机关具体的职能分配与定位,催缴义务的执行实际上应由董事实施。因此,《公司法(2023)》第51条第2款进一步规定,董事若未及时对股东出资情况进行核查并敦促公司向未按期足额缴纳出资的股东催缴出资,给公司造成损失的,负有责任的董事应当承担赔偿责任。[①] 由此落实了董事的出资催缴义务与责任。同时《公司法(2023)》第53条还对股东抽逃出资时的董事责任予以规范。[②] 无论是董事协助抽逃出资的积极作为,抑或是知情时的消极不作为,都会导致公司损失的持续和扩大,违反了以公司最佳利益原则为本质的注意义务。

《公司法(2023)》的新增规定是对《公司法司法解释(三)》第13条、第14条的吸收采纳,但其具体规则又有所不同。如关于董事对股东未履行出资义务承担责任时间点的规定,《公司法司法解释(三)》规定为“在公司增资时”,而《公司法(2023)》则规定为“在公司成立后”。实际上,公司资本是公司赖以生存的“血液”和正常经营的基础,无论是增资股东还是设立股东,只要未全面履行出资义务都会导致公司利益受损,而董事维护公司利益的职责是相同的,因此,董事的出资催缴义务理应面向全体股东,而不受公

---

① 参见《中华人民共和国公司法(2023年修订)》第51条规定。
② 参见《中华人民共和国公司法(2023年修订)》第53条规定。

司设立阶段的影响。对此,在"××微显示科技(深圳)有限公司、胡某某损害公司利益责任纠纷案"①中,最高法院明确表示:"董事负有的出资催缴义务是由董事的职能定位和公司资本的重要作用决定的。董事是公司的业务执行者和事务管理者,股东全面履行出资是公司正常经营的基础,那么董事监督股东履行出资就是保障公司正常经营的需要。《公司法司法解释(三)》第13条第4款规定的目的是赋予董事、高级管理人员对股东增资的监管、督促义务,从而保证股东全面履行出资义务、保障公司资本充实。在公司注册资本认缴制下,公司设立时认缴出资的股东负有的出资义务与公司增资时是相同的,董事、高级管理人员负有的督促股东出资的义务也不应有所差别。"另如,关于股东抽逃出资的情形,《公司法司法解释(三)》规定为董事积极的协助行为。而《公司法(2023)》则以"负有责任的董事、监事、高级管理人员应当与该股东承担连带赔偿责任"对董事的不当行为予以周延规制。总的来看,《公司法(2023)》在股东欠缴出资、抽逃出资的事件上对董事要求更加严格。

五、公司章程对董事注意义务行为的进一步细化与充实

董事注意义务兼具法定性和约定性。注意义务是公司法规定董事必须履行的强制性义务,但法律的不完备和成文法的僵化决定了《公司法》无法对公司经营中注意义务的一切情形进行预设和研判,并且不同公司的类型、规模、股权结构、治理模式、经营范围又影响着不同董事履行职责的范围和程度。因此,从这个角度来看,前文对董事注意义务行为的归纳是希望我国《公司法》能够将合理的部分予以吸收,以帮助公司或法官有效甄别董事行为,进而对行为的正当性与适当性加以评判。但这并不意味着注意义务的具体内容是封闭僵化的且仅限于本文所概括的行为类型。实际上,前述行为的区分并无绝对界限,行为模糊或多类行为混合的情况在司法实践中普遍存在。鉴于董事注意义务更多彰显的是与公司的内部关系,可以通过公司内部的治理规范对其作进一步细化与充实。同时,公司法以市场经济中的平等商事主体作为调整对象,理应积极引导公司治理的参与者根据公司特征和实际需要不断完善自治规则。②而公司章程就是公司自治的充分体现,是公司治理的主要依据与载体。在公司治理实践中,几乎所有公司都会制定内部规章来进行公司经营管理。因此,允许公司章程在不违反法律规

①　参见最高人民法院(2018)最高法民再366号民事判决书。
②　参见刘敬伟:《董事勤勉义务判断标准比较研究》,载《当代法学》2007年第5期。

范的前提下,对董事负有的注意义务进行更为细致的规定和配置,具有充分的可行性,既满足公司自身的治理需求,又发挥了公司章程的规范性作用,符合现代公司法关于公司自治的基本理念。此外,这些细化性的规定在判断董事是否违反注意义务时将起到不容忽视的作用①,法官在处理案件时可参照相关规范适当扩展性、细化性地进行解释与类推。总之,《公司法》既然为公司自治提供了广阔的制度空间,公司章程的制定也应该更敢于创新开拓,推动董事注意义务制度的发展和完善。

第四节　我国董事注意义务制度的协同性完善

营商环境的优化需要围绕公司治理进行全面、协调、综合地改进。前述章节主要从立法角度探讨了董事注意义务的制度完善,但从公司外部环境来看,除了立法,司法也是践行法治化营商环境建设的重要支撑,因此需要在司法规制层面实现与董事注意义务制度完善的同步性调整。从公司内部环境来看,完善的公司内部治理对企业来说就是最好的"营商环境",通过建立董事履职的评估与问责机制,辅助董事注意义务制度更好地运作,有助于发挥公司在营商环境优化中的主体作用,提升公司治理的有效性,从而强化对公司及股东利益的保障。

一、完善董事注意义务的司法规制

（一）明确司法审查的路径与要素——"商业判断规则"之本土化

尽管本章第二节明确了我国可以构建董事注意义务的主客观结合标准,此种判断标准是一种理性人标准,通过人格化形象构建的参照从表面上看似乎具体明确,还能够为法官裁判案件提供形象构建、背景重构、透过认知图式得出结论等具体心证步骤。② 但不可否认的是,人格构建是抽象思维的产物,思维的不可视性注定"理性人"标准存在局限。换言之,该标准能够为董事提供一种理想的行为预期指引,却难以成为法官适用的明确裁判规范。因为不论是形象构建还是背景重构,都依赖于法官对相关信息碎片的选择、拼凑和整合,然而这种信息的取舍具有主观性,那么不同法官对于同一案件事实就可能存在不同的认识和判断。同时,普通人理性、"善良

---

① 参见张红、石一峰:《上市公司董事勤勉义务的司法裁判标准》,载《东方法学》2013 年第1 期。

② 参见叶金强:《董事违反勤勉义务判断标准的具体化》,载《比较法研究》2018 年第6 期。

管理人"理性和专家理性等标准很难说存在清晰边界,需要法官自行构造和界定。一般过失和重大过失之间只是程度的差异而非性质不同,而"程度"本身就是难以把握的,且同一案件事实放在不同场景中所体现出来的过失程度也不一,仍需要法官自行衡量,如此模糊的"构建"和"回溯",可能难以确保不同法官所作判决之间的连贯一致性。

可见,制定一套无须法院行使自由裁量权即能直接适用于任何案件的万能标准是不现实的。因此,本节认为,类似"商业判断规则"的审查模式可作为我国董事注意义务司法审查标准的重要补充,即侧重于程序性审查。商业判断规则是商业风险与董事决策特点的自然延伸①,其重点关注董事的决策过程而非决策结果,承认合理的市场风险和决策失误,同时形式审查对法官的专业技术与自由裁量权的要求相对较低,因此能够有效避免司法对公司治理和运营的过度干预,更好地厘清司法领域与商事领域之间的界限。这种界限背后蕴含着对公司自治的尊重,亦是遵守了"风险自担"的市场化逻辑,有助于在董事激励和董事问责之间保持平衡,并且有效的司法干预还是优化法治营商环境的重要手段。但是鉴于商业判断规则主要适用于非自利的董事决策的行为类型,因此法官在对董事注意义务案件进行审理时,首先要注意区分董事的决策行为和非决策行为。在涉及董事决策的情况下,主要考察董事是否收集了充分信息并据此作出审慎周全的判断,即纵向维度剖析董事行为过程,具体应结合相关要素综合考量,例如董事个人的专业知识、技能和经验、信息收集的方式与途径、信息的相关性、董事会会议对决策内容的讨论和审议、决策程序等事项。在涉及非决策行为时,董事是否违反注意义务的判断可以通过具体化"理性人"标准的认知图景,围绕"董事有正确履行职责的可能而实际未履行或未合理履行"这一路径展开,坚持抽象标准与具体要素相结合的原则,侧重考察行为的适当性。

另外,用单一的判断标准来衡量不同公司类型、不同职务要求、不同专业背景董事的履职行为是不切实际的,然而这些要素正是董事恰当履行注意义务的基本出发点。例如,美国董事注意义务中运用"商业判断规则"的早期判例主要集中在银行及金融机构,法院对银行董事的要求通常高于普通公司的董事,因为银行提供的金融服务涉及更多的公共利益,对其董事科以较高的注意义务似乎并不过分。与此相似,公众型公司对董事注意义务

---

① 参见容缨:《美国商业判断规则对我国公司法的启示——以经济分析为重点》,载《政法学刊》2006年第2期。

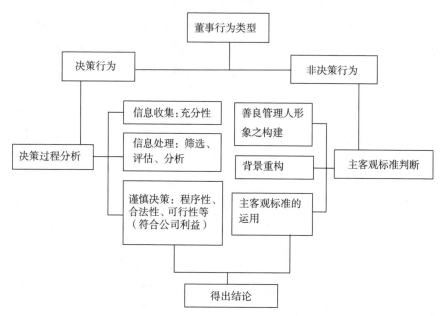

图6-6 董事注意义务的司法审查路径

的要求通常高于封闭型公司。随着公司经营管理的专业化和内部分工的精细化,担任不同职责的董事所负担的注意义务也各有不同。[①] 相较于外部董事而言,内部董事对公司信息的接触或获取渠道显然要更为广阔,并且公司对其在业务经营和事务管理的熟悉度、履职的时间和精力等方面的要求通常超过前者。因此,在具体案件的审理中,法官需要动态把握与衡量影响董事注意义务履行的要素,在各种要素构筑的案件场景中和主客观结合标准的评价体系下得出合理的结论(详见图6-6)。

(二) 发挥案例指导和类案检索的指引作用

法律的不完备性是常态,任何法律秩序都必然存在漏洞,而法院裁判是填补法律漏洞的重要方式,也是实现法的妥当性和个案正义的重要保障。在美国,董事注意义务的内涵和外延主要是通过判例的形式逐渐明晰,注意义务的审查标准也是在经历一个个与时俱进的判例后才得以确立,即该制度在美国具有丰富的实践基础。成文法的体制和传统使得我国并不具备实行英美法系判例法制度的根基,但相关的案例对法官审理案件仍然具有重要的参考价值或指导意义。由于我国公司法对董事注意义务的规定过于原则性,法院在审查案件时拥有较大的自由裁量权,这无疑为注意义务司法审

----

① 参见李燕、杨淦:《董事注意义务的司法审查标准刍议》,载《法律适用》2013年第12期。

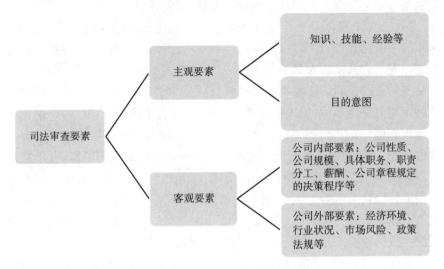

图6-7　董事注意义务的司法审查要素

查标准的统合增加了障碍,导致司法规制层面的不确定性与不可预期性。然而如前所述,就董事注意义务本身而言,是难以依靠成文法的规定来穷尽所有的具体情形,既不现实也不合理。因此,我国可以在成文法体系的基础上,借鉴判例法制度中的积极因素和合理成分,走具有中国特色的案例之路——在单个案例中利用法律解释的方式来弥补与修正立法,并通过我国的案例指导制度以及类案检索制度,发挥指导性案例或其他类案的示范作用,在全国范围内推广司法经验,以克服我国董事注意义务成文立法上的不足和司法裁判上的困难,同时还可以规范和限制法官的自由裁量权,使法官在类案检索的基础上作出更加谨慎妥当的裁判①,促进司法的公平公正(详见图6-7)。这种柔性规制方式充分发挥了司法的能动性,在尊重公司自治和促进公司良治中起到积极推动作用。

二、注重董事注意义务与董事责任的协同调整②

义务是责任存在的前提,完善的责任又将对义务的履行产生隐性约束力。因此,董事注意义务制度的完善需要与董事责任制度实现协同与适配,以强化注意义务的功能和效用,更好地形成董事激励与董事约束,从而为股

---

① 参见刘树德、胡继先:《关于类案检索制度相关问题的若干思考》,载《法律适用》2020年第18期。

② 此处关于董事责任的内容仅作简单论述,董事责任的具体研究请参见本书第七章。

东利益诉求的实现和公司的持续健康发展"保驾护航"。

第一,对于董事违反注意义务的责任承担需要加强主观过错的认定。本章第一节已述及,董事注意义务是一种积极作为的义务,其立法初衷是以控制过程的方式实现对结果的把控①,故简单的结果归责并不符合董事注意义务的履行逻辑。正如曼尼教授所言:"经营者不像法官,有能力且愿意就特定案件争论不休,以求得正确的答案;经营者不像学者那样一丝不苟地去追求真理,也不像科学家在高度专业化的领域中精益求精地探求更为完善的方法。"②同时,此种归责方式可能会导致董事权责失衡的悖论,不符合营商环境关于提升公司治理效益的追求:本该由公司或股东承担的正常经营风险转嫁到董事身上,董事面临巨额赔偿的可能性增加,难以激励其作出具有前瞻性和开拓性的商业决策,进而影响公司的长远发展。另外,从我国司法实践的经验来看,法官通常将违反注意义务的责任视为公司法领域的侵权责任,并同样会考察违法行为、过错、因果关系以及实际损害等要素。因此,董事注意义务制度完善的主观要求,具有理论和现实的必要性。就主观过错的程度而言,董事往往需要在复杂特定的商业背景下作出经营判断或行为选择,实际上难以确保每个行为或经营判断都能对公司产生最佳效益,但这并不妨碍董事注意义务制度所预设的督促董事尽职尽责地为公司最佳利益而工作、积极为公司创造财富的合理期待,因此董事违反注意义务的主观过错要求应着眼于约束与激励的平衡,在有助于维护公司合法权益的同时促使董事尽力追求公司利益的最大化,这显然不同于民法上对注意义务违反的判断。因此,若以普通过失或一般过失要求董事担责,且考虑到过失判断的弹性,董事在执行公司职务时可能因无法确定事后不被判断为存在过失而趋于保守经营,宁可错失良机也不愿积极作为,最终损害的是公司及股东的利益,也与董事注意义务制度的初衷不符。同时,在董事一心为公司利益工作而不存在利益冲突的情况,若仅普通过失就要承担高额赔偿责任,利益衡量上也有所失衡。③ 综上,在董事未违反忠实义务的前提下,注意义务的判断建议通常情况下都以董事具有重大过失为必要。

第二,设置董事违反注意义务的责任免责事由是提升公司治理有效性所必不可少的环节。忠实义务和注意义务对董事过错形态的要求不同,忠

---

① 参见李燕、杨朝越:《行政与市场双重视角下的国有大型商业银行治理检视》,载《投资研究》2019 年第 7 期。

② See Manning, *The Business Judgment Rule and The Directiors' Duty of Attention*, 39 Bus. Law, 1984.

③ 参见叶金强:《董事违反勤勉义务判断标准的具体化》,载《比较法研究》2018 年第 6 期。

实义务以董事存在利益冲突或牟取私利的故意为衡量标准,而注意义务规制的是偶发性"疏忽",可见董事违反注意义务的主观恶性程度比忠实义务更轻,相应地就需要通过责任的限制或免除来合理降低董事对公司经营管理中因固有风险所带来的赔偿责任的心理顾虑,激励其开拓进取的精神,从而兼顾公司经营效率与维护股东利益的双重目标,这也符合商事制度在效率和公平价值之间的取舍与平衡。并且通过前文对董事注意义务的类型化研究可以得知,董事并不只有出席董事会会议并作出决议这一职责,因此董事责任的免除也不应仅限于董事会决议这一情形,否则将造成公司与董事之间的利益失衡,无法为董事履职提供正向的激励。对此,我国可以建立董事责任减免的"事前+事后"机制,即通过公司章程的事先规定与股东会的事后同意,对董事责任减免的情况施以严格的程序控制。具体而言,公司章程可以列举若干种免除或不得免除董事责任的情形,并规定该免责必须经占有一定比例表决权的股东同意才能产生法律效果。同时满足上述两个条件,董事因违反注意义务的责任才可以得到减免,由此更好地兼顾董事风险与公司利益、司法干预与公司自治。但需要注意的是,有权代表公司作出董事责任减免决定的机关只能是股东会。之所以不采取董事会决议免除董事责任,主要原因在于董事会存在结构性偏见,在涉及其他董事和高管的决策事项时,董事可能因交情、利益互惠、群体思维和群体偏好而无意识地、自发地"董董相护"①,显然与公司利益相悖。此外,股东会免除的是董事对公司的民事责任,而对于行政责任、刑事责任等属于公法上的责任,不能因意思自治得以免除。

三、强化董事履职的公司评估与问责

公司治理的有效性直接影响着企业的发展前景,完善的公司内部治理对企业来说就是最好的"营商环境"。在我国公司实践中,囿于公司内部监督体系的式微,监事会对董事履职情况进行监督的积极性和有效性不高,公司或股东通常是在公司实际遭受了损失后,才会选择对董事违反注意义务的行为追究责任,并且追究董事责任的方式往往是通过股东派生诉讼、股东直接诉讼等外部途径引入司法监督得以实现。但事实上,外部诉讼途径存在一些固有缺陷,无法有效规制董事行为,难以及时保护股东及公司的合法权益。首先,股东直接诉讼中对董事"损害股东利益"的诉因界定较为困

---

① 参见朱羿锟:《董事会结构性偏见的心理学机理及问责路径》,载《法学研究》2010年第3期。

难,诉讼主体资质尚待明确。而股东派生诉讼中则要求股东"穷尽公司内部救济",且对股东资格限制过于严格,诉讼成本较高、风险较大。成本与收益严重失衡将导致诉讼抑制效应,股东内部亦存在集体行动困境。因此,无论是对董事的直接诉讼还是派生诉讼,股东往往持消极态度。除了诉讼追责外,股东们更倾向于利用表决权选举更换董事,或者干脆"用脚投票"退出公司。① 其次,从期权理论②、利益相关者理论等角度来分析股东、债权人与公司之间的关系可以发现,股东似乎不再是公司风险的完全承担者。那么作为股东外部诉讼的底层逻辑,即股东是公司唯一的剩余索取权人和剩余控制权人可能也将无法自圆其说。

从宏观角度来说,公司内部法律关系原则上由公司自治机制调整。③因此,强化公司对董事行为的评估与问责,首先通过公司内部确认董事违反注意义务并追究其责任,正是还原了"追责董事挽回公司损失"这一公司治理本来的逻辑,有利于及时并高效地解决董事履职异常的问题,防止公司损失的进一步扩大,并相应减少低效率的外部诉讼对公司自治的影响,增强公司治理能力。同时,基于不同公司间类型、规模、经营范围等差异,董事履行的具体注意义务也有所不同。公司内部的规范性评估与问责能够建立起公司自身对董事履职要求的充分认知,并及时关注到董事特定行为的异常,有效防止损失扩大,降低代理成本。对不同努力程度的董事予以区别对待,也能够使董事问责机制更好地发挥筛选功能。因此,在董事没有违反忠实义务的前提下,对董事勤勉履职的评价完全可以交由公司自治。由公司对董事履行注意义务的情况进行专门评估,增加董事行为的透明度,并通过评估、评价机制伴以常态化的督促和奖惩措施,确保董事履职的规范性和有效性,压实董事的履职责任,平衡董事的权力、义务与责任,从而优化公司内部治理环境。当董事因违反注意义务导致公司遭受损失,公司内部可以督促其纠正并直接追责董事,反向激活注意义务条款的运用,从而有效维护公司自身和股东的利益。由此可见,对董事履职的评估与问责和前述提及的董

---

① 参见马一德:《公司治理与董事勤勉义务的联结机制》,载《法学评论》2013 年第 6 期。

② 如果从看跌期权的角度来看股东与债权人之间的关系,可以将看跌期权视为股东投资的一种保险措施,保证股东的损失不超过初始投资,而由债权人承担资产价值下跌的风险。在这种情况下,承担公司剩余风险的是债权人,而不是股东。按照看涨期权理论,公司资产价值上升,股东就可能获利;公司如果资不抵债,股东只需拒绝行使其看涨期权即可,债权人则有义务承担公司资产价值下跌的损失。参见李安安:《金融创新与董事信义义务的重塑》,载《证券法苑》2012 年第 7 卷,第 370 页。

③ 参见刘俊海:《公司自治与司法干预的平衡艺术〈公司法司法解释四〉的创新、缺憾与再解释》,载《法学杂志》2017 年第 12 期。

事监督义务实际上亦有重合之处,只是监督义务主要针对董事履职异常的情况,而公司评估与问责强调对董事履职的日常化监管。

　　完善的董事注意义务制度有助于制约董事会权力行使的恣意性,维持股东权利与董事会权力间的动态平衡,也为董事问责提供制度供给,从而成为保障中小股东权益的有力机制,并为营商环境法治化提供支撑。本章以董事信义义务中的注意义务为核心展开探究。首先,分析我国董事注意义务制度现状与司法现状,指出我国董事注意义务制度存在内涵不清、外延不明、缺乏统一判断标准、缺乏完善责任制度等问题,以及司法实践存在可诉性仍存质疑、独立性未受重视、司法审查标准不一等问题,均有待我国董事注意义务制度的进一步优化与完善。其次,明晰董事注意义务之标准,结合域外法中的董事注意义务判断标准,构建适用于我国营商环境优化、公司内部治理本土化的主客观结合的董事注意义务判断标准。再次,为明晰和丰富董事注意义务的内涵、增强董事注意义务制度的可操作性,使其更为精准且有效地发挥控制代理成本、优化公司治理的制度功能,本文通过类型化研究的方法解构董事注意义务的行为,以我国董事注意义务现有规则为基础,结合司法实践中较常涉及的董事履职行为,大致总结出注意义务的四种基础行为类型,包括技能义务、勤勉义务、谨慎义务、监督义务以及公司章程对注意义务的规制。最后,在司法规制、董事责任以及公司评估与问责方面对董事注意义务进行协同性完善。在董事注意义务的司法规制中,可以考量将"商业判断规则"进行本土化改造,同时发挥指导案例与类案检索的指引作用;注重董事注意义务与董事责任的协同调整,一方面,对于董事违反注意义务的责任承担需要加强主观过错的认定;另一方面,设置董事违反注意义务的责任免责事由是提升公司治理有效性所必不可少的环节。

第七章　营商环境优化背景下董事责任制度的再完善

责任是自由行为的必要性。

——伊曼努尔·康德(Immanuel Kant)①

第四章至第六章主要论述董事对公司、股东所承担的信义义务。董事违反信义义务,应当承担相应的法律责任,建立系统、完善的董事责任制度作为营商环境优化的必由之路自不待言。结合营商环境评价指标体系来看,理想的董事责任制度大致应符合如下标准:第一,精准打击董事不当行为,为相关主体合法权益提供充分保障。第二,有效引导董事行权、规制董事不当行为,以防范董事失职及由此引发的不当后果。第三,易于追究董事责任,考量追责路径、成本、难易程度等因素,以实现对董事义务规范的有效回应。董事责任条款应当具备充实理论依据并形成清晰的法律表达,基于此,本章在优化营商环境背景下,通过反思董事责任制度的规范和实践现状,剖析董事责任的理论依据及内在逻辑,探讨董事责任制度体系优化进路。具体内容为:第一节系统梳理我国董事责任现有制度规范及司法实践现状,以责任主体、责任对象、责任形式和责任体系四方面为着眼点,归纳董事责任制度的不足。第二节以责任主体为对象,重点讨论事实董事、外部董事、职工董事、未参会董事等特殊主体的责任承担问题。第三节探究董事责任对象从公司扩展到第三人的理论正当性,就第三人权益保护不足的现状提出规范层面的完善建议。第四节对董事责任形式的规范缺失,尝试构建针对性的优化路径。第五节从董事责任体系的重要方面进行应然构建,完善相关制度缺漏。需要特别说明的是,鉴于本书以营商环境优化为背景,在民商事法律体系下研究董事义务与责任,故董事责任部分主要论及民事责任,未涉及行政责任和刑事责任的相关内容。

---

① ［德］康德:《法的形而上学原理——权利的科学》,沈叔平译,商务印书馆1992年版,第28页。

第一节　董事责任制度现状及实践检视

我国董事责任制度主要由民法典、公司法、证券法、企业破产法、企业国有资产法等法律法规、司法解释中相关规范构成。如前文所述,董事违反对公司的忠实义务、注意义务或公司章程约定的其他义务时,应当对公司承担责任。当公司为董事的侵权行为承担替代责任时,公司有权向有过错的董事追偿。当传统的法人机关理论被突破,董事行为损害公司外部第三人利益时,亦需要对第三人承担个人责任。因此,就对象而言,董事责任体系是董事对公司、对股东以及对第三人(主要是债权人)责任承担规范的总和。

一、我国董事民事责任制度及其司法实践

(一) 董事对公司承担民事责任的请求权基础

根据责任发生基础,民事责任可以分为违约责任与侵权责任。基于公司与董事的信托或委托的契约关系,在一般情形下,董事对公司之责任可以通过债务不履行责任理论解决。在特殊情形下,董事责任可能出现违约责任和侵权责任的竞合,例如董事为实现个人私利而损害公司利益时,董事违反忠实义务的行为属于对公司的债务不履行,同时也构成对公司的侵权。着眼于责任形态,我国法律规范中,董事对公司承担责任的请求权基础主要包括如下三类。

1. 董事承担直接或连带赔偿责任的情形

(1)一般性规定

《公司法(2018)》第 149 条①与最新修订的《公司法(2023)》第 188 条②规定了董事因执行职务造成公司损害而承担责任的一般情形,是公司主张董事责任时较常援引的一项请求权基础。此外,《公司法(2023)》第 10 条新增了执行公司事务的董事或者经理可以担任法定代表人的规定③,第 11 条第 3 款明确了法定代表人执行职务造成他人损害的法律责任④,拓宽了责任董事的范畴,回应了实践对董事的追责需求。截至 2022 年 6 月 18 日,以"公司法第一百四十九条"+"损害公司利益纠纷"为关键词检索北

---

① 参见《中华人民共和国公司法(2018 年修正)》第 149 条规定。
② 参见《中华人民共和国公司法(2023 年修订)》第 188 条规定。
③ 参见《中华人民共和国公司法(2023 年修订)》第 10 条规定。
④ 参见《中华人民共和国公司法(2023 年修订)》第 11 条规定。

大法宝案例库,近五年共有 2268 份民事判决书。在董事向公司承担赔偿责任情形中,法院通常以规制董事具体不当行为相关条文与本条共同作为裁判依据。在董事行为给公司造成损失但无法被涵摄到具体条文的情形下,法院通过本条的适用进行兜底。

(2)董事利用其关联关系损害公司利益

《公司法(2018)》第 21 条①规定了董事利用关联关系损害公司利益之责任,该规定在《民法典》第 84 条中也有所体现。②《公司法(2023)》第 22 条③和第 182 条④通过扩大关联人的范围,进一步明确了董事关联交易之责任。截至 2022 年 6 月 18 日,以"公司法第二十一条"+"损害公司利益责任纠纷"为关键词检索北大法宝案例库,近五年共有 597 份民事判决书。截至 2022 年 6 月 18 日,以"民法典第八十四条"+"损害公司利益责任纠纷"为关键词检索北大法宝案例库,共有 5 份民事判决书,其中仅 2 份涉及关联交易责任认定的问题。在以上判决说理部分中,可以循得相似的裁判思路,即先根据《公司法(2018)》第 216 条第 1 款第 4 项⑤"关联关系"的界定对案涉事实进行分析,再判断董事是否利用关联关系损害公司利益,最终裁判依据大多都援引了《公司法(2018)》第 21 条、第 147 条与第 149 条规定。此外由于"关联关系""损害公司利益"等概念本身并不明确,个别法院混同了"关联关系"与"职务便利"的概念内涵,将《公司法(2018)》第 148 条第 5 款关于忠实义务的规定与《公司法(2018)》第 21 条直接合并适用,缺乏必要的论证。⑥ 再者,"关联关系"本身是中性的,其内核是"可能导致公司利益转移",董事只有在利用关联关系导致公司利益受损时才承担责任,个别法院也提出"关联交易需损害公司权益"⑦这一要件。但总体来看,法院较为缺乏对"利用关联关系"与"损害公司利益"之间因果关系的详细论证说理。最后,董事损害公司利益是指的何种利益,是长远利益抑或短期利益、现实利益抑或期待利益,需要在个案中具体探讨。

---

① 参见《中华人民共和国公司法(2018 年修正)》第 21 条规定。
② 参见《中华人民共和国民法典》第 84 条规定。
③ 参见《中华人民共和国公司法(2023 年修订)》第 22 条规定。
④ 参见《中华人民共和国公司法(2023 年修订)》第 182 条规定。
⑤ 参见《中华人民共和国公司法(2018 年修正)》第 216 条规定。
⑥ 参见(2018)京 01 民终 8010 号民事判决书。
⑦ 参见(2017)黔民初 70 号民事判决书。

案例7-1：

东莞市××餐料生产有限公司等诉蔡某甲等公司
关联交易损害责任纠纷案①

案件事实：

东莞市××经营部（以下简称东莞经营部）是个体工商户，王某某为经营者，蔡某乙为王某某的妻子。蔡某甲为蔡某乙之兄，且为东莞市××餐料生产有限公司（以下简称餐料生产公司）股东。餐料生产公司与东莞经营部签订《××采购框架合同》《××采购合同》。

餐料生产公司2008年4月19日《2008年第三次董事会记录》与2009年1月5日《临时董事会纪要》证明董事会曾就关联交易事项进行商议。《专项审计报告》载明，餐料生产公司与东莞经营部、东莞市虎×经营部构成关联关系，属于关联交易。餐料生产公司于2008年至2010年度向东莞经营部、东莞市虎×经营部支付关联交易款共56,128,745.28元。蔡某甲、王某某、蔡某乙提交了《异动提议审批表》《请款对账单》和《广东省增值税专用发票》，但餐料生产公司认为上述文件均不能证明蔡某甲、王某某、蔡某乙已履行了交货义务。

上诉人餐料生产公司称，餐料生产公司与东莞经营部之交易属于关联交易，蔡某甲、王某某、蔡某乙应当赔偿由此造成的损失。根据《最高人民法院关于审理买卖合同纠纷适用法律问题的解释》第8条第1款的规定，蔡某甲、王某某、蔡某乙并未提交任何关于履行案涉货物的交付凭证，而仅以增值税票及付款凭证来推定交易已完成，显然违反前述司法解释规定。不论交易是否真实履行，关联交易本身的存在已违反了董事会决议，有违公司章程，应为无效。

裁判结果及理由：

一审法院认为，关联交易合法有效应当具备交易信息披露充分、交易程序合法、交易对价公允三个条件。首先，根据黄某某于《讯问笔录》中的陈述及《2008年第三次董事会记录》来看，公司股东对蔡某甲关联交易行为都已知晓，蔡某甲也将交易相关信息进行了充分披露。其次，《异动提议审批表》显示餐料生产公司存在采购委员会，没有证据显示蔡某甲影响审批委员会选定供应商或采购货物的价格。最后，根据《异动提议审批表》，没有证据显示案涉交易存在对价不公允的情况。另外，根据在案证据，东莞经营

---

① 参见广东省东莞市中级人民法院（2015）东中法民二终字第1913号二审判决书。

部与餐料生产公司已依采购合同约定的付款条件履行相应的开发票、付款程序,故应推定此前的收货、对账程序亦已履行完毕。综上,本案关联交易合法有效,驳回餐料生产公司的诉讼请求。

二审法院亦认为,蔡某甲实施的关联交易合法有效。餐料生产公司应当举示证据证明其利益受损,但在案证据并不充分。遂驳回上诉,维持原判。

案例评析:

本案是董事关联交易损害公司利益的典型案例。一审法院和二审法院都明确指出,关联交易是中性的,只有在其损害公司利益时,才有规制必要。同时,法院提出了关联交易合法有效的要件,董事无须为合法有效的关联交易承担责任。尽管该案为合法有效的关联交易确立了明晰的判断标准,但该标准较为偏重对关联交易行为合法性的考察,缺乏对公司损害后果的关注。这类裁判思路不符合世行此前的评估标准和期望。若追究董事责任只要求其行为损害公司利益这一条件,即评估项得满分,若还附加其他条件,比如董事主观上的恶意或重大过失、欺诈,甚至无法追究董事责任,则评估项被扣分甚至不得分。《公司法司法解释(五)》第 1 条第 1 款对既有的认定逻辑进行了改变与发展,即只要董事实施关联交易损害公司利益就应当承担赔偿责任,不可仅仅以其充分履行披露义务作为抗辩,实质上加重了董事责任。①

(3)董事违反忠实、勤勉义务致企业破产

《中华人民共和国企业破产法》第 125 条第 1 款规定了董事的破产经营责任,即企业破产的结果与董事、经理和其他责任人违反其忠实勤勉义务存在因果联系,行为人要对其行为造成的相应损失承担民事赔偿责任。②截至 2022 年 6 月 18 日,以本条作为关键词在北大法宝案例库中进行检索,在 227 个检索结果中有 44 个判决书,剔除其中关联度较低的 6 个案例,在此以剩余 38 个判决书为研究对象,发现:

第一,多数判决认为,董事在公司进入破产程序后的不当行为可以被定义为《企业破产法》第 125 条中对忠实、勤勉义务的违反。有 25 个判决书③

---

① 参见《最高人民法院关于适用〈中华人民共和国公司法〉若干问题的规定(五)》第 1 条规定。

② 参见《中华人民共和国企业破产法》第 125 条规定。

③ 25 个民事判决书案号为:(2022)浙 1003 民初 1437 号、(2022)浙 1002 民初 498 号、(2021)浙 1004 民初 3201 号、(2021)浙 1004 民初 2084 号、(2021)浙 1004 民初 835 号、(2021)浙 1004 民初 276 号、(2021)浙 1004 民初 6090 号、(2021)浙 1003 民初 5230 号、

援引本条与《企业破产法》第 7 条、第 15 条,共同作为追究董事、监事怠于履行法定义务导致无法清算、损害债权人合法权益的裁判依据,该部分判决主要由浙江省台州市的法院作出。根据《企业破产法》第 15 条第 1 款第 1 项,债务人应当妥善保管相关资料,具体义务由清算义务人承担。以上判决认为,在清算义务人与董事、监事身份重合时,清算义务人配合管理人在破产程序中移交相关资料的义务属于《企业破产法》第 125 条中的勤勉义务,据此可以追究行为人怠于履行义务的责任。在(2017)京民终 308 号案件中,尽管是对弘×公司高级管理人员刘某某、侯某某、韩某某"未妥善保管财务账册并移交给破产管理人"行为追究责任,但该案发生原因在于"账务处理、账务手续方面存在不规范,导致当期账务不当处理,造成账实不符",即行为人在管理公司时就存在违反忠实、勤勉义务的行为并导致公司破产,因此援引本条作为裁判依据。另外,在(2020)鲁 0702 民初 1328 号案件中,法院认为公司法定代表人王某某"未如实向管理人陈述补充协议存在"的行为属于《企业破产法》第 125 条中违反忠实义务的情形。然而,《企业破产法》第 125 条旨在规范公司尚未破产时董事作出导致公司破产的不当行为,而非公司已经进入破产程序后,怠于履行移交材料义务的行为或其他违反忠实、勤勉义务的行为。该类判决存在对法条适用的理解不当。

　　第二,援引本条作为裁判依据的判决体现了被告的损害行为与公司破产结果之间的因果关系是案件的关键所在,在此选取较为典型的几个案例供参考。

案例 7-2：

深圳斯×诉董事损害公司利益责任纠纷案①

　　斯×微显示科技(深圳)有限公司(以下简称深圳斯×公司)注册资本额为 1600 万美元,股东斯×微显示科技有限公司(以下简称斯×公司)应当在 2006 年 3 月 16 日前缴清全部出资,但在 2005 年 11 月 3 日后仍欠缴

（2021）浙 1003 民初 1602 号、（2021）浙 1003 民初 549 号、（2021）浙 1002 民初 6058 号、（2021）浙 1002 民初 125 号、（2021）浙 1002 民初 297 号、（2021）浙 1002 民初 4904 号、（2021）浙 1081 民初 3294 号、（2021）粤 2071 民初 122 号、（2021）浙 1002 民初 1637 号、（2020）浙 1004 民初 5050 号、（2020）浙 1004 民初 1930 号、（2020）浙 1003 民初 255 号、（2020）浙 1003 民初 5894 号、（2020）浙 1003 民初 4206 号、（2020）浙 1003 民初 5700 号、（2020）浙 1002 民初 4209 号、（2020）浙 1002 民初 4208 号。

① 　参见最高人民法院(2018)最高法民再 366 号。

出资 500 万余美元。经深圳中级人民法院强制执行,股东仍欠缴出资 490
万余美元。后深圳斯×公司被申请破产清算,破产管理人要求公司前任及
现任共六名董事对股东欠缴出资承担连带责任。其中,三名被告曾在 2005
年 1 月 11 日至 2006 年 12 月 29 日担任深圳斯×公司董事;另三名被告自
2006 年 12 月 30 日起,担任深圳斯×公司董事。该六名董事并非深圳斯×
公司的股东,亦非穿透后的任何一层公司的股东。

裁判结果及理由:

一审法院认为,追缴股东欠缴出资事项属于六名董事的勤勉义务,但未
履行该义务并非就必然需要承担法律责任。胡某某等六名董事是否应当承
担赔偿责任,应从其不作为与股东欠缴出资结果之间的因果关系以及是否
直接导致公司损失两方面分析。第一,公司资本未到位系股东未全面履行
出资义务导致,并非六名董事作为深圳斯×公司董事消极不作为所致。第
二,董事向公司承担责任应当基于董事损害公司利益的积极行为,因此本案
董事不应承担责任。综上,驳回深圳斯×公司的诉讼请求。

二审法院认为,一方面,公司章程并未明确规定董事负有催缴股东出资
的义务;另一方面,在案证据并不能充分证明董事不作为与公司损失存在因
果关系。因此不予支持深圳斯×公司的请求。

再审法院认为,《公司法司法解释(三)》第 13 条第 4 款规定了公司董
事应当督促股东增资义务的履行,确保公司增资真实,使公司因增资而获得
更好的发展。我国公司资本制度实行认缴制,不论是在公司设立时还是
增资时,股东所负有的出资义务本质上无异,都是对公司生存发展的基本保
障和股东权利的基础前提。基于此,董事对股东出资的催缴义务在两个时
期中也不应存在差异。另外,本案六名董事不仅是公司董事,还是股东董
事,对股东公司的发展战略、经营管理及资产运营等情况应当有充分了解,
相比其他案件中的公司董事来说,更加具有监督及催促股东出资的前提条
件,其对股东不履行出资义务的行为并未加以监管与督促,违反勤勉义务。
股东欠缴出资为公司的损失,六名董事消极不作为与公司损失存在因果关
系,应当承担赔偿责任。

案例评析:

本案争议焦点主要是董事怠于履行催缴出资义务是否与公司破产结果
之间具有因果关系。最高人民法院在判决理由部分对此进行了详细论述,
同时对一审和二审的判决理由进行了回应。尽管六名董事只是消极地怠于
履行勤勉义务,但因其同时兼任股东和董事,具有催缴出资的信息便利与行
为便利,因此六名董事以不作为的方式放任了股东不出资对公司的持续损

害,而资本不足导致公司偿债能力欠缺被债务人申请破产。鉴于此,最高法院判决六名董事承担责任,是对董事破产经营责任中催缴义务与公司破产之因果关系认定的新诠释。

案例 7-3:

谢某某诉岳西县××房地产开发有限公司破产债权确认纠纷案①

案件事实:

谢某某于 2016 年开始接受岳西县××房地产开发有限公司(以下简称房地产公司)委托成为××公司高管,与房地产公司之间形成劳动合同关系。瑞城××烂尾项目在谢某某的努力下出现起色,为此,房地产公司承诺给予谢某某 C 区开发项目奖金 60 元/㎡,施工许可建筑面积 39800㎡,房地产公司奖金 199.2 万元。随后,房地产公司内部矛盾开始加剧,导致谢某某不能一如既往地强力推进项目继续开发建设,且房地产公司仅支付谢某某部分生活费,承诺的年薪和奖金都未能兑现。

谢某某于 2018 年 1 月 23 日向岳西县劳动人事争议仲裁委员会提起仲裁,岳西县劳动人事争议仲裁委员会作出岳劳人仲案字〔2018〕第 027 号仲裁裁决书,裁决房地产公司支付谢某某工资报酬 3,992,000 元。房地产公司不服仲裁裁决,于 2018 年 6 月 6 日提起民事诉讼。在该案审理过程中,岳西县人民法院立案受理房地产公司破产清算案件。2018 年 12 月 14 日,岳西县人民法院作出(2018)皖 0828 民初 1689 号民事判决书,该判决书认为谢某某有从该公司获取报酬的权利,但是谢某某系该公司高级管理人员,依据《中华人民共和国企业破产法》的规定,在公司具备破产原因时,其工资应按照企业职工的平均工资计算,高于该企业平均工资部分,谢某某可向房地产公司管理人申报债权。谢某某据生效判决向房地产公司申报 3992000 元债权,但确认的债权金额为零,严重侵害了谢某某的合法权益,因此请求岳西县人民法院确认谢某某的普通破产债权。

裁判结果及理由:

谢某某作为房地产公司具有决定权的高管,任职两年内没有扭转房地产公司的颓势,导致公司最终仍进入破产程序,其负有管理不力的责任,同时,其管理期间完成的楼盘建设并没有达到法律上的交房条件,故谢某某主张的诉讼请求依法予以调整。综合本案实际,对谢某某主张的年薪部分作

① 参见安徽省岳西县人民法院(2019)皖 0828 民初 1223 号一审判决书。

为普通债权的诉讼请求予以支持,对谢某某的绩效奖金部分不予支持。

案例评析:

本案的董事破产经营责任较为特殊,体现为对债权确认数额的扣减。在债权确认纠纷中,公司追究董事违反勤勉义务导致公司破产的责任,法院可以直接判决对董事部分工资债权的确认请求不予支持。对董事薪资的扣减实际上也是董事承担责任的一种形式,本案也反映了司法实践对《中华人民共和国企业破产法》第 125 条的灵活适用。案例 7-2 和 7-3 都属于董事因违反勤勉义务导致公司破产而承担责任的情形。董事因经营管理不当导致公司破产的情形较少,且勤勉义务本身内容较为模糊,因此《中华人民共和国企业破产法》第 125 条中董事违反勤勉义务作为责任承担事由的情形较少见。

(4)董事协助股东抽逃出资

《公司法司法解释(三)》第 14 条第 1 款规定了董事协助股东抽逃出资的责任。① 截至 2022 年 6 月,以此款检索北大法宝案例库仅有 4 个案例。未检索到以本条为裁判依据追究董事向其他股东承担责任的案件,主要原因一是通常此类案件被追责主体为股东,二是在 2015 年《公司法》修订公司资本制度之后未再强制要求股东设立公司时实缴注册资本。过去为设立公司实缴验资后再抽逃出资的情况完全可以通过约定较长的出资期限实现,故而抽逃出资行为也大大减少。

2. 补充责任:董事怠于敦促瑕疵出资股东全面履行出资义务

《公司法司法解释(三)》第 13 条第 4 款规定了董事消极履行催缴义务的补充责任。② 本条规定应理解为最高人民法院通过司法解释的方式将该等义务明确为董事勤勉义务中的一种具体形式。《公司法(2023)》第 51 条明确了公司设立时董事的催缴义务,强化了董事因消极履行催缴义务对公司造成损失的赔偿责任。③ 董事的催缴义务在比较法上也早有相应规范。如美国《特拉华州普通公司法》《英国公司法》等授权董事会对股东出资义务履行监督程序。其中《特拉华州普通公司法》不仅赋予董事会根据公司需求催缴股东出资的权力,还规定了公司对外不能清偿债务情形下董事会

---

① 参见《最高人民法院关于适用〈中华人民共和国公司法〉若干问题的规定(三)》第 14 条规定。

② 参见《最高人民法院关于适用〈中华人民共和国公司法〉若干问题的规定(三)》第 13 条规定。

③ 参见《中华人民共和国公司法(2023 年修订)》第 51 条规定。

对部分缴付股东的法定催缴义务。① 截至 2022 年 6 月 18 日,以《公司法司法解释(三)》第 13 条第 4 款作为关键词在北大法宝案例库中进行检索,共有 30 个结果,在案例 7-2 出现之前,判决支持董事承担责任的案件寥寥无几。②

案例 7-2"深圳斯×与董事损害公司利益责任纠纷"创新性地支持了董事因未履行催缴出资义务而承担责任。判决认为,基于董事职能定位,催缴出资属于法定义务。为保障公司经营发展的充足资本,在股东出资期限届满后,董事负有催缴股东出资的义务。该案综合了多方面因素进行考量,考虑到六名董事同时担任股东的董事,具有履行催缴义务的信息和便利条件。值得一提的是,《公司法司法解释(三)》第 13 条第 4 款规定的仅为公司增资的情形,但最高人民法院作了扩大解释,认为公司设立时的股东出资义务与增资时股东出资义务并无不同,董事催缴义务在两个时期应当同等适用。因此,不论在公司设立时还是增资时认缴出资,董事催缴出资义务始终属于勤勉义务的范畴。

有观点认为,让薪酬迥异且信息不对称的所有董事一律承担违反催缴义务的连带责任有违公平与比例责任原则。③ 董事勤勉义务与股东出资义务属于性质完全不同的法律关系,董事怠于履行催缴义务与股东欠缴出资之间没有必然因果关系,要求董事因股东的欠缴出资行为承担连带保证责任,属于对董事责任的不当扩张,破坏了公司治理的平衡,动摇了公司法律制度的根基,不符合公司利益最大化目标。举例来说,公司有五位董事和五位股东,各股东均欠缴出资 100 万元,共计欠缴出资 500 万元,董事未履行催缴义务。现公司欠债权人 600 万元无力偿还,根据《公司法司法解释(三)》第 13 条第 4 款规定,股东的责任限于其未出资范围内,责任上限是 100 万元;而按照案例 7-2 的判决思路,各位董事分别要对全部未出资即 500 万元承担连带责任。不负有出资义务的董事责任反而超过了负有出资义务的股东,董事承担的责任有过重之嫌。

3. 董事违反忠实义务所得的收入归公司所有

《公司法(2018)》第 148 条第 1 款列举了董事违反忠实义务的典型情

---

① 参见王光明:《董事不能承受之重:股东欠缴出资的连带责任》,载"北大法宝",2020 年 8 月 4 日。

② 参见(2013)江中法民二终字第 190 号、(2016)鲁 0124 民初 1209 号、(2016)浙 0185 民初 2798 号《民事判决书》。

③ 参见傅穹:《公司利益范式下的董事义务改革》,载《中国法学》2022 年第 6 期,第 207 页。

形,第 2 款同时规定董事不当收入归公司所有。① 《中华人民共和国企业国有资产法》第 71 条亦有类似规定。② 《公司法(2023)》对公司归入权规范进一步优化。③ 一方面将监事纳入了违反忠实义务所得归入公司的义务主体;另一方面,第 182 条至第 184 条分别对忠实义务的内涵进行了细化。其中,第 182 条扩大了自我交易与关联交易中关联人的责任范围④,第 183 条增加了正当利用公司商业机会的例外规则⑤,第 184 条细化了同业竞争的前置程序⑥。对近五年来与《公司法(2018)》第 148 条第 2 款有关的案例进行研究,该类案件的判决差异主要集中在归入与赔偿的适用以及责任承担范围的认定上,具体分为以下两类。

(1)判决董事所得收入归入公司所有

根据《公司法(2018)》第 148 条第 2 款,董事实施第 148 条第 1 款行为所得收入应当归入公司所有,该类判决完全符合本条规定。如在"嘉兴××装饰工程有限公司诉朱某某损害公司利益责任纠纷案"中⑦,朱某某作为公司的高级管理人员,具有《公司法(2018)》第 148 条第 1 款第 4 项行为,公司有权要求朱某某因此所得的收入归于公司。应注意的是,主张行使归入权的前提是公司充分证明董事因违反忠实义务的行为取得了收入。如在"沃×科技(天津)有限公司诉韩某某损害公司利益责任纠纷案"中⑧,沃×公司主张韩某某违反对沃×公司忠实义务所得的收入应归公司所有,但未提交证据证明韩某某从吾×公司和有×公司取得了经营收入,故法院不予采纳沃×公司主张。

(2)判决董事所得归于公司并向公司赔偿损失

根据《公司法(2018)》第 149 条的一般性规定,在董事行为符合第 148 条第 1 款规定时,可能同时损害公司利益,其还应向公司承担赔偿责任。如在"北京模×技术开发有限责任公司诉王某某等损害公司利益责任纠纷案"中⑨,王某某作为模×公司的董事、法定代表人,与王某某的共同交易行为导致公司丧失了本可以取得的拆迁腾退补偿款项,应向公司返还所得、赔

---

① 参见《中华人民共和国公司法(2018 年修正)》第 148 条规定。
② 参见《中华人民共和国企业国有资产法》第 71 条规定。
③ 参见《中华人民共和国公司法(2023 年修订)》第 186 条规定。
④ 参见《中华人民共和国公司法(2023 年修订)》第 182 条规定。
⑤ 参见《中华人民共和国公司法(2023 年修订)》第 183 条规定。
⑥ 参见《中华人民共和国公司法(2023 年修订)》第 184 条规定。
⑦ 参见(2020)浙 0411 民初 1253 号民事判决书。
⑧ 参见(2018)津 01 民初 682 号民事判决书。
⑨ 参见(2021)京 02 民终 734 号民事判决书。

偿损失。再如在"北京世×公司诉陶某某损害公司利益责任纠纷案"中①，陶某某作为世×公司的股东、董事、高管，其自行确认的外单利润应当归世×公司所有，并且应赔偿公司损失。

当证据无法准确证明董事不当收入具体数额时，法院会酌情确定董事向公司承担赔偿责任。如在"深圳市华×网络有限公司等诉李某等损害公司利益责任纠纷案"中②，高管李某某违反忠实义务和竞业禁止义务，但李某个人收入无法查明，华×公司有实际损失，法院综合考虑定价依据、运营成本、发展前景等因素，酌定李某的赔偿金额，以补偿华×公司和美×公司的实际损失及合理期待利益。再如在"成都××科技有限公司诉朱某某损害公司利益责任纠纷案"中③，董事朱某某及其配偶胡某某实施了竞业禁止行为，但公司本身难以就该二人的竞业收入举证。二审法院认为一审法院结合朱某某实施违反忠实义务的行为及朱某某亦未举证证明其未获得竞业报酬的情况，酌定赔偿朱某某承担 10 万元赔偿责任并无不当。

案例 7-4：

北京××虚拟视觉科技有限公司诉李某某等
损害公司利益责任纠纷案④

案件事实：

2015 年 9 月 18 日，北京××虚拟视觉科技有限公司（以下简称科技公司）成立，注册资本 500 万元，股东及持股情况为科技股份公司、持股比例为 51%，李某某持股比例为 49%。2015 年 11 月 1 日，科技股份公司作为甲方与乙方李某某签订《××公司发起人协议书》约定共同成立科技公司，第四条第 4 款约定，公司设经理 1 名，由乙方担任。2015 年 11 月 1 日，李某某出具《承诺函》，其中第 3 条内容为，本人投资经营北京××影视文化有限公司，本人承诺该公司仅从事视觉导演工作业务，并确保该公司不从事与科技公司相竞争的业务。后李某某就案涉 7 个项目，自营与科技公司同类业务，且使用科技公司的人员、场地、设备等资源履行项目，给科技公司造成损失。

---

①　参见（2019）京 0115 民初 27347 号民事判决书。

②　参见（2019）粤民终 1027 号民事判决书。

③　参见（2018）川 01 民终 2370 号民事判决书。

④　参见北京市第三中级人民法院（2021）京 03 民终 2383 号二审判决书。

被上诉人、原审原告认为,李某某作为科技公司的总经理,就涉案 7 个项目构成自营与科技公司同类业务的情形,违反了《发起人协议》和《股权合作协议》中的约定,也违反了《公司法》第 148 条的有关规定,损害了科技公司的利益。根据《公司法》第 148 条第 2 款及第 149 条的规定,李某某应当承担相应的赔偿责任。

裁判结果及理由:

一审法院认为,李某某作为科技公司的高级管理人员,利用科技公司与其控制的工作室和公司进行项目合作的方式,未经科技公司股东会同意和无正当理由的情况下,通过其控制的工作室、公司对外签署与科技公司业务相同的合同,使用科技公司的人员、场地、设备等资源履行案涉 7 个项目,损害了科技公司的利益。在责任承担方式上,科技公司既主张行使归入权,也要求赔偿损失。从行使归入权角度而言,归入权行使的范围应当是李某某从案涉 7 个项目中获取的收入。从赔偿损失的角度计算,科技公司的损失可以分为两个部分:一是关于科技公司因完成案涉 7 个项目支出的人力、物力等成本;二是科技公司承接案涉 7 个项目可以获得的利润。

二审法院认为一审法院关于损失数额的核算存在错误,在计算科技公司承接案涉 7 个项目可以获得的利润时,应扣除非科技公司主营业务特效部分(美术业务)的合同利润,并对此予以改判。

案例评析:

《公司法(2018)》第 149 条规定董事因不当行为向公司承担赔偿的一般情形,第 148 条规定董事违反忠实义务等所得收入应当归入公司。对于归入权和赔偿请求权的关系,不同法院的判决体现了不同的司法观点。在"深圳市××悬浮冶金科技有限公司诉李某某损害公司利益责任纠纷案"中[1],公司主张对董事从事同业竞争的收入行使归入权,法院认为"公司可同时行使归入权和损害赔偿请求权,此属于请求权基础的竞合范畴"。然而在"北京××虚拟视觉科技有限公司诉李某某等损害公司利益责任纠纷案"一审中,法院认为归入权与损害赔偿立法目的各异。[2] 归入权的设置是为了达到遏止和惩戒董事、监事、高级管理人员背信行为的目的,而赔偿损失是为了填补公司因损害行为而受到的损失,包括公司为此支出的成本、损失的利润等。归入权应当是违反忠实义务首要的承担责任方式,但在侵权人收入难以计算或者不足以弥补公司损失时,若当事人主张两种责任方式的,应优先适用归入权,在无法通过归入权保护公司利益的情形下,可以采取赔偿损失的责任方式,但应当注意公司利益维护与赔偿责任之间的平衡。[①]

综上,合理界定董事损害公司利益责任纠纷的赔偿范围,有利于保护投资者利益,助益营商环境建设。除以上规范外,《公司法(2023)》第211条新增了违法分红造成公司损失情形下,负有责任的董事、监事、高级管理人员应当承担赔偿责任,完善了公司资本分配中的董事责任。[②] 避免损害公司利益行为发生,不仅需要完善的法律规范作为标尺,更重要的是建立公司内部人员的行为规范准则,为董事提供行为指引。董事执行职务时应当本着诚信、善意的原则,遵守法定和章定义务,努力维护公司利益;股东应当合理行使权利,不得滥用权力;公司则应加强自身内部治理,完善规章制度。对于需要重点规范的事项,公司章程应当作出具体规定,并在公司经营发展过程中根据实际情况不断更新、完善。

(二) 董事对股东承担民事责任的请求权基础

董事与公司基于信托关系或委托关系而产生忠实义务和勤勉义务,公司本质上是股东基于营利为目的设立,因此董事对公司背后的股东实际上也应当负有一定义务,例如分配股息和红利义务等。然而,从我国《公司法》规定来看,股东与董事之间没有直接的权利义务关系,董事对股东造成损害通常为侵权责任。

1. 一般性规定

《公司法(2018)》第152条和《公司法(2023)》第190条是股东追究董事责任的请求权基础。[③] 截至2022年6月18日,以本条作为关键词在北大法宝案例库中进行案例检索,再以"损害股东利益"在结果中进一步筛查,近五年共有489个民事判决。本条作为股东追究董事责任的请求权基础,在判决中通常与其他案情相关的具体条文同时作为裁判依据。

本条中董事的违法行为不限于执行职务的行为,且行为与股东的损害需要有直接的因果关系。理解"直接因果关系",需厘清《公司法(2018)》第149条与第152条的关系。从逻辑上来讲,损害公司的利益必然间接地导致股东利益的损害。然而,股东依据《公司法(2018)》第152条的规定主张公司董事、高级管理人员损害股东利益,应为董事、高级管理人员直接损

---

①　参见(2019)京0105民初25492号民事判决书。

②　参见《中华人民共和国公司法(2023年修订)》第211条规定。

③　参见《中华人民共和国公司法(2018年修正)》第152条、《中华人民共和国公司法(2023年修订)》第190条规定。

害股东利益的情形。对此有判决指出："股东未履行出资义务、股东知情权、董事侵占公司资产、违反勤勉义务等问题,均不属于董事直接侵害股东利益情形。"①此外,在公司尚未清算的情况下,股东所持股权价值、是否存在损失等均无法认定,股东请求董事承担责任难以获得司法裁判的支持。②由此可见,董事因直接损害股东利益而承担责任的情形较为局限。

案例 7-5:

陈某某诉吴某某等损害股东利益责任纠纷案③

案件事实:

沈阳××商贸有限公司(以下简称商贸公司)成立于 2014 年 4 月 8 日,注册资本 200 万元,投资人原告陈某某认缴出资额 10 万元,出资比例 5%,任公司监事,吴某某认缴出资额 190 万,出资比例 95%,任公司执行董事、法定代表人,认缴出资时间为 2024 年 4 月 2 日。

原审原告陈某某主张,吴某某大量地占有公司资金损害股东陈某某个人利益,侵占了属于与陈某某的共同资产,请求判令被告吴某某赔偿损害股东利益责任损失 10 万元。

裁判结果及理由:

一审法院认为,原告并未提供充分有效的证据证明被告吴某某作为商贸公司董事、高级管理人损害股东利益的情形,故不支持原告的诉讼请求。

二审法院认为,股东主张董事损害其利益,应为董事、高级管理人员直接损害股东利益,区别于董事、高级管理人员损害公司利益。陈某某所主张的利润分配问题,根据公司法的规定公司利润分配方案由股东会决定,陈某某未能举证证明公司形成分配方案,吴某某侵害了其取得利润分配的利益。另外,陈某某提出的股东未履行出资义务、股东知情权、董事侵占公司资产、违反勤勉义务等问题,均不属于董事直接侵害股东利益情形。陈某某亦无证据证明吴某某存在侵权行为对陈某某的股权及收益造成损害。而且,即使陈某某的股权可能受到损害,但在商贸公司尚未清算的情况下,陈某某所持股权价值、是否存在损失等均无法认定。陈某某请求吴某某赔偿损失 10万元,缺乏事实和法律依据,无法予以支持。

---

① 参见(2020)辽 01 民终 12034 号民事判决书。

② 参见(2022)粤 07 民终 67 号、(2021)粤 20 民终 4426 号、(2020)辽 01 民终 12034 号、(2017)鲁 10 民终 2426 号民事判决书。

③ 参见辽宁省沈阳市中级人民法院(2020)辽 01 民终 12034 号二审判决书。

案例 7-6：

梁某甲诉李某某等损害股东利益责任纠纷案①

案件事实：

江门市江海区××娱乐有限公司(以下简称娱乐公司)于 2014 年 6 月 27 日成立,法定代表人为区某某,股东为李某某、梁某甲、梁某乙。李某某是娱乐公司主要管理人。娱乐公司成立至今有使用李某某、员工吴某某的私人账户收取娱乐公司营业款的情况。

上诉人、原审原告梁某甲称,李某某等人私自收取公司营业款,侵害娱乐公司的财产,从而导致梁某甲的权益受损,要求被告等人停止相应行为并赔偿损失。梁某甲主张,从 2019 年 8 月至 2021 年 4 月共 21 个月未分红,扣除疫情期间停业 5 个月共计 16 个月未有分红,参照娱乐公司 2015 年每月向其分红 9680 元计算,共计损失分红 203280 元。

裁判结果及理由：

一审法院认为,李某某目前是娱乐公司的管理人,有责任和义务停止使用李某某、吴某某的个人账户收取娱乐公司的营业款。故梁某甲诉请李某某停止使用他人的个人账户收取娱乐公司资金的诉讼请求,合理合法,一审法院予以支持。梁某乙虽是娱乐公司的股东、叶某某虽是娱乐公司的监事、区某某虽是娱乐公司的法定代表人,但梁某甲在无证据证明梁某乙、叶某某、区某某负责管理娱乐公司及管理收取娱乐公司营业款的李某某、吴某某个人账户的情况下,要求梁某乙、叶某某、区某某停止使用他人的个人账户收取娱乐公司资金,依据不足,不予支持。那么梁某甲应向娱乐公司主张分红,且从目前现有的证据无法证明娱乐公司在 2019 年 8 月至 2021 年 4 月间存在应分红而未分红给梁某甲的情况。

二审法院认为,股东对其所出资的公司的财产不享有直接财产权。梁某甲主张李某某等人存在使用私人账户收取公司资产的行为,并侵吞公司财产,即使其所主张的行为确实存在,该行为直接损害的是娱乐公司的利益,构成的也是娱乐公司的损失,仅是间接损害梁某甲作为股东的利益,与梁某甲自身财产权益之间并不存在直接的因果关系。即使梁某甲的股权可能受到损害,但在娱乐公司尚未清算的情况下,梁某甲所持股权价值、是否存在损失等均无法认定。梁某甲主张李某某等人赔偿经济损失缺乏事实和法律依据,不予支持。

---

① 参见广东省江门市中级人民法院(2022)粤 07 民终 67 号二审判决书。

案例评析：

案例 7-5 和 7-6 都属于股东直接起诉董事承担责任的情形,两案中股东的诉求均未获得法院支持。从逻辑上来讲,股东作为公司所有者,损害公司的利益间接地必然导致股东利益的损害。然而,在董事损害公司利益的通常情形下,公司作为具有独立人格的法人,应当以自己名义追究董事责任,股东也只有以公司名义追究董事责任。如此规范体现了尊重公司法人人格与责任财产独立性原则,避免股东不当追究董事责任。此外,如案例 7-6,对于董事、高级管理人员对股权或股东收益造成损害,在公司尚未清算的情况下,股东所持股权价值、是否存在损失等均无法认定,股东诉求难以获得司法裁判的支持。①

2. 欺诈发行、虚假陈述的董事责任

《中华人民共和国证券法》第 85 条是对欺诈发行、虚假陈述中董事责任的规定。② 截至 2022 年 6 月 18 日,以本条作为关键词在北大法宝案例库中进行案例检索,近五年共有 483 个虚假陈述责任纠纷的民事判决,由于大量判决属于案件事实雷同,本文梳理后筛选出以下与董事承担责任有关的一个案例进行研究。

案例 7-7：

顾华骏、刘淑君等 11 名投资者诉康美药业股份有限公司证券虚假陈述责任纠纷案③

案件事实：

2020 年 12 月 31 日,顾华骏、刘淑君经 11 名原告共同推选为拟任代表人,就康美药业股份有限公司(以下简称康美药业)证券虚假陈述责任纠纷提起普通代表人诉讼,要求康美药业、马兴田、许冬瑾等 22 名被告赔偿其投资损失。康美药业披露的财报中存在虚增营业收入、货币资金等情况,正中珠江会计出具的审计报告存在虚假记载。经专业机构评估,扣除系统风险后投资者实际损失为 24.59 亿元。

---

① 参见(2022)粤 07 民终 67 号、(2021)粤 20 民终 4426 号、(2020)辽 01 民终 12034 号、(2017)鲁 10 民终 2426 号民事判决书。

② 参见《中华人民共和国证券法》第 85 条规定。

③ 参见最高人民法院发布 2021 年全国法院十大商事案件之二:顾华骏、刘淑君等 11 名投资者诉康美药业股份有限公司证券虚假陈述责任纠纷特别代表人诉讼案。

裁判结果及理由：

广州中院认为，康美药业应当对虚假陈述行为导致的投资损失承担赔偿责任。马兴田、许冬瑾等组织策划财务造假，正中珠江会计及相关审计人员违反执业准则，均应对投资者损失承担全部连带赔偿责任。康美药业部分董事、监事、高级管理人员虽未直接参与造假，但签字确认财务报告真实性，应根据过失大小分别在投资者损失的 20%、10% 及 5% 范围内承担连带赔偿责任。

案例评析：

康美药业一案中各董事均适用本条的规定，但法院根据董事不同的职权、分工考量其过错程度，对董事责任进行了区分认定。例如，组织策划康美药业相关人员通过虚增营业收入、虚增货币资金等方式实施财务造假的董事长、负责公司财务工作或具有会计背景的董事以及对信息披露负责的董事，承担连带责任。对于非主要责任人员，但仍存在未尽勤勉义务、在报告上签字的，认定为存在较大过失，承担 20% 的按份责任。由于独立董事并没有事实参与公司经营管理，只对专业事项发表意见，因此酌情判令其承担 5%—10% 的责任。综上，作出虚假陈述行为的上市公司及其董事、监事、高级管理人员和有重大过错的审计机构及其合伙人，应当按照其过错类型、在虚假陈述行为中所起的作用大小等，承担相应的赔偿责任，体现了权责一致、罚过相当的原则。

3. 董事怠于履行保管账册等文件导致股东损失的赔偿责任

董事负有制作、保存公司各类重要材料文件的义务，《公司法司法解释（四）》第 12 条①规定，股东可请求董事赔偿未履行以上职责造成的损失。截至 2021 年 5 月 30 日，在北大法宝案例库中检索的相关案例仅有 25 个，在 25 个案例中，原告的诉讼请求几乎都没有获得法院支持。形成鲜明对比的是，同样是董事保管文件的义务，债权人依据《公司法司法解释（二）》第 18 条第 2 款②追究董事未能妥善保管账册导致公司无法清算而对公司债务承担连带责任的案例却比比皆是。③ 究其原因，可能在于股东难以证明上

---

① 参见《最高人民法院关于适用〈中华人民共和国公司法〉若干问题的规定（四）》第 12 条规定。

② 参见《最高人民法院关于适用〈中华人民共和国公司法〉若干问题的规定（二）》第 18 条规定。

③ 参见（2021）浙 1002 民初 1637 号、（2021）浙 1003 民初 1602 号、（2021）浙 1003 民初 549 号、（2021）浙 1004 民初 835 号、（2021）浙 1002 民初 297 号、（2020）浙 1002 民初 4208 号、（2021）浙 1004 民初 276 号民事判决书。

述公司文件的丢失给股东直接造成了何种损失以及损失的数额,而债权人更易举证:一方面债权债务关系通常较易证明,另一方面账册等文件丢失后公司自然无法清算,债权人无须证明其中的因果关系,因此此类案件通常能够得到法院的支持。

4. 未及时办理股权变更登记对受让股东的相应责任

《公司法司法解释(三)》第 27 条第 2 款规定了董事、高管或者实际控制人在股权转让中未及时办理变更登记时对第三人应当承担的过错责任。① 截至 2022 年 6 月 18 日,以本款为关键词,在北大法宝案例库中仅检索到 30 个案例,主要涉及股权转让纠纷、股东资格确认纠纷两类案件。就适用规则而言,法院认为:"董事、高管或者实际控制人承担此责任的条件是:一、股权变更登记的条件已满足;二、工商变更登记未及时办理;三、董事、高管或者实际控制人有过错;四、董事、高管或者实际控制人的过错与工商变更登记未及时办理存在因果关系。"② 综上来看,股东与董事之间主要依靠公司为纽带和中介来建立法律关系,由于缺乏直接的契约关系,股东可依法追究董事责任的情形相对有限且在既有法律规范下的相关案例也较少。尽管实践中,不论公司规模大小,股东可能以各种方式渗透到公司的经营管理中,但在董事实际损害股东利益时,股东直接追究董事责任的规范供给十分有限。股东难以依据现有制度规范直接追究董事责任,对股东尤其是中小股东的利益保障力度尚存不足。

案例 7-8:

天津××电子信息有限公司诉北京××投资有限公司等
股权转让纠纷案③

案件事实:

2010 年 9 月 24 日,北京××投资管理顾问有限公司(以下简称投资管理公司)作为甲方(股权受让方)与四被告北京××投资有限公司(以下简称投资公司)、曹某某、刘某某、王某某(股权转让方)签订《股权转让合同》,约定由投资管理公司以总价款 1.2 亿元向转让方购买其所持有的保定领×公司的全部股权。转让方在签署合同时已取得领×公司全体股东同意出售

---

① 参见《最高人民法院关于适用〈中华人民共和国公司法〉若干问题的规定(三)》第 27 条规定。
② 参见(2013)一中民初字第 10409 号民事判决书。
③ 参见北京市第一中级人民法院(2013)一中民初字第 10409 号一审判决书。

全部股权给投资管理公司的决议。2010 年 10 月 8 日,天津××电子信息有限公司(以下简称电子信息公司)、投资管理公司及投资公司、曹某某、刘某某、王某某签订《股权转让合同变更当事人补充协议》,协议约定投资管理公司将《股权转让合同》关于投资管理公司的所有权利义务自《股权转让合同》生效时起转让给电子信息公司承接。上述合同及《补充协议》签订后,电子信息公司依约于 2010 年 10 月 12 日将定金 1000 万元汇入银行监管账户,并及时完成尽职调查。

2011 年 1 月 12 日,投资公司、曹某某、刘某某、王某某违反合同约定已经将全部股权平价转让给中×投资管理公司,并已于 2010 年 11 月 3 日完成了工商变更登记手续。投资公司、曹某某、刘某某、王某某还在未经电子信息公司同意的情况下将其支付的 1000 万元定金返还电子信息公司账户。电子信息公司诉称,领×公司及胡某某(原领×公司董事长、法定代表人)的行为严重侵犯了电子信息公司的合法权益,应依法承担连带赔偿责任。

裁判结果及理由:

法院认为,电子信息公司请求投资公司、曹某某、刘某某、王某某双倍返还定金的请求,于法有据,应予支持。根据《公司法司法解释(三)》第 28 条第 2 款,董事、高管或者实际控制人承担责任的条件是:(1)股权变更登记的条件已满足;(2)工商变更登记未及时办理;(3)董事、高管或者实际控制人有过错;(4)董事、高管或者实际控制人的过错与工商变更登记未及时办理存在因果关系。胡某某作为领×公司的原董事长和法定代表人,虽然其应当及时签署变更登记申请书,但根据本案协议约定,在支付第二期股权转让款后才应立即办理股权转让的各项工商变更登记手续。因第二期股权转让款并未支付,股权变更登记的条件尚未满足,电子信息公司要求胡某某承担连带责任无法律依据,本院不予支持。

案例评析:

本案中,法院未支持股权受让人对董事承担责任的请求,并根据《公司法司法解释(三)》第 27 条规定明确提出董事承担依据此条承担责任的要件。法院认定的重点是,董事、高管或者实际控制人的过错与工商变更登记未及时办理是否存在因果关系。具体来说,应当考察董事的消极行为是否直接导致工商变更登记未及时办理的结果,只有在董事确实存在过错且造成损害的情形下董事责任方成立。

(三)董事对其他利益相关者承担民事责任的请求权基础

截至 1996 年,美国已有超过半数的州在公司法中加入了"利益相关者条款",表明公司董事的服务对象不仅为股东,还有"利益相关者"。"利益相关者"的范围十分广泛,包含公司的股东、债权人、员工和消费者等一切与公司利益相关的主体。① 由此可知,董事的行为不应当只考虑股东与公司的利益,还要兼顾其他利益相关主体。

我国《公司法(2018)》第5条第1款对公司社会责任作了概括性规定②,《公司法(2023)》第20条第1款进一步充实了"利益相关者"的范围,即职工、消费者等,第20条第2款新增"参与社会公益活动"和"公布社会责任报告"两项提倡性规范义务③,体现了我国对 ESG 理念下推动企业履行社会责任、实现可持续发展的重视。然而,所谓的利益相关者并不能以此规范作为请求权基础。就董事个人对公司利益相关者的义务与责任而言,法律规范仅在特定情形下明确了对公司外部债权人的保护。

其一,在公司清算阶段,董事负有依法及时清算的义务、妥善保管公司文件的义务。《中华人民共和国民法典》第70条④和《公司法司法解释(二)》第18条⑤规定了公司清算义务人主体及违反义务的责任。有判决对"怠于履行义务"进行了解释,认为该义务"不是指履行清算的一系列义务,而仅指启动程序的义务,或是管理好公司账册、重要文件等义务"⑥。截至2022年6月18日,以"民法典第七十条"为关键词在北大法宝库中进行案例检索,共有12个民事判决,以"公司法司法解释(二)第十八条"为关键词在北大法宝案例库中进行检索,五年内共有84个民事判决,实践中鲜见董事与债权人的清算责任纠纷,多为债权人请求股东承担怠于清算的损害责任。

《公司法司法解释(二)》第18条中仅将责任董事的主体范围限定在股份有限公司内。最高人民法院公布的9号指导性案例认为,有限公司的全体股东在法律上应一体成为公司的清算义务人,小股东因未能履行清算义务的,需对公司债务承担连带清偿责任。最高人民法院第9号指导性案例公布后,大量案件参照了该判决。事实上,有限责任公司中的部分股东在出资后并未参与公司经营管理,对公司主要财产、账册、重要文件等也并无管理权限,在公司材料灭失上不存在过错。部分公司在解散事由出现前,大股

---

① 参见周龙杰:《公司目的的现代修正——利益相关者理论评价》,载《当代法学》2005年第4期。

② 参见《中华人民共和国公司法(2018年修正)》第5条规定。

③ 参见《中华人民共和国公司法(2023年修订)》第20条规定。

④ 参见《中华人民共和国民法典》第70条规定。

⑤ 参见《最高人民法院关于适用〈中华人民共和国公司法〉若干问题的规定(二)》第18条规定。

⑥ 参见(2021)京01民终3219号民事判决书。

东已"金蝉脱壳",小股东由于未参与经营管理,对"大股东过错导致无法清算"的事实难以举证,此时将全体股东作为有限公司清算义务人将会导致权责不对等的局面,难谓公平正义。实践中,甚至有"职业债权人"群体的兴起,从其他债权人处大批量低价收购僵尸企业,对批量僵尸企业提起强制清算之诉,进而利用《公司法司法解释(二)》第18条的规定,将最终的责任转移到小股东身上,要求小股东对公司巨额债务承担连带责任。2019年最高人民法院《全国法院民商事审判工作会议纪要》(以下简称《九民纪要》)注意到小股东承担不当清算责任的现象,明确指出"一些案件的处理结果不适当扩大了股东的清算责任",判决结果忽视了"因果关系"认定,使小股东对公司债务承担远远超过其出资数额的责任,导致出现利益明显失衡的现象。① 其进一步明确,股东承担连带责任的理论基础是公司人格否认制度,人格否认的前提是股东"滥用"公司法人独立地位和有限责任,而股东"不参与经营"并不构成"滥用"。股东同时满足以下三个条件时,就无须对公司债务承担连带清偿责任:第一,股东并未兼职公司董事、监事;第二,股东并未选派人员担任董事或监事;第三,股东没有实质参与过公司的经营管理事务。最终,最高人民法院9号指导性案例被《最高人民法院关于部分指导性案例不再参照的通知》宣布2021年1月1日起不再参照。目前《公司法(2023)》第232条与《民法典》第70条规定保持一致,明确了董事清算义务人的身份及其怠于履行清算义务时对公司和债权人的赔偿责任。② 董事作为公司事务的具体决策人和执行人,对公司经营状态有更全局性的掌握,对财务账册亦有管控权,完全具备公司清算所必需的物质条件。将董事作为清算义务人有助于公司更全面地履行清算义务,向董事施加怠于清算的赔偿责任,也能促使董事更加勤勉尽责地从事相应的清算工作,帮助公司良性地退出市场。相比之下,占股比例较小的股东不完全了解公司经营状态和资产情况,不掌握公司账册,在事实上和法律上都没有能力提起清算,履行清算义务。

其二,在股东未出资范围内对债权人承担补充责任。《公司法司法解释(三)》第13条第2款规定了未全面履行出资义务的股东对债权人的赔偿责任,第13条第4款规定了未尽勤勉义务的董事对上述情形的相应赔偿责任。③ 截至2022年6月18日,以"公司法司法解释(三)第十三条第四

---

① 参见《全国法院民商事审判工作会议纪要》规定。
② 参见《中华人民共和国公司法(2023年修订)》第232条规定。
③ 参见《最高人民法院关于适用〈中华人民共和国公司法〉若干问题的规定(三)》第13条规定。

款"为关键词在北大法宝案例库中共检索到 10 个民事判决。本文对其中涉及董事责任的判决思路进行研究,总结适用本条的以下两个要点:第一,董事未及时督促股东缴纳出资导致债权人损失,应当承担相应责任。第二,综合来看,董事在此条款规定情形下对债权人承担责任在司法实践中适用较少,且责任认定较为严格。

案例 7-9:

华×数字技术股份有限公司上海分公司诉上海枫×股权投资有限公司、徐某某股东损害公司债权人利益责任纠纷案①

案件事实:

原告华×数字技术股份有限公司上海分公司起诉第三人维×(上海)文化传媒有限公司(以下简称维×公司)广告合同纠纷一案,案号(2018)沪 0107 民初 22094 号,上海市普陀区人民法院判决第三人维×公司应支付原告广告费 1,000,000 元和逾期付款违约金。经法院穷尽执行措施,维×公司无财产可供执行。原告诉称,被告上海枫×股权投资有限公司(以下简称枫×公司)作为第三人维×公司的股东在认缴出资期限内仅履行了部分出资义务,应承担相应补充赔偿责任。被告徐某某作为第三人维×公司的执行董事,对公司的资产状况、运营情况应属了解,且其与被告枫×公司的法定代表人黄某某存在紧密合作关系,已具备监督被告枫×公司履行出资义务的基础和条件。公司在增资时,股东枫×公司认缴出资但未全面履行,被告徐某某未举证证明出资期间届满之日,曾向被告枫×公司履行过催缴的义务,也没有举证证明其曾向有关机关要求对股东的该行为进行查处,故被告徐某某的消极不作为构成了对董事勤勉义务的违反,导致原告存在损失,故原告请求未尽勤勉义务而使出资未缴足的执行董事徐某某承担连带清偿责任。

裁判结果及理由:

法院认为,依据第三人维×公司企业年报,被告枫×公司应于营业期限届满之日 2020 年 8 月 16 日前缴纳出资。鉴于被告枫×公司未按时足额履行出资义务,枫×公司应当向原告对维×公司不能清偿的债务承担补充赔偿责任。徐某某作为第三人维×公司的执行董事,未举证证明其在被告枫×公司出资义务届满之后曾向股东履行过催缴出资的义务,以消极不作

---

① 参见上海市普陀区人民法院(2021)沪 0107 民初 3891 号一审判决书。

为的方式构成了对董事勤勉义务的违反。股东枫×公司未缴清出资的行为实际损害了原告的利益,被告徐某某作为董事消极不作为的行为放任了实际损害的持续,被告枫×公司欠缴出资的行为与执行董事徐某某消极不作为共同造成损害的发生、持续,被告徐某某未履行向股东催缴出资的行为与原告所受损失之间存在法律上的因果关系,故被告徐某某应对原告遭受的因股东枫×公司出资未到位的损失,承担连带清偿责任。

案例评析:

本案属于债权人请求未完全履行出资义务的股东对公司不能清偿债权承担责任,未尽催缴义务的董事对此承担连带清偿责任,获得法院支持的典型案例。法院在判决说理中指出,一方面,被告徐某某作为公司董事负有勤勉义务,而催缴出资义务属于勤勉义务;另一方面,被告徐某某完全具有催缴出资的便利,但其仍以消极不作为的方式违反催缴义务。因此,被告董事未尽催缴义务的行为与债权人损害之间存在因果关系,应当与股东承担连带清偿责任。本案也体现出,在股东未完全履行出资义务时,作为公司经营管理者的董事不能"视而不见",偏袒股东的不当行为,而应当以公司利益与整体发展为主,积极履行催缴义务。

其三,在公司解散后,董事负有依法妥善处置公司财产的义务。《公司法司法解释(二)》第19条规定了董事恶意处置财产应当向债权人承担赔偿责任。① 截至2022年6月18日,以"公司法司法解释(二)第十九条"为关键词在北大法宝案例库中进行检索共有47个民事判决,检索结果几乎都与债权人追究公司股东或实际控制人责任相关,无涉及有关董事责任的案例。

其四,董事应当依法及时为公司办理注销登记。《公司法司法解释(二)》第20条第1款规定了董事因未及时办理注销登记导致公司无法清算的责任。② 截至2022年6月18日,以"公司法司法解释(二)第二十条"为关键词在北大法宝案例库中进行检索,共有34个民事判决,与上条相同,检索结果几乎都是债权人追究公司股东或实际控制人责任,无涉及有关董事责任的案例。

其五,董事协助股东抽逃出资应对公司债权人承担补充赔偿责任,依据

---

① 参见《最高人民法院关于适用〈中华人民共和国公司法〉若干问题的规定(二)》第19条规定。

② 参见《最高人民法院关于适用〈中华人民共和国公司法〉若干问题的规定(二)》第20条规定。

来自《公司法司法解释(三)》第 14 条第 2 款。① 本款与第一款适用情形相同,只在责任对象上存在差别。以本款作为裁判依据的案例同样较少,检索到判决的典型表述为"董事未阻止股东抽逃出资,此后也未要求股东归还出资,属于未尽勤勉尽职义务,均应对抽逃行为承担连带补充赔偿责任"②。

在公司法范畴外,董事对公司利益相关者负有的义务和责任在其他部门法中也有一些特殊规定。一是,公司进入破产清算状态下,《中华人民共和国企业破产法》中涉及董事破产民事责任的主要条款为第 125 条。③ 本条的责任对象既包括公司也包括债权人,上文已论述,此处不再赘述。二是,董事在特定情形下侵犯债权人利益的赔偿责任。《中华人民共和国企业破产法》第 128 条规定了几类公司法定代表人向债权人承担责任的情形。④ 上述条文包含的损害债权人利益的行为主要是公司责任人员在破产阶段实施的让公司责任财产减少的不当行为。若董事同时担任公司法定代表人,则责任承担主体同时也是董事。条文为董事对债权人承担个人责任提供了一定依据,但列举的情形非常有限,无法涵盖实践中公司在破产时董事侵害债权人的诸多行为。截至 2022 年 6 月 18 日,以"破产法第一百二十八条"为关键词在北大法宝案例库中进行检索,共有 16 个民事判决。

案例 7-10:

重庆市江津区××机械有限责任公司破产管理人诉张某某等 普通破产债权确认纠纷⑤

案件事实:

被告张某某是重庆市江津区××机械有限责任公司(以下简称机械公司)股东、执行董事兼总经理和法定代表人。截至 2016 年 9 月 29 日,机械公司应付江津区××机械零配件加工厂(以下简称零部件加工厂)336397.33 元。2016 年 9 月 29 日,长×公司(甲方)、机械公司(乙方)、零部件加工厂(丙方)签订《转账协议》,载明:"鉴于乙方、丙方为甲方配套企业,甲方账上存在对乙方、丙方的应付账款。现乙方拟将对甲方的部分应收

---

① 参见《最高人民法院关于适用〈中华人民共和国公司法〉若干问题的规定(三)》第 14 条规定。
② 参见(2020)沪 0114 民初 13518 号、(2020)沪 02 民终 865 号民事判决书。
③ 参见《中华人民共和国企业破产法》第 125 条规定。
④ 参见《中华人民共和国企业破产法》第 128 条规定。
⑤ 参见重庆市江津区(县)人民法院(2020)渝 0116 民初 576 号一审判决书。

账款债权转给丙方"。之后,长×公司支付零部件加工厂336397.33元。在田某某与机械公司劳动争议纠纷一案中,因机械公司未履行重庆市江津区劳动人事仲裁委员会于2016年2月22日作出的渝津劳人仲案(2016)644号仲裁裁决书,田某某于2016年7月8日申请执行,于2016年11月25日终结执行程序,机械公司尚欠田某某执行款34076元及迟延履行利息。

裁判结果及理由:

法院认为,根据(2019)渝0116民初5463号民事判决书,机械公司与长×公司、零部件加工厂于2016年9月29日签订的《转账协议》已经撤销并发生法律效力。被告零部件加工厂依据《转账协议》取得机械公司对长×公司的应收款336397.33元,属于《企业破产法》第三十二条规定的个别清偿行为,管理人有权请求被告零部件加工厂返还已收款336397.33元。

被告张某某作为企业经营管理者,应当忠实、勤勉履行公司职务,对零部件加工厂不能实际返还的部分,应当承担赔偿责任。虽然被告零部件加工厂能否返还、返还多少待定,无法确定财产损失金额,但张某某承担的赔偿责任系补充责任,在司法实践中可以经强制执行仍不能清偿的部分,作为赔偿范围予以明确,为减少当事人诉累,可纳入与破产有关的纠纷中合并审理。

案例评析:

本案属于公司被法院受理破产期间,管理人追究董事责任的情形。《企业破产法》对公司受理破产前六个月与前一年期间存在的涉及财产处理的行为予以限制,目的在于维持公司责任财产的稳定。具体到本案,由于公司的个别清偿行为将导致公司责任财产减少,影响破产程序中债权的平等分配,损害其他债权人利益,管理人可以撤销该行为,追回清偿款项,并要求董事赔偿相应损失。本案中,董事承担的是追回款项范围内的补充赔偿责任,同时也体现了责任承担的比例原则。诉请董事承担责任的原告为管理人,赔偿直接纳入公司责任财产,而非直接向债权人进行赔偿。

二、我国董事责任制度存在的问题

营商环境评价体系高度关注董事对中小股东及投资者的责任制度框架,以及对公司利益相关者的保护力度,强化董事责任实质上也是对董事义务规范落实的保障及回应。从上述梳理的董事对公司、股东及公司利益相关者责任的现行规定来看,我国董事责任制度在主体、对象、形式和体系四个方面尚存如下问题。

（一）责任主体：内涵和外延不清

第四章讨论义务主体时提到，当前公司治理实践中存在大量非董事会成员实际行使公司董事会权力的情形，但现有立法未能给予充分回应。第六章中梳理的法条在字面表述上均以"董事"为主体，但并未对"董事"这一概念的内涵和外延作出进一步明确，导致司法实践中仅限于经法定程序产生的形式董事作为默认的董事责任主体。事实上，我国《公司法》上有不同称谓的董事，如执行董事、外部董事、独立董事、职工董事，在学理上还有前述章节提及的事实董事、影子董事等。对于董事责任的主体范围，主要存在两个问题：第一，我国尚未建立"事实董事"概念，规范没有明确将主体范围扩张到实际行使董事权力者。本次公司法修订也关注到此问题，《公司法（2023）》第192条的引入在一定程度上扩展了董事责任的主体范畴，包括了实质行使董事权力的控股股东、实际控制人，体现了对享有公司控制权主体的引导和规制，但与纯粹的实质董事主体范围还存在差距。① 第二，未能就董事会成员的不同职权、不同作用进一步明晰责任区分问题。目前司法实践中虽然已有判决体现了区分不同董事责任的思路，比如康美药业虚假陈述案中，法院对独立董事的责任有所减轻，但实践中对其他不同身份和职权的非执行董事的责任区分关注尚存不足，比如职工董事是否承担责任、承担何种责任、与执行董事相比责任有无区分、如何区分等问题还有待明确。

（二）责任对象：对中小股东和第三人的保护和救济不足

从董事责任的制度规范及司法现状可以看到，比较而言，董事对公司的义务规定较为明确，公司权益可以得到相对周全的保护，而股东和债权人等第三人缺乏与公司董事的直接联系，董事对其承担责任也经历了从否定到肯定的过程，所以目前相关规定仍较为零散，董事责任制度对股东和债权人的保护难言周全。

1. 立法规定较为零散

除《公司法（2023）》第190条的一般性规定以外，股东可以追究董事责任的情形仅剩董事未能妥善保管账册资料等文件、未及时办理变更登记造成受让股东损失以及虚假陈述等非常有限的场景。在以上条款中，尚存在一方举证困难等适用困境。通过上文案例梳理可以发现，依据《公司法司法解释（四）》第12条胜诉的股东案例几乎没有，该条款几乎沦为僵尸条款。董事向利益相关者承担责任的规定主要关注债权人，且锁定在公司面临破产或进入清算程序后的特殊时期内。当公司丧失清偿能力或已部分丧

---

① 参见《中华人民共和国公司法（2023年修订）》第192条规定。

失民事权利能力时,公司内部风险承担主体发生变化,公司财产实质上属于债权人,但又处在董事的管理之下。此时,董事自然被赋予对债权人负有忠实义务及高度注意义务的期望,包括依法清算(不得欺诈注销等)、合理处置公司财产、妥善保管公司文件以使得债权人可以获得充分信息进行公司清算等。现有的董事对债权人责任之规范、对公司实践中的风险负担问题考量尚有不足,主要存在以下问题。

第一,缺乏董事直接向债权人承担责任的一般性规定。《公司法(2018)》第149条和152条是董事向公司和股东承担责任的一般性规范,可以在一定程度上覆盖董事不当行为导致公司、股东受损的诸多情形。公司法修订中也关注到这个问题,《公司法(2023)》第191条增加了董事因故意或重大过失造成"他人"损害而承担赔偿责任的规定。①

第二,对债权人利益保护不足。根据传统"法人机关理论",公司具有独立人格,有独立承担责任的能力。公司只能通过董事等公司内部人员的职务行为开展活动,董事的职务行为通常被视为公司行为,后果当然由公司承担。但董事作为自然人,不可避免地在公司经营决策行为时带有个人的偏好和理解,也不可避免地在经营决策中忽略第三方利益造成相应损害。若一味让公司为董事行为承担全部责任,难免造成对债权人利益保护不周、对董事违法行为惩处不力的问题。② 因此《公司法(2018)》第152条即《公司法(2023)》第190条的保护范围应当延伸至债权人。③ 现有零散的规定未有效覆盖董事不当行为造成债权人损失的诸多情形。以濒临破产公司为例,此时董事是否对债权人负有义务存在较大争议。有观点认为,公司临界破产时,公司剩余价值的所有者权益由股东转变为债权人,董事负有的忠实勤勉义务对象实质上也由公司或股东转变为债权人。④ 也有观点认为董事的信义义务对象仅由股东"扩展"至债权人⑤,义务对象并未完全转变。还有学者从更加适应传统公司法理论的角度提出,董事无须对债权人负有额外义务,只负有缓解摆脱财务危机困境的义务,该义务可以通过债务谈

---

① 参见《中华人民共和国公司法(2023年修订)》第191条规定。
② 参见张民安:《公司法的现代化》,中山大学出版社2006年版,第471页。
③ 参见严琳:《论董事对第三人的民事责任——评析〈公司法〉第152条》,载《辽宁公安司法管理干部学院学报》2015年第2期。
④ 参见郭丁铭:《公司破产与董事对债权人的义务和责任》,载《上海财经大学学报》2014年第2期;杨琼,雷兴虎:《论濒临破产公司董事信义义务的转化》,载《学术论坛》2021年第5期。
⑤ 参见杨光:《企业濒临破产时与破产重整程序中的董事信义义务研究》,载《法治研究》2015年第1期。

判调解、庭外重组等法庭外机制履行,以此兼顾公司、股东和债权人的利益平衡。① 此外,当公司具备破产条件时,我国破产法未强制董事等内部成员负有及时申请破产的义务,也没有采取限制交易或要求经营者对债权人损失承担赔偿责任的方式规制董事不当行为。现实中,确实存在因为公司董事等经营管理者恶意拖延破产造成无担保债权人清偿不能的情形。

2. 司法适用的案例相对较少

从本章第一节检索的第三人向董事追责案例看到,案件数量相对较少,涉及部分法条的案例数量不足两位数。部分条款从法理上而言并无争议,但由于适用条件严苛,几乎没有向董事追责成功的案例,相关条款几乎沦为僵尸条款。例如,对协助股东抽逃出资的董事向外部债权人承担责任的规范中,对债权人而言举证存在难度,难以成功主张董事责任自不待言。司法实践中适用及胜诉的案例较少,难以回应董事侵害债权人利益的各类情形,一定程度上反映出债权人向董事追责的困境。

3. 诉讼规则在一定程度上不利于追责

更深层次上,董事责任制度对中小股东和第三人的利益保护不周也涉及诉讼规则问题。目前我国公司法及司法解释中尚未有对董事损害债权人利益纠纷举证责任的特别规定,追责机制通常简单地适用"谁主张、谁举证"的一般规则,对此类外部人诉内部人的诉讼而言,原告败诉的可能性较高。以自我交易为例,在美国法上,举证责任在被告,由被告证明交易对公司公平,或交易得到无利害关系的董事或者股东的批准。② 再如同业竞争,属于忠实义务的规制范畴。董事违反竞业禁止义务与公司同业竞争,举证责任也应当在被告。举证责任还应包含对于原告不能从被告或证人处获得相关证据材料和有关法律文件,应对被告作不利推定的规定。此外,诉讼成本也是一个重要的因素。例如此前世行 DB 评估问卷中关注"在股东对公司董事提起的诉讼中,公司或被告是否必须补偿股东支出的法律费用(如诉讼费、律师费,以及相关费用)",追责诉讼的便利与否也直接影响了受害者维权的难易程度。遭受损害而难以维权,势必降低市场对投资者的吸引力及对营商环境的整体评价。根据我国《公司法司法解释(四)》第26 条,原告只有获胜才可以向公司追讨相关法律费用。③ 在股东派生诉

---

① 参见金春:《破产企业董事对债权人责任的制度建构》,载《法律适用》2020 年第 17 期。

② 参见胡晓静:《论董事自我交易的法律规制》,载《当代法学》2010 年第 6 期。

③ 参见《最高人民法院关于适用〈中华人民共和国公司法〉若干问题的规定(四)》第 26 条规定。

讼中,就提起诉讼的股东发生的合理支出应当由公司承担,而现有规定中仅胜诉发生的支出由公司承担,逻辑上默认了败诉部分的支出均为不合理成本。由于股东并非专业法律人士,对董事行为是否应当承担法律责任难以作出准确评价,即便是专业律师也很难精准预判胜诉金额。因此,此处对股东作为公司代理人的要求较为苛刻。当然,若要求公司承担诉讼发生的全部费用,也存在股东滥用权力的风险,公司承担的费用范围限于"合理费用"也是建立在一种"善良"管理人的假设上。股东代表诉讼的成本负担问题可以参考无因管理之逻辑,"善良"股东系为公司利益而诉,败诉并不当然意味着代位股东"不善良",在尝试识别和排除恶意代位诉讼的基础上确定费用承担主体是最优解。简言之,在优化营商环境逻辑下,股东或债权人主张董事责任需要构建更为公平高效的诉讼追责程序规则。

(三) 责任形式:有待丰富和完善

《中华人民共和国民法典》第 179 条规定了承担民事责任的 11 种主要方式,其中排除妨碍,消除危险,消除影响、恢复名誉,赔礼道歉,修理、重作、更换,恢复原状等根植于民法土壤中,适用场景主要为人身伤害、名誉侵权等,无法直接照搬到商法领域。即使如上所述董事不法行为可能构成侵权,但侵权行为主要是对于公司、股东、债权人的财产损害,通常以停止侵权、返还财产、赔偿损害作为主要责任形式。当公司基于委托、聘任关系向董事主张违约责任时,董事所违反的不是合同约定而是董事对公司的法定忠实义务,故而也难以适用"继续履行""支付违约金"等责任形式,双方有特别约定的除外。在传统的民法责任形式外,公司法、破产法中亦有商法独特的责任形式,如董事虚假陈述责任包括受到市场准入资格的限制责任,董事在二级市场短线操作责任包括收入归入公司等,此亦可能突破民法上损失填补原则、全面补偿原则,是商法独立性和特殊性的体现。综上,以传统民事赔偿责任为主、以商事特别责任形式为辅,构成了现行董事责任形式的全貌。

1. 一般的民事责任形式

(1)损害赔偿责任

损害赔偿责任是指因违法行为造成他人损失的一方向受害人赔偿其造成的损失,是民事责任形式的一种,主要以填补损失、救济受害人为目的,要求行为人在财产上承担相应不利后果。

以董事、监事、高级管理人员损害公司利益纠纷为例,在北大法宝案例数据库中检索,再在结果中进一步筛选"损害公司利益责任纠纷",截至

2021 年 8 月 15 日,近三年共有 790 个案件。① 法院对损害赔偿数额的界定主要体现为以下几种情况:一是造成公司发生额外支出的,按照实际发生的损失确定赔偿数额,如因董事的违法行为导致公司承担的罚款、赔偿金,因诉讼发生的律师费、诉讼费,在关联交易中公司的溢价支出、公司承担的不合理的超额利息②等,法院按照超额部分确定被告损失;二是造成公司应收款项未能收到的,按照相应数额确定赔偿范围,如合同已锁定的利润、本应交回公司的款项、董事未履行催告义务使得股东投资款未到位等;三是造成财产损失的,按财产具体价值确定责任范围,如董事低价处理公司资产,按照处理价与实际价值的差额确定③;四是由法院根据案情依法酌情确定董事承担责任的比例④;五是涉及损失且计算复杂的,依据司法审计或双方认可的第三方审计报告的结果确定责任。⑤ 现有案例体现出法官努力平衡、限制董事承担过重责任的判决思路。

案例 7-11:

宿迁市××资源再生科技有限公司诉
王某某公司利益责任纠纷案⑥

案件事实:

2007 年 12 月 26 日,宿迁市××资源再生科技有限公司(以下简称科技公司)成立,法定代表人、执行董事王某某,监事倪某某。该公司注册资本 2700 万元,其中倪某某出资 425 万元,陆某某出资 100 万元,王某某出资 325 万元,陈某某出资 850 万元,丁某某出资 1000 万元。2008 年 7 月 1 日,省环保厅向该公司核发《危险废物经营许可证》。2008 年 11 月 11 日,科技公司股东王某某、倪某某、陆某某、陈某某参加股东会并形成《王某某、倪某某、陈某某一期工程及公用配套设施的分配备忘录》。同日,科技公司股东王某某、倪某某、陆某某、陈某某参加股东会并形成《股东会议备忘录》。2015 年 3 月 20 日,省环保厅对科技公司作出《行政处

---

① 790 个案例中,共有民事裁定书 181 份,判决书 609 份。包括一审 435 个、二审 321 个、再审 33 个、管辖裁定 1 个。

② 参见(2017)鲁 0124 民初 600 号、(2021)黔 0502 民初 4230 号、(2021)豫 01 民终 4901 号民事判决书。

③ 参见(2020)京 02 民终 2890 号民事判决书。

④ 参见(2016)京 0108 民初 33726 号民事判决书。

⑤ 参见(2020)豫 13 民初 24 号民事判决书。

⑥ 参见江苏省宿迁市中级人民法院(2017)苏 13 民终 353 号二审判决书。

罚决定书》。

上诉人、原审原告诉称,王某某作为科技公司法定代表人,在从事废酸回收处置过程中未按危险物经营许可证许可的工艺要求进行利用,直接作为成品酸销售,导致科技公司被省环保厅吊销《危险废物经营许可证》,公司无法继续经营,公司利益严重受损。公司累计实现净利润4199213.68元,年平均利润200万元,《危险废物经营许可证》被吊销后5年内不得再次领取,办理《危险废物经营许可证》需要1年时间,故科技公司至少需要6年时间才可继续经营,故按照审计结果主张1200万元的损失。

裁判结果及理由:

一审法院认为,科技公司股东王某某、倪某某等人通过《王某某、倪某某、陈某某一期工程及公用配套设施的分配备忘录》《股东会议备忘录》等一系列股东会决议的合法形式,掩盖上述股东各自挂靠科技公司危险废物经营许可证进行非法牟利的目的,上述民事行为无效。科技公司监事倪某某以公司名义起诉该公司法定代表人王某某要求其赔偿可得利益损失的请求,无事实和法律依据,不应予以支持。

二审法院认为,各股东以各自经营一定项目的形式参与公司的经营,属于公司内部治理问题,未违反法律行政法规的强制性规定。王某某作为科技公司的法定代表人和执行董事,对科技公司应尽勤勉义务和忠实义务,其中勤勉义务可从执行和监管两个角度去考虑。本案中,王某某将科技公司的《危险废物经营许可证》借给没有资质的他人使用,导致在废酸回收处置过程中未按《危险物经营许可证》许可的工艺要求进行利用,直接作为成品酸销售,违反了《中华人民共和国固体废物污染环境防治法》的规定,直接导致科技公司的《危险废物经营许可证》被省环保厅吊销。据此,王某某虽然不是侵权行为的实施者,但是其对科技公司《危险物经营许可证》的使用监管不力,且出现问题被处罚的项目也是王某某经营的项目,导致公司《危险物经营许可证》被吊销,五年内无法正常经营,给公司造成损失,应当承担赔偿责任。

科技公司主张重新办理《危险废物经营许可证》需要1年时间,系其主观推断,并未提供证据予以证明,酌定赔偿可得利润的年限为5年。鉴于王某某因监管不力导致科技公司的《危险废物经营许可证》被吊销,未尽忠实勤勉义务,酌定王某某对此承担30%的赔偿责任。

案例 7-12：

清苑县××商品混凝土有限公司诉宋某某
损害公司利益责任纠纷案①

案件事实：

2011 年 7 月 21 日,清苑县××商品混凝土有限公司(以下简称混凝土公司)经工商行政管理部门注册登记成立,以经营商品混凝土制造、销售为主。2015 年 5 月,被告宋某某开始担任混凝土公司经理,负责公司日常经营管理。2018 年初,被告宋某某将混凝土公司的财务账册、公司印章、证照等相关资料物品自原告处拉走。原告因无财务账册无法收回应收账款,因无相关资质证书无法对外承揽业务,为了尽量弥补被告行为给原告造成的损失,原告多次要求被告返还公司相关物品,并及时向人民法院依法提起公司证照返还纠纷,(2018)冀 0608 民初 732 号民事判决书判决被告返还原告相关证照物品,(2018)冀 06 民终 3889 号民事判决书维持原判。判决书生效后,被告拒不履行生效判决确定的义务,因拒不执行判决、裁定罪被判处有期徒刑。被告违反忠实义务的行为最终导致原告无法正常经营,从而停业至今。

原告请求被告赔偿原告因其藏匿公司相关证照、印章、财务账册等物品导致公司无法正常经营的损失 100 万元并对其因隐匿公司财务账册、记账凭证等导致公司无法及时实现的债权承担连带责任。

裁判结果及理由：

法院认为,公司印章、证照缺失会导致公司无法正常管理经营,与混凝土公司停产停业具有一定因果关系。被告宋某某作为混凝土公司的高级管理人员,本应勤勉工作,忠于职守,在执行公司职务时不违背法律法规以及公司章程的规定,但被告宋某某拒不交还公司印章、证照,混凝土公司无法生产经营,势必造成公司利益损失,宋某某此行为违背了忠实义务,对混凝土公司因此遭受的损失应承担赔偿责任。

被告担任经理管理公司营业期间 2015 年 5 月至 2017 年 12 月共计 31 个月,营业利润 14339995.57 元,计算平均每月经营利润为 462580 元。14 个月的营业利润 6476120 元(14 个月×462580 元),可作为损失参照。考虑市场与成本等多种因素后,判决宋某某承担 45% 的损害赔偿责任,宋某某赔偿因拒不返还公司印章、证照造成公司利益损失 2914254 元(6476120

---

① 参见河北省清苑县人民法院(2019)冀 0608 民初 2785 号一审判决书。

元×45%）。原告为确定损失,向法院申请司法鉴定,花费鉴定费用 4 万元,属于原告合理必要花费,属于被告宋某某造成的直接经济损失,应由被告宋某某赔偿。

案例评析：

案例 7-11 和 7-12 判决中对董事责任的核定体现了对比例原则的运用。案例 7-11 中,被上诉人、原审被告作为公司实际经营管理者,对公司事务监管不力导致公司损失,应当因违反勤勉义务承担相应责任。法院在核定责任范围时,充分考虑了在案证据与事实情况,结合法律对董事勤勉义务的要求,判定被上诉人、原审被告承担 30% 的赔偿责任。案例 7-12 中,法院综合考虑了利润获得有成本、市场、管理人的勤勉等多种因素,确定被告承担公司利益损失 45% 的责任。董事违反勤勉义务的行为对公司的损害结果通常只存在部分法律上的因果关系,董事应当在此范围内承担责任,而不负有义务之外的责任。

综上可见,法官对损失数额的认定思路仍多源于民事侵权责任的合理分配。但不同法院仍存在分歧,比如在股东出资未到位案件中判决董事承担全额赔偿,而并不考虑董事对于出资的责任其实应低于股东,过错责任而言也仅应当承担相对次要的责任,与此同时,因董事监管不力导致公司证照被吊销,法官尚且只酌定了不到 50% 的责任比例。个案中的责任分配往往缺乏公司法整体视野下的董事责任轻重对比。

（2）停止侵权行为

董事违反忠实义务、勤勉义务的行为损害公司利益时,不当行为可能是持续的,公司有权要求董事停止侵权行为,这与民法上侵权责任中停止侵害的情形相似。董事的违法行为尚未结束且持续对公司的利益造成损害,公司有权要求涉事董事停止其不法行为。

案例 7-13：

蒋某某诉嘉兴××生物科技有限公司等损害公司利益责任纠纷案①

案件事实：

北京××科贸有限责任公司(以下简称北京科贸公司)设立于 1996 年 5 月 24 日。2014 年 4 月 28 日,北京科贸公司股东王某某、蒋某某、耿某某召开股东会,形成如下决议:出资设立河北××科技有限公司(以下简称河

---

① 参见北京市第二中级人民法院(2021)京 02 民终 6346 号二审判决书。

北科技公司），河北科技公司注册资本金 300 万元，由北京科贸公司在 5 年内缴足，北京科贸公司持有河北科技公司 100% 的股权；委派郑某某、李某某到河北科技公司工作，代表股东行使权利；委托李某某办理河北科技公司注册登记事宜；郑某某担任河北科技公司执行董事、经理、法定代表人；李某某担任河北科技公司的监事。2014 年 5 月 8 日，河北科技公司按照上述决议办理设立登记。北京科贸公司未实际缴纳注册资本金。2014 年 8 月，北京科贸公司发生股权变更，后蒋某某持有北京科贸公司 40% 的股权，郑某某持有 60% 的股权。北京科贸公司的法定代表人变更为郑某某。

2014 年 11 月 14 日，郑某某代表北京科贸公司与李某某签订《股权转让协议》，将北京科贸公司持有的河北科技公司的 100% 股权全部转让给李某某。2015 年 4 月 13 日，北京科贸公司制作《股东会决议》，同意郑某某将其全部股权转让给李某某。郑某某与李某某另签订过 1 份《股权代持协议》，约定李某某代郑某某持有北京科贸公司 60% 的股权。该协议未记载签订时间。

上诉人、原审原告称，郑某某作为北京科贸公司的法定代表人、实际控制人，将北京科贸公司持有的河北科技公司股权零对价转让于李某某，李某某作为北京科贸公司、河北科技公司法定代表人，将（2011）新兽药证字 49 号《新兽药注册证书》无偿提供嘉×公司使用，属于侵权。《新兽药注册证书》系归属于北京科贸公司，故嘉×公司的应获利就是北京科贸公司因郑某某、李某某滥用职权造成的损失。综上，请求判令郑某某、李某某、河北科技公司、嘉×公司共同赔偿北京科贸公司经济损失 5000 万元，并判令嘉×公司立即停止使用北京科贸公司《新兽药注册证书》的侵权行为。

裁判结果及理由：

一审法院认为，根据查明事实，不足以说明郑某某、李某某与嘉×公司之间存在恶意串通使用北京科贸公司的《新兽药注册证书》的侵权行为。蒋某某没有提供任何证据证明北京科贸公司因为其所主张的侵权行为遭受了实际损失。北京科贸公司至今未对上述《新兽药注册证书》涉及的疫苗进行投产的原因是资金没有到位、北京市区不允许投产以及北京科贸公司的股东之间无法达成一致意见，并非因为其所主张的侵权行为。因此，不予支持原告诉求。

二审法院认为，蒋某某主张郑某某、李某某、河北科技公司及嘉×公司之间存在恶意串通，由嘉×公司使用北京科贸公司的《新兽药注册证书》，损害了北京科贸公司的利益，应向北京科贸公司赔偿经济损失，并立即停止使用《新兽药注册证书》的侵权行为。嘉×公司虽然在相关文件中引述了《新兽药注册证书》内容,但嘉×公司未依据《新兽药注册证书》实际进行生产,且不能认定蒋某某所述的嘉×公司使用《新兽药注册证书》的行为给北京科贸公司造成了实际损失。因此,不予支持上诉请求。

案例 7-14:

北京志×科技有限公司诉王某甲等损害公司利益责任纠纷案①

案件事实:

北京志×科技有限公司(以下简称志×公司)成立于 2004 年 3 月 9 日,股东为赵某某、王某甲、张某某及杨某某,各持股 25%。王某甲担任经理职务,负责国外大客户的交往,国内磁带销售和检测业务,后王某甲于 2015 年 7 月离职。北京智×科技有限公司(以下简称智×公司)成立于 2013 年 9 月 5 日,王某甲持股 60%,王某甲妻子周某某持股 40%,法定代表人现变更为王某甲母亲王某乙。在智×公司成立后,王某甲利用其担任志×公司经理的职务便利,利用其邮箱向其负责的客户发送了公司业务变更的说明,公开向其负责的客户告知部分业务转至智×公司等多种手段,将志×公司部分业务转入智×公司。

被上诉人、原审原告称,王某甲系志×公司的股东、高管,其对公司负有忠诚、勤勉和竞业禁止义务,王某甲的侵权行为侵犯了志×公司的合法商业利益,请求判令王某甲、智×公司停止经营同类业务并承担赔偿责任。

裁判结果及理由:

一审法院认为,王某甲利用职务便利将志×公司部分客户及业务揽入其另行成立的智×公司,严重违反勤勉、忠诚义务,其上述行为系以损害公司利益为代价而谋取股东个人私利,侵害了公司的合法权益,智×公司作为王某甲实施上述行为的载体,应视为共同侵权人,其在王某甲授意下所实施的相关经营行为,亦侵犯了志×公司的合法权益,应与王某甲立即停止上述损害志×公司的行为,共同向志×公司返还相应所得并承担相应赔偿责任。同时,王某甲、智×公司应当立即停止经营数据磁带、磁带机、条形码的销售以及磁带检测、磁带销毁消磁业务。

二审法院认为,一审判决其立即停止经营同类业务,实际上等同于令王某甲终身禁止在该领域执业,有悖于《中华人民共和国宪法》赋予公民的劳

---

① 参见北京市第一中级人民法院(2018)京 01 民终 8010 号二审判决书。

动的权利和选择职业的权利。王某甲在担任志×公司经理一职期间,作为公司的高级管理人员,理应遵守竞业禁止义务。2015 年 7 月王某甲离职以后,亦无权利用原公司无形资产滞后控制力的特点为自己谋取利益。但是,纵观公司法,并未禁止离职后的王某甲从事同类业务领域的工作。公司法确定了损害赔偿的解决路径,亦无禁止开展同类业务的法律规定。一审法院判决离职的高级管理人员立即停止同类业务经营,实则让其永远失去从事同类业务的机会,剥夺了其谋生与发展的权利。因此,在没有合同与法律依据的前提下,对王某某、智×公司立即停止经营同类业务的诉讼请求予以驳回。一审判决依据主营业务利润、原因不明未做账部分两项确定王某甲、智×公司应当共同返还的资金数额,并无不当。

案例评析:

传统民法上要求侵权方停止侵权行为是在确认该行为构成持续侵权的基础上的必然结果,但在商法实践中并非必然享有请求侵权方停止侵权之权利。案例 7-13 中,由于侵权人的行为并未实际给被侵权人造成损失,因此法院对停止侵权行为的主张不予支持。案例 7-14 中,二审法院认为一审法院对停止侵权行为的判决实质上是禁止行为人从事同类业务领域的工作,是对其职业发展的不当限制,因此予以改判。商事规则中,法院判决要在考虑行为人基本权利的基础上,注重考量实践,在支持停止侵权行为主张可能导致为行为人带来与侵权行为不相适应的职业障碍时,应当以公平与效率为主作出裁决。

(3)返还财物及孳息

公司作为独立法人,财产具有独立性。董事经营管理公司,具有侵犯公司财产权的职务之便。若董事侵占、挪用公司财物或私自将公司资金借贷给他人,应当将财物及利息返还公司;若董事具有私自以公司财产提供担保等其他侵权行为,应当恢复至公司财产被侵害前的状态。此外,因董事与公司不当的自我交易合同被撤销、被确认无效后,董事应当返还因该合同取得的财产。

2.公司法上的特殊责任形式

(1)行使归入权

所谓归入权,是指公司可以要求董事、高管人员将违反忠实义务的收入、报酬归于公司,《公司法(2018)》第 148 条第 2 款规定董事、高级管理人员违反前款规定所得的收入应当归公司所有。归入权设置之目的,是为解决在董事违反忠实义务损害公司利益时,禁止公司董事从自己的不法行为中获利,同时通过这种"无利可图"的法律后果引导董事不去从事损害公司利益的相关行为。此外,归入权也涉及《证券法》第 44 条①二级市场短线操作的情形。

从前一节梳理的司法案例来看,目前归入权制度较为明显的问题在于:一是,公司归入权的构成要件尚不明晰;二是,《公司法(2018)》第 148 条中归入权行使对象的范围过于狭窄,未涵摄近亲属等其他共同侵权者;三是,收归公司所有的利益外延需要明确界定;四是,公司归入权与损害赔偿请求权竞合时,是否需要以公司实际遭受损失数额为准确定责任范围,有不同的裁判。前述案例中已有较为翔实的分析,此处不再赘述。《公司法(2023)》第 186 条在第 181 条至 184 条优化董事忠实义务规范和扩大关联交易中"关联人"范围的基础上,进一步扩大了公司行使归入权的情形。

（2）董事会决议被确认不成立、无效及被撤销

《公司法(2018)》第 22 条、《公司法(2023)》第 25 条和第 26 条规定了董事会决议无效与被撤销的情形②,《公司法司法解释(四)》第 5 条补充了董事会决议不成立的情形③,第 6 条规定决议瑕疵不影响善意相对人与公司形成的民事法律关系,体现在《公司法(2023)》第 27 条和第 28 条规定中④,《民法典》第 85 条亦明确了此态度。⑤ 比如"中国信×资产管理股份有限公司湖南省分公司诉娄底市农×有限责任公司等金融借款合同纠纷再审案"⑥,再审中案涉两份《董事会担保决议》在另案中被认定无效,但由于接受担保一方因在订立担保合同时已经尽到合理的形式审查义务而被法院认定属于善意债权人,故案涉担保合同有效。

就董事责任而言,如果在董事会会议召集、召开以及决议程序中发生或存在导致董事会决议不成立、无效或最终被撤销的事由,如董事被认定为违反法定义务或章程义务,其承担相应的赔偿责任。如上述举示的董事会决议违反公司章程对外提供担保的,根据《公司法司法解释(四)》第 6 条,因接受担保方属于善意相对人而无法解除案涉交易时,公司利益必然受到损害,对此董事应承担赔偿责任。

---

① 参见《中华人民共和国证券法》第 44 条规定。
② 参见《中华人民共和国公司法(2018 年修正)》第 22 条、《中华人民共和国公司法(2023 年修订)》第 25 条、第 26 条规定。
③ 参见《最高人民法院关于适用〈中华人民共和国公司法〉若干问题的规定(四)》第 5 条规定。
④ 参见《最高人民法院关于适用〈中华人民共和国公司法〉若干问题的规定(四)》第 6 条、《中华人民共和国公司法(2023 年修订)》第 27 条、第 28 条规定。
⑤ 参见《中华人民共和国民法典》第 85 条规定。
⑥ 参见(2019)最高法民申 3281 号民事裁定书。

（3）董事任职资格限制

在此前世行 DB 中曾关注若股东在对董事提起的诉讼中胜诉，是否将解除董事职务作为一种董事承担责任的形式。此处原文的"disqualified"不是指被解除本公司的董事职务，而是丧失担任任何公司董事的任职资格。

董事的任职资格分为积极条件与消极条件，主要体现在年龄、资格股和国籍三个层面。通常来说，董事必须是完全民事行为能力人。对董事年龄作出上限规定的如法国《商事公司法》第 90—1 条，要求公司章程应当作出对董事年龄的具体规定，否则直接限制超过 70 岁者担任董事的比例，即应当在董事总人数的三分之一范围内。对董事资格股作出限制的有英国、日本、德国和美国等国家。其中，英国早期公司法要求董事必须同时具有股东身份，日本则不作此要求，且法律和章程都不得强行要求董事具有股东身份。德国和美国规定较为宽松，让公司通过章程自主决定董事是否需要具有股东身份。对董事国籍作出限制的国家较少。以瑞典规定为例，瑞典公司的董事必须具有瑞典籍且在瑞典居住，若公司董事三分之二以上成员满足上述要求，则瑞典商业部门也可以批准放宽限制，否则公司将直接面临清算。[①]

我国《公司法（2018）》和《公司法（2023）》均没有董事积极任职资格的规定，仅包含董事的消极资格即何种情形下不得当选为董事的规定。董事任职资格的限制集中在：其一，《公司法（2018）》第 146 条规定了不得担任公司的董事的情形，在该等情形下公司的任命无效，如果董事在任职期间出现该等情形，公司应当解除其职务。[②] 之后，《公司法司法解释（五）》第 3 条拓宽了董事被解除职务的情形，赋予了股东会在任何情况下对董事享有的任意解除权。[③]《公司法（2023）》第 71 条进一步补充了董事对公司无正当理由解任行为享有补偿请求权。[④]《公司法（2023）》第 178 条在《公司法（2018）》第 146 条的基础上，对董事任职资格的限制作出进一步规定，新增因犯罪被判处缓刑人员和因个人"所负数额较大债务到期未清偿被人民法院列为失信被执行人"任职资格的限制，明确"公司被责令关闭"之日起不得担任董事的期限起算时间。[⑤] 其二，《中华人民共和国证券法》第 233 条

①　参见叶敏：《公司董事法定任职资格问题研究》，载《法学》2006 年第 3 期。

②　参见《中华人民共和国公司法（2018 年修正）》第 146 条规定。

③　参见《最高人民法院关于适用〈中华人民共和国公司法〉若干问题的规定（五）》第 3 条规定。

④　参见《中华人民共和国公司法（2023 年修订）》第 71 条规定。

⑤　参见《中华人民共和国公司法（2023 年修订）》第 178 条规定。

和《上海证券交易所股票上市规则》第16.3条均以存在违法行为作为解除董事任职资格的前提,但认定和实施的主体分别为国务院证券监督管理机构和上海证券交易所。① 就性质而言,该规定是一种对董事违法行为的行政处罚措施,而非针对利益受损股东提供的救济措施。其三,《中华人民共和国企业破产法》第125条规定企业董事违反注意义务致使所在企业破产的,不仅要承担相应的民事责任,而且在破产程序终结后任职资格会受到限制。

可以看到,目前我国限制董事任职资格的适用场景还比较少,并非董事进行了损害公司利益的行为即会丧失任职资格。正如世行DB营商环境评价指标所期望的那样,如果董事②的不当自我交易使公司利益受损,经司法确认(股东胜诉)后,董事将丧失一定时期的任职资格,即不得担任任何公司的董事、监事及高级管理人员。此外,在股东解除董事任职的情况下,严格地讲,并不属于任职资格限制,因为丝毫不影响董事在被解除职务后仍可以去另一家公司担任董事。

另外,董事任职资格的限制和解除在操作层面可能还存在一些问题:一是当然解除还是经申请解除? 二是如果是申请解除,谁有权申请解除董事任职资格? 三是董事丧失任职资格的时间期限如何确定? 四是此类救济路径是否可适用于全部有限责任公司,而非局限于上市公司? 五是被解除任职资格是不得担任上市公司抑或全部公司的董监高? 六是在工商登记层面以及对外部人而言,董事任职资格的调查如何进行? 诸多疑惑都需要规范层面作出指导。

（四）责任体系:部分制度要素缺失

1. 基础概念模糊导致责任边界不明

董事义务作为董事责任产生基础,是董事责任制度体系的重要依据。纵观世界各国公司立法,对董事义务的规范通常都进行了明确列举。我国《公司法(2018)》第147条(《公司法(2023)》第180条)明确董事有忠实和勤勉义务,第148条第1款(《公司法(2023)》第181条)列举了董事违反忠实义务的典型情形,但对于勤勉义务的具体内容未作进一步规定。在"重庆东×有限公司诉杨某某案"中,在杨某某任法人代表,兼董事长、总经理期间,公司未与6名员工签订书面劳动合同,法院支持了该6名员工主张的

---

① 参见《中华人民共和国证券法》第233条、《上海证券交易所股票上市规则》第16.3条规定。

② 包括全部投票支持该交易的董事。

双倍工资差额共 108,646 元。东×公司在向员工支付了该笔款项后,以违反勤勉义务导致损害为由向董事杨某某主张上述赔偿。本案中的争议焦点是对于公司存在未与员工订立劳动合同董事是否违反了勤勉义务,即是否尽到了合理的注意。① 可见在具体案件中,勤勉义务的内涵需要法官作进一步的认定。

再如当适用《公司法(2018)》第 21 条(《公司法(2023)》第 22 条)时首先必须回答何为关联关系。《公司法(2018)》第 216 条第 4 项(《公司法(2023)》第 265 条第 4 项)是对关联关系的定义。② 该定义难言精准,法官裁判案件时可能也难以把握"可能导致公司利益转移的其他关系"的判断标准。此外关联关系中的概念内涵与其他部门法相差甚远,亦导致概念边界的模糊,同时增大了司法适用的难度。如董事的兄弟姐妹的配偶是否为关联方,在《公司法(2018)》第 21 条中无明确规定;在《企业会计准则第 36 号——关联方披露》表述为"在处理与企业的交易时可能影响该个人或受该个人影响的家庭成员",该定义亦不甚明确,需要在个案中进行评价;而在《上市公司信息披露管理办法》第 62 条第 4 项规定,董事关系密切的家庭成员也属于关联人的范畴,包括配偶、父母、年满 18 周岁的子女等。③《公司法(2023)》第 182 条第 2 款将关联人的范围扩大至董事的近亲属,进一步提供了明确关联关系的依据,是法律规范对实践疑惑的有效回应。

诸如此类,因请求权基础中含有大量基础概念有待进一步解释,法官在审理案件时需要进行诸多的法律解释工作,这同时也降低了原告对诉讼结果的预期,不利于明确董事责任的边界。

2. 董事责任体系中的要素缺失

前述分析了董事对公司、对股东和对第三人责任的请求权基础,其构成要件在司法实践中的认定并不相同。以《公司法(2023)》第 190 条为例,董事损害股东利益的责任构成要件④,有法院认为是三要件,具体包括:(1)违法性,即股东只能对违反了法律、行政法规或者公司章程规定的侵害行为提起诉讼;(2)股东利益受到实际损害;(3)侵权行为与股东受到的损害有直接因果关系。⑤ 也有法院认为是四要件,具体包括:(1)董事是否实施了损

---

① 参见(2012)渝一中法民终字第 04533 号民事判决书。
② 参见《中华人民共和国公司法(2018 年修正)》第 216 条、《中华人民共和国公司法(2023 年修订)》第 265 条规定。
③ 参见《上市公司信息披露管理办法》第 62 条规定。
④ 参见《中华人民共和国公司法(2023 年修订)》第 190 条规定。
⑤ 参见(2021)豫 07 民终 215 号民事判决书。

害股东、公司利益的侵权行为；（2）董事是否具有过错；（3）董事之侵权行为是否造成了损害后果；（4）董事之侵权行为与公司、股东之损害后果之间有无因果关系。[1]《公司法（2023）》第181条的规定存在同样的逻辑。此外，董事对第三人责任的归责原则也存在不同的观点，包括过错责任说[2]、过错推定责任说[3]、无过错责任说[4]等。

就董事责任体系而言，还有诸多制度要素缺失，包括责任抗辩事由、董事责任限制与免除机制、董事责任保险制度等，均缺少可援引的明确规定。如果履职压力过大，又没有相应的免责和保险机制，则董事在经营决策上将愈加趋于保守，从长远来看不利于公司良好治理和利益最大化的目标实现，亦无助于市场整体营商环境的优化。

第二节　董事责任的主体类型化规制

董事责任构成中，主体是不可或缺的要件。在行为论上，根据形式上的身份、称谓与实质上的职权、功能是否一致，可以将董事区分为正式董事、事实董事与影子董事。即董事不仅包括经合法程序选举出的正式董事，也包括履行董事职责的事实董事或实质上控制、影响董事行为的影子董事。未经法定程序选举或未公示登记但实际掌控职权的董事是否应该承担相应的董事责任，以及如何承担相应的董事责任，均存在疑问。此外，董事责任主体还存在一些特殊问题有待考量：如独立董事的责任是否应当有别于全职董事；职工董事是否存在特殊的定位及职责；未参与董事会决议的董事是否可以根据《公司法（2023）》第124条第3款免责。下文将围绕这些问题展开论述。

一、非正式董事的责任追究

让董事对其不法行为承担责任的前提是确定真正的责任主体，这取决

---

[1] 参见（2020）京0108民初701号民事判决书。

[2] 该说认为责任的构成需要董事存在恶意或重大过失，且"对董事的恶意、重大过失的举证责任应由第三人承担"。参见[韩]李哲松：《韩国公司法》，吴日焕译，中国政法大学出版社2000年版，第496页。

[3] 该说认为董事比债权人拥有明显的信息优势，由董事对自己的行为承担举证责任较为公平。参见冯果、柴瑞娟：《论董事对公司债权人的责任》，载《国家检察官学院学报》2007年第1期。

[4] 该说认为董事对第三人的责任本质上不属于侵权责任范畴，因此在责任构成上无须董事有故意或过失。参见张龙文：《论董事之责任》，载林咏荣主编：《商事法论文选集》（上册），台湾五南图书出版公司1985年版，第114页。

于我们如何看待"董事"这一概念。从立法论角度而言,董事一定是经过股东会、职工大会、职工代表大会等有权机关合法选举出来并经过工商登记公示于外的,且实际行使董事权力并对公司负有信义义务,此类经过法定程序产生的董事可归为形式上的董事或被称作正式董事。从功能论视角看待,则无所谓选举与否、公示与否,只要实际扮演董事的角色经营公司,或握有董事的实权,或可以实质影响公司经营决策的,都属于广义上的"董事"。正如《香港公司条例》第 2 条第 1 款,"董事"包括"处于董事地位的任何人,不论其名称如何"。因此,即便具有总裁、总监、管理人员的头衔,但只要符合广义上董事的定义、发挥董事的功能,从法律的角度看就应当作为董事,事实董事和影子董事即是如此。此类董事属于实质意义上的董事,也可称为非正式董事。

形式上的董事根据法律规范对自己的行为承担责任自不待言。对于傀儡型董事或挂名董事,即行为和决定非由自己作出,而是受到他人或真正董事的意志控制的,基于商事外观主义,"一般认为只要一个人的行为导致被认为是董事,就应承担董事义务和责任"①。《公司法(2023)》第 192 条在某种程度上扩张了董事责任主体,关注到控股股东和实际控制人对董事的操纵,并在此情况下将控股股东和实际控制人作为了实质意义上的董事进行规范,具有积极意义。② 控股股东或实际控制人进入到公司具体治理中时,已经构成实质董事,法律规范应当对其课以相应义务。③ 就法理而言,控股股东、实际控制人与接受其指派直接参与不当行为的董事间存在意思联络,属于意思关联的共同侵权,应当对受损者的全部损失承担连带赔偿责任。而新增规范的局限性在于,责任主体并未完全囊括实质意义上的董事范围。躲在背后操纵董事/董事会的控股股东和实际控制人只是事实董事的一种情形,另有如非担任控股股东和实际控制人的隐名董事或以其他头衔行使董事管理公司职权等,甚至可能存在表面与公司毫无关系的人,如隐名股东等通过协议等方式控制正式董事的情形。按照现有规定,尚无法要求上述主体承担董事责任,但其显然应被纳入董事责任主体范围。正如康德所言:"责任是自由行为的必要性,这是从自由行为与理性的绝对命令有

---

① 参见曹顺明:《股份有限公司董事损害赔偿责任研究》,中国社会科学院研究生院 2002 年博士论文,第 46 页。

② 参见《中华人民共和国公司法(2023 年修订)》第 192 条规定。

③ 参见刘斌:《重塑董事范畴:从形式主义迈向实质主义》,载《比较法研究》2021 年第 5 期。

联系的角度来看的。一项绝对命令就是一项实践规则。"①如果允许某些主体在公司活动中仅享有权力而不负有责任,可以操纵公司获取巨大利益而无规制制约,将可能极大地危及公司、股东及债权人等主体的利益,违背权责一致原则,导致利益失衡。因此,在后续的责任主体完善方面显然应确立事实董事的概念,进一步扩大责任董事主体范围,即实际行使董事职权的人应对其行为承担责任。

二、内外部董事的责任区分

在全国首例证券集体诉讼案"康美药业虚假陈述案"中,5 名曾任或在职的康美药业公司独立董事需要承担连带责任,合计赔偿金额最高约 3.69 亿元。该案受到证券市场高度关注下,学界也对该案中独立董事责任承担问题存在争议,即独立董事作为公司外部董事②,是否应当与公司内部的全职董事承担同样力度的责任,我国公司法、证券法中诸多董事责任承担的相关规定是否均可直接适用于独立董事?

证监会于 2001 年 8 月 16 日颁布的《关于上市公司建立独立董事制度的指导意见》中首次出现独立董事概念,并要求上市公司董事会必须存有一定比例独立董事。③ 该意见标志着我国在上市公司中强制性引入独立董事,而普通公司通常无须聘请独立董事。2022 年 1 月 5 日,在延续《上海证券交易所上市公司董事选任与行为指引》规范思路基础上,证监会制定了《上市公司独立董事规则》,该规则对独立董事的任职条件、职权、履职保障等诸多规定均可体现出独立董事与公司内部执行董事在履职方面存在较大差别:第一,独立董事一般为兼职性质,无须经常在公司出现,仅参与公司开会决议,故其所获得信息是有限的。④ 从勤勉义务要求程度来说,独立董事具有的义务履行基础难以与执行董事相提并论。第二,独立董事扮演的主

---

① 参见[德]康德:《法的形而上学原理——权利的科学》,沈叔平译,商务印书馆 1992 年版,第 28 页。

② 也有学者将独立董事称为非经营董事。参见黄爱学:《论董事的概念》,载《时代学》2009 年第 4 版,第 45 页。

③ 《关于上市公司建立独立董事制度的指导意见》指出:"上市公司独立董事是指不在上市公司担任除董事外的其他职务,并与其所受聘的上市公司及其主要股东不存在可能妨碍其进行独立客观判断关系的董事。"

④ 《上海证券交易所上市公司董事选任与行为指引》第 35 条第 3 款:独立董事原则上应每年有不少于十天时间到上市公司现场了解公司的日常经营、财务管理和其他规范运作情况。《上市公司独立董事规则》规定:"独立董事原则上最多在 5 家上市公司兼任独立董事,并确保有足够的时间和精力有效地履行独立董事的职责。"

要是外部监督角色,与公司内部行使经营、管理、决策权的执行董事有实质功能差异。① 第三,独立董事通常报酬不高。根据 Wind 数据统计,截至2021 年 12 月 31 日,A 股 14478 位独立董事中,70%年薪在 10 万元以下,超10 万的仅 4000 多人,占比 30%。其中年薪 5 万元以下的占比 12.08%;年薪在 5 万—10 万元间的占比最多,为 57.35%;其次为 10 万—20 万元,占比26.08%;年薪超过 20 万元以上占比不超过 5%。报酬不仅是履职的动力源泉,也是衡量责任大小的重要因素。

若对不同类型董事不加区分地追究治理责任,将可能导致权责失衡。② 鉴此有学者认为,独立董事责任应进行区分,实行董事责任内外有别。"因独立董事的兼职性,所获报酬有限和知情权很难得到充分保证等原因,若独立董事在承担行政罚款后又要被追究民事赔偿责任,如此严格的追责体系可能会导致无人敢担任独立董事,不利于我国独立董事队伍的健康发展,影响我国上市公司的治理及证券市场的完善"③,只有独立权责一致的董事责任制度才能促进董事职业队伍整体健康发展。因此,"在追究独立董事责任时,应区别相关的违法、违规事实,确定不同的注意义务和责任标准"④。

着眼于域外立法的相关规范,在 20 世纪 80 年代中期,美国并未严格区分独立董事与执行董事,直到 2002 年美国安然公司破产案,促使美国反思并对独立董事责任制度进行修改,这一转变影响了包括日本在内的诸多国家。现在,外部董事在美国很少承担自负的财产性民事责任。⑤ 有美国学者估计,每年大约有十几起诉讼将独立董事列为了被告。它们大都以和解结案,独立董事偶尔会负有责任,但自掏腰包的责任极为罕见(extremely rare)。⑥

① 《上市公司独立董事规则》第 21 条:独立董事应当按时出席董事会会议,了解上市公司的生产经营和运作情况,主动调查、获取做出决策所需要的情况和资料。独立董事应当向公司股东大会提交年度述职报告,对其履行职责的情况进行说明。此外,第 22 条赋予独立董事特别职权,包括重大关联交易应取得独立董事的事前认可;可以聘请中介机构出具独立财务顾问报告,作为其判断的依据;向董事会提议聘用或解聘会计师事务所;向董事会提请召开临时股东大会;提议召开董事会;在股东大会召开前公开向股东征集投票权;独立聘请外部审计机构和咨询机构,对公司的具体事项进行审计和咨询;等等。

② 参见赵旭东:《中国公司治理制度的困境与出路》,载《现代法学》2021 年第 2 期。

③ 参见吴建斌:《试论上市公司独立董事的责任及其限制》,载《南京大学学报(哲学·人文科学·社会科学版)》2006 年第 3 期。

④ 参见汤欣:《谨慎对待独董的法律责任》,载《中国金融》2019 年第 2 期。

⑤ 参见邢会强:《美国如何追究独立董事的法律责任?》,载北大法宝"专题参考"栏,2021 年11 月 19 日。

⑥ See Bernard S.Black, Brian R.Cheffins and Michael Klausner, *Outside Director Liability:A Policy Analysis*, *Journal of Institutional and Theoretical Economics(JITE)*, March 2006, Vol.162, No.1, pp.9–10.

另有学者总结外部董事可能需要承担自负财产责任的情形:一是公司问题足够严重以至于导致了公司破产,典型案例是安然案和世通案;二是会计丑闻足够明显,而且外部董事监督失职现象极为严重;三是该外部董事足够富有,以至于值得追诉。① 甚至有美国学者认为:"多个国家几十年来一贯地对外部董事实施几乎为零的责任风险意味着,让外部董事承担更大的风险可能是个坏政策。"②日本公司法对独立董事的责任与其他董事进行了区别,而且还设置了不同的工作水平,允许签订"责任限定合同",并通过股东会/董事会决议等方式进一步对独立董事的责任进行限制和免除。

综上所述,由于独立董事的信息获取渠道较窄、报酬低且实际工作时间较短,难以苛求独立董事有完美的工作表现,即使他们存在一些无心之失也应当得到包容和理解,要求独立董事承担与其工作内容和义务不相适应的责任将过于严苛。因此,公司应当区分不同董事的工作标准和责任范围,实行内外有别,责任区分应当仅限于对注意义务的违反。就忠实义务而言,所有董事应当遵循一致标准,并不因为独立董事参与公司经营的时间少就可以从事背信公司的行为,恰恰因为独立董事扮演着外部监督力量的角色,更应当忠实于公司、将公司的利益置于最高位。在与公司利益相冲突的情形下,独立董事不得置公司利益不顾而追求自己或他人的利益。就注意义务而言,独立董事的决策判断受限于其能够获取的信息范围,因此对独立董事履行勤勉义务的标准应该与执行董事加以区分开来③,其相应责任亦应当趋于弱化。

本书认为,独立董事扮演监督角色,即使监督失职导致经营损害发生,独立董事承担经营责任时应限于因故意或严重失职所致的情形,除应考察其在日常履职中的勤勉尽责程度外,还应考虑客观履行的条件。从"康美药业虚假陈述案"法院认定中可以看出,在具体责任认定时,法院已经考虑到相关独立董事"不参与康美药业日常经营管理,过失较小"的因素,酌情将赔偿责任的范围限定在了5%至10%,但由于案涉金额巨大,所以最终承担责任的数额也较大。案涉董事在其参与的相关年度报告审议时均投了赞

① See Bernard S. Black, Brian R. Cheffins and Michael D. Klausner, *Outside Director Liability*, Stanford Law Review, Vol.58, 2006, p.1140.

② See Bernard S. Black, Brian R. Cheffins and Michael Klausner, *Outside Director Liability; A Policy Analysis*, Journal of Institutional and Theoretical Economics(*JITE*), March 2006, Vol.162, No.1, p.19.

③ 参见李建伟:《独立董事制度研究——从法学与管理学的双重角度》,中国人民大学出版社2004年版,第176页。

成票,从结果看,本身存在一定过失,因此被判承担连带赔偿责任。5位独董在诉讼中辩称事前事后不知情且并未从中获益等。法院在认定独立董事的责任时,主要依据的是证券法规定,即上市公司出现"虚假记载、误导性陈述或者重大遗漏",根据过错推定的归责原则,董事承担连带赔偿责任。从该案判决结果可以看到,我国现有独立董事责任制度似有不足:要求一年仅来公司工作若干天的独立董事有能力发现经审计的数据有造假显得过于严苛,未赋予独立董事信赖专业第三方的意见的免责权利。有学者提出,"独董对公司提供的资料,应以具备可依赖性为一般原则"[1],即肯定独立董事信赖公司提供资料作出决策的正当性。同时,若独立董事是合理信赖相关专业人员提供的信息或建议,则可以免于承担责任,除非在基于自身知识产生合理怀疑时并未进行必要审查。[2]

案例 7-15:

饶某某诉江苏保×视像科技集团股份有限公司等证券虚假陈述责任纠纷案[3]

案件事实:

2017年8月9日,证监会经调查作出(2017)78号《行政处罚决定书》,认定江苏保×视像科技集团股份有限公司(以下简称保×公司)在中×股份公司破产重整过程中进行重组资产评估时,保×公司向银×评估公司提供了两类虚假的意向性协议。保×公司将共计9份虚假协议提供给银×评估公司,银×评估公司对保×公司股东全部权益价值评估的结果为28.83亿元。

庄某甲、陈某某、庄某乙、蒋某某、深圳市日×资产管理有限公司在《江苏中×新材料集团股份有限公司重大资产出售及非公开发行股份购买资产暨关联交易报告书(修订稿)》中称,已出具承诺函,承诺其为本次重大资产重组所提供的有关信息真实、准确和完整,不存在虚假记载。庄某甲时任保×公司的董事长、总经理,主导整个收购事项,出具了上述承诺函并签字,是该收购事项的主要负责人员,陈某某、庄某乙、蒋某某与庄某甲构成一致行动关系,同属于收购人,出具了上述承诺函并签字。中×股份公司第六届

① 参见曾洋:《重构上市公司独董制度》,载《清华法学》2021年第4期。
② 参见朱国华、赵杨:《独立董事勤勉尽责标准研究》,载《广西社会科学》2022年第12期。
③ 参见广东省深圳市中级人民法院(2018)粤03民初792号。

董事会第二十三次会议审议通过《报告书(草案)》,并于 2014 年 10 月 30 日披露了《报告书(草案)》,其中披露了银×评估公司对保×公司的估值为 28.83 亿元。中×股份公司第六届董事会第二十三次会议审议并以表决方式一致通过《报告书(草案)》,参会的董事会成员有童某某等 9 位参会董事会成员均在会议决议书上签字确认。由于重组议案涉及关联交易事项,关联董事刘某某、张某某回避表决。

原告诉称,被告保×公司、庄某甲、童某某、王某甲、林某某、王某乙、茅某某、费某某、沙某某等因证券虚假陈述,被中国证券监督管理委员会(以下简称证监会)以(2017)78 号《行政处罚决定书》认定并处罚,请求判令上述主体对由此造成原告的损失 471,448.15 元承担连带责任。

裁判结果及理由:

庄某甲时任保×公司的董事长、总经理,主导保×公司整个收购事项,庄某甲在保×公司重整过程中,违背承诺函,操纵上市公司进行虚假陈述行为,侵犯投资者权益,构成侵权,依法应承担连带赔偿责任。在证券虚假陈述责任纠纷案件中,上市公司的董事等内部人员承担民事赔偿责任的归责原则为过错推定原则。上市公司及其董事、监事、高级管理人员和其他直接责任人员受到相关行政机关的行政处罚,并不必然导致或者推定其在民事纠纷中存在过错并承担相应的民事赔偿责任。

公司董事对于公司自身的经营及财务情况更为熟悉,对于披露公司自身信息负有的谨慎注意义务应相对较高,除非特殊情形,否则难以免除其责任。对于他人提供的第三方信息,公司董事等负有的谨慎注意义务与公司内部信息应有所不同,考量是否履行忠实、勤勉义务则应更加侧重于程序方面,在专业评估机构出具意见的情况下,审查义务主要体现在审查评估机构是否独立、评估假设是否合理、评估方法与评估目的的相关性以及评估定价的公允性,而且应以合理谨慎的商人标准判断和要求,而对非专业的董事、监事、高级管理人员和其他直接责任人员不能以专业人士的标准加以要求。如果没有正当理由怀疑信息存在不实陈述或重大遗漏,且关于重要事项的陈述不存在明显异常的,不应仅以公司董事等未尽勤勉义务为由一概要求其承担赔偿责任,而应根据行为人的职责分工,判断是否存在故意和过失。否则,如果要求公司董事、监事、高级管理人员和其他直接责任人员对信息内容或基础材料一一核实,以确保真实、完整,则太过苛严,甚至突破了证券市场各方的责任边界,损害证券服务机构专业意见的公信力,过分降低证券市场的交易效率。因此,本案童某某等被告并无不当行为或其他足应承担赔偿责任的过失。

案例评析:

本案是虚假陈述责任纠纷的典型案例,判决说理对实践参考具有重大意义。第一,在责任主体认定方面,本案并非一如实践中虚假陈述责任案件判决中对行政处罚决定内容过分依赖,而是明确提出行政过错与民事过错不能等同。董事因过错受到行政处罚并非一定意味着其在民事责任认定中存在过错,应当根据案件具体情况与法律规则进行重新认定。第二,在董事义务履行标准方面,应当从董事个人能力和义务内容进行综合分析。本案中,披露材料对童某某等被告而言,属于来源于公司之外他人提供的第三方信息而非内部信息,只要董事履行了应尽的工作职责,应当肯定其对专家意见的合理信赖。若信赖专家意见的门槛过高,则对董事提出的义务标准将与客观情况不相适应。对董事履行勤勉义务的考量,除比例原则外,"动态系统论"能够帮助法院作出更全面的判断。"动态系统论"认为,法律制度的价值与目的是多元的,因此需要结合多个相关因素综合考量进行阐释。① 对于董事履行勤勉义务的标准,应当结合主观和客观两方面要素,在对所有要素根据位阶排序并进行权重分配后综合考量。其中,董事主观要素包括个人经验技能、专业背景及从业时间等;客观要素包括外部客观要素和内部客观要素②,外部客观要素包括破产申请相关规定与政策、证据收集情况等,内部客观要素包括公司内部管理制度、会议决策程序及管理人员合意情况等。董事职业化发展让其内部分工越来越精细,因此担任不同职责的董事所负担的注意义务也各有不同。③ 内部董事与外部董事不同,外部董事与独立董事也不同,若对不同类型董事不加区分地追究治理责任,将可能导致权责失衡。④ 因此,兼任公司高管的董事的注意义务应区别于独立董事的注意义务。⑤ 独立董事的合理调查、合理信赖和注意义务的标准是最低的,这是由他们的职位作用、薪酬水平、工作机制、惩处机制等决定的。⑥

① 参见徐化耿:《信义义务的一般理论及其在中国法上的展开》,载《中外法学》2020 年第 6 期。

② 参见徐化耿:《信义义务的一般理论及其在中国法上的展开》,载《中外法学》2020 年第 6 期。

③ 参见李燕、杨淦:《董事注意义务的司法审查标准刍议》,载《法律适用》2013 年第 12 期。

④ 参见赵旭东:《中国公司治理制度的困境与出路》,载《现代法学》2021 年第 2 期。

⑤ 参见樊云慧:《公司高管义务与董事义务一致吗? ——美国的司法实践及其对我国的启示》,载《环球法律评论》2014 年第 1 期。

⑥ 参见叶金强:《董事违反勤勉义务判断标准的具体化》,载《比较法研究》2018 年第 6 期。

三、职工董事的特别职责

2021 年 5 月 25 日,万科 A(000002.SZ)发布董事会决议公告,其在《关于修订公司章程的议案》中披露,拟在更改第四条内容上增加"董事会设职工代表担任的董事 1 名",在 A 股上市 30 年以来,万科将首次在董事会中设立职工代表董事,引起市场广泛关注。职工董事制度实质是职工参与公司治理的一种路径。最新修订的《公司法(2023)》第 68 条对设置职工董事的公司标准进行了调整①,第 120 条第 2 款将适用范围扩大至股份有限公司,同时第 173 条中仍保留关于国有独资公司董事会成员中应当有职工代表的规定。② 在此基础上,应进一步明确职工董事的职权与应承担的责任,提高司法实践的可操作性。

(一) 职工董事的功能定位

一直以来,董事作为公司经营管理者,同时受到来自股东、监事会、外部董事等监督,其角色亦是被监督者。《关于〈中华人民共和国公司法(修订草案)〉的说明》中提到"为更好保障职工参与公司民主管理、民主监督,修订草案扩大设置职工董事的公司范围"③。《中华全国总工会关于加强公司制企业职工董事制度、职工监事制度建设的意见(2016)》(以下简称《总工会意见》)指出,职工董事"代表职工源头参与公司决策和监督的基层民主管理形式。""在完善公司法人治理结构,构建和谐稳定劳动关系,促进企业和职工共同发展等方面发挥了积极作用。"④可见设置职工董事的意义在于:一是增强公司治理中管理决策的民主力量;二是对董事会的经营管理工作进行监督。职工董事经由职工民主选举产生,故而在参与董事会表决时可作为职工意见的表达路径以提高公司民主管理程度。职工董事作为监督者,功能与定位与此前决策执行者和被监督者的董事定位有所不同。职工董事监督功能的发挥有赖于其参与董事会会议时将职工意见和诉求传达到公司经营管理层,对于不利于职工利益的事项通过投票表决的方式行使监督权。与职工监事的规定不同,《公司法(2023)》并未对职工董事的席位数量有所要求,对职工董事席位有

---

① 参见《中华人民共和国公司法(2023 年修订)》第 68 条规定。
② 参见《中华人民共和国公司法(2023 年修订)》第 120 条、第 173 条规定。
③ 参见《关于〈中华人民共和国公司法(修订草案)〉的说明》,全国人大常委会法制工作委员会副主任王瑞贺在第十三届全国人民代表大会常务委员会第三十二次会议上的发言,2021 年 12 月 20 日。
④ 参见《中华全国总工会关于加强公司制企业职工董事制度、职工监事制度建设的意见》规定。

限的公司,职工董事通过表决所能起到的监督作用会有较大的局限性。

（二）职工董事的特别职责

《公司法（2023）》中并无关于职工董事具体职责的规定,未区分职工董事、执行董事和外部董事的职权与应承担的责任。2009 年 3 月 30 日,国务院国有资产监督管理委员会印发的《董事会试点中央企业职工董事履行职责管理办法》(以下简称《职工董事履职管理办法》)第 8 条规定了职工董事履行特别职责应承担相应义务[①];《总工会意见》中规定了职工董事依法行使职权的范围;[②]《职工董事履职管理办法》第 6 条明确"公司章程或董事会议事规则应当对职工董事的特别职责作出具体规定"[③]。

上述规定明确了职工董事对公司仍负有忠实义务及勤勉义务。其所负担的忠实义务内容与其他董事并无不同,即应当将公司利益置于个人利益之上,不得与公司争夺商业机会等。就勤勉义务而言,职工董事参与董事会会议主要限于"关注和反映职工合理诉求、代表职工利益和维护职工合法利益的特别职责",包括公司重大问题、反映职工合理诉求及意见。虽"职工董事享有与其他董事同等的权利",但其职权范围并不完全等同于经营决策之执行董事,其职权行使的重点在于涉及职工权益之事项,而非全部经营事项。

（三）职工董事相关责任

我国《公司法（2018）》第 18 条、《中华人民共和国劳动法》第 27 条以及《中华人民共和国劳动合同法》第 4 条、第 41 条等法律条文,均要求公司作出某项决策时应当听取职工或职代会意见或建议,《公司法（2023）》第 17 条进行了细化,明确公司应当"建立健全以职工代表大会为基本形式的民

---

① 参见《董事会试点中央企业职工董事履行职责管理办法》第 8 条规定。

② 《总工会意见》规定:"参加董事会会议,行使董事的发言权和表决权;在董事会研究决定公司重大问题时充分发表意见,确定公司高级管理人员的聘任、解聘时,如实反映职代会民主评议高级管理人员情况;对涉及职工合法权益或大多数职工切身利益的董事会议案、方案提出意见和建议;就涉及职工切身利益的规章制度或者重大事项,提出董事会议题,依法提请召开董事会会议,反映职工合理要求,维护职工合法权益;列席与其职责相关的公司行政办公会议和有关生产经营工作的重要会议;要求公司工会、公司有关部门通报相关情况,提供相关资料;向公司工会、上级工会或有关部门如实反映情况;法律法规、规章制度和公司章程规定的其他权利。"

③ 职工董事特别职责涉及的事项一般可以分为董事会决议事项和向董事会通报事项两类。(一)决议事项:主要包括公司劳动用工、薪酬制度、劳动保护、休息休假、安全生产、培训教育和生活福利等涉及职工切身利益的基本管理制度的制定及修改。(二)通报事项:主要包括职工民主管理和民主监督方面的诉求、意见与建议,以及涉及职工利益的有关诉求意见或倾向性问题。

主管理制度"①。有学者认为以上规范并未在实质上形成约束力,因此并非职工参与的构成形式。②

因此,职工董事制度的施行需要设定相应的保障规范。上述关于设置职工董事及职工董事职权的规定将衍生出几方面问题:一是如果公司未按上述规定设置职工董事,或职工董事的选举未按法定程序进行,则董事会组成的合法性存疑。尽管《公司法(2018)》第22条第2款规定了董事会决议可撤销的情形③,但董事会组成形式的不合法问题是否会影响董事会决议的效力并无明确解答。二是公司未按相应规定设置职工董事,是否应当承担责任、承担何种责任有待探讨。三是职工董事个人责任的认定是否应当完全与其他董事一致尚存疑惑。公司法规定了董事在执行职务时因违法违章行为对公司造成损害应承担赔偿责任。由于工作内容的不同,就职工董事而言,如无理由拒不参加涉及职工权益相关董事会决议事项,或者未及时关注、收集职工诉求、意见与建议,未及时向董事会通报,将可能被认定为未尽到勤勉义务进而承担相应的民事责任。

职工董事本身是公司员工,通常是在工作之余兼任董事。由于工资发放、职务晋升等亦听命于公司特别是经营管理层的决定,故为较好保护职工董事依法代表行使职工行使民主决策的权利,相比其他董事,职工董事多了一层职业身份的保护。④ 可见《公司法(2023)》第68条仅规定在具备一定规模公司中增设职工董事还不足以发挥其加强决策民主性的功能。为实现制度目的,职工董事制度应当与职工监事制度一样充分考量职工身份兼任内部监督者的独立性问题,有必要加强对职工民主参与企业管理的保护,通过完善职业身份保护等配套举措,避免管理层采取解雇、变动工作岗位、减少福利等方式阻碍职工代表独立行使董事职权。职工董事责任承担问题可以参考独立董事的责任区分思路,即基于履职内容、决策条件的不同,在违

① 参见《中华人民共和国公司法(2018年修正)》第18条、《中华人民共和国劳动法》第27条、《中华人民共和国劳动合同法》第4条、第14条,《中华人民共和国公司法(2023年修订)》第17条。
② "一项制度能否有效运行,不仅需要对权利进行宣告,也需要设定相关义务以保障权利能够有效行使,以及保证该项权利不被滥用,而有关这种建议从实质上说并不具有约束力,不能形成权利义务关系。"参见冯彦君、邱红:《职工参与制及其理论基础质疑》,载《当代法学》2007年第5期,第4页。
③ 参见《中华人民共和国公司法(2018年修正)》第22条第2款规定。
④ 《总工会意见》规定:"职工董事、职工监事在任职期间,除法定情形外,公司不得与其解除劳动合同。职工董事、职工监事在任职期内和任职届满后,公司不得因其履行职责的原因,对其降职、减薪或采取其他形式进行打击报复。"

反勤勉义务的认定标准和具体责任范围上有所区分。

四、未参会董事的责任机制

《公司法(2018)》第112条第3款被称为异议董事豁免制度,在《公司法(2023)》第125条第2款也有所体现。① 同时在第125条第2款明确了违反法律、行政法规或者公司章程、股东会决议的董事会决议给公司造成的损失由"参与决议的董事"承担赔偿责任,同时规定"在表决时曾表明异议并记载于会议记录的董事"可以免责。如此规范可能会产生"只有记载于会议记录的董事才能免责"的误解,并由此推导出未参会的缺席董事必定承担董事会决议责任的结论。实际上,该条文仅仅涉及参与决议的董事,未对缺席董事作出任何规定,不可直接得出缺席董事需要对错误的董事会决议承担责任的结论。

出席董事会会议是董事的法定义务,也是履行其对公司勤勉义务的方式之一。《上海证券交易所上市公司董事选任与行为指引(2013)》②对此有明确规定,深圳证券交易所也有类似对董监事履职董监事会行为规定。③基于上述规定,对缺席董事责任的空白可以遵循如下思考路径进行填补:出席董事会会议是董事履行职责的基本要求,同时也是作出有效董事会决议的基础保障。公司法应当发挥鼓励董事亲自出席董事会会议参与公司经营管理决策的规范作用。缺席董事可以简单分为两种,一是有合理理由却无法出席会议的,如因公出差、身患重病、休假中等,但如今网络会议十分便利,所谓在异地等理由似乎已难言合理。二是无故缺席的。就后者而言,无正当理由不参加董事会会议本身即是违反了注意义务,可以董事违反勤勉义务为由进行追责。无故不出席董事会会议,可能导致会议因表决比例问题达成错误决议致使公司产生损失,故缺席董事可能基于此对公司承担违反注意义务的责任。进一步而言,鉴于董事本身负有出席董事会会议的义务,应要求董事先通过网络连线等方式积极参与,确有无法亲自出席的情形时,董事应当(而非"可以")委托他人代为出席,有特殊情形无法委托的作为例外。此外,还可以尝试建立会后的补救规则,即在会议结束后的合理期间内将董事会决议以及会议记录等书面送达缺席董事,缺席董事应发表书面的补充意见。对决议存有异议的董事应当积极采取行动,尽可能防止错

---

① 参见《中华人民共和国公司法(2018年修正)》第112条、《中华人民共和国公司法(2023年修订)》第125条规定。

② 参见《上海证券交易所上市公司董事选任与行为指引(2013年修订)》规定。

③ 参见《深圳证券交易所股票上市规则(2020年修订)》第三章第一节3.1.6规定。

误的决议落地事实,例如将自己的异议意见和理由充分告知其他董事或控股股东、实际控制人等、提请另行召开董事会会议或股东会会议进一步讨论、聘请第三方机构提供更多咨询意见等。确有正当理由缺席董事会会议的董事在事后及时获取会议记录并对其存有异议的决议进行积极补救,应视为该董事尽到注意义务。对于同样在会后力挽狂澜的无故缺席董事,亦不能将其作为不参加董事会的免责事由,仅能作为一种减轻责任的事由,避免导致董事仅审阅会议决议和会议记录而不参加会议的消极履职局面。对公司内部管理而言为激励董事出席董事会会议,可以将缺席会议的次数进行量化考评,与董事薪酬、解任及补偿等制度挂钩。《公司法(2023)》第71条,股东会可以决议解任董事;无正当理由,在任期届满前解任董事的,该董事可以要求公司予以赔偿。例如可以在公司章程中明确,在一年内无正当理由累计缺席董事会会议多少次则股东会决议解任董事属于正当理由,无须给予补偿。

第三节　董事对中小股东及第三人的责任强化

一、董事对第三人责任的再解读

(一) 传统公司法董事责任内部性原则及相关理论学说

起初,董事只对公司承担义务和责任,对公司以外的主体不承担责任,大陆法系和英美法系皆是秉持该观点。大陆法系从法人机关理论出发,认为企业法定代表人或其工作人员在经营活动范围内的一切行为,均应被视为法人行为,并非个人行为,由此产生的法律后果亦应由法人承担。[①] 公司机关理论是由司法判例首次在 Lennard's carrying Co.v.Asiatic Petroleum Co. Ltd 一案中确立的,该案法官指出:"……公司是一种抽象的抑制体。其活动和指导必须由那些基于某种目的而被称为代理人的人去完成,而此种被称为代理人的人实际上是公司的意思和愿意的指导者,是公司人格的自我和中心……他的行为就是公司本身的行为。"[②]此案的这一原则以后在其他许多案件中得到遵守,公司机关理论得以确立。该理论强调公司法人人格的独立性,即公司对自己的行为负责。由于公司法人仅具有拟制人格,其所有的经营行为均须通过由自然人组成的法人机关来完成。此外,法人机关

---

① 参见江平:《法人制度通论》,中国政法大学出版社1994年版,第65页。

② 张民安:《现代英美董事法律地位研究》,法律出版社2000年版,第38、39页。

成员履行职务行为被当然视为公司法人行为①。董事会为公司对外享有代表权、执行公司事务之内设机关。董事的法律地位实为公司执行机关成员，其所实施的行为是公司行为而非个人行为，故董事不对股东和债权人独立承担义务和责任。基于此，《德国民法典》第31条规定，社团对于董事会，董事会中的某一成员或依章程任命的其他代理人由于执行属于权限内的事务而导致的侵权损害，对第三人负赔偿的责任。②《日本一般法人法》第78条也采取了"法人对……负赔偿责任"的立法模式。③

英美法系国家持同样立场。英美公司法中，董事会往往被看作公司的代理人和受托人，而很少像大陆法系公司法那样被看作是公司机关。④ 董事作为公司的代理人与公司债权人发生交易，作为公司的受托人对公司实施经营管理，董事只需对公司负责，其执行职务行为的后果由委托人公司承担。英国公司法的公司利益原则就是这一立场的反映。⑤ 在1902年Pereival v.Wight案中，法院认为公司董事仅需对公司利益负责，无须对公司股东承担责任，更无须对股东以外的人承担责任。⑥ 上述学说的合理性在于：一是确认和强化了公司独立人格和有限责任制度；二是减轻了董事的个人责任，有助于商业决策和冒险；三是默认公司比董事个人具有更强的偿债能力。

（二）董事对第三人承担责任的正当性

公司是市场活动中创造财富的主角。公司在商事活动中的巨大能量，使得其一举一动不仅关乎公司利益，也显著地影响到交易的参与方、公司的上下游、公司雇员、地方政府和国家的利益。在公司进行违法行为或陷入破产时，其对第三人的影响尤为明显。据此，董事应当对第三人（主要是债权人）承担责任的观点应运而生："董事既为法人之代表，就董事因执行职务所加于他人之损害，法人与董事应负连带赔偿之责"⑦。这一理论突破了传统的法人机关理论以及阻断受损债权人对董事追究责任的内部性原则。尽

---

①　参见马俊驹：《法人制度通论》，武汉大学出版社1988年版，第286页。

②　参见王长华：《公司法人机关理论的再认识——以董事对第三人的责任为视角》，载《法学杂志》2020年第6期。

③　参见王长华：《公司法人机关理论的再认识——以董事对第三人的责任为视角》，载《法学杂志》2020年第6期。

④　参见张民安：《现代英美董事法律地位研究》，法律出版社2000年版，第37页。

⑤　参见邹碧华：《论董事对公司债权人的民事责任》，载《法律适用》2008年第9期。

⑥　［1902］2Ch421. 转引自：邹碧华：《论董事对公司债权人的民事责任》，载《法律适用》2008年第9期。

⑦　参见何孝元：《民法概要》，台北三民书局1982年版，第372页。

管一直伴随着争议,两大法系公司法在顺应市场经济和加强交易安全保护的客观需求下,逐步发展出董事对第三人承担责任的相关理论。

1.英美法系:信托基金理论、风险负担理论

信托基金理论与风险负担理论是英美国家法律制度中董事对债权人承担责任的理论依据。(1)信托基金理论认为,在公司事实破产时,董事控制的公司财产是债权人的信托资产。在企业濒临破产时与重整程序中,董事是债权人的受托人,公司资产是信托财产,董事为债权人的利益管理公司资产。美国 1824 年 Wood v. Dummer 一案首次确立了信托基金理论。① 在 Winkworth v. Edward Baron Pevecopment Co. Ltd 一案中,法官确立了董事对债权人承担的义务,公司的意思和公司的管理被信托给了公司董事。② (2)风险负担理论认为,失去偿付能力导致公司内部风险承担主体发生变化,为了给风险承担主体债权人提供平衡的保护,应由负责从事经营行为的董事对其不当行为向债权人承担个人责任。1991 年的 Credit Lyonnais 案中提出了"风险负担理论"。③

英国《破产法》详细规定了董事对破产公司债权人应承担个人责任,证明英国在立法层面已经认可了董事对债权人负有信义义务,根据《英国破产法》第 213 条规定,在公司濒临破产清算之际,如能举证董事或经理人员基于欺诈债权人的动机,恶意参与商业活动,主动扩大公司资不抵债的范围和程度,法院会判决那些参与欺诈性交易行为的董事或经理人员就公司因此扩大的、不能清偿的债务对债权人承担连带民事赔偿责任。董事主观上有欺诈的恶意、客观上积极参与欺诈交易行为,是法院支持破产清算人诉讼董事个人责任的两个要件。④ 此外,1985 年《英国公司法》和 1986 年《金融

---

① 该案中,Story 法官认为,"银行的资本金应当被视为用于向与银行缔约的债权人清偿债务的保证或信托基金",因此债权人对公司的剩余资产享有优先索取权,在其请求权被满足之前,股东不享有任何对信托基金分配的权利。

② 参见朱圆:《论美国公司法中董事对债权人的信义义务》,载《法学》2011 年第 10 期。

③ 该案法官 William Allen 认为,"至少在公司濒临无力清偿时(in the vicinity of insolvency),董事会成员不仅是剩余风险承担者的代理人,还应当对公司自身承担义务","公司自身"包括股东、债权人等多元主体的利益共同体。因此,董事对公司承担义务和对债权人承担义务是确保公司义务得到适当管理和执行的条件,董事对公司承担义务和对债权人承担义务也是为了确保公司财产不会以损害债权人利益的方式而被董事以其本人利益为目的而予以利用或处分。参见[加]布莱恩 R 柴芬斯:《公司法:理论、结构和运作》,林华伟等译,法律出版社 2001 年版,第 578 页。

④ 参见胡晓静:《公司破产时董事对债权人责任制度的构建——以德国法为借鉴》,载《社会科学战线》2017 年第 11 期。

服务法》等也存在董事对第三人独立承担个人责任的规定。① 美国成文法虽无董事对债权人承担责任的规定,但从 20 世纪 80 年代初到 90 年代初,法院先后通过系列案件审判基本确立了公司在破产时董事应就其不当行为对债权人承担义务的态度。尽管金融危机前夕,特拉华州法院在一定程度上弱化了董事对债权人义务的要求②,为董事经营决策释放了空间,但该转变也只是为平衡董事对债权人与对公司之义务,反而反映出美国司法实践对董事向债权人负有义务的观念较为成熟。综合看来,在英美法系观念中,董事对第三人承担义务和责任的原则被确立。

2. 大陆法系:利益相关者理论

大陆法系公司法中,德国提出了"利益相关者"理论,并以此确立了董事对第三人的民事责任。法国、丹麦、瑞士等国公司法都规定董事如果违反了在管理公司事务中的勤勉义务,应对公司、股东和债权人承担责任。③ 意大利等国甚至规定,董事违反对第三人之义务,可以由债权人诉诸法院要求董事对自己承担责任,这一原则的确立,被学者誉为"公司法上的一次革命"。④

为强化对债权人等第三人利益的保护,确立董事对第三人民事责任已成为当代公司立法重要发展趋势。⑤ 公司作为私主体,存在广阔自治空间。简言之,股东作为公司所有人,既然可以成立公司,也可以随时让公司停止经营或解散公司。公司增进自身利益本质上是以增加股东利益为主旨,因此董事在"公司利益最大化"原则下对公司经营管理事项享有自主权。⑥ 公司利益仅关联和聚集在内部人员时,其经营管理事项都可以自行决定,然而一旦影响到外部债权人利益或社会整体秩序时,公司及股东的自治权应当让位于位阶更高的利益保护目的。易言之,公司不仅有利润性,还涵盖社会性。⑦ 公司并非单纯经济体,其担负着复杂的功能,因此并不能以效益作为

① 参见刘海鸥:《论上市公司董事对公司债权人的连带责任》,载《财经理论与实践》2007 年第 3 期。

② 以 2007 年 North American Catholic Educational Programming Foundation,Inc.v.Gheewalla 案和 Quadrant Structured Products Co.v.Vertin 案为代表。

③ 参见董冬主编:《公司法全》,工人出版社 1993 年版,第 868 页。

④ 参见张民安、丁艳雅:《公司债权人权益保护与我国公司法的完善》,载《中山大学学报》1996 年第 2 期。

⑤ 参见徐娟:《论董事对第三人民事责任》,载《河南省政法管理干部学院学报》2010 年第 5 期。

⑥ 参见丁勇:《董事执行股东会决议可免责性研究》,载《法学》2020 年第 5 期。

⑦ 参见陈景善:《公司社会责任的股东共益权实现路径》,载《政法论坛》2020 年第 1 期。

唯一行为动机。① 现今法治发展中,越来越强调公司社会责任,债权人利益
保护一直是公司法关注的重要内容。"利益相关者理论"认为,在公司的经
营与发展中,公司的决策不能仅考虑自身利益,还需考虑其他利益相关者的
利益。② 公司的社会性决定公司既要为股东创造投资价值,也要造福利益
相关者。③ "公司帝国主义"概念的提出,更加体现了随着经济发展,作为社
会组成主体之一的公司渐渐占据核心地位,某些公司甚至对经济发展具有
一定支配权,公司带动的利益变化与影响悄然扩张,公司在发展中更应考虑
利益相关者权益。④ 英国"公司企业主义理论"以及拉兹诺(Rathenau)提出
的"企业自体"理论具有同样理念内涵,均认为公司是一个集各主体权益于
一体的社会经济组织,不只对股东利益有直接影响,还间接影响着与公司相
关的其他利益主体。在此意义上,股东、公司高管、职工、债权人及其他利害
关系人、社会甚至国家的利益,都可能在破产程序中受到不同程度消极影
响,故要与股东权益一样得到平等保护。公司需要在各种与利害关系主体
的行为中进行平衡,使相关利害关系主体的利益得到均衡。⑤ 创设董事对
第三人责任的一般规则,不仅能够进一步实现对第三人合法权益的保护,而
且将强化董事勤勉履职的程度,提高公司资本制度对董事行为的约束力,实
现公平、正义和交易安全的公司法价值。⑥

（三）董事对第三人责任的两种模式:直接责任或者间接责任

虽然两大法系普遍确立了董事对第三人的民事责任,但此种责任是直
接责任,还是包括以公司为中介的间接责任,不同的国家对此有不同的
立法。

一些国家的公司立法采取直接责任制,如根据日本《商法典》第266条
规定,董事执行其职务有恶意或重大过失时,对第三人也负连带损害赔偿责
任,即共同连带责任。除此之外,韩国《商法》第401条第1款也是类似的
规定。⑦ 我国台湾学者何孝元认为:"董事既为法人之代表,就董事因执行

① 参见赵万一:《合规制度的公司法设计及其实现路径》,载《中国法学》2020年第2期。
② 参见李建伟:《论公司社会责任的内涵界定与实现机制建构——以董事的信义义务为视
　角》,载《清华法学》2010年第2期。
③ 参见刘俊海:《论公司社会责任的制度创新》,载《比较法研究》2021年第4期。
④ 参见[美]查尔斯·德伯:《公司帝国》,同正茂译,中信出版社2004年版,第87—88页。
⑤ 参见邢宝东:《论董事对公司债权人的责任》,载《特区经济》2009年第6期。
⑥ 参见郭富青:《我国公司法设置董事对第三人承担民事责任的三重思考》,载《法律科学
　(西北政法大学学报)》2024年第1期。
⑦ 参见王宗正:《董事对第三人的民事责任:当代公司法的发展与我国公司法的重构》,载
　《求索》2000年第3期。

职务所加于他人之损害,法人与董事应负连带赔偿之责。"①此说主要理由为:一是,通过加强董事的责任促使董事慎重守法进而达到保护受害人合法权益的效果;二是,公司机关实质上具有双重身份,其行为亦具有两面性,一方面是法人的行为,另一方面是机关个人的行为,即对一个行为给予两个法的评价,据此肯定机关个人之责任。②

在部分大陆法系国家如法国、瑞士、德国等国的公司法中,董事对第三人的责任是以公司为中介而产生的,受害者通常只能请求公司就董事的侵权或损害行为对自己承担法律责任,即以公司为中介的间接责任。基本只有公司陷入破产状态时出于保护第三人利益之需要,才由董事对第三人承担直接责任。例如,根据法国《破产法》第99条规定,如果破产属董事或经理人过失所致,那么董事和经理人应对公司破产时超过公司价值的那一部分债务承担个人责任;根据意大利《民法典》第2394条第2款规定,在公司资产不能满足清偿的情况下,债权人可以提起诉讼;根据瑞士《公司法》第754条规定,如果董事在履行职责过程中故意失职或犯有过失,则应对公司、股东和债权人承担责任,通常,股东和债权人只能要求董事向公司赔偿损失。③

在英美法系国家,英美判例法是模棱两可的。④"虽然判例法确立了董事对第三人之责任,但是,还没有英国法官以此为依据而施加责任"⑤"在公司不破产的情况下,债权人完全可以从公司那里得到足够的补偿,因此也就没有理由允许债权人也对违法行事的高级职员或董事提起诉讼。"⑥一般情况下,董事个人的偿债能力弱于公司,由公司负责赔偿有利于第三人救济,而直接使第三人获得赔偿是仅在公司破产等情况下才有现实之意义,因而以公司为中介的间接责任为原则、直接责任为补充的做法为大多数国家所采用。

就我国董事责任制度而言,在公司正常经营的情况下亦是采用的公司

---

① 参见何孝元:《民法概要》,台北三民书局1982年版,第372页。

② 参见李钦贤:《论公司负责人对第三人赔偿责任之性质》,载《月旦法学杂志》2001年第68期。

③ 参见王宗正:《董事对第三人的民事责任:当代公司法的发展与我国公司法的重构》,载《求索》2000年第3期。

④ 参见张民安:《现代英美董事法律地位研究》,法律出版社2000年版,第241页。

⑤ 参见[加]布莱恩R柴芬斯:《公司法:理论、结构和运作》,林华伟等译,法律出版社2001年版,第578页。

⑥ 参见[美]罗伯特·W.汉密尔顿:《公司法概要》,李存棒译,中国社会科学出版社1999年版,第309页。

间接责任。《中华人民共和国民法典》第 1191 条第 1 款①实质上是坚持了法人机关理论，公司工作人员造成他人损害的由公司对外承担无过错的赔偿责任，再向有故意或重大过失的责任人员进行追偿。这种责任在理论上被称为替代责任，即由他人对行为人的行为承担责任。这里的"工作人员"包括董事。② 这种责任理论的理由在于责任风险与收益相关联，即用人单位可以从工作人员执行职务行为中获取利益，由此产生的风险应由用人单位承担。此外，也有利于督促用人单位在选任人员时尽到谨慎和注意义务，同时加强对工作人员的监督和管理。

（四）路径一：增设董事对第三人责任的一般性规定

我国 1992 年 7 月 11 日《海南经济特区股份有限公司条例》第 106 条③曾有过董事对第三人承担责任的规定，但该条例于 2011 年 6 月 1 日被废止，反映出我国对董事向第三人承担责任的立法思考。日本、韩国在立法中建立了董事对第三人责任制度④，《公司法（2023）》第 191 条规定了董事、高级管理人员执行职务损害第三人利益时的赔偿责任。⑤ 该条款进步性地为第三人追究董事责任提供了一般性的请求权基础。就本条来看，董事对第三人承担责任应当从以下几方面来理解：

1. 责任承担前提：董事执行职务的行为

董事只有在执行职务时的行为损害第三人利益，才依据本条向第三人承担责任。若董事损害第三人的行为并非属于执行职务的范畴，则第三人可以通过其他请求权基础，例如侵权赔偿损害请求权等追究董事责任。本条中董事责任的确立主要是为了缓解绝对的"公司法人机关理论"带来的弊端，防止董事在公司独立人格背后的不当行为损害第三人利益。具体来说，董事损害第三人利益的行为既可以是作为的方式也可以是不作为的方式。作为的方式体现为董事的不当决策行为或不当交易行为等，多为董事

---

① 参见《中华人民共和国民法典》第 1191 条第 1 款规定。
② "本条所规定的用人单位的工作人员，应当包括但不限于劳动者，还当然地包括公务员、参照公务员进行管理的其他工作人员、事业单位实行聘任制的人员等；该工作人员不仅包括一般工作人员，还包括用人单位的法定代表人、负责人、公司董事、监事、经理、清算人等；不仅包括正式在编人员，也包括临时雇佣人员。"参见最高人民法院民法典贯彻实施工作领导小组主编：《中华人民共和国民法典侵权责任编理解与适用》，人民法院出版社 2020年版，第 236 页。
③ 参见《海南经济特区股份有限公司条例》第 106 条：董事履行职务犯有重大过错，致使第三人受到损害，应当与公司承担连带赔偿责任。
④ 参见王长华：《董事对第三人责任的认定》，载《西部法学评论》2017 年第 2 期。
⑤ 参见《中华人民共和国公司法（2023 年修订）》第 191 条规定。

对忠实义务的违反。不作为的方式体现为董事应当询问、披露信息却没有及时履职或应当采取相应措施而没有采取等情形，多为董事对注意义务的违反。董事行为是否属于执行职务，应当重点分析董事行为是否以公司名义作出以及董事行为内容是否属于履行职权范畴之内。

2. 董事主观心态：故意或者重大过失

就董事承担责任的主观心态而言，只应在故意或重大过失时才向第三人承担责任。董事对第三人承担责任在归责上存在"容错"空间。若要求董事向第三人承担无过错责任，则会让董事职业发展受限，董事经营行为畏手畏脚，阻碍资本市场中公司的灵活与长远发展，"扼杀现代公司创新的魅力"①。因此，董事对第三人责任制度中，董事只有在主观存在故意或重大过失时才承担责任。②

对于董事故意损害第三人利益的情形，董事承担责任自不待言。对于董事过失行为损害第三人利益的情形，日本《公司法》第429条和韩国《商法典》第401条第1款中都明确限定为董事"重大过失"。德国《股份公司法》第93条第5款也将董事对第三人承担责任的其他情形限于董事"严重违反一个通常的、认真的经营负责人的注意义务"③。董事作为公司经营管理主体，其职务行为对公司负责。尽管"利益相关者理论"要求董事行为时考虑其他相关主体的利益，但为了保证董事足够的经营自由空间，要求董事只有在故意或重大过失时才对第三人负责，是与董事义务和责任体系相适应的。因此，董事主观上应当"明知"公司发展走向或决策可能的不利后果仍然作出相应行为，"董事的故意、重大过失构成了债权人损失的原因力，应当为其自身的过错承担责任"④。

3. 董事责任形态：赔偿责任

董事对第三人的责任应当是单纯的个人责任还是对公司责任的补充责任，抑或是与公司承担连带责任，是责任承担的关键所在。董事通过职务行为造成第三人损害的场合下，若直接让董事向第三人承担个人责任而不让公司参与责任承担，则与"职务行为"的本质和公司法人外观相悖。董事行使职务行为的根源来自于公司对内部经营管理人员的赋权，在董事执行职

①　参见王长华：《董事对第三人责任的认定》，载《西部法学评论》2017年第2期。

②　参见吴建斌、乌兰德：《试论公司董事第三人责任的性质、主观要件及归责原则》，载《南京大学学报》2005年第1期。

③　参见王长华：《董事对第三人责任的认定》，载《西部法学评论》2017年第2期。

④　参见李建伟、岳万兵：《董事对债权人的信义义务——公司资本制度视角的考察》，载《中国政法大学学报》2022年第2期。

务损害他人利益时,公司作为外部法人个体,应当成为责任主体。在建立董事对第三人责任一般条款的国家立法中,日本《公司法》第429条和韩国《商法典》第401条中对董事向第三人承担责任的形态规定为"连带赔偿责任",法国《商事公司法》亦规定,公司董事须"连带"对公司与债权人负责。①

　　对于董事承担补充责任还是与公司承担连带责任,学理上存在争议。有学者从理论层面出发,认为董事作为公司成员,"要么是作为一个独立个人行为,对外单独承担责任,要么是与法人置于一个民事主体之中的""董事与公司对外承担连带责任在法理上是矛盾的"。② 对于因董事是公司内部人员而不能与公司承担连带责任的观点,可以用董事人格与公司人格相对独立进行解释。有学者从立法目的出发,认为董事作为自然人的偿债能力通常没有作为法人的公司强。③ 若董事与公司共同对第三人承担连带责任,第三人往往也会先向公司主张责任,董事承担的责任无异于补充责任。即使第三人向董事主张责任,通常也难以弥补损失,因此连带责任难以达到保障第三人利益的目的。然而,对于第三人损害是否能够通过连带责任形式进行弥补的困惑,有学者提出,董事与公司承担连带责任能够赋予第三人两次弥补自身损害、保障自身利益的机会。④ 有学者认为,股东与公司的责任基于对董事的选任,且还能够通过内部程序追究董事违反信义义务的责任,因此董事对第三人承担补充责任更为合适。⑤ 还有学者进行分类分析,若董事由于经营过错损害债权人利益,承担补充赔偿责任;若董事出现转移公司财产等恶意行为损害债权人利益,应与公司承担连带赔偿责任。⑥ 无论如何,《公司法(2023)》在董事对第三人责任的一般规定上采用了"也应当承担赔偿责任"的表述,即第三人在董事因故意或重大过失致其利益受损时,可以直接向该董事主张赔偿责任。如此规定有违反《中华人民共和国民法典》第1191条关于员工侵权公司承担替代责任⑦的规定之嫌。《中华人民共和国民法典》第1191条规定建立在员工的赔偿能力远弱于公司的

---

① 参见邢宝东:《论董事对公司债权人的责任》,载《特区经济》2009年第6期。
② 参见王利明:《侵权行为法归责原则研究》(修订二版),中国政法大学出版社2004年版,第342页。
③ 参见尹田:《民事主体理论与立法研究》,法律出版社2003年版,第210页。
④ 参见刘连煜:《公司法理论与判决研究》,法律出版社2002年版,第30—31页。
⑤ 参见佐藤孝弘:《董事对第三人责任——从比较法和社会整体利益角度分析》,载《河北法学》2013年第3期。
⑥ 参见郭丹:《破产公司董事对债权人之个人民事赔偿责任——新〈企业破产法〉及英美相关法律制度评析》,载《审计与经济研究》2007年第1期。
⑦ 参见《中华人民共和国民法典》第1191条规定。

理想假设下,然而在公司资本制度改革与公司发展的背景下,董事比公司更富有的情况已经不足为奇甚至普遍①,《公司法(2023)》第 191 条的创新设置是商事法律规范考虑市场发展实践特殊性的体现。

《公司法(2023)》第 191 条明确了公司与董事之间的责任关系,更有利于指导司法适用。董事一切职务行为并非都能在公司法人独立责任之下得到保护,在其存在故意、重大过失导致第三人损害时,董事应当就此承担责任。一方面本条对董事职务行为提出了更高要求,促使董事在经营管理公司时考虑利益相关主体。另一方面考虑到董事作为个人偿债能力有限,法条表述上默认具有更强经济能力的公司应当首先承担责任。董事在具有主观故意或重大过失的情形下承担部分赔偿责任,也能够最大限度地实现对第三人的赔偿。当然,该条文只是作为董事对第三人责任的一般性规定,在董事具体不当行为存在损害第三人利益的可能性时,可以通过司法解释等形式明确董事向第三人承担责任的规则,与一般性条款形成呼应,有助于司法实践的适用。

（五） 路径二:健全第三人对董事责任的追究制度

第三人对董事追究责任应区分公司的不同状态。公司正常经营期间,董事职务行为损害第三人利益,第三人可以通过诉讼的方式追究董事责任;董事在公司具备破产原因的特殊时期时因职务行为损害第三人利益,在破产程序中应当建立董事责任核定机制追究董事责任,对已有债权人的赔偿应在破产程序中统一分配。

1. 公司正常经营期间

构建董事对第三人之责任制度,应当赋予第三人追究董事责任之诉权作为前提和保障。董事执行职务损害第三人利益,可能存在对第三人造成直接损害或间接损害两种情形。董事直接损害第三人利益时,例如董事欺诈债权人签订不能履行的合同,或董事利用职权便利实施的侵权行为等,根据过错自负原则,债权人可以直接就此追究董事责任,即债权人诉讼的路径之一为直接诉讼。

然而,在公司独立人格的保护下,董事不当职务行为往往造成公司利益损害,间接损害债权人利益。由于债权人无参与公司经营管理的权利,对公司信息的获取十分有限,此时债权人处于十分不利的地位。因此,在董事间接损害第三人利益的情形下,受害第三人应当有权代表公司提起诉讼,追究董事的责任,即债权人诉讼的路径之二为债权人代位诉讼制度。股东代表

① 参见王长华、余丹丹:《论代理成本视角下董事对第三人责任的正当性》,载《河南财经政法大学学报》2017 年第 2 期。

诉讼为股东追究董事责任提供了基础,相应地,应当肯定作为第三人代表的债权人具有追究董事责任的权利,即赋予债权人在董事职务行为损害其利益的情形下提起派生诉讼的权利。① 美国《特拉华州普通公司法》第174条在规定董事违法分配利润对债权人承担责任时使用了"代位权(subrogation)"的表述。② 加拿大和卢森堡的公司法规定债权人可以提起派生诉讼单独追究董事责任。③ 第三人派生诉讼本质上类似于代位权制度④,基于公司行为造成债权人损害,公司应当向债权人承担责任,而内部又可以向董事追偿的构造,若公司怠于履行赔偿与追偿的义务,则债权人可直接向董事追究责任。只有赋予第三人派生诉权,才能真正落实董事对第三人责任制度的立法初衷。通过债权人派生诉讼制度,改造并充分地运用现有的法律制度来维护公司债权人利益。⑤

2. 公司具备破产原因时

董事对第三人责任制度应当重点关注公司具备破产原因这一特殊时期。在公司正常经营状态下,董事对公司承担忠实、勤勉义务,以降低公司所有权与经营权分离中的代理成本。当公司陷入事实破产或财务困境时,上述法律关系发生了本质的变化。一是资产归属的变化。理论上,当公司资产与负债处于持平的临界点而丧失了偿债能力,公司现有资产实质构成了债权人获得清偿的全部基础。股东没有任何可供分配的财产,公司剩余资产实质上属于债权人所有,公司不再是股东所有。二是风险负担主体的变化。如果公司继续经营,则实质上是债权人以其可获清偿的债权资产在承担经营风险,一旦盈利则股东获利,一旦亏损则由债权人承担。三是经营偏好的改变。由于股东不再享有剩余财产分配请求权,股东零成本试错导致其更可能偏好于高风险高回报的投资项目。董事为了保住饭碗和自己的名声,也有极大的动力去执行高风险的经营策略。如果此时董事仍旧坚守"公司利益最大化",则可能为了公司自救而作出冒险决定、产生新的交易,或者隐瞒公司财务状况继续经营,以维持公司的存续状态,避免公司走向破产程序。因此,公司具备破产

---

① 参见刘海鸥:《论上市公司董事对公司债权人的连带责任》,载《财经理论与实践》2007年第3期;邢宝东:《论董事对公司债权人的责任》,载《特区经济》2009年第6期。

② 参见李建伟、岳万兵:《董事对债权人的信义义务——公司资本制度视角的考察》,载《中国政法大学学报》2022年第2期。

③ 参见邢宝东:《论董事对公司债权人的责任》,载《特区经济》2009年第6期。

④ 参见陈鸣:《董事信义义务转化的法律构造——以美国判例法为研究中心》,载《比较法研究》2017年第5期。

⑤ 参见陈鸣:《董事信义义务转化的法律构造——以美国判例法为研究中心》,载《比较法研究》2017年第5期。

原因时,董事更可能因不当激励而导致债权人等主体的利益受损。

债权人保护是破产法永恒的主题曲。当董事的诱因被扭曲的情况下,公司治理就应当确立以债权人为中心的方式来设计①,为规制公司事实破产状态下董事的不当行为以保护债权人,本轮破产法修订中,最高人民法院、国资委、发展改革委提出,增加董事等的破产申请义务和后续责任。我国学理讨论中也不乏专家学者呼吁参考德国的立法及司法经验确立我国的董事破产申请义务。② 德国法采用的破产申请迟延模式③,侧重规定董事等公司内部人员的破产申请义务和破产财产减少防止义务,其立法目的和制度逻辑在于,公司具备破产原因时强制公司及时进入破产程序,禁止公司继续经营,对已有的债权人而言,通过破产程序的司法监督可以有效减少破产财产的减损;对潜在的不特定市场交易主体而言,杜绝丧失偿付能力的公司与之建立交易的可能,从而维护了市场交易的安全。

在公司具备破产原因这一特殊时期,董事对债权人利益损害通常是间接损害且可能受害债权人数量较多,可以考虑建立特殊的董事对第三人责任追究机制。英国司法实践中,董事对债权人之赔偿责任应当填充的财产归于破产公司的总财产,并不直接对某一家或者某一组债权人实施补偿。④实践中,债权人范围广泛且具有不确定性,债权人因董事行为受到的损害也难有标准进行统一计算。若赋予债权人直接申报损失的权利,则个别债权人可能受到不当激励而虚报损失,董事责任将被无限扩大,债权人之间的利益也难以平衡。若董事违反破产申请义务损害已有债权人利益的,可以参考德国经验仅赋予破产管理人诉权,并将赔偿额归入公司破产财产在破产

---

① See Gerald Spindler, "*Trading in the Vicinity of Insolvency*," European Business Organization Law Review, vol.7, 2006, p.341.

② 参见齐树沽:《破产法》,厦门大学出版社 2007 年版,第 47—48 页;王艳华:《破产法学》,郑州大学出版社 2009 年版,第 60 页;宋才发:《WTO 规则与中国破产法律制度的完善》,载《社会主义研究》2003 年第 4 期;白江:《公司支付不能或资不抵债时申请破产的义务和责任》,载《华东政法大学学报》2008 年第 1 期;张学文:《公司破产边缘董事不当激励的法律规制》,载《现代法学》2012 年第 6 期;胡晓静:《公司破产时董事对债权人责任制度的构建——以德国法为借鉴》,载《社会科学战线》2017 年第 11 期。

③ 参见德国《破产法》第 15a 条第 1 款第 1 句:"在法人支付不能或者资不抵债、过度负债的情况下,法人代表机关的成员或者清算人应无过失不迟延地,最迟在此情形出现后的三周的时间内,申请启动破产程序。若董事仍继续经营,造成债权人利益受损,需要对损害承担补充赔偿责任。"参见白江:《公司支付不能或资不抵债时申请破产的义务和责任》,载《华东政法大学学报》2008 年第 1 期;张学文:《公司破产边缘董事不当激励的法律规制》,载《现代法学》2012 年第 6 期。

④ 参见张世君:《破产企业高管对债权人损害赔偿的个人责任研究》,载《中国政法大学学报》2019 年第 5 期。

程序中统一分配,这样安排同时也避免债权人诉累,更加符合债权人平等原则。由于董事违反破产申请义务的客观后果均是破产财产的不当减少,全体债权人的共同利益实际上也遭到了损害,故间接方式更有利于债权人,法律关系更加简单明了。① 此外,就追责方式而言,日本的"损害赔偿请求权核定制度"是一项简洁、经济且效率的责任追究机制,具有一定的借鉴价值。其立法目的是将破产企业相关人员的责任追究规范化,核心是法院通过讯问对赔偿责任进行核定,而不将董事责任全部通过诉讼审判。② 我国可以在破产程序中建立董事责任核算机制,由债权人向管理人提交材料、管理人初步审核后申请法院启动,或法院在判定董事违反破产申请义务后主动启动,法院在董事责任核算机制中明确赔偿责任。若管理人不作为,债权人可以直接向法院提交管理人不作为的证据,自行向法院提交启动董事责任核算机制的申请。从破产程序整体而言,司法实践还应当不断优化程序,降低清算成本。③ 在破产管理人统一核算损害赔偿责任时,若管理人不当履职损害债权人利益,债权人可以向法院进行申诉或直接起诉管理人,也可以直接起诉董事要求损害赔偿。若管理人怠于履行或拒绝履行追究董事责任的前置程序,应当承认债权人会议、债务人具有追究债务人高管人员民事责任的权利。④

二、对中小股东诉权及纠纷处理便利的保障

从世行 DB 评估角度来看,投资者对中国股东诉讼相关法律法规及投资者利益保护机制的认可度不高,直接造成了对中国营商环境法治化维度的负面评价。⑤ 针对我国中小股东权益保护机制的现有规范不足,本文从

① 参见张世君:《破产企业高管对债权人损害赔偿的个人责任研究》,载《中国政法大学学报》2019 年第 5 期。
② 参见甘培忠、赵文贵:《论破产法上债务人高管人员民事责任的追究》,载《政法论坛》2008 年第 2 期。
③ 中国的破产过程平均持续时间为 1.79 年,破产成本(包括诉讼费、律师费、审计费等)约占资产的 22%,破产效率为 43.6%(即产生 56.4% 的价值损失)。作为对照,破产过程持续时间在美国为 2 年,英国为 0.5 年,德国为 0.92 年,日本为 0.58 年;破产成本在美国为7%,英国为 6%,德国为 8%,日本为 4%,巴西为 12%;破产效率在美国为 85.8%,英国为92.3%,德国为 57.0%,日本为 95.5%。转引自李旭超、刘丁华、金祥荣:《僵尸企业的生成、危害及处置——文献综述和未来研究方向》,载《北京工商大学学报(社会科学版)》2021 年第 1 期。
④ 参见甘培忠、赵文贵:《论破产法上债务人高管人员民事责任的追究》,载《政法论坛》2008 年第 2 期。
⑤ 参见王艳梅、祝雅柠:《论董事违反信义义务赔偿责任范围的界定——以世界银行〈营商环境报告〉"董事责任程度"为切入点》,载《北方法学》2019 年第 2 期。

董事责任制度完善层面提出中小股东保护机制的优化进路。

（一）合理分配举证责任

举证责任的分配关乎案件诉讼结果的成败，毋庸置疑。在涉及董事损害公司、股东利益等纠纷中，通常作为被告的董事掌控着公司资料、财务数据等核心证据，而原告尤其是股权分散的小股东，对公司内幕和交易背景难言了解以至于难以承担举证责任。在上述纠纷中，若仍然机械适用"谁主张、谁举证"的举证原则，原告将难以胜诉以维护自身权益。在"江苏××技术有限公司诉杭州美×技术有限公司、徐某某等公司关联交易损害责任纠纷案"①中，因举证责任分配的不同导致一审、二审判决结果出现反转。一审法院认为，举证责任在具有关联关系的被告，应由其证明关联交易行为是合法有效的，但被告举证不充分，因此支持了原告的诉求，判决被告败诉。二审法院认为，应当由原告证明关联人被告转移公司财产、关联交易明显不当，但原告未能举证，据此驳回了原告的诉讼请求。

对举证责任的分配，不同法系公司法存在不同的观点，在大陆法系国家公司法中，一般规定董事需要对自身已经尽到注意义务承担举证责任。如根据德国《股份公司法》第 93 条第 2 款规定，违背董事义务的董事会成员，作为连带债务人对公司负有赔偿由此而发生的损害的义务。对其是否已尽通常及认真的业务执行人之注意有争议的，其承担举证责任。② 更进一步的，日本《公司法》第 847 条第 7 款、第 8 款还规定，股东代表诉讼的被告（即董事）可以请求法院命令原告股东提供相当的担保，前提是被告必须有证据证明原告提起股东代表诉讼是出于恶意。这里的恶意，指的是原告对被告的恶意，而不是原告对公司的恶意。法院对恶意解释为：明知不存在被告应当承担责任的事实与法律依据，或者脱离股东代表诉讼的立法目的，以损害被告利益的不正当目的而提起诉讼的。此外，日本《公司法》从保护公司利益的角度，设置了驳回代表诉讼的制度，股东不得提起以加害公司为目的的代表诉讼。③

在美国司法判例中，以董事违反忠诚义务损害公司利益为例，先由原告提供证据证明董事违反了忠诚义务，即存在诸如自我交易、抢夺公司商业机会、同业竞争等行为事实。在自我交易中，当原告已经充分证明董事实施交易前未充分披露利害关系或未得到无关联关系的董事或股东批准，举证责

①　参见（2020）苏 1291 民初 67 号案件一审、二审民事判决书。

②　参见杜景林、卢谌译：《德国股份法》，中国政法大学出版社 2000 年版，第 42 页。

③　参见［日］森田章：《公开公司法论》，黄晓林编译，中国政法大学出版社 2012 年版，第 202 页。

任就转移到被告,此时实施该交易的董事不仅不能援引排除商业判断规则免责,还要负责证明该交易对公司公平。如果被告未能完成举证,法院便可宣告交易无效或撤销交易。如果被告成功地完成了初步的举证,则举证负担转向质疑董事或高管交易的原告,由原告来反证交易对公司不公平。①

我国《公司法(2023)》及其司法解释并未有针对关联交易纠纷举证责任之特殊规则。由于该类证明责任规则不宜在民事诉讼法中进行统一规定,应考虑在《公司法》等商法部门法中进行特别规定。此类诉讼的举证不能机械适用侵权责任法的举证逻辑,由原告对交易的不公、损害的存在等全部要件进行举证,而应当由被告承担完全履行义务的证明责任,若被告举证失败,则董事责任成立。在这样的举证责任安排下,被告的举证责任加重,将促使董事在自我交易时充分地进行披露或严格按照程序取得董事会/股东会的授权许可。此外,世行在此前 DB 的问卷评估中关注到,证据的获取亦是举证责任分配的重要考量因素,该指标旨在衡量原告获取各类文件的资格和权利。根据我国现有证据规则,原告无法自行全面获取各类公司文件,即使向法院申请依职权调取证据材料,也不一定获得准许。相反,法官会根据具体情况自行决定是否准许。因此,从便利诉讼和追责的角度看,我国有必要修改相关规定,以合理分配举证责任。

(二) 加强派生诉讼中的股东诉权保障

股东派生诉讼主要的优点在于,在避免多次诉讼、重复诉讼的同时,为债权人和利益受损股东提供了利益维护的途径。《公司法(2018)》第 151条规定了派生诉讼,但为防止滥诉,在条文上仅规定股东的原告资格和派生诉讼的前置程序,未规定公司的诉讼地位,也未规定诉讼费用的承担和胜诉利益的归属。按此规定,股东提起派生诉讼既要负担全部诉讼费用和其他开支,又要面对胜诉利益归属不明、诉讼结果不确定等困扰,遂失去提起派生诉讼的动力。可见,严格限制股东派生诉讼的条件在一定程度阻碍了股东诉权的行使,间接地降低了对中小股东利益的保障力度。《公司法(2023)》第 189 条与《公司法(2018)》第 151 条规范大体保持一致的同时,第 4 款新增了股东双重代表诉讼及其前置规则②,对公司集团化经营实践发展在规范上进行了回应。双重代表诉讼制度是顺应公司治理模式变化的必然产物③,能够有效解决母公司控股股东或董事借助子公司独立人格实

---

① 参见朱锦清:《公司法学(修订本)》,清华大学出版社 2019 年版,第 638 页。

② 参见《中华人民共和国公司法(2023 年修订)》第 189 条规定。

③ 参见刘诗瑶:《我国股东代表诉讼制度完善进路研究——以〈公司法〉〈司法解释(四)〉为切入点》,载《河北法学》2018 年第 11 期。

施不当行为且规避自身责任的问题。美国学界普遍认为,多重代表诉讼与单一股东代表诉讼同样具有"事后救济损害"和"事前抑制违法行为"两大功能①,我国的双重股东代表诉讼规范设置是顺应公司法立法趋势的有益探索。鉴于股东派生诉讼制度仍存在的立法空白,相关规范可从以下方面进行完善。

1. 优化诉讼费用分担机制

诉讼成本和收益如何公平分配是影响股东派生诉讼实际效能的重要因素。诉讼成本通常包括诉讼费、律师费等。实务中按照民事诉讼法的一般规则,由原告股东自行垫付诉讼费、律师费等开支,胜诉后诉讼费由败诉方承担,律师费则通常无法转嫁于败诉方。股东派生诉讼的初衷原本是为避免公司遭受损失,若将胜诉利益归于代为提起诉讼的原告股东,明显有悖于股东派生诉讼的制度目的,《公司法司法解释(四)》亦明确规定胜诉利益归属于公司。② 于效能而言,若败诉的全部费用由代公司维权的股东承担,则可能会抑制股东派生诉讼的积极性。于法理而言,亦难以合理。股东是为公司利益而自告奋勇代为提起诉讼,其内在逻辑可以类比民法上的无因管理制度,即其本身并未受公司委托,也无法律上的义务,属于仅为避免公司利益受损失而自愿为公司管理事务或提供服务的事实行为。在无因管理成立后,管理人不得向本人要求支付报酬,但有权要求受益人公司承担因管理事务所发生的必要费用。管理人如因管理事务而遭受损失时,由受益人负责赔偿。

因此,在股东派生诉讼中,就提起诉讼的股东发生的合理支出应当由公司承担。现有规则仅规定胜诉发生的支出由公司承担,其逻辑默认了败诉部分的支出均为不合理。由于股东并非专业的法律人士,难以准确评价董事的行为是否应当承担法律责任,即便是专业的律师也很难精准预判胜诉金额,此处对股东作为管理人的义务未免过于苛刻。当然,本文亦反对全部的费用均由公司承担,如此股东零成本进行诉讼可能会引发滥用道德风险,所以由公司承担合理费用的观点也建立在"善良"管理人的假设之上。败诉并不当然意味着代位股东"不善良",因此,应先区分诉讼的"善"与"不善",在此基础上确定费用承担主体为宜,如何进行具体的责任划分还可以

---

① 参见李秀文:《实务与理论张力关系下的美国多重代表诉讼制度》,载《中国政法大学学报》2019 年第 6 期。

② 参见《最高人民法院关于适用〈中华人民共和国公司法〉若干问题的规定(四)》第 25 条,站在适度鼓励派生诉讼的立场上,规定"公司承担股东全部或部分胜诉而发生的合理费用"。

进一步讨论。

2. 适当降低原告资格门槛

关于派生诉讼中原告资格问题，不同国家也有着不同的规定。对于原告股东的持股要求，德国由10%或10万欧元降为1%或1万欧元；我国台湾则由10%降至现在的3%；日本更是直接取消了持股比例的要求。① 根据《日本公司法》第847条第1款规定，公开公司的股东即使仅持有1个股份，也可以提起股东代表诉讼，但是必须自6个月前持续持有股份；原告既可以是董事实施不法行为时的股东，也可以是董事的违法行为被公开之后成为股东的人。同时根据《日本公司法》第851条规定，能够对公司行使股东权利的前提条件是其姓名记载于股东名册之上。提起代表诉讼之后，不再持续持有股份者将丧失诉讼当事人资格。不过，如果提起诉讼的股东，因股份交换或者股份转移而成为全资母公司的股东，丧失了原公司的股东资格时，仍可以继续进行诉讼。②

我国公司法将诉讼主体限制为"有限责任公司的股东、股份有限公司连续一百八十日以上单独或者合计持有公司百分之一以上股份的股东"。对于股份公司特别是上市公司股东而言，持股1%的诉讼资格门槛可能过高。在这样的情况下，股东需要联合行动才有可能起诉，但是在股权及其分散股东之间互不相识的情况下联合行动是一件困难的事情。持股时间与持股比例的双重限制在阻止毫无根据的诉讼的同时也会阻止有价值的诉讼。③ 因此，针对上市公司或者股东人数超过一定数额的公司，可以适当调低其启动派生诉讼的持股比例，使得需要通过法律途径保护公司及自身利益的股东，不至于因起诉资格问题无法诉诸法律救济。此外，降低原告资格门槛也是降低原告的诉讼成本。

3. 明确规定前置程序的豁免机制

《公司法（2023）》第189条中设置了股东派生诉讼的前置程序，即在穷尽监事会、董事会提起诉讼可能的情况下，股东方能代表公司提起诉讼。"情况紧急，不立即提起诉讼将会使公司利益受到难以弥补的损害的"构成例外。④ 言下之意，只要情况不紧急，都必须完成该前置程序。但在公司僵

① 参见［日］山田泰弘：《日本法围绕股东代表诉讼之原告适格的发展》，"第四届亚洲企业法制论坛"会议论文，2007年6月。
② 参见［日］森田章：《公开公司法论》，黄晓林编译，中国政法大学出版社2012年版，第203—204页。
③ 参见［美］罗伯特·C.克拉克：《公司法则》，胡平等译，工商出版社1999年版，第539页。
④ 参见《中华人民共和国公司法（2023年修订）》第189条规定。

局或作为被告的董事控制着董事会等例外情况下,董事会、监事会并无可能提起诉讼。对于可以豁免前置程序的特殊情形应由法律进一步明确规定,以提高诉讼效率,实现对公司利益的及时补救。

我国司法实践中已有前置程序豁免规则的踪影。在"大连智×企业投资管理合伙企业诉安某某等损害股东利益责任纠纷案"①中,法院认为依据公司法规定,股东提起代表诉讼,应当履行前置程序。但如出现公司机构或者有关人员已不在其位或不司其职,股东无从提起请求的情况,则应豁免前置程序的履行。同时,判断公司有关机关是否存在提起诉讼可能性时,以股东应当向公司有关机关提出书面申请之时为时间点。具体到该案中,北京瑞×网络技术服务有限公司(以下简称瑞×公司)虽设有监事会,但大连智×企业投资管理合伙企业(以下简称智×企业)向公司住所地寄送给监事会的书面申请无人签收,亦无证据显示瑞×公司当时有实际的经营地点,瑞×公司在诉讼中亦未能说明监事会成员的收件地址,依据现有证据无法显示在智×企业起诉本案时监事会成员仍在履职,存在代表公司提起诉讼的可能性。故智×企业主张应豁免其前置程序的履行,有事实及法律依据,一审法院予以支持。瑞×公司以其股东会、董事会尚在正常作出决议为由,主张监事会当时仍在正常运转,没有事实依据,一审法院不予采信。此外在"路某甲诉路某乙等损害公司利益责任纠纷案"中,②法院认为,公司法规定的前置程序是公司治理的一般情况,即在股东向公司有关机关提出书面申请之时,存在公司有关机关提起诉讼的可能性。本案中,路某甲、路某乙均认可刘某某从未参与公司经营,路某甲亦主张刘某某一开始就不履行董事的职责,且双方均认可济南兴×房地产经纪有限公司(以下简称兴×公司)2019 年 7 月底就不再实际经营,亦即兴×公司的董事和监事已均不再实际履职,在这种情况下,执行董事或监事不存在依股东申请而提起诉讼的可能性,此时,可以说通过公司内部寻求救济途径已无可能,故应当突破前置程序的阻却,允许路某甲作为兴×公司的股东,为了维护公司利益提起本案诉讼。

(三) 引导制定个性化章程,促进诉源治理

良好营商环境的构建不仅是在纠纷发生时可以依据现有法规很好地保护股东权益,同时,亦需要积极探寻减少纠纷发生的路径。与公司有关的纠纷的法源规范除了现行法律法规之外,公司章程无疑具有重要地位。就董

---

① 参见(2022)京 01 民终 278 号民事判决书。
② 参见(2022)鲁 01 民终 2357 号民事判决书。

事的具体职权及责任承担,我国《公司法》《企业破产法》上确有供给不足的缺憾。制度规范难以尽善尽美,为减少纠纷的发生、促使董事勤勉尽责地履职,更为进一步保护公司及股东利益,在公司章程中对内部治理的权责进行约定是高效可行的补救路径。例如,《公司法(2023)》第180条第2款对董事违反勤勉义务的情形并未作出细致规定,而在适用《公司法(2023)》第188条时通常又面临审查董事具体行为是否违反勤勉义务的难题。对此,可以将具体行业中一些特定的董事考评标准转化为公司章程中约定的董事勤勉义务条款,并约定违反义务的法律责任。

我国上市公司的章程通常遵循中国证券监督管理委员会发布的《上市公司章程指引》制作,加之股东类型的差异化及各方巨大的利益博弈,该类公司章程中对于公司内外治理的诸多内容基本都有详细的约定。普通的有限责任公司以及未上市的股份公司的章程存在比较普遍的格式化问题。个别地方的工商管理部门甚至强制要求公司登记备案的章程必须一字不差地照搬其提供的模板,导致公司未能有效利用章程这一内部法规来规范内部治理和经营运作,进而在发生纠纷时无约定可供疏解引致诉累。当纠纷诉诸司法时,又因章程约定的模糊使得维权困难重重。

仅就董事责任而言,笔者建议可以参照上市公司章程指引以及股东大会议事规则、董事会议事规则等内部规范治理的文件,将董事的职责、义务、权力、责任,甚至纠纷发生后的抗辩事由等都予以清晰地约定。如关联交易是否全部由股东会决议审批或由股东会、董事会就事项性质分权决议审批,若分权而治,董事会、经理层的审批权限范围何如。诸如此类,凡无法以现行法律法规作为指引或救济依据的情况,公司均可以直接在章程中予以规范。例如,公司可以在章程中约定董事自我交易型的关联方范围或"此类自我交易不公允或公司在交易中利益受损,由全部董事需承担赔偿责任"。除此之外,实践中亦有在公司章程中约定仲裁条款的,或许可以一裁终局的方式更为高效地解决与公司治理、股权安排、竞业禁止等有关的纠纷。例如约定:"凡因本章程引起的或与本章程有关的任何争议,各方均同意提交某仲裁委员会,根据申请仲裁时该会实施的仲裁规则进行仲裁。"综上所述,公司法可以通过提倡性条款,鼓励公司通过章程规定建立科学的自我管理机制①,引导公司股东在法律缺失时以自治性法规补足,促进诉源治理及公司规范运作,亦不失为提升营商环境的一种方案。

---

① 参见王兰:《公司软法定位及其与公司法的衔接》,载《中国法学》2021年第5期。

第四节　董事责任形式的适时优化

董事责任形式包括民事责任形式与公司法上的特殊责任形式,呈现出与公司运作规律、公司治理需求密切相关的特殊性。如同业竞争中,一方请求另一方停止侵权,法院亦不完全适用传统民法上的停止侵权作为董事责任形式,而是衡量责任承担后果与被告不当行为的适应性,结合具体案情作出判决。因此,董事责任形式的优化应更多关注董事作为公司成员的特殊性。

一、优化归入权的适用

归入权即公司有权要求董事的不当收入归入公司所有。归入权相关规定存在于《公司法(2023)》第 186 条和《中华人民共和国证券法》第 44 条短线交易规则中,此处主要就归入权与董事责任相关问题进行探讨。董事所得归入公司属于法律特别设定的董事责任,目的在于解决董事违反法定义务时公司无损失或损失低于董事违法所得时,公司损失与董事收入的关联性问题。从另一个角度来说,董事违反忠实义务时"使董事之利益回复到其未为违信行为时应有的状态"与"使公司之利益回复到董事履行义务时应有的状态"得在数值上相统一。①董事违反法定义务所得收益归入公司所有的规定,可以预防董事利用职权或公司便利从事违信行为。本节主要探讨与前文总结的归入权规范有关问题。

(一)归入权行使要件

《公司法(2018)》第 148 条第 2 款和《中华人民共和国证券法》第 44 条确立了归入权行使要件,《公司法(2023)》第 186 条对归入权行使要件进行了优化。具体来说,实践中归入权行使应当满足以下要件:

1. 行为人具有特定身份

《公司法(2018)》第 147 条规定的对公司负有忠实义务、勤勉义务的义务人主体为"董事、高级管理人员",而在第 148 条列举违反忠实义务行为及归入权行使范围时却缺少了"监事"。《中华人民共和国证券法》第 44 条规定的行为人为"持有百分之五以上股份的股东、董事、监事、高级管理人员"。《公司法(2023)》对归入权进行了进一步细化,其进步之处可圈可点。

第一,与《中华人民共和国证券法》第 44 条保持一致,《公司法(2023)》

---

①　参见周淳:《公司归入权的体系定位与规范构造》,载《财经法学》2021 年第 3 期。

第 186 条将监事包含进违反归入权行使对象范围内。董事、高级管理人员是公司的经营管理者,具有相应职权、负有法定义务,对公司事务较为了解,因此容易作出违信行为为自己取得收益。实际上,公司监事虽然不参与公司经营,但负有对经营管理的监督权,同样负担对公司的忠实义务和勤勉义务。此外,监事在某些情形下也可能因违反忠实义务取得收益。例如,在股东担任公司监事的情形中,监事往往只是客观上的职务称呼,其同样具有掌握公司资源的便利与违反义务谋取不当收益的风险。《中华人民共和国证券法》第 44 条中监事同样也是短线交易归入制度的行为人,既然监事负有忠实义务,就应当更全面地考虑实践中监事履职和违反义务的情形,因此《公司法(2023)》将归入权行使对象扩张到监事,使归入权制度更加完整,提高了法律规范的一致性。

第二,更加注重以"行为"为依据考虑归入权行使对象,充分实现归入权设置目的。实践中,董事为规避法律设置的义务,以其近亲属的名义设立新公司,谋取公司的商业机会或开展同业竞争,董事必然从中获益。归入权规定旨在规范董事等内部人行为,预防其不当谋取私利,然而,近亲属等与其存在重大利益关系或利益输送关系的主体,谋取利益与董事往往具有利益共同性。在韩国、日本、荷兰等国以及我国台湾地区,内部人包括内幕信息知情人的子女,德国股份公司法甚至把董事的代理人也包括在内。[①]《公司法(2023)》182 条第 2 款将近亲属包括进"关联人"范围,间接完善了归入权规范,将更广泛的董事利益共同体包含进行为人的范畴内。

第三,注意到控股股东、实际控制人对公司的影响。控股股东、实际控制人等有时在名义上并未兼任董事身份,但实际上行使董事职权或足够影响董事行使职权,同样应当包含进归入权行为人范畴之内。《公司法(2023)》第 192 条规定了控股股东、实际控制人指示董事行为致使公司利益受损的连带责任,拓宽了归入权包含的行为人主体范围,体现了对影子董事的规制理念。

2. 行为人存在违反法定义务的行为

在公司法层面,《公司法(2023)》第 186 条对归入权适用的法定情形作出了明确规定(即违反《公司法(2023)》第 181 条至 184 条规定),具言之包括以下几类:

第一类,滥用职权侵占公司财产,包括违规挪用、侵占、出借、为他人提供担保、将公司资金转移至个人账户存储、擅自披露、利用公司秘密等。该

---

① 参见王建敏、石成:《公司归入权制度的建立与完善》,载《理论学刊》2014 年第 1 期。

类行为主要是对公司财产占有状态的侵犯。公司人格和财产具有独立性，董事明知公司财产不可侵犯，仍然占用或利用公司财产，是对其经营管理权的滥用。

第二类，利用职权取得非法收入。该类行为主要是基于董事利用对公司的经营管理权为自己或为他人谋取不正当利益，后一种情形下获益人向董事给付财产利益，实质上即董事将职权通过他人变现。董事权利由法律和公司章程赋予，本质上是出于经营公司的目的，因此董事不得基于职务权力获取不当收入。

第三类，自我交易。该类行为与关联交易类似。根据《公司法司法解释（五）》第 1 条规定，关联交易履行了法定或公司章程约定的决策程序、披露程序并不作为董事免责的充分理由。① 公司认可董事违信行为的效力并不当然豁免董事的违信责任②，即使董事自我交易履行了充分的披露要求，其所得收益仍可能归入公司。

第四类，同业竞争。该类行为是归入权案例中最为常见的一类，其实践认定重点与难点在于"公司商业机会"的认定。公司商业机会的特点是"营造性"和"依附性"。即商业机会是基于董事的职务身份与公司的客观资源条件而营造，且商业机会的形成和实现要依附公司的经营活动。③ 若董事利用属于公司的商业机会为自己或为他人谋利，则应将据此而来的收入归入公司，董事利用自身其他条件而非董事职务或公司资源获得而来的商业机会则不属于公司的商业机会。在证券法层面，董事承担收益归入责任的行为为短线交易，不管其是否知悉或利用公司内部信息，只要在法定期间 6 个月内买入后卖出，或者卖出后买入本公司股票的，其所得收益就应当归入公司所有。为避免法条僵化适用，顺应市场资源配置的灵活性，《公司法（2023）》第 184 条新增了利用公司商业机会的例外规则，董事在获得公司同意或公司不能依法获得商业机会的情形下，董事利用公司商业机会谋利不承担责任。

《公司法（2023）》第 182 条至 184 条新增了董事在利益冲突情形下的报告义务，授权公司章程规定董事会或股东会作为自我交易、关联交易、同业竞争的同意权主体，为董事处理其与公司利益冲突事项时提供了更灵活的规则，体现了公司法规范的技术性。

---

① 参见《最高人民法院关于适用〈中华人民共和国公司法〉若干问题的规定（五）》第 1 条规定。

② 参见周淳：《公司归入权的体系定位与规范构造》，载《财经法学》2021 年第 3 期。

③ 参见沈贵明：《公司商业机会的司法认定》，载《法学》2019 年第 6 期。

3. 因违反法定义务而取得收入

行为人实际取得了收入,且违反法定义务行为与取得收入之间具有法律上的因果关系。一方面,只有在董事违反法定义务的行为取得了收入,才能对其适用归入权,否则将缺少归入客体。归入权主要是为遏制董事违反法定义务的不当行为,避免董事从中谋取私利,因此只有在董事确实取得收入的情形下,才具有归入权行使条件。另一方面,适用归入权不要求董事对公司造成损害,只要董事因违反法定义务行为取得了收入即可。董事取得收益不必然导致公司利益受损。从信托法角度而言,受益人有权主张受托人归还未经授权以及利用信托财产取得的任何利润或财产,因此归入权的行使并不以公司具有实际损失为前提。①

（二）归入权行使范围

董事违反法定义务所得收入即为归入权行使范围。根据前文对违反法定义务行为的梳理,主要包含四种行为类型。对于侵占、挪用公司财产类的案件,归入权范围相对明确,即返还侵占的数额和支付占用期间的利息②;对于利用职权取得非法收入类案件,归入权范围为该部分非法收入;对于自我交易类案件和竞业类案件,归入范围是收入还是利润,实践中通常存在争议。收入系违反义务行为所得总收益,其中包含成本,可能包括董事因此付出的个人能力与资源。归入权即将凡属于非正规交易所获全部收益归于公司,而不问其因为获取该项利益所付出的成本。③ 在董事开办竞业企业时,在有营业的状态下,系公司经营之主营业务收入,而非扣除公司管理费等成本后的净利润。④ 不问董事因行为付出的成本,具有充分的正当性。一方面,董事通常都是利用本从属于公司的职权作出违反义务的行为,若其不具有公司赋予的职权,也就无法从事相应行为。另一方面,董事不应当在个人付出的精力、时间中有所回报,正是归入权规则设立的目的,即防范和惩罚董事违反法定义务的行为。

归入权的范围,包括董事违反竞业禁止所获得的各种收入,包括报酬、薪资等。在"济南东×设备有限公司诉李某某、济南泰×机械设备有限公

---

① 参见张桦:《自我交易的效力及归入权行使》,载《人民司法》2021年第14期。
② 参见(2019)新0105民初809号民事判决书。
③ 参见郑乾:《控制股东适用公司归入权的证成路向》,载《北京化工大学学报(社会科学版)》2021年第4期。
④ 参见(2018)京01民终8010号二审民事判决书;(2021)粤0112民初17926号一审民事判决书。

司损害公司利益责任纠纷"①中,法院认为被告担任泰×公司董事期间获取的工资薪金属于东×公司归入权的正当行使范围。此外,对于竞业报酬的计算方式,有判决采用"收入参照广州市城镇私营单位就业人员年平均工资情况计算,从担任至卸任期间"②。对于短线交易类案件,《证券法》没有明确归入范围的具体计算方法。将高出价减低入价计算法作为短线交易归入权收益的计算方法较为合理③,由于涉及技术性认定,本文在此不过多赘述。

（三）归入权与损害赔偿请求权的适用关系

根据《公司法(2023)》第188条规定,董事违反法定义务造成公司损害的,应当承担赔偿责任。据此,公司归入权和损害赔偿请求权在适用情形中可能出现交叉重叠,需要厘清两者间的关系。

归入权与损害赔偿同属于公司利益保护的请求权基础,但二者属于不同路径,具有不同的规范意旨与规范构成,在主体、内容和功能上都存在差异。④归入权防止董事的机会主义行为,其不应从违反义务的行为中获利,从而具有防范风险的作用。在归入权适用情形下,董事因违反法定义务行为取得的收入可能是公司原本应当获得的收益,董事对公司的损害即在于此。赔偿损失是为了填补公司因损害行为而受到的损失,包括公司为此支出的成本、损失的利润。有学者认为,归入权与损害赔偿请求权可以重复使用。公司行使归入权后,若存在损害,应该允许再次要求损害赔偿。日本商法通说也是持这一立场。⑤持反对意见的观点认为,损害赔偿或归入权都具有惩罚性质,是权利竞合关系。归入权和损害赔偿只能选择一个,何者高取何者。德国《股份公司法》第88条第2项持这一立场,行使两者其一即表明放弃另一权利。⑥

然而,若单独适用损害赔偿方法,在侵权人收益大于公司损失的情形下,侵权人会获益,必然会错误引导、助长侵权行为;在侵权人的收益小于公司损失的情形下,若单独适用归入权则会限制公司对自身权益的救济。据

---

① 法院认为:"本案李某某在担任泰×公司执行董事期间,自2013年8月31日至2015年5月31日的工资薪金所得为71300元,对于东×公司要求应将李某某的该部分薪金属于东×公司所有的主张,系其对公司归入权的正当行使,原审法院予以支持。"参见(2015)鲁商终字第532号民事判决书。

② 参见(2019)粤01民终18964号民事判决书;(2019)粤民终1027号民事判决书。

③ 参见王为雄:《论新〈证券法〉短线交易归入权制度的修改——以美国证券立法为视角》,载《甘肃广播电视大学学报》2021年第2期。

④ 参见冉克平、舒广:《论公司利益的体系定位与私法救济》,载《南大法学》2023年第1期。

⑤ 参见黄立:《民法债编各论(下)》,中国政法大学出版社2003年版,第544页。

⑥ 参见李晓婷:《论公司的利益归入权》,载《山东商业职业技术学院学报》2021年第1期。

此,在归入权与损害赔偿竞合的情形下,实践中有两种适用方式较为合理。第一种方式是重叠适用。"在保护公司利益与避免赔偿责任过重原则的指导下,两种赔偿方式可以叠加适用。"①《上市公司章程指引》第97条第2款也是两种责任叠加适用的体现。② 第二种方式是以归入权为主,损害赔偿补充适用。最高人民法院公报案例认为,当行使归入权后仍不能弥补损失时,对超出的部分,仍可以主张赔偿③,坚持的是侵权损害赔偿中的损失填补原则。以上两种适用方式实际上都是对董事责任与公司损害弥补两者利益的平衡考量,其核心思想殊途同归。在对公司和董事双方的利益平衡考虑下,允许实践中主张同时适用归入权和损害赔偿请求权更加合理。归入权应作为董事违反忠实义务的首要责任方式,但在侵权人收入难以计算或者不足以弥补公司损失时,在无法通过归入权保护公司利益的情形下,可以采取赔偿损失的责任方式,但应当注意公司利益维护与赔偿责任之间的平衡。④ 公司可以同时主张归入权和损害赔偿,但主张归入权的,至少应当提供初步证据证明董事在违反法定义务行为中取得了收入,否则主张难以得到支持。当在案证据无法查明董事不当收入具体数额时,法院通常会酌情确定董事的赔偿责任。总之,归入权与侵权责任衔接适用,不仅不违反"任何人不得从不法行为中获益"的法理,也可以遏制公司管理层的机会主义行为,实现公司权利的充分救济。⑤

（四）归入权行使期限

对于归入权行使期限,不同法律制度规定各异。日本、韩国规定为自董事交易时起一年,德国规定为自其他董事会成员知道产生赔偿义务之日起三个月,中国台湾地区规定为自竞业行为所得产生后一年,⑥我国《公司法(2023)》无明确规定。归入权行使期限取决于其属于形成权还是请求权。一方面,董事因违反法定义务行为所得收入并非在公司要求后就直接转为公司所有,而需要通过诉讼方式行使归入权。另一方面,请求权三年行使期间和形成权一年行使期间相比,基于确定性和公司利益出发,将归入权定性为请求权更为合理。⑦ 因此,归入权行使期限应自公司知道或

---

① 参见(2020)京02民终8216号民事判决书。
② 参见《上市公司章程指引》第97条第2款:董事违反本条规定所得收入的,应当归公司所有;给公司造成损失的,应当承担赔偿责任。
③ 参见(2012)民四终字第15号二审民事判决书。
④ 参见(2021)京03民终2383号二审民事判决书。
⑤ 参见冉克平、舒广:《论公司利益的体系定位与私法救济》,载《南大法学》2023年第1期。
⑥ 参见金剑锋:《公司管理层的法定义务和民事责任》,载《法律适用》2008年第Z1期。
⑦ 参见李晓婷:《论公司的利益归入权》,载《山东商业职业技术学院学报》2021年第1期。

应当知道董事违法行为之日起三年内,最长不超过董事违法行为之日起五年内。

二、董事任职解除的实现路径

在提升营商环境严格董事责任的背景下,世行 DB 评估体系将限制董事任职资格作为一种董事责任的形式。该限制不等同于罢免,罢免仅针对董事不得在现任职的公司继续担任董事,主要反映的是该公司决策机构的意志,而任职资格限制则是在法定期间内不得在任何公司担任董事职务,属于从业资格准入受限。当董事因为不符合任职条件而受到罢免的情况下即失格解任,其自然也不得担任其他公司的董事。具体而言,目前学界提及的主要有当然解除和经申请解除两种路径。

一种路径是当然解除,当然解除的前提是有明确的法律规定,当出现该情形时自动适用。比较可行的方式是将董事损害公司利益的行为纳入《公司法(2023)》第 178 条的消极任职资格中,同时应当规定丧失资格的年限,但这种行为需要经司法或行政机关确认为宜。例如在法院审理案件的过程中发现董事不具备法定资格,法院可以依当事人的申请或依职权作出确认董事不适格的认定以及解任、限制任职资格的判决。有权机关应在判决书或行政机关的行政处罚书中载明,同时抄送通知公司登记机关变更其登记。参考表述为"经司法程序认定相关人员在担任董事、监事、高级管理人员期间存在损害公司利益的行为,三年内不得再担任任何公司的董事、监事、高级管理人员"。同时,如相关人员违反了该任职限制,应有相应的法律责任。

另一种路径是经申请解除,即当董事出现此种行为并经司法或行政机关确认后,由股东或其他利益相关者向市场监督局等市场主管部门进行申请,经核实后由主管部门撤销其任职的工商登记。但随之而来的问题是,主管部门撤销工商登记的行为是否等同于董事解任。我国工商登记通常仅进行形式审查,并未核实董事任职资格的程序或可能性。就工商登记的法律意义而言,我国实质上采取的是登记对抗主义,即未登记不得对抗善意第三人。因此,撤销登记并不等同于董事与其所任职公司之间的契约关系当然消灭。有学者认为,如果利害关系人难以通过申请实质解除董事与公司的任职契约关系,司法权力应当适当介入。在董事已经不符合任职资格且工商登记被撤销的情形下,如继续担任公司董事,应给予一定的惩罚措施予以威慑和保障任职资格限制制度的施行。①

---

① 参见叶敏:《公司董事法定任职资格问题研究》,载《法学》2006 年第 3 期。

三、完善关联交易中的董事责任形式

参考世行 DB,我国在"董事责任程度指数"指标中失分的主要原因在于难以按照对原告股东有利的方式追究董事责任,包括交易不公平或损害股东利益时,无法追究其他董事的责任,无法请求关联董事返还从交易中获得的收益,仅证明该自我交易不公平、利益冲突或损害不足以使交易无效/撤销交易。对此,公司法相关规范应当在以下方面进行优化。

(一) 严格非关联董事的责任

按照世行要求,交易对其他股东而言不公平或损害其利益时即可追究其他董事的责任。世行对我国数据采集的结果是,只有董事存在欺诈、不诚信或重大过失时,才能够追究其责任。根据公司法规定,追究其他董事责任的前提是违反法律、行政法规或公司章程的规定,而非直接以交易不公平或公司利益受到损害的结果为前提。

案例 7-16:

杭州××快修有限公司诉张某某等公司关联交易损害责任纠纷案①

案件事实:

杭州××快修有限公司(以下简称快修公司)于 2015 年 6 月 4 日成立,注册资本 500 万元,股东为××国际(青岛)数据有限公司(以下简称数据公司)、杭州××机械设备有限公司(以下简称机械设备公司),认缴出资分别为 255 万元、245 万元,分别持股 51%、49%,法定代表人为李某某,职务为董事长。张某某任快修公司董事兼总经理,符某某任该公司客户经理。张某某与符某某系夫妻。2015 年 12 月 5 日,快修公司与台州星×公司签订《经销协议》,约定台州星×公司向快修公司采购产品。快修公司供货后未能及时收到货款,后经另案判决确认台州星×公司拖欠快修公司货款698008 元,经强制执行后全部未执行。快修公司起诉符某某和张某某要求赔偿其货款损失。

裁判结果及理由:

一审法院认为,一方面,符某某系快修公司客户经理,快修公司章程未规定符某某系快修公司高级管理人员。因此,快修公司主张符某某系快修公司的高级管理人员,缺乏依据,该院不予采信。另一方面,关于符某某参

① 参见浙江省杭州市中级人民法院(2020)浙 01 民终 9394 号二审判决书。

与案涉快修公司与台州星×公司之间的交易,快修公司主张该笔交易给其造成损失,缺乏事实依据,该院不予采纳。快修公司要求符某某赔偿货款损失及支付逾期付款利息,缺乏依据,该院不予支持。

二审法院认为,被告二人未实际参与交易决策,快修公司主张张某某、符某某利用其与台州星×公司的关联关系进行关联交易,依据不足。退一步说,即使快修公司与台州星×公司签订的《经销协议》属于关联交易,但从交易本身来看,《经销协议》系当事人真实意思表示,交易动机合理,交易价格公允,至于台州星×公司未能支付快修公司所欠货款,此系市场交易风险所致,没有证据证明张某某、符某某存在故意或重大过失损害或转移快修公司财产的情形,故快修公司要求张某某、符某某赔偿所谓案涉损失,依据不足,不予支持。

案例评析:

本案与世行 DB 评估中的案例极为相似。张某某、符某某利用其与台州星×公司的关联关系进行关联交易,无论该交易价格是否公允,该交易最终的结果确实损害了公司利益,按照世行的期望或是从股东利益保护的角度而言,被告董事应当为此承担责任。法院以关联交易系双方真实意思表示而肯定交易的正当性,系对该交易的性质认识不足,未能体现公司法对有失公允的关联交易的规制。对于关联交易,按照世行标准,不仅全部董事均应对该交易给公司造成的损失承担无过错的赔偿责任,公司或股东亦有权主张撤销该交易。

(二) 对不公平关联交易的间接收益进行返还

按照世行 DB 中的案例,关联董事持有卖方公司 90%股份,假设不公允的交易差价是 10 万元,则该董事通过不公允关联交易实际获利 9 万元。从维护股东利益的角度出发,关联董事应将其作为卖方公司持股比例获得的"收益"返还给买方公司。世行根据我国法律专家以及政府所证实反馈到,在中国的司法实践中,由于利害关系董事和控股股东的责任不会超过公司遭受的损失,因此只能采取其中一种补救措施。董事被追究民事赔偿责任,故不会再采取其他救济措施,即关联董事无须返还获得的收益。①

董事所得间接的股权收益实质属于公司归入权的行使范围。我国《公司法(2023)》第 182 条未能覆盖世行评估案例中的已经充分披露并履行了内部审批决议但交易对价不公正的情况。本书认为应当进一步拓展公司归

---

① 参见罗培新、张逸凡:《世行营商环境评估之"保护中小投资者"指标解析及我国修法建议》,载《华东政法大学学报》2020 年第 2 期。

入权,将通过持股获得的间接收入纳入归入权的行使范围。因归入权行使的前提是董事、高级管理人员实质获得了收入,故在如下情况并无须考量董事是否存在过错,只要关联交易损害了公司利益即可。

（三）关联交易的无效/可撤销

理想状态下,如果关联交易对其他股东不公平或损害其利益,该交易可以被撤销。根据我国法律规定,非公允或损害公司利益的关联交易并不当然导致交易行为无效。按照《中华人民共和国民法典》第143条合同无效的情况,仅有"违反法律、行政法规的强制性规定"一项可能有适用的空间,前提是《公司法(2023)》第22条属于效力强制性规范。本文认为,首先应当关注董事自我交易的特殊性,尤其是其公司法属性,涉及公司内部治理、中小股东利益保护以及该类交易易被操控而难举证等特征。对于违反《公司法(2023)》第182条是否属于违反效力性强制规范而确认合同无效,还需要司法解释或案例提供更为明确的依据,较为妥当的方式是,当公司董事不能证明受指责关联交易的公平性或公司受到了损害时,赋予利害关系人申请撤销该交易的权利,或者选择维持交易而由董事赔偿公司遭受的损失,给予当事人选择的权利。

第五节　董事责任体系的应然构建

大陆法系和英美法系一直坚守董事责任内部性原则,主张董事造成的第三人责任由公司承担,公司赔偿后可以向有过错的董事追偿。公司法对董事会赋予广泛的职权,足以成为董事会扩充权力的抓手。[①] 鉴于董事权力膨胀,滥权的风险必然随之增加,加之有限责任的屏障,外部债权人保护问题也愈发重要。董事应当对债权人承担责任的观点开始出现,逐渐打破了第三人追究董事责任的内部性原则。本书第一章已经谈及,就微观层面而言,良好的营商环境离不开良好的立法和精准的司法,即以问题为导向进行立法活动,而在具体个案中,针对具体案件具体情况得出客观、公正的裁判。就董事责任的构造而言,如前文分析所述,合理的责任设定有利于董事发挥其职能,而目前的董事责任体系还有许多缺失,需要就不同的责任对象进一步讨论董事责任的构成要件、抗辩事由。此外,由于不少情况下董事面临高额赔偿,在严格董事责任的大背景下,为避免董事在进行商业决策时畏手畏脚而损害公司的长远利益,呼吁限制、减免董事经营责任的观点亦逐渐

---

① 参见许可:《股东会与董事会分权制度研究》,载《中国法学》2017年第2期。

盛行,董事责任保险制度的发展是一个可行的路径,但目前我国《公司法》对于董事责任的缓和尚缺乏规定。

一、董事责任的构成要件

从董事责任制度的法理基础及对现有规范、司法实践的梳理中看出,董事对于公司、股东和债权人等主体所承担的责任有所不同,故不同请求权基础下的董事责任构成要件也存在差异。本节仍按董事责任的不同对象,区分讨论对公司、股东及外部债权人的董事责任构成要件。

(一) 主观过错

对于董事对公司赔偿责任的性质,主要有侵权责任说、违约责任说和侵权责任与违约责任竞合说三种观点。侵权责任说认为,信义义务属于法定义务,董事违反信义义务产生的责任属于侵权责任。[①] 然而,违反法定义务产生的责任并非一定属于侵权责任,责任性质并不简单取决于义务的法定或约定。违约责任说认为,不论是董事对公司的注意义务还是忠实义务,基于公司与董事的委任关系,董事违反这两类义务,一般情况下都构成了债的不履行,须承担违约责任。[②] 从董事与公司的关系而言,不管是英美法系秉持的信托关系还是大陆法系的委任关系,董事与公司之间皆存在契约关系,故董事对公司的责任是基于债务不履行产生,属于一种违约责任。以董事怠于履行催缴义务导致公司利益受损为例,在司法实践中,法院只是考察有无证据证明董事进行了催缴,是否使得公司因而遭受损失,并不讨论董事主观上是否具有故意还是过失。应说明的是,违约所指向的违反对象是公司与董事之间的信托或委托关系,而非公司章程。公司章程的实质是决议而非合同,即章程是股东按照多数决议形式作出的对公司、股东、董监高等内部人员具有普遍约束力的决议,而非采取股东一致同意形成的协议,故从法理而言,公司并不能以董事违反章程规定为由向董事主张违约责任。违约责任和侵权责任竞合说认为,董事违反对公司的注意义务时,其向公司所负的责任纯系违约责任,但在董事违反忠实义务时发生的责任既有违约责任又有侵权责任,即发生两种责任的竞合。[③]

1. 就董事对公司的侵权行为而言

我国《公司法(2023)》第 188 条是董事向公司承担赔偿责任的一般性

①　参见施天涛:《公司法论》,法律出版社 2006 年版,第 394 页。

②　参见楼晓、汪婷:《论董事责任中归责原则的适用》,载《商场现代化》2007 年第 19 期。

③　参见谢朝斌:《论我国股份公司独立董事义务与责任》,载《南京审计学院学报》2005 年第 1 期。

规定,采用的是客观判断标准,即违反法律法规或公司章程给公司造成损失时行为的主观状态在所不同,但并不排除将赔偿责任认定为侵权责任。

案例 7-17:

上海××精密机械有限公司诉张某损害公司利益责任纠纷案①

案件事实:

2014 年 7 月 16 日,上海××精密机械有限公司(以下简称精密器械公司)依法设立,为有限责任公司,股东为何某某、林某、黄某、张某。张某担任精密器械公司的监事。何某某系张某的妻子、何某的姐姐。2010 年 6 月,X 公司注册设立,何某某系该公司法定代表人,股东为何某某、何某。2016 年 5 月,X 公司经股东清算后注销。2016 年 4 月,上海××金属制品有限公司(以下简称金属制品公司),何某某系该公司法定代表人,股东为何某某、何某。张某自 2007 年 9 月 1 日起在 Z 公司任职,工作内容为财务部协理。2018 年 6 月,张某被 Z 公司解职。

精密器械公司及 Z 公司分别向 X 公司、金属制品公司注册设立采购各类钢材。精密器械公司及 Z 公司的业务员相同,送货地点也相同。X 公司、金属制品公司供货后,根据精密器械公司及 Z 公司的要求开票,有存在混同的情况。精密器械公司和 X 公司发生各种规格钢材交易额合计 1,906,958.47 元,精密器械公司和金属制品公司发生各种规格钢材交易额合计 22,440,764.91 元。对照精密器械公司统计的实际交易平均单价与上海钢联的挂牌价,存在一定的差额。精密器械公司向一审法院起诉,请求判令张某在×公司、金属制品公司的收入归精密器械公司所有并赔偿精密器械公司损失。

裁判结果及理由:

一审法院认为,X 公司、金属制品公司系由张某的妻子、妻妹控股,精密器械公司和 X 公司、金属制品公司存在数年、数额巨大的交易行为均为客观事实,张某未将上述情况完全、明确地告知精密器械公司,故张某的行为构成了自我交易。但精密器械公司提供的证据,不能证明张某在交易过程中采取恶意、隐蔽的手段,以达到损害精密器械公司利益目的,且造成精密器械公司巨额损失。精密器械公司的主张,缺乏必要的客观性和关联性,不能达到民事诉讼证据的证明力,故对精密器械公司的诉讼请求,一审法院不

---

① 参见上海市第一中级人民法院(2020)沪 01 民终 9266 号二审判决书。

予支持。交易双方在实务操作中，从自身利益需求出发，对货品规格、库存、运输、账款周期多方权衡，各种因素叠加形成最终的交易价格，不能简单以挂牌价和交易价存在价差，就视为必然损失。

二审法院认为，本案系损害公司利益责任纠纷，本质上系一类侵权责任纠纷，以过错责任为原则，应由精密器械公司对张某利用职权造成的损害结果承担证明责任。一审法院认为交易价格受各种因素叠加影响，系在交易主体多方权衡下最终形成，不能简单以挂牌价和交易价的价差就视为存在必然损失的观点，本院予以认同。因此，精密器械公司未能证明损害结果实际发生，也未能证明具体的损害金额。张某系精密器械公司的股东、监事，亦曾担任精密器械公司的关联公司Z公司的财务部协理，系公司高级管理人员。然而，在某一家关联公司任职，并不必然在其他关联公司担任相同职务。故在本案中，尚无充分证据证明张某亦系精密器械公司的高级管理人员。综上，精密器械公司的上诉理由不能成立。

案例评析：

二审法院认为，损害公司利益的行为本质上属于侵权行为，并根据侵权责任纠纷的审理原则对本案定性。根据一般侵权行为的归责原则，行为人造成损害，其主观上存在过错的，应当承担侵权责任。据此逻辑，董事损害公司利益的，在其存在过错的情况下，应当承担责任。对于董事的过错，应当由主张责任的公司承担举证责任，只有证据充分、能够证明董事确有过错的情况下才能让董事承担责任。董事对公司的侵权行为仅需讨论董事违背忠实义务的情形，不管是协助股东抽逃出资还是与董事利用关联关系损害公司利益等皆是此类，并进而讨论责任构成中主观要件当如何。董事对公司承担侵权责任的归责原则无外乎过错原则或是无过错原则。过错原则又进一步分为一般过错与推定过错两种情形。对于忠实义务而言，涉及董事的职业操守，违反忠实义务的董事一般都有较强的主观恶性，即为故意。因此，董事违反忠实义务通常属于一般侵权责任，而过失不可能违反忠实义务，故主观方面为故意。即董事违反忠实义务构成了侵权责任与违约责任的竞合，在以侵权为事由主张董事承担民事责任的时候，其主观状态只可能是故意。

2. 董事对股东及债权人的侵权行为

董事对股东和第三人责任的主观要件，一种是以日本为代表的董事执行职务有"恶意或者重大过失"的主观标准，另一种是我国台湾公司法所采取的"违反法令"的客观标准。①

---

① 参见楼晓、汪婷：《论董事责任中归责原则的适用》，载《商场现代化》2007年第19期。

从《公司法(2023)》第188条与第190条①来看,董事对公司与股东的责任很大程度上具有相似性。一是,董事均实施了违法行为,此处的违法性是指均违反法律、行政法规或者公司章程的规定;二是,董事的违法行为(损害了股东利益或给公司)造成了损失;三是,违法行为与损害结果存在因果关系。仍旧属于无过错责任,即违反了法律法规造成了损失则承担责任,并无探究违反法律法规的主观心态。上述不同之处在于,董事对公司的责任存在违约与侵权的竞合,而董事对股东的责任只能是侵权责任。此外,董事对于公司的责任构成中,必须是在执行公司职务时,而对于董事损害股东利益则无此限制。

我国董事对第三人承担责任的归责原则因情况不同而各异。一是,董事未依法清算,"恶意处置公司财产给债权人造成损失""骗取公司登记机关办理法人注销登记""协助抽逃出资的"等,这些行为只可能是故意,属于一般过错责任的范畴。二是,《中华人民共和国证券法》第85条已经明确"董事……应当与发行人承担连带赔偿责任,但是能够证明自己没有过错的除外",显然属于过错推定责任,从保护外部债权人以及其所距离证据的远近程度而言,这样对于举证责任的分配较为合理。三是,没有明确规定是一般过错责任还是无过错责任的,只是规定违反了何种规定即要承担责任,比如《中华人民共和国破产法》第125条第1款。② 如前文所述,本书倾向于该等情况属于无过错责任,即存在违反义务的行为时,无须讨论是否存在过错。

(二) 违法行为③

所谓违法行为即董事违反了法律、行政法规、公司章程的行为,同时也体现为董事违反忠实义务、注意义务。鉴于前文已探讨了董事违反忠实义务及注意义务的情形,此处不再赘述。

案例7-18:

陈某某等诉翁某某等损害公司利益责任纠纷案④

案件事实:

福建××建筑工程有限公司(以下简称建筑公司)作出《管理费及税费

---

① 参见《中华人民共和国公司法(2023年修订)》第188条、第190条规定。
② 参见《中华人民共和国企业破产法》第125条规定。
③ 在本文中特指董事违反法律、行政法规及公司章程的行为,简称为"违法行为"。
④ 参见最高人民法院(2018)最高法民申291号。

规定》，要求以建筑公司名义承接的工程，如有经公司或董事会批准的收费标准，按批准的标准收取，未经公司或董事会批准的，一律按《管理费及税费规定》收取管理费及税费。董事翁某某以建筑公司名义承接案涉五项工程，该五项工程收取管理费标准并未经建筑公司或公司董事会批准。

原审原告陈某某、万某某、莫某某称，翁某某主张案涉六盘山隧道 A3 段工程系案外人方某某承包施工，证明了翁某某私自向案外人出借建筑公司资质牟取私利的事实。因翁某某以建筑公司名义承接案涉五项工程，该五项工程收取管理费标准并未经建筑公司或公司董事会批准，故翁某某应当按照《管理费及税费规定》缴交管理费和税费。翁某某称其在案涉工程施工合同及相关文件上签字系职务行为，但其并未将该职务行为告知其他股东，也未在公司报备。其行为实质是以建筑公司的名义为其个人牟利，属于损害公司利益的行为。

裁判结果及理由：

一审、二审法院认为，翁某某作为建筑公司董事长及法定代表人，应当遵守公司作出的《管理费及税费规定》，维护公司利益，但其未按《管理费及税费规定》要求，积极履行职责，致使建筑公司未收取案涉工程管理费，损害了建筑公司利益，判令其承担相应赔偿责任。其关于《管理费及税费规定》不属于法律、行政法规和公司章程范围，判令翁某某赔偿建筑公司案涉工程管理费损失错误的主张，不能成立。

再审法院认为，翁某某作为建筑公司董事，未按《管理费及税费规定》要求积极履行职责，致使建筑公司未收取案涉工程管理费，损害了建筑公司利益，应当承担赔偿责任。即便翁某某不是案涉工程的实际施工人，但其作为建筑公司法定代表人，出借建筑公司资质给实际施工人，依据建筑公司的《管理费及税费规定》，应向相对方收取相应的管理费，但其并未举证证明建筑公司已经收取了相应的管理费，故其应当对此向建筑公司承担损害赔偿责任。因此，翁某某是否案涉工程实际施工人，并不影响其在本案中向建筑公司承担赔偿责任。

案例评析：

本案中，建筑公司债权人未及时支付协议对价，导致公司利益受损。董事虽不是导致损害的直接当事人，但其消极不作为和公司利益损害结果之间具有法律上的因果关系。董事勤勉义务的具体履行标准应当以公司的合理要求为主，在公司利益具有受损威胁时，董事应当积极勤勉履行相应义务，尽力挽救公司利益。因此，董事应当积极地维护公司利益，勤勉管理公司事务，否则应当就不作为而承担相应责任。

此外,还需要注意的是,董事的违法行为并不一定构成勤勉义务之违反。如日本《公司法》第423条是对董事责任的一般规定,但是该条并没有将违反法令和章程列为任务懈怠责任的原因。之所以采用"任务懈怠责任"的用语,很可能是受到了日本最高法院对"野村证券案"判决的影响。在该案中,法院认定被告董事无须承担任务懈怠责任,理由是行为当时的相关立法规定并不明确,董事欠缺合法意识,不具有主观过错。很明显,法院将是否违反法律作为判断应否承担任务懈怠责任的原因。对于被告董事的责任构成要件,也有学者支持最高人民法院的观点,认为被告董事可以依据民法的规定,提出无过失的抗辩。换句话说,董事可能会因为欠缺合法意识而被认定为没有过失。①

（三）损害事实

损害事实是指公司、股东、债权人所遭受的直接或者间接的损失。直接损失是指公司因董事违反义务的行为而遭受的财产损失,如利用职务行为侵吞公司财产,而间接损失主要是指公司所遭受的机会损失,例如公司因董事的竞业禁止行为而丧失了营业机会导致的损失。关于公司机会损失的认定:一是要求公司必须因为董事的行为丧失了进行商业行为的机会;二是公司丧失的机会必须是有可能获得利润的机会。公司因董事违反义务的行为所遭受的直接和间接损失董事都应该承担责任。

（四）因果关系

董事责任构成要件要求的因果关系即要求董事的违法行为与公司、股东、利益相关人遭受的损失之间有法律上的因果关系。董事违法行为给公司造成直接损失的因果关系要求,公司的财产总量因董事的违法行为而减少。董事违法行为给公司造成间接损失则要求该行为减少了公司可能盈利的营业机会。司法实践中因缺乏因果关系而被驳回诉讼请求的并不鲜见。

案例7-19：

济南东×设备有限公司诉李某某、济南泰×机械设备有限公司损害公司利益责任纠纷案②

案件事实：

济南东×设备有限公司(以下简称东×公司)系2002年12月18日成

---

① 参见[日]山本为三郎:《日本公司法精解》,朱大明等译,法律出版社2015年版,第190页。
② 参见山东省高级人民法院(2015)鲁商终字第532号二审判决书。

立的一家有限责任公司,公司股东为李某甲、刘某某、李某乙、张某某、李某丙,李某甲出资65万元,占注册资本的4.33%。李某甲系东×公司的董事并担任东×公司的副总经理,负责销售工作。济南泰×机械设备有限公司(以下简称泰×公司)系2012年6月20日成立的有限责任公司,李某甲系出资人之一,占公司注册资本的55%,李某甲担任泰×公司的执行董事、经理,系公司的法定代表人。2012年12月30日,东×公司在其公司网站发布《关于李某甲副总经理离职的声明》,载明李某甲已于2012年7月自动离职,不再担任东×公司副总经理职务及与公司解除劳动合同关系。东×公司工商登记显示李某甲目前仍为东×公司董事。根据章丘市地方税务局自然人收入额显示,自2013年8月31日至2015年5月31日,李某甲在泰×公司的工资薪金所得为71,300元。

上诉人、原审原告东×公司主张泰×公司的主营业务收入以及东×公司主营业务的减少均属于公司的损失,李某甲、泰×公司应连带赔偿;李某甲在泰×公司领取了薪金,该薪金属于违反竞业禁止的收入,该部分薪金应属于东×公司所有。因此,李某甲的行为违反了《公司法》第一百四十九条的规定,与泰×公司共同侵犯了东×公司的合法权益,请求法院判令李某甲及泰×公司停止侵权并赔偿东×公司经济损失1000万元。

裁判结果及理由:

一审法院认为,本案李某甲系东×公司的董事、高级管理人员,其在任职期间,发起成立泰×公司并一直担任泰×公司的执行董事。而泰×公司与东×公司属同类经营。李某甲的行为已构成对东×公司竞业禁止义务的违反。李某甲在担任泰×公司执行董事期间取得的工资薪金所得为71,300元,系其对公司归入权的正当行使,予以支持。但关于泰×公司的主营业务收入应为东×公司损失的主张,因东×公司未有证据证明泰×公司的主营业务收入系泰×公司开展同业竞争业务所得,不予支持。此外,由于我国公司法规定的赔偿主体不包括董事任职的竞业公司,故主张泰×公司连带赔偿的诉讼请求于法无据,不予支持。二审法院维持原判。

案例评析:

因果关系是董事向公司承担损害赔偿责任的构成要件之一。公司主张损害赔偿应有充分的证据支撑,否则难以得到法院支持。本案中,法院对东×公司证明的损害事实予以认定,并判决董事承担赔偿责任。对没有举证的事实,法院以无法证明损害数额和因果关系为理由,驳回了东×公司的请求。另外,本案对于归入权的解释也反映了我国归入权制度存在适用对象上的有限性,即无法对董事竞业开办的企业的营业收入行使归入权。

二、董事责任的抗辩事由

董事责任体系构建中,不仅需要明确的责任构成要件,还需要有相应的责任抗辩事由,以确保董事责任的合理性,保障董事履职的积极性和公司治理效果,进而影响营商环境整体优化。抗辩事由是指被请求的一方为证明对方的请求不成立或不完全成立而提出的事实,例如侵权法中,侵权人可以援引正当防卫行为、紧急避险行为、第三人过错、不可抗力等作为责任抗辩事由。本书认为,有必要将董事责任的抗辩事由法定化,主要包括引入美国公司法上的商业判断规制、完善我国已有的异议董事制度以及董事执行股东会决议责任不成立的情形三类事由。

(一) 商业判断规则

本书第六章谈及为了保护董事独立的判断权和执行力,避免让其对事后看起来"不合理的决策"承担责任,美国法院在长期的审判实践中总结出"商业判断规则"。当董事被起诉要求承担违反注意义务的责任后,最有力的抗辩理由即是商业判断规则。董事的经营或决策行为导致损失发生,但若董事与决策事项不存在利害关系且董事基于充分和准确的信息作出决策[①],则董事可免除因此决策带来的责任。商业判断规则在我国现行法规中尚没有明确规定,而司法裁判已经走在了前面,法院在诸多案件中均有直接援引该规则,作为董事拒绝承担经营责任时可以援引的抗辩事由。

案例 7-20:

吕某某诉林某某等损害公司利益责任纠纷案[②]

案件事实:

广州市××水产品有限公司(以下简称水产品公司)系成立于 2017 年 8 月 18 日的有限责任公司,注册资本为 500 万元,登记股东为吕某某持股比例 49%、刘某某持股比例 51%,法定代表人为刘某某,主要人员为林某某监事、刘某某执行董事兼总经理。水产品公司名下 10 辆轻型厢式货车租赁给广州市××物流有限公司(以下简称物流公司),租赁期限自 2018 年 11 月 1 日起至 2020 年 10 月 31 日止。

---

① 参见李建伟:《公司法学》(第四版),中国人民大学出版社 2018 年版,第 366 页。
② 参见广东省广州市中级人民法院(2021)粤 01 民终 1056 号二审判决书。

上诉人、原审原告称,林某某、刘某某在物流公司承租车辆期间,擅自将承租车辆开走并低价转让给案外人,使水产品公司无法继续将车辆出租给物流公司,导致水产品公司遭受重大租金损失。林某某、刘某某实施的低价转让水产品公司主要资产的行为,已严重损害了水产品公司的利益,并对公司的正常经营以及业务拓展产生不利影响。林某某、刘某某应将案涉车辆返还给公司并对公司造成的经济损失承担赔偿责任。

裁判结果及理由:

一审法院认为,刘某某作为水产品公司的执行董事兼总经理,有权管理水产品公司的车辆资产。现有证据并无显示刘某某、林某某将水产品公司名下10辆车用于水产品公司生产经营以外的其他用途。虽水产品公司曾与物流公司签订《租车合同》,但本案现有证据无法证明该合同履行情况。即使租赁车辆在租赁期内被取走,也应由承租人物流公司主张相关权利。吕某某主张林某某、刘某某向水产品公司返还10辆车,并按照《租车合同》约定租金标准向水产品公司赔偿车辆占用损失2,205,000元,不予支持。吕某某主张刘某某、林某某对外转让水产品公司车辆违反公司章程,理据不足。刘某某、林某某已提交案涉车辆买卖合同、银行入账凭证等证据,证明车辆转让价款由水产品公司全额收取。因此,一审法院对吕某某主张林某某、刘某某向水产品公司赔偿低价转让损失206,370.3元的诉讼请求不予支持。

二审法院认为,根据《公司法》第149条规定,刘某某、林某某分别作为水产品公司执行董事及监事,处置公司车辆的行为是否构成损害公司利益,需要从该行为的合法性和合理性予以判断。由于经营活动的复杂性,考察董事经营行为的合理与否可以参照商业判断规则。如果该执行董事在决策时,其自身与决策内容没有利害关系,其在充分掌握有关商业信息的基础上有合理理由认为该决策符合公司的最佳利益,就应当认定为恰当履行了董事义务。本案中,关于将涉案车辆处置的原因,刘某某、林某某解释因水产品公司业务不理想、车辆闲置,故将车辆转让给他人……现无证据显示刘某某、林某某与车辆受让人存在利害关系或从中获取不当利益……吕某某现有举证不能证明涉案部分车辆的转让价格明显偏低,应自行承担举证不能的不利后果。综合刘某某、林某某的解释以及处置车辆的实际效果来看,并未悖离一般经营者的通常决策水平,也没有违反正常的商业道德和职业伦理,未违反董事的忠实义务和勤勉义务。因此不予支持上诉人的主张。

案例 7-21：

黑龙江××热力有限责任公司诉王某某损害公司利益责任纠纷①

案件事实：

王某某是黑龙江××热力有限责任公司（以下简称热力公司）的副总经理，属于高级管理人员，负责公司采购事宜。原审原告、二审上诉人、再审申请人热力公司认为王某某在未征得公司同意的情况下签订违约条款，导致热力公司经济损失 2,022,751 元，要求王某某赔偿。

裁判结果及理由：

一审法院和二审法院认为，王某某案涉采购行为得到了公司股东路某某的同意后实施，是为了公司的利益，完全是履行职务行为，对热力公司的赔偿主张不予支持。

再审法院认为，王某某原系热力公司负责销售的副经理，其为热力公司采购煤炭，代表公司对外签订煤炭购销合同，属于职务行为，得到了热力公司的授权。虽然，王某某与七台河××煤炭销售有限公司、哈尔滨××经贸有限公司签订的《补充协议》致使热力公司采购成本增加，但王某某签订这两份补充协议的背景是热力公司不能按期给付货款，在征得公司财务负责人路某某同意的情况下签订，故应当认定王某某的行为事先取得了热力公司的认可。由于商业活动常面临极大的商业风险，不能苛求每次决策都为公司带来最佳效益。王某某的案涉行为在当时情形下具有一定的合理性，并不违反商业判断规则。

案例评析：

案例 7-20 和案例 7-21 的法院判决中都提到了"商业判断规则"，并以此作为董事免责事由，两案判决可以反映出司法实践对商业判断规则的有效适用。当董事善意地、无利害关系地且有充分理由作出行为，即使该行为造成了公司一定损害或导致成本增加，董事无须承担个人责任。实践中对商业判断规则的认定主要着眼于履职程序的角度，当董事的行为充分履行了法定程序与勤勉义务的要求，即可通过商业判断规则免责。

实践中也出现一些判决，将商业判断规则错误套用在股东上，如"宜宾××电力开发有限公司与周某甲、周某乙损害公司利益责任纠纷案"②。这也在一定程度上反映出，由于该规则产生于英美法系判例，国内对其概念

---

① 参见黑龙江省高级人民法院(2018)黑民申 2845 号。
② 参见(2018)川 15 民初 9 号民事判决书。

内涵尚缺乏统一精准的认识。因此,立法应当将商业判断规则确立为董事商业决策行为的免责事由并进一步明确适用条件及对象,以完善董事责任体系。

前文第六章充分阐述了商业判断规则的本土化适用,其本身是一个举证责任在原被告之间交互转移的程序规则。董事首先证明其未违反忠实义务,且其决策在知情的基础上,这样的商业决策才会受到法官认可,即使事后造成了公司利益的损害亦无须承担赔偿责任,除非决策超出了一般理性人的假设。一旦董事被证明在交易中存在个人利益冲突,则证明责任会转移至董事,由董事证明交易公平。商业判断规则的本质是尊重董事的经营决策权。有学者认为,我国如引入商业判断规制,可以选择或是借鉴美国做法将其定位为一项排除司法审查的原则,并对其具体适用标准进行明确;或是参考日本的做法,将其作为一种法院介入的原则,即原则上默认董事在商业决策上的专业性,仅在个案中对董事决策的程序、内容、公允与否等进行审查,如此亦可以避免主观层面复杂的理论争辩。① 就国内的制度构建而言,在遵循商业判断规则内涵的前提下,应遵循以下思路。首先,商业判断规则不能适用于违反忠实义务的场景,因为责任抗辩的前提是该交易未涉及董事个人利益冲突,董事作出决策行为时忠诚于公司和股东,未利用职权谋取私利。其次,商业判断规则仅适用于董事因商业决策给公司造成损失的情形。董事被默认为是商业领域的专家,法官禁止以事后诸葛亮的方式对董事的决策指手画脚。最后,注意义务要求董事在知情的基础上决策,如果决策前董事未能充分地收集必要的信息,则无法援引商业判断规则免责。其中,"知情"的程度难以在立法中明确规定,可能会成为司法实践的难点。

（二）董事异议

董事异议即《公司法（2018）》第 112 条第 3 款的规定,在《公司法（2023）》第 125 条第 2 款中有所体现。② 截至 2022 年 6 月底,以该条为关键词检索北大法宝案例库,暂未发现有公司诉请董事就董事会决议承担责任的纠纷,故而亦无援引该款进行抗辩的董事责任纠纷案例。

将董事异议作为一个不承担决策后果的抗辩理由,应注意区分恶意的反对和弃权。如果仅仅是提出异议即可免于承担责任,对于重大风险的事项,本着趋利避害的本能,董事们都倾向于直接投弃权票和反对票。按照如

---

① 参见梁爽:《董事信义义务结构重组及对中国模式的反思——以美、日商业判断规则的运用为借镜》,载《中外法学》2016 年第 1 期。

② 参见《中华人民共和国公司法（2018 年修正）》第 112 条、《中华人民共和国公司法（2023 年修订）》第 125 条规定。

此规律形成决议这并不利于公司的良好治理,亦不符合公司利益最大化的需求。如何去界定恶意弃权、恶意反对,还需要综合考量诸多因素,包括参会之前有无充分地搜集决策相关信息,反对或弃权的理由是否客观、充分、合理,决议本身是否存在违法事项,董事主观上有无故意或重大过失,在后续决议执行层面是否也与自己的表决结果相一致,等等。此外,如果因恶意弃权或投反对票而导致过失损失的,应当以违反勤勉义务为由要求董事承担相应责任。

(三)　董事执行股东会决议

在德国公司法中,董事能够以"行为是基于股东大会合法决议作出的"作为抗辩事由,却不能以监事会对行为的承认作为抗辩,拒绝承担赔偿责任。例如,根据德国《股份法》第93条第4款规定:行为基于股东大会的合法决议的,对公司不发生赔偿的义务。赔偿义务不因监事会已对行为予以承认而被排除。公司只有在请求权产生之后3年时,并只在股东大会同意,且没有股份合计达到股本的1/10的少数股东以作成笔录的方式提出异议的情形,才可以抛弃赔偿请求权,或对此达成和解。但是,对于公司债权人而言,赔偿义务既不因公司的放弃或和解,也不因行为基于股东大会的决议而被废止。例如,根据德国《股份法》第93条第5款规定,以公司的债权人不能从公司取得清偿为限,公司的赔偿请求权也可以由公司的债权人主张。但在第3项情形以外的其他情形中,只有在董事会的成员已严重违背通常及认真的业务执行人之注意时,才适用此种规定;准用第2项第2款。对于债权人,赔偿义务既不因公司的放弃或和解,也不因行为基于股东大会的决议而被废止。①

根据我国《公司法司法解释(五)》第1条规定,关联交易损害公司利益的,董事不得以经股东会决议作为不承担责任的抗辩理由。由此引发董事能否或在多大程度上能以执行股东会决议免责的问题。该等情形下,董事免责的合理性在于:一是我国大部分有限公司仍然采用股东会中心主义的治理模式,董事在薪酬、管理、任免等诸多事项上听命或很大程度上受制于股东,董事完全地脱离于股东的情形几乎不存在,也不符合封闭性公司正常运营的商业逻辑。二是董事的重要职责之一即是执行股东会决议,如果执行了错误的股东会决议,则理论上而言也应当由决策者股东承担,董事对于自己完全没有参与决策的股东会决议无须承担责任,否则可能过分地将股东责任强加于董事。

---

① 　参见杜景林、卢谌译:《德国股份法》,中国政法大学出版社2000年版,第43页。

　　有学者认为①,董事以仅仅是执行股东会决议作为不应承担责任的抗辩理由需满足形式要件和实质要件。形式要件需满足要式性、事先性和拘束性。要式性和事先性要求董事在执行行为之前存在书面形式的股东会决议。拘束性是指股东会决议可以实质地影响董事独立决策,例如在董事会中心主义的情形下,董事充分地享有决策权,董事应对其专属权限范围内的事务独立承担责任。实质要件在于,一是股东会决议是否合法有效。基于勤勉义务的要求,董事没有义务执行损害公司利益的股东会决议,因为这样的决议本身往往并非由全体股东按持股比例平等承受而是偏颇地牺牲中小股东利益,这种以股东会决议之名行损害他人利益之实的行为超出了应受法律保护的范围。二是基于维护公司利益之勤勉义务的本质要求,董事负有审查股东会决议效力的义务。本章第二节中对不同董事主体的区分责任论只限于执行股东会决议的董事以及知悉或应当知悉该股东会决议的董事。董事是否具备审查能力也是责任承担的考量因素,如果被执行的股东会决议明显违反法律规定,例如逃税、通过表面上的利润分配实施抽逃出资的行为等,应认为董事怠于履行勤勉义务。如果囿于所获信息的有限未能发现决议无效的事实,即使股东会决议事后被判定为无效并造成了公司损害,董事也不必承担责任。

三、董事责任限制与免除

　　学者们在探讨如何完善我国的公司治理结构这一话题时,不仅考虑到如何加强董事的责任意识,如何完善责任追究机制,还越来越重视董事的责任限制与免除问题。董事责任限制与免除的路径,归纳现有文献的观点主要包括三种:一是以公司自治为原则,通过章程或决议来限制或免除董事责任,法定化有利于避免对相关条款或决议效力的司法审查;二是对董事进行费用补偿;三是进一步发展董事责任保险制度。

　　(一)董事责任限制与免除的法理依据

　　公司经营伴随风险,如果想要在激烈的市场竞争中取胜,有时候不得不采取一些高风险的经营策略。严苛的董事责任意味着董事可能因决策失误而很容易地被追究赔偿责任,这会挫伤董事追求公司利益最大化的积极性。限制董事责任的承担,实质是将董事经营中的部分风险转嫁给了股东。具言之,董事责任限制与免除的正当性基础有如下几点:

---

① 参见丁勇:《董事执行股东会决议可免责性研究》,载《法学》2020年第5期。

1. 有利于满足权责对等的要求

公司本身作为市场主体,经营发展中面临不确定的商业风险,董事虽然在公司经营管理中享有广泛的权力,但并不能被苛求承担本应当由公司和股东承担的所有决策后果。公司决策成功并获得利益回报时,董事不能从中取得相当的利益收入;公司决策失败导致损失时,董事也同样不应承担过重责任。董事仅仅为公司经营管理者,并不对公司利益享有所有权,在不存在恶意的前提下,董事作为受托人应以其从公司所获对价(不限于薪酬)本数或合理倍数为限对公司或其股东承担赔偿责任。①

2. 有利于鼓励董事积极决策,实现公司利益最大化

有学者指出:"对董事责任的适当限制不但不会降低董事的行为标准,反而会激励那些诚信、守法的董事更好地去追求公司与股东的最大利益。相反,过重的法律责任会造成董事权利义务的失衡、挫伤其担任董事的积极性和进取精神,甚至导致其经营上的无所作为。"②为激励董事积极履行义务,勤勉参与公司经营管理,为董事提供最大限度发挥专业特长的治理空间,董事责任必须限定在可预期范围内。

3. 有利于实现风险的公平分担

有学者从经营风险理论出发,认为公司作为市场上的商事主体,自身显然要面对经营和市场竞争中的各种风险,而公司的运营管理又是靠董事会来完成的,所以"在特殊情况下,免除公司董事的决策责任"其实就是让公司和股东承担其应有的风险,是公平的。也有学者认为,股份公司中对董事违反注意义务的责任予以限制的依据有三:对公平的追求是根本原因,政策的考量和利益的权衡是直接动因,公司法的私法性质是前提条件。③

在美国,股东代表诉讼等制度的相对健全,董事自任职之日起即面临被追究高额赔偿的履职风险,曾导致美国历史上不止一次发生过董事集体辞职事件,其中一个重要原因在于公司无法为董事提供有效的保护措施。④美国董事责任免除制度的立法很大程度上是为了减轻董事对可能面临巨额赔偿责任的恐惧感,缓解董事责任保险难的问题,增加董事在公司治理过程中的自治性与积极性,确保董事人才的有效供给。为确保公司经营健全发

---

① 参见刘俊海:《董事责任制度重构:精准问责、合理容错、宽容失败——以弘扬企业家精神为视角》,载《交大法学》2023 年第 3 期。
② 参见任自力、曹文泽:《论董事责任的限制》,载《法学家》2007 年第 5 期。
③ 参见虞政平编译:《美国公司法规精选》,商务印书馆 2004 年版,第 313、352 页。
④ 参见武彬:《董事违背信义义务的责任限制研究》,华东政法大学 2018 年博士学位论文,第1 页。

展、董事愿意效劳于公司且不至于因过分高的赔偿风险困住手脚,有必要在公司股东和董事之间合理分配公司经营风险。此外,从公平的角度而言,董事面临的高额赔偿相比其从企业领取的薪酬而言,可能是难以承受且极为不公平的。由此,对董事责任进行限制和免除的观念和规范应运而生。

就我国而言,《公司法(2023)》强化董事责任包括加大其维护公司资本的责任、增加董事执行职务时给他人造成损害的赔偿责任以及扩大实际控制人操纵董事的连带赔偿责任等,有必要在强化董事履职责任的同时给予其防范个人风险的"防火墙",即董事赔偿责任减免制度,以避免董事因"自保"而错失商业机会,进而损害公司利益。①

（二）董事责任的免除方式

美国各州逐步发展出限制董事责任的三种模式:一是通过公司章程限制董事责任;二是在特定情形下直接自动实施型责任减免模式;三是设定赔偿额上限的模式。就世界范围立法来看,董事责任免除的路径主要有如下三种。

1. 司法免除

有学者认为,董事责任的司法免除是指法院在审理董事责任的案件时可以依据法律和商业判断规则,部分或全部免除董事因违反注意义务而应承担的责任。② 这里提到了商业判断规则的运用,如本文前述的观点,商业判断规则实际是一个责任不成立的抗辩理由,而非责任免除事由,区别在于抗辩成功的法律后果是责任不成立,而责任免除的前提是责任已经成立。由于本文前述已经较为详尽地介绍过商业判断规则及其现有司法实践中的情况,这里不再赘述。

2. 公司章程的免除

公司章程免除即尊重公司自治,公司可以在章程中自行约定特定情况下免除董事因违反义务导致的部分或全部责任。该免除方式是美国特拉华州的创造,因此也被称为特拉华州模式。③ 根据美国《特拉华州普通公司法》第 102 条(b)款第(7)项规定,公司章程的内容可以包括撤销或限制董事对公司或公司股东,就由于违背作为董事信义义务而发生的金钱损失承担个人责任的条款,但此类条款不能免除或限制董事对下列事务的责任:

---

① 参见李昀展:《我国董事赔偿责任减免制度建构研究》,载《河南牧业经济学院学报》2020年第 5 期。

② 参见王洪强:《论我国董事责任的限制与免除》,载《湖北经济学院学报(人文社会科学版)》2021 年第 4 期。

③ 参见蔡元庆:《限制董事经营责任法理的比较研究》,载《现代法学》2003 年第 2 期。

（1）因违反了对公司或股东应履行的忠诚义务而产生之责任；（2）由于非善意的错误行为或者故意的不当行为、明知故犯的行为而产生的责任；（3）因董事非法支付股息或非法取得、赎回本公司的股份而产生的责任；（4）因董事在得到不正当个人利益的交易中而产生的责任。① 相类似的，美国《标准商业公司法》第2.02条（b）款第（4）项规定也增加了与前者近乎相同的内容，即公司章程可以设定限制或撤销董事基于董事身份采取的行动或未能采取行动而对公司或股东责任的金钱损失赔偿责任条款，除了：（1）董事无权接受的经济利益；（2）对公司或股东的故意损害；（3）违反本法8.33条的行为；（4）违反刑法的行为。② 而美国纽约州《普通公司法》规定与特拉华州的规定有所不同，其规定公司章程不仅可以减轻或免除董事违反注意义务的责任，还可以减轻或者免除董事违反忠诚义务的责任。③

3. 公司决策机关免除

公司决策机关免除是指，公司决策机构对董事责任的免除主要是股东会、董事会作出相应的免除决议从而对董事本来违反注意义务的行为免于受到相应的惩罚。④ 公司决议免除与司法免除、公司章程免除的不同之处在于：其一，立法授权免除主要是通过法律直接规定或授权改变公司章程条款的方式免除董事责任，是一种事先免除。公司决议免除主要是在损害结果发生、董事责任产生以后通过内部决议形式的免除，是一种事后免除。其二，立法授权免除通常需要具体到法律条文、公司章程或协议的具体条款，需要对免除责任的情形作出具体、详细的规定，而公司决议免除则属于意思自治范畴，只要不违反法律、法规的强制性规定或经过内部表决一致同意，均可通过此种方式免除特定情形的董事责任。

许多大陆法系国家，如意大利、卢森堡、荷兰、韩国等均有相关规定，即股东大会得每年作出给予董事免责的决定，通过对董事不当行为的追认而免除其应承担的民事责任。⑤ 与此同时，德国、日本两国立法均承认通过公司决议限制董事责任。德国《股份公司法》第93条规定，行为基于股东会的合法决议的，对公司不发生赔偿义务。赔偿义务不因监事会已对行为予以承认而被排除。公司只有在请求权产生之后3年内，并只在股东大会同

---

① 参见虞政平编译：《美国公司法规精选》，商务印书馆2004年版，第313、352页。
② 参见虞政平编译：《美国公司法规精选》，商务印书馆2004年版，第23、24页。
③ 参见任自力、曹文泽：《论公司董事责任的限制》，载《法学家》2007年第5期。
④ 参见王洪强：《论我国董事责任的限制与免除》，载《湖北经济学院学报（人文社会科学版）》2021年第4期。
⑤ 参见赵志钢：《公司治理法律问题研究》，中国检察出版社2005年版，第239页。

意,且没有股份合计达到股本的十分之一的少数股东以作成笔录的方式提出异议的情形,才可以抛弃赔偿请求权,或对此达成和解。对于债权人,赔偿义务既不因公司的放弃或和解,也不因基于股东大会的决议而被废止。① 日本在 2001 年修订的《商法典》第 266 条第 5 项规定,董事基于善意或非重大过失,且经股东大会特别决议通过或经股东大会授权董事会作出决议的,可以在一定范围内减轻其责任。② 在此基础上,日本于 2006 年制定新《公司法典》时增加"根据公司章程的授权,董事会可作出免除董事责任的决议",以避免召开股东会的烦琐。③

（三）董事的费用补偿

董事费用补偿制度即在董事因职务行为被起诉时,公司根据法律或章程向董事支付全部或部分的费用,以及公司根据判决或和解协议对董事应支付的赔偿数额或罚款给予补偿。制度目的在于通过补偿降低董事在经营过程中的决策风险,从而鼓励经营者良好履职,同时防止公司或者股东恶意对董事提起诉讼。美国的董事补偿制度具有典型性,其规定最早见于 1941 年的纽约州《公司法》,在此之前的美国关于董事补偿的问题通常会依据信托原则来解决。纽约州的立法对各州起到了示范作用。在此基础上,1967 年《特拉华州普通公司法》增加了董事的强制性补偿;1969 年美国《标准商事公司法》进一步规定了允许性补偿制度;1984 年《标准商事公司法》新设了法院命令补偿制度。根据美国《标准商业公司法》第 8.51—8.54 条之规定,可以将公司补偿划分为三种类型:强制性补偿、允许性补偿和法院命令补偿。

1. 强制性补偿

强制性补偿是指公司在法定情形下对承担责任的董事负有补偿义务。美国大多数的州都规定当董事在实体诉讼中胜诉后,有权要求公司补偿其为此发生的如律师费等合理费用,包括公司对董事提起诉讼,也包括股东或者其他第三人对董事提起诉讼的情形。关于强制性补偿,具体有两种模式,其一,《特拉华州普通公司法》模式,即董事哪怕仅部分胜诉也可以要求公司给予补偿;其二,《标准商事公司法》模式,即董事只有在获得全部胜诉时才可以要求公司给予补偿,在此种情形下,如果董事为了节约时间成本而选择和解方式则可能丧失取得公司补偿费的权利。④ 在美国,主要存在全部

① 参见杜景林、卢谌译:《德国股份法》,中国政法大学出版社 2000 年版,第 43 页。
② 参见吴建斌编译:《日本公司法(附经典判例)》,法律出版社 2017 年版,第 230 页。
③ 参见蔡元庆:《日本董事责任免除制度的新发展》,载《政治与法律》2003 年第 3 期。
④ See MBCA section8.52.

胜诉、部分胜诉、实质胜诉三种标准。全部胜诉标准的要求非常高,可能导致补偿制度形同虚设,无法实现立法目的;部分胜诉标准的要求过低,对董事的要求过于宽松,可能导致制度被滥用,公司的利益无法保障。故立法上多采用实质胜诉标准,根据案件的性质以董事是否实质胜诉为标准确定公司是否应对其补偿。

2. 允许性补偿

允许性补偿即董事在不满足法定条件无法获得强制性补偿时,公司仍可以根据董事履行职务行为中的具体情况给予董事补偿。依据美国《标准商事公司法》之规定,当满足以下条件时,董事会绝对多数决定或者专门的董事委员会、公司独立的法律顾问抑或公司的股东(大)会可以决定给予董事一定数额的补偿:第一,董事的职务行为符合诚信原则;第二,董事的职务行为系出于公司利益最大化的目的;第三,如果涉及刑事诉讼,要求董事的职务行为不具有主观上过错即没有合理的理由要求董事意识到自己的行为的危害性。① 通常认为,公司可以通过制定章程、签订合同等形式使董事获得补偿。允许补偿存在两种立法模式:其一,排他型模式,即公司规定的补偿范围完全限定在法定的补偿范围之内,美国《标准商业公司法》第8.59条之规定即表明,补偿立法仍属强制性规范,不得随意约定。② 其二,非排他型模式,该模式不要求公司补偿与法律规定完全吻合,只要补偿范围经过章程、合同或决议后,公司便应当据此支付补偿费用,而无须考虑现行法律规定。以特拉华州为代表的美国大多数州均采取这一模式,根据《特拉华州普通公司法》第145条规定,该州立法未对补偿范围作强制规定,原则上可以通过额外补偿条款的方式扩大补偿范围。

3. 法院命令补偿

法院命令补偿即公司仅在有法院命令的情况下才能给予董事补偿。美国大多数州都规定,当法院认定董事责任成立时,公司一般不能对董事给予补偿,除非法院命令,则公司应给予董事补偿。根据美国《标准商业公司法》第8.54条之规定,对于判决、调停、惩罚金、罚款(包括按雇员福利计划估值的许可证税)或者与某项程序有关的合理开销的偿付义务均可在补偿之列。③ 具言之,在以下两种情形下法院可以命令公司给予董事以补偿:第一,董事符合获得强制补偿的情形但是没有获得公司的补偿,此时公司还应

① 参见王伟:《董事补偿制度研究》,载《现代法学》2007年第3期。
② 参见美国《标准商业公司法》第8.59条规定:"本分章的排他性公司只能在本分章允许的范围内对董事或高级职员提供补偿或预付费用。"
③ 参见张民安、左传卫主编:《公司法》(第二版),中山大学出版社2003年版,第229页。

当给予董事请求法院命令补偿的费用;第二,董事不符合强制补偿的条件但依据公平原则董事应当获得补偿。[①]　另外,美国大多数州规定,对于强制性补偿和任意性补偿董事都在满足一定条件时(各州规定有所不同)有权要求公司提前预支补偿来支持自己的诉讼行为,但董事获得公司预支补偿时公司应通知股东。这对于董事诉讼权利的保护有积极意义。

我国《公司法(2018)》《公司法(2023)》均没有关于董事责任减免、补偿的规定,也没有构建董事在司法审查中可以援引抗辩的商业判断规则。现在追究董事责任的案例不再少见,随着中国公司证券法律体系的健全,股东派生诉讼、董事责任制度的完善,董事承担责任的案件将会更多发生。从康美药业案件引发的独立董事辞职潮可以看到,有必要引入董事责任减免、补偿和保险制度,毕竟很难鼓励董事冒着巨额赔偿风险去积极履责。

四、董事责任保险制度的完善

董事责任保险,又称董事与经理责任保险,是指以公司董事或者经理依法应向股东或者第三人承担的损害赔偿责任为标的的一种保险。[②]　董事责任保险制度源起于英美法系国家,是一种以董事或者高级管理人员对公司及债权人承担民事赔偿责任为保险标的的一种保险。当其在履行职务中的不当行为导致对公司或者第三人承担个人赔偿责任时,由保险人支付其赔偿数额以及因应诉抗辩产生的费用。2020 年,瑞幸咖啡爆雷事件带火的"董责险"就是其中之一。董责险全称为董事、监事、高级管理人员及公司赔偿责任保险,是对上述岗位人员在行使其职责时所产生的错误、疏忽、不当行为进行赔偿的保险合同。覆盖勤勉义务与赔偿责任的董事高管保险是现代资本市场的标配保险产品,既缓解董事高管承担巨额赔偿责任的经济负担和心理压力,也能够拓宽保险市场半径。[③]　需要注意的是,董责险的赔偿范围并不包括罚款或惩罚性赔偿。

作为一种特殊的职业保险,董事职业保险至今已经经历了近百年的发展,在美国已经形成较为成熟的制度体系并被广泛应用。其目的在于降低董事的履职风险,对于公司良好治理而言也是有利的,其可以促进董事在公司治理中的自主权实施。[④]　我国为适应经济发展的需要,也适时引进了董

---

①　参见王伟:《董事补偿制度研究》,载《现代法学》2007 年第 3 期。

②　参见王伟:《董事责任保险制度研究》,知识产权出版社 2006 年版,第 18 页。

③　参见刘俊海:《董事责任制度重构:精准问责、合理容错、宽容失败——以弘扬企业家精神为视角》,载《交大法学》2023 年第 3 期。

④　参见蔡元庆:《美国的董事责任保险制度》,载《西南政法大学学报》2003 年第 4 期。

事责任保险制度。2002 年《上市公司治理准则》中第一次出现董事责任保险①,同年,中国平安保险公司推出了中国第一个董事长责任保险。然而,我国董事保险制度在 20 年的发展过程中却面临着诸多问题,比如适用范围过窄、费用承担主体及受益人存在争议等。

（一）扩大董事责任保险的适用范围

根据《上市公司治理准则》第 24 条的规定,我国董事责任保险仅应用于上市公司,适用的主体包括独立董事,但不包括高级管理人员。② 关于董事责任保险责任范围的界定,英美法系引入"不当行为"这一概念,通常可以从行为和身份两个方面概括:(1)董事、高级职员在其职责范围内,违反义务、过失、不实陈述等行为;(2)仅因其具有董事或高级职员身份而被索赔。③ 由于不当行为的表现形式多种多样,很难列举完全,因此可以从主观心态和客观行为两个角度考察:一是主观上的故意或过失,一般而言,故意排除免责。英美法上为了保护受害第三人的利益,对被保险人的故意行为是否属于保险合同约定的除外责任,适用从严解释原则。④ 二是客观上的履行职务行为。所谓履行职务行为,首先需要明确董事的职务范围,对于董事超越职务范围的个人行为,应当排除在责任范围之外。值得进一步追问的是,不当行为是否仅包括被保险人的正式职务? 在 Ratcliffe v. International Surplus Lines Ins.Co.一案中,法院认为保险单中的"不当行为"是从宽泛的意义上界定保险责任,对于被保险人作为原告公司部分股份信托的受托人,其行为虽然不属于正式职务,但仍然是在履行公司职务,因为公司成立的一个重要目的即提供信托服务,法院对此予以认可。

英美国家公司普遍为董事和高级职员购买董事责任保险,其公司法上也多有规定。如美国为了使公司为董事购买保险的行为合法化,1967 年特拉华州首先修改州公司法,规定在该州注册的公司有权为董事和高级职员购买董事责任保险,1969 年纽约州也修改州公司法,允许公司购买董事责任保险,此后其他各州纷纷效仿。⑤ 董监高责任险市场前景广阔,监管者应

---

① 参见《上市公司治理准则》第 39 条规定。

② 参见《上市公司治理准则》第 24 条规定。

③ 参见王伟:《董事责任保险制度研究》,知识产权出版社 2006 年版,第 166 页。

④ 参见孙宏涛:《董事责任保险之承保对象研究——以董事不当行为为核心》,载《兰州学刊》2014 年第 7 期。

⑤ 参见孙宏涛:《我国董事责任保险市场发展过程中存在的问题及相应对策》,载《哈尔滨师范大学社会科学学报》2011 年第 2 期。

满腔热忱地予以鼓励、支持和引导。① 我国限制董事责任保险的投保主体，虽然降低了保险公司的赔偿风险，但也减少了公司职员受到此制度庇护的可能性。因此，从提高董事履职积极性优化公司治理的角度而言，我国应扩大董事责任保险的适用主体范围，不应局限于上市公司董事，因为本章第一节中提及的就《公司法(2018)》第149条检索的近三年的共计790个董事、监事、高级管理人员损害公司利益责任纠纷案件中，涉及股份有限公司的案例占327个，其中的上市公司不足20个。就有限责任公司的董事最终承担赔偿数额而言，也存在上千万元之巨，因此或许最需要责任保险庇护的是普通的有限责任公司的董事及高级管理人员。《公司法(2023)》第193条新增了公司可以为董事因执行公司职务承担的赔偿责任投保责任保险的规定，将董事责任保险的适用范围扩大到所有类型的公司②，首次将董事责任保险引入公司法。

（二）明确董事责任保险的费用承担主体

关于董事责任保险的费用究竟由谁来负担一直颇有争议。在美国实行董事责任保险制度之初，赞成公司承担保险费用的观点认为：一是由公司支付保险费，可以确保董事人才的供给，从公司的利益出发是更有利的③；二是如果公司不为董事购买保险，由于董事个人赔偿能力有限，一旦董事对公司负有巨额的赔偿责任时，则将使公司遭受更大的损失。为董事购买保险一定程度上可以避免公司追责无果的风险。④ 反对者的主要理由有二：一是董事责任的承担者应是董事个人，公司没有义务为董事支付保险费用；二是鉴于已有的董事补偿制度，公司存在支付董事补偿费用的可能。另外，董事责任保险标的覆盖范围要比董事补偿的范围大，董事责任保险超过董事责任补偿的部分，对于公司而言支付此部分的保险费用，不能获取利益，公司对于此部分保险费用的支出则是不正当的。

由于各种批判意见的存在，美国选择了一种由公司和董事个人各自支付一部分保险费用的模式，一般而言，由公司支付90%、个人支付10%。但是公司为了吸引人才，往往通过提高董事薪酬的方式变相支付应由董事个

---

① 参见刘俊海：《董事责任制度重构：精准问责、合理容错、宽容失败——以弘扬企业家精神为视角》，载《交大法学》2023年第3期。

② 参见《中华人民共和国公司法(2023年修订)》第193条规定。

③ See Johnston, *Corporation Indemnification and Liability Insurance for Directors and Officers.* 33 Bus. Law., 1978, 2012.

④ See Keepper, *Officers and Directors: Indemnification and Liability Insurance-An Update* 30 Bus. Law., 1975 961.

人负担的保险费用,在此之下,事实上还是由公司全额支付了保险费用。为了避免理论上的冲突,使得公司有支付董事责任保险费用的法定理由,实务界迫切希望通过立法来解决这一问题。在此种背景下,美国《特拉华州普通公司法》首创由公司支付董事责任保险费用的制度,此后美国各州都采用了此种制度。[①]

1990年董事责任保险制度引入日本之后,该保险费用由谁负担的问题也引起了广泛的争议。由于当时日本公司立法尚不明确,由公司负担董事责任保险费用是否违背公司法确立的董事与公司禁止交易原则?进而是否违反了董事的忠诚义务?日本《商法》规定购买董事责任保险由公司章程规定,而公司章程通常将决定权交由董事会决定,实质上成了董事们自行决定要不要公司为自己购买责任保险,董事会成员也就都成了利益相关人。在日本学界有一种观点,即通过增加董事报酬的方式让董事个人支付董事责任保险是最为合理的,此观点似乎解决了由公司支付董事责任保险费用的理论困境。但也有反对意见认为,董事的报酬应当与其给公司创造的价值相当,为了原本就应该由董事个人支付的保险费用而增加董事的报酬是没有理由的,也无法向由决定董事报酬的股东会做出合理的解释。

按照谁受益谁买单的原则,董事责任保险费应由谁承担的问题实质上是在追问谁是董事责任保险的最终受益者,是董事、公司,还是第三人?董事责任首先是个人责任,保险机制使得董事从不当行为导致的巨额赔偿中解脱出来,董事自然是直接受益人。但公司从董事保险制度中也受益良多,包括前述提及的造成公司损害时不会出现因董事个人经济能力的局限导致公司无法获赔的尴尬情形、避免无人愿意担任公司董事、有助于董事正常履职追求公司利益最大化等。因此,由公司为董事保险支付费用有一定的正当性。

我国《上市公司治理准则》第24条中规定了"经股东大会批准,上市公司可以为董事购买责任保险"。但《上市公司治理准则》的效力层级较低,适用的公司主体范围有限,应通过完善公司法等基础法规来避免理论冲突及争议。本书认为,如上述理论提及的,首先,董事责任与公司利益存在一定的正相关性,因此在经过公司决策机关同意的情况下,可以由公司为董事支付保险费。其次,本着法无明文规定不禁止的原则,立法层面也难以实质性地"阻止"公司为董事保险费买单,因为有太多可变相支付的途径。为了敦促董事在有责任保险的情况下仍然尽心尽力工作并遏制保险赔偿的道德

① 参见蔡元庆:《美国的董事责任保险制度》,载《西南政法大学学报》2003年第4期。

滥用,保险赔偿金不应覆盖全部的赔偿项目,董事个人仍应承担一定比例或限额的赔偿责任为宜。

（三）董事责任保险的除外责任应与董事职责相协调

在投保董事责任保险后,发生保险事故时保险人应当按照保险合同的规定给予公司董事以保险赔偿。但是如果依据法律规定或者保险合同约定,不属于保险责任范围的,保险人不承担保险赔偿责任,即保险除外责任。① 保险除外责任的意义在于减轻保险人的责任,避免保险人赔付义务过于沉重,其对于董事责任制度的发展有积极意义。如果没有除外责任限制,则会导致保险公司因风险过大而不愿意开展此类保险业务,或者保险金过高而出现无人投保的情形。

按主体不同,董事责任保险除外责任分为对公司的除外责任和对董事个人的除外责任。在公司给予董事补偿费用之后,购买了董事责任保险的公司可以向保险公司要求获得保险金,而如果董事因违反义务而产生的赔偿责任不属于保险责任范围,则公司不能获得保险赔偿金。如果公司董事因种种原因未获得公司的补偿费用,那么董事可以向保险人请求支付保险金,而如果其赔偿责任不属于保险范围,那么则不能获得保险金。这就是两种除外责任的情形。此外,也可以根据除外责任的属性不同分为法定除外责任和约定除外责任,法定除外责任即法律规定不能作为保险范围的赔偿责任。② 除违反现行法律法规赋予董事的义务之外,在保险合同中投保人和保险人可以约定保险人的免责条款,即董事因哪些行为而产生的民事赔偿责任不属于保险责任的范围,此即约定的除外责任,约定的除外责任具有任意性,这与保险金的数额与保险标的的风险有着直接关系。

除外责任的范围本质上是一个价值取向问题,即如何看待保险免责之补偿和风险抵御功能与民事赔偿责任对董事不当行为抑制功能的矛盾,两种制度如何协调发挥各自的功能价值需实质性地考察董事行为的性质以及其主观要素。首先,对董事故意的违法及违反公司章程的行为,应通过民事赔偿责任加以抑制。其次,对于主观上无故意或重大过失的行为,原则上应纳入保险赔偿的范围。因为对于因一般过失而产生的责任,通过加入责任保险来予以补偿是董事责任保险制度的目的所在。故而,通过立法限定董

---

① 参见王伟、李艳:《论董事责任保险制度》,载《保险研究》2002 年第 1 期。
② 参见《上市公司治理准则》第 24 条:"……责任保险范围由合同约定,但董事因违反法律法规和公司章程规定而导致的责任除外。"

事责任保险的补偿范围,是实现董事责任保险制度与民事责任制度协调的关键。[①]

具体而言,各国的董事责任保险机制亦可资借鉴。首先,对于董事故意或恶意的侵权行为,各国都不允许通过保险转嫁风险进而达到侵占公司财产之目的。[②]　其次,保险可以覆盖董事的大多数民事责任,包括对因过失、违约以及玩忽职守而产生的责任进行赔付。[③]　英美法上均有类似规定[④],例如英国法上违反诚实信用原则所引发的责任,包括欺诈、诽谤、污蔑、腐败、违反职业操守等都被列入非保险责任的范围[⑤]。目前,我国董事责任保险制度的适用主体逐步扩大至有限责任公司的董事、高级管理人员,有必要通过保险业监管部门对免责条款的内容制定相对统一的标准,或者对每个保险公司的格式合同进行审查后在指定网站公告。

行文至此,营商环境优化背景下我国公司董事权力、义务、责任的体系化规则梳理及框架性完善已基本完成,这也是营商环境法治化建设对具体商事制度基于本土场景、公司治理与司法实践的一次回顾与检视。本研究历经三载,基本贯穿世行营商环境评价指标从 DB 到 B-Ready,以及我国《公司法(2023 年)》修订始终,反复于域外立法的整理、比对,国内外实证数据的收集,典型案例的分析与总结等,实为不易。因所涉研究对象及内容庞杂,一直担心结构安排是否适当、主线逻辑是否了然、结论呈现是否清晰,文稿落笔之时深感力有不逮。当前我国优化营商环境的制度建设进入了由实践探索向立法规范升级、由定性描述向量化分析跃进的阶段,政策语境下的营商环境概念也为本书商事制度现代化的变迁提供了价值指引,以商事安全、效率及公平为宏观要求,以中小股东保护指标为底层逻辑的董事法律制度变革远非本文之所及,概为起点,勉励继行。

---

① 参见蔡元庆:《董事责任保险制度和民商法的冲突与协调》,载《法学》2003 年第 4 期。

② 参见邹碧华:《论董事对公司债权人的民事责任》,载《法律适用》2008 年第 9 期。

③ 参见[英]托尼·兰顿、[英]约翰·瓦特肯森:《公司董事指南》,李维安、牛建波等译,中国财政经济出版社 2004 年版,第 211 页。

④ 参见[英]托尼·兰顿、[英]约翰·瓦特肯森:《公司董事指南》,李维安、牛建波等译,中国财政经济出版社 2004 年版,第 211 页;美国《标准商事公司法》第 57 条、《特拉华州普通公司法》第 145 条。

⑤ 参见[英]托尼·兰顿、[英]约翰·瓦特肯森:《公司董事指南》,李维安、牛建波等译,中国财政经济出版社 2004 年版,第 241 页。

参 考 文 献

一、中文参考文献

（一）中文著作类

1.《习近平著作选读》第二卷，人民出版社 2023 年版。

2. 习近平：《论坚持全面依法治国》，中央文献出版社 2020 年版。

3.《习近平关于社会主义经济建设论述摘编》，中央文献出版社 2017 年版。

4. E.博登海默：《法理学：法律哲学与法律方法》，邓正来译，中国政法大学出版社 1999 年版。

5. 阿尔伯特·O.赫希曼：《退出，呼吁与忠诚——对企业、组织和国家衰退的回应》，卢昌崇译，经济科学出版社 2001 年版。

6. 卞耀武主编：《德国股份公司法》，贾红梅、郑冲译，法律出版社 1997 年版。

7. 卞耀武主编：《法国商事公司法》，李萍译，法律出版社 1999 年版。

8. 卞耀武主编：《特拉华州普通公司法》，左羽译，法律出版社 2001 年版。

9. 布莱恩 R.柴芬斯：《公司法：理论、结构与运作》，林华伟、魏旻译，法律出版社 2001 年版。

10. 查尔斯·德伯：《公司帝国》，闫正茂译，中信出版社 2004 年版。

11. 陈国柱：《意大利民法典》，中国人民大学出版社 2010 年版。

12. 陈郁主编：《所有权、控制权与激励——代理经济学文选》，上海人民出版社 2006 年版。

13. 迟福林主编：《国企改革与产权》，外文出版社 1998 年版。

14. 丹尼斯·吉南：《公司法》，朱羿锟等译，法律出版社 2005 年版。

15. 道格拉斯·诺斯：《制度、制度变迁与经济成就》，格致出版社 2008 年版。

16. 邓峰：《普通公司法》，中国人民大学出版社 2009 年版。

17. 董安生编译：《英国公司法》，法律出版社 1991 年版。

18. 董冬主编：《公司法全书》，工人出版社 1993 年版。

19. 杜景林、卢谌译：《德国股份法》，中国政法大学出版社 2000 年版。

20. 甘培忠、刘兰芳主编：《新类型公司诉讼疑难问题研究》，北京大学出版社 2009 年版。

21. 甘培忠：《公司控制权的正当行使》，法律出版社 2006 年版。

22. 高旭军：《德国公司法典型判例 15 则评析》，南京大学出版社 2011 年版。

23. 格茨·怀克、克里斯蒂娜·温德比西勒：《德国公司法（第 21 版）》，殷盛译，法律出版社 2010 年版。

24. 葛伟军:《英国公司法要义》,法律出版社 2014 年版。

25. 葛伟军译注:《英国 2006 年公司法(第 3 版)》,法律出版社 2017 年版。

26. 何孝元:《民法概要》,台湾三民书局 1982 年版。

27. 胡晓静、杨代雄译注:《德国商事公司法》,法律出版社 2014 年版。

28. 黄辉:《现代公司法比较研究:国际经验及对中国的启示》,清华大学出版社 2011 年版。

29. 黄立:《民法债编各论》(下),中国政法大学出版社 2003 年版。

30. 霍菲尔德:《基本法律概念》,张书友编译,中国法制出版社 2009 年版。

31. 江平:《法人制度通论》,中国政法大学出版社 1994 年版。

32. 金勇军:《董事权力、权利和义务》,高等教育出版社 2016 年版。

33. 近藤光男:《最新日本公司法》,梁爽译,法律出版社 2016 年版。

34. 康德:《法的形而上学原理——权利的科学》,沈叔平译,商务印书馆 1992 年版。

35. 柯芳枝:《公司法论》,中国政法大学出版社 2004 年版。

36. 赖源河:《新修正公司法解析》,元照出版社 2002 年版。

37. 李建伟:《独立董事制度研究——从法学与管理学的双重角度》,中国人民大学出版社 2004 年版。

38. 李维安:《公司治理学》,高等教育出版社 2005 年版。

39. 理查德·A.波斯纳:《法律的经济分析》,蒋兆康译,中国大百科全书出版社 1997 年版。

40. 梁宇贤:《公司法论》,台湾三民书局 1980 年版。

41. 林少伟:《英国现代公司法》,中国法制出版社 2015 年版。

42. 刘俊海:《公司的社会责任》,法律出版社 1999 年版。

43. 刘俊海:《股份有限公司股东权的保护》,法律出版社 2004 年版。

44. 刘连煜:《公司法理论与判决研究》,法律出版社 2002 年版。

45. 刘渝生:《公司法制之再造——与德国公司法之比较》,新学林出版股份有限公司 2005 年版。

46. 罗伯特·W.汉密尔顿:《公司法概要》,李存棒译,中国社会科学出版社 1999 年版。

47. 罗伯特·W.汉密尔顿:《美国公司法》,齐东祥译,法律出版社 2008 年版。

48. 罗培新:《公司法的合同解释》,北京大学出版社 2004 年版。

49. 马俊驹:《法人制度通论》,武汉大学出版社 1988 年版。

50. 马克斯·韦伯:《新教伦理与资本主义精神》,于晓、陈维钢等译,生活·读书·新知三联书店 1992 年版。

51. 曼瑟尔·奥尔森:《集体行动的逻辑》,陈郁、郭宇峰、李崇新译,上海人民出版社 1995 年版。

52. 梅慎实:《现代公司机关权力构造论》,中国政法大学出版社 1996 年版。

53. 梅慎实：《现代公司治理结构规范运作论（修订版）》，中国法制出版社 2002 年版。

54. 梅因哈特：《欧洲十二国公司法》，李功国、周林彬、陈志刚等编译，兰州大学出版社 1988 年版。

55. 末永敏和：《现代日本公司法》，金洪玉译，中国人民法院出版社 2000 年版。

56. 佩林斯·杰弗里斯：《英国公司法》，上海翻译出版公司 1984 年版。

57. 齐树洁：《破产法》，厦门大学出版社 2007 年版。

58. 森田章：《公开公司法论》，黄晓林编译，中国政法大学出版社 2012 年版。

59. 山本为三郎：《日本公司法精解》，朱大明等译，法律出版社 2015 年版。

60. 上海证券交易所研究中心：《中国公司治理报告（2005）：民营上市公司治理》，复旦大学出版社 2005 年版。

61. 沈洪涛、沈艺峰：《公司社会责任思想起源与演变》，世纪出版集团 2007 年版。

62. 沈四宝编译：《最新美国标准公司法》，法律出版社 2006 年版。

63. 沈宗灵：《西方法理学》，北京大学出版社 1986 年版。

64. 施天涛：《公司法论》，法律出版社 2018 年版。

65. 史际春：《国有企业法论》，中国法制出版社 1997 年版。

66. 斯蒂芬·M.贝恩布里奇：《理论与实践中的新公司治理模式》，法律出版社 2012 年版。

67. 宋林霖：《世界银行营商环境评价指标体系详析》，天津人民出版社 2018 年版。

68. 汤欣等：《控股股东法律规制比较研究》，法律出版社 2006 年版。

69. 托马斯·莱塞尔、吕迪格·法伊尔：《德国资合公司法》，高旭军等译，法律出版社 2005 年版。

70. 托尼·兰顿、约翰·瓦特肯森：《公司董事指南》，李维安、牛建波等译，中国财政经济出版社 2004 年版。

71. 王保树、崔勤之：《中国公司法原理》，社会科学文献出版社 2000 年版。

72. 王利明、杨立新、王轶、程啸：《民法学》，法律出版社 2017 年版。

73. 王利明：《侵权行为法归责原则研究（修订二版）》，中国政法大学出版社 2004 年版。

74. 王书江编译：《日本商法典》，中国法制出版社 2000 年版。

75. 王伟：《董事责任保险制度研究》，知识产权出版社 2006 年版。

76. 王文钦：《公司治理结构之研究》，中国人民大学出版社 2005 年版。

77. 王艳华：《破产法学》，郑州大学出版社 2009 年版。

78. 王影丽：《董事责任制度》，中国财政经济出版社 2002 年版。

79. 王勇华：《董事会权力法律制度研究：理论与规则》，法律出版社 2015 年版。

80. 威廉姆森：《企业的性质：起源、演变和发展》，商务印书馆 2007 年版。

81. 吴建斌：《现代日本商法研究》，人民出版社 2003 年版。

82. 吴建斌编译：《日本公司法（附经典判例）》，法律出版社 2017 年版。

83. 吴日焕:《韩国公司法》,卞耀武、宋永新译,中国政法大学出版社 2000 年版。

84. 吴日焕译:《韩国商法》,中国政法大学出版社 1999 年版。

85. 吴越主编:《私人有限公司的百年论战与世纪重构》,法律出版社 2005 年版。

86. 吴赵详等译:《瑞士债法典》,法律出版社 2002 年版。

87. 谢晓如:《公司机会规则研究》,厦门大学出版社 2014 年版。

88. 徐海燕:《英美代理法研究》,法律出版社 2000 年版。

89. 徐文彬等译:《特拉华州普通公司法》,中国法制出版社 2010 年版。

90. 徐晓松:《公司法与国有企业改革研究》,法律出版社 2000 年版。

91. 尹田:《民事主体理论与立法研究》,法律出版社 2003 年版。

92. 虞政平编译:《美国公司法规精选》,商务印书馆 2004 年版。

93. 张开平:《英美公司董事法律制度研究》,法律出版社 1998 年版。

94. 张民安:《公司法上的利益平衡》,北京大学出版社 2003 年版。

95. 张民安:《现代英美董事法律地位研究》,法律出版社 2007 年版。

96. 赵旭东:《公司法学(第 2 版)》,高等教育出版社 2006 年版。

97. 赵旭东主编:《国际视野下公司法改革——中国与世界:公司法改革国际峰会论文集》,中国政法大学出版社 2007 年版。

98. 赵旭东主编:《上市公司董事责任与处罚》,中国法制出版社 2004 年版。

99. 赵志钢:《公司治理法律问题研究》,中国检察出版社 2005 年版。

100. 朱慈蕴:《公司法原论》,清华大学出版社 2011 年版。

101. 朱锦清:《公司法学(修订本)》,清华大学出版社 2019 年版。

(二)中文论文类

1.《习近平:营造稳定公开透明的营商环境　加快建设开放型经济新体制》,《人民日报》2017 年 7 月 18 日。

2. 白江:《公司支付不能或资不抵债时申请破产的义务和责任》,《华东政法大学学报》第 2008 年第 1 期。

3. 蔡嘉炜:《破产法视野下的企业经营者保证:经济解释与立法进路》,《中国政法大学学报》2021 年第 4 期。

4. 蔡伟:《公司内部监督责任体系的困境基于对监事的再考察》,《中外法学》2018 年第 6 期。

5. 蔡元庆:《董事责任保险制度和民商法的冲突与协调》,《法学》2003 年第 4 期。

6. 蔡元庆:《美国的董事责任保险制度》,《西南政法大学学报》2003 年第 4 期。

7. 蔡元庆:《日本董事责任免除制度的新发展》,《政治与法律》2003 年第 3 期。

8. 蔡元庆:《限制董事经营责任法理的比较研究》,《现代法学》2003 年第 2 期。

9. 陈弘:《浅议我国上市公司治理结构的法律制度环境》,《经济师》2002 年第 10 期。

10. 陈洁:《实际控制人公司法规制的体系性思考》,《北京理工大学学报(社会科学版)》2022 年第 5 期。

11. 陈景善:《董事合规义务体系——以董事会监督机制为路径依赖》,《中国法律评论》2022 年第 3 期。

12. 陈景善:《公司社会责任的股东共益权实现路径》,《政法论坛》2020 年第 1 期。

13. 陈鸣:《董事信义义务转化的法律构造——以美国判例法为研究中心》,《比较法研究》2017 年第 5 期。

14. 陈曙光、霍晓萍、任艺:《混合所有制改革与国有企业投资效率——基于委托代理冲突和股东间冲突的视角》,《会计之友》2021 年第 16 期。

15. 陈伟伟、张琦:《系统优化我国区域营商环境的逻辑框架和思路》,《改革》2019 年第 5 期。

16. 陈彦良:《德国公司治理概论——德国公司治理法典导论及内容》,《月旦民商法杂志》2005 年第 9 期。

17. 陈运雄、蔡梅娥:《论公司董事概念》,《求索》2004 年第 12 期。

18. 陈清:《OECD 公司治理结构原则》,《国企改革攻坚 15 题》,中国经济出版社 1999 年版,第 128—137 页。

19. 程柯、韩硕:《特殊管理股制度的缘起、超越与融入》,《编辑之友》2016 年第 3 期。

20. 邓峰:《董事会制度的起源、演进与中国学习》,《中国社会科学》2011 年第 1 期。

21. 邓峰:《公司合规的源流及中国的制度局限》,《比较法研究》2020 年第 1 期。

22. 邓峰:《公司利益缺失下的利益冲突规则——基于法律文本和实践的反思》,《法学家》2009 年第 4 期。

23. 邓峰:《中国法上董事会的角色、职能及思想渊源:实证法的考察》,《中国法学》2013 年第 3 期。

24. 邓峰:《中国公司治理的路径依赖》,《中外法学》2008 年第 1 期。

25. 邓宏兵、李俊杰、李家成:《中国省域投资环境竞争力动态分析与评估》,《生产力研究》2007 年第 16 期。

26. 翟昕:《关于上市公司引入独立董事制度的法律经济学思考》,《西北大学学报(哲学社会科学版)》2003 年第 4 期。

27. 翟业虎:《竞业禁止的域外法律实务考察》,《法学杂志》2013 年第 12 期。

28. 丁燕:《世行"办理破产"指标分析与我国破产法的改革》,《浙江工商大学学报》2020 年第 1 期。

29. 丁勇:《董事执行股东会决议可免责性研究》,《法学》2020 年第 5 期。

30. 董彪、李仁玉:《我国法治化国际化营商环境建设研究——基于〈营商环境报告〉的分析》,《商业经济研究》2016 年第 13 期。

31. 董志强、魏下海、汤灿晴:《制度软环境与经济发展——基于 30 个大城市营商环境的经验研究》,《管理世界》2012 年第 4 期。

32. 段威:《优化营商环境下市场主体登记的功能定位与制度保障》,《甘肃社会科学》2022 年第 1 期。

33. 樊云慧:《公司高管义务与董事义务一致吗?——美国的司法实践及其对我国的启示》,《环球法律评论》2014 年第 1 期。

34. 范健、蒋大兴:《论公司董事之义务——从比较法视角考察》,《南京大学法律评论》1998 年第 1 期。

35. 范健:《从全球经济危机反思现代商法的制度价值》,《河北法学》2009 年第 8 期。

36. 方龙喜:《德、美、日股份有限公司治理机制比较》,《当代法学》2001 年第 3 期。

37. 方颖、赵阳:《寻找制度的工具变量:估计产权保护对中国经济增长的贡献》,《经济研究》2011 年第 5 期。

38. 冯果、杨梦:《国企二次改革与双层股权结构的运用》,《法律科学(西北政法大学学报)》2014 年第 6 期。

39. 冯果:《股东异质化视角下的双层股权结构》,《政法论坛》2016 年第 4 期。

40. 冯彦君、邱红:《职工参与制及其理论基础质疑》,《当代法学》2007 年第 5 期。

41. 冯占省:《关联交易:概念确立、规范定位及制度创新》,《学海》2021 年第 6 期。

42. 弗朗切斯·卡尔卡诺:《2004 年〈意大利民法典〉公司法编之特点》,丁玫译,《比较法研究》2005 年第 4 期。

43. 傅穹、曹理:《独立董事勤勉义务边界与免责路径》,《社会科学》2011 年第 12 期。

44. 傅穹、陈洪磊:《商业判断规则司法实证观察》,《国家检察官学院学报》2021 年第 2 期。

45. 傅穹:《司法视野下独立董事的责任反思与制度创新》,《法律适用》2022 年第 5 期。

46. 甘培忠、赵文贵:《论破产法上债务人高管人员民事责任的追究》,《政法论坛》2008 年第 2 期。

47. 高丝敏:《破产法的指标化进路及其检讨——以世界银行"办理破产"指标为例》,《法学研究》2021 年第 2 期。

48. 郭丹:《破产公司董事对债权人之个人民事赔偿责任——新〈企业破产法〉及英美相关法律制度评析》,《审计与经济研究》2007 年第 1 期。

49. 郭丁铭:《公司破产与董事对债权人的义务和责任》,《上海财经大学学报》2014 年第 2 期。

50. 郭富青:《从股东绝对主权主义到相对主权主义公司治理的困境及出路》,《法律科学》2003 年第 4 期。

51. 郭富青:《我国公司法移植信义义务模式反思》,《学术论坛》2021 年第 5 期。

52. 郭敬波、何建君:《谋取属于公司的商业机会的认定》,《人民司法》2008 年第 8 期。

53. 郭雳:《中国式监事会:安于何处,去向何方?——国际比较视野下的再审思》,《比较法研究》2016 年第 2 期。

54. 郭锐：《商事组织法中的强制性和任意性规范：以董事会制度为例》，《环球法律评论》2016 年第 2 期。

55. 郭同峰：《独立董事制度与我国公司法人治理结构之完善》，《理论探讨》2003 年第 2 期。

56. 韩长印、吴泽勇：《公司业务执行权之主体归属——兼论公司经理的法律地位》，《法学研究》1994 年第 4 期。

57. 郝红：《董事忠实义务研究》，《政法论丛》2005 年第 1 期。

58. 郝慧：《股份公司管理机构的合规义务与责任——以中德法律比较为视角》，《中德法学论坛》2016 年第 13 辑。

59. 何凌云、陶东杰：《营商环境会影响企业研发投入吗？——基于世界银行调查数据的实证分析》，《江西财经大学学报》2018 年第 3 期。

60. 何云：《公司社会责任背景下的公司对消费者的社会责任问题》，《河南省政法管理干部学院学报》2010 年第 6 期。

61. 贺大兴、王静：《营商环境与经济高质量发展：指标体系与实证研究》，《上海对外经贸大学学报》2020 年第 6 期。

62. 洪秀芬：《德国法之董事忠实义务》，《月旦法学杂志》2011 年第 194 期。

63. 侯怀霞：《我国"禁止篡夺公司机会原则"司法适用研究》，《法商研究》2012 年第 4 期。

64. 后向东：《论营商环境中政务公开的地位和作用》，《中国行政管理》2019 年第 2 期。

65. 胡晓静：《公司破产时董事对债权人责任制度的构建——以德国法为借鉴》，《社会科学战线》2017 年第 11 期。

66. 胡晓静：《论董事自我交易的法律规制》，《当代法学》2010 年第 6 期。

67. 华忆昕：《企业社会责任规制反身法路径的适用与反思》，《重庆大学学报（社会科学版）》2021 年第 3 期。

68. 黄爱学：《论董事的概念》，《时代法学》2009 年第 4 期。

69. 黄文锋、张建琦：《董事会权力等级、战略性资源配置变动与公司绩效》，《中山大学学报（社会科学版）》2016 年第 4 期。

70. 季奎明：《商主体资格形成机制的革新》，《中国法学》2019 年第 3 期。

71. 季奎明：《中国式公司内部监督机制的重构》，《西南民族大学学报》2020 年第 4 期。

72. 简新华、石华巍：《独立董事的"独立性悖论"和有效行权的制度设计》，《中国工业经济》2006 年第 3 期。

73. 蒋大兴：《公司董事会的职权再造——基于"夹层代理"及现实主义的逻辑》，《现代法学》2020 年第 4 期。

74. 金春：《破产企业董事对债权人责任的制度建构》，《法律适用》2020 年第 17 期。

75. 金剑锋：《公司管理层的法定义务和民事责任》，《法律适用》2008 年第 Z1 期。

76. 康念福:《广东建设法治化国际化的营商环境及对策建议——2012 年"省长与专家座谈会"主要观点综述》,《广东经济》2012 年第 9 期。

77. 雷涵:《我国公司法人机关权力制衡机制的公司法完善》,《法律科学》1997 年第 6 期。

78. 李安安:《金融创新与董事信义义务的重塑》,《证券法苑》2012 年第 7 卷。

79. 李常青、赖建清:《董事会特征影响公司绩效吗?》,《金融研究》2004 年第 5 期。

80. 李春玲、袁润、森李念:《非实际控制人董事会权力与国企战略变革》,《科学学与科学技术管理》2021 年第 8 期。

81. 李飞:《论董事对公司债权人负责的法理正当性——从法人组织体说的局限性及其超越之路径展开》,《法制与社会发展》2010 年第 4 期。

82. 李宏伟:《商法思维下我国公司董事勤勉义务法律制度研究》,《中国商法年刊》2013 年第 10 期。

83. 李建伟、岳万兵:《董事对债权人的信义义务——公司资本制度视角的考察》,《中国政法大学学报》2022 年第 2 期。

84. 李建伟:《股东压制的公司法救济:英国经验与中国实践》,《环球法律评论》2019 年第 3 期。

85. 李建伟:《论公司社会责任的内涵界定与实现机制建构——以董事的信义义务为视角》,《清华法学》2010 年第 2 期。

86. 李建伟:《论我国上市公司监事会制度的完善——兼及独立董事与监事会的关系》,《法学》2014 年第 2 期。

87. 李林木、宛江、潘颖:《我国税务营商环境的国际比较与优化对策》,《税务研究》2018 年第 4 期。

88. 李钦贤:《论公司负责人对第三人赔偿责任之性质》,《月旦法学杂志》2001 年第 68 期。

89. 李绍恒:《交易成本理论视角下的公司权力配置与公司治理》,《重庆社会科学》2019 年第 2 期。

90. 李姝、李丹:《非国有股东董事会权力能促进国企创新吗?》,《外国经济与管理》2021 年第 12 期。

91. 李维安、刘振杰、顾亮、郝臣:《基于风险视角的董事会相对权力与产品市场竞争力关系研究》,《管理学报》2014 年第 11 期。

92. 李维安、邱艾超、阎大颖:《企业政治关系研究脉络梳理与未来展望》,《外国经济与管理》2010 年第 5 期。

93. 李晓婷:《论公司的利益归入权》,《山东商业职业技术学院学报》2021 年第 1 期。

94. 李燕、李理:《公司治理之下的双层股权结构:正当性基础与本土化实施路径》,《河北法学》2021 年第 4 期。

95. 李燕、杨朝越:《行政与市场双重视角下的国有大型商业银行治理检视》,《投资研究》2019 年第 7 期。

96. 李燕、杨淦：《董事注意义务的司法审查标准刍议》，《法律适用》2013 年第 12 期。

97. 李洋：《基于利益相关者治理的职工参与制度研究》，《天津师范大学学报（社会科学版）》2004 年第 3 期。

98. 李昀展：《我国董事赔偿责任减免制度建构研究》，《河南牧业经济学院学报》2020 年第 5 期。

99. 李蕴辉：《公司内部制衡机制的立法原则》，《法制与社会发展》2004 年第 6 期。

100. 李长娥、谢永珍：《董事会权力层级、创新战略与民营企业成长》，《外国经济与管理》2017 年第 12 期。

101. 梁洪学：《公司控制权配置的演进、变革及启示——基于英美模式与德日模式的比较视角》，《当代经济研究》2014 年第 12 期。

102. 梁上上：《公司权力的归属》，《政法论坛》2021 年第 5 期。

103. 梁爽：《董事信义义务结构重组及对中国模式的反思——以美、日商业判断规则的运用为借镜》，《中外法学》2016 年第 1 期。

104. 梁伟亮：《营商环境优化视角下少数投资者保护的实践迷思与破解——以〈最高人民法院关于适用《中华人民共和国公司法》若干问题的规定（五）〉为例》，《改革与战略》2019 年第 9 期。

105. 梁彦红、王延川：《公司财产权的演进与公司决策权力分配机制的更新》，《理论月刊》2020 年第 3 期。

106. 廖斌、徐景和：《公司多边治理研究》，《政法论坛（中国政法大学学报）》2003 年第 1 期。

107. 林少伟：《董事横向义务之可能与构造》，《现代法学》2021 年第 3 期。

108. 刘斌：《公司治理中监督力量的再造与展开》，《国家检察官学院学报》2022 年第 2 期。

109. 刘斌：《重塑董事范畴：从形式主义迈向实质主义》，《比较法研究》2021 年第 5 期。

110. 刘海东：《双层股权结构下的股东利益保护与董事的忠实义务》，《东岳论丛》2018 年第 8 期。

111. 刘海鸥：《论上市公司董事对公司债权人的连带责任》，《财经理论与实践》2007 年第 3 期。

112. 刘江会、黄国妍、鲍晓晔：《顶级"全球城市"营商环境的比较研究——基于 SMILE 指数的分析》，《学习与探索》2019 年第 8 期。

113. 刘敬伟：《董事勤勉义务判断标准比较研究》，《当代法学》2007 年第 5 期。

114. 刘俊海：《推动公司法现代化 优化营商法律环境》，《法律适用》2020 年第 1 期。

115. 刘俊海：《公司自治与司法干预的平衡艺术〈公司法司法解释四〉的创新、缺憾与再解释》,《法学杂志》2017 年第 12 期。

116. 刘俊海:《论公司社会责任的制度创新》,《比较法研究》2021 年第 4 期。

117. 刘俊海:《上市公司独立董事制度的反思和重构——康美药业案中独董巨额连带赔偿责任的法律思考》,《法学杂志》2022 年第 3 期。

118. 刘俊海:《推动公司法现代化,优化营商法律环境》,《法律适用》2020 年第 1 期。

119. 刘克毅、翁杰:《试论演绎式三段论法律推理及其制度基础——兼及大陆法系司法制度及其运作机制》,《甘肃政法学院学报》2006 年第 2 期。

120. 刘青:《国有企业委托代理关系的特殊性及改革路径》,《当代世界社会主义问题》2003 年第 2 期。

121. 刘泉红:《董事会职权改革与央企治理机制的关联度》,《改革》2014 年第 11 期。

122. 刘树德、胡继先:《关于类案检索制度相关问题的若干思考》,《法律适用》2020 年第 18 期。

123. 刘晓蕾:《国有独资公司董事会职权之实务考察与法律分析》,《法学论坛》2016 年第 3 期。

124. 刘秀萍:《国有控股公司董事经营责任的缺失与对策》,《中州学刊》2005 年第 6 期。

125. 刘洲:《论公司治理视野中的竞业限制》,《学术界》2010 年第 9 期。

126. 娄成武、张国勇:《基于市场主体主观感知的营商环境评估框架构建——兼评世界银行营商环境评估模式》,《当代经济管理》2018 年第 6 期。

127. 楼晓、汪婷:《论董事责任中归责原则的适用》,《商场现代化》2007 年第 19 期。

128. 卢纯昕:《粤港澳大湾区法治化营商环境建设中的知识产权协调机制》,《学术研究》2018 年第 7 期。

129. 卢万青、陈万灵:《营商环境、技术创新与比较优势的动态变化》,《国际经贸探索》2018 年第 11 期。

130. 逯东、黄丹、杨丹:《国有企业非实际控制人的董事会权力与并购效率》,《管理世界》2019 年第 6 期。

131. 罗进辉:《媒体报道的公司治理作用——双重代理成本视角》,《金融研究》2012 年第 10 期。

132. 罗礼平:《监事会与独立董事:并存还是合一? ——中国上市公司内部监督机制的冲突与完善研究》,《比较法研究》2009 年第 3 期。

133. 罗敏:《破产程序新生税费之性质省思及税务处理调适》,《财会月刊》2021 年第 6 期。

134. 罗培新、李剑、赵颖洁:《我国公司高管勤勉义务之司法裁量的实证分析》,《证券法苑》2010 年第 3 卷。

135. 罗培新、张逸凡:《世行营商环境评估之"保护中小投资者"指标解析及我国修法建议》,《华东政法大学学报》2020 年第 2 期。

136. 罗培新:《股东会与董事会权力构造论:以合同为进路的分析》,《政治与法律》2018 年第 6 期。

137. 罗培新:《世界银行营商环境评估方法论:以"开办企业"指标为视角》,《东方法学》2018 年第 6 期。

138. 罗培新:《世行营商环境评估之"保护少数投资者"指标解析——兼论我国公司法的修订》,《清华法学》2019 年第 1 期。

139. 吕成龙:《上市公司董事监督义务的制度构建》,《环球法律评论》2021 年第 2 期。

140. 吕来明:《论商业机会的法律保护》,《中国法学》2006 年第 5 期。

141. 马骏驹、聂德宗:《公司法人治理结构的当代发展——兼论我国公司法人治理结构的重构》,《法学研究》2000 年第 2 期。

142. 马荣伟:《股份有限公司董事对公司的侵权责任研究》,《证券市场导报》2001 年第 6 期。

143. 马一德:《公司治理与董事勤勉义务的联结机制》,《法学评论》2013 年第 6 期。

144. 缪因知:《国家干预的法系差异——以证券市场为重心的考察》,《法商研究》2012 年第 1 期。

145. 倪受彬:《中国上市公司董事会治理与制度完善》,《河北法学》2006 年第 9 期。

146. 牛建波:《董事会规模的治理效应研究》,《中南财经政法大学学报》2009 年第 1 期。

147. 潘爱玲、郭超:《国有传媒企业改革中特殊管理股制度的探索:国际经验与中国选择》,《东岳论坛》2015 年第 3 期。

148. 彭心倩:《公司法董事诚信义务的法律厘定》,《湖南社会科学》2007 年第 5 期。

149. 齐丽云、汪瀛、吕正纲:《基于组织意义建构和制度理论的企业社会责任演进研究》,《管理评论》2021 年第 1 期。

150. 曲亮、谢在阳、郝云宏、李维安:《国有企业董事会权力配置模式研究——基于二元权力耦合演进的视角》,《中国工业经济》2016 年第 8 期。

151. 任自力、曹文泽:《论公司董事责任的限制》,《法学家》2007 年第 5 期。

152. 任自力:《公司董事的勤勉义务标准研究》,《中国法学》2008 年第 6 期。

153. 任自力:《美国公司董事诚信义务研究》,《比较法研究》2007 年第 2 期。

154. 容缨:《美国商业判断规则对我国公司法的启示——以经济分析为重点》,《政法学刊》2006 年第 2 期。

155. 沈贵明:《公司商业机会的司法认定》,《法学》2019 年第 6 期。

156. 沈竹莺:《公司监事兼任高管的法律后果及其勤勉义务》,《人民司法》2011 年第 2 期。

157. 施天涛、杜晶:《我国公司法上关联交易的皈依及其法律规制——一个利益冲突交易法则的中国版本》,《中国法学》2007 年第 6 期。

158. 施天涛:《〈公司法〉第 5 条的理想与现实:公司社会责任何以实施?》,《清华法学》2019 年第 5 期。

159. 施天涛:《公司法的自由主义及其法律政策——兼论我国〈公司法〉的修改》,《环球法律评论》2005 年第 1 期。

160. 施天涛:《公司法应该如何规训关联交易?》,《法律适用》2021 年第 4 期。

161. 施天涛:《让监事会的腰杆硬起来——关于强化我国监事会制度功能的随想》,《中国法律评论》2020 年第 3 期。

162. 石纪虎:《论股东大会的概念》,《北方法学》2010 年第 3 期。

163. 宋才发:《WTO 规则与中国破产法律制度的完善》,《社会主义研究》2003 年第 4 期。

164. 宋常、黄蕾、钟震:《产品市场竞争、董事会结构与公司绩效——基于中国上市公司的实证分析》,《审计研究》2008 年第 5 期。

165. 宋林霖、何成祥:《优化营商环境视阈下放管服改革的逻辑与推进路径——基于世界银行营商环境指标体系的分析》,《中国行政管理》2018 年第 4 期。

166. 孙光焰:《也论公司、股东与董事之法律关系》,《法学评论》1999 年第 6 期。

167. 孙国峰:《独立董事公共权利干预的本质及其注册化取向》,《经济管理》2003 年第 10 期。

168. 孙宏涛:《董事法律地位之再思考》,《科学经济社会》2011 年第 2 期。

169. 孙敬水:《论独立董事的权利及法律责任》,《科学学与科学技术管理》2003 年第 6 期。

170. 孙笑侠、郭春镇:《法律父爱主义在中国的适用》,《中国社会科学》2006 年第 1 期。

171. 谭劲松:《独立董事"独立性"研究》,《中国工业经济》2003 年第 10 期。

172. 汤欣:《谨慎对待独董的法律责任》,《中国金融》2019 年第 2 期。

173. 图依布纳、矫波:《现代法中的实质要素和反思要素》,《北大法律评论》1999 年第 2 期。

174. 汪青松、宋朗:《合规义务进入董事义务体系的公司法路径》,《北方法学》2021 年第 4 期。

175. 汪青松:《关联交易规制的世行范式评析与中国范式重构》,《法学研究》2021 年第 1 期。

176. 汪青松:《优化营商环境目标下的注册资本认缴登记制再造》,《湖北社会科学》2022 年第 1 期。

177. 汪青松:《中国公司法董事信托义务制度评析——以英美公司法相关理论与实践为视角》,《东北大学学报(社会科学版)》2008 年第 5 期。

178. 王保树、钱玉林:《经理法律地位之比较研究》,《法学评论》2002 年第 2 期。

179. 王保树:《章程的适用与章程的自治空间》,渠涛主编:《中日民商法研究》(第 8 卷),法律出版社 2009 年版。

180. 王保树:《股份有限公司的董事和董事会》,《环球法律评论》1994 年第 1 期。

181. 王保树:《现代股份公司法发展中的几个趋势性问题》,《中国法学》1992 年第 4 期。

182. 王斌、沈红华:《试论我国公司法规定的董事忠实义务》,《法学与实践》1995 年第 2 期。

183. 王斌、宋春霞、孟慧祥:《大股东非执行董事与董事会治理效率——基于国有上市公司的经验数据》,《北京工商大学学报(社会科学版)》2015 年第 1 期。

184. 王斌:《论董事会独立性:对中国实践的思考》,《会计研究》2006 年第 5 期。

185. 王波、董振南:《双层股权结构中独立董事勤勉义务标准研究》,《证券法律评论》2020 年卷。

186. 王东光:《组织法视角下的公司合规:理论基础与制度阐释——德国法上的考察及对我国的启示》,《法治研究》2021 年第 6 期。

187. 王广亮、张子澍:《基于 6 年道德伦理的国美控制权之争分析》,《商业研究》2013 年第 11 期。

188. 王洪强:《论我国董事责任的限制与免除》,《湖北经济学院学报(人文社会科学版)》2021 年第 4 期。

189. 王建敏、石成:《公司归入权制度的建立与完善》,《理论学刊》2014 年第 1 期。

190. 王建文:《论董事"善意"规则的演进及其对我国的借鉴意义》,《比较法研究》2021 年第 1 期。

191. 王建文:《论我国构建控制股东信义义务的依据与路径》,《比较法研究》2020 年第 1 期。

192. 王谨:《公司治理下的董事会职权体系完善研究》,《法学杂志》2022 年第 2 期。

193. 王军:《公司经营者忠实和勤勉义务诉讼研究——以 14 省、直辖市的 137 件判决书为样本》,《北方法学》2011 年第 4 期。

194. 王骏:《完善上市公司监事会与独立董事关系构架的法律思考》,《西南民族学院学报·哲学社会科学版》2002 年第 12 期。

195. 王克岭、马立军:《浅谈独立董事在上市公司中的权利与义务》,《经济问题探索》2001 年第 9 期。

196. 王立国:《独立董事的权利义务与法律责任》,《天津社会科学》2002 年第 3 期。

197. 王宁、苏慧中、李东升:《非国有股东董事会权力、期望落差与国企创新》,《东岳论丛》2021 年第 12 期。

198. 王肃元:《禁止篡夺公司机会规则的立法完善》,《甘肃政法学院学报》2011 年第 4 期。

199. 王伟、李艳:《论董事责任保险制度》,《保险研究》2002 年第 1 期。

200. 王伟、刘凤景:《地方优商立法的好意与限度》,《北京联合大学学报(人文社会科学版)》2018 年第 4 期。

201. 王伟:《董事补偿制度研究》,《现代法学》2007 年第 3 期。

202. 王伟:《论董事对债权人的民事赔偿责任》,《法律适用》2005 年第 6 期。

203. 王欣新:《营商环境破产评价指标的内容解读与立法完善》,《法治研究》2021 年第 3 期。

204. 王彦明:《德国法上多数股东的忠实义务》,《当代法学》2004 年第 6 期。

205. 王艳梅、祝雅柠:《论董事违反信义义务赔偿责任范围的界定——以世界银行〈营商环境报告〉"董事责任程度"为切入点》,《北方法学》2019 年第 2 期。

206. 王艳梅:《论中国董事自我交易合同的效力》,《社会科学战线》2021 年第 8 期。

207. 王莹莹:《信义义务的传统逻辑与现代建构》,《法学论坛》2019 年第 6 期。

208. 王涌:《独立董事的当责与苛责》,《中国法律评论》2022 年第 3 期。

209. 王长华、余丹丹:《论代理成本视角下董事对第三人责任的正当性》,《河南财经政法大学学报》2017 年第 2 期。

210. 王长华:《董事对第三人责任的认定》,《西部法学评论》2017 年第 2 期。

211. 王真真:《我国董事监督义务的制度构建:中国问题与美国经验》,《证券法苑》2018 年第 25 卷。

212. 王宗正:《董事对第三人的民事责任:当代公司法的发展与我国公司法的重构》,《求索》2000 年第 3 期。

213. 魏胜强:《为判例制度正名——关于构建我国判例制度的思考》,《法律科学(西北政法大学学报)》2011 年第 3 期。

214. 魏淑艳、孙峰:《东北地区投资营商环境评估与优化对策》,《长白学刊》2017 年第 6 期。

215. 翁孙哲:《论董事的诚信义务》,《商业研究》2012 年第 10 期。

216. 吴高臣:《人合性视角下有限责任公司权力配置研究》,《烟台大学学报(哲学社会科学版)》2020 年第 6 期。

217. 吴建斌、乌兰德:《试论公司董事第三人责任的性质、主观要件及归责原则》,《南京大学学报》2005 年第 1 期。

218. 吴建斌:《现代公司治理结构的新趋势》,《法学杂志》1996 年第 4 期。

219. 谢朝斌:《论我国股份公司独立董事义务与责任》,《南京审计学院学报》2005 年第 1 期。

220. 谢红星:《营商法治环境评价的中国思路与体系——基于法治化视角》,《湖北社会科学》2019 年第 3 期。

221. 谢文婷:《中美董事会的权力制约与保护机制对比分析》,《河北北方学院学报(社会科学版)》2011 年第 4 期。

222. 邢宝东:《论董事的义务与责任》,《沈阳师范大学学报(社会科学版)》2009 年第 3 期。

223. 邢宝东:《论董事对公司债权人的责任》,《特区经济》2009 年第 6 期。

224. 徐化耿:《信义义务的一般理论及其在中国法上的展开》,《中外法学》2020 年第 6 期。

225. 徐洁:《健全和完善股份公司机关的策略》,《现代法学》2000 年第 1 期。

226. 徐现祥、李郇:《中国省区经济差距的内生制度根源》,《经济学(季刊)》2005 年第 1 期。

227. 徐昱东、崔日明、包艳:《俄罗斯地区营商环境的哪些因素提升了 FDI 流入水平——基于系统 GMM 估计的动态面板分析》,《对外经济贸易大学学报》2015 年第 6 期。

228. 许可、王瑛:《后危机时代对中国营商环境的再认识——基于世界银行对中国 2700 家私营企业调研数据的实证分析》,《改革与战略》2014 年第 7 期。

229. 许可:《股东会与董事会分权制度研究》,《中国法学》2017 年第 2 期。

230. 薛前强:《论股东资助和补偿董事选举的法律规制——兼议我国防范董事选任利益输送的前置性变革》,《政治与法律》2018 年第 9 期。

231. 薛有志、彭华伟、李国栋:《董事会会议的监督效应及其影响因素研究》,《财经问题研究》2010 年第 1 期。

232. 薛智胜、刘红丽:《论国有企业董事勤勉义务制度的完善》,《政法学刊》2014 年第 4 期。

233. 严若森、朱婉晨:《女性董事、董事会权力集中度与企业创新投入》,《证券市场导报》2018 年第 6 期。

234. 杨川仪:《美国公司法公司机会原则探析——以美国缅因州东北海岸高尔夫俱乐部诉哈里斯案为例》,《当代法学》2013 年第 3 期。

235. 杨大可:《德国公司合规审查实践中董/监事会的分级合作及启示》,《证券市场导报》2016 年第 11 期。

236. 杨道波:《公益法人董事会职权配置研究》,《河北法学》2012 年第 5 期。

237. 杨狄:《股东会与董事会职权分野的管制与自治——以公司章程在公司分权中的地位和作用为视角》,《财经理论与实践》2013 年第 6 期。

238. 杨光:《企业濒临破产时与破产重整程序中的董事信义义务研究》,《法治研究》2015 年第 1 期。

239. 杨琼,雷兴虎:《论濒临破产公司董事信义义务的转化》,《学术论坛》2021 年第 5 期。

240. 杨仁发、魏琴琴:《营商环境对城市创新能力的影响研究——基于中介效应的实证检验》,《调研世界》2021 年第 10 期。

241. 杨善长:《流押条款法律效力辨——兼及法律父爱主义立法思想之取舍》,《河北法学》2017 年第 3 期。

242. 杨涛:《营商环境评价指标体系构建研究——基于鲁苏浙粤四省的比较分析》,《商业经济研究》2015 年第 13 期。

243. 杨占营、黄健荣:《论权力的内涵、形式与度量》,《广东行政学院学报》2011 年第 4 期。

244. 叶甲生:《论上市公司独立董事的职权及其实现》,《天津市政法管理干部学院学报》2007 年第 1 期。

245. 叶金强：《董事违反勤勉义务判断标准的具体化》，《比较法研究》2018 年第 6 期。

246. 叶林：《公司治理机制的本土化——从企业所有与企业经营相分离理念展开的讨论》，《政法论坛》2003 年第 2 期。

247. 叶敏：《公司董事法定任职资格问题研究》，《法学》2006 年第 3 期。

248. 于东智、池国华：《董事会规模、稳定性与公司绩效：理论与经验分析》，《经济研究》2004 年第 4 期。

249. 虞政平：《公司意思自治的法律空间》，《人民司法》2010 年第 19 期。

250. 张舫：《美国"一股一权"制度的兴衰及其启示》，《现代法学》2003 年第 3 期。

251. 张国勇、娄成武：《基于制度嵌入性的营商环境优化研究——以辽宁省为例》，《东北大学学报（社会科学版）》2018 年第 3 期。

252. 张国勇、娄成武、李兴超：《论东北老工业基地全面振兴中的软环境建设与优化策略》，《当代经济管理》2016 年第 11 期。

253. 张赫曦：《特别表决权股东信义义务构建》，《中国政法大学学报》2021 年第 3 期。

254. 张红、石一峰：《上市公司董事勤勉义务的司法裁判标准》，《东方法学》2013 年第 1 期。

255. 张桦：《自我交易的效力及归入权行使》，《人民司法》2021 年第 14 期。

256. 张莉：《"一带一路"战略下中国与东盟营商环境差异与协同构建研究》，《经济与管理》2017 年第 2 期。

257. 张路：《公司治理中的权力配置模式再认识》，《法学论坛》2015 年第 5 期。

258. 张民安、丁艳雅：《公司债权人权益保护与我国公司法的完善》，《中山大学学报》1996 年第 2 期。

259. 张民安：《董事的法律地位研究》，《现代法学》1998 年第 2 期。

260. 张民安：《董事对公司债权人承担的侵权责任》，《法制与社会发展》2000 年第 4 期。

261. 张民安：《公司少数股东的保护》，载梁慧星主编：《民商法论丛》（第 9 卷），法律出版社 1998 年版。

262. 张世君：《破产企业高管对债权人损害赔偿的个人责任研究》，《中国政法大学学报》2019 年第 5 期。

263. 张威：《我国营商环境存在的问题及优化建议》，《理论学刊》2017 年第 5 期。

264. 张宪丽、高奇琦：《团队生产理论：公司社会责任的理论基础考辩》，《政法论丛》2017 年第 2 期。

265. 张学文：《公司破产边缘董事不当激励的法律规制》，《现代法学》2012 年第 6 期。

266. 张耀辉：《论我国公司董事权利法律规范的完善》，《政治与法律》2004 年第

4 期。

267. 张宇燕：《个人理性与"制度悖论"——对国家兴衰的尝试性探索》，《经济研究》1993 年第 4 期。

268. 赵东济：《论大陆公司法上有关有限责任公司之概念与特性》，《东吴大学法律学报》2000 年第 12 期。

269. 赵建丽：《董事法律地位研究》，《法律科学》2001 年第 6 期。

270. 赵万一、刘小玲：《对完善我国短线交易归入制度的法律思考》，《法学论坛》2006 年第 5 期。

271. 赵万一、王鹏：《论我国公司合规行为综合协同调整的法律实现路径》，《河北法学》2021 年第 7 期。

272. 赵万一：《关于完善我国公司法的几个基本问题》，《中南财经政法大学学报》2003 年第 6 期。

273. 赵万一：《合规制度的公司法设计及其实现路径》，《中国法学》2020 年第 2 期。

274. 赵旭东：《公司法修订中的公司治理制度革新》，《中国法律评论》2020 年第 3 期。

275. 赵旭东：《公司治理中的控股股东及其法律规制》，《法学研究》2020 年第 4 期。

276. 赵旭东：《中国公司治理制度的困境与出路》，《现代法学》2021 年第 2 期。

277. 赵学刚、朱云：《消费者利益的公司法保护路径研究》，《新疆社会科学》2014 年第 1 期。

278. 赵渊：《"董事会中心说"与"股东中心说"：现代美国公司治理学说之辩》，《比较法研究》2009 年第 4 期。

279. 郑方辉、王正、魏红征：《营商法治环境指数：评价体系与广东实证》，《广东社会科学》2019 年第 5 期。

280. 郑乾：《控制股东适用公司归入权的证成路向》，《北京化工大学学报（社会科学版）》2021 年第 4 期。

281. 郑少华：《营商司法组织论》，《法学》2020 年第 1 期。

282. 郑彧：《论实际控制人的法律责任：公法的路径依赖与私法的理念再生》，《财经法学》2021 年第 3 期。

283. 郑志刚、吕秀华：《董事会独立性的交互效应和中国资本市场独立董事制度政策效果的评估》，《管理世界》2009 年第 7 期。

284. 钟飞腾、凡帅帅：《投资环境评估、东亚发展与新自由主义的大衰退——以世界银行营商环境报告为例》，《当代亚太》2016 年第 6 期。

285. 周淳：《公司归入权的体系定位与规范构造》，《财经法学》2021 年第 3 期。

286. 周冬华：《CEO 权力、董事会稳定性与盈余管理》，《财经理论与实践（双月刊）》2014 年第 1 期。

287. 周林彬、方斯远：《忠实义务：趋同抑或路径依赖——一个比较法律经济学的视角》，《中山大学学报（社会科学版）》2012 年第 4 期。

288. 周天舒:《论董事勤勉义务的判断标准——基于浙江省两个案例的考察》,《法学杂志》2014 年第 10 期。

289. 周天舒:《中国公司治理法律规则发展模式的再探讨:一个路径依赖的视角》,《中国法学》2013 年第 4 期。

290. 周游:《从被动填空到主动选择:公司法功能的嬗变》,《法学》2018 年第 2 期。

291. 周友苏、张虹:《反思与超越:公司社会责任诠释》,《政法论坛》2009 年第 1 期。

292. 朱慈蕴、祝玲娟:《规制董事利益冲突交易的披露原则》,《现代法学》2002 年第 2 期。

293. 朱慈蕴:《资本多数决原则与控制股东的诚信义务》,《法学研究》2004 年第 4 期。

294. 朱大明:《美国公司法视角下控制股东信义义务的本义与移植的可行性》,《比较法研究》2017 年第 5 期。

295. 朱谦:《股东会罢免董事的法律问题研究——对公司法人治理结构优化的侧面考察》,《比较法研究》2001 年第 3 期。

296. 朱羿锟、彭心倩:《论董事诚信义务的法律地位》,《法学杂志》2007 年第 4 期。

297. 朱羿锟:《董事会结构性偏见的心理学机理及问责路径》,《法学研究》2010 年第 3 期。

298. 朱羿锟:《董事问责标准的研究》,《中国法学》2008 年第 3 期。

299. 朱羿锟:《论董事问责标准的三元化》,《商事法论集》2012 年第 21 期。

300. 朱圆:《论美国公司法中董事对债权人的信义义务》,《法学》2011 年第 10 期。

301. 邹碧华:《论董事对公司债权人的民事责任》,《法律适用》2008 年第 9 期。

302. 邹希瑶:《公司控制权研究——以国美电器公司为例》,《财会通讯》2013 年第 12 期。

303. 佐藤孝弘:《董事对第三人责任——从比较法和社会整体利益角度分析》,《河北法学》2013 年第 3 期。

304. 佐藤孝弘:《日本公司治理与国际化冲突》,《日本研究》2019 年第 1 期。

二、外文类参考文献

（一）外文著作类

1. Andenas M T,Wooldridge F.,"European comparative company law",Cambridge University Press,2009.

2. Berle A.A,Means G.G.C.,"The modern corporation and private property",Transaction publishers,1991.

3. Black H C.,"Black's Law Dictionary West Publishing Co.",St.Paul,Minnesota,1968.

4. Coase R H.,"The nature of the firm",Macmillan Education UK,1995.

5. Coase R H.,"The nature of the firm",Macmillan Education UK,1995.

6. LE Talbot,"Critical Company Law",New York:Routledge,Cavendish,2007.

7. Saleem Sheikh, William Rees, "Corporate Governance & Corporate Control", Cavendish Publishing Limited,1995.

8. Schumpeter J A., "Capitalism, socialism and democracy", New York: Harper & Row,2013.

（二）外文论文类

1. Acemoglu D,Johnson S,Robinson J A.,"Institutions as a fundamental cause of long-run growth",Handbook of economic growth,2005,1:385-472.

2. Acemoglu D,Johnson S,Robinson J A.,"The colonial origins of comparative development:An empirical investigation",American economic review,2001,91(5):1369-1401.

3. Aguilera R V,Filatotchev I,Gospel H,et al.,"Contingencies,complementarities,and costs in corporate governance models",Organization Science,2008,19(3):475-492.

4. Amason A C.,"Distinguishing the effects of functional and dysfunctional conflict on strategic decision making:Resolving a paradox for top management teams",Academy of management journal,1996,39(1):123-148.

5. Azman-Saini W N W,Baharumshah A Z,Law S H.,"Foreign direct investment,economic freedom and economic growth:International evidence",Economic Modelling,2010,27(5):1079-1089.

6. Bainbridge S M.,"Director primacy:The means and ends of corporate governance", Nw.UL Rev.,2002,97:547.

7. Bainbridge S M.,"The board of directors as nexus of contracts",Iowa L.Rev.,2002, 88:1.

8. Barak A.,"A Comparative Look at Protection of the Shareholders' Interest:Variations on the Derivative Suit",International & Comparative Law Quarterly,1971,20(1):22-57.

9. Beasley M S.,"An empirical analysis of the relation between the board of director composition and financial statement fraud",Accounting review,1996:443-465.

10. Berle Jr A A.,"Corporate powers as powers in trust",Harv.L.Rev.,1930,44:1049.

11. Bishop C G., "A Good Faith Revival of Duty of Care Liability in Business Organization Law",(2006)La-41Tulsa University La Revie,41:477 at 477-78.

12. Cebula R J.,"Which economic freedoms influence per capita real income?",Applied Economics Letters,2013,20(4):368-372.

13. Cools S.,"The real difference in corporate law between the United States and continental Europe:distribution of powers",Delaware Journal of Corporate Law,2005,30:697.

14. Dawson J W.,"Institutions,investment,and growth:New cross-country and panel data evidence",Economic inquiry,1998,36(4):603-619.

15. De Long J B,Shleifer A.,"Princes and merchants:European city growth before the industrial revolution",The Journal of Law and Economics,1993,36(2):671-702.

16. Desai V M.,"The behavioral theory of the(governed)firm:Corporate board influences

on organizations' responses to performance shortfalls", Academy of Management Journal, 2016,59(3):860-879.

17. Desender K A,Aguilera R V,Crespi R,et al.,"When does ownership matter? Board characteristics and behavior",Strategic Management Journal,2013,34(7):823-842.

18. Djankov S,La Porta R,Lopez-de-Silanes F,et al.,"The law and economics of self-dealing",Journal of financial economics,2008,88(3):430-465.

19. Djankov S,McLiesh C,Ramalho R M.,"Regulation and growth",Economics letters, 2006,92(3):395-401.

20. Dodd Jr E M.,"For whom are corporate managers trustees",Harv. L. Rev., 1931, 45:1145.

21. Dooley R S,Fryxell G E.,"Attaining decision quality and commitment from dissent: The moderating effects of loyalty and competence in strategic decision-making teams", Academy of Management journal,1999,42(4):389-402.

22. Eifert B, Gelb A, Ramachandran V., " Business environment and comparative advantage in Africa:Evidence from the investment climate data",The World Bank,2005.

23. Eisenberg M A.,"The Duty of Good Faith in American Corporate Law", Delaware Journal of Corporate Law,2006,1:41.

24. Fabro G, Aixalá J.,"Economic growth and institutional quality: Global and income-level analyses",Journal of economic issues,2009,43(4):997-1023.

25. French J R,Raven B,Cartwright D.,"The bases of social power",Classics of organization theory,1959,7(311-320):1.

26. Gillanders R,Whelan K.,"Open for business? Institutions,business environment and economic development",University College Dublin Working Paper,2014,40(4):535-558.

27. Goldberg G D.,"Article 80 of Table A of the Companies Act 1948",Modern Law Review,1970,33:177.

28. Griggs L.,"The Statutory Derivative action: Lessons that may be learnt from its past",University of Western Sydney Law Review,2002,6:63.

29. Grossman S J,Hart O D.,"The costs and benefits of ownership: A theory of vertical and lateral integration",Journal of political economy,1986,94(4):691-719.

30. Grossman S J,Hart O D.,"The costs and benefits of ownership: A theory of vertical and lateral integration",Journal of political economy,1986,94(4):691-719.

31. Hansmann H,Kraakman R.,"The end of history for corporate law",Georgetown Law Journal,2017:49-78.

32. Hart O,Moore J.,"Property Rights and the Nature of the Firm",Journal of political economy,1990,98(6):1119-1158.

33. Hill J G.,"The rising tension between shareholder and director power in the common law world",Corporate Governance:An International Review,2010,18(4):344-359.

34. Howson N C., "Protecting the State from Itself? Regulatory Interventions in Corporate Governance and the Financing of China's 'State Capitalism'", Seattle University Law Review, 2015:14-17.

35. Hueck A., "Die Sittenwidrigkeit von Generalversammlungsbeschlüssen der Aktiengesellschaft und die Rechtsprechung des Reichsgerichts", Die Reichsgerichtspraxis im deutschen Rechtsleben, Festgabe der juristischen Fakultäten zum 50jährigen Bestehen des Reichsgerichtes, 1929, 4:167-189.

36. Jensen M.C. and W.H.Meckling, "Theory of the Firm: Managerial Behavior, Agency Costs and Ownership Structure", *Journal of Financial Economics*, 1976(4).

37. Krause R, Semadeni M, Cannella Jr A A., "CEO duality: A review and research agenda", Journal of Management, 2014, 40(1):256-286.

38. Krause R, Semadeni M, Withers M C., "That special someone: When the board views its chair as a resource", Strategic Management Journal, 2016, 37(9):1990-2002.

39. La Porta R, Lopez-de-Silanes F, Shleifer A., "Corporate ownership around the world", The journal of finance, 1999, 54(2):471-517.

40. Levchenko A A., "Institutional quality and international trade", The Review of Economic Studies, 2007, 74(3):791-819.

41. Li D, Ferreira M P., "Institutional environment and firms' sources of financial capital in Central and Eastern Europe", Journal of Business Research, 2011, 64(4):371-376.

42. Lin C, Ma Y, Xuan Y., "Ownership structure and financial constraints: Evidence from a structural estimation", Journal of Financial Economics, 2011, 102(2):416-431.

43. Litvak I A, Banting P M., "A conceptual framework for international business arrangements", Marketing and the new science of planning, 1968, 28:460-467.

44. Luo Q, Li H, Zhang B., "Financing constraints and the cost of equity: Evidence on the moral hazard of the controlling shareholder", International Review of Economics & Finance, 2015, 36:99-106.

45. Pistor K, Keinan Y, Kleinheisterkamp J, et al., "Evolution of corporate law: a cross-country comparison", U.Pa.J.Int'l Econ.L., 2002, 23:791.

46. Piwonski K., "Does the 'Ease of Doing Business' In a Country Influence its Foreign Direct Investment Inflows?", Bryant University Working Paper, 2010.

47. Rajan R G, Zingales L., "Power in a Theory of the Firm", The Quarterly Journal of Economics, 1998, 113(2):387-432.

48. Rickford J., "Do good governance recommendations change the rules for the board of directors?", Capital markets and company law, 2003:461-492.

49. Seager H R., "Corporations: A Study of the Origin and Development of Great Business Combinations and of Their Relation to the Authority of the State', New York: G.P.Putnam's, Sons, Vol.1, 1905, pp.13-34.

50. Shleifer A. , Vishny R W. , "Large shareholders and corporate control" , Journal of political economy, 1986, 94(3, Part 1) : 461–488.

51. Shleifer A. , Vishny R W. , "A Survey of Corporate Governance" , Journal of Finance, 52, 1997, pp.737–783.

52. Slutsky B V. , "Ultra Vires–The British Columbia Solution" , University of British Columbia Law Review, 1973, 8 : 309.

53. Stout L A. , "Bad and not-so-bad arguments for shareholder primacy" , Southern California Law Review, 2001, 75 : 1189.

54. Wach K. , "Impact of the regional business environment on the development of small and medium-sized enterprises in Southern Poland" , *Cracow University of Economics Munich Personal RePEcArchive(MPRA) Paper* , No.31488, 2008.

55. Werner W. , "Corporate law in search of its future" , Columbia Law Review, 1986, 81 : 1610–1666.

后　记

多年后复耕董事法律制度研究，尽管很多表述未曾改变，认知却有了不同视域下的更新。作为制度环境研究的微切口，本书试图能够为读者提供一种新的视角，理解董事法律制度在促进营商环境法治化中的重要作用，并激发更多的学术讨论和政策法律制定。我理解法律不应仅仅作为制约，更应作为推动商业创新和经济发展的工具。

企业主体是营商环境的活跃参与者和直接受益者，其行为和反应直接影响经济生态系统的健康和效率。本书一直在做一种努力，把董事制度的再构放在营商环境保护中小股东利益的背景下去作分析和讨论。学界关于公司治理、董事权力、义务、责任等的研究汗牛充栋，学者如云，大师辈出，很难说本书在制度创新和理论深入方面有突出表现。正所谓"纸上得来终觉浅，绝知此事要躬行"，本书的努力在于提供这个领域下的全景分析，通过董事主体制度、义务制度、责任制度域内外理论与司法实践的盘点，达成案头书的可观可读性，则心之大慰也。

做学问是一种持续的热情和持久的成长，每一个深入的案例分析，每一个精练的理论构建，注定都会经历不断反复和推敲。法律制度的再构不仅仅是法律条文的修改，更是对法律精神和实施环境的深刻把握。三年的时间我经历了从质疑到逐渐明朗的心路历程，感谢在这个过程中和我分享经验观点的同事们，他们的洞见和批评让本书的内容更加丰富和深入；感谢我的健身、跑步等运动搭子们，总是及时地补给了我坚持下去的精力和能量；更特别感谢我的几位博士生方彦、肖泽钰、胡月、赵紫含在这个过程中的支持，帮助我查阅、收集资料，陪伴我进行逻辑整理和观点输出。成书之日，他们也都学业有成，即将自我翱翔。年轻真好，真心地祝福祝愿他们都越飞越高，而我则在教书的岗位上继续修炼着平和且聚焦的生活、工作方式。

展望未来，随着科技的快速发展和国际合作的加深，董事法律制度的国际化趋势将会更加明显，我们需要持续关注这些变化，并在必要时，做出适应性的调整。我期待与读者一起，继续在这一领域探索和前行。

最后，感谢每一位读者的关注与支持，正是您的期待和反馈，让本书能够不断完善并发挥其应有的价值,希望本书《营商环境优化背景下的董事法律制度再构》能为您的研究或实践带来启发,也欢迎您提供宝贵的意见和建议。

李　燕

2024 年 4 月 25 日

策划编辑：方国根

责任编辑：戚万迁　段海宝

封面设计：汪　阳

版式设计：姚　菲

图书在版编目（CIP）数据

营商环境优化背景下的董事法律制度再构 / 李燕著.
北京：人民出版社，2024.6. -- ISBN 978 - 7 - 01 - 026700 - 5

Ⅰ．D922.291.914

中国国家版本馆 CIP 数据核字第 2024FD4034 号

营商环境优化背景下的董事法律制度再构

YINGSHANG HUANJING YOUHUA BEIJINGXIA DE DONGSHI FALÜ ZHIDU ZAIGOU

李　燕　著

人民出版社 出版发行

（100706　北京市东城区隆福寺街 99 号）

北京汇林印务有限公司印刷　新华书店经销

2024 年 6 月第 1 版　2024 年 6 月北京第 1 次印刷
开本：710 毫米×1000 毫米 1/16　印张：31.5
字数：550 千字

ISBN 978 - 7 - 01 - 026700 - 5　定价：128.00 元

邮购地址 100706　北京市东城区隆福寺街 99 号
人民东方图书销售中心　电话 （010）65250042　65289539